KB272535

오늘의 묵상 365

목회자를 위한 예화와 통찰
오늘의 묵상 365

2026년 3월 15일 초판 인쇄
2026년 3월 20일 초판 발행

지은이   김인수
펴낸이   이찬규
펴낸곳   북코리아
등록번호   제03-01240호
전화   02-704-7840
팩스   02-704-7848
이메일   ibookorea@naver.com
홈페이지   www.북코리아.kr
주소   13209 경기도 성남시 중원구 사기막골로45번길 14
           우림2차 A동 1007호
ISBN   979-11-94299-92-9 (03230)

값 33,000원

목회자를 위한 예화와 통찰

오늘의 묵상 365

김인수 지음

북코리아

서문

　『오늘의 묵상 365』를 쓰게 된 동기는 2020년 온 세상이 코로나 전염병으로 몸살을 앓던 시절, 집에 칩거하면서 비롯되었습니다. 서로 만나지는 못해도 카톡이나 다른 전자 매체를 통해 지인들과 제자들을 만날 수 있는 길이 무엇일까를 고민하던 중, 평소 생각했던 글을 써야겠다고 다짐한 것입니다.

　그때부터 매일 글을 쓰기 시작한 것이 어언 5년 가까이 되어, 현재 1,500회 이상의 글이 독자들을 찾아가고 있습니다. 한국에 있는 제자들이 뜻을 모아 『역사의 우물에서 길러 올린 매일의 묵상』을 제작 출판하여 세상에 나온 것도 벌써 4년째 접어들었습니다. 요즘 사람들은 종이책보다 전자책 읽는 것이 더 간편하고 아무 데서나 읽을 수 있기 때문에, 책 읽는 것 자체가 생활에서 점점 더 멀어지는 것이 현실이라 더욱 감회가 새롭습니다.

　작년(2025)에는 건강에 이상이 생겨 적지 않은 시간 동안 글을 쓰지 못하다가, 후반부에 건강이 거의 회복되어 비록 일주일에 두 번이지만, 글을 계속 쓸 수 있어서 감사하게 생각하고 있습니다. 집필을 쉬는 동안 여러분들이 다시 글을 받아 보기를 염원하면서 건강 회복을 위해 기도한다는 말씀을 직간접적으로 들었습니다. 이제 매일은 아니어도 글을 계속 쓸 수 있게 된 것은 첫째는 하나님의 은혜요, 둘째는 기도해 주신 분들의 은덕입니다.

글을 주기적으로 계속 쓴다는 것이 쉬운 일이 아님은 글을 써 본 분들은 모두 아는 사실입니다. 매번 테마를 정하고, 거기에 맞는 성경 구절을 찾아야 하며, 또 자료를 섭렵해서 글을 완성하는 일이 결코 녹록지 않음을 실감합니다.

필자는 교회 역사를 전공한 사람으로 역사책을 읽고, 학생들에게 강의하는 것을 주로 했지 글 쓰는 것은 부차적인 일이어서, 미려한 문장을 쓸 재간이 부족하여 글을 써 놓고는 늘 아쉬운 마음입니다. 독자들의 혜량을 부탁드립니다.

분주한 총장직을 맡아 수고하면서, 지난번 책 제작에도 최선을 다해 주셨고, 또 이번 책 제작에도 온 힘을 다해 주신 장로회신학대학교 박경수 총장과 실무를 책임 맡아, 예리한 눈초리로 성심을 다해 수고를 아끼지 않은 장신대 객원교수 김지혜 박사에게 마음 깊은 감사를 드립니다.

이 책이 독자 여러분들의 신앙과 일상에 조그마한 도움이 된다면 필자는 그것으로 만족하며, 성삼위 하나님의 한없는 은총이 모두에게 언제까지나 늘 함께하시기를 기원합니다.

2026년 정월, LA 코리아 타운에서
김인수

목차

1 THE FOUNDATIONS OF MINISTRY 사역의 기초

1월 1일	1월, 야누스, 정월	21
1월 2일	죽음을 생각하라	23
1월 3일	영원과 시간	26
1월 4일	도서관 (1)	28
1월 5일	도서관 (2)	31
1월 6일	책	34
1월 7일	옛일을 기억하라	37
1월 8일	역사를 기억하라	40
1월 9일	B.C.와 A.D.	43
1월 10일	토지	46
1월 11일	대지	49
1월 12일	땅을 사라	52
1월 13일	한국인의 최초 미국 이민	55
1월 14일	미국과 이민	57
1월 15일	미국의 고민 (1): 불법 체류자 문제	60
1월 16일	미국의 고민 (2): 불법 이민자 문제	63
1월 17일	무엇이 미국의 피일까?	65
1월 18일	달라진 세상	67
1월 19일	중국과 대만	69
1월 20일	트럼프 대통령 취임식 소감	72
1월 21일	미국을 다시 위대하게	74
1월 22일	법치주의 국가	76
1월 23일	미국, 자유의 땅일까, 방종의 땅일까?	79
1월 24일	자유가 아니면 죽음을 달라	82

1월 25일   진리가 너희를 자유롭게 하리라 ·································· 85

1월 26일   자유와 책임 ·· 87

1월 27일   하지 말라, 하라 ·· 90

1월 28일   성경은 폭력적이고, 음란한 문서일까? ······················ 93

1월 29일   경전 불태우기 ·· 96

1월 30일   금서 ··· 99

1월 31일   하나님의 말씀은 진리다 ·· 102

2 The Heart of the Shepherd 목자의 마음

2월 1일   우리 교회 목사님의 자격 ··· 107

2월 2일   성직자 부족 사태 ·· 110

2월 3일   성직자의 정치 참여 ··· 112

2월 4일   신앙의 절개 ·· 114

2월 5일   죄의식 ·· 117

2월 6일   양심의 가책 ·· 120

2월 7일   소명 받은 직업 ·· 123

2월 8일   자급 정신을 길러 주라 ·· 126

2월 9일   나눔 ··· 129

2월 10일   십자가 선물 ·· 132

2월 11일   원단 ··· 135

2월 12일   주의 뜻이면 ·· 138

2월 13일   0.0001%를 위한 기도 ··· 140

2월 14일   사순절과 라마단 ·· 143

2월 15일   제사장과 레위인 ·· 146

2월 16일   모든 것을 버려두고 ·· 148

2월 17일   최선을 다했는가? ··· 151

2월 18일   꼴찌를 응원하다 ·· 153

2월 19일   집념 ··· 156

2월 20일   인내 ··· 159

2월 21일   절망을 이긴 희망의 증거 ··· 162

2월 22일   어떤 장애인 이야기 ·· 164

2월 23일   장애인 화장실 ·· 167

2월 24일   경사로(傾斜路) ·· 169

2월 25일   전과자 (1) ·· 171

2월 26일　전과자 (2) ········· 173

2월 27일　208년의 감옥생활 ········· 175

2월 28일　드러나지 않을 죄는 없다 ········· 177

3 THE CHURCH AND ITS WITNESS 교회와 증언

3월 1일　3.1 독립운동과 기독교 ········· 183

3월 2일　3.1 독립선언서 34번째 서명자 ········· 186

3월 3일　교회와 총회 ········· 189

3월 4일　교회와 예배당 ········· 192

3월 5일　교회와 무교회주의 (1) ········· 195

3월 6일　교회와 무교회주의 (2) ········· 198

3월 7일　두 종류의 교회 ········· 201

3월 8일　두 종류의 교회와 두 종류의 교인 ········· 204

3월 9일　참된 하나님의 교회란 ········· 207

3월 10일　교회와 교인들의 존재 이유 ········· 210

3월 11일　오늘 교회가 사는 길 ········· 213

3월 12일　춘원 이광수의 한국교회 비판 (1) ········· 216

3월 13일　춘원 이광수의 한국교회 비판 (2) ········· 219

3월 14일　교회의 분립과 분열 ········· 222

3월 15일　교회 분열의 원인 ········· 225

3월 16일　하나 되는 원리 ········· 227

3월 17일　막힌 담을 헐라 ········· 229

3월 18일　나는 크리스천입니다 ········· 232

3월 19일　교회 부흥의 원리 ········· 235

3월 20일　선교(전도) 방법론 ········· 237

3월 21일　너희가 믿을 때에 성령을 받았느냐 ········· 239

3월 22일　성령의 은사가 뒤로 넘어짐? ········· 242

3월 23일　탈종교화되는 사회 속의 교회 ········· 244

3월 24일　마태수난곡 ········· 246

3월 25일　잃어버린 예수 ········· 249

3월 26일　잃어버린 예수, 다시 찾은 예수 ········· 251

3월 27일　고난의 선물 ········· 254

3월 28일　증거 ········· 257

3월 29일　오른손이 하는 것을 왼손이 모르게 하라 ········· 260

3월 30일 　땅굴과 무저갱 ……………………………………… 263

3월 31일 　조선의 부활 ……………………………………… 266

4 THE RESURRECTED LIFE 부활의 생명

4월 1일 　부활절 날짜는 왜 매년 바뀔까? ………………… 271

4월 2일 　생명, 우연일까, 필연일까? ……………………… 274

4월 3일 　하나님께서 주시는 생명 ……………………… 277

4월 4일 　인간의 생명은 언제 시작될까? (1) …………… 280

4월 5일 　인간의 생명은 언제 시작될까? (2) …………… 283

4월 6일 　영아 살해 ……………………………………… 285

4월 7일 　자살 충동 ……………………………………… 288

4월 8일 　금문교의 그물 ………………………………… 291

4월 9일 　생명의 전화 …………………………………… 293

4월 10일 　대신 죽은 사람 ………………………………… 296

4월 11일 　친구를 위해 목숨을 버린 사람들 …………… 299

4월 12일 　순명 …………………………………………… 301

4월 13일 　구호 …………………………………………… 304

4월 14일 　고아와 과부 …………………………………… 307

4월 15일 　고아들을 돌보라 ……………………………… 310

4월 16일 　입양아 ………………………………………… 313

4월 17일 　핏줄 …………………………………………… 316

4월 18일 　아동 노동 ……………………………………… 318

4월 19일 　무국적 아동들 ………………………………… 321

4월 20일 　어떤 그리스도인 ……………………………… 323

4월 21일 　긍휼이 여기는 자는 복이 있나니 …………… 326

4월 22일 　오만한 인간들 ………………………………… 329

4월 23일 　보물을 하늘에 쌓아 두라 …………………… 332

4월 24일 　강철왕, 앤드루 카네기 ……………………… 335

4월 25일 　석유왕, 존 D. 록펠러 ………………………… 338

4월 26일 　무엇을 기증할 것인가? ……………………… 341

4월 27일 　인생의 마감 …………………………………… 344

4월 28일 　자본주의 사회의 한 단면 …………………… 347

4월 29일 　돈이 많으면 행복할까? ……………………… 350

4월 30일 　돈의 위력 ……………………………………… 353

5 FAITH IN THE FAMILY AND SOCIETY 가정과 사회 속의 신앙

5월 1일	가정을 잘 다스리라	359
5월 2일	마마보이	362
5월 3일	호부견자	365
5월 4일	부모의 책임	368
5월 5일	딸을 선호하는 한국 사람들	371
5월 6일	자녀 생산	374
5월 7일	생육하고 번성하라	377
5월 8일	노인	380
5월 9일	노익장	383
5월 10일	인생의 황혼	386
5월 11일	정년 은퇴	389
5월 12일	백수	391
5월 13일	결혼 예식	393
5월 14일	어떤 결혼식	395
5월 15일	이런 결혼식	398
5월 16일	조혼	400
5월 17일	남녀 차별의 문화	403
5월 18일	성경과 남존여비 (1)	406
5월 19일	성경과 남존여비 (2)	408
5월 20일	성차별과 임금	411
5월 21일	남녀공학	414
5월 22일	당신은 행복하십니까?	416
5월 23일	한국인의 행복 지수	419
5월 24일	가장 행복한 나라	422
5월 25일	한국인의 마음	425
5월 26일	한국인의 지조	428
5월 27일	신숙주와 숙주나물	431
5월 28일	매국노	433
5월 29일	말 한 마디가 일생을 결정한다	436
5월 30일	애국 애족이란 무엇일까?	439
5월 31일	태극기	441

6 A Month of Remembrance 기억의 달

6월 1일　6.25 전쟁과 미국 …………………………………………… 447

6월 2일　국기와 태극기 …………………………………………… 450

6월 3일　부산 유엔군 묘지 ………………………………………… 453

6월 4일　6.25 전쟁과 인도 ………………………………………… 456

6월 5일　어떤 호주 지원병 ………………………………………… 459

6월 6일　어떤 미국인 아내들 ……………………………………… 462

6월 7일　숨은 은인들 (1) …………………………………………… 464

6월 8일　숨은 은인들 (2) …………………………………………… 467

6월 9일　현대판 노아의 방주 ……………………………………… 469

6월 10일　지게 부대 ………………………………………………… 472

6월 11일　3.8선과 휴전선 …………………………………………… 474

6월 12일　나는 아무도 죽이고 싶지 않다 ………………………… 477

6월 13일　아마겟돈 전쟁 …………………………………………… 479

6월 14일　핵전쟁 …………………………………………………… 482

6월 15일　핵무기는 없어져야 한다 ……………………………… 485

6월 16일　전쟁은 여호와께 속한 것이라 ………………………… 488

6월 17일　싸움 ……………………………………………………… 490

6월 18일　이스라엘과 하마스의 전쟁 …………………………… 492

6월 19일　노예 해방 기념일 ……………………………………… 495

6월 20일　잘못과 사과 …………………………………………… 498

6월 21일　백인 우월주의 (1) ……………………………………… 500

6월 22일　백인 우월주의 (2) ……………………………………… 502

6월 23일　인종 차별 ……………………………………………… 505

6월 24일　차별 …………………………………………………… 508

6월 25일　한국 전쟁에 군대를 파송한 나라들 ………………… 511

6월 26일　흑인 …………………………………………………… 514

6월 27일　미국에 들리는 낭보 ………………………………… 516

6월 28일　미국 청교도의 잔재 (1) ……………………………… 518

6월 29일　미국 청교도의 잔재 (2) ……………………………… 521

6월 30일　미국은 여전히 기독교 국가다 ……………………… 524

7 FAITH, FREEDOM, AND GOVERNANCE 신앙, 자유, 그리고 통치

7월 1일	민주공화국의 시초	529
7월 2일	세계의 정치 제도	532
7월 3일	일그러진 민주주의	535
7월 4일	7월 4일 미국 독립기념일	538
7월 5일	미국 독립선언서	541
7월 6일	조지 워싱턴	544
7월 7일	아브라함 링컨의 리더십	547
7월 8일	영국 왕과 미국 대통령	549
7월 9일	미국의 대통령 선거 제도	552
7월 10일	민주주의의 허점	554
7월 11일	미국의 쿠데타	557
7월 12일	탄핵	560
7월 13일	사진 한 장과 상혼	562
7월 14일	가짜 뉴스	564
7월 15일	부정부패는 국가를 망하게 한다	566
7월 16일	조선왕조는 왜 멸망했을까?	568
7월 17일	어느 나라를 믿을 수 있을까?	571
7월 18일	독립문과 사대주의	573
7월 19일	미국은 왜 이스라엘을 계속 도울까?	575
7월 20일	미국 공립학교에서의 종교 자유	578
7월 21일	미국이 기독교 국가란 또 다른 이유	581
7월 22일	미국의 소명	583
7월 23일	미국의 미래	586
7월 24일	암울한 미국의 미래	589
7월 25일	깨어진 아메리칸 드림	592
7월 26일	파리 올림픽을 보고 나서	595
7월 27일	올림픽과 종교	597
7월 28일	금메달보다 귀한 쿠베르탱 메달	599
7월 29일	문과 무	601
7월 30일	한국은 세계 무대에서 몇 번째 나라일까?	603
7월 31일	북미와 남미	605

8 LESSONS FROM THE PAST, WISDOM FOR TODAY
과거의 교훈, 오늘의 지혜

8월 1일	인간의 예언	609
8월 2일	선견지명	612
8월 3일	100년 전쟁	615
8월 4일	용병	618
8월 5일	작곡가 바그너와 용병 바그너	621
8월 6일	산타 루치아	624
8월 7일	가미카제 신풍	626
8월 8일	하나님의 뜻과 운명	628
8월 9일	신의 섭리일까, 행운일까?	630
8월 10일	제비뽑기	632
8월 11일	교회에 대한 면세	635
8월 12일	콘스탄티누스 대제	637
8월 13일	노트르담 성당	640
8월 14일	제3차 아편전쟁	642
8월 15일	해방 그리고 극일	645
8월 16일	100만 달러짜리 시계	648
8월 17일	하룻밤 숙박비	650
8월 18일	검소	653
8월 19일	어리석은 인간들	656
8월 20일	젊은 피	659
8월 21일	불로장생 불로초	662
8월 22일	어떤 천재의 말로	664
8월 23일	학력과 인격	667
8월 24일	박사 학위	670
8월 25일	사람의 외모를 보지 말라	673
8월 26일	어떤 한인 여변호사	675
8월 27일	어떤 한인 변호사	677
8월 28일	재물보다 명예	679
8월 29일	사람은 죽어서 이름을 남긴다	681
8월 30일	성과 이름	683
8월 31일	대서양 헌장	686

8 LESSONS FROM THE PAST, WISDOM FOR TODAY
과거의 교훈, 오늘의 지혜

9 ENGAGING WITH SCIENCE AND CULTURE
과학과 문화에 대한 응답

9월 1일　　신부 과학자 　　691

9월 2일　　창조와 진화론 　　694

9월 3일　　지구는 둥글다 　　696

9월 4일　　지구의 공전과 자전 　　698

9월 5일　　과학과 인류의 종말 　　700

9월 6일　　기계가 인간을 이길 수 있을까? 　　703

9월 7일　　인간과 기계 　　706

9월 8일　　우주 농업? 　　708

9월 9일　　인공 강우 　　711

9월 10일　　인공 우유 　　714

9월 11일　　유전자 변형 밀 　　716

9월 12일　　넘어서는 안 되는 선 　　719

9월 13일　　과학 발전의 명과 암 　　721

9월 14일　　제4의 재료 플라스틱 　　723

9월 15일　　쓰레기는 없다 　　725

9월 16일　　어떤 쓰레기 　　728

9월 17일　　모택동과 참새 　　730

9월 18일　　천적 　　733

9월 19일　　동물의 용도 　　736

9월 20일　　인간과 개 　　738

9월 21일　　유산을 상속받은 개 　　740

9월 22일　　보은 　　742

9월 23일　　예술품 도둑 　　745

9월 24일　　바나나 이야기 　　747

9월 25일　　차이콥스키 콩쿠르 　　749

9월 26일　　냉동 인간의 부활? 　　752

9월 27일　　노벨상 　　755

9월 28일　　자유라는 이름의 방종 　　758

9월 29일　　히피 문화와 기성의 질서 　　760

9월 30일　　이상한 세상 　　763

10 Reformation and Renewal 개혁과 갱신

10월 1일 일본에서 들려 온 낭보 ···································· 769
10월 2일 끝날 때까지 끝난 것이 아니다 ····················· 771
10월 3일 재판장 솔로몬왕 ······································· 773
10월 4일 판사 ·· 775
10월 5일 배심원 ··· 777
10월 6일 우리 교회 목사는 누가 결정할까? ··············· 779
10월 7일 사이비 이단 집단 ····································· 782
10월 8일 이단이란 무엇일까? ·································· 784
10월 9일 신앙과 맹신 ··· 786
10월 10일 번영 신학 ··· 789
10월 11일 누구에게 축복해야 할까? ························· 791
10월 12일 어떤 신부 ··· 793
10월 13일 파문 ·· 796
10월 14일 신부에게도 결혼을 허락하라 ···················· 799
10월 15일 성직자의 음주 ··· 802
10월 16일 아버지가 믿는 기독교 ······························ 804
10월 17일 역지사지 ·· 806
10월 18일 나와 너 ·· 809
10월 19일 이기주의와 이타주의 ································ 811
10월 20일 천국에 갈 수 있는 조건 ···························· 813
10월 21일 이기주의자 히스기야 왕 ··························· 816
10월 22일 나는 누구를 가장 사랑할까? ····················· 819
10월 23일 새 사람을 입으라 ····································· 821
10월 24일 모든 것이 가하나 ····································· 823
10월 25일 긍정의 힘과 부정의 해악 ·························· 826
10월 26일 희망 ·· 828
10월 27일 하나님이 우리와 함께하시면 ···················· 831
10월 28일 초기 선교사들과 한글 ······························ 834
10월 29일 한국의 첫 선거 ·· 837
10월 30일 한글과 기독교 (1) ···································· 839
10월 31일 한글과 기독교 (2) ···································· 842

11 A SEASON OF GRATITUDE 감사의 계절

11월 1일	감사	847
11월 2일	음주	849
11월 3일	소변을 마시다	852
11월 4일	육신의 물과 영혼의 물	854
11월 5일	긍정의 신앙	856
11월 6일	징검다리 재선 대통령	859
11월 7일	식(食)을 족하게 하라	861
11월 8일	쌀밥에 고깃국	863
11월 9일	양식	865
11월 10일	하늘에서 내려온 양식	868
11월 11일	마더 테레사	870
11월 12일	가난한 사람들	873
11월 13일	사랑의 연탄	875
11월 14일	송아지 '감사'	877
11월 15일	Thank You와 Excuse Me의 사회	880
11월 16일	정신병	883
11월 17일	치매	885
11월 18일	노벨 생리의학상	888
11월 19일	착한 제약 회사	890
11월 20일	악덕 제약 회사	893
11월 21일	어떤 의사와 의대생	895
11월 22일	그리스도의 마음을 품은 의사들	897
11월 23일	세브란스 병원	900
11월 24일	한국에 도움을 준 나라들	903
11월 25일	앵글로색슨족과 한국	906
11월 26일	서양 의사	909
11월 27일	의사 인요한의 가문	911
11월 28일	미국의 추수감사절과 칠면조	914
11월 29일	보이콧	917
11월 30일	분신	919

12 THE INCARNATE WORD 성육신하신 말씀

12월 1일	대림절	925
12월 2일	무엇이, 누가 신일까?	928
12월 3일	사그라다 파밀리아	931
12월 4일	평화의 땅 헤브론?	934
12월 5일	이유 없이 유대인이 피를 흘리던 시대는 지났다	936
12월 6일	이스라엘과 산유국	939
12월 7일	가뭄과 기우제	941
12월 8일	벼락 맞은 예배당	944
12월 9일	성전 건축	947
12월 10일	빛과 어두움	950
12월 11일	황금의 신	953
12월 12일	우상	956
12월 13일	인간이 만든 신	959
12월 14일	무속 신앙	961
12월 15일	고인의 명복을 빕니다?	963
12월 16일	존엄사와 안락사	965
12월 17일	태어남과 마침	967
12월 18일	지구 최후의 시간	970
12월 19일	소 잃고 외양간 고치기	972
12월 20일	세상의 종말 신호, 지진	974
12월 21일	세종대왕과 이순신 장군은 지옥에 갔나요?	976
12월 22일	삼위일체 교리를 믿으시나요?	978
12월 23일	기독교 국가 영국이 무슬림 국가로?	981
12월 24일	메리 크리스마스 혹은 해피 홀리데이	983
12월 25일	아기 예수를 본 사람들	986
12월 26일	피로 물든 성탄절	989
12월 27일	어떤 유대인 어머니의 편지	992
12월 28일	용서	995
12월 29일	용서의 조건	998
12월 30일	희년	1001
12월 31일	나그네 길	1003

1

THE FOUNDATIONS OF MINISTRY

사역의 기초

1월, 야누스, 정월

"옛날을 기억하라. 역대의 연대를 생각하라. 네 아버지에게 물으라. 그가 네게 설명할 것이요, 네 어른들에게 물으라. 그들이 네게 말하리로다."
(신명기 32:7)

2024년 1월 9일에 다음과 같은 재미있는 뉴스를 읽었습니다. "단 1분 차로 태어났는데" 태어난 연도가 달라진 한 신생아 쌍둥이 자매가 화제인데요, 뉴스는 크로아티아의 해안 도시 스플리트에서 출생한 쌍둥이 자매가 연도가 다른 1분 차이로 태어난 사실을 다음과 같이 보도했습니다.

"쌍둥이 언니는 2023년 12월 31일 오후 11시 59분에 태어났고, 동생은 출생 시간이 2024년 1월 1일 오전 12시로 쌍둥이 자매지만 연도가 다른 생일을 가지게 됐다. 스플리트 대학병원의 과장은 '다른 날 태어난 쌍둥이는 전에도 본 적이 있지만, 다른 해에 태어난 쌍둥이는 처음 본다'고 밝혔다. 그러면서 '이제 한 아이는 연말에 생일을 축하받고 다른 아이는 새해에 축하를 받게 될 것'이라고 덧붙였다."

위의 경우는 흔하지 않은 일입니다. 1분 차이로 태어난 쌍둥이 자매는 한 살, 즉 1년이 달라지는 결과를 맞이했습니다. 이것은 인간이 만들어 놓은 시간이라는 분류법에 의해 빚어진 흥미로운 현상입니다.

영어로 1월은 'January'입니다. 'January'는 라틴어의 야누스(Janus)에서 나온 말로 로마 신화의 신 야누스에 어원을 두고 있습니다. 야누스는 두 얼굴을 가진 사나이로 신전 출입문을 지키는 문지기입니다. 몸통 하나에 두 얼굴을 가졌으니 충직한 문지기의 표상입니다. 앞뒤, 전후, 좌우를 볼 수 있어서 물 샐 틈 없는 경계가 가능하여 처음과 끝, 시작과 변화를 상징하는 신이기도 합니다. 야누스는 지나간 한 해를 한 얼굴로 바라보고, 다른 얼굴로는 다가오는 한 해를 바라봅니다. 대부분의 동물은 한쪽만을 보는데, 야누스는 앞과 뒤, 즉 과거와 미래를 동시에 볼 수 있는 능력을 갖고 있습니다.

일제 강점기에 독립운동가이자 민족주의 사학자였던 단재(丹齋) 신채호(申采浩) 선생은 "역사를 잊은 민족에게 미래는 없다"라고 말했습니다. 영국의 유명한 사학자였던 에드워드 카(Edward H. Carr)는 "역사란 과거와 현재의 끊임없는 대화"라고 말했습니다. 이 말은 현재를 사는 우리에게 과거를 잊지 말고, 과거가 말하는 역사적 교훈을 따라 행하라는 뜻입니다. 역사교육이 중요하다는 말이지요. 우리 민족이 어떤 수난과 고통을 당했으며, 그 고난과 수난을 당한 원인이 무엇이었는지를 분명히 깨달아야 한다는 말입니다.

새해 정월을 보내는 우리는 야누스처럼 두 얼굴로 살 수는 없지만, 어른들이나 역사책을 통해서 과거를 알고 살아야 합니다. 신채호 선생의 말과 같이 과거를 모르는 민족에게는 미래가 없으므로, 과거를 공부하고 반성하면서 오늘의 교훈을 배워야 합니다. 과거는 과거로 끝나는 것이 아니라 오늘의 거울입니다. 과거를 모르는 이스라엘 백성은 하나님께서 조상들에게 행하신 일을 알 길이 없습니다. 과거를 알게 된 이스라엘 백성은 하나님 앞에 겸손히 무릎을 꿇을 수밖에 없습니다. 과거 없는 이스라엘 백성에게는 오늘이 없습니다.

인류 역사의 주인은 오직 여호와 하나님 한 분뿐이십니다. 여호와 하나님을 아는 백성과 개인은 미래를 약속받을 수 있습니다. 우리 그리스도인들은 알파와 오메가가 되시는 예수 그리스도를 본받아 지난 역사를 반추하면서, 다가오는 미래를 맞이해야 합니다. 샬롬.

죽음을 생각하라

"하나님은 이르시되 어리석은 자여 오늘 밤에 네 영혼을 도로 찾으리니
그러면 네 준비한 것이 누구의 것이 되겠느냐?" (눅 12:20)

누구나 다 느끼는 일이지만 세월이 왜 이렇게 빨리 가는지요. 옛말에
"세월이 유수(流水)와 같이 흐른다"는 말도 있지만, 그보다 더 실감 나는
말은 "세월이 화살과 같이 빠르게 지난다"는 말입니다. 엊그제 금년 새
해를 맞이한 것 같은데, 어느덧 한 해가 지나고 또 다른 새해가 다가왔
습니다. 지난 2023년 한 해 동안에도 많은 사람이 유명(幽明)을 달리했
습니다. 한 시대를 풍미했던 유명한 유대인 외교관 헨리 키신저(Henry
Kissinger) 전 미국 국무장관이 100세에 생을 마감했고, 지미 카터(Jimmy
Carter) 전 미국 대통령과 77년을 해로한 로잘린 카터(Rosalynn Carter) 여사
가 96세로 별세했습니다.

한국에서도 1960년대에서 80년대 은막을 장식했던 영화배우이
자, 유명 피아니스트 백건우 씨의 부인인 윤정희 씨가 79세로 타계했
습니다. '밤안개'로 유명한 가수 현미 씨가 85세로 세상을 떠났고, 세계
최대 규모의 리비아 대수로 공사를 성공시키며 동아건설을 한국 최고
의 건설사로 키워낸 최원석 전 동아그룹 회장이 80세로 소천했습니다.
이 밖에도 한국뿐만 아니라 전 세계적으로 이름이 알려진 인사들이 유
명을 달리하여 2024년 새해를 맞이하지 못하게 되었습니다.

한 해를 보내고 새로운 한 해를 맞이할 수 있게 된 것은 전적으로
하나님의 은혜요 사랑입니다. 다가오는 새해에 또 얼마나 많은 사람이
세상을 떠날지 모르지만, 하루하루 살아간다는 것이 하나님의 은혜요,

은총임을 고백하지 않을 수 없습니다. 우리의 생명은 우리의 것이 아니고 전적으로 하나님의 손에 달려 있습니다. 하나님이 부르시는 날, 천하의 그 어떤 사람도 그 명령을 거역할 수 없고 순종할 수밖에 없습니다.

고대 도시 폼페이에서 발굴된 모자이크 그림 중에 '메멘토 모리(Memento Mori)'라는 글귀가 있습니다. 이 말은 라틴어로 "죽음을 생각하라"는 뜻으로 기원전 30년에서 기원후 14년 사이에 제작된 것으로 추정합니다. 보통 사람들은 죽음을 생각하지 않고 살아갈 궁리만 합니다. 그러나 죽음은 나에게서 그렇게 멀리 있는 것이 아닙니다. 특히 젊은 이들은 죽음 같은 것은 나이 든 사람들이나 생각하는 것이라고 여기는 이들이 많지만, 정말 그럴까요?

예수님은 어리석은 농부의 비유에서 "하나님은 이르시되 어리석은 자여 오늘 밤에 네 영혼을 도로 찾으리니 그러면 네 준비한 것이 누구의 것이 되겠느냐?"(눅 12:20)라고 말씀하셨습니다. "오늘 밤에 네 영혼을 부르실 텐데"라는 말씀은 오늘 밤에 너는 죽는다는 말씀입니다. 많은 사람이 저녁 잠자리에 들면서 '내가 오늘 밤에 죽을 수도 있다'고 생각하는 사람은 거의 없습니다. 내일 아침이 되면 눈을 뜨고 또 새로운 하루가 시작될 것이라고 생각하는 사람들이 대부분이지만, 정작 내일 아침에 눈을 뜨지 못하는 사람이 적지 않습니다. 제 주변에도 어제 저녁에 잠이 들었는데 아침이 되어도 일어나지 않는 남편을 깨워 보니, 심장마비로 이미 소천한 분들이 여럿 있습니다.

지난 한 해를 은혜 중에 보내고 새해를 맞이하는 오늘, 지난 일 년 동안 우리가 하나님 앞에 범죄한 모든 죄악을 참회하고 용서를 구하는 기도의 시간을 가져야 합니다. 또한 가족들, 친구들, 이웃들에게 실수하고 잘못한 모든 일들을 낱낱이 회개하고 청산해야 됩니다. 그리하여 깨끗한 몸과 마음으로 새해를 맞이해야 합니다. 이것이 우리에게 또 한 해를 살아갈 수 있는 은혜를 주신 하나님께 대한 감사의 표시이며, 가족과 이웃에 대한 최소한의 도리입니다. 샬롬.

영원과 시간

"범사에 기한이 있고 천하 만사가 다 때가 있나니, 날 때가 있고 죽을
때가 있으며, 심을 때가 있고 심은 것을 뽑을 때가 있으며, 죽일 때가 있고
치료할 때가 있으며." (전 3:1-3)

사람은 누구나 하루에도 여러 차례 시계를 봅니다. 지금이 몇 시쯤 됐
을까 하는 궁금증에서도 그렇고, 누구를 만나는 약속이 있으면 늦지 않
기 위해, 비행기나 기차, 버스를 타러 갈 때도 시간을 맞추기 위해 시계
를 자주 들여다봅니다. 요즘에는 휴대전화(스마트폰)로 시간을 볼 수 있
기 때문에 시계를 차는 사람이 많지 않지만, 저는 항상 휴대전화를 가
지고 다녀도 손목시계를 늘 차고 다닙니다. 휴대전화를 보려면 주머니
에서 꺼내야 하고, 화면을 두드려야 하는 번거로움이 있지만, 손목시계
는 손목을 들어 올리기만 하면 시간을 볼 수 있기 때문에 편리하지요.

제가 손목시계를 처음 찬 것은 고등학교 3학년 때였습니다. 어머
니께서 여성용 시계를 새로 장만하시면서, 그동안 차고 다니시던 낡은
남성용 시계를 제게 주셨습니다. 그때 시계를 가진 친구가 우리 반에서
한 명뿐이었는데, 제가 두 번째가 되었네요. 시계를 받고 너무 기뻐서
한 3일은 굶어도 배고프지 않을 것 같았습니다.

하나님께서 천지를 창조하실 때, 맨 처음으로 창조하신 것이 빛이
었습니다. 하나님께서는 빛을 창조하시고, 빛과 어둠을 나누시어 빛을
낮이라 부르시고 어둠을 밤이라 부르셨습니다. "저녁이 되고 아침이
되니 이는 첫째 날이니라"(창 1:5)라고 말씀하셨습니다. 이때 시간 개념
이 처음 생겼습니다. 저녁과 아침 사이에 시간, 즉 '크로노스(Chronos)'가
있었습니다. 물론 그때는 시계가 없었지만, 훗날 인류는 하루를 24시

간, 1시간을 60분, 1분을 60초로 나누었습니다. 올림픽 경기를 비롯한 세계선수권대회에서는 0.1초, 0.001초로 세분하여 기록을 남기지요.

시간은 경우에 따라 빨리 가기도 하고 늦게 가기도 합니다. 재미있는 영화를 볼 때는 시간이 빨리 지나가고, 더운 날 버스를 기다리는 시간은 좀처럼 가지 않습니다. 따라서 시간이 흐르는 것은 상대적입니다. 우리는 인간의 시간인 '크로노스'의 세계에서 살고 있습니다. 크로노스는 시작과 끝이 있는 물리적인 시간입니다. 출생할 때가 있고 사망할 때가 있습니다. 그러나 우리가 세상을 떠난 후에는 '카이로스(Kairos)', 즉 영원의 세계로 들어갑니다. 카이로스는 시작도 끝도 없는 영원입니다.

카이로스의 세계는 천국과 지옥으로 나뉩니다. 그곳에는 크로노스라는 시간 개념 자체가 없어서, 저녁이 되고 아침이 되는 경우는 없습니다. 천국은 항상 찬란한 빛 속에 존재하고, 지옥은 칠흑(漆黑)과 같은 어둠의 세계입니다. 초기 아프리카의 신학자 아우구스티누스(Augustinus)는 그의 명저 『하나님의 도성』(De Civitate Dei)에서 이 세상의 도성은 멸망하지만, 신의 도성은 영원하다고 규정하였습니다.

예수님을 구주로 영접하고 하나님의 자녀가 된 사람들은 영원한 광명의 세계로 들어가지만, 예수님을 영접하지 않은 사람은 영원한 지옥으로 가게 되어 있습니다. 우리 가족이, 우리 친구가, 우리 이웃이 지옥으로 들어가기를 원하는 사람은 아무도 없습니다. 그러므로 우리가 열심히 복음을 전하여 그들이 영원한 카이로스의 세계로 들어가도록 이끌어 주어야 합니다. 이것이 크로노스에 살고 있는 우리에게 지워진 소중한 사명입니다. 샬롬.

도서관 (1)

"갓난 아기들 같이 순전하고 신령한 젖을 사모하라 이는 그로 말미암아
너희로 구원에 이르도록 자라게 하려 함이라." (벧전 2:2)

제가 어렸을 때는 도서관이라든지 공원이라는 것 자체가 없었습니다. 미국에 와서 가장 부러운 것이 바로 도서관과 공원이었습니다. 도서관은 동네마다 있고, 공원도 한 도시에 많이 있습니다. 물론 도서관도 공원도 규모가 다 달라서 크고 작은 것들이 다양하게 마련되어 있습니다.

도서관은 역사가 오래되었습니다. 책이라는 것이 생겨나면서부터 다양한 책들을 모아 놓고 여러 사람이 읽을 수 있는 공간을 마련해 놓은 곳이 도서관입니다. 옛날에는 종이가 없었고, 성경도 본디 양피지나 갈대로 만든 파피루스에 글자를 쓴 것이어서 보관과 관리가 보통 어려운 것이 아니었지요.

기원전 3세기경에 이집트의 알렉산드리아에 커다란 도서관이 세워지면서, 지중해 세계의 모든 서적을 모아 고대 학문 연구와 교류의 중심지가 되었습니다. 알렉산드리아는 마케도니아의 알렉산더 (Alexander) 대왕이 자기가 점령한 지역의 요충지에 도시를 건설하고, 자기 이름을 본떠 '알렉산드리아'라는 이름을 부여했습니다. 이 알렉산드리아에서 초기 기독교 학파가 형성되었는데, 이들은 시리아의 안디옥 학파와 더불어 양대 산맥을 이룬 학파로 대표적 신학자는 오리게네스 (Origenes)입니다.

지난 2002년, 이집트에서는 옛날 알렉산드리아 도서관의 영예를 되찾으려 국제 사회의 도움에 힘입어 새로운 도서관을 개관했습니다.

총 11층 높이의 도서관 벽에는 지식과 학문의 상징으로 전 세계 4,000여 개의 고유문자와 기호를 새겼습니다.

미국에는 세계 제일의 연방 국회도서관을 비롯해서 하버드, 예일, 프린스턴 등 세계적 대학 도서관들이 즐비합니다. 그런데 세월이 흐르면서 도서관도 그 모습이 변모하고 있습니다. 전에는 도서관에 가서 책을 읽거나 대출을 해서 집이나 연구실에 와서 책을 읽고, 때가 되면 반납을 하는 체제였습니다. 그러나 이제는 소위 '전자책(e-book)'이 나와 종이에 인쇄된 책뿐만 아니라 컴퓨터, 노트북, 요즘은 스마트폰에서도 자기가 보기 원하는 책을 언제나 꺼내 볼 수 있는 세상이 되었습니다. 따라서 웅장한 건물에 장서량을 자랑하던 시대는 가고, 이제는 디지털화된 자료를 통해 작은 공간에서도 효율적으로 운영되는 도서관이 늘어나고 있습니다. 도서관의 전통적인 개념이 점차 바뀌고 있는 것입니다.

제가 공직 생활을 마치고 나자, 아침에 집을 나오면 갈 곳이 없었습니다. 약 40여 년간 머물던 제 방(연구실)이 있었는데, 갑자기 없어지니 참 허망한 생각이 들었습니다. 집 주변을 살펴보니 걸어서 갈 수 있는 거리에 제법 큰 시립 도서관이 있어서 그곳으로 출근을 했지요. 성경도, 신문도, 책도 읽을 수 있어서 좋았는데, 문제는 도서관 개관 시간이 매일 달라 어느 날은 정오에 문을 열고, 어떤 날은 문을 아예 닫기도 해서 불편하기 짝이 없었습니다. 결국 도서관 출근을 포기하고 집안 서재에서 작업을 할 수밖에 없었습니다.

아무리 좋은 도서관이 있고, 아무리 많은 책을 소장하고 있다고 해도 읽는 사람이 없으면 무용지물입니다. 책 읽는 국민과 책 읽지 않는 국민 중, 어느 국민이 앞서 나갈까요? 성경도 하루 생활 중 시간을 정해 놓고 일정 부분을 읽어야 합니다. 한 주 내내 단 한 번도 성경을 펼쳐 보지 않고, 주일날 교회에 갈 때 먼지 툭툭 털어 가지고 가는 모습은 성숙한 신앙인이라 하기 부끄럽습니다. 한 주 내내 말씀 한 줄도 읽지 않고 어찌 참된 그리스도인이라 할 수 있겠습니까?

　평소에 기상하는 시간보다 한 30분 혹은 1시간 일찍 일어나서, 기도하고 성경을 꾸준히 읽는 습관을 가져야 합니다. 그렇지 않으면 기도할 수 있는 시간이나 성경을 읽을 수 있는 시간 내기가 여간 어렵지 않습니다. 한 주 내내 성경책 한번 펴보지 않은 사람을 하나님께서 기뻐하시는 '성도'(거룩한 사람)라 할 수 있을까요?

　눈에 보이는 도서관은 가지 못하더라도 내 마음의 영적 도서실은 반드시 마련되어 있어야 합니다. 은밀한 가운데서 만나는 하나님과의 대화와 영혼을 살찌우는 생명의 말씀은 계속 공급되어야 합니다. 우리의 육신은 늙어 쇠약해져도 우리의 영혼은 날로 말씀과 기도로 새로워지고, 독수리가 날개 치며 올라가듯 높이 솟아올라야 합니다. 샬롬.

도서관 (2)

"네 하나님 여호와를 사랑하고 그의 말씀을 청종하며 또 그를 의지하라."
(신 30:20)

제가 미국에 살면서 부러워했던 것 두 가지가 있습니다. 첫째는 도서관이고 둘째는 공원입니다. 미국 어느 도시에 가든지 반드시 공원이 여럿 있고, 도서관도 곳곳에 자리 잡고 있다는 사실을 알게 되었습니다.

미국에서 공부하면서 경험한 놀라운 시스템이 하나 있습니다. 학교 도서관에 제가 필요로 하는 책이 없을 경우, 사서에게 그 책을 신청하면 '상호대차 서비스(Inter-Library Loan)'라는 제도를 통해 그 책이 소장된 다른 도서관을 찾아 대출해 주는 것입니다. 신청만 하면 책이 학교 도서관으로 배달되어 제가 볼 수 있었습니다. 따라서 제가 읽고 싶은 책은, 그 책이 미국 내에 있는 한 모두 볼 수 있었습니다. 한국에서 공부할 때, 신학교 도서관에 없는 책은 읽을 방법이 마땅치 않았던 것과 대조적이었습니다. 국회도서관이나 국립중앙도서관에 가면 혹 있을지 모르지만, 제가 읽고 싶은 해외 원서는 거의 찾을 수 없었으니까요.

도서관이 많은 나라 사람들은 지적(知的)으로 앞서갈 수밖에 없습니다. 도서관 숫자와 그 나라 사람들의 문화 수준은 비례합니다. 독일의 수도 베를린에는 공공도서관만 약 80여 개가 있는데, 서울의 현실은 어떠한지 돌아보게 됩니다.

도서관이 부족한 나라 국민들의 지적 수준이 올라간다는 것은 상상하기 어렵습니다. 물론 요즘에는 인터넷을 통하여 책을 읽을 수 있고 여러 가지 정보를 얻을 수 있지만, 도서관 자체가 주는 학구적인 분위기, 그리고 그 안에서 고전을 깊이 있게 읽는 것은 인터넷에서 정보를 대강 읽고 넘기는 것과는 차원이 다릅니다.

최근 읽은 기사 가운데, 독일 베를린에 있는 프랑스의 대표적인 백화점 갤러리 라파예트(Galeries Lafayette)가 2024년에 철수한다는 내용이 있었습니다. 1996년 문을 연 이 백화점이 여러 가지 이유로 철수를 결정했습니다. 그런데 백화점이 떠나고 나면 이 공간을 어떻게 활용할 것인가에 대해 여러 가지 논의를 하던 중, 베를린 주정부 문화위원회가 이 자리에 도서관을 짓는 방안을 제시했습니다. 베를린 문화 상원의원인 조 치알로(Joe Chialo)는 "도서관은 집과 직장 사이의 장소이고(제3의 공간), 혼자 또는 다른 사람들과 함께 배우는 곳이다"라고 말했습니다.

지금 같은 '정보화 시대(Information Age)'에 도서관을 세우자는 소리가 시대착오적으로 들릴지 모르지만, 독일 같은 최고 지성의 나라에서 번화한 백화점 자리에 도서관을 짓자고 제안하는 것은 그 나라의 지적 수준을 보여주는 상징적인 사건입니다.

한국성서공회 안에 있는 '성경도서관'을 비롯해서 미국, 영국 등 세계 여러 나라의 성경도서관에 가면 초기 교회로부터 현재까지 출판된 모든 성경이 전시되어 있습니다. 고난의 세월 속에서도 성경을 만들고 출판하는 일이 대단히 어렵고 힘든 일이었지만, 생명을 걸고 성경을 출판한 선배들의 노고에 경의를 표하지 않을 수 없습니다. 그러나 성경은 성경도서관에서 구경만 하는 전시품이 아닙니다. 성경은 읽어야 하는 책입니다. 이 글을 읽는 성도님들은 하루에 성경을 얼마나 읽으시나요? 매일 성경을 펼치기는 하시나요? 성경은 모셔두는 책이 아니고, 읽어야 하는 책입니다.

도서관이 아무리 많아도 그곳에 가서 책을 읽는 사람이 없으면 무용지물인 것처럼, 성경책이 있어도 읽지 않으면 무슨 의미가 있겠습니까? 적은 양이라도 매일 일정한 시간에 성경을 읽읍시다. 성경은 책장에 꽂아두는 장식품이 아니라, 반드시 읽어야 하는 하나님의 말씀입니다. 우리 육신이 살기 위해서 매일 세 끼 밥을 먹어야 하는 것처럼, 성경을 매일 읽어야 우리의 영혼이 살 수 있습니다. 성경을 매일 묵상하는 거룩한 습관을 이어가도록 노력합시다. 주님께서는 말씀을 가까이 하는 성도를 사랑하십니다. 샬롬.

책

"내 아들아 또 이것들로부터 경계함을 받으라 많은 책들을 짓는 것은 끝이 없고 많이 공부하는 것은 몸을 피곤하게 하느니라… 일의 결국을 다 들었으니 하나님을 경외하고 그의 명령들을 지킬지어다 이것이 모든 사람의 본분이니라." (전 12:12-13)

인류는 역사 초기부터 자기들의 흔적을 남겨 놓았습니다. 처음에는 글자가 없었기 때문에 그림을 그려서 벽화로 당시의 상황을 남겨 두었습니다. 기원전 1만 7천 년경에 그려진 동굴 벽화가 그 증거입니다. 그 후 인류는 가장 놀라운 업적을 남겼는데, 그것은 바로 문자를 만들어 낸 것입니다.

고대 신전에서 발견된 진흙 판, 즉 점토판에는 곡식의 포대 수와 가축의 수를 적어 놓았습니다. 최초의 문자는 농축산물의 수확량을 기록한 것입니다. 이렇게 시작한 문자는 상형 문자에서 차차 의미 있는 글자로 나아갔습니다. 중국에서는 산(山)이나 시냇물(川)이 흘러가는 모양을 본떠 상형 문자를 만들어 냈는데, 이것이 점차 발전되어 구체적이고 체계적인 문자가 나타나면서 상세한 기록을 남기기 시작했습니다.

처음에는 점토판이나 파피루스, 양피지에 글을 쓰다가 드디어 기원후 105년경에 중국의 후한(後漢) 때 채륜(蔡倫)이 최초로 종이를 고안해 냈습니다. 이때부터 인류는 종이에 글을 쓰고 그림을 그리기 시작했습니다. 이 종이 제작법이 중국에서 이슬람 문화권을 거쳐 유럽으로 전파되었습니다.

종이가 발명된 후 책이 나오기 시작했습니다. 2010년 구글 북스가 발표한 바에 따르면 세상에는 약 1억 3천만 종의 책이 있다고 합니다. 그런데 이 책들 중에는 창피하고 불경하며 저속한 책들도 적지 않습니다. 영국의 작가이자 다큐멘터리 제작자인 에드워드 브룩-히칭(Edward Brooke-Hitching)은 고서(古書)를 사고파는 책장수의 아들로 태어나서 책에 푹 빠져 살았다고 고백했습니다. 그가 소개한 이상한 책들 가운데 인간의 피로 쓴 혈서가 가장 눈에 띄는데, 동양 불교에서는 사람의 피로 경전을 필사하는 오랜 전통이 있었습니다.

현존하는 가장 오래된 혈서는 중국의 돈황(敦煌) 석굴의 밀폐된 동굴에서 발견된 4만 폭의 두루마리 불경입니다. 이라크의 독재자 사담 후세인(Saddam Hussein)은 60세 생일에 한 서예가를 불러 자기 피로 코란(Quran)을 몽땅 필사할 것을 명령했습니다. 그는 2년간 후세인의 몸에서 뽑아낸 27리터의 혈액과 기타 화학 물질을 섞어서 605쪽 분량의 코란을 썼습니다.

또 흥미로운 것은 책의 표지인 장정(裝訂)이 가오리, 원숭이, 타조, 상어 등 여러 동물의 가죽으로 제작된 것들도 있다는 사실입니다. 아돌프 히틀러(Adolf Hitler)의 저서 『나의 투쟁』(Mein Kampf)은 스컹크 가죽으로 만들어지기도 했고, 카를 마르크스(Karl Marx)의 『자본론』(Das Kapital)은 보아뱀 가죽으로, 허먼 멜빌(Herman Melville)의 『모비 딕』(Moby Dick)은 고래 가죽으로 제작되기도 했습니다.

사람 가죽으로 만들어진 것도 있는데, 가장 오래된 인피(人皮) 제본은 13세기에 한 여자의 피부로 제본한 라틴어 성경입니다. 개중에는 사형수의 시신으로 만든 의학서가 가장 많았습니다. 의학의 발전을 도모한다는 명분과 사형수는 죽어서도 벌을 받아 마땅하다는 인식에서 이런 일을 자행했습니다.

인간들의 호기심은 사람마다 달라서 보통 사람이 하지 않는 특이한 일들을 하는 유별난 사람들이 많습니다. 이제는 시대가 변해서 글자를 쓰던 시대가 지나고, 글자를 치는 시대를 지나, 말을 하면 글자로 변하는 기술이 상용되고 있습니다.

앞으로는 말을 하지 않아도 머리에 장치를 하면, 인공지능(AI)이 사람 머릿속에서 상상하는 것을 글자로 표현하는 때가 올 것입니다. 지구상 약 80억 명의 인구 중에는 기괴한 발상과 행동을 하는 사람들이 많이 있습니다. 그러므로 앞으로 어떠한 이상한 것들이 나올지 모르고, 또 그 가운데서는 인류의 삶을 편리하고 쉽고 빠르게 해주는 것들도 있겠지만, 인간의 삶을 피폐하게 만드는 악인들의 결과물도 많이 나올 것입니다.

지혜의 왕 솔로몬은 전도서 마지막에 "많은 책들을 짓는 것은 끝이 없고, 많이 공부하는 것은 몸을 피곤하게 한다"고 술회했습니다. 우리는 영원히 변하지 않는 진리인 성경 말씀을 읽고 실천하며 살아가는 것이 참된 길임을 명심해야 합니다. 예수님께서는 "내가 곧 진리"라고 선언하셨습니다. 진리이신 예수님을 알고, 믿으며 따르는 것이 영원한 생명의 길입니다. 우리는 이 길에 서서 마지막까지 걸어가야 합니다. 샬롬.

옛일을 기억하라

"옛날을 기억하라 역대의 연대를 생각하라 네 아버지에게 물으라 그가
네게 설명할 것이요 네 어른들에게 물으라 그들이 네게 말하리로다." (신
32:7)

구약 성경은 하나님께서 천지를 창조하신 일부터 시작하고, 신약의 마
지막 책인 요한계시록은 이 세상의 역사가 끝나고 새 하늘과 새 땅이
시작되는 것으로 끝납니다. 따라서 성경은 인류 창조의 역사에서 이스
라엘의 역사로 이어지며, 신약은 예수님의 족보에서 시작해 33년 동안
의 공생애, 열두 사도와 사도 바울 선생의 생애, 기타 신앙 선배들의 전
기로 가득 차 있습니다.

특히 이스라엘 민족은 역사교육을 대단히 중요하게 여겨, 유월절
(Passover)을 민족의 가장 중요한 절기로 지키며 기립니다. 옛날 하나님
께서 조상들에게 베푸셨던 이적과 기사를 기억하고 교육하기 위해 노
력합니다. 유월절 한 주간 동안은 이스라엘 전역에 유교병(有酵餅: 누룩을
넣어 만든 빵)이 없게 하고, 오직 무교병(無酵餅: 누룩을 넣지 않은 빵)만을 먹게
합니다. 430년 동안 이집트에서 노예 생활을 하다 하나님의 은혜로 모
세의 인도를 받아 출애굽 하던 때, 시간이 없어 유교병을 구울 수 없어
무교병을 만들어 갖고 나갔던 역사적 사실을 회상합니다. 이 일을 영구
히 기억하기 위해 자녀들에게 무교병을 먹이며 민족의 역사를 가르칩
니다. 또한 초막절(Tabernacles)이 되면 잠을 집안에서 자지 않고 뜰에 텐
트(초막)를 쳐 놓고 그곳에서 자면서, 40년 동안 광야에서 고생하며 지
냈던 조상들의 시대를 회상하고 교육합니다. 이처럼 이스라엘은 역사
교육을 무척 중요시하고 자손들에게 각인시켜, 자신들이 하나님의 특

별한 선택을 받은 '선민(Chosen People)'임을 수시로 일깨워 줍니다.

기원전 722년 북이스라엘이 앗수르에게 멸망했고, 남유다는 기원전 586년 바벨로니아의 느부갓네살 왕에 의해 멸망하면서 이스라엘의 왕조 역사는 끝이 납니다. 그로부터 약 2,500년이 지난 후, 제2차 세계 대전이 끝나고 1948년 국제연합(UN)의 결의에 따라 이스라엘은 독립국으로 거듭 태어납니다. 2,500년 동안 전 세계에 떠돌아다니는 '디아스포라'로 살면서 모국어는 거의 잊어버렸지만, 민족의 동질성은 결코 잃지 않았습니다. 여전히 유대교를 믿고 구약을 경전으로 읽고 외우며, 자녀들에게 철저하게 모세오경(Pentateuch)을 가르치고 민족 역사를 전수했습니다.

"역사를 잊은 민족에게 미래는 없다"는 말과 같이, 자기 민족의 역사를 모르는 사람이 세계 역사를 알 까닭이 없습니다. 제가 초·중·고와 대학을 다닐 때 역사 과목이 있어서 공부했습니다. 그러나 그 교육이 너무 피상적이었고, 그때는 아직 민족사관이 확실하게 정립되지 않았던 시기였습니다. 일제는 그들이 강점했던 35년 동안 조선 학생들에게 우리 역사를 철저히 가르치지 않고, 오히려 일본의 역사를 주입했습니다. 따라서 일제 강점기에 학교를 다녔던 학생들은 조선의 역사를 제대로 배울 수가 없었습니다. 뿐만 아니라 일제는 조선의 역사책을 수거해 소각해 버렸고, 순국선열들의 위인전은 물론 민족의식을 고취하는 민요나 언어 교육을 일절 금지했습니다. 단적으로 말하면 민족 역사를 지우고 일본 역사를 가르쳐, 조선을 일제의 식민지로 만들어 영구히 귀속시키려는 정책을 줄기차게 밀고 나갔습니다.

그러나 하나님의 은혜와 연합국의 승리로 우리나라는 광복을 맞이하게 되었습니다. 우리 힘으로 마지막 결전을 치르지 못한 아쉬움은 있지만, 일제의 지배로부터 벗어나 독립된 대한민국의 모습을 되찾게 되었습니다. 이제는 일제 강점기에 잃어버렸던 민족의 역사를 마음대로 가르칠 수 있게 되었고, 잊혔던 우리의 역사를 되찾게 되었습니다. 그러므로 학교에서는 철저한 역사교육을 통해 우리 민족의 자긍심과 조상들의 빛나는 발자취를 일깨워 주어야 하는데, 국사 교육을 너무 소홀히 하고 있는 것은 아닌지 염려됩니다.

우리 민족도 이스라엘의 역사교육을 본받아야 합니다. 우리 자녀들이 우리의 역사를 철저히 공부하고 익혀서, 어디를 가든지 민족의 자긍심을 갖고 살아갈 수 있도록 지도해야 합니다. 여호와 하나님께서 이스라엘 민족에게 주신 말씀, "옛날을 기억하라 역대의 연대를 생각하라 네 아버지에게 물으라 그가 네게 설명할 것이요 네 어른들에게 물으라 그들이 네게 말하리로다"(신 32:7)를 깊이 묵상하면서 실천해야겠습니다. 샬롬.

역사를 기억하라

"너희는 옛적 일을 기억하라 나는 하나님이라 나 외에 다른 이가 없느니라
나는 하나님이라 나 같은 이가 없느니라." (사 46:9)

미국을 비롯한 자본주의 사회에 사는 사람들은 돈을 많이 버는 데 관심이 쏠려 있습니다. 고3 학생들이나 학부모들이 어느 대학, 어느 학과를 지원할 것인가를 판가름하는 기준은 졸업 후 '돈을 얼마나 많이 버는가'에 초점이 맞추어져 있습니다. 따라서 고수익이 보장되는 의대, 법대, 공대 등을 선호합니다. 대학 졸업 후 의사나 변호사, 또는 기술 전문직으로서 좋은 대우를 받으며 부를 축적하는 데 관심을 쏟고 있습니다. 반면, 졸업 후 오라는 데도 별로 없고 갈 데도 마땅치 않은 인문·사회계열 학과의 지원자가 점점 줄어드는 것은 현실적인 관점에서 보면 자연스러운 일일지도 모릅니다.

제가 장로회신학대학교에 봉직하고 있을 때 어느 지방대학에 강의하러 간 적이 있습니다. 그 대학 교문에 '철학 없는 OO대학교는 자폭하라'라는 현수막이 걸려 있었습니다. 저를 초청한 부총장을 만나 무슨 일이냐고 물었더니, 철학과에 지원하는 학생이 없어서 과를 없애기로 결정했는데 재학생들이 반발하여 현수막을 걸었다는 이야기를 들었습니다.

철학과뿐만 아니라 소위 '문사철(文史哲: 문학·사학·철학)' 학과에는 지망생이 거의 오지 않아, 이제는 과(科)를 폐지할 수밖에 없고 교수들도 감원해야 하는 단계에 이르렀습니다. 이대로 간다면 대학에는 의대, 법대, 공대만 남고 나머지 순수 학문 분야는 모두 사라지지 않는다는 보

장이 없습니다.

최근 통계에 의하면 한국 대학의 인문계열 학과 입학 정원이 2012년 976개 학과에 4만 6,000여 명이었는데, 8년 후인 2020년에는 828개 학과에 3만 7,000여 명으로 급감했습니다. 불과 8년 사이에 148개 학과가 사라졌고, 입학 정원은 약 9,000여 명이 줄어든 것입니다.

미국에서도 하버드 대학교(Harvard University)의 보고에 의하면, 인문학 전공 비율이 1966년부터 2010년 사이에 절반으로 줄어들었습니다. 또한 미국의 미드웨스턴 대학교(Midwestern University)가 2022년에 발표한 바에 따르면, 미국 대학 역사학과의 연구직 교수가 2010년 이후 3분의 1로 줄어들었다고 합니다. 신규 채용은 동결하고 은퇴로 공석이 된 자리는 충원하지 않고 있어, 역사학과 축소 현상은 더욱 가속화되고 있습니다.

일제 강점기의 독립운동가이자 민족사학자였던 단재(丹齋) 신채호(申采浩, 1880-1936) 선생은 "역사를 잊은 민족에게는 미래가 없다"는 유명한 말을 남겼습니다. 성경 역시 역사 교육을 철저히 하라고 권고합니다. 사관(史官)과 서기관들이 역대 왕조실록을 열왕기상·하, 역대상·하에 상세히 기록해 두어, 오늘 우리가 수천 년 전의 이스라엘 역사를 읽고 교훈을 얻는 것입니다.

여호와 하나님께서 "너희는 옛적 일을 기억하라 나는 하나님이라 나 외에 다른 이가 없느니라"(사 46:9)라고 말씀하셨습니다. 하나님께서는 이스라엘 백성들에게 분명히 '옛적 일을 기억하라', 즉 역사를 공부하라고 명령하셨습니다. 하나님의 명령을 저버리고 우상을 섬기며 역사의 교훈을 잊었던 이스라엘 백성들은 북이스라엘(기원전 722년 멸망)과 남유다(기원전 586년 멸망)가 모두 패망하여, 실로 2,500여 년간 나라 없는 백성으로 전 세계에 흩어져 온갖 박해를 받으며 살아야 했습니다. 취업이 어려운 학과에 가라고 개인에게 강요할 수는 없습니다. 그러니 국가가 정책적으로 대학에 재정을 지원하여, 문사철 뿐만 아니라 순수 인문학과 사회과학을 공부하는 학생들의 학업을 보장해 주어야 합니다. 그렇지 않으면 인문학은 대학에서 영구히 사라질지도 모릅니다.

"옛적 일을 기억하라"는 하나님의 말씀은 엄중한 명령입니다. 이 명령을 지키지 않는 민족이 이스라엘이 겪었던 고난의 전철을 밟지 않으리라는 보장은 없습니다. 우리는 우리 민족의 역사뿐만 아니라 세계의 역사, 그리고 성경의 역사를 공부하여 미래를 보는 지혜의 눈을 길러야 합니다. 이것은 여호와 하나님의 명령입니다. 샬롬.

B.C.와 A.D.

"헤롯 왕 때에 예수께서 유대 베들레헴에서 나시매 동방으로부터
박사들이 예루살렘에 이르러 말하되 유대인의 왕으로 나신 이가 어디
계시냐." (마 2:1-2)

우리는 2023년을 떠나보내고 어느덧 2024년 2월을 살아가고 있습니다. 올해가 2024년이라는 것은 너무나 당연한 사실이며, 이를 다른 숫자로 표현한다는 것은 상상하기 어렵습니다. 그러나 제가 어렸을 때만 해도 6.25 전쟁은 서기 1950년에 일어난 것이 아니라, 단기(檀紀) 4283년에 일어났다고 배웠습니다. 제가 초등학교에 다닐 때 달력에는 단기인 4283년을 사용했지, 서기 1950년은 사용하지 않았습니다. 아시다시피 단기는 우리나라를 건국했다는 단군왕검(檀君王儉)이 고조선을 시작한 해를 기원으로 계산한 것입니다. 따라서 6.25 전쟁이 일어난 해는 단기로 4283년이었습니다.

오늘날 세계는 '지구촌(Global Village)'이 되어, 전 세계가 인정하고 통용하는 연도를 사용하지 않으면 세계 속에서 살아가기 어렵습니다. 기독교와는 다른 신앙 전통을 지닌 이슬람 문화권에서도 대외적으로는 올해를 2024년으로 쓸 수밖에 없습니다. 이슬람 세계에서는 창시자 무함마드가 고향인 메카에서 유일신을 선포하다 탄압을 받아 메디나로 피신한 사건을 '헤지라(Hijra)'라 하는데, 그 헤지라가 발생한 서기 622년이 그들의 기원 원년입니다. 따라서 이슬람력으로는 올해가 1445년(또는 1446년)이지만, 그것은 그들 세계에서 종교적으로 사용될 뿐 국제 사회로 나오면 통용되기 어렵습니다. 온 세계는 올해 2024년을 국제적인 표준 연도로 여기기 때문입니다.

2024년을 거슬러 올라가 기원이 되는 해는 모두 다 잘 아시는 것처럼 예수님이 탄생하신 해입니다. 따라서 예수님 탄생 이전을 B.C.(Before Christ)라 말하고, 예수님 탄생 이후를 A.D.라고 합니다. A.D.는 라틴어 '안노 도미니(Anno Domini)'의 약자로, '안노(Anno)'는 해(年), '도미니(Domini)'는 주님(Lord)이라는 뜻입니다. 즉 '주님의 해'라는 의미입니다. 일반 세상에서는 '기원전', '기원후(서기)'라고 말하지만, 우리 교회에서는 '주전', '주후'라고 부릅니다. 이러한 연도 계산법은 6세기의 신학자 디오니시우스 엑시구스(Dionysius Exiguus, 470-544)가 부활절 날짜를 계산하며 처음 사용했는데, 로마 건국 754년을 예수님의 탄생 해인 원년(1년)으로 삼은 데서 비롯되었습니다. 이후 주후 1582년 교황 그레고리우스 13세(Gregorius XIII)가 그때까지 쓰던 율리우스력(Julian Calendar)을 보완하여 태양의 움직임에 더 정확히 맞춘 그레고리력(Gregorian Calendar)을 반포하였습니다. 가톨릭교회에서는 이를 16세기부터 공식적으로 사용했고, 개신교 국가들은 18세기 무렵에서야 받아들였습니다. 우리나라는 1896년에 양력(그레고리력) 사용을 공포했고, 1962년에 법률로 서기(西紀)를 공식 기원으로 사용하기 시작했습니다.

제가 오늘 이야기하고자 하는 핵심은 역사의 중심이 바로 예수님이라는 점입니다. 인류의 역사는 예수님 탄생 이전과 이후로 나뉩니다. 현재 이것은 인종이나 종파나 지역을 초월해서 온 세계가 따르는 기준입니다. 이제 온 세상은 주님의 탄생을 기점으로 하는 서력기원인 2024년을 쓸 수밖에 없습니다. 만약 2024년을 쓰지 않으면 세계의 흐름에 맞출 수 없을 뿐만 아니라, 자국에서 생산한 제품의 제조 일자를 2024년으로 표기하지 않으면 세계 시장에 내어 놓을 수도 없습니다. 이것은 예수님을 중심으로 하지 아니하면 세계 역사의 흐름에서 도태된다는 것을 의미합니다. 세상은 예수님을 믿든 거부하든 간에, 이미 예수님 중심으로 짜인 시간 속에서 움직인다는 사실을 인정하지 않을 수 없습니다. 오늘 온 세계는 예수님의 탄생이 역사의 기준점임을 시인하고 있는 셈입니다. 머지않아 온 세상이 시간의 중심일 뿐만 아니라 생명의 중심되신 예수님을 인류의 구원자로 인정하는 날이 오리라 믿습니다. 주님만이 세상의 중심이요, 주님만이 온 인류의 구세주이심을 다시 한번 확인하는 계기가 되기를 소원합니다. 이 일을 위해 모두 합심하여 기도하며 복음을 전합시다. 샬롬.

토지

> "흙은 여전히 땅으로 돌아가고 영은 그것을 주신 하나님께로 돌아가기 전에 기억하라." (전 12:7)

사람은 땅에서 태어나 땅에서 살다가 땅속으로 들어갑니다. 하나님께서 천지를 창조하실 때 땅(지구)을 만드시고, 그 땅에 동식물을, 그리고 마지막에 사람을 창조하셨습니다. 그러므로 인간은 땅에 속한 존재입니다. 옛날 왕정 시대에는 모든 나라의 땅이 왕의 소유였습니다. 그러나 자본주의가 발전하면서 땅의 소유 개념이 국가에서 개인으로 넘어오게 되었습니다. 이에 따라 자본주의는 '빈익빈 부익부' 현상을 초래하여, 부자는 점점 더 부자가 되고 가난한 사람은 점점 더 가난해지는 모순에 빠지게 되었습니다. 이런 현상을 개혁하겠다고 나온 것이 공산주의 사상입니다.

러시아의 대문호 표도르 도스토옙스키(Fyodor Dostoevsky)의 명작 『죄와 벌』(Crime and Punishment)에 등장하는 가난한 대학생 라스콜니코프(Raskolnikov)는 돈이 없어 학업을 중단하고 어렵게 살아갑니다. 그는 세상에 아무 쓸모 없는 늙은 전당포 주인 노파가 많은 돈을 가지고 사는 것이 옳지 않다고 생각하여 노파를 살해하고 돈을 탈취합니다. 그 돈을 가난한 사람들에게 나누어 주어 정의를 실현하겠다는 잘못된 신념 때문이었습니다.

공산주의자들은 부자들이 아무 노력도 하지 않고 조상들로부터 물려받은 엄청난 부를 가지고 호의호식하며 사는 모습에 분노했습니다. 저들의 돈과 땅을 빼앗아 가난한 사람들에게 나누어 주어 공평한 세상, 즉 공산(共産) 세상을 이루어 보자는 것이 그들의 이상(理想)이었습니다. 그리하여 1917년 러시아에서 블라디미르 레닌(Vladimir Lenin)의 공산당 혁명이 성공하자, 전 세계 각지에서 우후죽순 공산주의 사상이 확산되었습니다. 북한의 김일성 공산 정권도 지주들의 땅을 강제로 빼앗아 가난한 농민들에게 나누어 주는 소위 무상몰수, 무상분배 방식의 토지 개혁을 시행하였습니다.

남한의 이승만 정부도 획기적인 농지 개혁을 시행했는데, 1950년 3월에 지주에게 평년작의 150%를 5년간 나누어 보상하게 하고, 농민들에게 땅을 나누어 주어 5년간 분할 상환하도록 하는 법을 공포하고 시행했습니다. 북한에서는 농민들에게 땅을 나누어 준 후 토지의 소유권을 결국 당(黨)이 가져갔지만, 남한에서는 농민들이 농지 소유권을 갖게 되었습니다. 이로써 사유재산제의 기틀이 마련되었고 대한민국의 번영이 시작되었습니다.

남한은 농지 개혁으로 농민들이 매년 양곡 478만 석을 자유롭게 처분할 수 있게 되자, 자녀들 교육에 힘을 쏟기 시작했습니다. 1945년 136만 명이었던 초등학생 수가 1955년에는 287만 명으로 두 배 이상 늘었고, 중등 학생 수는 8.4배, 대학생 수는 10배가량 폭발적으로 증가했습니다. 또한 교육 기관에는 농지 개혁을 적용하지 않자, 지주들이 가지고 있는 땅을 팔아 사학 재단을 만들었습니다. 그 결과 1943년 39개였던 사립중학교는 1953년 246개로, 사립대학교는 10개에서 49개로 늘었습니다. 이승만 대통령의 농지 개혁은 교육의 강화로 이어졌고, 교육을 통해 길러진 수많은 인적 자원은 한국 발전의 기초가 되었습니다.

토지는 본디 하나님의 소유지만, 세상에 사는 동안 농민이 소유하여 자기 땅에서 농사를 지으며 사는 자유의 세상이 되었습니다. 이렇게 되기까지 인류는 주님 오신 후 2000년을 기다려야 했습니다. 지혜자 솔로몬은 "흙(인간)은 여전히 땅으로 돌아가고, 영은 그것을 주신 하나님께로 돌아가기 전에 기억하라"(전 12:7)고 경고하였습니다. 우리의 영이 하나님께 돌아가기 전에 우리의 삶을 돌아보고 철저한 참회의 시간을 가져야 합니다. 우리는 결국 다시 땅으로 돌아갈 존재이기 때문입니다. 샬롬.

대지

"네가 먹을 것은 밭의 채소인즉 네가 흙으로 돌아갈 때까지 얼굴에 땀을 흘려야 먹을 것을 먹으리니 네가 그것에서 취함을 입었음이라 너는 흙이니 흙으로 돌아갈 것이니라 하시니라." (창 3:18-19)

여러분은 '대지(大地)' 하면 무슨 생각이 나시나요? 적지 않은 사람들은 노벨문학상을 받은 펄 벅(Pearl S. Buck, 1892-1973) 여사가 쓴 소설 『대지』(The Good Earth)를 떠올릴 것입니다. 펄 벅 여사는 1892년 미국 웨스트버지니아주의 힐스버러(Hillsboro)에서 출생하였는데, 그녀의 부모님이 중국 선교사로 갔기 때문에 중국에서 어린 시절과 젊은 시절을 보냈습니다.

펄 벅 여사가 1931년에 발표한 『대지』는 그녀의 대표작으로 주인공 왕룽(Wang Lung)과 그의 자손들을 중심으로 쓴 내용입니다. 1932년에 소설 부문 퓰리처상을 받았고, 1938년에는 이 작품으로 노벨문학상을 받았습니다. 펄 벅은 이 작품에서 중국의 문화와 종교를 잘 묘사했습니다. 특히 작품 속 왕룽의 딸이 지적 장애를 앓는 것으로 나오는데, 이는 펄 벅 자신이 낳은 큰딸이 지적 장애인이었기에 딸을 모델로 하여 쓴 것입니다.

중국에서 신해혁명(辛亥革命)이 일어나기 전, 청나라 시골에서 살던 빈농(貧農: 가난한 농민) 왕룽은 열심히 일하여 많은 땅을 소유한 지주가 됩니다. 왕룽은 죽음을 앞두고 아들들에게 어떤 일이 있어도 땅을 팔지 말라고 부탁합니다. "우리들은 땅을 파먹고 살아왔어. 그리고 또다시 땅속으로 돌아가야 해. 너희들도 땅만 가지면 살 수 있어. 누구라도 땅만은 빼앗을 수 없어." 왕룽은 이렇게 유언했지만, 안타깝게도 그의 아들들은 아버지가 죽기도 전에 땅을 팔 계획을 세웁니다. 땅의 소중함을 잊어버린 세태를 꼬집은 것입니다.

하나님께서 천지를 창조하실 때에 땅을 만드셨습니다. 인간은 땅 위에서 태어나고, 땅 위에서 살다가, 땅속으로 들어갑니다. 그러므로 인간은 땅, 즉 흙입니다. 땅은 우리에게 각종 푸른 채소와 곡식, 과일들을 제공해서 풍성하게 먹고살게 해 줍니다. 또한 땅은 풀을 내어 초식 동물들의 먹거리를 제공하고, 초식 동물은 인간들의 먹거리가 됩니다. 육식동물도 풀을 먹고 사는 초식 동물을 잡아먹고 삽니다. 따라서 육식 동물도 결국 땅에서 먹거리를 얻는 셈이지요.

땅은 어머니와 같이 모든 것을 받아들입니다. 사람들은 세상의 모든 더럽고 추악한 것들을 모두 땅속에 파묻습니다. 모든 쓰레기가 땅속에 파묻히지만, 땅은 또 그곳에 풀이 자라게 하고 채소와 과일나무가 자라게 합니다. 땅은 모든 것을 받아들이는 어머니와 같은 존재지만, 인간들은 이 땅을 오염시키고 땅속에 해로운 유기물이나 부패한 기름을 부어 땅을 악토(惡土)로 만들어 쓸모없게 만듭니다.

하나님께서 땅을 정복하라고 명령하신 것은 땅을 학대하고 쓸모없게 만들라는 뜻이 아닙니다. 인간 삶의 모든 것을 제공하는 어머니의 가슴과 같은 땅을 학대하면 인간은 멸망할 수밖에 없습니다. 땅을 사랑하는 사람과 민족은 이 땅 위에서 번창하지만, 땅을 학대하는 개인이나 민족은 결국 그 땅의 재난으로 멸망하게 됩니다. 농민만 땅을 사랑하는 것이 아니라 모든 사람이 땅을 사랑해야 되고 땅을 아끼며, 땅의 고마움을 마음에 품고 살아야 합니다. 이것이 인간이 땅에 대해 마땅히 가져야 할 기본 마음가짐입니다.

그리스도인들은 누구보다도 땅을 사랑해야 합니다. 믿지 않는 사람들은 돈만 되면 땅이야 썩든 말든 상관없다고 여길지 모르지만, 그리스도인들은 하나님께서 창조하시고 인간에게 주신 가장 아름다운 선물인 땅을 사랑하고 관리하며 돌보아야 할 책임이 있습니다. 이것이 인류가 땅 위에서 행복하게 살아갈 수 있는 유일한 길입니다. 샬롬.

땅을 사라

"나봇이 아합에게 말하되 내 조상의 유산(포도밭)을 왕에게 주기를
여호와께서 금하실지로다 하니." (왕상 21:3)

세계 강대국들은 대부분 넓은 영토를 가진 나라들입니다. 그러나 단순
히 많은 땅을 가지고 있는 것보다 중요한 것은 쓸모 있는 땅이어야 한
다는 점입니다. 러시아와 같이 세계 제일의 광대한 영토를 가지고 있어
도, 국토의 약 80%가 얼어붙은 동토(凍土)라면 넓은 땅을 가졌다는 의
미가 퇴색됩니다. 세계 2위의 영토를 가진 캐나다도 북쪽 절반은 메마
른 툰드라(tundra) 지대이고, 중국도 세계 4위의 영토 대국이지만 30%
가량이 사막입니다. 미국은 러시아, 캐나다에 이어 세계 3위로 약 983
만 제곱킬로미터의 영토를 가지고 있는데, 영토의 대부분이 경작이 가
능하고 사람이 살 수 있는 비옥한 땅입니다. 오늘날 미국은 경제, 군사,
문화, 과학 등 여러 분야에서 세계 최강대국입니다. 미국이 이렇게 강
대한 국가가 될 수 있었던 이유 중 하나는 국토를 끊임없이 사들인 결
과입니다.

　1776년 독립 당시 미국은 동부의 13개 주에 불과한 작은 나라였
습니다. 미국이 결정적으로 영토를 확장하게 된 계기는 제3대 대통령
토머스 제퍼슨(Thomas Jefferson) 시절, 정부가 프랑스로부터 '루이지애나
매입(Louisiana Purchase)'을 단행한 때부터였습니다. 미국 정부는 1803년
프랑스의 나폴레옹 정부로부터 약 214만 제곱킬로미터에 달하는 루이
지애나 영토를 1,500만 달러에 사들였습니다. 나폴레옹은 프랑스 정부
가 경제적인 어려움에 처하자 이 지역을 미국에 팔았습니다. 미국은 루

이지애나 매입으로 하루아침에 국토 면적이 두 배로 늘어났습니다.

또한 1846년에서 1848년까지 미국은 멕시코와 전쟁을 했습니다. 이 전쟁은 미국의 승리로 끝났고, 그 결과 멕시코는 자국 영토였던 캘리포니아, 유타, 네바다, 뉴멕시코, 애리조나, 콜로라도, 와이오밍, 캔자스, 오클라호마, 텍사스에 이르는 거대한 땅을 1,500만 달러에 미국에 넘겨주어야 했습니다. 미국은 승전국이었음에도 불구하고 1,500만 달러의 보상금을 지급하고 해당 영토를 편입했습니다. 이렇게 하여 미국은 서부에 전체 영토의 3분의 1 이상을 넓혔고, 멕시코는 기존 영토의 55%를 미국에 양도하게 되었습니다. 미국은 동쪽 대서양과 서쪽 태평양에 걸친 거대한 땅을 갖게 되면서 이때부터 본격적인 서부 개척 시대(Westward Expansion)가 개막되었습니다. 미국이 멕시코로부터 사들인 땅에서는 엄청난 양의 석유와 구리, 금, 우라늄 등 광물자원들이 쏟아져 나와 미국을 자원 부국으로 만들어 주었습니다.

1867년, 미국 국무부 장관 윌리엄 슈어드(William Seward)의 주도로 러시아 제국으로부터 알래스카를 720만 달러에 구입했는데, 그 면적은 171만 제곱킬로미터에 달했습니다. 당시 러시아는 영국과 분쟁이 생길 경우, 방어하기 어려운 알래스카를 영국 해군에게 속수무책으로 빼앗길 수 있다는 두려움 때문에 황제 알렉산드르 2세(Alexander II)의 명령으로 알래스카를 미국에 팔았던 것입니다. 미국이 알래스카를 사들인 후, 그곳에서는 엄청난 양의 석유와 철광석, 석탄, 백금, 구리, 천연가스, 침엽수 등이 발견되어 그 가치는 수천만 달러를 넘어 천문학적인 액수에 이르게 되었습니다. 또 알래스카 연안의 수산 자원 가치 또한 헤아리기 어렵습니다. 그뿐만 아니라, 러시아와 맞닿은 지점에 각종 군사 시설을 배치하여 국방의 요충지로 삼고 있습니다. 1917년에는 덴마크로부터 카리브해 연안에 있는 버진 아일랜드를 사들였습니다. 섬 주변의 바다에는 수산 자원이 풍부하고, 해저 자원의 잠재력 또한 무궁무

진합니다. 이처럼 미국은 끊임없이 땅을 사들여 영토를 확장했습니다.

요약하자면 세상에 영원불변한 것은 없습니다. 땅도 항상 그대로 있는 것이 아니고, 황폐해지면 쓸모없게 되는 때가 옵니다. 지금 중국과 몽골에 걸쳐 있는 고비 사막 주변의 땅은 매해 사막으로 변하고 있습니다. 따라서 이 땅을 소유했던 단체나 개인은 빈털터리가 되었습니다. 지구 온난화는 땅을 급격히 변질시키고 있습니다. 금싸라기 같은 땅도 황무지가 되는 때가 올 수 있습니다.

세상에서 변하지 않는 것은 없지만, 영원히 불변하는 것은 오직 예수 그리스도를 믿는 믿음뿐입니다. 따라서 땅 위에 사는 동안 땅을 사서 앞날을 대비하는 것도 중요하지만, 믿음을 굳게 하여 주님 섬기는 일과 복음 전파에 매진해야 합니다. 아무리 소중한 땅도 죽을 때 가지고 갈 수는 없습니다. 우리가 가지고 가는 것은 믿음과 복음 전파의 열매뿐입니다. 이 사실을 명심하며 살아갑시다. 샬롬.

한국인의 최초 미국 이민

"눈물을 흘리며 씨를 뿌리는 자는 기쁨으로 거두리로다 울며 씨를 뿌리러
나가는 자는 반드시 기쁨으로 그 곡식 단을 가지고 돌아오리로다."
(시 126:5-6)

현재 미국에는 약 200만 명 이상의 한국인이 살고 있다고 합니다. 물론
정확한 숫자는 아무도 모릅니다. 시민권자와 영주권자는 통계로 알 수
있지만, 주재원, 유학생, 그리고 체류 신분이 불안정한 사람들(서류 미비
자)이 몇 명인지는 정확히 파악하기 어렵기 때문입니다.

기록에 따르면 한국인 이민단이 미국 하와이에 첫발을 디딘 것은
1903년 1월 13일입니다. 인천 내리감리교회 선교사 존스(George H. Jones)
목사는 1901년 흉년과 기근으로 고통당하고 있던 한국인들의 당면 문
제를 해결할 방책으로 미국 이민을 추진하였습니다. 그는 경기도 내 여
러 교회를 다니며 미국 이민을 독려했고, 드디어 1902년 12월 22일,
121명의 이민단이 제물포항을 떠났습니다. 121명은 일본 상선을 타고
일본을 향했는데, 그중에는 내리교회 교인 50명(28가구)과 안정수 전도
사 가족도 포함되어 있었습니다. 1902년 12월 29일 일본 나가사키에
서 미국 증기선 갤릭호(SS Gaelic)로 갈아타기 전, 신체검사를 다시 하여
102명만 승선하게 되었습니다. 이들은 1903년 1월 13일 하와이 호놀
룰루항에 도착했는데, 14일간의 항해 동안 안정수 전도사의 인도로 여
러 차례 선상 예배를 드렸습니다.

이어서 2차 이민단 63명이 1903년 3월 3일에 도착했고, 같은 해 7
월 오아후(Oahu)섬 카후쿠(Kahuku) 사탕수수 농장에서 성도들이 모여 예
배를 드렸습니다. 이것이 하와이 한인 이민교회의 첫 번째 예배였습니

다. 1904년 6월까지 약 2,800명의 한인이 도착하였고, 1904년 말에는 총 14개 교회에 406명의 교인이 생겨났는데, 이는 당시 한인 전체 인구의 약 15%에 달하는 숫자였습니다. 당시 노동자 월급은 월 16달러에 불과했습니다. 그런데도 한인 이민자들은 십시일반으로 2,000달러를 모아 학교를 세울 계획을 세웠습니다. 이 돈은 300명 이상의 노동자가 한 달 꼬박 일해야 모을 수 있는 거액이었습니다. 그들은 그 돈을 들고 미국 감리교단을 찾아가 학교를 세워 달라고 요청했습니다.

하와이 한인기숙학교는 그렇게 시작되었습니다. 우리 조상들은 하루 종일 땡볕에서 허리가 휘도록 일하면서도 후손들을 위한 교육의 중요성을 잊지 않았던 것입니다. 1909년 첫 졸업생 중에는 훗날 주미대사를 지낸 양유찬 박사 같은 인물도 있습니다. 우리 이민 조상들은 교회를 세우고 학교를 세웠습니다. 교회를 세운 것은 이 땅 위에 사는 날 동안 하늘나라를 소망하며 고난을 극복하려는 신앙의 표현이었으며, 학교를 세운 것은 자녀들을 교육하여 책임 있는 그리스도인으로 살아가게 하려는 믿음의 비전이었습니다.

첫 이민단이 미국에 온 지 120여 년이 지난 오늘, 이민 조상들의 꿈에 부응하여 후손들은 현재 미국의 행정부, 의회, 사법부 등 여러 분야에서 두각을 나타내며 한인들의 우수성을 보여주고 있습니다. 비록 당시에는 국력이 약했고 일본의 식민 치하에 있었지만, 조상들의 피나는 노력 덕분에 한 세기가 지난 오늘, 한인들은 미국 사회 각 분야에서 그 위상을 드높이고 있습니다. 이 모든 것은 하나님의 사랑과 인도하심이며, 조상들이 흘린 눈물의 기도가 맺은 결실이기도 합니다.

우리는 자녀들이 세상적으로 성공하는 것만을 목표로 삼지 말고, 영적으로도 성숙한 사람이 되도록 열심히 기도하며 가르쳐야 합니다. 오늘 우리가 여기 있는 것은 첫째 하나님의 은혜요, 둘째 조상들의 눈물 어린 기도와 헌신 덕분입니다. 하나님 감사합니다. 샬롬.

미국과 이민

"내 형제들아 영광의 주 곧 우리 주 예수 그리스도에 대한 믿음을 너희가 가졌으니 사람을 차별하여 대하지 말라… 만일 너희가 사람을 차별하여 대하면 죄를 짓는 것이니 율법이 너희를 범법자로 정죄하리라. (약 2:1, 9)

미국이 이민으로 세워진 나라임을 모르는 사람은 없습니다. 신대륙의 첫 번째 이민은 1607년 5월, 현재의 버지니아주 제임스타운에 도착한 104명이 그 시작입니다. 그 후, 1620년 영국의 플리머스 항구에서 출발한 35명의 청교도와 67명의 일반인이 보스턴 근처 해변에 도착한 것이 두 번째입니다.

본디 미국 땅에는 아메리카 원주민들만 살았는데, 영국을 비롯한 유럽 여러 나라 사람이 신앙의 자유를 찾아서, 또는 돈을 벌기 위해 신대륙으로 몰려왔습니다. 많은 노동력이 필요한 식민지에서는 아프리카에서 수백만 명의 흑인을 잡아와 노예로 부리면서 농사를 비롯한 고된 일을 시켰습니다. 미국의 이민 정책은 지금도 계속되어 전 세계에서 합법적으로 미국에 들어오는 사람들이 많습니다. 미국의 이민 문제는 불법으로 입국하여 체류 신분 없이 살아가는 사람들이 많다는 데 있습니다.

올해(2024년) 대통령 선거에 공화당 후보로 나선 도널드 트럼프는 남부 국경선을 불법으로 넘어 들어오는 중남미와 기타 세계 여러 나라 이민자들의 문제를 해결하겠다면서 백인들의 지지를 얻고 있습니다. 트럼프는 불법 이민자들 중에는 죄수, 살인자, 마약 거래자, 정신질환자, 심지어 테러리스트들이 많다며 이들은 미국을 망치는 세력이라고 목소리를 높이고 있습니다. 이번 대통령 선거의 중요한 이슈 가운데 하나가 바로 불법 이민자 문제입니다. 미국 여론 조사에서 '무엇이 미국의 가장 시급한 과제인가'를 묻는 질문에 응답자의 20%가 이민 문제라고 답하여, 경제라고 대답한 14%보다 6%포인트나 더 높게 나타났습니다.

그럼 이민자들은 미국 경제에 해를 끼치는 사람들일까요? 제가 미주장로회신학대학교(PTSA)에 와서 신학교 건물 공사를 지켜볼 기회가 있었습니다. 건축, 전기, 상하수도, 페인트, 카펫 등 모든 공사 계약은 한국 사람이 했지만, 정작 힘든 일은 히스패닉들이 주로 도맡아 했습니다. 우리 학교뿐만 아니라 미국의 거의 모든 공사장에서 일하는 사람들은 대부분 히스패닉입니다. 그래서 저는 "미국은 히스패닉들이 건설한다"고 말하곤 합니다.

2019년 이후 미국의 이민자 수는 1,000만 명이 넘는데, 이들 대부분이 미국에 와서 일을 하기 때문에 일각에서는 백인들의 일자리를 빼앗는다는 말을 합니다. 그런데 사실은 그렇지가 않습니다. 대부분의 백인은 자기 직장에서 일을 계속하고 있고, 이민자들이 하는 일은 대개 백인들이 기피하는 소위 3D(Dirty, Difficult, Dangerous) 업종의 일입니다. 따라서 이민자 대부분이 미국의 3D 업종을 감당하고 있습니다. 그들 근로자 연령층이 25세에서 54세로, 이들이 활발한 경제 활동을 통해 국가의 세수(稅收)를 늘리고 은퇴자들을 돕고 있다는 사실을 간과해서는 안 됩니다.

그러므로 이민자 문제의 부정적인 면만 보지 말고, 긍정적인 면을 자세히 살펴보아야 합니다. 만일 이민자들의 부정적인 면만 부각하면 이민자는 단 한 사람도 미국에 들어오기 어렵습니다. 다만 문제는 불법 이민자의 수가 급격히 늘어난다는 데 있습니다. 만일 미국이 이민을 받지 않고 백인들만 산다면, 백인들의 출산율 저하로 인구가 점점 줄어들어 결국 나라 자체가 사라질지도 모릅니다. 미국은 많은 나라의 이민자가 모여 살기 때문에 인종 간의 결혼이 일반화되어 있습니다.

하나님께서 인간을 창조하셨을 때는 인간 차별이 없었습니다. 그런데 인간들이 바벨 탑을 쌓는 일로 언어가 혼잡해지면서 차별이 시작되었습니다. 이제 인류가 풀어야 하는 어려운 숙제는 '나와 혹은 우리와 다른 사람들과 어떻게 조화롭게 사느냐'입니다. 유대인이나 헬라인이나 종이나 자유인이나 남자나 여자가 모두 한 가족(갈 3:28)임을 인정하고 차별 없이 사는 세상을 만들어 가야 합니다. '차별 없는 정신', 이것이 바로 기독교 정신이고 이것이 우리 교회가 실현해 나가야 할 거룩한 과제입니다. 샬롬.

미국의 고민 (1): 불법 체류자 문제

"내가 너희를 도무지 알지 못하니 불법을 행하는 자들아 내게서 떠나가라 하리라." (마 7:23)

미국에 거주하는 약 1,100만 명의 불법 체류자는 크게 두 부류로 나눌 수 있습니다. 첫째는 미국 비자를 받고 합법적으로 입국하여 지내다가 체류 기간이 지났는데도 출국하지 않고 그대로 머무는 사람들입니다. 둘째는 아예 비자도 없이 남쪽 멕시코 국경이나 북쪽 캐나다 국경을 불법으로 넘어와 사는 사람들입니다.

2025년 1월에 출범한 공화당의 도널드 트럼프 정부는 불법 체류 자들을 그들의 본국으로 추방하는 정책을 천명하였습니다. 그 일환으로 이민세관단속국(ICE)과 국토안보부(DHS) 요원들이 6월 로스앤젤레스 지역에서 불법 체류자들을 체포하기 시작하자, 이들을 포함한 많은 시민이 강압적인 정부의 단속과 체포에 항의하며 시위를 벌였습니다. 시위가 과격해지자 대통령은 주 방위군(National Guard)과 해병대까지 동원하여 시위를 진압했고, 이 과정에서 수백 명의 시위대가 체포되고 부상당했습니다. 시위대 중 일부는 폭도로 돌변해 상가를 부수고 들어가 물건을 약탈하는 등 무법천지가 되었습니다. 시위는 L.A.뿐만 아니라 전국적으로 확산되는 추세입니다.

미국은 여러 민족이 모여 사는 나라로, 국가의 통치는 오직 법에 의해 이루어집니다. 미국에서 불법을 행하는 자는 반드시 체포되고 처벌을 받습니다. 미국에서 법은 지위 고하를 막론하고 누구에게나 철저히 적용됩니다. 물론 불법 체류자들 중에도 열심히 일하면서 정직하게 세금을 내고 살아가는 사람들도 적지 않습니다. 하지만 음주 운전, 마약, 절도와 폭행, 심지어 살인까지 저지르는 흉악한 범죄자들이 섞여 있어, 경찰과 치안 당국은 골머리를 앓고 있습니다. 게다가 미국은 인도주의 정신으로 불법 체류자와 그 가족들에게도 최소한의 복지 혜택을 제공하고, 응급 상황 발생 시 비용이 얼마나 들든지 무상으로 치료해 주며, 아이들도 공립학교에서 무상으로 교육받게 해 줍니다. 그러므로 시민들은 자기들이 피땀 흘려 번 돈을 세금으로 내면 그것이 불법 체류자들의 생활 지원, 의료비, 교육비로 지출되는 것에 대해 불만을 가질 수밖에 없습니다.

사람은 누구를 막론하고 그 나라의 법을 어기면 안 됩니다. "로마에 가면 로마의 법을 따르라"라는 말은 오래 내려오는 경구입니다. 그 나라의 법을 지켜야 한다는 말입니다. 그리스도인들은 세상의 법을 따라야 하는 의무가 있지만, 더 나아가 하늘나라의 법도 준수해야 합니다. 그러므로 세상의 삶은 더욱 힘듭니다. 세상에 사는 동안 법망에 걸리지만 않으면 언제까지나 살 수 있을지 모르지만, 하늘나라의 법을 어긴 사람의 죄는 최후의 심판대 앞에서 추호도 남김없이 책임을 묻게 됩니다.

신약성경 사도행전에는 예루살렘 교회에서 있었던 불행한 사건 하나를 기록하고 있습니다. 아나니아와 삽비라 부부는 자기들의 토지를 팔아 헌금하기로 작정했습니다. 그러나 판 돈의 일부를 집에 두고 나머지만 가지고 가서 베드로 사도 앞에 내어놓았습니다. 성령의 사람 베드로는 아나니아가 거짓말을 하는 것을 간파하고, "어찌하여 사탄이 네 마음에 가득하여 네가 성령을 속이고 땅값 얼마를 감추었느냐"라고 책망하자 아나니아는 그 자리에서 즉사하였습니다. 세 시간쯤 지난 후, 성전에 들어오는 삽비라에게 베드로는 "그 땅 판 값이 이것뿐이냐?"라고 묻자 삽비라는 "예 이것뿐입니다"라고 거짓말을 했습니다. 그러자 베드로가 "너희가 어찌 함께 꾀하여 주의 영을 시험하려 하느냐… 네 남편을 장사하고 오는 사람들이… 너를 메어 나가리라"라고 말하자 그녀 또한 그 자리에서 혼이 떠났습니다.(행 5:1-11)

　　세상에서는 거짓말을 해도 벌을 받지 않고 넘어갈 수도 있습니다. 하지만 하나님의 법정에서는 거짓말 한마디도 결코 그냥 넘어가는 법이 없습니다. 예수님께서는 "내가 너희를 도무지 알지 못하니 불법을 행하는 자들아 내게서 떠나가라"(마 7:23)고 일갈(一喝)하셨습니다. 우리 모두 세상의 법도, 하나님의 법도 준수하며 정직하게 살아갑시다. 샬롬.

미국의 고민 (2): 불법 이민자 문제

"내 형제들아 영광의 주 곧 우리 주 예수 그리스도에 대한 믿음을 너희가
가졌으니 사람을 차별하여 대하지 말라… 만일 너희가 사람을 차별하여
대하면 죄를 짓는 것이니 율법이 너희를 범법자로 정죄하리라."
(약 2:1, 9)

2024년 11월에 있을 미국 대통령 선거를 앞두고 공화당의 도널드 트
럼프 후보와 민주당의 카멜라 해리스 후보가 경쟁 중입니다. 그런데 이
번 대통령 선거의 주요 이슈 중 하나는 불법 이민자 문제입니다. 전통
적으로 공화당은 불법 이민자들에 대해 강력한 규제 정책을 펴 온 데
반해, 민주당은 비교적 느슨한 정책을 지속해 왔습니다. 불법 이민자
대부분은 힘들고 위험한 노동을 합니다. 소위 '3D 업종', 즉 위험하고
(dangerous), 어렵고(difficult), 지저분한(dirty) 일을 담당하고 있습니다.

2021년 조지아주 게인스빌(Gainesville)의 닭 공장에서 화학 물질을
흡입한 근로자 6명이 숨지고 11명이 중상을 당한 사건이 있었습니다.
숨진 여섯 명은 모두 히스패닉계 노동자들이었고, 현장에서 간신히 살
아 나온 130여 명의 근로자는 모두 불법 체류자들이어서 피해 신고도,
보상도 제대로 받지 못했습니다. 제가 살고 있는 캘리포니아주는 일 년
내내 뜨거운 태양이 내리쬐는 지역이라 밭에서 종일 일하는 것은 보통
고통스러운 일이 아닙니다. 캘리포니아를 포함한 미국 전역의 농업 노
동자 70%가 외국 태생이고, 그중 80%가 히스패닉입니다.

불법 체류자들 가운데는 음주 운전으로 사망 사고를 일으키거나
절도, 강도 같은 불법을 저지르는 자들도 더러 있습니다. 하지만 대부
분의 불법 체류자는 자신의 신분이 드러나면 추방될 수 있기 때문에
오히려 법을 잘 지키고, 세금도 성실하게 납부하며 살아갑니다. 미국의

경제가 어려워지면 불법 이민자들이 표적이 됩니다. 이들이 영주권자나 시민권자의 일자리를 빼앗아 간다고 여기지만, 실제로 이들이 하는 일은 주로 3D 업종이어서 백인들의 일자리를 위협하는 경우는 드뭅니다. 미국을 '이민의 나라'라고 말하지만, 여전히 전체 인구의 약 60-70%를 차지하는 백인들의 나라입니다. 미국은 수많은 인종과 언어와 문화가 섞인 '용광로(Melting Pot)'라고 말하지만, 적지 않은 백인은 흑인, 히스패닉, 아시아인들을 미국에서 사라져야 하는 존재라고 여깁니다.

성경의 야고보 기자는 "내 형제들아 영광의 주 곧 우리 주 예수 그리스도에 대한 믿음을 너희가 가졌으니 사람을 차별하여 대하지 말라… 만일 너희가 사람을 차별하여 대하면 죄를 짓는 것이니 율법이 너희를 범법자로 정죄하리라"(약 2:1, 9)고 말씀하시면서, 사람을 차별하는 것은 죄를 범하는 것이라고 못 박아 두었습니다. 우리가 마음속에서라도 사람을 차별하면 죄를 짓는 것임을 명심해야 합니다. 사람을 차별하지 않는 것은 어려운 일이지만, 야고보서의 말씀과 같이 우리가 "주 예수 그리스도에 대한 믿음"을 가졌으므로 어떠한 경우에도 차별을 해서는 안 됩니다. 우리는 예수 그리스도를 주로 섬기는 사람들이기 때문입니다.

힘들지만 기도하면서 노력하면 안 될 일도 아닙니다. 미국에 살면서 영어를 유창하게 구사하지 못하는 한국 사람들도 백인들로부터 보이지 않는 차별과 멸시를 받고 산다는 사실을 부인할 수 없습니다. 사람을 차별하지 않는 세상이 되게 하기 위해 열심히 노력하며 기도합시다. 샬롬.

무엇이 미국의 피일까?

"오직 흠 없고 점 없는 어린 양 같은 그리스도의 보배로운 피로 된 것이니라." (벧전 1:19)

로이터 통신과 CNN 방송 등에 따르면, 2024년 미국 대통령 선거에서 공화당의 유력 후보인 도널드 트럼프 전 대통령이 2023년 12월 16일 뉴햄프셔주에서 열린 선거 유세에서 지지자 수천 명이 모인 가운데 "이민자가 우리나라의 피를 오염시킨다"고 말했습니다. 그는 남미뿐만 아니라 아시아, 아프리카 출신 이민자도 미국으로 유입된다면서 그들이 전 세계에서 우리나라로 쏟아져 들어온다고 비난했습니다. 그는 2023년 9월 우파 성향 웹사이트 '내셔널 펄스'와의 인터뷰에서도 이민자를 겨냥해 미국의 피를 오염시킨다는 표현을 쓴 바 있습니다.

미국 내에서는 트럼프 전 대통령의 이 같은 발언을 두고, 과거 나치의 히틀러가 유대인 말살을 주장하면서 "유대인의 피가 독일인의 피를 오염시킨다"는 말을 한 것과 비슷하다는 지적까지 나왔습니다. 과연 트럼프가 말하는 '미국의 피'는 무엇이며 이민자들의 피는 무엇일까요? 왜 이민자들이 미국의 피를 오염시킬까요? 트럼프가 말하는 오염이란 무엇을 의미할까요? 미국이란 나라는 처음부터 이민자들에 의해서 세워진 나라라는 것을 모르는 사람은 없습니다. 미국의 첫 정착민은 1607년 영국 정부가 보낸 이민단 144명이 영국을 떠나 그해 4월 버지니아의 체서피크만(Chesapeake Bay)에 도착한 것이 시초입니다. 이들은 모두 영국 사람(앵글로색슨족)이었습니다. 그 후 1620년 메이플라워호를 타고 미국에 도착한 '필그림 조상들' 102명 역시 영국 사람이었습니다.

그 이후, 유럽에서 영국 사람 이외에 프랑스, 독일, 스페인, 스웨덴, 노르웨이, 스위스 등 여러 나라 사람이 신앙의 자유를 찾아서, 혹은 돈을 벌기 위해 미국으로 몰려왔습니다. 이때 이미 미국은 여러 민족이 모여 사는 나라로 출발했습니다. 영국에서 온 사람들은 앵글로색슨족이었지만 프랑스에서 온 사람들은 프랑크족, 독일에서 온 사람들은 게르만족, 이탈리아나 스페인에서 온 사람들은 라틴 계통의 피를 가진 사람들이었습니다.

1820년대부터 중국 사람들이 미국으로 이민을 왔고, 18세기부터 도래한 인도계 사람, 19세기 말부터 들어온 일본인, 1960년대부터는 한국 사람들이 대거 미국으로 이민을 왔습니다. 이렇게 미국에는 다양한 민족이 살면서 서로 결혼하여 다양한 혈통이 섞이게 되었습니다. '미국의 피'라고 주장한 도널드 트럼프도 자기의 조상이 독일계였기 때문에 순수 앵글로색슨족은 아닙니다. 미국은 그야말로 전 세계에서 가장 많은 혈통이 섞인 민족들이 모여 사는 나라입니다.

그러므로 트럼프가 얘기하는 '미국의 피'는 존재하지 않는, 트럼프의 머릿속에만 있는 개념입니다. 현재 3억 3천만 명의 미국 인구는 거의 다양한 혈통이 섞인 사람들입니다. 인간은 피, 외모, 생김새, 피부색으로 판단되는 것이 아니라, 인격과 품위로 판단되어야 합니다. 그리고 영적으로는 모든 인류가 예수 그리스도의 십자가 보혈로 죄 씻음을 받고 깨끗함을 받아야 합니다.

조상이 누구든, 어떤 계통의 피를 받았든 아무 상관이 없습니다. 십자가의 보혈로 정결함을 받았느냐가 가장 중요합니다. 예수님의 피로 깨끗함을 받은 사람은 모두 정결함을 받은 거룩한 무리, 성도(聖徒)입니다. 순수한 '미국의 피'는 없습니다. 정결한 피는 오직 십자가의 보혈뿐입니다. 십자가의 보혈로 모든 인류가 하나 되는 날이 속히 오기 위해 합심하여 기도합시다. 샬롬.

달라진 세상

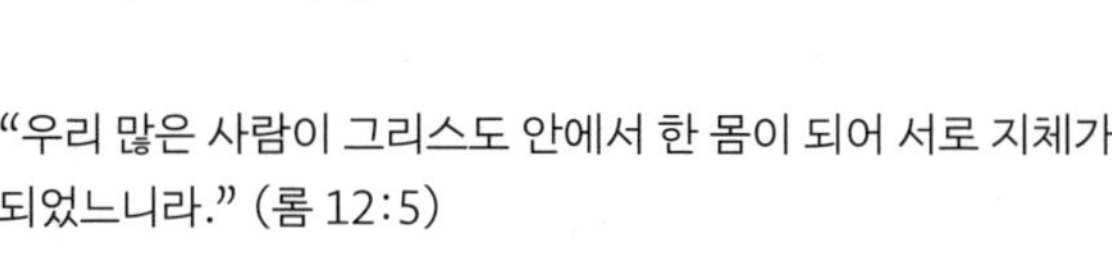

"우리 많은 사람이 그리스도 안에서 한 몸이 되어 서로 지체가 되었느니라." (롬 12:5)

2024년 1월, 일본에서 열린 '미스 일본(Miss Japan)' 선발대회에서 우승한 사람은 일본인이 아닌, 푸른 눈의 우크라이나 출신 여성이었습니다. 귀화한 서양 여성이 일본의 국가대표 미인이 된 것입니다. 이에 대해 "미스 일본은 당연히 일본 사람다운 외모를 가져야 하지 않느냐"는 논란이 일었습니다. 그러나 우승자는 "나는 5살 때 일본에 와서 20년 넘게 살았는데도 외모 때문에 늘 겉돌아야 했다. 이제야 진짜 일본인이 된 것 같다"라고 소감을 밝혔습니다. 겉모습 때문에 늘 이방인 취급을 받으며 살아왔다는 고백입니다.

이런 일은 비단 일본만의 문제가 아닙니다. 앞으로 한국에서도 충분히 일어날 수 있는 일입니다. '미스 코리아' 선발대회에서 다문화 가정 출신의 여성이, 혹은 한국 국적을 가진 흑인이나 백인계 여성이 한국 대표가 되지 말라는 법은 없습니다. 이번에 선발된 우크라이나 출신 여성은 분명 서양인의 외모를 가졌지만, '미스 일본' 띠를 두르고 일본 대표로 세계 미인들과 겨루게 될 것입니다. 동양인 특유의 외모가 아닌 백인이 일본 대표라고 하면 세계인들은 어떻게 생각할까요?

미국의 경우, '미스 USA'가 흑인 여성인 사례는 이미 흔합니다. 세계인들도 이를 자연스럽게 받아들입니다. 과거에는 노예로 살았던 흑인들이 이제는 자유 시민으로서 당당하게 미국의 주인이 되었기에, 흑인이 미국 대표가 되는 것은 전혀 이상한 일이 아닙니다.

최근 중동의 일부 부자 나라들이 막대한 돈을 들여 세계적인 운동 선수들을 스카우트하고, 국적을 부여해 자국 국기를 달고 시합에 내보내는 경우가 늘고 있습니다. 만약 국가대표팀에 정작 그 나라 원주민은 하나도 없고, 전 세계에서 영입한 용병들로만 구성되어 있다면, 과연 그들을 그 나라 대표라 할 수 있을까요? 그런 팀이 승리한다 해도, 그것은 그 민족의 승리가 아니라 자본의 승리일 뿐일지도 모릅니다. 앞으로 돈 많은 부자 나라가 이런 식으로 메달을 휩쓸어 간다면 스포츠의 진정한 의미가 퇴색될 수도 있습니다.

이런 문제를 해결하기 위해서는 그 나라에서 태어나 자란 사람들만 국가대표로 나갈 수 있게 해야 한다는 주장도 있습니다. 하지만 앞서 언급한 것처럼, 한국인과 외국인이 결혼하여 태어난 자녀들이 한국 시민이 되는 다문화 사회가 이미 도래했습니다. 이렇게 되면 우리가 알던 전통적인 한국인의 외모와는 다를 수밖에 없습니다. 이제는 혈통이나 외모로 고유한 민족을 구분하는 개념이 희미해지고, 국경과 인종의 경계가 사라지는 '지구촌' 시대가 되었습니다.

그러나 그리스도 안에서는 국적이나 인종과 상관없이 모두가 한 가족이고 친구입니다. 겉모양이나 피부색은 중요하지 않습니다. 서로 달라도 예수 그리스도를 구주로 고백한다는 사실 하나만으로 형제자매가 됩니다. 우리는 육신의 부모로부터 피를 물려받았지만, 영적으로는 그리스도의 보혈로 죄 씻음을 받았습니다. 주님의 살과 피를 나눔으로써 전 세계 모든 그리스도인이 영적인 한 가족이 되는 것입니다.

그리스도 안에서는 동양인도 서양인도, 백인도 흑인도 모두 하나님의 자녀입니다. 따라서 사람을 외모나 출신으로 차별하는 것은 그리스도인의 올바른 태도가 아닙니다. 인류는 모두 하나님의 자녀요, 우리는 한 가족입니다. 샬롬.

중국과 대만

"예수께서 이르시되 내가 곧 길이요 진리요 생명이니 나로 말미암지 않고는 아버지께로 올 자가 없느니라." (요 14:6)

중국 특파원으로 일하다가 대만으로 부임한 어느 신문사 기자가 중국 본토와 대만의 차이를 온몸으로 느낄 수 있었다는 글을 썼습니다. 그는 다섯 가지 차이점을 지적했습니다.

첫째, 인터넷의 자유입니다. 중국에서는 우회 접속 프로그램(VPN) 없이는 구글이나 카카오톡 등에 접속할 수 없었지만, 대만에서는 아무런 제한이 없습니다. 둘째, 숙박의 자유입니다. 중국에서 외국인은 당국이 지정한 호텔에만 투숙해야 하지만, 대만에서는 어디든지 본인이 원하는 곳에 묵을 수 있습니다. 셋째, 최고 지도자 동상 앞에서 춤추는 자유입니다. 중국에서는 마오쩌둥의 사진이 걸려 있는 톈안먼(천안문) 광장에 진입조차 어렵지만, 타이베이에 있는 국부(國父) 쑨원 동상 앞은 매일 저녁 시민들의 춤 연습장이 됩니다. 넷째, 투표의 자유입니다. 지난 2024년 1월, 대만에서는 4년 만에 총통과 입법위원(국회의원) 선거가 있었습니다. 반면 중국에서 투표는 극소수에 국한됩니다. 2023년 11월, 베이징에 있는 한 아파트 단지의 관리 방식을 결정하는 선거 현장에 가 보았는데, 참석자 50여 명 중에 투표용지 작성법을 아는 사람은 많지 않았습니다. 중국에서는 총통이나 국회의원 선거가 없기 때문입니다. 다섯째, 집회의 자유입니다. 대만 선거 유세 현장에서는 정치 구호와 지도자들에 대한 비판이 난무합니다. 그러나 중국에서 집회는 개인 이익과 관련된 것만 제한적으로 허용한다고 보아야 합니다.

기자가 지적한 점들을 한마디로 요약하면 '자유'에 관한 것입니다. 쉽게 말해 중국에서는 자유가 극히 제한되어 있지만, 대만에서는 자유가 충분히 보장되어 있습니다. 중국은 공산주의 국가이고, 대만은 자유민주주의 국가입니다. 따라서 공산주의 국가에서는 자유가 억압되지만, 자유민주주의 국가에서는 자유가 폭넓게 보장되어 있습니다.

인류 역사의 발전은 결국 '자유를 위한 투쟁'이라고 볼 수 있습니다. 옛날에는 왕이 국가의 모든 권력을 한 손에 쥐고 자기 마음대로 국가를 통치했습니다. "어명(임금의 명령)이요!"라고 하면 모든 자유는 거기서 끝났습니다. 따라서 자유를 누리는 사람은 왕 한 사람뿐이고, 귀족을 포함한 모든 백성의 자유는 제한되어 있었습니다. 역사가 발전하면서 1215년 영국에서 대헌장이 제정되어 왕의 권한이 제한되기 시작했고, 이후 백성들에게 주어지는 자유가 조금씩 늘어났습니다.

오늘날의 왕은 백성들에 대한 지배권을 가질 수 없고, 상징적인 존재로 남아 있습니다. (물론 아직도 일부 이슬람 국가들처럼 왕이 실권을 갖는 나라도 적지 않습니다.) 자유민주주의 국가에서는 국민이 주인이 되어 모든 권력은 국민으로부터 나옵니다. 그러나 공산주의 국가는 권력이 국민으로부터 나오는 것이 아니라 공산당에서 나옵니다. 따라서 당에서 법을 정하고 공포하면 백성들은 무조건 따라야 합니다.

예수님께서는 자신이 진리(요 14:6)라고 말씀하셨고, "진리를 알지니 진리가 너희를 자유롭게 하리라"(요 8:32)고 말씀하셨습니다. 따라서 진정한 자유는 육신의 구속을 풀어주는 자유를 넘어, 영적 자유까지 보장해 줍니다. 그러므로 주님을 아는 사람은 육신의 자유뿐만 아니라 영적 자유까지 얻게 됩니다. 육신의 자유를 억압하는 체제하에서도 영적 자유를 누리며 살아갈 수 있습니다. 그것은 자유의 근원인 예수 그리스도를 소유할 때 가능합니다.

육신의 자유를 확보하기 위해서는 공산주의와 같은 독재 체제를 극복해야 하고, 영적 자유까지 확보하기 위해서는 예수님께서 주신 참된 자유를 누리며 살아야 합니다. 육신의 자유나 영적 자유를 누리지 못하는 사람들을 위해서 우리는 열심히 그리스도를 전파해야 합니다. 그것이 우리에게 주어진 중요한 소명입니다. 샬롬.

트럼프 대통령 취임식 소감

"이러한 백성은 복이 있나니 여호와를 자기 하나님으로 삼는 백성은 복이
있도다." (시 144:15)

2025년 1월 20일, 제47대 미국 대통령 도널드 트럼프의 취임식이 국회
의사당 로툰다(Rotunda) 홀에서 개최되었습니다. 본래 야외에서 식을 거
행하려 했으나, 갑작스러운 한파가 몰려와서 어쩔 수 없이 실내에서 진
행되었는데, 저는 식을 처음부터 끝까지 지켜보았습니다.

미국 대통령 취임식을 보면서 역시 미국은 아직도 기독교 국가라
는 강한 인상을 다시 받았습니다. 식은 처음부터 기독교식으로 진행되
었습니다. 뉴욕 대교구 추기경의 기도에 이어, 유명한 복음 전도자 빌
리 그래함 목사의 아들인 프랭클린 그래함 목사가 개회 기도를 했습니
다. 기독교 국가가 아니라면 신부와 목사의 기도로 식이 시작되는 것은
불가능한 일이지요. 가장 인상적인 장면은 대통령 선서였는데, 트럼프
대통령이 원한대로 미국인들이 가장 존경하는 제16대 대통령 아브라
함 링컨이 보았던 성경과 자기 어머니가 선물로 준 성경 두 권을 포개
놓고, 영부인 멜라니아 여사가 들고 있는 성경 위에 왼손을 얹고, 오른
손은 들고 대법원장 앞에서 선서하는 장면이었습니다.

선서의 마지막 말은 "이처럼 하나님, 나를 도우소서"(So help me God)
였습니다. 하나님께서 4년 동안 자기가 미국을 다스릴 때 도와달라는
고백을 한 것입니다. 이것은 비단 트럼프뿐 아니라 역대 모든 대통령이
그래왔고, 앞으로도 계속될 전통입니다. 그 후 여성 군인 합창단이 '글
로리 글로리 할렐루야'(Glory Glory Hallelujah)를 찬양했습니다. 하나님께

영광을 돌리는 찬송이지요. 기독교 국가가 아니면 국가 행사에서 할렐루야를 찬양할 수 없지요.

취임사 중 인상적인 것은 마틴 루터 킹 목사가 연설했던 꿈을 실천하겠다는 의지의 표명이었고, 하나님을 결코 저버리지 않을 것이라는 다짐이었습니다. 그뿐만 아니라 미국에는 남성과 여성, 두 성(性)만이 존재한다고 선언하면서, 트랜스젠더(성전환자)는 용인하지 않겠다는 단호한 입장을 밝혔습니다.

마지막 순서로 축복 기도가 있었는데, 이 기도는 우리가 보통 예배 마지막에 목사가 하는 간단한 축도가 아니고, 새로 출발한 트럼프 정부와 미국을 위해 하나님께 복을 비는 긴 기도였습니다. 맨 먼저 유대인 랍비가 나와 여호와 하나님께 기도를 드렸습니다. 실상 유대교는 기독교가 아니고 유대인 고유의 종교요, 유대교인은 미국 전체 인구의 3%밖에 되지 않는 적은 수임에도, 랍비가 가장 먼저 기도를 한 것은 미국에서 유대인의 세력이 얼마나 강력한가를 단적으로 보여주는 장면이었습니다. 다음으로 흑인 목사가 나와서 기도했는데, 그의 기도는 참으로 인상적이었습니다. 눈을 감았다가 뜨기도 하고, 두 손을 번쩍 들어 하늘을 향해 흔들면서 열정적인 기도를 했습니다. 마지막으로 가톨릭 대주교가 축복 기도를 하는 것으로 마쳤고, 끝으로 국가 독창이 있었습니다. 다른 사람들은 조용히 서서 노래를 들었지만, 트럼프 대통령은 처음부터 끝까지 거수 경례를 하면서 미국에 대한 자신의 충성심을 표했습니다. 이렇게 식은 끝났고, 마지막으로 퇴장하는 것으로 마무리되었습니다.

저는 식을 지켜보면서 미국은 아직도 기독교 국가라는 강한 인상을 받았습니다. 한때 90%에 육박했던 기독교 인구가 현재는 60%대로 낮아졌지만, 미국의 저변에 도도히 흐르고 있는 청교도 정신을 실감했습니다. 우리 모두 미국이 앞으로도 하나님의 뜻을 따라 나아가는 세계 최강 국가로 남아 있도록 함께 기도합시다. 샬롬.

미국을 다시 위대하게

"그러므로 너희는 가서 모든 민족을 제자로 삼아 아버지와 아들과 성령의 이름으로 세례를 베풀고 내가 너희에게 분부한 모든 것을 가르쳐 지키게 하라." (마 28:19-20)

2025년 1월 20일, 미국의 제47대 대통령으로 취임한 도널드 트럼프는 선거 유세 기간 내내 줄곧 '미국을 다시 위대하게(MAGA, Make America Great Again)'를 부르짖었습니다. 자신이 대통령이 되면 미국을 다시 위대한 나라로 만들겠다는 다짐이었습니다. 그가 이야기하는 '위대한'이란 말은 여러 가지로 해석할 수 있겠지만, 한마디로 말해 세계 최고 강국을 만들어 과거의 위대했던 미국을 이 시대에 다시 한번 재현하겠다는 선언이라고 볼 수 있습니다.

그렇다면 트럼프가 만들려는 위대한 미국은 어떤 나라일까요? 저는 그 의미를 다음 몇 가지로 해석해 봅니다. 첫째, 경제 대국이 되는 것입니다. 현재도 미국은 세계 제일의 부자 나라이자 경제적으로 가장 강력한 힘을 가지고 있습니다. 세계의 기축통화(基軸通貨)가 미국 달러인 것만 보아도 알 수 있습니다. 그러나 트럼프는 미국을 현재보다 훨씬 더 튼튼한 경제적 기반 위에 세워, 어떤 나라도 따라올 수 없도록 앞서가는 나라로 만들겠다는 뜻으로 보입니다.

둘째, 세계 제일의 군사 강국을 만들겠다는 의미입니다. 지금도 미국은 세계 최강의 군사력을 보유하고 있지만, 지금보다 훨씬 더 발전된 장비와 최첨단 무기들을 갖추어 그 어떤 나라도 감히 넘볼 수 없게 만들겠다는 것입니다.

셋째, 문화 대국입니다. 아무리 돈이 많고 군사력이 강하다 할지라도, 문화 수준이 뒤처져 있는 것을 미국은 용납할 수 없습니다. 그러므로 모든 문화면에서 타의 추종을 불허하는 최강의 문화 대국을 이루겠다는 꿈을 제시한 것입니다.

지금 열거한 것들은 세상에서의 번영과 평화를 누리려는 조건들이지만, 저는 미국이 진정으로 다시 위대해지기 위해서는 한 가지가 더해져야 한다고 봅니다. 그것은 바로 미국 교회가 다시 깨어나 '선교 대국'이 되는 것입니다. 미국 교회는 19세기와 20세기 동안 전 세계에 수십만 명의 선교사를 파송했습니다. 그들을 통해 복음을 듣지 못한 사람들이 예수 그리스도를 영접하고 하나님의 자녀가 되는 영광을 누렸습니다. 한국 또한 미국 선교사들을 통하여 복음을 받았습니다. 그로부터 150여 년이 지난 오늘, 한국교회는 선교를 받던 교회에서 선교사를 파송하는 교회가 되어 현재 전 세계에 약 2만여 명의 선교사를 파송하고 있습니다.

이것은 전적으로 미국 교회가 한국에 파송한 선교사들이 흘린 순교의 피 위에 세워진 결과입니다. 미국 교회가 과거 선교 대국으로서의 영광스러운 위치로 돌아오기 위해서는 다시 한번 '대각성 운동'을 일으켜야 합니다.

미국을 위대하게 만드는 길은 세상적 성공과 번영에만 있지 않고, 온 세계에 복음을 전하는 사명을 이루는 데 있습니다. 모쪼록 트럼프의 구호가 미국 교회를 회복시키고, 복음의 전령으로서 소명을 다하는 계기가 되기를 기원합니다. 우리 모두 이 일이 이루어지도록 함께 기도합시다. 샬롬.

법치주의 국가

"그때에 내가 그들에게 밝히 말하되 내가 너희를 도무지 알지 못하니
불법을 행하는 자들아 내게서 떠나가라 하리라." (마 7:23)

민주주의 국가는 왕이 없기에 국민이 주인이 됩니다. 국민이 뽑은 대통령이 행정부의 수반이 되고, 국민이 뽑은 국회의원들이 모여 법을 제정하면, 대통령이 이를 공포하여 온 국민이 그 법을 지킴으로써 국가가 유지됩니다. 세계는 지금 자유민주주의 국가와 독재 국가로 나뉩니다. 서구 기독교 문화권에서는 자유민주주의가 자리를 잡고 안정되어 있으나, 아시아, 아프리카, 남미 일부 지역에는 자유민주주의가 뿌리내리지 못하고 흔들리고 있습니다.

자유민주주의 국가와 독재 국가의 차이점은 법치(法治), 즉 법에 따라 나라를 다스리느냐, 아니면 법이 무시되고 특정 독재자나 세력이 법 위에 군림하느냐에 달려 있습니다. 제가 미국에 와서 살아 보니, 미국이 자유민주주의 국가의 표상이 되는 이유는 법이 나라를 다스리고 있기 때문임을 알게 되었습니다. 다민족, 다문화, 다언어 등 근본적으로 다른 요소들이 조화를 이루고 살아가는 비결은 바로 법치가 확고히 자리 잡고 있기 때문입니다.

물론 미국이라고 해서 모든 국민이나 정치인이 법을 완벽하게 지키는 것은 아닙니다. 하지만 적어도 공개적으로 법을 위반한다거나, 위반했을 때 처벌하지 않고 넘어가는 일은 드뭅니다. 단적인 예로, 누군가 흉기로 경찰에게 위해를 가하려 할 때, 미국 경찰은 강력하게 대응하며 공권력을 행사합니다. 교통경찰은 법규를 위반하는 차가 있으면

그 차가 장관 차든 국회의원 차든 가리지 않고 즉시 세우고 범칙금 고지서(Ticket)를 발부합니다.

한국의 경우는 어떤가요? 한국은 분명 자유민주주의 국가입니다. 그런데 질서를 유지하려는 경찰에게 주먹을 휘두르고 폭행을 가해도, 경찰이 공권력을 제대로 행사하지 못하는 경우가 많습니다. 오히려 경찰이 봉변당하는 일이 비일비재합니다. 만약 경찰이 범죄 제압 과정에서 총기를 사용하여 사상자가 발생하면, 당사자는 물론이고 지휘 라인에 있는 경찰 간부들까지 문책을 당하거나 법적 책임을 져야 하는 경우가 생깁니다. 질서를 유지하는 경찰을 폭행하고 상해를 입히는 사람을 엄벌하지 못하는 나라는 온전한 법치국가라고 보기 어렵습니다.

미국에서는 국회의원이라도 법을 위반하면 현장에서 수갑을 채워 연행합니다. 물론 보석금을 내고 풀려날 수는 있겠지요. 그런데 한국에서는 국회의원 불체포 특권이 있어서 회기 중에는 어떤 범행을 해도 국회의 동의 없이는 체포하지 못합니다. 동의안이 부결되면 아무리 중죄를 지어도 구속 수사가 어렵습니다. 이런 모습을 보며 진정한 법치국가라 할 수 있을까요?

제가 인디애나주에서 목회할 때의 일입니다. 한 번은 먼 곳에 있는 교우 가정을 심방하고 밤늦은 시간에 귀가하면서 허허벌판을 차로 달리고 있었습니다. 한참을 가다 보니 멀리 신호등이 있는데, 차 한 대가 빨간 신호등 앞에 정차하고 있는 것을 보았습니다. 밤늦은 시간에 차 한 대 다니지 않고, 경찰은커녕 사람 하나 없는 허허벌판에서 빨간 신호등에 차를 세우고 신호가 바뀌기를 기다리고 있는 그 모습에서 저는 미국의 법치를 보았습니다. (물론 모든 국민이 다 그렇지는 않겠지만, 저변에 깔린 준법정신을 느낄 수 있었습니다.)

미국에서는 낚시나 사냥을 할 때 반드시 허가증을 받아야 하고, 낚시도 일정 길이 이하의 물고기나 허용되지 않은 어종이 잡히면 바로 놓아주어야 합니다. 미국 사람들은 대체로 이 법을 잘 지키는데, 간혹 일부 사람들은 금지된 어종을 잡으면 그 자리에서 회를 떠서 먹거나, 포(fillet)를 떠서 주머니에 숨겨 단속을 피한다고 합니다. 참으로 부끄러운 무법의 행동입니다. 이런 사람들은 법치가 살아 있는 사회의 성숙한 시민이라 하기 어렵습니다.

예수님은 "그때에 내가 그들에게 밝히 말하되 내가 너희를 도무지 알지 못하니 불법을 행하는 자들아 내게서 떠나가라 하리라"(마 7:23)고 말씀하셨습니다. 여기서 말하는 '불법'은 하나님의 뜻을 거스르는 것을 의미하지만, 넓게 보면 세상의 법과 하늘나라의 법을 지키지 않는 태도 또한 포함된다고 볼 수 있습니다. 법을 지키는 정직한 사람만이 천국 시민의 자격이 있습니다. 우리나라가 모범적인 자유민주주의 법치국가가 되기를, 그리고 우리 성도들이 세상의 법과 하늘의 법을 모두 잘 지키는 모범이 되기를 소망합니다. 샬롬.

미국, 자유의 땅일까, 방종의 땅일까?

"그때에 내가 그들에게 밝히 말하되 내가 너희를 도무지 알지 못하니
불법을 행하는 자들아 내게서 떠나가라 하리라." (마 7:23)

미국은 '자유의 땅(Land of Freedom)'인가, 아니면 '방종의 땅(Land of License)'
인가 하는 생각을 자주 하게 되는 요즘입니다. 일반적으로 미국을 '자
유의 땅'이라고 부릅니다. 미국은 건국 초기부터 자유를 찾아온 사람들
에 의해 세워졌기 때문입니다. 자유란 법이 정한 한도 내에서 자기 의
지대로 행동하는 것을 의미합니다. 법을 어기는 행위는 자유가 아니라
방종(放縱)입니다.

전해 내려오는 이야기가 하나 있습니다. 1945년 8월 15일, 한국은
일제의 폭압에서 벗어나 해방을 맞이했습니다. 어느 날 만원 열차 안에
서 한 청년이 줄담배를 피우며 연기를 내뿜고 있었습니다. 앞에 앉아
있던 노인이 청년에게 "사람들이 많은 열차 안에서 담배를 계속 피우
면 되느냐"며 꾸짖었습니다. 그러자 젊은이는 "해방된 자유 세상에서
담배 피우는 것을 왜 간섭하느냐"며 대들었습니다. 그때 노인은 팔을
들어 젊은이의 뺨을 때렸습니다. 청년은 화가 잔뜩 나서 벌떡 일어나
"왜 남의 뺨을 때리느냐"고 소리를 질렀습니다. 그러자 노인은 차분한
목소리로 말했습니다. "내가 내 손을 휘둘렀는데, 자네가 거기 앉아 있
었기 때문에 맞은 것뿐일세. 나는 내 손을 마음대로 휘두를 자유가 있
네." 자유는 남에게 해를 끼치지 않는 한도 내에서 허용되는 것임을 교
훈하는 일화입니다.

저는 미국에서 살아가면서, 미국이 참으로 자유의 나라라는 것을

자주 느낍니다. 제가 한국에 살 때는 젊은이들의 장발을 단속하고 여성들의 미니스커트 길이를 자로 재던 시절이 있었습니다. 당시 한국에서는 머리를 기를 자유도, 치마를 짧게 입을 자유도 없었지요. 미국이라는 나라는 전 세계 여러 나라에서 온 사람들로 구성된 다민족, 다문화, 다종교 국가입니다. 따라서 이렇게 다양한 사람들로 구성된 나라가 질서 있게 유지되기 위해서는 법이 다스리는 법치국가가 될 수밖에 없습니다.

법을 지키는 사람은 자유롭게 살 수 있어도, 법을 어기는 자는 법에 따라 처벌을 받아야 합니다. 그러나 최근 미국은 법이 무시되고 무법(無法)이 판을 치는 나라가 되어 가고 있습니다. 요즘 젊은이들이 알코올 중독, 마약 중독, 도박 중독, 성(性) 중독이 되어 법 정도는 간단히 무시해도 되는 것처럼 행동합니다. 권총 강도가 가게에서 돈을 탈취하는 수준을 넘어, 수십 명이 한꺼번에 쇼핑몰에 들이닥쳐 마구잡이로 고급 물건들을 약탈해 가는 '집단 약탈(떼강도)' 세상이 되어 버렸습니다.

이번 대통령 선거 기간을 보면서도 참담한 마음을 금할 수 없었습니다. 선거 후 혹시 모를 폭동에 대비해서 워싱턴 D.C.를 중심으로 한 상가들은 약탈을 막기 위해 합판으로 유리창을 막고, 깨지지 않는 방탄유리를 끼워야 했습니다. 법치국가 미국에서 폭도가 무서워 장사도 마음 놓고 못 하는 나라가 되었으니, 참으로 안타까운 일이 아닐 수 없습니다.

예수님께서는 "내가 너희를 도무지 알지 못하니 불법을 행하는 자들아 내게서 떠나가라 하리라"(마 7:23)고 말씀하셨습니다. 불법을 행한 자들은 이 세상에서도 그에 따른 벌을 받지만, 천국에서도 주님께서 내치실 것이라고 경고하신 것입니다. 그리스도인들은 세상 나라의 법도 잘 지켜야 하지만, 하나님 나라의 법도 잘 지켜야 할 의무가 있습니다. 우리 그리스도인들은 좁고 협착한 길을 가야만 합니다. 그러나 성령님의 도우심을 받으면 이런 어렵고 힘든 길도 기쁨으로 갈 수 있습니다. 주님과 동행하는 길이 가장 쉽고 안전한 길입니다. 무너진 법치가 바로 세워지도록 미국을 위한 기도에 힘씁시다. 샬롬.

자유가 아니면 죽음을 달라

"이르되 주 예수를 믿으라 그리하면 너와 네 집이 구원을 받으리라."
(행 16:31)

미국이 시작된 배경은 많은 사람이 알고 있는 것처럼, 영국 왕실이 국교회(성공회) 신앙을 강요하자 신앙의 자유를 찾아 1620년 메이플라워(Mayflower)호를 타고 신대륙으로 온 35명의 청교도와 67명의 일반인이 도착하면서부터였습니다. 그러므로 미국은 자유를 찾아온 사람들에 의해 시작되었습니다. 그 후 신앙의 자유를 찾아, 그리고 경제적 기회를 얻기 위해 유럽 전역에서 신대륙으로 수많은 사람이 물밀듯이 들어왔습니다. 식민지 주민들은 영국의 계속되는 압제에 항거하며 일어난 독립 전쟁에서 승리함으로 미국이라는 자유의 나라를 세웠습니다. 그래서 미국을 '자유의 땅'이라고 부릅니다.

미국 독립 당시 "자유가 아니면 죽음을 달라(Give Me Liberty or Give Me Death)"는 유명한 말은 패트릭 헨리(Patrick Henry)가 미국이 독립을 선언하기 1년 2개월 전인 1775년 4월 23일, 버지니아 식민지 의회에서 행한 연설 중에 나온 명언입니다. 당시 39세의 변호사로 버지니아 의회 의원이었던 헨리는 전쟁이 일어나자, 버지니아 민병대 총사령관 겸 주지사로 활약했습니다. 독립 후, 초대 대통령 조지 워싱턴이 연방 정부 국무장관직을 제안했지만 이를 거절하고 고향 버지니아주에서 주지사를 지내며 미국 헌법 제정에 많은 공헌을 했습니다.

기원전 63년, 유대 나라는 로마 제국의 식민지가 되었습니다. 유대인들은 독립을 위해 크고 작은 반란을 일으켰는데, 기원후 70년에 대규모 반란이 일어났습니다. 로마 정부는 티투스(Titus) 장군이 이끄는 군대를 파병하여 예루살렘 성을 파괴하고, 헤롯 성전을 불태웠으며 수많은 사람을 학살하였습니다. 그러나 1,000여 명이 항쟁하는 마사다(Masada) 산꼭대기는 정복하지 못했습니다. 마사다는 사해(死海) 근처에 있는 해발 400m 절벽 고지에 위치한 견고한 요새입니다.

로마군이 약 3년 동안이나 공격했지만 함락에 성공하지 못하자, 플라비우스 실바(Flavius Silva) 장군이 이끄는 로마 제10군단이 마사다로 진격했습니다. 여러 차례 요새를 공격했으나 성벽을 무너뜨리지 못하자, 로마군은 서쪽에 거대한 토성(土城)을 쌓아 올리기 시작했습니다. 73년, 드디어 성을 공격하기 위한 진입로를 완성하고 공략하여 성벽 일부를 깨뜨리고 요새로 진격해 들어갔습니다. 그러나 마사다에 들어가자 식량 창고를 제외한 요새의 모든 건물은 불타버렸고, 자결한 시신만 즐비하게 남았습니다.

각 가정의 가장들은 가족을 칼로 죽이고, 남자들만 남아 제비를 뽑아 10명의 남자가 나머지 사람들을 모두 죽였습니다. 그리고 다시 한 사람이 아홉 사람을 죽이고, 마지막 남은 한 사람은 자결했습니다. 율법에 자살을 금지했기 때문에 집단 자살 대신, 서로의 목숨을 거두어 주는 방식을 택한 것입니다. 로마의 노예가 되느니 자유로운 영혼이 되는 길을 선택한 것입니다. 자유가 없는 삶은 죽음보다 비참한 것임을 입증한 사건입니다.

살아남은 사람은 숨어 있던 소수의 여인과 어린이들뿐이었습니다. 그들이 식량 창고를 불태우지 않은 것은 식량이 없어서 죽은 것이 아니라, 자유가 없는 세상을 스스로 버린다는 의미였습니다. 로마군은 유대인들의 자유를 열망하는 정신력에 놀라, 숨어 있던 생존자들을 죽이지 않았습니다.

이스라엘의 국방장관이었던 모셰 다얀(Moshe Dayan) 장군은 마사다를 이스라엘 전쟁사의 상징으로 여기고, 신병 훈련의 마지막 과정을 마사다에서 마치게 했습니다. 부대에서 이곳까지 명예로운 행진을 하여 밤에 이곳에 올라, "다시는 마사다가 함락되지 않게 하겠다"라는 맹세를 하는 의식을 거행합니다.

유대 민족이야말로 자유가 아니면 죽음을 달라는 말을 몸소 실천한 사람들입니다. 이스라엘 민족은 육신의 자유를 위해 생명을 버렸습니다. 그러나 진정한 자유는 영혼의 자유입니다. 영혼의 자유를 얻으면 영원히 살 수 있습니다. 영혼의 자유를 얻을 수 있는 길은 주 예수 그리스도를 구주로 영접하는 길뿐입니다. "주 예수를 믿으라 그리하면 너와 네 집이 구원을 받으리라."(행 16:31) 사도 바울의 말씀입니다. 영혼의 자유를 얻는 사람들이 많아지도록 열심히 전도합시다. 샬롬.

진리가 너희를 자유롭게 하리라

"진리를 알지니 진리가 너희를 자유롭게 하리라." (요 8:32)

19세기 중반, 러시아 인구 6,700만 명 중 5,000만 명은 농민이었고, 그 중 80%인 4,000만 명은 지주에게 노예처럼 매인 농노(農奴)였습니다. 나머지 1,000만 명만이 일부 자유농민과 특수 계층이었습니다. 황제 알렉산드르 2세(Alexander II)가 1861년 농노 해방 칙령을 선포하기 전까지는 국민 대부분이 노예나 다름없었습니다. 따라서 러시아인들의 의식 속에는 알게 모르게 노예근성이 짙게 배어 있다고 합니다.

지난 2024년 3월, 러시아에서 대통령 선거가 있었습니다. 예상대로 현 대통령 블라디미르 푸틴(Vladimir Putin)이 전 국민 87%의 압도적인 득표율로 당선되었습니다. 우리는 이 선거에서 러시아 국민들이 과연 푸틴을 진심으로 좋아해서 몰표를 주었을까 하는 의구심을 갖게 됩니다. 러시아인들은 일반적으로 누군가 강한 사람이 질서를 잡아주고, 민중은 그를 따라가면 된다는 사고방식을 가졌다고 합니다. 그들은 봉건 러시아를 강국으로 만들었던 표트르 대제(Peter the Great, 1682-1725)를 가장 숭배하는데, 또다시 이런 지도자가 나와 유럽에 대한 열등감을 해소해 주기를 바라고 있습니다.

푸틴은 표트르 대제가 자신의 롤 모델이라고 말합니다. 러시아인들이 러시아의 영광을 실추시킨 고르바초프보다는, 우크라이나를 침략하고 정적 알렉세이 나발니(Alexei Navalny)를 죽음에 이르게 한 푸틴을 지지하는 것은 강력한 리더를 원하기 때문이라고 전문가들은 분석합니다.

역사가들은 그 이유를 러시아인 특유의 굴종적 태도에서 찾기도 합니다. 이오시프 스탈린(Joseph Stalin)이 집권한 후 그는 러시아인의 이런 민족성을 간파하고, 1937년 '대숙청'을 단행하여 최대 120만 명을 죽였지만, 러시아인들은 결코 저항하지 않았습니다. 많은 전쟁 영웅이 연이어 처형당했지만, 군부조차 저항하지 않았습니다.

인류 역사는 자유를 위한 투쟁입니다. 수천 년 내려오던 노예제도가 폐지되었고, 왕이 나라를 다스리던 왕정 체제가 무너져 국민 개개인이 행사하는 투표를 통해 지도자를 선출하게 되었습니다. 때가 되면 지도자는 물러가고, 새로운 지도자가 나라를 이끌고 가는 형태를 취하는 것이 자유민주주의의 기본 체제입니다.

비록 형식은 민주주의 체제 같지만, 국민들이 깨어나지 않으면 그 민주주의는 허울뿐인 체제에 불과합니다. 현재 통치자의 라이벌이 될 만한 사람들은 죽이거나 추방해 선거에 나오지 못하게 만들고, 꼭두각시 후보 몇 명을 세워 놓고 자기가 수십 년을 통치하는 제도 아래서는 국민에게 자유가 주어질 수 없습니다.

자유는 쟁취되어야 하는데, 국민들이 스스로 쟁취하지 않은 자유는 결코 오지 않는다는 것이 역사의 증언입니다. 미국 헌법은 대통령을 두 번, 즉 8년 이상 하지 못하도록 못 박아 두었습니다. 따라서 미국에서는 러시아처럼 한 사람이 30년 집권하는 것은 상상할 수 없는 일입니다.

주님께서 우리에게 분명히 말씀하셨습니다. "진리를 알지니 진리가 너희를 자유롭게 하리라"(요 8:32). 진리만이 우리의 육체적, 정신적, 영적 자유를 보장해 줍니다. 진리는 오직 예수 그리스도 한 분뿐이십니다.(요 14:6) 진리이신 그리스도를 열심히 전해야 할 이유가 여기에 있습니다. 우리 가족과 친족과 이웃들에게 때를 얻든지 못 얻든지 복음을 전합시다. 샬롬.

자유와 책임

"그리스도께서 우리를 자유롭게 하려고 자유를 주셨으니 그러므로
굳건하게 서서 다시는 종의 멍에를 메지 말라." (갈 5:1)

지난 2024년 5월, 미국 대학가에서는 이스라엘의 가자지구(Gaza Strip)
폭격으로 인해 어린아이들을 포함해 약 3만 3,000여 명이 목숨을 잃은
사태를 두고, 이스라엘의 군사 작전 중단을 촉구하는 시위가 이어졌습
니다. 하마스(Hamas)가 먼저 평화로운 이스라엘 마을을 공격하여 무고
한 국민 1,200여 명의 생명을 앗아가고 많은 인질을 납치한 사건으로
인해 이스라엘의 가자지구 폭격이 시작되었습니다. 그러나 이스라엘
의 공격이 계속되면서 전 세계 여러 곳에서 반(反)이스라엘 규탄 시위
가 확산되었고, 특히 미국의 대학 캠퍼스에서도 격렬한 시위가 계속되
었습니다.

미국의 수정헌법 제1조(First Amendment)는 '표현의 자유'를 보장하
고 있습니다. 국가는 개인의 표현의 자유를 침해하거나 제한할 수 없도
록 규정하고 있습니다. 따라서 학생들에게는 가자지구의 무고한 희생
에 대해 비판하며 이스라엘에 포격 중단을 요구할 권리가 있으며, 대학
은 이러한 주장을 하는 학생들의 표현의 자유를 보장할 의무가 있습니
다. 그런데 문제는 이 표현의 자유가 법의 테두리 안에서 이루어져야
한다는 점입니다. 미국 같은 법치국가에서는 그 누구에게도 법을 어길
권리나 자유는 주어지지 않습니다.

표현의 자유가 헌법에 보장되어 있다 할지라도, 그 자유를 행사하
기 위해 법을 어기면서까지 할 수는 없습니다. 예를 들면 캠퍼스 내에

텐트를 치고 무기한 농성을 벌이는 것은, 이 일에 동의하지 않거나 관심이 없는 학생들과 교직원들의 통행, 학업 등 일상생활에 막대한 지장을 줄 수 있습니다. 따라서 학교는 이들에게 텐트를 철거하고 일정한 시간과 장소에서 의사를 표현할 자유는 보장하지만, 자기주장을 관철하기 위해 다른 사람의 자유를 침해할 권리까지 줄 수는 없습니다.

학생은 그 학교에 적(籍)을 두고 공부를 하는 동안 학칙을 따라야 하고, 학교의 행정 명령에 순응해야 합니다. 대학교에는 수많은 학생과 교직원이 있습니다. 시위를 한다며 교정에 텐트를 치고 모든 이의 통행과 행정에 지장을 주면, 학교는 학생들에게 텐트를 철거하라고 명령할 수 있습니다. 학교는 공권력을 동원해서라도 명령을 따르지 않는 학생들의 불법 시위를 제지할 수밖에 없습니다. 한 걸음 더 나아가, 시위대 학생들이 학교 건물을 불법으로 점거하고 문을 걸어 잠그며 출입을 막는 행위는 두말할 것 없이 심각한 불법을 저지르는 것입니다.

결국 학교는 이런 불법을 자행하는 학생들을 제지하기 위해 경찰력을 동원할 수밖에 없고, 학칙에 따라 정학이나 퇴학 처분을 내릴 수밖에 없습니다. 자유는 법의 한계 내에서만 허락되는 것입니다. 실제로 불법적인 시위를 주도한 학생 수천 명이 경찰에 체포되어 법의 심판을 받게 되었습니다.

예수님께서 "진리를 알지니 진리가 너희를 자유롭게 하리라"(요 8:32)고 하신 말씀은 진리야말로 우리에게 진정한 자유를 준다는 뜻입니다. 이 자유는 표현의 자유와 같은 외면적 자유뿐만 아니라, 내적 자유, 즉 죄악으로부터의 자유도 포함합니다. 진리이신 그리스도를 알고 믿게 되면 인간을 얽매는 모든 것에서 자유를 얻습니다. 사도 바울은 "그리스도께서 우리를 자유롭게 하려고 자유를 주셨으니 그러므로 굳건하게 서서 다시는 종의 멍에를 메지 말라"(갈 5:1)고 권면했습니다.

우리가 세상을 살아가면서 자유를 누릴 수는 있습니다. 그러나 그 자유는 법의 테두리 안에서만 가능하다는 것을 잊어서는 안 됩니다. 법을 어기는 자는 그에 따른 책임을 져야 합니다. 주님께서는 "내가 너희를 도무지 알지 못하니 불법을 행하는 자들아 내게서 떠나가라 하리라"(마 7:23)고 경고하셨습니다. 세상의 법이든 하나님의 법이든, 법을 범하여 불법을 행하는 사람이 되지 말고, 항상 법을 지키며 정직하게 사는 성도가 됩시다. 샬롬.

하지 말라, 하라

"때가 아직 낮이매 나를 보내신 이의 일을 우리가 하여야 하리라 밤이 오리니 그때는 아무도 일할 수 없느니라." (요 9:4)

기독교인이라면 누구나 신구약 성경을 읽습니다. 비록 기독교인이 아니더라도 교양인이라면 성경을 통독하지는 못하더라도, 몇 군데 정도는 읽어 보았을 것입니다. 성경은 누구나 읽을 수 있게 번역된 이후부터 현재까지 부동의 베스트셀러, 즉 가장 많이 팔리는 책입니다.

성경은 구약과 신약으로 나뉘어 있습니다. 구약은 예수님 탄생 이전, 하나님께서 천지를 창조하신 역사와 모세를 통해 이스라엘 백성에게 주신 율법, 이스라엘의 민족사, 그리고 시가서(문학서)와 대선지서·소선지서 등의 예언서로 구성되어 있습니다. 신약은 예수님의 탄생으로부터 33년 동안의 지상 사역, 사도들의 행적, 그리고 주로 사도 바울이 여러 교회에 써 보낸 편지들과 예언서(요한계시록)로 구성되어 있습니다.

구약을 읽어보면 대체로 "하지 말라"는 명령이 주를 이룹니다. 예를 들면, 십계명 중 "하라"는 긍정적 명령은 제4계명 "안식일을 기억하여 거룩하게 지키라"와 제5계명 "네 부모를 공경하라", 이 두 계명뿐이고 나머지 8개 계명은 모두 "하지 말라"는 부정 명령입니다. 살펴보자면 제1계명 "너는 나 외에는 다른 신들을 네게 두지 말라", 제2계명 "너를 위하여 새긴 우상을 만들지 말고", 제3계명 "너는 네 하나님 여호와의 이름을 망령되게 부르지 말라", 제6계명 "살인하지 말라", 제7계명 "간음하지 말라", 제8계명 "도둑질하지 말라", 제9계명 "네 이웃에 대하여 거짓 증거 하지 말라", 제10계명 "네 이웃의 집을 탐내지 말라"입니다. 그러니까 십계명 중 8개 계명은 하지 않으면 됩니다. 즉 가만히 있으면 지킬 수 있는, 수동적이고 부정적인 성격의 계명들입니다.

그러나 신약은 대체로 "하라"는 긍정적인 행동을 요구하고 있습니다. 특히 예수님이나 사도 바울은 "행하라"는 명령을 많이 하셨습니다. 예수님은 산상수훈(마 5-7장)에서도 "이같이 너희 빛이 사람 앞에 비치게 하여… 너희 아버지께 영광을 돌리게 하라", "예물을 제단에 드리려다가 거기서 네 형제에게 원망들을 만한 일이 있는 것이 생각나거든 예물을 제단 앞에 두고 먼저 가서 형제와 화목하고… 너를 고발하는 자와 함께 길에 있을 때에 급히 사화(화해)하라"고 말씀하셨습니다.

또한 "원수를 사랑하며… 너희를 박해하는 자를 위하여 기도하라", "보물을 하늘에 쌓아 두라", "너희는 먼저 그 나라와 그 의를 구하라", "구하라, 찾으라, 문을 두드리라", "남에게 대접을 받고자 하는 대로 너희도 남을 대접하라", "좁은 문으로 들어가라", "누구든지 나의 이 말을 듣고 행하는 자는" 등 끊임없이 행동을 촉구하셨습니다. 예수님의 마지막 명령도 "그러므로 너희는 가서 모든 민족을 제자로 삼아 아버지와 아들과 성령의 이름으로 세례를 베풀고 내가 너희에게 분부한 모든 것을 가르쳐 지키게 하라"(마 28:19-20)는 말씀으로 제자들이 행할 일을 위임하셨습니다.

이상의 모든 예수님의 명령은 "행하라"는 것입니다. 구약은 하지 말라고 말하는데, 신약은 하라고 말씀하십니다. 구약에서 "하지 말라"는 말씀이 많은 이유는, 당시 율법 아래 있던 인간의 죄성을 억제하기 위함이었습니다. 움직이면 우상을 섬기고, 안식일을 범하고, 죄를 짓는 인간의 연약함 때문에 죄를 짓지 않도록 금지하는 명령이 우선되었던 것입니다.

그러나 아무것도 하지 않고 가만히 있으면 아무런 역사도 일어나지 않습니다. 사람은 건강이 주어진 한, 무슨 일이든지 해야 합니다. 예수님께서도 "내 아버지께서 일하시니 나도 일한다"(요 5:17)고 말씀하셨고, "때가 아직 낮이매 나를 보내신 이의 일을 우리가 하여야 하리라"(요 9:4)고 강조하셨습니다. 사도행전에서부터 신약성경 끝까지, 사도 바울의 서신과 기타 말씀에서 줄기차게 강조하는 핵심은 "말씀을 전파하라", 그리고 "네 이웃을 사랑하라"는 것입니다. 이는 모두 "행(行)하라"는 말씀입니다.

열심을 품고 주를 섬기면서 말씀을 전파하고, 모두를 사랑하는 것이 우리 그리스도인의 본분입니다. 때가 아직 낮일 때 일해야 합니다. 인생의 밤이 오면 그때는 아무도 일할 수 없습니다(요 9:4). 아직 인생의 낮을 살아가는 여러분은 열심히 일해야 합니다. 기도와 전도를 포함해서 말입니다. 샬롬.

성경은 폭력적이고, 음란한 문서일까?

"모든 성경은 하나님의 감동으로 된 것으로 교훈과 책망과 바르게 함과 의로 교육하기에 유익하니 이는 하나님의 사람으로 온전하게 하며 모든 선한 일을 행할 능력을 갖추게 하려 함이라." (딤후 3:16-17)

성경이 기독교의 경전일 뿐만 아니라 온 인류가 반드시 읽어야 하는 필독서라는 사실에는 교양 있는 비신자들도 동의합니다. 세계 어느 곳을 여행하든지 호텔 객실 서랍을 열어 보면 성경책이 놓여 있습니다. 이는 국제기드온협회(The Gideons International)가 기증한 것입니다.

한번은 제가 미국 유타주의 주도인 솔트레이크시티(Salt Lake City)의 한 호텔에 투숙했을 때의 일입니다. 객실 서랍을 열었더니 성경과 더불어 몰몬경(Book of Mormon)이 함께 놓여 있었습니다. 그때 저는 이곳이 솔트레이크시티이자 '예수 그리스도 후기 성도 교회(The Church of Jesus Christ of Latter-day Saints)', 즉 몰몬교의 본부가 있는 곳임을 재확인했습니다.

19세기 중엽, 미국 침례교회 평신도였던 조셉 스미스(Joseph Smith)에 의해 시작된 이 교단은, 스미스가 기도 중 천사의 지시를 받아 발견했다는 몰몬경을 성경과 동등하거나 그 이상의 권위를 지닌 경전으로 사용하고 있습니다.

그런데 2023년 6월, 유타주 내의 한 교육구가 초등학교와 중학교 도서관에서 성경을 없애기로 결정했다는 보도가 나왔습니다. 그 이유는 영어 성경의 대표적 번역본인 킹 제임스 성경(King James Version)의 일부 구절에 폭력적이고 선정적인 내용이 포함되어 있다는 것이었습니다. 솔트레이크시티 북쪽에 있는 데이비스(Davis) 교육구는 당시 초등학교와 중학교 도서관 도서 목록에서 성경을 제외하기로 결정했고, 고등학교 도서관만 예외로 두었습니다. 이 교육구에는 약 7만 2,000명의 학생이 재학 중인데, 지역 사회 교사와 학부모 등으로 구성된 위원회는 한 학부모가 성경을 도서관에서 퇴출해 달라는 청원을 내자 이를 받아들여 그같이 결정했다는 것입니다.

이번 결정은 교실에서 '성과 폭력'을 언급하는 것을 반대하는 보수 성향 학부모 단체인 '학부모 연합(Parents United)'이 학교 이사회와 주 의회에 영향력을 행사하는 과정에서 이루어진 일종의 역설적인 결과였습니다. 2022년 12월, 민원을 제기한 학부모는 성경에 근친상간과 매춘, 성폭행 등의 내용이 담겨 있다고 주장했습니다. 결국 이 학부모의 청원이 받아들여져, 도서관에서 만고의 고전이자 부동의 베스트셀러인 성경을 치우는 어리석은 결정이 내려진 것입니다.

몰몬교의 본산인 이 도시가 성경보다 몰몬경을 더욱 중요시하기 때문에, 폭력이니 성이니 하는 말은 핑계에 불과하고 실상은 학생들이 성경보다 몰몬경을 더 많이 읽게 하기 위한 방편이 아닌가 하는 의구심마저 듭니다. 이런 결정이 나온 후, 형평성 차원에서 성경뿐만 아니라 몰몬경도 서가에서 치워야 한다는 민원이 추가로 제기되기도 했습니다. 이 청원에 대해 교육구가 어떻게 최종 결론을 내릴지 귀추가 주목됩니다.

오래전 들은 이야기입니다. 일본의 한 무신론자가 기독교를 앞장서서 비난하다가 우연히 구약 성경 창세기를 읽게 되었습니다. 그는 소돔과 고모라에서 도피하여 깊은 산중에 살던 롯의 두 딸이 아버지에게 술을 마시게 한 후 동침하여 아들을 낳았다는 내용을 읽게 되었습니다. 그는 "성경이 조상의 이런 창피한 치부까지도 여과 없이 기록한 것을 보니 이것이야말로 거짓 없는 진실을 담은 참 경전이다"라며 기독교로 개종했다는 일화입니다.

우리 기독교인이 읽기에도 낯부끄러운 이야기가 성경에 적지 않게 기록되어 있는 것이 사실입니다. 그러나 성경이 위대한 것은 듣기 좋은 미담만 골라 써 놓은 책이 아니라, 인간사에서 일어날 수 있는 부끄러운 죄악의 모습까지도 사실대로 기록하여 인간의 실존과 구원의 필요성을 제시한다는 점입니다.

성경을 읽을 때 성령님이 감동하시면 일본의 무신론자처럼 그 안에서 진리를 발견하게 됩니다. 하지만 폭력과 음란한 내용이 있다는 이유로 도서관에서 성경을 제거하자는 생각을 품는 것은, 영적인 눈이 가려진 어리석은 행동일 뿐입니다. 사도 바울은 "모든 성경은 하나님의 감동으로 된 것으로 교훈과 책망과 바르게 함과 의로 교육하기에 유익하니"(딤후 3:16)라고 기록했습니다. 모든 성경은 진리이며, 영원한 생명의 길로 인도하는 안내서입니다. 우리는 이것을 굳게 믿고 고백합니다. 샬롬.

경전 불태우기

"모든 성경은 하나님의 감동으로 된 것으로 교훈과 책망과 바르게 함과 의로 교육하기에 유익하니" (딤후 3:16)

세계 여러 종교는 그들 고유의 경전을 가지고 있습니다. 기독교는 성경을, 불교는 불경을, 힌두교는 베다를, 이슬람교는 쿠란(Quran)을 가지고 있습니다. 지난 2023년 7월, 이라크 정부는 스웨덴에서 잇따라 발생한 이슬람 경전 쿠란 모독 행위에 대한 보복 조치로 자국 주재 스웨덴 대사를 추방했습니다. 이라크 총리실은 성명을 내고 스웨덴 스톡홀름에 있는 자국 외교관을 철수시키고, 바그다드에 주재하고 있는 스웨덴 대사에게 이라크를 떠나라고 통보했습니다.

이라크 정부는 스웨덴 땅에서 쿠란을 불태우는 사건이 다시 발생할 경우 외교관계를 단절할 것이라고 경고했습니다. 이런 강력한 조치를 취하게 된 계기는 2023년 6월과 7월, 이라크 출신 기독교계 난민인 살완 모미카(Salwan Momika, 37)가 쿠란을 걷어차거나 불태우는 행위를 했기 때문입니다. 그는 표현의 자유를 주장하며 쿠란을 불태웠는데, 이슬람 국가에서 자란 청년이 쿠란을 불질렀다는 사실이 참으로 아이러니합니다. 기독교나 불교, 힌두교보다도 무슬림들은 특별히 쿠란을 신성한 책으로 여기며 남다른 존경심을 가지고 있기에, 쿠란에 대해 모독적인 행위를 하는 것을 참을 수 없는 분노로 받아들입니다.

상식적으로 생각해도, 어떤 종교의 경전을 찢고 훼손하며 불지르는 행위는 용납할 수 없는 야만적 행위입니다. 더구나 전 세계 약 13억 무슬림 인구가 극히 신성시하는 경전을 훼손하거나 발로 차고 불태우는 행위는 타 종교에 대한 예의가 아닙니다. 그런데 우리 기독교 역사에서도 성경을 불태운 사건이 있었습니다. 기독교에 적대적이었던 로마 제국이나 불량한 폭군이 그랬다면 이해하겠지만, 교회가 앞장서서 성경을 불태웠다면 이해가 되십니까?

존 위클리프(John Wycliffe, 1320~1384)는 영국 노스요크셔(North Yorkshire)의 힙스웰(Hipswell)에서 태어나 옥스퍼드 대학교를 졸업하고 그곳의 교수가 되었습니다. 훗날 교구장이 되고 나서부터 그는 로마 교황청의 타락과 부패를 규탄하기 시작했습니다. 그가 로마 교황청의 부패에 대한 비판을 계속하자, 교황 그레고리우스 11세로부터 이단 경고를 받았습니다. 그러나 그는 기독교의 진리를 일반 대중에게 알리기 위해서 라틴어로 된 성경을 영어로 번역하여 1382년 드디어 완간하였습니다.

위클리프는 영어 성경을 일반 평신도들이 읽고 외우도록 하여 로마 가톨릭교회의 정책에 정면으로 도전했습니다. 당시 교회법에는 성경 번역이 엄격히 금지되어 있었고, 라틴어로 된 성경은 소수의 사제만의 전유물이었습니다. 결국 위클리프가 번역한 영어 성경은 모두 회수되어 불태워졌습니다. 그리고 그가 죽은 지 31년이 지난 후, 1415년 콘스탄츠 공의회는 위클리프가 라틴어 성경을 영어로 번역한 것을 죄로 물어 그를 이단으로 정죄했습니다. 그 결과 그의 무덤을 파헤쳐 뼈를 꺼내 불사르고 강물에 뿌리는 부관참시(剖棺斬屍)를 자행했습니다.

지금부터 600여 년 전의 일이지만, 교회가 성경을 영어로 번역했다는 이유로 성경을 불태우고, 번역자의 묘까지 파헤쳐 뼈를 불살랐다는 사실이 믿어지십니까? 이는 교회가 성삼위 하나님의 이름으로 자행한 비극이었습니다. 교회가 성경을 불태운 이 사건을 역사는 기록으로 남겨두었습니다. 모든 종교의 경전은 어떤 명목으로도 불태워서는 안 됩니다. 그러나 참 진리가 아닌 경전을 읽으며 그것을 신봉하는 사람들을 참 진리로 이끌어 주어야 할 책무가 우리에게 있습니다. 이를 위해 더욱 기도해야 합니다. 샬롬.

을 참 진리로 이끌어 주어야 할 책무가 우리에게 있습니다. 이를 위해 더욱 기도해야 합니다. 샬롬.

금서

"존귀한 자는 존귀한 일을 계획하나니 그는 항상 존귀한 일에 서리라."
(사 32:8)

금서(禁書)란 법이나 공권력에 의해 출판이나 판매, 독서가 금지된 책을 말합니다. 사람은 누구나 무슨 책이든지 읽을 수 있는 자유가 있습니다. 하지만 인류 역사에서 국가, 왕, 통치자, 그리고 현대에 와서는 특정 집단이나 종교에 의해 '읽어서는 안 되는 책'으로 지정된 금서 목록이 존재해 왔습니다.

사람은 책을 통해 지식을 축적하고 새로운 정보를 얻으며 독서의 기쁨을 누립니다. 따라서 책은 누구에게나 꼭 필요한 존재입니다. 사람에게는 책을 골라 읽을 자유가 있지만, 국가나 단체가 금서 목록을 제시하며 통제하는 경우가 종종 있었습니다. 역사적으로 금서 목록을 엄격히 강조한 대표적인 단체가 로마 가톨릭교회입니다. 교회에 해가 되거나 신앙에 위배되는 책은 금서 목록에 올려 신도들이 읽지 못하게 했습니다.

제가 장로회신학대학교에 봉직하고 있을 때의 일입니다. 동료 교수 한 사람이 제 연구실에 들어와 서가(書架)를 훑어보더니, "여기는 '빨간 책'도 있네"라는 말을 했습니다. 그 교수가 말한 '빨간 책'이란 카를 마르크스의 『자본론』이었습니다. 당시에는 마르크스 등 공산주의자들의 저서는 출판, 판매, 독서가 엄격히 금지되던 때였습니다. 공산주의 서적은 일절 금지되어 있었지만, 해당 분야를 연구하는 대학교수들에게는 예외적으로 소유와 연구가 허용되었습니다. 따라서 일반인들은 공산주의자들이 쓴 책이나 공산주의에 관한 책을 읽어서도, 소유해서도 안 되었고 출판은 더더욱 불가능했습니다. 그러나 지금은 그러한 규제가 모두 사라졌지요.

그런데 '읽어서는 안 되는 책'에 대한 논란은 지금도 계속되고 있습니다. 자유의 나라 미국에서도 주(州)나 교육구에 따라 학교 도서관에 비치해서는 안 되는 금서가 있습니다. 미국도서관협회(ALA)의 발표에 따르면 금서 목록에 올려 달라는 요청이 쇄도한 대표적인 책들은 다음과 같습니다. 『해리 포터』 시리즈는 악마적 주술 내용이 포함되어 있다는 이유로, 『완벽하게 정상인』 등은 낙태 문제나 신앙적으로 부적절한 내용 때문에, 『아기 펭귄 탱고와 두 아빠 펭귄 이야기』는 동성애를 소재로 했다는 이유로 지목되었습니다. 또한 『캡틴 언더팬츠』는 공격적 언어의 반복적 사용으로, 『루머의 루머의 루머』는 자살 관련 내용으로, 『젠더 퀴어』는 성소수자 등장 및 노골적 성적 묘사 등의 이유로 금서 요청이 빗발쳤습니다.

금서 지정을 요청하는 그룹은 학부모가 30%, 부모 외 보호자가 28%, 정치·종교 집단이 17% 등을 차지했습니다. 2022년 '도서 전쟁'의 가장 첨예한 쟁점은 성소수자(LGBTQ) 이슈였습니다. 학부모들은 단순히 책을 금지하려는 것이 아니라, 자녀를 보호하려는 마음에서 아이들이 적당한 시기에 적절한 주제의 책을 접하게 할 권리가 있다고 주장합니다.

자유란 무엇이든 할 수 있는 방종이 아닙니다. 자유에는 적절한 제재와 절제가 따라야 그 가치와 효력이 나타납니다. 모든 책이 사람에게 유익한 것은 아닙니다. 사람에게, 특히 판단력이 미성숙한 어린이들에게 해를 끼치는 책은 읽게 해서는 안 됩니다. 아이들이 자라서 스스로 책을 선별할 수 있을 때까지, 해로운 책은 금서 목록에 넣어 보호해야 합니다.

사탄은 유해한 책들을 통해 아이들을 유혹할 뿐만 아니라, 성도들의 거룩한 삶까지도 더럽힙니다. 사탄은 세속적이고 음란한 문화를 통해 성도들을 유혹해서 신앙에서 멀어지게 합니다. 성도(聖徒)는 거룩한 무리입니다. 거룩한 무리는 거룩하지 않은 것을 거절해야 합니다.

"존귀한 자는 존귀한 일을 계획하나니 그는 항상 존귀한 일에 서리라."(사 32:8) 이사야 선지자는 존귀한 자가 살아가는 방식을 제시했습니다. 우리 그리스도인들은 영혼을 병들게 하는 세속적인 책을 멀리해야 합니다. 대신 우리는 하나님의 말씀인 성경을 가까이하고 주야로 읽으며 묵상해야 합니다.

우리 자녀들에게도 세상의 해로운 책을 멀리하고, 성경을 가까이하게 가르쳐야 합니다. 성경만이 참된 진리입니다. 진리와 함께하는 사람은 그리스도와 함께하는 사람입니다. 우리 모두 거룩한 말씀을 가까이하는 존귀한 삶을 살아갑시다. 샬롬.

하나님의 말씀은 진리다

"욕심이 잉태한즉 죄를 낳고 죄가 장성한즉 사망을 낳느니라." (약 1:15)

지난 2024년 12월, 베트남에서 부동산 재벌 회장이 부정부패 혐의로 사형 선고를 받았다는 뉴스가 전해졌습니다. 금융 사기 혐의로 기소된 쯔엉 미 란(68) 반틴팟 홀딩스(Van Thinh Phat Holdings) 회장이 항소심에서 사형이 확정되었다는 내용입니다. 쯔엉 회장은 막대한 금액을 횡령한 혐의로 사형을 선고받았습니다. 그녀는 측근들과 공모해서 2012년부터 2021년까지 상업은행에서 304조 동(약 16조 7천억 원)을 횡령한 혐의를 받고 있습니다. 또한 자신의 범죄를 은폐하기 위해서 부하들을 시켜 중앙은행과 금융당국 관계자들에게 뇌물을 건네기도 했습니다. 그녀는 지난 10월, 또 다른 재판에서 사기, 자금 세탁 및 불법 자금 이체 등을 통한 재산 취득 혐의로 유죄가 인정되어 이미 종신형을 선고받은 상태였습니다.

성경의 야고보 기자는 "욕심이 잉태한즉 죄를 낳고 죄가 장성한즉 사망을 낳느니라"(약 1:15)고 말씀했습니다. 쯔엉 미 란 회장은 엄청난 돈을 가지고도 더 많은 돈을 벌기 위해 부정한 일을 자행하다가, 결국 그 돈과 더불어 생을 마감할 위기에 처하게 되었습니다. 성경 말씀은 틀림없는 진리입니다.

어느 가난한 가족의 이야기가 있습니다. 산동네에 살던 그들은 집에 화장실이 없어서 여러 세대가 공동으로 쓰는 화장실을 이용해야만 했습니다. 아침이면 화장실 앞에 여러 사람이 줄을 서서 차례를 기다려야 했고, 먼저 들어간 사람이 빨리 나오지 않으면 고통을 참아야 했습니다. 이 가족의 평생 소원은 우리 식구들만 쓰는 화장실이 하나 있는 집에 사는 것이었습니다.

온 가족이 피땀 흘려 돈을 모아 드디어 화장실이 하나 딸린 집을 장만하게 되자, 이 가족은 더 이상 소원이 없을 것 같았습니다. 그러나 화장실에 들어간 가족이 빨리 나오지 않아 밖에서 소리를 지르는 일이 자주 일어나자, 이번에는 화장실이 두 개 있는 집에 사는 것이 소원이 되었습니다. 열심히 일해 화장실 두 개 있는 집으로 이사했지만, 두 사람이 들어가 동시에 나오지 않는 상황이 생기자 이번에는 화장실 세 개가 있는 집이 있었으면 좋겠다는 소원을 갖게 되었다고 합니다. 이 이야기는 인간의 욕망에는 끝이 없다는 것을 단적으로 보여 줍니다.

잠언에는 "족한 줄을 알지 못하는 것 서넛이 있나니 곧 스올과 아이 배지 못하는 태와 물로 채울 수 없는 땅과 족하지 아니하는 불이니라"(잠 30:15-16)고 기록되어 있습니다. 저는 여기에 한 가지를 더 덧붙이고 싶습니다. 바로 "부자가 이제 만족한다며 더 이상 돈이 필요 없다고 말하는 경우는 없다"는 사실입니다. 사람의 욕망은 끝이 없어 한없이 앞을 향해서 달려가지만, 그 마지막은 결국 죽음입니다.

인간은 자족하는 삶을 살기가 참으로 어렵습니다. 사실 사람이 하루 세 끼 밥을 먹고 건강하게 살면 더 이상 바랄 것이 없습니다. 세 끼 밥을 먹지 못하는 것은 불행한 일이고, 밥을 먹는다 해도 건강을 잃으면 고통스러운 일입니다. 따라서 세 끼 먹고 건강하게 살 수 있다면 그것만으로도 감사합니다.

돈을 많이 가지고 있는 사람이 행복한 것이 아니라, 자족하는 생활을 하는 사람이 진정 행복한 사람입니다. 사도 바울은 "어떠한 형편에든지 나는 자족하기를 배웠노니 나는 비천에 처할 줄도 알고 풍부에 처할 줄도 알아 모든 일 곧 배부름과 배고픔과 풍부와 궁핍에도 처할 줄 아는 일체의 비결을 배웠노라"(빌 4:11-12)고 고백했습니다. 그렇습니다. 우리는 풍요 속에서도, 비천한 상황에서도 자족하는 법을 배워야 합니다.

우리 삶의 목표를 물질에 두면 결코 만족을 모르고, 결국 욕심 때문에 불법을 저질러 심판을 받게 됩니다. 우리 삶의 목표는 주 예수 그리스도여야 합니다. 주님을 위해서 모든 것을 버린 사도 바울과 열두 제자들, 그리고 교회 역사에 나오는 수많은 성인(聖人)들의 삶은 비록 가난과 고난 속에 있었을지라도 영적으로는 그 누구보다 풍족했습니다. 우리도 영원한 천국을 사모하며 주어진 현실에 감사하고 만족하며 살아갑시다. "주님 한 분만으로 만족합니다." 샬롬.

2

THE HEART OF THE SHEPHERD

목자의 마음

우리 교회 목사님의 자격

"그러므로 감독은 책망할 것이 없으며 한 아내의 남편이 되며 절제하며 신중하며 단정하며 나그네를 대접하며 가르치기를 잘하며 술을 즐기지 아니하며" (딤전 3:2-3)

영국 런던의 한 대형 교회 목사가 은퇴한 후, 후임 목사를 찾기 위해 당시 '설교의 황태자'라는 별명을 가진 스펄전(Charles H. Spurgeon) 목사에게 적임자를 추천해 달라고 요청했습니다. 교회 대표들이 스펄전 목사를 만나 교회에 알맞은 목사를 한 사람 추천해 달라고 부탁하자, 스펄전 목사는 어떤 조건의 목사를 찾느냐고 물었습니다. 그들은 이렇게 대답했습니다.

"우리 교회가 찾는 목사는 첫째 높은 명성, 둘째 탁월한 설교 능력, 셋째 뜨거운 열정, 넷째 인자함, 다섯째 솔로몬과 같은 지혜, 여섯째 능동적이고 적극적인 사고, 일곱째 출중한 용모, 여덟째 폭넓은 사교성, 아홉째 교회를 안정적으로 이끌고 갈 수 있는 통솔력, 열 번째 교회를 성장시킬 수 있는 비즈니스적 능력을 갖춘 목사입니다." 그 말을 들은 스펄전 목사는 이렇게 대답했습니다. "여러분들이 찾는 담임 목사는 이 세상에서는 찾을 수 없습니다. 찾을 수 있는 방법이 딱 하나 있기는 합니다. 그것은 하나님께 천사들 가운데 하나를 담임 목사로 보내 달라고 기도하는 것입니다."

사도 바울은 디모데에게 보낸 편지에서 다음과 같이 말했습니다. "그러므로 감독은 책망할 것이 없으며 한 아내의 남편이 되며 절제하며 신중하며 단정하며 나그네를 대접하며 가르치기를 잘하며 술을 즐기지 아니하며 구타하지 아니하며 오직 관용하며 다투지 아니하며 돈을 사랑하지 아니하며 자기 집을 잘 다스려 자녀들로 모든 공손함으로 복종하게 하는 자라야 할지니 (사람이 자기 집을 다스릴 줄 알지 못하면 어찌 하나님의 교회를 돌보리요) 새로 입교한 자도 말지니 교만하여져서 마귀를 정죄하는 그 정죄에 빠질까 함이요 또한 외인에게도 선한 증거를 얻은 자라야 할지니 비방과 마귀의 올무에 빠질까 염려하라.”(딤전 3:2-7)

바울 사도는 감독(목사)이 될 사람의 조건으로 15가지를 제시했습니다. 이런 모든 조항을 갖추지 않은 사람에게는 감독의 직분을 맡기지 말라는 것입니다. 만약 여러분의 교회에서 목사를 청빙(請聘)한다면, 어떤 목사를 기대하시나요? 담임 목회 경력이 있는 분으로, 설교를 은혜롭게 잘하고, 겸손하며, 교인 한 사람 한 사람에게 관심을 가지고 기도하며 가정을 잘 돌보는 분을 원할 것입니다. 또한 기도를 많이 하고, 행정 능력이 탁월하며, 모든 사람으로부터 존경받고, 물질이나 명예직을 탐하지 않으며 오직 교회 섬기는 일에 최선을 다하는 목사를 구할 것입니다.

특히 이민 목회 현장인 미국에서는 1.5세나 2세들에게 설교도 하고 소통도 해야 하므로, 이중언어(한국어, 영어) 구사 능력을 필수적으로 갖춰야 할 것입니다. 연령대 역시 너무 어려도 안 되고 너무 많아도 안 되며, 영주권이나 시민권자여야 한다는 조건도 붙겠지요.

그런데 여러분, 과연 지상에서 이런 조건을 완벽히 갖춘 목사를 찾을 수 있다고 생각하십니까? 현재 여러분 교회를 담임하고 있는 목사님은 이런 조건을 얼마나 충족하고 있습니까? 우리가 찾는 조건을 모두 갖춘 목사가 과연 존재하기는 할까요? 차라리 천사를 보내 달라고 기도하는 편이 빠르지 않을까요? 영국의 대형 교회가 찾는 목사나, 사도 바울이 제시한 조건을 완벽하게 다 갖춘 목사를 세상에서 찾는 것은 불가능할지도 모릅니다. 모든 사람은 장점과 단점을 함께 가지고 있습니다. 목사는 천사도 아니고, 악마도 아닙니다. 태양 앞에 서면 앞면은 밝게 잘 보이지만, 뒤에는 그림자가 드리워져 있습니다.

여러분 교회의 목사님에게도 장점이 있고 단점이 있습니다. 천사 외에는 장점만 있고 단점이 없는 존재는 없습니다. 우리 목사님의 단점을 두고 뒤에서 비방하기보다는, 조용히 그 부족함이 채워질 수 있도록 하나님께 기도드려야 합니다. 모든 교인이 담임 목사를 위해 매일 기도하면, 목사의 단점은 점점 줄어들고 장점은 더욱 늘어날 것입니다. 그래도 우리 교회 목사님이 다른 곳보다는 낫다는 긍정적인 마음을 가지고 열심히 기도하면 더욱 은혜로운 교회가 될 수 있습니다. 하나님께서는 목사들과 교인들의 기도를 듣고 계십니다. 샬롬.

성직자 부족 사태

"그러므로 감독은 책망할 것이 없으며 한 아내의 남편이 되며 절제하며 신중하며 단정하며 나그네를 대접하며 가르치기를 잘하며 술을 즐기지 아니하며" (딤전 3:2-3)

지난 2024년 12월, 한국 가톨릭교회가 사제 지망생(신학생) 부족으로 많은 어려움을 겪고 있다는 소식이 전해졌습니다. 이에 따라 사제로 서품받는 이들도 현저하게 줄어들었고, 수사(修士)나 수녀(修女)의 숫자도 감소하고 있다고 합니다.

한편 개신교 신학대학들도 사정은 비슷합니다. 몇 년째 입학 정원을 채우지 못하는 신학교가 대부분이고, 정원을 채운 신학교는 극소수에 불과합니다. 가톨릭교회의 사제 지망생이나 개신교회의 목사 후보생이 현저하게 줄어든 가장 중요한 원인은 전체적인 교인 숫자가 감소하여 교세가 약해졌기 때문입니다. 특히 각 교회에 대학생과 청년들이 적어 신학대학원에 진학할 자원이 자연스럽게 고갈된 것입니다.

따라서 사제 지망생이나 목사 후보생들이 많아지게 하기 위해서는 교회가 성장하고 부흥하는 길밖에 없습니다. 특별히 젊은 대학생, 청년층 교인들이 많아야 신학대학에 가는 헌신자들이 늘어날 것입니다. 그나마 개신교회는 목사가 없으면 전도사가 예배를 인도할 수 있지만, 가톨릭교회는 교회의 성격상 사제가 없으면 미사가 집전되지 못하고, 여러 성사(聖事)들도 집행될 수 없어 타격이 더 큽니다.

가톨릭 신학교의 지원자 부족 사태의 또 다른 근본 원인은 사제들이 결혼을 할 수 없다는 점에 있습니다. 가톨릭신학대학원 입학생 중 졸업을 하고 마지막에 사제로 서품받는 비율은 20% 남짓에 불과하다고 합니다. 중도 탈락의 주된 원인 중 하나가 바로 독신 규정 때문입니다. 사제는 결혼할 수 없다는 전통은 오랜 세월 이어져 온, 변개(變改)하기 어려운 문제입니다. 이 시대에 누가 감히 사제들도 결혼하게 해야 한다고 쉽게 주장할 수 있을까요? 개신교회는 '오직 성경(Sola Scriptura)'만이 교회의 유일하고 절대적인 권위이지만, 가톨릭교회는 '교황', '성경', '전통' 이 세 가지를 모두 절대적인 권위로 여깁니다. 따라서 전통을 허문다는 것은 거의 불가능한 일에 가깝습니다. 전통을 깨뜨린다는 것은 교황제를 없애자는 이야기와 마찬가지로 받아들여지기 때문입니다.

그러나 성경 어디에도 성직자(사제, 목사)가 결혼해서는 안 된다는 말씀은 없습니다. 오히려 사도 바울은 감독이 될 사람의 조건으로 "한 아내의 남편"(딤전 3:2)이라고 못 박아 두었습니다. 그러므로 성직자들도 얼마든지 결혼을 할 수 있습니다. 가톨릭교회에서 분리해 나온 성공회는 여전히 '신부'라는 용어를 쓰고 미사를 집전하지만, 신부들의 결혼을 허용합니다. 한국 가톨릭교회가 사제 부족 사태를 해결하는 길은 사제들에게 결혼을 허락하는 것 외에 뚜렷한 대안이 없어 보이는데, 오랜 전통을 깨뜨리는 것은 매우 어려운 일이기에 그들의 고민이 깊을 것입니다.

반면 개신교회의 신학생 부족 사태는 목사들이 결혼을 못 해서가 아닙니다. 대학생들과 청년들이 교회에 출석하지 않아서 목회자 후보생이 줄어드는 것입니다. 이 문제를 해결하기 위한 유일한 길은 교회들이 다음 세대인 대학생들과 청년들에게 집중적으로 전도해서, 소명(召命)을 받는 사람들이 늘어나게 하는 것입니다. 청년들에게 복음을 전하기 위해서는 우리가 성령님의 능력을 입어야 합니다. 성령님의 능력을 받기 위해서는 먼저 회개하고, 혼신(渾身)의 힘을 다해 성령님의 임재를 구해야 합니다. 어느 때보다 이 시대에 기도가 절실히 요청됩니다. 우리 모두 깨어 기도하며 다음 세대 전도에 최선을 다합시다. 샬롬.

성직자의 정치 참여

"내가 복음을 전할지라도 자랑할 것이 없음은 내가 부득불 할 일임이라 만일 복음을 전하지 아니하면 내게 화가 있을 것이로다." (고전 9:16)

목사가 정치에 참여하는 것은 정당한가? 참여한다면 어느 정도까지 해야 하는가? 이 문제는 한국교회 안에서 오래된 논제 가운데 하나입니다. 목사 안수를 받을 때, 우리는 죽는 순간까지 복음을 위해 일하겠다고 하나님과 성도 앞에서 서약합니다.

우리나라 역사에서도 대한민국 정부가 수립될 때(1948년), 국회와 정부 요직에서 일한 목사들이 적지 않았습니다. 당시 목사들이 정치 일선에 나설 수밖에 없었던 이유는 인재가 부족했기 때문입니다. 일제강점기 35년 동안 일제는 한국에 대학교 설립을 불허하고 전문학교만 허가했으며, 조선 사람들의 해외 유학을 막았기 때문에 제대로 고등 교육을 받은 지식인이 극히 제한적이었습니다. 그러나 목사들은 선교사들의 주선으로 주로 미국으로 유학했고, 재정적 여유가 있던 이들은 일본으로 유학했습니다. 따라서 건국 초기, 제대로 교육받은 엘리트 집단이었던 목사들이 정부 요직과 국회에 진출하여 나라의 기틀을 다진 것은 자연스러운 일이었습니다.

그러나 국가의 체제(體制)가 안정된 현재도 기독교 성직자(목사, 신부)들 가운데 정치 문제에 직접 참여하여, 거리로 나가 시위를 주도하는 이들이 있음을 봅니다. 이들은 정치나 사회가 정의의 길로 가지 않고 뒤틀린 방향으로 나갈 때, 직접 일선에 나서서 바로잡아야 하는 것이 성직자의 또 다른 사명이라고 생각하며 행동합니다.

"행동하지 않는 양심은 결국 악의 편이다"라는 신념을 실천한 대표적인 인물은 독일의 신학자이자 목회자였던 디트리히 본회퍼입니다. 본회퍼 목사는 제2차 세계대전을 일으켜 수많은 사람을 죽음으로 몰고 간 히틀러를 암살하려는 조직에 가담했다가, 사전에 발각되어 처형된 인물입니다. 본회퍼는 "미친 운전자가 모는 버스에 타고 있다면, 승객들의 안전을 위해 그 운전자를 그 자리에서 끌어내려야 한다"라는 말로 유명합니다. 당시 상황에서는 히틀러를 처단하는 것이 정의라는 뜻이었습니다.

여기서 우리가 잠시 생각해 봅시다. 과연 히틀러 암살을 목사가 직접 해야만 했느냐는 점입니다. 목사가 감당해야 할 주된 사명은 무엇일까요? 주님께서는 목사들이 무슨 일을 하기를 원하실까요? 목사가 목회자 본연의 소명을 뒤로하고 거리로 나서는 일을 주님께서는 과연 기뻐하실까요? 이 세상은 본래 공중 권세 잡은 자들이 역사하는 곳이기에 창세 이래로 악과 불의가 판을 쳐왔습니다. 이 거대한 악의 세력은 목사 몇 명이 거리에 나가 피켓을 들고 시위한다고 해서 사라지는 것이 아닙니다.

악한 사탄의 세력을 물리치기 위한 방법은 단 하나밖에 없습니다. 바로 성령님의 역사를 통해 악의 세력을 물리치는 것입니다. 즉, 복음을 전해서 악한 자들이 회개하고 주님께 돌아오게 하는 일입니다.

주님께서는 이 영광스러운 직무를 목사들에게 위임하셨습니다. 사회 정의는 많은 사람이 그리스도 안에서 변화되어 그리스도의 마음을 품으면 자연스럽게 이루어집니다. 이 근본적인 변화를 위해 목사들이 부름을 받은 것입니다. 목사는 정치적인 문제에 직접 개입하기보다는 영혼을 살리는 일에 전념해야 합니다. 정치는 세속의 영역이지만, 목사는 영적 영역에 속한 일을 하는 사람들이기 때문입니다. 샬롬.

신앙의 절개

"포도주는 붉고 잔에서 번쩍이며 순하게 내려가나니 너는 그것을 보지도
말지어다." (잠 23:31)

제가 군목으로 처음 부임한 연대는 민통선 북쪽 임진강 이북에 있어서
민간인 출입이 엄격히 통제된 곳이었습니다. 연대장은 영내 관사에서,
저와 다른 장교들은 장교 숙소에서 생활했습니다. 홀로 지내는 연대장
은 일과 후 종종 저를 불러내어 테니스를 쳤습니다. 운동이 끝난 후 연
대장은 자기 숙소에서 식사를 같이하자고 하여 함께할 때가 더러 있었
습니다.

연대장은 식사 중에 반주(飯酒)를 곁들였는데, 한번은 제게 술을 따
라 주면서 마시라고 권했습니다. 그래서 "저는 술을 마시지 않습니다"
라고 말하니, 그는 "왜, 교회에서 술을 마시지 못하게 해서 그러느냐?"
라며, "내가 아무에게도 군목이 술 마셨다는 얘기를 하지 않을 테니, 안
심하고 한잔하라"며 재차 권했습니다. 저는 "교회에서 마시지 못하게
하는 것도 있지만, 저는 술을 마시지 않는다는 원칙을 갖고 있어서 마
시지 않습니다"라고 정중히 거절했습니다. 그러자 연대장은 "그래도
남자가 술맛이 어떤지 맛은 봐야 하지 않느냐?"며, 술병 뚜껑에 술을
조금 따라 주면서 "이것만이라도 마시라"고 했습니다. "이것은 술을 마
시는 것이 아니라, 술맛을 보는 것이니까 상관없지 않느냐"는 논리였
지만, 저는 당연히 그것조차 거절했습니다.

군(軍)에서 전설처럼 내려오는 이야기 가운데, 박정희 대통령이 따
라 주는 술잔을 거부한 장군 이야기가 있습니다. N 장군이 지휘하는

사단의 모범적인 상황을 보고받은 박 대통령은 기분이 좋아서, 만찬 자리에서 N 장군에게 술을 부어 주면서 자기 술잔을 들고 건배를 제의했습니다. N 장군은 깊은 고민에 빠졌습니다. 대통령이 따라 주는 축하주를 마셔야 하는지 말아야 하는지 잠시 망설였습니다. 대통령은 술잔을 들고 N 장군이 잔을 들 때까지 기다리고 있었습니다. 잠시 침묵이 흐른 뒤, N 장군은 입을 열었습니다. "각하, 저는 술을 못 합니다. 저에게는 사이다를 한 잔 주십시오."

지금까지 대통령이 따라주는 술잔을 거부한 사람은 단 한 사람도 없었습니다. 대통령의 표정이 굳어지자 국방장관이 벌떡 일어나, "각하, N 장군은 원래 술을 못 합니다. 제가 대신 받겠습니다"라며 잔을 받아 마셨습니다. 국방장관의 기지(奇智)로 일단 어색한 분위기는 넘어갔고, 만찬이 끝난 후 자리에서 일어난 대통령은 의기소침해 있던 N 장군에게 다가가 "자네가 진짜 기독교인이네"라는 말 한마디를 남기고 떠났습니다. 만찬이 끝난 후 경호실장이 N 장군에게 다가와, "선배님, 해도 너무하셨습니다. 꼭 그렇게 각하에게 망신을 줘야 되겠습니까? 정중히 받아서 마시는 척이라도 하셨어야지요"라며 은근히 질책했습니다. 많은 동료 장군들도 국군 통수권자 앞에서 너무 경솔했다며, 별을 하나 더 달 수 있는 절호의 기회에 왜 그런 미련한 짓을 했느냐고 핀잔을 주었습니다. 내일 일찍 자리를 정리하는 게 좋을 것이라고 조언하는 사람도 있었습니다.

사단장 숙소로 돌아온 N 장군은 스스로 이렇게 되뇌었습니다. "이런 신앙의 용기가 어디서 나왔을까? 내일 당장 옷을 벗는 한이 있어도 나는 개의치 않겠다. 내가 하나님을 믿으니 하나님께서 나의 앞날을 책임져 주시겠지. 육사를 졸업할 때 중대장이 '장교가 되어 술을 마실 줄 모르면 출세할 수 없다'고 말했는데, 내가 이렇게 장군까지 진급한 것은 전적인 하나님의 은혜다. 하나님께서 나와 함께하신다는 증거가 아니겠는가." 그는 스스로를 위로하며 잠자리에 들었습니다. 이튿날 N 장군은 전역 명령이 떨어질 것을 예상하고 있었지만, 뜻밖에도 문책은 커녕 오히려 소장으로 진급하여 육군본부 작전참모부장으로 영전(榮轉) 되었습니다.

우리가 신앙생활을 하는 동안 믿음을 시험하는 마귀의 유혹이 끊임없이 다가옵니다. 그럴 때마다 많은 사람이 현실과 타협하며 신앙을 저버리지만, 우리는 어떤 어려움과 시련이 닥쳐와도 시험을 이길 수 있는 확고한 믿음과 신앙의 지조를 지니고 살아야 합니다. 시험을 이기고 나면, 그 시험은 오히려 전화위복(轉禍爲福)이 되어 하나님께서 더 큰 복을 내리신다는 확신을 가져야 합니다. 이것이 흔들리지 않는 믿음이며 고난 속에서도 승리하는 삶입니다. 우리 모두 이런 굳건한 신앙을 갖기 위해 늘 기도하면서 최선의 노력을 경주(傾注)합시다. 샬롬.

죄의식

"너는 하나님의 집에 들어갈 때에 네 발을 삼갈지어다… 그들은 악을
행하면서도 깨닫지 못함이니라." (전 5:1)

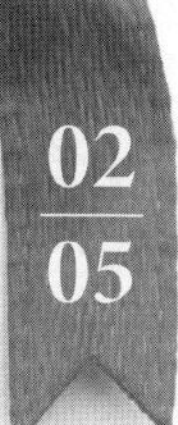

제가 군목으로 있을 때, 연대 본부가 임진강 건너편 민통선(민간인 통제
선) 안에 있었기 때문에 우리 장교들은 연대 본부 내에 있는 독신자 장
교 숙소(BOQ)에서 한 방에 두 사람씩 지냈습니다. 저와 같은 방을 쓰던
장교는 작전과에 근무하는 S 대위였습니다. 장교들은 일주일에 하루씩
휴가를 나갈 수 있었는데, 보통 임진강 건너편 마을에 있는 가족들과
하루를 지내고 들어왔습니다. 하루는 우연히 저와 S 대위가 같은 날 외
출하게 되었는데, 저녁 무렵 밖에서 S 대위가 자전거 뒷자리에 한 여인
을 태우고 가는 것을 목격했습니다.

그 여인은 부대 주변에서 몸을 파는 여자였습니다. 그런데 공교롭
게도 그때 S 대위의 부인이 자전거 뒤에 낯선 여자를 태우고 가는 남
편을 발견했습니다. 아기를 업은 부인은 남편을 보고 "여보!", "○○ 아
빠!" 하며 소리를 질렀지만, S 대위는 들은 척도 하지 않고 자전거 페달
을 밟으며 휙 지나가 버렸습니다. 다음 날 저녁, 숙소에서 S 대위를 보
고 저는 진지하게 충고했습니다. "S 대위님, 오랜만에 외출 나갔으면
집에 가서 부인, 아이들과 지내야지, 왜 그런 여자를 뒤에 태우고 다닙
니까? 아내 이외에 다른 여자와 같이 자는 것은 죄를 범하는 일입니다.
다시는 그러지 말고 집에 가서 가족과 함께 지내도록 하세요." 그러자
S 대위는 제게 이렇게 반문했습니다. "왜 그것이 죄입니까? 그 여자들
은 그렇게 해서 돈을 벌어야 살 수 있기 때문에, 저는 그 여자에게 좋은

일을 했다고 생각합니다. 그것은 죄가 아니라고 생각합니다."

주님을 구주로 영접하지 않은 사람들의 마음은 "양심이 화인을 맞아서"(딤전 4:2) 죄의식이 없습니다. 살인했을 때는 죄의식을 느끼겠지만, 윤락 여성과 한 번 자는 것은 죄라고 여기지 않는 것입니다. 바람을 피운 남편과는 더 이상 살 수 없다며 이혼하겠다고 말하는 며느리에게, 불신자 시어머니가 이렇게 말했다는 이야기를 들은 적이 있습니다. "대한민국 남자치고 바람 한 번 피우지 않는 남자가 어디 있느냐? 바람 한 번 피웠다고 이혼한다면, 대한민국에서 이혼당하지 않고 사는 남자는 없을 것이다."

그러니까 아들이 바람 한 번 피운 것은 아무 문제가 없다는 얘기지요. 결혼식 때 했던 부부의 서약을 깨고, 아내 이외의 다른 여자와 잠자리를 갖고, 심지어 살림까지 차리는 것을 그저 '바람 한번 피우는 것' 정도로 여기는 것은 양심에 화인을 맞아 '죄의식'이 무뎌졌기 때문입니다. 예수님을 믿지 않는 남자들이 지방이나 해외로 출장을 가면, 그 지역이나 그 나라의 유흥업소 여성들과 잠자리를 갖는 경우가 허다합니다. 그러면서도 그들은 다른 여자와 자는 것이 아내나 온 가족에게 죄를 짓는 일이라고는 생각지 않습니다.

성경은 양심에 화인을 맞은 사람들에 대해 "악을 행하면서도 깨닫지 못함이니라"(전 5:1)고 기록하고 있습니다. 하나님을 믿지 않는 사람들은 양심에 화인을 맞은 상태와 같습니다. 회사나 은행의 돈을 횡령해서 흥청망청 쓰면서도 죄의식이 없습니다. 발각되면 그저 재수가 없어 걸렸다고 생각할 뿐입니다. 반면 그리스도인은 남의 집 바늘 하나를 몰래 가져와도 죄의식을 느끼고 괴로워하며, 결국 주인에게 가서 죄를 고백하고 바늘을 돌려주는 사람입니다. 만일 "바늘 하나쯤이야"라고 생각하며 이를 죄로 여기지 않는다면, 그는 진정한 그리스도인이 아닙니다. 그리스도인은 "청결한 마음과 선한 양심과 거짓이 없는 믿음"(딤전

1:5)을 가지고 사는 사람입니다. 우리 모두 무뎌진 양심을 깨우고, 하나
님 앞에서 정결한 사람이 되도록 기도하며 노력합시다. 샬롬.

양심의 가책

"자기 양심이 화인을 맞아서 외식함으로 거짓말하는 자들이라."
(딤전 4:2)

미국에 사는 한 70대 노인이 대학생 시절 독일 여행 중 맥주집에 들렀다가, 맥주잔이 마음에 들어 슬쩍 가져온 일이 있었습니다. 그로부터 52년이 지난 2024년 5월, 이 노인이 맥주잔 값을 주인에게 지불했다는 보도가 나왔습니다. 독일의 유명 맥주집 '호프브로이하우스'는 자신의 이름이 그레고리라는 74세 미국 노인에게서 편지 한 통을 받았습니다.

그레고리는 미시간주립대학교에 다니던 1972년 초, 친구들과 함께 유럽 여행을 하던 중 독일의 호프브로이하우스에서 맥주를 마신 뒤 맥주잔을 몰래 가져와 지금까지 간직하고 있었다고 고백했습니다. 그는 자신의 바보 같은 행동을 용서해 달라며 50달러 지폐를 편지 봉투에 넣어 보냈습니다. 그리고 편지 마지막에는 '어리석은 대학생으로부터'라고 적었습니다. 그레고리가 대학생 때 훔친 맥주잔은 호프브로이하우스를 뜻하는 문구 'HB'가 새겨진 회색 석재(石材) 잔이었습니다.

호프브로이하우스 측에 따르면, 이 잔은 당시 맥주를 너무 많이 따르다 보니 눈금이 잘 보이지 않게 되어, 그레고리가 다녀간 지 몇 달 뒤부터는 사용하지 않게 되었다고 합니다. 지금은 기념품으로 40유로 정도에 판매하고 있습니다. 호프브로이하우스는 "그레고리의 사죄를 기꺼이 받아들이겠다. 맥주잔과 함께 계속 즐기시길 바란다. 편지와 함께 온 50달러는 자선 단체에 기부하겠다"고 밝혔습니다.

하나님께서는 수많은 동물 중 인간에게만 양심(良心)을 두셨습니

다. 그래서 인간은 철이 든 후부터 양심에 어긋난 일을 하면 가슴이 두
근거리고, 혹시 다른 사람이 보지 않나 하는 두려움에 휩싸이게 됩니
다. 그리고 남의 집에서 몰래 가져온 물건을 볼 때마다 그때의 기억이
떠오릅니다. 그레고리는 50년이 지난 후에도 여전히 맥주잔을 볼 때마
다 주인 몰래 갖고 나온 물건이라는 양심의 가책을 느낀 것입니다. 뒤
늦게나마 맥주집에 컵 값을 보내며 사죄한 것은, 그레고리가 맥주잔을
볼 때마다 '이것은 훔쳐 온 물건'이라는 양심의 소리를 들었기 때문입
니다. "지금이라도 늦지 않았으니 주인에게 사실을 고백하고 컵 값을
지불하는 것이 옳다"는 끊임없는 양심의 채찍질 덕분에, 드디어 52년
이 지난 후에 컵 값을 주인에게 돌려준 것입니다.

사도 바울은 디모데에게 보낸 첫 번째 편지에서 "자기 양심이 화
인을 맞아서 외식함으로 거짓말하는 자들이라"(딤전 4:2)고 말씀했습니
다. 양심이 화인(火印)을 맞았다는 말은 불도장에 데어 감각이 마비되었
다는 뜻입니다. 화인 맞은 양심은 감각이 둔해서 차가운 것이나 뜨거운
것이 닿아도 통증을 느끼지 못합니다. 사람마다 양심은 있지만, 그 양
심의 민감성은 다릅니다. 바늘 하나를 훔쳐도 양심의 가책을 느끼는 사
람이 있는가 하면, 소를 훔치고도 전혀 가책을 느끼지 않는 파렴치한
사람들도 많습니다. 양심이 없으면 짐승과 다를 바 없습니다.

그레고리 노인이 50여 년 전에 있었던 일을 청산한 것은 그의 양
심이 살아 있다는 증거입니다. 양심이 살아 있는 사람은 참된 신앙인입
니다. 그러나 대부분의 불신자나 유물론자들은 50년 전에 있었던 일은
까맣게 잊어버리고 맙니다. 그런 일에 대해 전혀 양심의 가책을 느끼지
않기 때문입니다.

우리에게는 내가 행한 비양심적인 행위에 대해 청산할 시간이 주
어져 있습니다. 그러나 그 시간은 언제까지나 지속되는 것은 아닙니다.
우리의 생명이 언제 끝날지 모르기 때문에, 생명이 다하기 전에 청산할

것은 청산해야 합니다. 사도 바울은 "내가 밤낮 간구하는 가운데 쉬지 않고 너를 생각하여 청결한 양심으로 조상적부터 섬겨 오는 하나님께 감사하고"(딤후 1:3)라고 고백했습니다. 여기서 바울이 말한 '청결한 양심'은 청산할 것을 청산한 깨끗한 양심입니다.

그리스도의 마음을 품은 사람은 청결한 양심과 거짓 없는 믿음을 가진 사람입니다. 우리 스스로를 반성해 보는 시간을 잠시 가져 봅시다. 혹시 당신은 슬쩍한 물건을 여전히 쓰고 계신가요? 이 일에 대해 양심의 가책이 없으신가요? 샬롬.

소명 받은 직업

"예수께서 이르시되… 네 이웃을 네 자신 같이 사랑하라 하셨으니"
(마 22:37, 39)

세상의 많은 직업 가운데 특별히 소명을 받아야 하는 직업이 있습니다. 첫째는 성직자입니다. 하나님께로부터 소명을 받고 자기를 희생하며 교우들과 어려운 이웃들을 위해 살아가는 삶입니다. 성직자는 결코 돈에 이끌려 이곳저곳을 기웃거리는 직업이 아닙니다. 따라서 직업을 뜻하는 '직(職)' 자 앞에 거룩할 '성(聖)' 자를 붙여 성직(聖職)이라고 부르는 것입니다.

두 번째로 소명을 받은 직업은 의사입니다. 의사는 물론 성직자는 아니지만, 환자들을 위하여 존재하는 직업입니다. 환자가 없으면 의사는 존재할 수 없습니다. 의사는 병든 환자를 치료해서 건강하게 해 주고, 죽어가는 환자를 살리는 직업이기 때문에 소명 받은 직업이라고 말할 수 있습니다.

한국 초기 선교 역사를 더듬어 보면 훌륭한 의사들이 많이 있었습니다. 그중에 특별히 제가 귀하게 여기는 의사는 존 헤론(John Heron)입니다. 헤론은 미국 장로교회 목사의 아들로 테네시 의과대학을 수석으로 졸업했습니다. 헤론은 졸업 당시 성적이 뛰어나 의대 교수회에서 모교의 교수로 선발했다는 통보를 받았습니다. 그러나 헤론은 보장된 교수의 길을 버리고, 1885년 의사도 병원도 없는 척박한 땅 조선으로 왔습니다.

여름이 되어 날씨가 무덥고 장마가 시작되면 동료 선교사들은 남한산성 피서지로 떠났지만, 헤론만은 가족들을 남한산성으로 보내고 혼자 남아 새벽부터 길게 줄을 서서 진료를 기다리는 환자들을 돌보았습니다. 그의 일기를 읽어 보면, 점심을 거른 때도 많았고, 오후 5시가 되어서야 점심을 먹었다는 기록도 나옵니다. 그렇게 혼자서 과로하다가 이질에 걸려 세상을 떠났습니다. 그때 그의 나이 34세, 한국에 온 지 불과 5년 만의 일입니다. 한참 일해야 할 젊은 나이에 이역만리 타국 땅에 젊은 아내와 두 딸을 남겨 두고 하나님 나라로 돌아갔습니다.

미국 북감리교회가 파송한 의사 윌리엄 홀(William Hall)은 1891년 평양에서 선교 사역을 시작했습니다. 1894년 청일전쟁이 일어나 평양 지역에서 치열한 전투가 벌어지면서 수많은 부상병이 생겨났습니다. 홀은 밤낮을 가리지 않고 부상병들을 치료해 주다가 발진티푸스에 걸려 신음하다가 한국에 온 지 불과 3년 만인 34세의 젊은 나이에 아내 로제타 셔우드 홀과 두 자녀를 남겨 두고 세상을 떠났습니다.

제가 초기 선교 역사에 나오는 두 의료 선교사의 희생적인 짧은 삶을 소개한 것은, 그들은 결코 돈을 보고 의사가 된 이들이 아니고 소명에 충실하다가 생을 마친 분들이기 때문입니다. 헤론은 의과대학 교수로 명예와 부를 얻을 수 있는 길을 버리고 조선에 나와 헌신했고, 홀 의사 역시 미국에서 개업했다면 돈을 많이 벌고 행복하게 살 수 있었지만, 모든 것을 내려놓고 조선의 가련한 환자들을 위해 헌신하다 짧은 생을 마감했습니다.

지난 2024년, 한국 정부가 의대생 2,000명을 증원하겠다고 발표하자, 의사 단체의 반발과 전공의가 사직서를 내고, 심지어 의과대학생들이 휴학계를 제출하며 병원 현장과 학교를 떠나는 사태가 벌어졌습니다. 자세한 속사정은 있겠지만, 만일 의사가 많아지면 자신들의 수입이 줄어들 것을 염려해서라면 이는 소명자들의 올바른 태도가 아니라고 여겨집니다. 의사는 어떤 명분으로도 환자 곁을 떠나서는 안 되는 직업이 아닐까요?

신약성경 누가복음을 쓴 누가는 의사로서 많은 돈을 벌 수 있었지만, 복음 선교에 매진하는 바울 사도를 평생 따라다니면서 주치의로서 지병이 많은 바울의 건강을 보살펴 주었습니다. 누가는 돈을 보고 의사 일을 한 것이 아니라, 소명을 위해 일한 사람입니다. 바라기는 한국에 있는 기독 의사들과 의과대학생들은 휩쓸리듯 동료들의 행동에 동조하지 말고, 과연 내 행위가 하나님 보시기에 옳은 것인가를 기도하면서 결단해야 합니다. 기독교의 정신은 이웃을 위해 내 생명을 내어놓는 것입니다.

기독교인은 언제나 진리 편에 서야 합니다. 아침저녁으로 하나님 앞에 엎드려 기도할 때, 하나님 앞과 그리스도인의 양심에 부끄러움이 없는지 살펴보고 진리 편에 서서 일해야 한다고 믿습니다. 진리는 영원합니다. 샬롬.

자급 정신을 길러 주라

"거머리에게는 딸 둘이 있어 다오 다오 하느니라 족한 줄을 알지 못하여
족하다 하지 아니하는 것 서넛이 있나니… 물로 채울 수 없는 땅과 족하다
하지 아니하는 불이니라." (잠 30:15-16)

중국 교회사와 한국교회사에서 빼놓을 수 없는 선교사 중 한 분은 존
네비우스(John L. Nevius, 1829-1893) 선교사입니다. 미국 북장로교회 소속
인 네비우스 선교사는 중국 산둥성에서 선교를 시작했습니다. 그런데
그가 산둥성에 갔을 때, 중국 교인들이 교회에서 예배를 드리는데 헌
금 순서가 없었습니다. 헌금은커녕 오히려 교회에서 주는 여러 가지 구
호품을 받아 갔습니다. 그러니까 교인들이 교회에 오는 목적은 예배가
아니라 구호품을 받기 위함이었습니다. 이 지역 교회에서는 새 신자에
게 세례를 베푼 후, 축하하는 의미에서 그 지방에서 구하기 어려운 쌀
한 포대씩을 주었습니다. 세례를 받으면 쌀을 선물로 준다는 소식이 동
네에 퍼져 나가자, 많은 사람이 교회로 몰려와 예수님을 믿겠다며 세례
교육반에 들어갔습니다.

그러나 교육을 받는 교인들은 신앙에는 관심이 없고, 과정만 마치
고 세례를 받은 뒤 쌀을 챙기고 나면 교회와 담을 쌓아 버렸습니다. 이
때부터 쌀을 얻기 위해 교회에 나오는 교인, 즉 '쌀 교인(Rice Christian)'이
라는 말이 유행하기 시작했습니다. 네비우스 선교사는 이 모습을 보고,
교회는 물질을 '받는' 곳이 아니라 하나님께 '드리는' 곳이라는 점을 강
조하기 시작했습니다. 이것이 그 유명한 '네비우스 선교 정책'의 핵심
인 '3자(三自) 원리'입니다. 이는 자전(自傳, Self-propagation: 스스로 전도한다),
자급(自給, Self-support: 스스로의 힘으로 교회를 운영한다), 자치(自治, Self-government:

외부의 간섭을 받지 않고 스스로 치리한다)로 요약됩니다.

네비우스 선교사의 정책과 맥을 같이하는 책을 쓴 분이 있습니다. 바로 로버트 럽턴(Robert Lupton)인데, 그는 『독성 자선(Toxic Charity): 어떻게 교회와 자선단체가 도움받는 자에게 피해를 주는가』라는 책을 썼습니다. 그는 이 책에서 봉사자(단기 선교를 가는 교인 포함)들은 다음과 같은 선서를 해야 한다고 말합니다. 첫째, 가난한 사람이 스스로 할 수 있는 일은 절대 대신 해주지 말자. 둘째, 봉사자는 자아 만족감에 도취되지 말자. 셋째, 도움을 주고자 하는 사람의 말에 귀를 기울이고, 특히 말하지 않은 것을 감지하자. 넷째, 절대 해를 끼치지 말라. (여기서 해[害]는 수혜자의 반영구적 의존성을 말합니다.)

그는 다음과 같은 의존성이 생기지 않도록 조심해야 한다고 경고합니다. "한 번 주면 감사해한다. 두 번 주면 기대감이 생긴다. 세 번 주면 당연하다고 여긴다. 네 번 주면 받을 권리가 있다고 주장한다. 다섯 번 주면 장기적 의존성이 생긴다."

사람은 공짜로 받는 것이 계속되면 마치 자기가 그것을 받을 권리가 있는 것처럼 착각합니다. 어느 마을의 예화입니다. 어떤 사람이 아침 산책을 할 때마다 동네 집집마다 현관에 100달러를 놓아두었습니다. 동네 사람들은 아침에 100달러가 놓인 것을 보고 횡재를 했다며 기뻐서 어쩔 줄을 몰라 했습니다. 이튿날도 똑같이 100달러 지폐를 놓았습니다. 동네 사람들은 궁금해서 왜 돈을 놓느냐고 묻자, 그는 "내가 그렇게 하고 싶어서 그런다"고 말했습니다. 이렇게 여러 날을 계속하다가, 하루는 돈을 놓지 않고 그냥 지나갔습니다. 그랬더니 동네 사람들은 왜 오늘은 돈을 놓지 않고 가느냐며 화를 내기 시작했습니다. 이것이 공짜를 바라는 인간의 심성입니다. 지금까지 받은 것에 대해 감사하지 않고, 더 안 준다고 불평을 늘어놓는 것이 타락한 인간의 본성입니다.

우리는 하나님께로부터 얼마나 많은 것을 받았습니까? 그러나 지금까지 받은 은혜에 감사하기보다, 지금 없는 것을 주시지 않는다고 불평한 적은 없습니까? 우리가 할 수 있는 일은 우리 자력으로 해야 합니다. 우리가 마땅히 해야 할 일을 하지 않고, "주시옵소서, 주시옵소서"라는 말만 되풀이하는 기도를 드리고 있지는 않습니까? "주셔서 감사합니다"라는 고백은 사라지고, '다오, 다오'만 외치는 거머리의 딸과 같은 모습이 아닌지 자신을 돌아봅시다. 지금까지 우리에게 주신 것에 감사드리며, 자립적인 신앙으로 살아갑시다. 이것이 진실한 그리스도인의 삶의 자세입니다. 샬롬.

나눔

“예수께서 이르시되… 네 이웃을 네 자신같이 사랑하라.” (마 22:37, 39)

지난 2023년 말, 세상을 떠들썩하게 한 뉴스 중 하나는 일본계 야구 선수 오타니 쇼헤이가 세계 프로 스포츠 사상 최고액인 10년간 7억 달러, 한화로 약 9,200억 원에 LA 다저스 팀과 계약했다는 소식입니다. 이는 미국 야구의 자존심이라 불리는 마이크 트라웃의 종전 기록인 12년간 4억 2,650만 달러를 훨씬 뛰어넘는 것일 뿐만 아니라, 미식축구 캔자스 시티의 쿼터백 패트릭 마홈스가 보유하고 있던 북미 스포츠 최고 몸값 인 10년간 4억 5,000만 달러를 넘어서는 금액입니다.

평균 연봉으로 따지면 '축구의 신' 리오넬 메시가 FC 바르셀로나 와 계약했던 4년 6억 7,400만 달러에는 미치지 못하지만, 총액은 메시 보다 높습니다. 저는 이 기사를 보면서 도대체 야구 선수 한 사람이 야 구를 잘한다는 이유만으로 이렇게 많은 돈을 받아야 하는가 하는 생각 을 해 봅니다. 야구에 문외한인 저는 자세한 내막은 알 수 없지만, 상식 적으로 생각해서 선수 한 사람에게 한화로 1년에 900억 원이 넘고, 한 달에 77억 원을 주는 것이 과연 옳은 일인가, 사회 정의에 맞는 일인가 하는 의구심을 갖게 됩니다.

자본주의 국가에서 능력 있는 사람이 돈을 많이 벌고, 그렇지 못한 사람은 적게 버는 것은 자본주의 사회의 장점이자 단점이기도 합니다. 공산주의 사회는 무조건 모든 사람에게 균등하게 부(富)가 분배되지만, 자본주의 사회는 개인의 능력에 따라서 많은 돈을 벌 수도 있고, 빈털터리가 될 수도 있습니다. 그러나 게으르거나 혹은 술이나 마약, 도박으로 인생을 탕진한 사람이라 할지라도 그가 살아 있는 한, 국가는 그에게 최소한 먹을 것을 제공해 주어야 하고, 병이 나면 고쳐주는 사회 안전망을 갖춰야만 합니다.

구약 성경에 자주 언급되는 고아와 과부와 나그네를 돌보라는 말씀이나, 신약 성경에 가난한 사람들은 항상 너희와 함께 있을 것이라는 말씀, 그리고 어려운 이웃을 도우라는 말씀은 고난 속에 살아가는 사람들에게 최소한의 사랑을 베풀라는 명령입니다. 능력 있는 사람은 천문학적인 돈을 받고, 장애인이나 능력이 부족한 사람은 굶주리고 있다면 이는 올바른 자본주의가 아닙니다. 국가는 많은 돈을 번 사람에게서 세금을 많이 징수해서, 굶는 사람, 돈이 없어 병원에 가지 못하는 사람, 화장실 하나를 대여섯 가족이 함께 쓰는 열악한 환경의 사람들을 위해 써야 합니다.

한 사람이 일 년에 77억 원을 받는다면 적어도 70억 원은 세금으로 내게 하고, 7억 원만 쓰도록 하는 것이 자본주의가 망하는 것을 막아 주는 길일지도 모릅니다. 평생을 일해도 7억 원을 모으지 못하는 서민들이 얼마나 많습니까? 고아와 과부, 노숙인, 가난한 사람들, 병든 사람들, 독거노인, 장애인, 실직자 등 삶의 희망을 잃은 이들에게 최소한의 삶의 희망을 주는 따뜻한 자본주의가 되어야 공산주의로 가는 길을 막을 수 있습니다.

우리가 한국이나 미국을 오갈 때 타고 다니는 보잉 747, 즉 탑승 인원이 500명이 넘는 대형 항공기를 미국의 어떤 부자는 자가용으로 혼자 타고 다닌다는 사실을 알고 계십니까? 한 사람의 재벌을 태우고 가기 위해 기장을 비롯한 승무원 십여 명이 탄다는 이야기를, 그 비행기를 타 본 은퇴 선교사님에게서 들은 적이 있습니다.

그런데 그 풍요로운 미국에 굶주리는 사람들이 많다는 이야기를 들어 보셨지요? 미국의 자본주의는 심각한 구조 조정을 하지 않으면 엄청난 재난을 겪을 수 있다는 사실을 명심해야 합니다. 나누며 사는 삶이 함께 사는 길이며, 자본주의가 생존하는 길입니다. "네 이웃을 네 자신같이 사랑하라." 예수님의 말씀입니다. 샬롬.

십자가 선물

"내게 능력 주시는 자 안에서 내가 모든 것을 할 수 있느니라." (빌 4:13)

음력설은 우리 민족이 오랫동안 지켜온 명절입니다. 추석과 더불어 1년에 두 번, 고유의 명절이 되면 우리는 멀리 고향에 계시는 부모님과 친지들을 만나기 위해 오랜 시간을 걸려 찾아갑니다. 지난 2024년의 음력설은 양력 2월 10일이었습니다.

그런데 지난 설 명절에 해프닝이 하나 있었습니다. 윤석열 대통령 부부 명의로 불교계 지도자들에게 발송된 선물 포장에 십자가와 성당 그림 등이 포함되어 있어, 불교계 일각에서 종교 편향 논란이 일어난 것입니다. 이에 대통령실에서는 즉시 실수를 인정하고, 대통령 비서실장이 대한불교조계종 총무원장 스님을 직접 찾아가 사과했습니다. 비서실장은 대통령실 불자회장이기도 했는데, 그는 특정 종교를 옹호하거나 배척할 의도는 전혀 없었으며 실무진의 부주의였다고 해명했습니다.

문제가 된 선물 상자에는 십자가, 성당, 묵주를 든 여인 등 가톨릭을 상징하는 그림이 그려져 있었습니다. 본래 이 선물은 기독교계나 가톨릭계에 보냈어야 적절했을 터인데, 실무자의 실수로 불교계에 잘못 발송된 것입니다. 이 선물 상자는 국립소록도병원 입원 환자들의 미술 작품으로 디자인되었고, 선물에는 한센인(나병환자)의 기도문을 담은 메시지 카드도 동봉되어 있었습니다. 카드에는 "사랑이 많으신 하나님 아버지 감사합니다. 아멘" 등의 내용이 포함되어 있었습니다. 비서실장은 "부주의하고 생각이 짧아서 큰스님들에게 보내는 선물에 다른 종교의 표식이 들어가는 큰 결례를 범했다"며, 아직 도착하지 않은 선물은 회수하고 포장을 다시 해서 발송했습니다. 총무원장 스님은 "다시는 이런 일이 없도록 조치해 달라"고 당부했다고 합니다.

저는 이 기사를 읽으면서 대통령실이 기독교계에 갈 선물을 조계종으로 보낸 것은 명백한 실무자의 실수였다고 생각했습니다. 인간은 누구나 실수를 하게 마련이고, 실수하지 않는 사람은 세상에 아무도 없지만, 종교적 상징이 담긴 선물을 타 종교 지도자에게 보낸 것은 큰 결례라 아니할 수 없습니다.

우리나라는 여러 종교가 혼재(混在)해 있지만 종교 간의 극심한 갈등 없이 서로 우호적인 관계를 유지하고 있으니, 이는 여간 다행한 일이 아닙니다. 같은 이슬람 국가이면서도 이란(시아파)과 이라크(수니파와 시아파의 갈등)가 수년 동안 전쟁을 치른 사실은 잘 알려져 있습니다. 하긴 우리 기독교도 종교개혁기에 구교(가톨릭)와 신교(개신교)가 150여 년 동안 서로 죽고 죽이는 전쟁을 이어갔던 아픈 역사가 있습니다.

저는 이번 일을 보면서 십자가 표식이 있는 선물이 우리나라 어느 곳에 가더라도 기쁜 마음으로 받아들여질 수 있는 날이 어서 와야겠다고 생각했습니다. 정확한 통계는 아니지만, 한국에는 기독교인과 불자가 각각 수백만 명에서 천만 명에 이른다고 합니다. 아직 불교 사찰이 있는 곳에는 십자가가 없습니다.

서유럽 어느 나라를 가든지 십자가 첨탑이 높이 세워진 성당과 예배당을 볼 수 있습니다. 반면 불교의 상징이나 이슬람의 초승달 상징은 상대적으로 찾아보기 어렵습니다. 우리나라는 오랜 세월 불교 문화권 속에 있어서 많은 사찰이 있지만, 길지 않은 선교 역사에도 불구하고 기독교와 가톨릭이 상당한 교세를 갖고 있는 것도 사실입니다. 전국 어느 곳을 가도 십자가 첨탑이 높이 세워진 예배당과 성당을 쉽게 볼 수 있습니다.

이제 우리에게 주어진 소명은 이 땅에 복음이 더욱 널리 전파되어, 십자가가 그려진 선물이 어느 곳에 가든지 거부감 없이 환영받는 날이 오게 하는 것입니다. 이를 위해 우리는 더욱 기도하며 열심히 전도해야겠습니다. "내게 능력 주시는 자 안에서 내가 모든 것을 할 수 있느니라."(빌 4:13) 사도 바울의 고백이 우리의 고백이 되기를 바랍니다. 샬롬.

원단

"내가 네 행위를 아노니 네가 차지도 아니하고 뜨겁지도 아니하도다 네가
차든지 뜨겁든지 하기를 원하노라." (계 3:15)

새해 첫날 아침을 원단(元旦)이라고 합니다. 어제와 오늘이 다를 바 없
고 똑같은 태양이 떠올랐지만, 오직 인간만이 시간 개념을 지닌 존재이
기에 새해가 왔다고 말하며 의미를 부여합니다.

시간 개념을 갖는다는 것은 인간에게 굉장히 중요한 사실입니다.
인도네시아 오지 섬에서 사역하는 선교사가 장로회신학대학교에 와서
설교한 적이 있는데, 현지인들에게 나이가 몇 살이냐고 물어보면 자기
가 몇 살인지 아는 사람이 없다고 합니다. 왜냐하면 그들은 시간 개념
없이 하루하루 살아가기 때문에 한 달이 가는지, 1년이 가는지, 10년이
가는지를 모르고 사는 사람들이기 때문입니다. 그래서 그 선교사가 그
들에게 나이를 정해 주었는데, 치아 상태를 보고 대강의 나이를 추정해
서 알려 주었다고 합니다.

시간 개념이 없다면 인간은 유인원과 다를 바가 없습니다. 인간이
만물의 영장인 것은 시간 개념을 가지고 역사를 만들어가며 살기 때문
입니다. 우리는 또다시 한 해의 시작점에 서서 지난 1년을 되돌아보며,
새해에는 어떻게 살아야 할 것인가 하는 꿈과 비전을 가져봅니다. 물론
올 연말에 한 해를 돌아보면, 지난 세월과 마찬가지로 새해 벽두에 세
웠던 계획이나 결단이 거의 이루어지지 않았음을 확인할지도 모릅니
다. 그러나 사람은 사람이기에 새해 첫날을 보통 날과 같이 그냥 보낼
수는 없습니다.

금년에는 꼭 이것을 실천해야지 하며 나름대로 결단하고 노력하지만, 옛말에 작심삼일(作心三日)이란 말이 있듯이 우리의 결단은 3일을 넘기지 못하는 경우가 많습니다. 그러나 비록 작심삼일이 될지언정 무엇인가를 결단하고 실천해 보려는 노력을 하는 것 자체가 중요한 일입니다. 개중에는 자기가 결단한 것을 끝까지 이행하는 경우도 적지 않습니다.

우리 그리스도인들은 새해에 무슨 결단을 해야 할까요? 많은 성도가 금년에는 주일 성수를 하겠다, 십일조를 실천하겠다, 교회에서 열심히 봉사하겠다, 전도를 열심히 하겠다, 하루에 일정 시간 기도를 하겠다, 성경을 매일 몇 장씩 읽거나 신구약 성경을 꼭 필사하겠다는 등의 결심을 합니다. 그러나 연말에 한 해를 되돌아보며, 새해 아침에 결단했던 것들 중 몇 개를 실천에 옮겼는지 헤아려 보면 그 결과는 자신만이 알 수 있을 것입니다. 자기가 결단한 대로 모두 이행했다면 그는 대단한 신앙인입니다.

하지만 자기가 결단한 것의 절반도 실천하지 못했다면, 그는 요한계시록에 나오는 라오디게아 교회 교인들처럼 차지도 아니하고 뜨겁지도 아니한 신앙에 머물러 있는 사람일 수 있습니다. 그런 상태로는 성령님의 풍성한 은총을 누리며 살아가는 신앙인이라 보기 어렵습니다.

새해에는 너무 많은 것을 결단하지 말고, 실천 가능한 것 한두 가지를 정하여 하나님 앞에 서원 기도를 드려야 합니다. 하나님의 도우심 없이는 나의 결단을 온전히 실천하는 것이 결코 쉬운 일이 아니기 때문입니다. 우리 그리스도인들은 성령님의 도우심을 입을 수 있기에, 우리의 결단을 이루어 낼 수 있습니다. 불신자들 중에도 자기가 새해에 결단한 것을 의지만으로 끝까지 밀고 나가는 사람들이 적지 않습니다. 불신자들도 해내는 일을 신자들이 해내지 못한다면, 예수님을 믿는다는 것이 무슨 의미가 있겠습니까? 불신자들은 자기의 결단을 실천하지 못한다 할지라도, 그리스도인들은 성령의 능력을 힘입어 자기의 결단을 실천해야만 합니다.

　또 실천할 수 있습니다. 왜냐하면 우리는 우리 힘만으로 살아가는 것이 아니라, 성령님의 도우심을 받으며 살아가기 때문입니다. 우리 모두 성령님의 도우심을 받아, 오늘 결단한 일들을 끝까지 실천하는 한 해가 되기를 바랍니다. 이 글을 읽는 모든 독자의 개인과 가정과 자녀 손들, 그리고 하시는 모든 사업과 생업과 직장에 성삼위 하나님의 은총이 풍성히 임하시기를 기원합니다. 샬롬.

주의 뜻이면

"내일 일을 너희가 알지 못하는도다 너희 생명이 무엇이냐 너희는 잠깐
보이다가 없어지는 안개니라 너희가 도리어 말하기를 주의 뜻이면 우리가
살기도 하고 이것이나 저것을 하리라" (약 4:14-15)

지난주에 놀랄 만한 소식을 전해 들었습니다. 신학교에서 3년 동안 함께 공부한 동기동창이자, 모교인 장로회신학대학교에서 수십 년을 같이 가르쳤던 가장 친한 친구 중 하나가 갑자기 세상을 떠났다는 비보였습니다. 평소 누구보다 건강에 관심이 많았고, 운동도 누구보다 열심히 그리고 많이 했던 친구가 운동을 나갔다가 넘어져 심장마비를 일으켜 소천했다는 소식이었습니다.

이 갑작스러운 소식을 믿을 수 없었던 이유는 그가 평소 너무나 건강했기 때문입니다. 80대 초반이지만 아직도 한참 더 살면서 일을 해야 할 인재가 그렇게 하나님의 부르심을 받고 떠났다는 이야기를 들었을 때, 그 슬픔을 감내하기 힘들었습니다. 남기고 간 부인과 세 따님의 가정에 하나님의 은총과 위로가 있기를 기원할 뿐입니다.

어느 글에서 읽은 이야기입니다. 공원에서 걷기 운동을 자주 하는 분이 그곳에서 만난 미국인 부부와 즐겁게 대화를 나누며 운동을 했습니다. 헤어질 시간이 되어 "내일 만나요(See you tomorrow)"라고 인사를 건네자, 그녀의 남편이 이렇게 대답했다고 합니다. "주님께서 허락하시면(If the Lord wills)" 보통은 "내일 봐요"라고 말하면 "네, 내일 봐요"라고 대답하는 것이 일반적인데, "주님께서 허락하시면"이라는 말은 아무나 쓸 수 있는 표현이 아닙니다. 이 한마디를 통해 그분의 진실한 그리스도인다운 모습을 엿볼 수 있습니다. 글쓴이는 이런 인사를 나눈 지

얼마 되지 않아 코로나 팬데믹이 터지는 바람에 오랫동안 서로 만나지 못했다고 썼습니다.

성경의 야고보 기자는 "내일 일을 너희가 알지 못하는도다 너희 생명이 무엇이냐 너희는 잠깐 보이다가 없어지는 안개니라 너희가 도리어 말하기를 '주의 뜻이면' 우리가 살기도 하고 이것이나 저것을 하리라"(약 4:14-15)라고 말씀했습니다. 그렇습니다. 주님의 뜻에 따라 우리가 살기도 하고 죽기도 한다는 말씀입니다. 저는 새벽에 일어나 기도를 드릴 때, 첫 마디를 이렇게 시작합니다. "어제저녁 편안한 쉼을 주시고, 오늘 아침 건강한 몸으로 새날을 맞이하게 해 주셔서 감사합니다."

소설 『빙점』을 쓴 일본의 기독교 작가 미우라 아야코(Miura Ayako) 여사는 아침 기도 때 "이 세상 그 누구도 소유해 보지 않은 새날을 맞이하게 해 주셔서 감사합니다"라고 기도드린다고 했습니다. 어제저녁 심장마비를 비롯한 각종 질병이나 예기치 못한 사고로 찬란한 이 아침을 맞이하지 못하고 세상을 떠난 사람들이 부지기수입니다. 그러므로 오늘 제가 하나님께로부터 새로운 하루를 허락받고 살아갈 수 있다는 것은 말로 다 할 수 없는 놀라운 은혜입니다. 따라서 내 일생에 처음이자 다시 돌아올 수 없는 오늘을 보람 있게, 그리고 하나님의 뜻에 합하게 살아야 합니다.

제 절친한 친구가 아침에 운동을 나갔다가 집으로 돌아오지 못하고 영안실로 옮겨진 사실은 남의 일이 아닙니다. 머지않은 장래에 제가 당할 일입니다. 이 일은 결코 타인에게만 일어나는 일이 아니라, 바로 나의 일입니다. 주님의 뜻이 아니면 저는 내일을 기약할 수 없습니다. 그러므로 오늘이 내 생애의 마지막 날일 수 있습니다. 따라서 우리는 항상 삶을 준비하고 정리하는 생활을 해야 합니다. 이것이 세상을 살아가는 그리스도인의 지혜입니다. 오늘도 주님의 뜻에 따라 보람 있게 살아갑시다. 샬롬.

0.0001%를 위한 기도

"전능하사 천지를 만드신 하나님 아버지를 내가 믿사오며"
(사도신경 첫 구절)

1969년 7월 16일, 달을 향한 우주선이 전 세계가 지켜보는 가운데 발사되었습니다. 우주선에는 선장 닐 암스트롱, 사령선 조종사 마이클 콜린스, 달 착륙선 조종사 버즈 올드린이 타고 있었습니다. 드디어 7월 20일, 암스트롱과 올드린이 달에 내려 걷기 시작하면서 인류 최초의 발자국을 남겼습니다. 이는 인류가 지구 밖의 천체(天體)에 최초로 발을 디딘 역사적 사건이었습니다. 이 우주선을 달에 착륙시킨 프로젝트의 총책임자였던 베르너 폰 브라운(Wernher von Braun, 1912-1977) 박사는 우주선을 달로 쏘아 올리기 직전, 미국 국민에게 다음과 같은 말을 했습니다.

"아폴로 11호가 달에 착륙할 확률은 99.9999%입니다. 따라서 우리는 나머지 0.0001%를 위해 하나님께 기도해야 합니다." 99.9999%는 완벽에 가까운 숫자지만, 세상에 완벽이란 없으므로 단 0.0001%의 오차로도 아폴로 11호가 달에 착륙하지 못할 수 있다는 얘기였습니다. 따라서 이 0.0001%는 인류의 한계를 넘어선 신의 영역이므로, 모든 미국 사람은 이 일을 위해서 기도해야 한다는 뜻이었습니다. 최첨단 과학자가 마지막 순간에 하나님께 기도해야 한다고 말한 것은, 과학에는 완벽이 없고 완전하신 분은 오직 하나님 한 분뿐임을 고백한 것입니다.

폰 브라운 박사는 1912년 독일 명문가에서 태어났습니다. 아버지는 바이마르 공화국의 농림부 장관이었고, 어머니는 영국 왕실 출신이었습니다. 그는 음악을 공부했으나 꿈은 우주에 있었습니다. 베를린 공대에서 액체 연료를 전공한 후 제2차 세계대전 때 육군 병기국에 배속되어 히틀러의 명령을 받고 영국을 공격한 탄도 미사일 V2를 제작했습니다. 그는 자신이 꿈꾸었던 우주 기술이 살상용으로 이용되는 것에 몹시 괴로워했다고 합니다.

2차 대전이 끝나자 미국은 폰 브라운을 체포했으나 처벌하지 않고, 미국으로 데려와 시민권을 주고 미 항공우주국(NASA)에 배속시켜 우주 개발 연구에 전념하게 했습니다. 인재(人才)를 벌하지 않고 포용해서 전공 분야에서 일하게 한 미국의 포용력이 오늘날의 미국을 위대하게 만들었습니다. 그가 우주 연구에 전념하던 무렵인 1957년, 소련이 먼저 인공위성 스푸트니크호를 발사하였고, 4년 후인 1961년에는 유리 가가린이 최초로 유인(有人) 우주선을 타고 우주 비행에 성공했습니다.

이 사실로 미국은 소련과의 우주 경쟁에서 확실하게 뒤처지고 말았습니다. 미국의 여러 언론과 과학자들은 폰 브라운 박사를 비난하면서, 어떻게 소련을 따라잡을 수 있겠느냐며 따졌습니다. 그때 그는 침착하게 이렇게 대답했습니다. "미국이 초등학교에서 수학 공부를 너무 소홀히 한 탓입니다." 그의 대답에 기자들뿐만 아니라 교육계가 큰 충격을 받았습니다. 옛날 그리스에서 철학을 가르쳤던 플라톤의 아카데미 입학시험에서는 기하학을 모르는 학생은 받지 않았다고 합니다. 인문학이 자연과학을 소홀히 하면 재앙이 오는 시대에 우리는 살고 있습니다.

그 후 소련보다 앞서 인간을 달에 착륙시키겠다는 집념을 가진 폰 브라운 박사는 결국 존 F. 케네디 대통령의 꿈이었던 '1960년대에 인간을 달에 보낸다'는 계획을 실현해 보였습니다. 폰 브라운 박사 주도로 달 표면에 인류의 발자국을 남기고 성조기를 꽂고 온 이래 반세기가 지났지만, 아직 미국을 포함한 그 어느 나라도 인간을 다시 달에 착륙시키지 못하고 있습니다. 언젠가 우주 선진국들이 인간을 다시 달에 보낼 날이 오겠지만, '0.0001%의 법칙'은 변함없이 존재합니다.

인간이 달에 발을 디딘 것은 폰 브라운 박사의 '0.0001%를 위한 기도' 덕분입니다. 신이 아닌 인간은 불완전한 존재입니다. 우리는 그 0.0001% 때문에라도 하나님 앞에 겸손해야 합니다. 모든 인류는 하나님 앞에 무릎을 꿇어야 합니다. 하나님의 도우심 없이는 인간은 그 어떤 것도 완벽하게 이루어낼 수 없습니다. 완전하신 분은 오직 하나님 한 분뿐이십니다. 우리는 이 사실을 믿고 고백합니다. 샬롬.

사순절과 라마단

"왕과 그의 대신들이 조서를 내려… 사람이나 짐승이나 소 떼나 양 떼나
아무것도 입에 대지 말지니 곧 먹지도 말 것이요 물도 마시지 말 것이며"
(욘 3:7)

전 세계 무슬림들이 라마단(Ramadan) 기간에 들어갔습니다. 이슬람력으로 아홉 번째 달이 라마단입니다. 이 기간에는 매일 해 뜨는 시각부터 해 지는 시각까지 한 달간 음식과 물을 일절(一切) 입에 대지 않아야 합니다. 흡연과 성행위 등도 금지됩니다. 또한 이 기간에 무슬림들은 폭력, 시기, 탐욕, 중상모략 등 모든 반종교적인 행위를 금합니다. 신앙심이 깊은 사람들은 해가 떠 있는 동안 물을 마시지 않는 것은 물론, 심지어 침도 삼키지 않고 뱉는 엄격한 고행을 하기도 합니다. 다만 금식을 면해주는 예외 대상도 있습니다. 전쟁 중인 군인, 장거리 여행자, 어린이, 노약자나 건강이 좋지 않은 사람, 임신 중이거나 수유 중인 여성, 월경 중인 여성, 환자 등입니다.

금식은 신자들에게 인내와 자제력을 가르치고, 소외된 이웃을 돌아보게 하는 목적이 있습니다. 또한 신에 대한 순종을 나타내는 행위이기도 합니다. 금식의 계율을 충실히 지킴으로써 개인적인 과실과 악행을 속죄하고, 천국에 이르기 위해 노력하는 것입니다. 따라서 금식 기간은 신앙을 더욱 공고히 하는 시간입니다. 무슬림들은 라마단 기간에 모욕을 당해도 맞대응하지 않고, 구제 행위를 중요시하기 때문에 남을 돕고 용서하는 데 힘씁니다. 이 기간 전 세계 무슬림들은 형제애를 느끼면서 알라 앞에서 평등 의식을 되새깁니다.

이제 우리 기독교인들도 사순절을 모르는 이는 거의 없습니다. 부

활절 전 40일이 사순절이고, 그 마지막 주간이 고난주간입니다. 그런데 사순절이 부활절 전 40일이라는 것은 알지만, 이 기간을 어떻게 보내야 하는지 아는 사람은 많지 않습니다. 라마단 기간에 무슬림들이 철저히 금식하는 데 반해, 개신교인들에게는 사순절 동안 금식을 강요하지 않습니다. 과거 중세 수도사들이나 수녀들은 사순절 40일 동안 예수님의 본을 받아 금식하는 경우가 적지 않았습니다. 40일 금식을 하지 못하는 사람들은 아침 한 끼 혹은 저녁 한 끼를 금식하는 경우가 많습니다. 비록 한 끼 금식이지만, 주님의 고난에 동참한다는 깊은 의미가 있습니다. 로마 가톨릭교회는 사순절 기간 육식을 피하고 채식만 하면서 주님의 고난을 묵상합니다.

또한 전통적으로 사순절 기간에는 일절 결혼식을 올리지 않았습니다. 가톨릭 교우들의 결혼식은 신부가 주례하여 성당에서 치러지는데, 사순절 동안에는 신부(神父)가 결혼 주례를 하지 않고 성당을 예식장으로 허용하지 않기 때문에 자연히 결혼식이 행해지지 않았습니다. 생각해 보면 사순절 기간에 결혼식을 올린다는 것은 그리스도인의 경건 생활과 어울리지 않는 일입니다. 결혼은 신랑, 신부 당사자뿐만 아니라 양가의 가족, 일가친척, 친구들이 모여 축하하고, 먹고 마시고, 춤추며 노래하는, 일생에서 가장 행복하고 즐거운 잔치입니다. 이런 일이 주님께서 십자가에 달려 피 흘려 돌아가시는 수난을 묵상하는 사순절 기간에 행해진다는 것은 그리스도인 가정에 걸맞지 않습니다. 과거에는 이 기간에 의상도 검은색이나 회색 계통을 입었고, 여성들은 짙은 화장을 피했으며, 값비싼 보석으로 치장하는 것도 삼가곤 했습니다. 모두 주님의 고난에 동참한다는 의미였습니다.

16세기 마르틴 루터가 종교개혁을 단행하면서 로마 가톨릭교회의 잔재(殘滓)를 철저하게 청산하는 과정에서 사순절 준수 의무를 폐지했고, 육식이나 결혼식을 금하는 규례조차 없애버렸기에 자연히 개신교에서는 사순절이라는 용어조차 잘 쓰지 않게 되었습니다. 그러나 다행히도 근래에 와서 개신교 내에서도 사순절을 강조하고, 이 기간을 경건하게 보내야 한다고 가르치는 목사들이 늘어나고 있습니다. 무슬림들이 라마단을 철저히 지키며 고행을 하는 것처럼, 우리 그리스도인들도 초대교회와 역사 속 교회가 준수해 온 사순절의 정신을 이어받아야 합니다.

주님께서 나의 죄를 대신 지고 죽으신 고난을 묵상하며 이 기간을 보내도록 노력해야겠습니다. 요나 시대의 니느웨 왕은 모든 백성과 심지어 짐승들에게도 금식을 선포하고, 물도 마시지 못하게 하면서 하나님께 통회자복(痛悔自服)함으로써 온 성이 구원을 받았습니다. 진정한 참회에는 금식과 절제가 따르는 법입니다. 샬롬.

제사장과 레위인

"사람이 친구를 위하여 자기 목숨을 버리면 이보다 더 큰 사랑이 없나니"
(요 15:13)

예수님을 믿는 사람은 물론, 믿지 않는 사람이라도 '선한 사마리아인'의 비유를 모르는 사람은 거의 없을 것입니다. 오늘 제가 주목하고자 하는 것은 강도를 만나 죽어가는 행인의 울부짖음을 들으면서도 그 곁을 피해 도망간 제사장과 레위인입니다. 제사장은 당시 유대 사회에서 최상의 직업이자 백성들로부터 존경받는 종교 지도자였습니다. 따라서 누구보다 솔선수범해서 어려운 사람을 돕고 백성의 본이 되어야 할 사람입니다. 그런데 그 제사장은 강도 만난 사람을 못 본 체하고 슬쩍 피해서 도망가 버렸습니다. 레위인 역시 제사장은 아니지만 성전에서 봉사하며 제사 업무를 돕는, 하나님께 구별된 지파 사람이었습니다. 그러나 이 레위인 역시 울부짖는 피해자의 소리에 귀를 막고 도망쳐 버렸습니다.

자, 여기서 이 두 사람이 왜 강도 만난 자를 방치하고 피해 갔는지 그 이유를 함께 생각해 봅시다. 첫째, 그들이 강도 만난 자를 버리고 간 것은 자신들도 어떤 피해를 볼지 모른다는 두려움 때문이었습니다. 철저한 자기보호 본능과 이기주의가 그런 행동을 하게 만든 것입니다. 둘째, 피해자에게 다가가면 막대한 손해를 볼 수 있기 때문입니다. 당장 그의 상처를 싸매주어야 하고, 걷지 못하는 그를 자기가 타던 나귀에 태우거나 부축해서 여인숙까지 데려가야 합니다. 이는 시간적으로, 물질적으로, 그리고 육체적으로 큰 손해를 감수해야 하는 일입니다.

최근 미국에서는 아시아계를 향한 증오 범죄가 빈번하고, 한국에서는 일명 '묻지 마 범죄(이상 동기 범죄)'가 발생하여 무고한 시민들이 흉기에 찔리거나 상해를 입는다는 뉴스를 자주 접합니다. 그런데 제가 안타깝게 느끼는 공통점은, 악한 자가 무고한 사람에게 주먹을 휘두르거나 흉기로 위해(危害)를 가할 때, 주변에 있는 사람들이 선뜻 말리지 못하고 지켜만 보고 있다는 사실입니다. 괜히 개입했다가 자신도 피해를 당할지 모른다는 두려움 때문에 지켜보거나 조용히 자리를 피하는 것입니다. 비록 범인이 흉기를 들고 있다 할지라도 여러 사람이 힘을 합치면 제압할 수도 있겠지만, 현실적으로는 대단히 어려운 일입니다. 자칫하면 자신이 상해를 입거나 목숨을 잃을 수도 있기 때문입니다. 양심은 "일어서서 저 악인을 제압하고 피해자를 도우라"고 외치지만, 용기가 나지 않습니다. 그러나 방관만 한다면 우리 또한 강도 만난 자를 보고도 지나쳐 간 제사장이나 레위인과 다를 바 없는 사람들입니다.

결론적으로 말해, 이러한 방관은 결국 극단적 이기주의에서 나오는 것입니다. 죽어 가는 사람을 보면 어떤 어려움이나 위험을 무릅쓰고라도 현장에 뛰어들어 그를 구하는 것이 인간의 마땅한 도리, 즉 인류입니다. 적어도 예수님을 믿는 그리스도인들은 이런 고통의 현장에서 사람을 돕고 생명을 구하는 일에 앞장서야 하지 않을까요? 세상 사람들은 몸을 사릴지라도, 우리 크리스천들은 악행을 저지하고 억울하게 죽어가는 사람의 생명을 구원해야 할 소명(召命)을 받은 사람들입니다.

말은 쉽지만 행동은 어렵다는 것을 잘 알고 있습니다. 그러나 궁극적으로 주님께서 우리에게 원하시는 사랑은 바로 이것입니다. "사람이 친구를 위하여 자기 목숨을 버리면 이보다 더 큰 사랑이 없나니"(요 15:13) 샬롬.

모든 것을 버려두고

"그들이 배를 육지에 대고 모든 것을 버려두고 예수를 따르니라."
(눅 5:11)

성 프란치스코(St. Francis of Assisi, 1181-1226)는 13세기 이탈리아의 수도자로 프란치스코회를 창설한 인물입니다. 그는 가톨릭교회, 성공회, 루터교 등을 포함한 기독교계에서 시에나의 성녀 카타리나(Catherine of Siena)와 함께 이탈리아의 공동 수호성인(守護聖人)으로 추앙받고 있습니다.

프란치스코는 이탈리아 아시시(Assisi)의 부유한 포목상 아들로 태어났습니다. 부잣집 아들들이 흔히 그러하듯, 그도 부유한 집안의 아들답게 향락을 추구하며 친구들과 어울려 흥청망청 방탕한 생활을 했습니다. 그는 기사(騎士)가 되겠다는 꿈을 품고 전쟁에 나갔다가 포로로 붙잡혀 1년간 감옥에 갇혀 지냈고, 풀려난 후에는 큰 병을 앓게 되었습니다. 그는 오랫동안 투병 생활을 하고 난 후, 친구들과 어울리는 것을 멀리하고 명상을 시작했는데, 이때 신비로운 영적 환상을 체험하게 됩니다.

그때부터 그는 세상에 대한 모든 관심을 끊고, 아시시의 한 동굴에 들어가 기도 생활을 계속했습니다. 그러던 중 근처에 있는 나병 환자촌의 비참한 모습을 보고 달려가 그들을 안아 주며 돌보기 시작했습니다. 프란치스코가 집으로 돌아와 집안의 재산(포목)을 팔아 나병 환자들을 돌보고 허물어진 성당을 개축하는 것을 보고, 분노한 아버지는 아들의 상속권을 박탈해 버렸습니다. 그러자 프란치스코는 자기가 입고 있던 옷까지 벗어주며 모든 것을 포기하고 집을 나왔습니다. 이제부터 하늘에 계신 유일한 아버지 한 분만을 섬기겠다는 결단으로 빈 몸이 되어 수도사의 길을 걷기 시작한 것입니다. 프란치스코가 성자(聖者)가 된 것은 주님을 위해서 자기의 모든 것을 미련 없이 버리고 집을 떠난 데서 비롯되었습니다.

예수님께서 게네사렛 호수에서 물고기를 잡고 있는 세베대의 아들 시몬(베드로)에게 "네가 사람을 취하리라"고 말씀하시자, 그들은 야고보, 요한과 더불어 배를 육지에 대고 모든 것을 버려두고 예수님을 따랐습니다(눅 5:11). 예수님의 제자가 되는 길의 첫 번째 조건은 '버리는 것'입니다. 세상의 모든 것을 쥐고서는 예수님의 참된 제자가 될 수 없습니다. 베드로, 요한, 야고보는 배만 버린 것이 아니라 동시에 가정도 뒤로하고 떠났습니다. 그러므로 그들은 모든 것을 버린 것입니다.

돈 많은 젊은 관원이 주님께 와서 영생의 길을 물었을 때, 주님께서는 "네게 있는 것을 다 팔아 가난한 자들에게 나눠 주라 그리하면 하늘에서 네게 보화가 있으리라 그리고 와서 나를 따르라"(눅 18:22)고 말씀하셨습니다. 젊은 관원이 믿었던 것은 그가 소유한 물질이었습니다. 예나 지금이나 돈만 많으면 못할 일이 거의 없습니다. 인간의 삶에서 돈은 무엇보다 소중하고 든든한 버팀목처럼 보입니다. 따라서 사람들은 돈을 버는 데 혈안이 되어 살아갑니다.

그러나 물질에 초연했던 사람이 있습니다. 바로 욥입니다. 그는 고백하기를 "내가 모태에서 알몸으로 나왔사온즉 또한 알몸이 그리로 돌아가올지라 주신 이도 여호와시요 거두신 이도 여호와시오니 여호와의 이름이 찬송을 받으실지니이다"(욥 1:21)라고 했습니다. 이것이 물질에 초연한 참된 신앙인의 모습입니다. 우리가 예수님의 제자로 살아가면서 베드로나 욥처럼 당장 모든 것을 버리고 나설 수는 없을지 모릅니다. 그러나 우리가 가장 소중히 여기는 것, 바로 그것만은 주님을 위해 포기할 수 있는 마음의 준비가 되어 있어야 합니다.

미국 캘리포니아에서는 종종 산불이 납니다. 한국에서는 산동네가 주로 서민들이 사는 곳이지만, 이곳에서는 부자들이 경치 좋은 산속에 집을 지어 놓고 삽니다. 그런데 산불이 나면 집 전체가 타버리기 때문에 집 안에 있던 모든 것이 소실(燒失)되고 맙니다. 그렇게 소중하고 귀하게 여기던 것들이 순식간에 잿더미가 됩니다. 우리가 소유했던 모든 것이 나에게서 떠날 때가 반드시 옵니다.

주님의 제자가 되기 위해서는 모든 것을 버릴 준비가 되어 있어야 합니다. 때가 되면 모든 것을 내려놓아야 합니다. 그 때가 언제일지는 아무도 모릅니다. 그러므로 늘 깨어 준비하는 삶을 살아야 합니다. 샬롬.

최선을 다했는가?

"이는 너희 믿음의 시련이 인내를 만들어 내는 줄 너희가 앎이라."
(약 1:3)

모교인 장로회신학대학교에서 교수 생활을 할 때의 일입니다. 어느 날 퇴근하여 아파트 엘리베이터 앞에 왔더니 '수리 중'이라는 푯말이 붙어 있었습니다. 제가 사는 집은 18층이었습니다. 경비 아저씨께 언제쯤 수리가 되겠냐고 물어보았으나, 수리공이 언제 올지 또 수리하는 데 시간이 얼마나 걸릴지 알 수 없다는 답변을 들었습니다.

언제 고쳐질지도 모르는 엘리베이터를 하염없이 기다릴 수 없어, 마음먹고 계단을 오르기 시작했습니다. 한 층씩 올라가 18층의 절반인 9층까지 도달하니 숨이 차서 더 이상 올라갈 수가 없었습니다. 9층에서 한참 서서 숨을 고른 뒤에야 다시 힘을 내어 18층 집으로 들어갈 수 있었습니다. 맨몸도 아니고 책들이 들어 있는 제법 묵직한 가방을 들고 18층까지 걸어 올라가는 것은 결코 쉬운 일이 아니었습니다.

그 후 2023년 8월, 덴마크 코펜하겐에서 열린 세계배드민턴연맹(BWF) 세계선수권대회에서 안세영(21) 양이 단식 정상에 올라 금메달을 획득했다는 소식이 전해졌습니다. 이 대회가 창설된 1977년 이후 46년 만의 쾌거라고 합니다. 안세영 선수는 여자 단식 결승전에서 스페인의 카롤리나 마린을 2:0으로 완파하고 금메달을 목에 걸었습니다. 한국 배드민턴이 세계선수권대회 단식 정상에 오른 것은 1993년 준우승한 방수현 선수 이후 30년 만의 일입니다.

안세영 선수는 주변 스태프들이 말릴 정도로 지독하게 훈련했습니다. 100kg 이상의 스쿼트와 데드리프트 등 고강도 근력 운동을 소화했고, 코로나로 인해 운동 시설을 이용할 수 없을 때는 '아파트 45층까지 하루 일곱 번씩 걸어 올랐다'고 합니다.

저는 이 기사를 읽으며 18층까지 한 번 올라가는 것도 그렇게 힘이 들었는데, 45층을 하루에 일곱 번씩이나 오르내리며 하체 근육을 단련했다는 사실에 놀라지 않을 수 없었습니다. 18층의 배가 36층이고, 거기서 다시 9층을 더 올라가야 45층인데, 그것을 하루에 일곱 번씩 반복했다는 것은 초인적인 노력이 아니면 불가능한 일입니다. 이러한 눈물겨운 훈련이 결국 그녀를 세계 정상의 자리에 세운 것이겠지요.

야고보 선생은 "너희 믿음의 시련이 인내를 만들어 내는 줄 너희가 앎이라"고 말씀하셨습니다. 믿음의 시련은 끝없는 투쟁이자 자신과의 싸움입니다. 사도 바울은 "운동장에서 달음질하는 자들이 다 달릴지라도 오직 상을 받는 사람은 한 사람인 줄 너희가 알지 못하느냐"(고전 9:24)라고 권면했습니다. 모든 선수가 최선을 다하지만, 마지막 승리자는 준비된 한 사람입니다.

금메달은 누구의 몫입니까? 최선을 다한 사람, 가혹할 만큼 자신을 채찍질하며 훈련한 사람입니다. 그런 이가 영광의 면류관을 얻습니다. 우리는 우리의 믿음을 위해 과연 어느 정도의 훈련을 하고 있습니까? 45층 계단을 하루 일곱 번씩 걸어 올라갈 수 있는 영적 결단이 있습니까?

구원은 입술의 고백만으로 완성되는 것이 아닙니다. 자신과의 싸움, 곧 사탄과의 영적 전쟁에서 승리하기 위해서는 45층을 하루 일곱 번씩 오르는 것과 같은 단호한 실천이 필요합니다. 훈련 없는 신앙은 사탄의 공격 앞에 무력할 수밖에 없습니다. 우리 모두 "45층을 하루 일곱 번" 오르는 각오로 영적 훈련에 임합시다. 그 인내의 끝에 승리의 면류관이 기다리고 있습니다. 샬롬.

꼴찌를 응원하다

"예수께서 이르시되 네 마음을 다하고 목숨을 다하고 뜻을 다하여 주 너의
하나님을 사랑하라 하셨으니" (마 22:37)

경마장(Horse Racing)이라고 하면 경주마들이 속도를 겨루는 곳이라는 사
실을 모르는 사람은 없을 것입니다. 그런데 경마장은 말들이 단순히 경
쟁만 하는 곳이 아니라, 마권(馬券)을 구입한 사람들에게 승패에 따라
배당금이 지급되는 곳이기도 합니다. 따라서 사람들은 1등 할 가능성
이 높은 말에 돈을 걸기 마련입니다. 경마장에서 달리는 말들은 대개
최고의 품종과 최상의 몸 상태, 무엇보다 빠른 속도를 자랑합니다. 이
런 최고 품종의 말들은 엄청난 액수로 거래되곤 합니다.

　　최근 경주마에 대해 어느 목사님이 쓴 흥미로운 글을 읽었는데, 그
내용을 여러분께 소개해 드리고자 합니다. 일본 고치시(高知市) 경마장
에는 경기에만 나오면 늘 꼴찌를 하는 말이 있었습니다. 그 이름은 바
로 '하루 우라라'입니다. 이 말은 태어날 때부터 발목이 가늘고 몸집이
작아, 다른 말에 비해 폐활량이 떨어지는 등 달리기에 적합하지 않은
조건을 갖추고 있었습니다. 성격도 예민해서 경주 전날에는 여물도 잘
먹지 못해 정작 경기에서는 힘을 쓰지 못했습니다.

　　보통 말이 네 살이 되면 전성기로 보는데, 하루 우라라는 여덟 살
이 되어 은퇴 시기가 한참 지난 노장마였습니다. 하루 우라라가 100번
째 경주에 도전하던 날, 경마장에는 수많은 인파가 운집했습니다. 관중
들은 100번째 도전에 나선 하루 우라라를 열렬히 응원했지만, 결과는
어김없이 꼴찌였습니다. 그러나 관중들은 우승은 하지 못했어도 100

번이나 멈추지 않고 경기장을 달린 하루 우라라에게 뜨거운 박수를 보냈습니다. 실패를 거듭하면서도 포기하지 않는 하루 우라라를 좋아하는 팬들이 생겨나기 시작한 것입니다. 평생 회사를 위해 일하다 명예퇴직을 당한 이들이 하루 우라라를 보며 위로를 얻었고, 투병 중인 환자들도 용기를 얻었습니다. 인생이라는 경기에서 때로 뒤처진다고 느끼는 이들이 하루 우라라를 통해 새 힘을 얻은 것입니다.

꼴찌만 하는 말의 사연이 보도되면서 폐장 위기에 놓였던 고치 경마장은 활기를 되찾았습니다. 1등만 박수받는 세상, 성공만이 기준이되는 세상에서 사람들은 달릴 때마다 꼴찌를 도맡아 하는 이 말의 '성실함'에 감동하여 경마장을 찾기 시작했습니다.

하루 우라라는 은퇴할 때까지 113번의 경주에 나갔지만, 단 한 번도 우승하지 못했습니다. 그러나 그 누구도 하루 우라라를 실패자라고 말하지 않았습니다. 비록 우승의 영광은 누리지 못했어도, 경주 때마다자신이 가진 모든 힘을 쏟아 최선을 다해 달렸기 때문입니다. 항상 1등만을 부추기고 금메달을 따기 위해 말 엉덩이에 채찍질을 가하는 세상에서, 꼴찌만 하는 하루 우라라는 "꼴찌면 어떠냐, 나는 오늘도 나의 최선을 다해 달렸다"라는 소중한 교훈을 줍니다.

성경에는 예수님께서 들려주신 달란트 비유가 나옵니다. 다섯 달란트 받은 종이 다섯 달란트를 더 남겨 왔고, 두 달란트 받은 종도 두달란트를 더 남겨 왔을 때, 주인은 두 종에게 똑같은 칭찬을 해주었습니다. 만일 한 달란트 받은 종이 성실히 일해 한 달란트만 더 남겨 왔더라도, 그는 앞선 종들과 똑같은 칭찬을 받았을 것입니다. 그러나 그는최선을 다해 일하지 않고 그저 받은 것 하나만을 가져왔기에 주인의엄한 꾸중을 들었습니다.

사람들이 하루 우라라를 칭송하고 응원한 것은 우승했기 때문이아니라, 비록 꼴찌를 할지언정 멈추지 않고 최선을 다해 달렸기 때문입니다. "최선을 다하라(Do your best)." 우리의 신앙생활 또한 그래야 합니다. 예수님께서는 "네 마음을 다하고 목숨을 다하고 뜻을 다하여 주 너의 하나님을 사랑하라"(마 22:37)고 말씀하셨습니다. 여기서 '다하고'라는 말씀은 바로 우리의 최선을 의미합니다. 우승의 여부와 상관없이 우리는 주 하나님을 온 마음 다해 사랑하고, 아직 믿지 않는 이들의 영혼을 사랑하는 일에 끝까지 최선을 다해야 합니다. 샬롬.

집념

"예수께서 이르시되 네게 이르노니 일곱 번뿐 아니라 일곱 번을 일흔 번까지라도 할지니라." (마 18:22)

집념(執念)이란 한 가지 일에 매달려 온 정신을 쏟는다는 뜻입니다. 집념을 가진 사람은 결국 성공하지만, 그렇지 못한 사람은 인생의 고비에서 좌절하기 쉽습니다. 1970년대 초 제가 미국에 와서 처음 본 패스트푸드점 가운데 KFC가 있었습니다. 하얀 정장에 검은 넥타이를 매고 인자한 미소를 짓고 있는 할아버지의 모습이 간판마다 걸려 있던 기억이 납니다.

KFC는 '켄터키 프라이드 치킨(Kentucky Fried Chicken)'의 약자이고, 그분이 바로 커널 샌더스(Colonel Sanders)라는 사실도 나중에 알게 되었습니다. 그의 본명은 할랜드 데이비드 샌더스(Harland David Sanders, 1890-1980)로, 미국 인디애나주 헨리빌에서 태어났습니다. 샌더스는 아버지가 일찍 세상을 떠나자 중학교를 중퇴하고 어머니를 도와 전기 회사, 보험 판매원, 철도원, 농부 등 수많은 직업을 전전했습니다. 그러다 주유소를 운영하면서 그곳에 딸린 작은 방에서 닭튀김 요리법을 개발해 장사를 시작했습니다.

1935년 켄터키 주지사 루비 라푼(Ruby Laffoon)으로부터 켄터키주 최고의 명예 호칭인 '켄터키 커널(Kentucky Colonel)'을 수여받았으나, 그의 사업은 점차 기울어졌고 결국 65세의 나이에 파산하고 말았습니다. 당시 샌더스에게 남은 돈은 단 100달러뿐이었습니다. 그는 다시 한번 사업을 일으키기 위해 파트너를 찾아 헤맸습니다. 무려 1,008명을 만나 자신의 사업 계획서를 보여주며 호소했으나 모두 거절당했습니다. 마침내 1,009번째 인물인 데이브 토머스(Dave Thomas)가 투자를 결정하면서, 기적처럼 세계적인 기업 KFC가 탄생하게 되었습니다.

커널 샌더스는 "현실이 슬픈 그림으로 다가올 때면 그 현실을 보지 말고 멋진 미래를 꿈꿔라. 그리고 그 꿈이 이루어질 때까지 앞만 보고 달려라. 인생 최대의 난관 뒤에는 인생 최대의 성공이 숨어 있다"라는 말을 남겼습니다. 현재 KFC는 미국 전역은 물론 한국, 중국 등 전 세계 어디에서나 볼 수 있는 기업이 되었습니다. 생전에 샌더스는 수익금을 환원하기 위해 '커널 할랜드 샌더스 트러스트'와 같은 자선 단체를 만들어 장학 사업과 구호 활동에 힘썼습니다. 그는 1980년 90세의 나이로 생을 마감했습니다.

샌더스의 성공은 오로지 그의 집념에서 비롯된 것입니다. 천 명이 넘는 생면부지의 사람들에게 거절당하면서도 포기하지 않고 성실하게 설득한다는 것이 얼마나 어려운 일이겠습니까? 그러나 그의 꺾이지 않는 집념이 불가능해 보이던 성공을 이끌어냈습니다.

마태복음 18장에서 베드로는 예수님께 "형제가 내게 죄를 범하면 일곱 번까지 용서해 주면 되겠습니까?"라고 묻습니다. 그때 예수님께서는 "일곱 번뿐 아니라 일곱 번을 일흔 번까지라도 할지니라"(마 18:22)고 말씀하셨습니다. 이는 단순히 490번을 의미하는 것이 아니라, 끝없이 용서하고 인내하라는 사랑의 가르침입니다.

우리는 전도가 얼마나 어렵고 힘든 일인지 잘 압니다. 열 번, 스무 번을 권해도 꿈쩍하지 않는 이들을 보면 '저 사람은 도저히 안 되겠다'라고 단정하며 포기하고 싶은 마음이 들 때도 있습니다. 혹자는 장로교의 예정론을 떠올리며 '하나님이 택하지 않으신 영혼인가'라고 성급히 판단하며 시간 낭비라 생각할지도 모릅니다.

그러나 정말 그럴까요? 하나님께서 정말 그 영혼을 포기하셨을까요? 그 사람의 생명이 다할 때까지, 혹은 나의 생명이 다할 때까지 그리스도를 영접하도록 끊임없이 문을 두드리는 것이 바로 우리의 사명입니다. 세상의 성공을 위해서도 1,009번을 시도했다면, 한 영혼의 구원을 위해서는 2,009번, 아니 끝까지 시도해야 하지 않겠습니까? 하나님께서는 오늘 우리에게 바로 그 영적인 집념을 요구하고 계십니다. 이 소명을 끝까지 붙드는 우리 모두가 되기를 바랍니다. 샬롬.

인내

"그러므로 형제들아 주께서 강림하시기까지 길이 참으라 보라 농부가
땅에서 나는 귀한 열매를 바라고 길이 참아 이른 비와 늦은 비를
기다리나니" (약 5:7)

일본의 전국(戰國) 시대에는 역사를 이끈 세 명의 걸출한 인물이 있었습니다. 이들의 성격 차이를 보여주는 아주 유명한 비유가 있습니다. 어느 날, 울지 않는 새 한 마리를 두고 세 사람에게 "새가 울지 않으면 어떻게 하겠느냐?"라고 물었습니다. 오다 노부나가(織田信長)는 "울지 않는 새는 필요 없으니 죽여 버리겠다."고 말했고, 임진왜란을 일으켰던 도요토미 히데요시(豊臣秀吉)는 "어떻게든 새가 울게 만들겠다."고 말했으며, 도쿠가와 이에야스(德川家康)는 "그 새가 울 때까지 기다리겠다."고 말했습니다.

이 대답들은 세 사람의 성품을 단적으로 보여줍니다. 오다 노부나가는 매사를 즉각적으로 처리하는 성미 급한 면모를, 도요토미 히데요시는 수단과 방법을 가리지 않고 목적을 달성하려는 지략가적 면모를 보여줍니다. 반면, 최후의 승자가 된 도쿠가와 이에야스는 때가 성숙할 때까지 참고 기다리는 인내의 덕목을 보여줍니다. 우리는 이 세 유형 중 하나에 속해 있을 것입니다. 주변을 보면 성격이 급해 순식간에 결단을 내리고 행동에 옮기는 이들이 있습니다. 대체로 이런 분들은 이른바 '욱'하는 기질이 있어 실수를 자주 범할 뿐만 아니라, 때로는 돌이킬 수 없는 상처를 남기기도 합니다. 우리는 이를 성미가 조급하다는 뜻에서 '단기(短氣)의 사람'이라 부릅니다.

어떤 상황에서 '내가 어떻게 해야 하는가'를 잠시만 멈추고 생각해 보면 평생 후회하지 않을 결정을 내릴 수 있습니다. 하지만 순간의 감정을 이기지 못해 관계를 단칼에 잘라버리는 이들이 적지 않습니다. 분노를 참지 못해 무고한 이들에게 해를 가하거나 돌이킬 수 없는 일을 저지르는 이들은 오다 노부나가 식의 극단적 조급함에 빠져 있는 셈입니다.

오래전부터 전해 내려오는 이야기가 하나 있습니다. 한 가난한 신혼부부가 빈궁한 삶을 해결하기 위해, 남편이 먼 타지로 돈을 벌러 떠났습니다. 10여 년의 세월이 흘러 마침내 큰돈을 모은 남편이 고향 집으로 돌아왔습니다. 그런데 문간을 보니 성인 남자의 신발과 아내의 신발이 나란히 놓여 있는 것이 아니겠습니까? 남편은 아내가 다른 남자와 새살림을 차린 것으로 오해하고, 분노에 휩싸여 식칼을 들고 방으로 뛰어들려 했습니다. 그때 귀향길에 만난 노인의 조언이 떠올랐습니다. "화가 극에 달했을 때, '참을 인(忍)' 자와 '견딜 내(耐)' 자를 백 번만 외우면 큰 화를 면할 것이다." 남편은 칼을 든 채 멈춰 서서 마음속으로 '참을 인, 견딜 내'를 거듭 되뇌었습니다.

그 소리에 잠에서 깬 아내가 남편을 보고 소스라치게 놀라며 소리쳤습니다. "여보! 드디어 돌아오셨군요!" 그러고는 옆에서 자고 있던 청년을 흔들어 깨우며 말했습니다. "애야, 어서 일어나라. 네 아버지가 오셨다!" 남편이 집을 떠날 때 갓난아기였던 아들이 10년이 지나 늠름한 청년으로 성장해 있었던 것입니다. 만약 남편이 참지 못하고 칼을 휘둘렀다면, 아내와 외아들을 동시에 죽인 비극의 주인공이 되었을 것입니다.

성령의 아홉 가지 열매 중 네 번째 열매는 '오래 참음'(인내)입니다 (갈 5:22). 성도의 삶은 결국 인내로 결실을 봅니다. 야고보 선생은 "형제들아 주께서 강림하시기까지 길이 참으라 보라 농부가 땅에서 나는 귀한 열매를 바라고 길이 참아 이른 비와 늦은 비를 기다리나니"(약 5:7)라고 권면하셨습니다. 농부가 늦은 비를 기다리듯, 우리도 일상의 크고 작은 파도 앞에서 꾸준히 참는 훈련을 하며 살아갑시다. 그 기다림 끝에 하나님이 예비하신 가장 귀한 열매가 맺힐 것입니다. 샬롬.

절망을 이긴 희망의 증거

"우리가 선을 행하되 낙심하지 말지니 포기하지 아니하면 때가 이르매 거두리라." (갈 6:9)

지난 2022년, 미국 네바다주에서는 역사상 처음으로 아시아계 흑인 여성이 주 대법관으로 임명되었습니다. 그 주인공은 패트리샤 리(Patricia Lee, 49)로, 아버지는 흑인이고 어머니는 한국인입니다.

패트리샤 리 대법관은 네바다주 법관 인선위원회에 보낸 자기소개서에서 자신의 과거를 숨김없이 기록했습니다. 그녀는 한국에서 태어나 집도 없이 가난하고 학대받으며 어린 시절을 보냈던 혼혈 여성이라고 자신을 소개했습니다. 여덟 살 때, 알코올 중독인 아버지 때문에 어머니는 결국 이혼을 선택할 수밖에 없었습니다. 그녀는 영어가 서툰 어머니를 대신해 두 남동생을 돌보며 어린 나이에 실질적인 가장 노릇을 했습니다. 특히 어머니를 대신해 기초생활보장 수급 서류를 작성하면서 처음으로 '법'이 무엇인지, 그리고 법이 어떻게 사람을 도울 수 있는지 깨닫게 되었다고 합니다.

그러나 그녀의 삶은 순탄치 않았습니다. 집안이 너무 가난해 길거리에서 노숙하기도 했고, 학대받는 여성을 위한 쉼터를 전전하며 살아야 했습니다. 게다가 어머니 남자친구의 계속된 학대를 견디다 못해 15살에 가출했고, 친구들의 집 소파에서 잠을 자며 외로운 생활을 이어갔습니다. 그런 절망적인 상황 속에서도 그녀는 결코 희망을 버리지 않았습니다. 학업에 전념하여 고등학교 시절 전교 학생회장과 응원단장을 맡았고, 최상위권 성적으로 졸업했습니다. 이후 저소득층 청소년

장학 프로그램인 '업워드 바운드(Upward Bound)'의 도움을 받아 남가주 대학교(USC)에서 심리학과 커뮤니케이션을 전공했습니다.

대학 졸업 후에는 동부의 명문 조지워싱턴대학교 법학전문대학원(로스쿨)을 마쳤고, 변호사 시험에 합격하여 법조인의 길을 걷게 되었습니다. 패트리샤 변호사는 주로 가정폭력 피해 아동이나 파산 직전의 저소득층, 그리고 대기업을 상대로 싸워야 하는 사회적 약자들을 돕는 일에 매진했습니다. 이러한 공로를 인정받아 2013년, 미국변호사협회가 수여하는 '프로보노(Pro Bono, 무료 법률 지원) 공로상'의 첫 번째 수상자가 되었습니다.

우리는 패트리샤 리의 생애를 보면서 "절망은 없고 오직 희망이 있다"는 말을 되새겨봅니다. 객관적으로 볼 때 그녀의 어린 시절은 절망 그 자체였습니다. 그러나 온갖 역경을 극복하고 모든 법조인의 소망인 대법관의 자리에 올랐으니, 이는 참으로 위대한 인생 승리가 아닐 수 없습니다. 사도 바울은 "우리가 선을 행하되 낙심하지 말지니 포기하지 아니하면 때가 이르매 거두리라"(갈 6:9)고 말씀하셨습니다. 낙심하거나 포기하지 않고 노력하면 반드시 열매를 거둔다는 약속입니다. 아마도 패트리샤 리는 이 말씀을 마음 깊이 새기며 고난의 터널을 지나오지 않았을까 생각합니다.

비록 15살에 가출한 흑인 혼혈 소녀였고 아무도 도와주는 이 없는 노숙인의 형편이었지만, 그녀는 굳센 의지와 믿음으로 승리의 관을 썼습니다. 우리 그리스도인들도 이 귀한 간증을 거울삼아 어떤 시련이 닥쳐와도 낙심하거나 포기하지 맙시다. 끝까지 인내하며 최후의 승리를 얻는 믿음의 삶을 살아갑시다. 샬롬.

어떤 장애인 이야기

"소망 중에 즐거워하며 환난 중에 참으며 기도에 항상 힘쓰며"
(롬 12:12)

한국인의 미국 이민 역사가 100년을 넘다 보니, 이제는 한인 1세대의 이야기보다는 1.5세와 2세들의 활약상이 더 자주 들려옵니다. 미국 사회 곳곳에서 주역으로 활동하는 한인들이 많아진 것은 참으로 뿌듯한 일입니다. 지난 2024년 5월, 미국 동부 지역의 한 한인회장이 소개한 한인 검사의 이야기가 무척 감동적이어서 여러분께 소개하고자 합니다. 그 주인공은 80여 명의 검사를 지휘하는 부장검사로 재직했던 정범진(Paul S. Jung) 검사입니다.

그가 근무했던 검찰청은 마약, 살인 등 중범죄를 전담하는 곳으로, 미국 내에서도 일류 검사들만 모이는 곳으로 유명합니다. 놀라운 사실은 정 검사가 어깨 아래를 전혀 움직일 수 없는 전신마비 중증 장애인이라는 점입니다. 정 검사는 아홉 살 때 부모님과 함께 미국으로 이민을 왔습니다. 조지워싱턴대학교 법대에 진학한 그는 176cm의 훤칠한 키에 만능 스포츠맨이었고, 장래를 약속한 연인도 있는, 누구나 부러워할 만한 조건을 갖춘 청년이었습니다.

그러나 25살이었던 1991년, 방학을 맞아 텍사스에 계신 부모님을 뵈러 가던 중 불의의 교통사고를 당했습니다. 사고 당시 자동차 지붕이 머리를 덮치면서 목뼈가 부러졌고, 의식은 회복했으나 목 아래 몸 전체가 마비되어 손가락 하나 움직일 수 없는 처지가 되었습니다. 억울한 일을 당하는 한인들을 돕겠다는 일념으로 법대에 진학했으나, 졸업을 불과 1년 앞두고 꿈이 산산조각 난 것입니다. 설상가상으로 재활 가능성이 전혀 없다는 진단이 내려지자 사랑하던 연인마저 그의 곁을 떠나고 말았습니다.

그는 깊은 절망 속에서 하나님을 원망하며 극단적인 생각까지 했습니다. 하지만 자녀를 위해 헌신하시는 부모님의 얼굴을 떠올리며 마음을 다잡았습니다. 그러던 어느 날, 공동묘지 근처를 지나다 생의 방향을 바꾸는 큰 깨달음을 얻었습니다. '한 평도 안 되는 땅속 관 속에 누워 있는 것보다, 휠체어를 타고서라도 세상을 살아가는 것이 훨씬 낫지 않겠는가' 하는 생각이었습니다.

그는 살아있다는 사실 자체에 감사하며 다시 도전을 시작했습니다. 움직이지 않는 팔에 고리를 채워 글씨 쓰는 법을 익혔고, 스스로 숟가락을 들 수 있게 된 것만으로도 하나님의 은총이라 고백했습니다. 보통 사람도 합격하기 어려운 변호사 시험을 전신마비의 몸으로 치열하게 준비하여, 사고가 난 지 1년 만인 26살의 나이로 합격했습니다. 그는 당시의 소회를 이렇게 토로했습니다. "좌절 속에서 저를 건져내신 분은 하나님이십니다. 10년 넘게 휠체어를 타고 살고 있지만, 하나님이 계시지 않았다면 오늘의 저는 없었을 것입니다. 삶은 감사한 일이니 결코 낭비하지 마세요. 뭐든지 노력하면 이룰 수 있습니다."

현재 우리나라는 하루 평균 30-40명이 스스로 생을 마감한다고 합니다. OECD 국가 중 자살률 1위라는 부끄러운 기록을 가지고 있습니다. 그중에는 신체적 장애나 고난을 비관하는 이들도 있을 것입니다. 극단적인 선택의 기로에 서 있는 이들에게 정범진 검사의 신앙과 집념을 들려줍시다. 하나님께서는 우리가 고난 중에 있을 때 욥의 인내를 보여주십니다. 우리가 겪는 그 어떤 어려움도 욥이 당한 고난과 비교할 수는 없을 것입니다. 기독교 신앙에 절망이란 단어는 없습니다. 오직 소망만이 있을 뿐입니다. "소망 중에 즐거워하며 환난 중에 참으며 기도에 항상 힘쓰며"라고 권면한 사도 바울의 말씀처럼, 어떤 환경에서도 끝까지 소망을 붙들고 승리하는 우리 모두가 되기를 소망합니다. 샬롬.

장애인 화장실

"예수께서 말씀하여 이르시되 네게 무엇을 하여 주기를 원하느냐 맹인이
이르되 선생님이여 보기를 원하나이다" (막 10:51)

사도행전 3장에 보면 베드로와 요한이 제구시(오후 3시)에 기도하러 성
전에 올라가는 장면이 나옵니다. 그때 사람들이 나면서부터 걷지 못하
는 이를 메고 와서 성전 '미문(美門)' 곁에 내려놓았습니다. 이 장애인은
성전에 드나드는 이들에게 구걸하며 매일 그곳에 앉아 생계를 이어가
던 사람이었습니다.

　　오늘날에는 걷지 못하는 이들에게도 휠체어가 있어 스스로 바퀴
를 굴려 이동할 수 있게 되었습니다. 전동 휠체어를 이용하면 스위치
조작만으로도 힘들이지 않고 어디든 갈 수 있는 세상이 되었습니다. 하
지만 기술의 발전에도 불구하고 여전히 큰 벽이 존재하는데, 바로 '화
장실' 문제입니다. 휠체어 이용자가 화장실을 가려 해도 장애인용 시설
이 설치되지 않은 곳이 많아 큰 애를 먹기 때문입니다. 한국도 건물 내
화장실은 개선되고 있지만, 임시나 간이 화장실은 여전히 열악하여 난
감한 경우가 많습니다.

　　이런 가운데 반가운 소식이 들려옵니다. 미국 교통부가 2026년부
터 125석 이상의 신규 여객기에 대해 단일 통로 기내에도 장애인용 화
장실 설치를 의무화하는 규정을 마련한 것입니다. 피트 부티지지 교통
부 장관은 "오늘날 수백만 명의 휠체어 이용자는 비행기 탑승 전 미리
화장실을 다녀오거나, 아예 항공 여행 자체를 포기해야 하는 상황에 놓
여 있다. 앞으로는 장애인들도 일반 승객과 마찬가지로 품위 있게 기내

화장실을 사용할 수 있을 것”이라고 강조했습니다.

새로운 규정에 따르면 보잉 737이나 에어버스 A320 등 주요 여객기는 장애인 승객과 보호자가 자유롭게 이동할 수 있을 만큼 넉넉한 규모의 화장실을 하나 이상 갖추어야 하며, 이용 편의를 위한 별도의 손잡이 설치도 의무화됩니다. 이에 대해 미국 상이군인회와 여러 여행 협회는 “장애인들이 항공 여행을 기피하던 주된 원인이 해결되었다”며 “장애인 인권의 큰 승리”라고 환영의 뜻을 밝히고 있습니다. 이러한 세심한 배려와 예산 투입을 보면 미국이 왜 선진국이라 불리는지 새삼 느끼게 됩니다.

한국에서도 최근 휠체어 이용자들이 지하철 등에서 권익 향상을 위해 목소리를 높인다는 소식을 접하곤 합니다. 구체적인 쟁점은 복잡하겠으나, 우리 비장애인들이 그들의 호소에 조금 더 귀를 기울여야 함은 분명합니다. 그들이 과격하거나 불법적인 요구를 하지 않는 한, 그들의 불편함을 이해하고 수용하는 것이 두 발로 걸어 다니는 사람들의 마땅한 배려이자 아량이 아닐까요?

예수님께서는 장애인들의 부르짖음을 단 한 번도 그냥 지나치지 않으셨습니다. 항상 걸음을 멈추고 “내가 무엇을 하여 주기를 원하느냐?”라고 물으시며 그들의 아픔을 어루만져 주셨습니다. 우리 또한 ‘작은 예수’가 되어 장애인들의 편의와 권익을 위해 우리가 할 수 있는 일은 무엇인지 고민하며 살아가야 할 것입니다. 샬롬.

경사로(傾斜路)

"각각 자기 일을 돌볼뿐더러 또한 각각 다른 사람들의 일을 돌보아 나의 기쁨을 충만하게 하라." (빌 2:4)

사람이 두 발로 걷는 것이 얼마나 큰 복이고 은총인지 잊고 살 때가 많습니다. 두 발로 걷지 못하는 이는 원하는 곳에 가는 데 제약이 많아 불편하게 살 수밖에 없습니다. 발목만 접질러도 고통스러운데, 두 발을 다 쓰지 못하는 이의 고통은 당사자가 아니면 온전히 헤아리기 어렵습니다.

다행히 1930년대에 현대식 휠체어가 발명되면서, 두 다리가 불편한 이들도 다른 사람이 밀어주거나 스스로 바퀴를 굴려 이동할 수 있게 되었습니다. 특히 전동 휠체어가 보급된 후에는 타인의 도움 없이도 스위치 조작만으로 자유롭게 이동할 수 있어 여간 편한 것이 아닙니다. 하지만 문제는 휠체어를 탄 사람이 계단이나 높은 턱을 마주했을 때입니다. 두 발을 가진 사람들이야 뚜벅뚜벅 걸어 올라가면 그만이지만, 휠체어는 그럴 수 없기 때문입니다.

18세기 영국 런던에서 마차가 다니는 차도와 보도를 분리하기 위해 연석(Curb)을 설치한 이후, 전 세계 도시들이 이를 따랐습니다. 그런데 1930년대에 현대식 휠체어가 발명되었음에도, 휠체어 이용자들은 이 높은 연석의 턱을 넘지 못해 이동에 큰 제약을 받았습니다. 그러던 1970년대 초, 장애인 인권 운동가 마이클 파초바스(Michael Pachovas)가 친구들과 함께 캘리포니아주 버클리시 도로의 연석을 망치로 깨고, 그곳에 콘크리트를 부어 경사로를 만들었습니다. 휠체어가 넘나들 수 있는 길을 직접 만든 것입니다.

이 사건 이후, 1972년 버클리시는 세계 최초로 휠체어 경사로를 정식 설치했습니다. 처음에는 일부 시민들이 소수의 장애인을 위해 세금을 들여 도로를 개조하는 것에 불만을 토로하기도 했습니다. 그러나 시간이 지나면서 이 경사로는 장애인뿐만 아니라 보행기를 짚은 어르신, 유모차를 미는 부모, 무거운 짐 수레를 끄는 상인, 여행용 가방을 끄는 여행객 등 모두가 애용하는 길이 되었습니다.

인권 운동가 앤젤라 블랙웰(Angela Blackwell)은 이처럼 사회적 약자를 위한 조치가 결과적으로 구성원 전체에게 혜택을 주는 현상을 '커브 컷(Curb Cut) 효과'라 명명했습니다. 사실 우리 주변에는 이런 사례가 많습니다. 손놀림이 불편한 사람들을 위해 개발된 전동 칫솔을 이제는 일반인도 널리 사용하고 있고, 장애인용 엘리베이터는 노인과 임산부에게 필수적인 시설이 되었습니다. 또한 자전거 도로를 정비한 후 보행자 사고율이 눈에 띄게 줄어든 것도 비슷한 맥락입니다.

성경을 보면 약자를 도우라는 말씀이 끊임없이 나옵니다. 구약에서는 고아와 과부와 나그네를 돌보라 하셨고, 신약 사도행전 3장에는 베드로와 요한이 성전 '미문' 곁에 앉아 있던 나면서부터 걷지 못하는 이를 고쳐준 사건이 기록되어 있습니다. 예수님께서 시각 장애인, 청각 장애인, 신체 장애인들을 치유하신 기사가 유독 많은 것 또한 예수님께서 비장애인보다 소외된 약자들을 향한 배려에 더욱 큰 관심을 두셨다는 증거입니다.

기독교는 약자를 보살피는 사랑의 종교입니다. 특히 장애로 인해 고통받는 이들을 돌보는 일에 앞장서야 합니다. 장애인은 비장애인의 따뜻한 도움을 기다리고 있습니다. 강도 만난 자는 선한 사마리아인을 기다립니다. "각각 자기 일을 돌볼뿐더러 또한 각각 다른 사람들의 일을 돌보아"라고 권면한 사도 바울의 말씀을 기억하며, 우리 모두 이웃의 형편을 살피는 성숙한 신앙인이 됩시다. 샬롬.

전과자 (1)

"내 형제들아… 주 예수 그리스도에 대한 믿음을 너희가 가졌으니 사람을
차별하여 대하지 말라… 만일 너희가 사람을 차별하여 대하면 죄를 짓는
것이니" (약 2:1, 9)

제가 광나루 장로회신학대학교에서 봉직하고 있을 때의 일입니다. 하
루는 시내에 볼일이 있어 광나루역에서 전철을 탔습니다. 차 안에 들어
서자 한 청년이 반갑게 인사를 건넸습니다. 인사를 나누며 옆자리에 앉
아 우리 학교 학생이냐고 물었더니, 2학년에 재학 중이라고 대답했습
니다. 이런저런 이야기를 나누다 지금 어느 교회에서 사역하고 있는지
물었습니다.

보통 신학생들은 주말이면 각 교회에서 교육전도사로 봉사하곤
합니다. 그런데 그 학생은 "섬기는 교회가 없습니다"라고 짧게 대답했
습니다. 특별한 사정이 있지 않고서야 장신대 학생 중 사역지를 구하지
못하는 경우는 매우 드문 일입니다. 의아한 마음에 이유를 물었더니 학
생은 나직이 대답했습니다. "오라는 곳이 없습니다." 사실 대한예수교
장로회(통합) 측 교단 신학교인 장신대 학생들은 교회마다 서로 데려가
려고 애를 쓰는데, 갈 곳이 없다는 말이 도무지 이해되지 않았습니다.

재차 이유를 묻자 학생은 어렵게 입을 뗐습니다. "저는 전과자라
교회들이 쓰려 하지 않습니다." 깜짝 놀라 무슨 일로 전과가 생겼느냐
고 물었더니, 과거에 절도죄로 교도소에 다녀온 적이 있다고 고백했습
니다. 저는 더 이상 묻지 않고 그저 "그러면 나중에 전과자들을 모아 교
회를 한번 시작해 보는 게 어떻겠나?"라고 격려해 주었습니다. 목적지
에 도착해 헤어진 후 그 전도사가 어떻게 되었는지는 알 길이 없으나,

한동안 마음이 참 무거웠습니다. 무슨 이유로 죄를 지었는지는 알 수 없으나, 이제 개과천선(改過遷善)하여 신학교에 들어와 공부하는 신학도를 과거의 오점이 있다는 이유로 외면한다면, 그것이야말로 사람을 외모로 취하고 차별하는 행위가 아니겠습니까?

그 전도사가 교회에서 학생들에게 성경을 가르치지, 과거의 잘못을 가르치겠습니까? 세상은 전과자에 대해 편견을 갖고 색안경을 끼고 보며 차별할지라도, 교회만은 달라야 합니다. 그가 과거에 어떤 죄를 지었건 현재 주님 안에서 새사람이 되어 헌신을 다짐했다면, 그를 끌어안아 주고 사랑으로 길을 인도해 주는 것이 교회의 본질적인 사명이 아닐까요?

사람은 누구나 한때 판단 착오나 순간적인 감정을 이기지 못해 범죄할 수 있습니다. 그러나 정당하게 죗값을 치르고 새 마음으로 출발하려는 이들을 사랑으로 품어주어야, 그들이 다시는 범죄의 길로 빠지지 않고 온전한 사회 구성원으로 살아갈 수 있습니다. 세상은 냉혹할지라도 교회만은 그가 주님을 영접하고 성령님의 감동으로 목회자가 되겠다고 결단했다면, 단순히 전과자라는 이유로 사역의 기회조차 주지 않는 과오를 범해서는 안 됩니다. 누군가의 과거보다 더 중요한 것은 지금 이 시간 그가 그리스도 안에서 새사람이 되었는가, 성령님의 인도를 받으며 말씀에 충실하게 살고 있는가 하는 현재의 모습입니다.

야고보 기자는 "내 형제들아… 사람을 차별하여 대하지 말라… 만일 너희가 사람을 차별하여 대하면 죄를 짓는 것이니"(약 2:1, 9)라고 엄히 경고하셨습니다. 전과가 있다는 이유만으로 사역의 문을 닫아버리는 것은 하나님 앞에 죄를 짓는 일입니다. 사람의 과거에 매몰되지 말고 현재를 보아야 합니다. 과거보다 현재가, 현재보다 미래가 훨씬 더 중요하기 때문입니다. 샬롬.

전과자 (2)

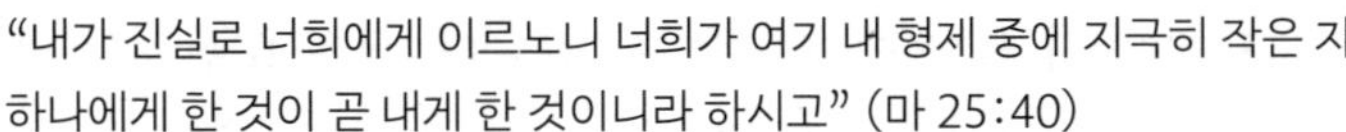

"내가 진실로 너희에게 이르노니 너희가 여기 내 형제 중에 지극히 작은 자 하나에게 한 것이 곧 내게 한 것이니라 하시고" (마 25:40)

지난 2023년 7월, 서울 신림역 근처에서 이른바 '묻지 마 살인' 사건이 벌어졌습니다. 피의자 조 모 씨가 길을 가던 행인들에게 흉기를 휘둘러 20대 남성 한 명을 살해하고 세 명에게 중상을 입힌 비극적인 사건이었습니다. 검찰에 송치된 그는 범행 동기에 대해 이렇게 말했습니다. "예전부터 상황이 너무 안 좋았다. 나는 그냥 쓸모없는 사람이다." 또한 경찰 조사에서는 "내가 불행하게 사니까 남들도 불행하게 만들고 싶었고, 분노에 차서 범행을 저질렀다"고 진술했습니다.

미국에서는 아무런 원한 관계가 없는 이들을 향해 무차별 총격을 가하는 사건이 빈번하여, 어디서 날아올지 모르는 총탄에 무고한 생명을 잃는 일이 흔해졌습니다. 이번 신림동 사건 역시 그와 닮아 있습니다. 문제는 앞으로도 이런 사건이 언제든 다시 일어날 가능성이 있다는 점입니다. 조 씨는 폭행 등 전과 3범에, 소년부로 14차례나 송치된 전력이 있는 인물이었습니다.

그는 인생의 상당 부분을 유치장과 교도소에서 보냈습니다. 아마도 그는 부모와 형제의 돌봄을 받지 못한 고아이거나, 가족이 있다 해도 그를 포용할 형편이 되지 못해 사회적으로 완전히 고립된 '외톨이'였을 것입니다. 전과자라는 꼬리표를 달고 세상에서 살아가는 것이 얼마나 냉혹하고 힘겨운지 뼈저리게 느끼며 세상을 저주했을지도 모릅니다. "나는 쓸모없는 사람"이라는 극단적인 체념과 "나는 고통스러운

데 왜 남들은 행복한가"라는 왜곡된 회의감이 결국 무고한 이들의 생명을 앗아가는 끔찍한 결과로 이어진 것입니다.

우리는 여기서 잠시 심사숙고해 보아야 합니다. 세계 10위권의 경제 대국이라는 대한민국에서, 전과자들이 사회에 나와 어떻게 생계를 유지하고 다시 범죄의 늪에 빠지지 않게 할 것인가에 대한 실질적인 방책이 있습니까? 만약 이들을 사회적 낙오자로 방치한다면, 제2, 제3의 조 씨가 나타나 우리와 우리 가족의 생명을 위협하는 일은 멈추지 않을 것입니다. 이번에 희생된 20대 청년 또한 조 씨와는 일면식(一面識)도 없는, 그저 자신의 삶을 열심히 살아가던 평범한 이웃이었습니다. 이제 국가와 지방자치단체, 사회사업기관, 그리고 무엇보다 교회가 전과자들의 삶과 재사회화 문제에 대해 심각하게 고민해야 합니다. 이는 매우 시급한 과제입니다.

성경이 가르치는 '고아와 과부와 나그네(노숙인)'를 돌보는 사명을 넘어, 이제는 우리 사회의 그늘진 곳에 있는 전과자들에 대한 배려와 대책도 세워야 할 때입니다. 예수님께서는 "내 형제 중 지극히 작은 자 하나에게 한 것이 곧 내게 한 것"이라고 말씀하셨습니다. 우리가 외면하고 싶어 하는 그 전과자들 역시, 우리가 돌보아야 할 '지극히 작은 자' 중 한 사람임을 기억해야 합니다. 샬롬.

208년의 감옥생활

"내가 그리스도를 본받는 자가 된 것 같이 너희는 나를 본받는 자가 되라."
(고전 11:1)

2024년 8월 7일, 한국인 장 모 씨(36)가 208년의 징역형을 선고받았다는 기사가 났습니다. 장 씨는 2021년 2월 19일 캘리포니아 바이세일리아(Visalia) 지역의 한 주유소에서 어떤 여성에게 총을 겨누며 위협한 후 차를 빼앗아 도주했습니다. 장 씨는 도주하면서 추격하는 경찰을 향해 총을 여러 번 발사했습니다.

장 씨는 결국 체포되어 기소되었는데 살인 미수, 경찰을 향한 총격, 불법 총기 소지, 불법 도주 등의 혐의로 208년의 형을 선고받았습니다. 그런데 어떤 사람이 208년까지 살 수 있겠습니까? 장 씨가 36살이니 100살까지 산다 해도 64년밖에 더 살지 못할 텐데, 그럼 나머지 기간은 어떻게 형을 치러야 할까요? 아마도 장 씨는 죽은 후에도 자유로운 혼(魂)이 되지 못하고 관 속에 갇혀서, 그의 혼은 외출도 하지 못하고 208년을 채울 때까지 유폐 생활을 해야 하지 않을까 하는 생각을 하며 저는 쓴웃음을 지었습니다.

장 씨에게 종신 징역을 선고하고 죽을 때까지 감옥살이를 하게 하면 될 일을 굳이 208년이라는 형을 선고한 것은, 그가 죽은 후에도 죗값을 치러야 한다는 의미가 아닐까 합니다. 범인이 죽었다고 해서 그가 살아 있을 때 지은 죄가 없어지는 것이 아니며, 죽은 후에도 계속해서 자기의 형기를 마칠 때까지 죗값을 치러야 한다는 법의 엄중한 의지라 여겨집니다.

사람은 누구나 세상에 살면서 많은 죄를 짓습니다. 그러나 우리가 감옥에 가지 않는 것은 자기가 살고 있는 나라의 실정법을 어기지 않았기 때문입니다. 그렇다고 해서 우리에게 죄가 없는 것은 물론 아니지요. 성경에 비추어보면 우리는 날마다 하나님과 사람들 앞에, 그리고 가족들과 자기 자신에게 수많은 죄를 지으며 살아가고 있습니다. 따라서 우리는 우리가 지은 죄에 대한 책임을 져야 합니다.

세상 법을 범하지 않았기 때문에 감옥에 가지는 않겠지만, 우리가 죽은 후에 하나님의 심판대 앞에서 나의 죗값을 치러야 합니다. 내가 세상에 사는 동안 지은 죄를 모두 합하면 208년이 아니라 2,800년을 감옥에서 살아야 할지도 모릅니다. 그러나 우리는 그리스도인이기에 그런 염려를 할 필요가 없습니다. 우리가 날마다 많은 죄를 범하고 살지만, 매일 하나님께 우리의 죄를 고백하고 용서를 빌면 우리의 죄는 십자가의 보혈로 씻김을 받습니다. 주님께서 우리의 모든 죄를 대신 지시고 십자가에서 희생당하셨기 때문입니다.

우리는 그리스도 안에서 자유인입니다. 주님께서는 분명히 말씀하셨습니다. "진리를 알지니 진리가 너희를 자유하게 하리라."(요 8:32) 진리이신 그리스도를 아는 우리는 자유의 몸입니다. 그렇다고 아무 죄를 지어도 된다는 말은 물론 아닙니다. 그리스도인이 된 우리는 하나님 앞에서는 물론 사람들 앞에서도 정직하고 청결한 양심으로 살아야 합니다. 이렇게 살아갈 수 있는 길은 성령님께서 내 안에 계시고, 내가 주님과 동행할 때 열립니다. 말씀대로 살기 위해 더욱 열심히 기도하고 노력하면서 성령님의 도우심을 구해야 합니다. 바울 사도와 같이 "나를 본받는 자가 되라."는 말을 할 수 있을 때까지. 샬롬.

드러나지 않을 죄는 없다

"이는 우리가 다 반드시 그리스도의 심판대 앞에 나타나게 되어 각각 선악
간에 그 몸으로 행한 것을 따라 받으려 함이라." (고후 5:10)

2025년 1월, 한국의 조간신문들은 충격적인 사건을 보도했습니다. "살
해한 동거녀의 시신을 여행용 가방에 넣고 그 위에 시멘트를 부어 거
주지 옥상에 16년 동안 암매장한 50대에게 검찰이 징역 30년을 구형
했다."는 내용이었습니다. 검찰은 13일 창원지법 통영지원 형사 1부 심
리로 열린 이번 사건 결심 공판에서 이같이 선고해 달라고 재판부에
요청했습니다. A씨는 2008년 10월 경남 거제시의 한 다세대 주택에서
이성 문제로 다퉜던 동거녀 B씨(당시 30대)를 살해하고, 시신을 여행용
가방에 담아 주거지 옥상에 옮긴 뒤 시멘트를 부어 은닉한 혐의로 기
소되었습니다.

　그는 범행 후 은닉 장소 주변에 벽돌을 쌓고 두께 10cm가량의 시
멘트를 부어 마치 정상적인 집 구조물인 것처럼 위장했습니다. 이후 마
약 투약으로 구속된 2016년까지 범행을 저지른 그 집에서 8년가량을
지냈습니다. 이 끔찍한 범행은 지난 8월, 누수 공사를 위해 콘크리트
구조물 파쇄 작업을 하던 작업자가 시신이 담긴 여행용 가방을 발견하
면서 16년 만에 세상에 드러났습니다. A씨는 최후 진술에서 "16년 동
안 감옥 아닌 감옥 생활을 해온 것 같다. 깊이 반성하고 죄송하다"라고
말했습니다.

　여러분들은 이 기사를 읽고 무슨 생각을 하셨습니까? 저는 이 사
건을 접하며 '범죄는 언젠가 분명히 드러난다'는 사실을 재확인했습니

다. 물론 어떤 사람이 저지른 무서운 범죄가 세상을 떠날 때까지 드러나지 않고 묻혔다가 아주 오랜 세월이 지난 후에 발각되거나, 혹은 영원히 사람들에게는 드러나지 않을 수도 있습니다. 그러나 이 세상에서 지은 죄가 사람들에게 발각되지 않았다고 해서, 그 죄가 결코 없어지는 것은 아닙니다. 마지막 심판 때, 그가 세상에 살면서 저지른 모든 행위가 생명책에 세밀하게 기록되어 있기에 그 어떤 거짓으로도 이를 은폐할 수 없습니다.

구약 성경 여호수아 7장을 보면 이스라엘 백성들이 아이 성을 치러 올라갔다가 참패하는 비극이 벌어집니다. 이 패배의 원인은 유다 지파 아간이 여리고 성에서 아름다운 외투 한 벌과 은 이백 세겔, 오십 세겔 무게의 금덩이 하나를 보고 탐내어 자신의 장막 밑에 감추어 두었기 때문이었습니다. 결국 아간은 훔친 물건들과 그의 아들딸, 소와 나귀와 양, 장막과 그에게 속한 모든 것과 함께 이스라엘 백성들의 돌에 맞아 죽임을 당했습니다. 그 위에는 돌무더기가 쌓였고, 그곳은 오늘날까지 '아골 골짜기'라 불리게 되었습니다. 아간은 보는 사람이 없었기에 도둑질에 성공했다고 마음속으로 쾌재를 불렀을지 모르지만, 그의 모든 행동을 여호와께서 지켜보고 계셨습니다. 사람의 눈은 속여도 여호와 하나님의 눈은 결코 속일 수 없습니다.

신약 성경 사도행전 5장에도 예루살렘 교회에서 일어난 비극적 사건이 기록되어 있습니다. 아나니아와 아내 삽비라가 땅을 팔아 그중 얼마를 감춘 후 베드로 사도에게 가져왔으나, 결국 부부가 한날 성전 안에서 즉사하는 비극이 벌어졌습니다. 그들 부부가 죽음을 맞이한 것은 하나님을 속이고 거짓말을 한 죄 때문입니다. 이들 부부는 아무도 모르리라 생각했지만, 성령을 속일 수는 없었습니다.

우리 그리스도인들은 세상에 살면서 하나님께서 언제나 우리를 감찰하고 계신다는 사실을 잊지 말아야 합니다. 그러므로 우리는 행동

과 말, 그리고 마음가짐까지도 삼가고 조심하며 믿음 안에서 살아가야
합니다. 이것이 그리스도인이 견지해야 할 삶의 자세입니다. 샬롬.

3

The Church and Its Witness

교회와 증언

3.1 독립운동과 기독교

"진리를 알지니 진리가 너희를 자유롭게 하리라." (요 8:32)

오늘은 3월 1일, 삼일절 제105주년 기념일입니다. 삼일절에 대해 다룰 내용은 많지만, 오늘은 특별히 기독교와 관련된 세 가지 사실을 더듬어 보겠습니다.

첫째는 삼일절 기념식 때마다 낭독하는 독립선언서 말미에 서명한 민족대표 33인에 관한 것입니다. 서명자 33명 중 16명이 기독교인이었습니다. 그중 열네 분은 목사, 두 분은 평신도(장로)였습니다. 당시 기독교 인구가 약 20만 명 정도에 불과했던 반면, 조선 전체 인구 2천만 명 대다수가 불교나 유교 문화권에 속해 있었습니다. 그런데 불교계 대표는 한용운, 백용성 두 스님뿐이었습니다. 인구 비례로 볼 때 극소수였던 기독교인들 중에서 이렇게 많은 지도자가 서명에 참여한 것은, 그만큼 당시 기독교도들의 애국애족 정신이 투철했음을 보여주는 산 증거입니다.

그런데 33인의 명단을 작성하는 순서를 두고 약간의 갈등이 있었습니다. 누구의 이름을 맨 먼저 쓰느냐 하는 문제였습니다. 천도교 측에서는 손병희 선생을 먼저 쓰기를 원했고, 기독교 측에서는 평양 장대현교회 담임이셨던 길선주 목사님을 쓰기를 원했습니다. 이 소식을 들은 길선주 목사님은 "민족 독립을 위한 거사(擧事)를 치르는데 이름 순서가 뭐가 중요하냐"며 천도교 측에 양보하라고 하셨습니다. 그리하여 맨 먼저 손병희, 그다음으로 길선주 목사님의 존함이 쓰이게 되었습니다.

둘째는 3.1 운동이 왜 하필 3월 1일에 일어났느냐 하는 문제입니다. 3월 2일이나 2월 28일에 일어날 수도 있었는데 말입니다. 거기에는 그만한 이유가 있었습니다. 조선 왕조의 제26대 왕인 고종황제가 1월 22일에 붕어(崩御)하였습니다. 장례위원회가 조직되었고 인산(因山: 왕의 장례)일을 3월 3일로 정했습니다. 국왕의 인산일을 맞아 전국에서 수많은 사람이 경성(京城: 서울)으로 모이는 때를 기해 독립운동을 하려는 계획이 진행되었습니다. 천도교 측에서는 인산일 전날인 3월 2일에 거사하자고 주장했는데, 그날이 바로 주일(일요일)이었습니다. 기독교 측에서는 주일에는 예배를 드려야 하므로 안 된다고 주장하여, 결국 하루를 더 앞당겨 토요일인 3월 1일에 거사를 일으키기로 합의한 것입니다. 따라서 3.1 운동이 3월 1일에 이루어진 배경에는 우리 신앙 선조들의 투철한 성수주일(聖守主日) 정신이 짙게 배어 있다는 사실을 기억해야 합니다.

셋째는 3.1 운동을 기점으로 대한민국 임시 정부가 수립되었다는 점입니다. 조선 전역으로 독립운동이 들불같이 퍼져 나가고 있던 4월 10일, 중국 상하이에서 대한민국 임시정부가 수립되었는데, 정부 체제는 '자유민주주의'를 채택하였습니다. 우리 민족은 4천 년 동안 왕정(王政) 체제하에 살아왔습니다. 왕이 나라를 다스리는 체제에서 백성은 주권자가 아니었습니다. 그러나 임시정부는 모든 권력이 백성으로부터 나온다는 민주공화제 체제를 구축하여 오늘날 대한민국의 기초를 놓았습니다. 주목할 점은 임시정부 국무위원 여덟 명 중 초대 대통령 이승만 박사를 비롯해 일곱 명이 기독교인이었다는 사실입니다. 이것은 기독교가 3.1 운동의 주체 세력으로 일했을 뿐만 아니라, 왕정이 끝나고 새로운 자유민주주의 정부가 들어설 때 주축을 이루었음을 의미합니다.

기독교는 자유의 종교입니다. 기독교는 한 사람에 의한 폭정을 거부합니다. 모든 국민이 동등한 권리를 가지고 정치에 참여하며, 국민이 선출한 대표들이 나라를 다스리는 자유민주주의 체제는 성경적 가치와 맞닿아 있습니다. 세계사를 돌아보면 자유민주주의 체제가 확립되고 꽃피운 나라들은 대부분 기독교 정신이 깊이 뿌리박힌 지역들입니다. 진리이신 그리스도를 아는 사람에게는 진정한 자유가 주어집니다. 주님께서는 "진리를 알지니 진리가 너희를 자유롭게 하리라"(요 8:32)고 말씀하셨습니다. 진리가 우리에게 진정한 정치적 자유뿐만 아니라 영혼의 자유까지 가져다줍니다. 샬롬.

3.1 독립선언서 34번째 서명자

"오직 정의를 물같이, 공의를 마르지 않는 강같이 흐르게 할지어다."
(암 5:24)

한국인이라면 1919년 3월 1일에 일어난 3.1 운동을 모르는 사람은 없을 것입니다. 1910년 일제가 조선을 병탄(倂呑)하고 10년 가까운 세월 동안 무단(武斷: 무력이나 억압을 써서 강제로 행함) 통치를 하며 조선 사람들을 미개인 취급하고 폭력으로 다스린 것이 결국 3.1 독립만세운동을 촉발(觸發)했습니다.

1919년 1월, 고종 황제가 붕어(崩御: 임금이 세상을 떠남)하자, 황제의 인산(因山: 임금의 장례)일에 맞춰 전국적으로 독립운동을 하자는 뜻을 가진 기독교와 천도교 지도자들이 이를 실천에 옮겼습니다. 이때 조선의 독립을 선언하는 독립선언서를 작성했는데, 민족대표 33인이 서명하였습니다. 그런데 서명하지 않은 한 사람을 '제34인'이라 부르는데, 그분이 바로 프랭크 W. 스코필드(Frank W. Schofield, 1889-1970) 박사입니다.

스코필드 박사는 영국인으로 캐나다로 이민하여 토론토 대학교에서 수의(獸醫)학을 전공하고 박사 학위를 취득했습니다. 한때 원인을 알 수 없는 병으로 많은 소가 죽어 속수무책(束手無策: 어쩔 도리가 없어 꼼짝 못함)인 상황이 있었습니다. 그때 스코필드 박사가 병의 원인을 찾아내어 수많은 소를 살려냄으로써 세계적으로 주목받는 수의학자가 되었습니다. 이 공로로 그는 독일, 영국, 미국 등지에서 명예 수의학 박사 학위를 받았고, 수의학자로서뿐만 아니라 세균학자와 병리학자로도 명성을 떨쳤습니다.

이런 명예와 실력으로 평생을 안락하게 살 수 있었던 그는 토론토대 선배이자 한국 세브란스병원장 겸 의과대학 학장이었던 올리버 에비슨(Oliver R. Avison) 박사로부터 한국에 와서 수고해 달라는 요청을 받았습니다. 이에 한국행을 결심한 그는 1916년, 갓 결혼한 아내 앨리스(Alice)와 함께 내한하여 세브란스의학전문학교에서 세균학과 위생학 교수로 후학들을 가르쳤습니다.

스코필드 박사는 1919년 3.1 만세운동을 목격하였는데, 특별히 수원 제암리교회에서 20여 명의 교인이 일제에 의해 불에 타 학살당한 사건 소식을 듣고 현장으로 달려갔습니다. 그는 참혹한 현장의 사진을 찍고 보고서를 작성하여 일제의 만행을 해외 언론 기관에 비밀리에 보냈습니다. 일제가 3.1 운동의 실상을 철저히 은폐하려 했지만, 스코필드 박사의 활약으로 그 진상이 전 세계에 알려지게 된 것입니다. 이런 공로로 그는 '독립선언서 34번째 서명자'라는 명예로운 호칭을 얻게 되었습니다.

일제는 눈엣가시 같은 스코필드 박사를 암살하려 했으나 실패로 돌아갔고, 이 사실을 알게 된 아내 앨리스 여사가 충격을 받아 어려움에 처하자 1920년경 박사는 아내와 함께 귀국하였습니다. 이후 앨리스 여사는 1959년 세상을 떠났고, 한국을 잊지 못하던 스코필드 박사는 홀로 다시 돌아와 고아들을 돌보는 사역을 시작했습니다.

대한민국 정부는 1958년 광복 13주년 및 정부 수립 10주년 경축식에 그를 국빈으로 초청하였고, 그는 서울대학교 수의과대학에서 병리학을 가르치며 여생을 한국에서 보냈습니다. 평소 앓던 천식이 악화되어 1970년 4월, 국립중앙의료원에서 81세로 소천하셨는데, 독립운동에 기여한 공로를 인정받아 국립서울현충원에 안장되었습니다.

본디 선교사들이 선교 현지에서 지켜야 하는 원칙이 있습니다. 복음 선교에만 전념해야지, 현지 정치에는 결코 개입해서는 안 된다는 것입니다. 정치에 개입하는 순간 요주의 인물로 낙인찍혀 추방 대상이 될 수 있기 때문입니다. 스코필드 박사가 3.1 운동을 도운 것은 분명 현지 정치에 개입한 일로 비칠 수 있습니다. 그러나 그는 추방을 각오하고 비인도적인 일제의 만행을 보고만 있을 수 없었습니다. 불의를 보고도 못 본 체하는 것은 그리스도인으로서, 또 선교사로서도 해서는 안 되는 일이라 여겼기 때문입니다. 불의를 불의라고 소리칠 수 있는 용기가 바로 기독교 신앙입니다.

이는 단순한 정치 개입이 아니라, 정의 실현을 위해 목소리를 높이는 예언자적 사명입니다. 우리 모두 불의 앞에서 정의를 외칠 수 있는 참된 그리스도인이 되어야 합니다. "오직 정의를 물같이, 공의를 마르지 않는 강같이 흐르게 할지어다." 구약 아모스 선지자의 외침입니다. 샬롬.

교회와 총회

"두세 사람이 내 이름으로 모인 곳에는 나도 그들 중에 있느니라."
(마 18:20)

최근(2023년 7월) 로스앤젤레스에서 발행되는 한 기독교 신문에 "캘리포니아 UMC 목사 '교단 탈퇴에 3백만 달러 들어'"라는 제목의 기사가 실렸습니다. 미국 연합감리교회(UMC: United Methodist Church)에서 탈퇴하려는 개별 교회가 예배당을 계속 소유하려면 300만 달러(한화 약 40억 원)라는 거액을 지불해야 한다는 내용이었습니다. UMC 총회가 동성결혼을 인정하는 결의를 하자, 신앙 양심상 이에 반대하는 목사와 교인들이 교단을 탈퇴하려는데 이토록 막대한 비용이 든다니, 참으로 안타까운 마음을 금할 길이 없습니다.

이 시점에서, 과연 교회란 무엇이며 총회는 무엇인가를 다시 생각해 봅시다. 예수님께서는 "두세 사람이 내 이름으로 모인 곳에는 나도 그들 중에 있느니라."(마 18:20)고 말씀하셨습니다. 교회는 건물이 아닙니다. 교회는 예수님의 이름을 부르는 사람들이 모여 예배하고, 말씀을 선포하며(케리그마: kerygma), 교제하고(코이노니아: koinonia), 섬기는(디아코니아: diakonia) 거룩한 모임입니다.

그렇다면 총회는 무엇입니까? 장로교회의 경우, 지역에 있는 여러 교회가 모여 노회(老會: Presbytery)를 이루고, 노회가 모여 대회(大會: Synod, 한국의 일부 교단에는 없음)를, 그리고 대회(혹은 노회)가 모여 총회(總會: General Assembly)를 구성합니다. 총회는 그 교단의 신학, 정체성, 정치, 재판, 신앙 훈련 등을 규정하고 중요한 업무를 처리하는 기관입니다. 최근 미국

장로교회(PCUSA)가 동성결혼을 인정하고 동성애자 목사 안수를 허용하는 일로 인해, 많은 교회가 총회를 탈퇴했거나 탈퇴를 위한 법적 조치를 밟고 있습니다.

그런데 문제는 장로교나 감리교의 총회(혹은 연회)가 소속 지교회의 재산권을 가지고 있다는 점입니다. 개별 교회가 총회를 탈퇴하려면, 교회 안에 있는 종이 한 장도 가지고 나가지 못하고 몸만 나가야 하는 경우가 발생합니다. 교인들이 있는 돈 없는 돈을 모으고, 금반지와 금목걸이를 내어놓고, 가난한 교인들까지 힘껏 헌금하여 번듯한 예배당을 짓고 헌당 예배를 드렸습니다. 물론 이 예배당을 건축하는 데 총회는 단돈 1달러도 보태주지 않았습니다.

그런데 이 예배당의 소유권을, 피땀 흘려 건축한 교회가 갖는 것이 아니라 총회가 갖습니다. 따라서 교인들은 예배당에 대한 법적 소유권 행사가 어렵습니다. 그러므로 어떤 교회가 총회의 동성결혼 결의에 반대하여 신앙 양심상 교단을 탈퇴하려 할 때, 예배당을 고스란히 두고 맨몸으로 나와야 하는 상황이 벌어집니다. 교인들이 허리띠를 졸라매며 건축 헌금해서 지은 예배당을 엉뚱하게도 총회가 차지하고, 교인들에게는 빈손으로 떠나라는 것이 말이 됩니까? 이것이 과연 하나님의 정의입니까?

다른 이유도 아니고, 총회가 성경에 정면으로 배치되는 동성결혼을 인정하고 동성애자 목사 안수를 허용하는 것에 반대하여 교단을 떠나겠다는데, 아무것도 내어 줄 수 없다고 막아서는 것이 기독교가 말하는 사랑입니까? 교인들이 손수 지어 놓은 예배당을 두고 나가라고 말하는 교권주의자들이 과연 사랑의 본질이신 예수님을 따르는 제자들이라고 할 수 있겠습니까? 어제까지 한 예배당에서 함께 예배드리던, 그리스도 안에서 형제자매 된 교우들을 맨몸으로 쫓아내는 이 처사가 과연 성경적인지 묻지 않을 수 없습니다.

주님 안에 있는 참된 총회라면, 신앙적 갈등으로 떠나려는 교회에 예배당 소유권을 넘겨주며 "비록 총회를 떠나더라도 신앙생활 잘 하세요. 서로 기도합시다."라고 축복하며 보내주어야 하는 것 아닐까요? "너희 안에 이 마음을 품으라 곧 그리스도 예수의 마음이니"(빌 2:5) 이 시대에 우리 모두에게 주시는 사도 바울의 말씀입니다. 참으로 어려운 세상입니다. 기도가 많이 필요한 때입니다. 샬롬.

교회와 예배당

"두 세 사람이 내 이름으로 모인 곳에는 나도 그들 중에 있느니라."
(마 18:20)

관광객들이 미국 로스앤젤레스에 오면 꼭 들르는 명소가 몇 군데 있습니다. 세계적으로 유명한 디즈니랜드를 비롯해 영화 촬영 현장을 보여주는 유니버설 스튜디오, 그리고 기독교인이라면 꼭 가봐야 할 곳이 오렌지 카운티 가든그로브 시에 있는 수정교회(Crystal Cathedral)입니다. 수정교회는 유명한 설교가 로버트 슐러(Robert Schuller) 목사가 1955년에 설립했으며, 현재의 유리 건물은 1977년부터 1980년에 걸쳐 당대 최고의 건축가 필립 존슨(Philip Johnson)이 설계하고 건축했습니다. 이 예배당은 1만 개 이상의 직사각형 유리창으로 이루어진 건물로, 건축 비용이 1,800만 달러에 달했으며 약 3,000명 이상을 수용할 수 있는 대형 예배당입니다. 건물은 L.A. 지역에 잦은 지진에 대비해 강진(규모 8.0)에도 견딜 수 있도록 내진(耐震) 설계가 되어 있습니다.

세계에서 가장 큰 파이프오르간이 있고, 밖에서 예배드릴 수 있는 드라이브인(Drive-in) 대형 스크린도 설치되어 있습니다. 교회 내부는 기둥이 전혀 없는 철골 구조이며, 1만 개의 창문이 모두 유리로 되어 있어 마치 수정 같다고 하여 수정교회라 불렸습니다. 이 예배당은 많은 한인이 결혼식을 올리거나 음악회를 여는 등 여러 행사에 쓰이기도 했습니다.

그러나 슐러 목사가 은퇴한 후 그 아들이 이어 목회했으나 리더십 계승에 어려움을 겪었고, 이어 딸이 목회했지만 결국 재정난에 부딪

혀 예배당을 매물로 내놓게 되었습니다. 결국 로마 가톨릭 오렌지 교구
(Diocese of Orange)가 2011년에 5,750만 달러에 수정교회를 인수하여 현
재 주교좌성당으로 사용하고 있습니다. 개신교회가 재정난으로 예배
당을 팔 수밖에 없게 된 것은 개신교 입장에서 보면 슬픈 소식이 아닐
수 없습니다. 유명한 목사님이 목회할 때는 사람들이 차고 넘쳤고 헌
금도 많이 나와 재정적 여유가 있었지만, 그가 떠난 후 후임자들이 그
역량을 따라가지 못하면서 교인 수가 줄고 헌금도 줄어 교회를 유지할
수 없게 된 것입니다.

그래도 가톨릭교회가 이 예배당을 인수해서 성전으로 사용하며
여전히 하나님께 예배드릴 수 있게 된 것은 그나마 다행한 일입니다.
만약 타 종교가 그들의 막대한 자금력으로 수정교회 예배당을 구매한
후, 십자가를 떼어내고 그들의 상징을 붙인 뒤 이교도적인 제의를 행한
다면 우리 기독교인의 상실감이 얼마나 컸을지 상상만 해도 아찔합니다.

그런데 문제는 지금도 많은 예배당 건물이 매물로 계속 나오고 있
다는 사실입니다. 미국은 말할 것도 없고, 영국을 비롯한 유럽 여러 지
역의 성당이나 교회가 교인이 없어 매물로 나오고 있습니다. 개중에는
타 종교 단체가 예배당을 구매하여 십자가를 떼어내고 그들의 상징을
단 뒤, 주일이 아닌 다른 날에 그들의 신에게 예배드리고 있는 것이 엄
연한 현실입니다.

우리가 기억해야 할 것은 솔로몬의 그 찬란하고 아름답던 성전도
결국 바벨론에 의해 소멸하였고, 예수님 당시에 헤롯왕이 건축한 거대
한 예루살렘 성전도 주후 70년 로마의 티투스(Titus) 장군에 의해 전소
되었다는 사실입니다. 전 세계의 많은 예배당이 화재로 불탔고, 지진으
로 무너졌으며, 심지어 첨탑에 벼락이 떨어져 무너지기도 합니다. 주님
의 머리와 몸인 '교회(공동체)'는 세상이 끝날 때까지 없어지지 아니하고
선교 사역을 계속할 것입니다. 그러나 인간들이 세운 '예배당(건물)'은

언젠가 낡아서, 혹은 지진, 태풍, 홍수 등 자연재해와 인재(人災)로 소멸할 수 있습니다. 예배당 건축에 지나치게 많은 돈을 들이기보다 소박한 건물을 짓고, 남은 돈으로 선교와 구제에 힘써야 할 이유가 여기에 있습니다. 교회는 영원하지만, 예배당은 유한(有限)하다는 사실을 명심해야 합니다.

하나님께서 기뻐하시는 것은 주님의 이름으로 모이는 교회 회중들이지, 화려한 예배당 건물이 아닙니다. 역사가 보여주는 교회와 건물의 흥망성쇠를 되새겨 볼 시점입니다. 주님께서는 "두세 사람이 내 이름으로 모인 곳에는 나도 그들 중에 있느니라"(마 18:20)고 말씀하셨습니다. 주님께서는 찬란한 예배당 건물에 갇혀 계시지 않고, 주님의 이름으로 모이는 성도들 중에 계십니다. 샬롬.

교회와 무교회주의 (1)

"그를 만물 위에 교회의 머리로 삼으셨느니라. 교회는 그의 몸이니"
(엡 1:22-23)

요즘 사람치고 교회를 모르는 사람은 없습니다. 예수를 믿지 않는 사람들도, 불자(佛者)들도 교회가 무엇 하는 곳인지는 다 알고 있습니다. 교회라는 말은 영어로는 'Church'라고 하지만, 헬라어로는 '에클레시아(Ekklesia)'라고 합니다. 이는 '밖으로(ek)'와 '부르다(kaleo)'라는 두 단어가 합성된 낱말입니다. 따라서 교회는 '세상에서 밖으로 부름을 받은 사람들이 모인 곳'이란 의미입니다. 교회의 개념은 역사 속에서 여러 번 변했습니다. 예수님께서는 "두세 사람이 내 이름으로 모인 곳에는 나도 그들 중에 있느니라"(마 18:20)고 말씀하셨습니다.

즉, 교회는 주님이 계시고 주님을 섬기는 성도들이 모인 곳입니다. 그러나 초기 교회의 교부였던 키프리안(Cyprian)은 "감독(주교) 있는 곳에 교회가 있고, 교회 있는 곳에 감독이 있다"라는 말을 했습니다. 이 말이 로마 가톨릭교회와 동방정교회, 그리고 영국 국교회(성공회) 교회론의 기초가 되었습니다. 이 견해에 따르면 감독(신부)이 없으면 교회가 아닙니다. 그러므로 사제 없이 교우들만 모인 곳은 온전한 교회가 될 수 없습니다. 신부가 있는 곳이 성당이고, 신부 없이 평신도들만 모인 곳을 공소(公所)라 부르는 이유입니다.

가톨릭교회 교리는 신부가 미사를 집례하고, 영성체(성찬)를 성도들에게 나누어 주며, 고해성사(고백성사)를 받고, 혼배성사(결혼식)와 병자성사(종부성사) 등을 행해야 하기 때문에 신부 없는 곳에 교회가 존재할 수 없다고 봅니다. 그러나 16세기 초 마르틴 루터와 장 칼뱅 선생은 종교개혁을 단행하면서 이러한 가톨릭의 교회 개념을 불식시켰습니다. 칼뱅 선생은 "하나님의 말씀이 올바르게 선포되고, 성례가 거행되는 곳이 교회"라고 정의했습니다.

개신교회는 성직자(신부, 목사)를 중보자적 특별한 존재로 여기지 않습니다. 모든 신자가 다 제사장이라는 '만인 제사장직(Universal Priesthood of All Believers)'을 따릅니다. 그러므로 교회 안에는 신분상의 높고 낮음이 없고 모두가 평등한 교우들입니다. 그러나 교회를 운영하기 위해서는 직분이 필요합니다. 초대 예루살렘 교회에서 사도들이 말씀을 선포하는 것뿐만 아니라 구제하는 일까지 하다 보니 말씀 전하는 일에 전념할 수 없었습니다. 그래서 "성령과 지혜가 충만하여 칭찬받는 사람 일곱을 택하여"(행 6:3) 집사 직분을 주어 교회의 일을 맡아보게 하였습니다.

여기서 교회의 직분이 생겨났습니다. 물론 구약 시대에도 장로들이 있었고, 신약의 교회에도 장로의 직분을 받은 이들이 있었습니다. 사도 바울은 밀레도에서 사람을 보내어 에베소 교회 장로들을 청하여 권면하였고(행 20:17), 베드로 사도는 "젊은 자들아 이와 같이 장로들에게 순종하고"(벧전 5:5)라고 말씀하여 장로들의 권위를 인정하였습니다.

교회는 필요에 따라 장로, 안수집사(한국교회는 권사, 서리집사 포함) 등의 직책을 세워 교회를 섬기게 하고 있습니다. 교회는 조직이 필요합니다. 장로들이 모인 당회(堂會), 장로와 권사 및 집사들이 모인 제직회(諸職會), 온 성도가 모인 공동의회(共同議會) 등이 있습니다. 교회의 여러 문제는 직분자들의 모임을 통해 해결하고, 최종적으로 교회의 중대사는 교인 총회인 공동의회에서 처리합니다. 따라서 조직으로서의 교회가 필요한 것입니다.

장로교회의 경우 한 지역의 교회들이 모여 노회가 되고, 노회들이 모여 대회(한국의 주요 교단에는 없음)가 되며, 대회가 모여 총회가 됩니다. 또 세계의 여러 교회가 모여 세계교회협의회(WCC: World Council of Churches)를 구성하기도 합니다.

교회가 세상에 존재하면서 해야 할 일들, 즉 복음 선포(케리그마: Kerygma), 교인들 간의 교제(코이노니아: Koinonia), 그리고 세상을 향한 봉사(디아코니아: Diakonia)를 행하기 위해 조직과 직책이 필요합니다. 그런데 이런 교회의 조직을 거부하고 무교회를 주장하는 사람들이 있습니다. 이 문제는 내일 다루도록 하겠습니다. 샬롬.

교회와 무교회주의 (2)

"너희 선생은 하나요 너희는 다 형제니라… 너희 지도자는 한 분이시니
곧 그리스도시니라." (마 23:8, 10)

우리나라에 무교회주의를 처음 소개한 이는 김교신(金教臣, 1901-1944) 선
생입니다. 김교신은 함경남도 함흥 출신으로 함흥농업학교를 마치고
일본으로 건너가 유학하던 중, 노방전도대의 전도를 받고 그리스도를
영접했습니다. 그는 하숙집 동네에 있는 성결교회에 출석했는데, 경건
하고 학구적이며 말씀을 잘 전하는 목사를 교인들이 쫓아내는 모습을
보고 교회에 환멸을 느껴 무교회주의로 전향했습니다.

당시 무교회주의자로 널리 알려진 우치무라 간조(內村鑑三)의 문하
(門下)에서 공부를 하고, 귀국한 후 무교회주의 운동을 시작했습니다.
무교회란 교회가 필요 없다는 뜻이 아니라, 인간들이 만들어낸 인위적
인 조직체로서의 교회를 거부하는 것입니다. 그들은 교회가 성도들이
모여 예배드리고 교제하며 전도하는 단체로 족하지, 구태여 목사, 장
로, 집사, 권사 등의 직책은 필요 없다고 주장합니다. 따라서 교회 안에
어떠한 계급적 직책도 있어서는 안 되고, 교인 모두가 동일한 위치에서
교회를 섬기고 봉사하며 신앙생활을 해야 한다고 말합니다. 예수님께
서 말씀하신 대로 "너희 선생은 하나요 너희는 다 형제니라… 너희 지
도자는 한 분이시니 곧 그리스도시니라"(마 23:8, 10)는 말씀을 문자 그대
로 실천하자는 것입니다.

미국의 형제교회(Brethren Church)가 대표적인 무교회주의 형태인데,
이들은 교회 안에 성직자와 평신도를 구분하는 직책을 두지 않습니다.

전담 목사도 없고, 평신도 중에 한 사람이 예배를 인도하고 교회를 이끌어 갑니다. 인도자에게 월급도 주지 않으며, 일주일 동안 자기 직업을 갖고 일하다가 주일에는 예배를 인도합니다. 신도들이 하나님께 드린 헌금을 목사, 부목사, 전도사 등의 사례비로 주는 것은 잘못된 것이고, 그 헌금은 전도와 구제에만 써야 한다는 것입니다. 무교회주의자들의 주장은 분명히 일리가 있고, 또 기성 교회가 본받고 배워야 할 점이 있다는 것을 부인하지는 않습니다.

그러나 성경은 분명히 초기 예루살렘 교회부터 집사 직분을 두었고, 교회 안에 장로들이 있었음을 보여줍니다. 무교회주의자들은 조직체로서의 교회를 무조건 거부하지 말고, 조직 교회의 장점을 받아들이고 서로 협력해서 이 땅 위에 하나님의 복음을 선포하는 일에 힘써야 합니다. 주님은 교회의 머리시며 교회는 주님의 몸입니다. 따라서 어떤 형태의 교회든지 멸시하고 욕하는 자는 그리스도를 욕하는 자요 그리스도를 멸시하는 자입니다.

근래 소위 '가나안 교인', 즉 '교회 안 나가는 교인'이 많습니다. 그러나 분명한 것은 교회에 안 나가는 사람은 온전한 교인이라 할 수 없고, 건강한 그리스도인이라 보기 어렵습니다. 초기 교회 교인들은 예배를 드리다가 관원에게 발각되면 바로 사형장으로 끌려갔습니다. 따라서 교회에 나가는 것은 목숨을 걸어야 하는 용기가 필요한 일이었습니다. 역사를 보면 무교회주의자들의 모임도 결국은 조직 교회로 전환할 수밖에 없었습니다. 주일에 헌금하면 그 헌금을 관리할 사람이 있어야 합니다. 헌금을 걷고, 은행에 예치하고, 찾아오고 하는 일을 하는 사람이 바로 교회의 재정 담당(집사, 장로)입니다.

교인들 중에 상(喪)을 당한 이가 있으면 장례를 주관하는 사람이 있어야 합니다. 주일에 교인들이 모여 예배를 드리는 동안 아이들을 돌보며 성경을 가르칠 선생이 필요합니다. 바로 교회학교 교사이지요. 물론 주일학교를 총괄할 부장이나 교장도 있어야 합니다. 무교회가 조직 교회를 거부한다지만, 여러 사람이 모이면 반드시 지도자가 필요하고 누군가 부서를 맡을 책임자가 필요하게 마련입니다. 2천 년 교회 역사에 무교회만 있었다면 전도와 세계 선교를 어떻게 조직적으로 감당할 수 있었겠습니까?

순수한 무교회주의자들의 모임은 역사 속에서 오래 지속되지 못하고 사라지거나 변형되곤 했습니다. 기성 교회가 안고 있는 문제를 믿음과 신앙으로 함께 해결해 나가야지, 조직 교회 자체를 부인하는 것은 바른 신앙 태도가 아닙니다. 조직 속에 질서가 있고, 그곳에 교회의 희망찬 내일이 있습니다. 문제 많은 지상의 교회들을 위해 함께 기도합시다. 샬롬.

두 종류의 교회

"여호와를 자기 하나님으로 삼은 나라 곧 하나님의 기업으로 선택된 백성은 복이 있도다." (시 33:12)

어제 보낸 글에서 말씀드린 것과 같이, 초대 교회가 시작된 이래 약 300년 동안 로마 제국은 기독교인들을 혹독하게 박해했습니다. 그러다 주후 313년 콘스탄티누스 대제(Constantine the Great)의 밀라노 칙령(Edict of Milan)으로 교회는 자유를 얻었습니다. 이제 기독교회는 로마 제국의 합법적인 종교로서 어떤 간섭이나 박해를 받지 않고 자유롭게 신앙생활을 할 수 있게 되었습니다. 이는 기독교회가 로마 제국의 공인된 여러 종교와 같이 자유를 얻었다는 것이지, 유일 종교가 되었다는 뜻은 아닙니다. 당시 로마 제국에는 기독교 외에도 여러 종교가 공존하고 있었습니다.

콘스탄티누스 대제가 세상을 떠나고 수십 년이 지난 380년, 로마 제국의 황제 테오도시우스 1세(Theodosius I)는 기독교를 로마 제국의 유일한 국교로 선포하였습니다(테살로니카 칙령). 이 선언은 로마 제국 내에 기독교 이외에 그 어떤 종교도 용인하지 않겠다는 의미였습니다. 이것이 기독교 역사상 처음으로 황제가 백성들에게 하나의 종교를 강요한 사례입니다. 이때부터 로마 제국 내에서 기독교 이외에 다른 종교를 믿는 것은 황제의 칙령을 어기는 것으로, 곧 죽음이나 추방을 의미하게 되었습니다.

계속 박해를 받던 기독교회가 이제는 황제와 황실의 든든한 배경을 업고 천하에 무서울 것이 없는 유일한 종교가 되었습니다. 제국 내에서 태어나는 모든 아이는 유아 세례를 받아야 했고, 자동으로 기독교인이 되었습니다. 따라서 로마 제국 내에는 오직 기독교인들만 있고, 타 종교를 믿는 사람은 형식적으로는 단 한 사람도 없게 되었습니다. 그러자 교회는 전도할 필요가 없어졌습니다. 모든 사람이 기독교인인데 누구에게 전도를 하겠습니까? 불신자가 있어야 전도를 하는데, 제국의 모든 국민이 기독교인이므로 전도의 시급성이 사라지게 된 것입니다.

결국 교회가 해야 할 가장 중요한 소명인 '영혼 구원'의 열정이 식어버렸습니다. 교회는 황실을 배경으로 세상 권력을 가진 기관으로 부상하게 되었습니다. 감독(사제)들은 일반 교인들이나 백성들보다 높은 위치에 서게 되었고, 성직 계급은 왕실 다음에 위치하여 일반 귀족들보다 더 높은 권세를 누리게 되었습니다.

기독교회가 권력과 돈을 갖게 되면 본래의 소명을 잃고, 물질과 권력과 향락에 젖어 타락하기 마련입니다. 본인의 결단 없이 법에 의해 강제로 믿게 된 교인들은 형식적으로 미사에 참여했지만, 그들 마음속은 성삼위 하나님과는 아무 상관이 없는 명목상의 기독교인일 뿐이었습니다. 오늘날 남미나 유럽의 일부 가톨릭 국가 상황을 보면, 대다수가 태어날 때 유아 세례를 받고 신자가 되지만 매주 성당에 나가 미사를 드리는 사람은 극히 일부분에 불과합니다. 그들의 이름은 여전히 성경 인물들의 이름이고 성당 앞을 지날 때 성호를 긋지만, 실제 삶은 기독교 신앙과 무관한 경우가 많습니다. 일생에 세 번, 유아 세례, 결혼식, 그리고 장례식 때만 성당에 들어가는 셈입니다.

역사를 거슬러 올라가 보면, 테오도시우스 1세가 기독교를 국교로 선포한 것보다, 차라리 콘스탄티누스 대제가 기독교에 자유를 주고 믿고 싶은 사람만 믿게 했던 시기가 영적으로는 더 순수했을지 모릅니다. 콘스탄티누스 때는 여러 종교 가운데 기독교가 경쟁해야 했기에 열심히 전도하고 어려운 이웃을 섬겼지만, 국교가 된 후로는 그럴 필요가 없어지면서 교회가 급속히 세속화되어 버린 것입니다.

유명한 영국의 역사학자 에드워드 기번(Edward Gibbon)은 그의 명저 『로마 제국 쇠망사』(The History of the Decline and Fall of the Roman Empire)에서 기독교회가 로마 제국을 몰락으로 이끌었다는 결론을 내리기도 했습니다. 물론 우리는 그 견해를 그대로 수용하지 않지만, 그가 진단한 교회의 타락상이 허구에 불과하다고 단정적으로 무시할 수도 없습니다.

교회는 박해 속에서 성장했고, 과도한 권력이 주어지면 세속화되는 속성을 갖고 있습니다. 한국이나 미국은 기독교가 국교가 아닙니다. 다만 종교의 자유가 주어져 있을 뿐입니다. 권력에 의한 강압적 신앙보다는 한 사람 한 사람을 붙들고 전도하여 주님 앞에 자발적으로 돌아오게 하는 일에 매진해야 합니다. 이것이 기독교회가 세상을 진정으로 변화시킬 수 있는 유일한 길입니다. 샬롬.

두 종류의 교회와 두 종류의 교인

"가라지는 먼저 거두어 불사르게 단으로 묶고 곡식은 모아 내 곳간에 넣으라." (마 13:30)

교회에는 두 종류가 있습니다. 하나는 '눈에 보이는 교회(Visible Church)' 즉 '가시적 교회'입니다. 다른 하나는 '눈에 보이지 않는 교회(Invisible Church)' 즉 '비가시적 교회'입니다. 우리가 주일에 예배당에서 예배드릴 때 좌석에 앉아 있는 성도들의 모임, 이것이 바로 '눈에 보이는 교회'입니다. 반면, '눈에 보이지 않는 교회'는 사람의 눈에는 보이지 않지만, 오직 하나님의 눈에만 보이는 참된 성도들의 무리를 뜻합니다.

예수님의 마태복음 13장 비유 말씀 중에, 농부가 밭에 나가 씨를 뿌린 후 밤에 원수가 와서 가라지 씨를 덧뿌리고 갔다는 내용이 있습니다. 씨앗이 처음 자랄 때는 곡식과 가라지가 구별이 잘 안 되어 모르다가, 곡식이 자라 익을 때가 되니 곡식과 가라지가 눈에 띄게 다른 모양으로 나타났습니다. 처음 싹이 나서 자랄 때는 곡식과 가라지를 구별할 수 없었지만, 시간이 지나고 익을 무렵이 되니 자기 본래 모양을 드러내면서 확연히 다르게 나타난 것입니다.

종들이 "가라지를 뽑아 버릴까요?"라고 주인에게 묻자, 주인은 "가만두라 가라지를 뽑다가 곡식까지 뽑을까 염려하노라"(마 13:29)고 말씀하셨습니다. 주인은 둘 다 추수 때까지 그대로 두었다가, 추수 때에 추수꾼들에게 "가라지는 먼저 거두어 불사르게 단으로 묶고 곡식은 모아 내 곳간에 넣으라"(마 13:30)고 명합니다.

처음 곡식의 싹이 났을 때는 곡식과 가라지가 구별되지 않는 것처럼, 교인도 겉으로 보기에는 곡식(진짜 교인)과 가라지(가짜 교인)를 구별하기 어렵습니다. 사람의 눈으로는 결코 구별할 수가 없습니다. 오히려 가짜 교인이 진짜 교인보다 더욱 열심히 교회에 출석하고 봉사하며, 십일조도 하고 전도하면서 누가 봐도 진실한 성도처럼 보일 수도 있습니다. 반대로 사람들의 눈에 띄지 않게 조용히 교회에 출석하면서, 뒤에서 남이 보지 않는 곳에서 묵묵히 봉사하고 헌신하는 참된 교인들도 있습니다.

예수님께서는 눈에 보이는 교인과 눈에 보이지 않는 교인을 '양과 염소'의 비유로도 말씀하셨습니다. "목자가 양과 염소를 구분하는 것 같이 하여 양은 그 오른편에 염소는 왼편에 두리라"(마 25:32-33)고 하셨습니다. 마지막 심판 때에 목자가 양과 염소를 가리는 것같이, 예수님께서 참된 신자와 거짓 신자를 가리실 것입니다. 왼편에 있는 거짓 신자들에게는 "저주를 받은 자들아 나를 떠나 마귀와 그 사자들을 위하여 예비된 영원한 불에 들어가라"(마 25:41)고 엄중한 심판을 선언하셨습니다.

사도 바울이 에베소에서 어떤 제자들을 만나 "너희가 믿을 때에 성령을 받았느냐 이르되 아니라 우리는 성령이 계심도 듣지 못하였노라"(행 19:2)고 물었습니다. 이 제자들은 예수님을 믿는다고는 했지만, 성령님이 계신다는 사실조차 전혀 알지 못했습니다. 이들은 성령님의 이름도 알지 못한 채 신앙생활을 한 것입니다. 따라서 이들의 믿음은 성령의 역사와는 상관없는 그들만의 신앙이었습니다. 참된 성도는 예수님을 믿는 것으로 끝나는 것이 아니라, 성령님께서 그 마음에 내재하셔서 성령님의 인도하심대로 사는 사람입니다. 성령의 사람은 교회 안에서 결코 교만하지 않고 자기를 내세우지 않으며, 나보다 남을 낮게 여기고 그리스도의 마음을 품고 신앙생활을 하는 교인입니다.(빌 2:3, 5)

나는 어떤 교인입니까? 나는 성령의 사람입니까? 나는 알곡이고,

양이라고 자신 있게 말할 수 있습니까? 스스로에게 물어보십시오. 나는 눈에 보이는 신자인가, 아니면 하나님 눈에만 보이는 참된 신자인가? 성령의 사람이 되기 전에는 성령님이 계시는 것도 모르던 에베소 교인들과 다름없습니다. 이기주의, 배금주의, 쾌락주의(딤후 3:1-4)에 빠져 있는 교인은 가라지요, 염소입니다. 자신의 신앙생활을 돌아보면서 참된 알곡과 양이 되기 위해 깨어 기도합시다. 기도와 전도는 성령의 사람이 맺는 열매입니다. 이 열매가 우리 삶에 풍성히 맺히기를 소망합니다. 샬롬.

참된 하나님의 교회란

"또 내가 네게 이르노니 너는 베드로라 내가 이 반석 위에 내 교회를
세우리니 음부의 권세가 이기지 못하리라." (마 16:18)

미국 개신교회 가운데 가장 큰 교단 중 하나인 감리교회와 장로교회
내에서 동성애 문제로 인한 갈등이 계속되고 있습니다. 교단 내 보수적
교회와 진보적 교회 간의 대립이 깊어지면서 총회나 연회(年會)를 탈퇴
하는 교회가 날로 늘어나는 추세입니다. 하나님께서는 태초부터 남자
와 여자가 결혼하도록 창조 섭리를 세우셨습니다. 그런데 이제 일부 교
단들이 동성 결혼을 허용하면서, '한 남자(Man)와 한 여자(Woman)'의 결
합인 결혼의 정의를 성별을 지운 '두 사람(Two People)'의 결합으로 바꾸
었습니다. 따라서 '두 사람'은 남녀뿐만 아니라 남성과 남성, 또는 여성
과 여성을 포함하게 됩니다. 이는 하나님의 창조 질서에 대한 정면 도
전입니다.

이런 총회의 결정에 반발하여 교단을 탈퇴하는 행렬이 이어지고
있습니다. 교회가 이탈함으로써 전체 교인 수도 급감하여, 2023년 기
준 미국장로교회(PCUSA)의 교인 수는 20년 전 약 250만 명에서 현재
114만 명으로 절반 이하로 줄어들었습니다. 연합감리교회(UMC) 역시
연회가 동성 결혼을 허용한 후, 소속 교회 약 7,600개가 교단을 떠나
'세계감리교회(GMC: Global Methodist Church)'를 창립했는데, 이는 감리교
전체 교회의 약 25%에 달하는 수치입니다. 오늘날 미국의 교회가 쇠약
해지고 수많은 사람, 특히 젊은이들이 교회를 등지고 떠나는 주된 이유
중 하나가 바로 이러한 세속화 문제입니다.

하나님께서 금지하신 동성애를 옹호하며 성경에 배치되는 결정을 내리는 목사와 장로들의 총회가 과연 하나님의 교회라 할 수 있을까요? 또한 2,000년 동안 이어져 온 사도들의 전승과 순교자들의 피로 세운 거룩한 교회라고 말할 수 있겠습니까? 저는 미국 장로교회와 감리교회가 동성결혼을 인정한 것에 대한 실망과 좌절뿐만 아니라, 신앙적 양심에 따라 총회를 탈퇴하려는 교회를 대하는 그들의 태도에 더욱더 실망하고 있습니다.

미국장로교회(PCUSA)의 경우, 개별 교회가 총회를 탈퇴하려면 그 교회에 속한 모든 부동산과 예배당 등 일체의 재산을 그대로 두고 나가야 한다는 규정(신탁 조항)이 있습니다. 교회 부지를 매입하거나 건축할 때 총회로부터 단돈 1달러의 도움도 받지 않고, 순전히 교인들의 피땀 어린 헌금으로 대지를 사고 건축한 교회가 대부분입니다. 그런데 교회 내의 모든 비품은 물론, 수십 년 혹은 수백 년 동안 예배드리던 처소에서 종이 한 장, 볼펜 하나도 가지고 나가지 말고 몸만 나가라고 하니, 이 세상 어디에도 없는 가혹한 법을 적용하고 있습니다.

그나마 미국 연합감리교회(UMC) 상황은 장로교회보다 조금 나아서, 지역 연회마다 차이는 있지만 남가주(Southern California)와 볼티모어, 워싱턴 지역 교회는 재산의 50% 정도는 가지고 나갈 수 있고, 북가주(Northern California)와 네바다 지역은 약 20%를 가지고 나갈 수 있다고 합니다. 누가 봐도 총회를 떠나는 것이 하나님 앞에 무서운 범죄라도 되는 양 빈손으로 내쫓는 것이 과연 하나님의 교회가 할 일입니까? 어제까지 같은 교단 식구로 친교를 나누던 성도들에 대한 마땅한 태도일까요?

이것이 과연 주님께서 기뻐하시는 일인지, 이들이 과연 그리스도의 마음을 품고 사는 사람들인지 묻지 않을 수 없습니다. 예수님을 믿지 않는 세상 사람들도 이렇게까지 매몰차게 하지는 않을 것 같습니다.

교단에서 결정한 사항이 신앙 양심과 맞지 않아 떠난다고 하면, 그동안 교인들이 이룬 교회의 유산을 존중해 주어야 하지 않겠습니까? 비록 교단은 달리하더라도 그리스도 안에서 형제자매로 교제하고, 세상을 향한 복음 선교와 구제와 봉사를 더불어 감당할 수 있도록 배려하는 것이 그리스도의 마음을 가진 성도의 자세일 것입니다.

말세가 되면 사탄은 지도자들을 미혹하여 진리에서 벗어난 행동을 하게 하고, 교회를 점점 와해시키며 분열시키는 일을 자행합니다. 과연 이들은 주님께서 "네 이웃을 네 몸같이 사랑하라"고 하신 말씀을 읽기는 했을까요? 우리 모두 세속화되어 가는 교회를 위해서 더욱 깨어 기도하고, 진리를 수호하는 일에 앞장서야겠습니다. 참된 하나님의 교회를 다시 세우기 위하여. 샬롬.

교회와 교인들의 존재 이유

"내가 진실로 너희에게 이르노니 너희가 여기 내 형제 중에 지극히 작은 자 하나에게 한 것이 곧 내게 한 것이니라." (마 25:40)

제2차 세계대전 발발 전, 히틀러가 권력을 거머쥐고 독일 국민들을 선동하며 게르만 민족이 세계를 제패해야 한다는 허황된 꿈을 제시했을 때, 수많은 독일 사람은 히틀러를 열광적으로 지지했습니다. 이런 상황에서 독일 교회는 히틀러에 대해 어떤 태도를 취해야 했을까요? 당연히 히틀러를 반대하는 입장에서 국민들을 올바른 길로 선도해야 하지 않았겠습니까? 그런데 불행하게도 당시 대다수 독일 국가교회(German Church)는 민중들과 더불어 히틀러를 전폭적으로 지지했습니다. 히틀러가 평화로운 약소국을 침략해서 무력으로 점령해 나갈 때도, 600만 명이상의 유대인을 가스실에서 무참하게 도륙할 때도 독일 교회는 히틀러를 지지하거나 침묵했습니다.

그러나 독일의 양심적인 교회 지도자인 칼 바르트(Karl Barth)나 디트리히 본회퍼(Dietrich Bonhoeffer) 등 일부 목사들은 1934년 독일 바르멘에서 "하나님의 말씀인 예수 그리스도만이 복종의 대상이요, 하나님의 계시라"는 내용의 '바르멘 선언'(Barmen Declaration)을 발표하고 히틀러에 저항하는 '고백교회'(Confessing Church)를 형성했습니다.

독일 교회의 유명한 지도자 마르틴 니묄러(Martin Niemöller, 1892-1984) 목사 역시 처음에는 히틀러를 지지했습니다. 그러나 나치가 침략전쟁을 벌이고 유대인 학살을 감행하며 본색을 드러내자, 니묄러 목사는 나치 저항 운동에 앞장서서 활동했습니다. 결국 그는 체포되어 다하우(Dachau) 강제수용소 등에 수감되어 고통을 당하다가, 전쟁이 끝나던 1945년 연합군에 의해 풀려났습니다. 니묄러 목사는 훗날 "나치가 그들을 덮쳤을 때"(First they came)라는 시를 통해, 방관했던 독일 국민들의 각성과 히틀러를 지지하던 성직자들의 참회를 치열하게 촉구했습니다.

"처음에 나치가 공산주의자들을 잡아갔다. 나는 침묵했다. 나는 공산주의자가 아니었으므로. 다음에 나치는 노동조합원들을 잡아갔다. 그때 나는 침묵했다. 나는 노동조합원이 아니었으므로. 그리고 나치는 유대인을 잡아갔다. 그때 나는 침묵했다. 나는 유대인이 아니었으므로. 마침내 나치가 나를 잡으러 왔을 때, 나를 위해 나서 줄 사람은 아무도 남아 있지 않았다."

우리가 이웃들의 고통에 무관심할 때, 그 고통은 곧 우리의 것이 되어 돌아옵니다. 이웃이 당하는 모든 고통은 곧 나의 고통인 것을 깨달아야 합니다. 사람은 홀로 존재할 수 없고 이웃과 교류하면서 살아가게 되어 있기 때문입니다.

프랑스의 철학자 에마뉘엘 레비나스(Emmanuel Levinas, 1906-1995)는 "전체성과 무한"(Totalité et Infini)이라는 글에서 "이웃의 얼굴에서 나그네의 얼굴을, 고아와 과부의 얼굴을, 더 나아가 신의 얼굴을, 그 절대 타자의 얼굴을 보았다. 이웃이 없으면 사랑도 없고, 믿음도 없고, 구원도 없다"라고 갈파했습니다.

히틀러 저항 운동을 하다가 결국 형장의 이슬로 사라진 본회퍼 목사는 "진정한 교회는 타인을 위해서 존재한다"라고 말했습니다. 그 이웃은 버림받은 죄인들, 헐벗고 굶주린 사람들, 정신적·육체적 장애인들, 사회로부터 소외된 가난한 사람들입니다. 예수님은 바로 그런 사람들의 친구였고 이웃이었으며, 구원자였습니다.

이웃의 고통과 아픔에 관심을 두는 것은 자신과 이웃이 하나 되는 과정입니다. 자기 집 대문 앞에 병들어 누워 있는 나사로를 단 한 번도 거들떠보지 않았던 부자 주인이 죽은 후에 지옥에 떨어진 것은 당연한 결과였습니다.(눅 16:19-31) 고난 속에 있는 이웃을 돌보지 않는 교회는 참된 하나님의 교회가 아닙니다. 그들만의 종교 집단일 뿐입니다. 교회와 그리스도인들은 오직 우리의 영원한 구원자이신 예수님만 바라보면서, 그의 "지극히 작은 자 하나에게 한 것이 곧 내게 한 것이니라"(마 25:40)는 말씀에 따라 고난받는 이웃에게 사랑을 베풀어야 합니다. 독일 교회는 무고히 희생당하는 유대인의 구조를 위해 진작 발 벗고 나섰어야 했습니다.

교회와 그리스도인의 존재 이유는 우리 자신만을 위한 것이 아닙니다. 주님께서 관심을 두셨던 지극히 작은 자들을 위함임을 잊어서는 안 됩니다. 쉽지 않은 일이지만, 우리가 반드시 감당해야 할 무거운 책무입니다. 함께 기도하면서 이 소임을 성실히 이행해 나갑시다. 샬롬.

오늘 교회가 사는 길

"너희는 온 천하에 다니며 만민에게 복음을 전파하라 믿고 세례를 받는
사람은 구원을 얻을 것이요 믿지 않는 사람은 정죄를 받으리라."
(막 16:15-16)

지금은 세상을 떠나셨지만, 저의 주치의였던 여성 의사 분은 본래 불신
자였습니다. 의과대학에 다닐 때 가까운 친구가 성경 공부 모임에 같
이 가보지 않겠냐고 권해 호기심 삼아 따라갔다가 주님을 영접했습니
다. 그 후, 그분은 일생 주님을 위해 살겠다는 각오로 병원을 운영하는
동안에도 봄에 열흘, 가을에 열흘씩 진료를 중단하고 오지(奧地: 두메산골)
단기 선교에 헌신하였습니다.

제가 대학을 다닐 때는 대학생 선교 단체가 많았습니다.
UBF(University Bible Fellowship)를 비롯해서 CCC(Campus Crusade for Christ),
네비게이토(The Navigators), KSCM(Korea Student Christian Movement),
YMCA/YWCA 등이 전국 대학에서 활발한 전도 운동을 전개하였습
니다. 이런 선교 단체들을 통해 많은 대학생이 그리스도를 영접했고,
각 교회마다 대학생회와 청년회가 활성화되어 있었습니다.

그러나 현재 한국이나 미국의 한인교회(미국 현지 교회 포함) 어디를
가든지, 특별한 경우를 제외하고는 대학부와 청년부가 사라지고 있습
니다. 이제는 고등부, 중등부, 초등부, 유치부가 차례로 없어지고 있는
실정입니다. 제가 사는 지역의 한 교회에서는 유년부 전도사를 해고했
다는데, 그 이유는 가르칠 학생이 하나도 없기 때문이라고 합니다. 교
회의 희망이 사라지고 있는 것이지요.

교회에서 유아 세례를 베푼 것이 언제인지 기억도 나지 않는 이유

는 교회에 대학부와 청년부가 없기 때문입니다. 젊은 부부가 없으니 아기가 없는 것은 당연한 이치입니다. 교회에 다시 대학생들이 돌아오고 청년부가 활성화되기 위한 길은 대학 선교뿐입니다. 제가 사는 로스앤젤레스에 있는 UCLA(University of California, Los Angeles)나 USC(University of Southern California), 북쪽 샌프란시스코 인근의 스탠퍼드(Stanford), UC 버클리(UC Berkeley) 등의 대학마다 수만 명의 대학생이 재학하고 있습니다.

이렇게 많은 대학생이 있는데 왜 교회에는 대학부가 없을까요? 그것은 대학생 대상 선교 단체들이 예전만큼 활발한 활동을 하지 못하고 있거나, 교회가 그들을 품지 못하고 있기 때문입니다. 그러므로 이제부터라도 각 교회는 대학생 선교에 치중해야 합니다. 대학생들이 교회에 나오지 않으면 교회의 미래는 없습니다. 미국 교회나 유럽 교회들이 문을 닫고 있는 근본적인 이유는 젊은이들, 특히 대학생들이 없기 때문입니다.

미국 교회가 약 10만 명의 해외 선교사를 파송하고 있고, 한국교회만 해도 배우자를 포함해 약 2만 명의 해외 선교사를 파송하고 있습니다. 해외 선교에는 이렇게 많은 선교사를 파송하면서 왜 정작 국내 대학에는 선교사들을 파송하지 않을까요? 본국 교회가 시들면 해외 선교인들 계속될 수 있겠습니까? 특히 대학생 자녀를 둔 교인 부모들의 책임이 매우 큽니다. 대학생들이 부모가 교회에 나가라고 해서 순순히 갑니까? 어려서는 부모들의 말에 순종하지만, 머리가 굵어진 대학생들은 부모가 가라고 해서 억지로 가지 않지요.

대학생 자녀가 교회에 나가게 하기 위해서는 성령님의 역사가 있어야 합니다. 성령님의 역사를 위해서는 부모들의 기도가 절실히 필요합니다. 자녀들이 교회에 나오지 않으면 그들의 영혼은 위태로울 수밖에 없습니다. 교회에 나가지 않는 대학생 아들, 딸을 둔 부모는 하루 한 끼라도 금식하면서 성령님께 매달려야 합니다. 이 길이 사랑하는 자녀의 영혼을 살리는 길이고, 나아가 교회가 사는 길입니다. 모든 교회는 힘을 모아 대학생 선교에 온 힘을 쏟아부어야 합니다. 함께 기도합시다. 기도밖에 다른 길이 없습니다. 샬롬.

춘원 이광수의 한국교회 비판 (1)

"비판을 받지 아니하려거든 비판하지 말라 너희가 비판하는 그 비판으로
너희가 비판을 받을 것이요" (마 7:1-2)

초기 한국교회 선교 현장을 살펴본 해외의 여러 교계 인사들은 단시일
내에 급속하게 성장한 우리 교회에 대해 과분할 정도의 찬사를 보내주
었습니다. 특히 1907년 평양 대부흥 운동을 전후한 한국교회의 성장은
찬사를 받기에 충분할 만큼 비약적이었습니다. 그러나 시간이 지나면
서 한국교회에 대한 비판의 목소리가 서서히 들려오기 시작했습니다.
밖으로는 일제의 탄압과 억압에 시달리고 있던 교회가, 이제 우리 민족
안에서 나오는 비판의 소리에 귀 기울이며 자성(自省)의 기회를 갖지 않
으면 안 되는 단계에 이른 것입니다.

　1910년대 말, 춘원(春園) 이광수(李光洙, 1892-1950)는 교회를 향해 매
서운 필봉을 휘둘렀습니다. 그가 1917년 3월 「청춘」(靑春) 제11호에 기
고한 '금일 조선 야소교의 결점'이라는 글에서 당시 교회를 비판했는
데, 그 주요 내용을 요약하면 다음과 같습니다.

　첫째, '금일 야소교회(기독교회)는 계급적'이라는 것입니다. 동양의
뿌리 깊은 계급 사상이 기독교에 의해 극복되어야 함에도 불구하고, 기
독교의 근본정신에 반하여 교회가 오히려 계급적인 모습을 띠고 있다
는 지적입니다. 목사와 장로들이 평신도들 위에 군림함으로써 교회가
계급적 단체로 전락하여, 만인 평등 사상을 실천해야 하는 교회가 오히
려 역행하고 있다는 것입니다.

　둘째, '교회지상주의'입니다. 교회 지상주의는 교회만 제일이라고

하여 비기독교인을 모두 악인이요 신용 없는 이방인으로 간주합니다. 또한 기독교 교리 외의 모든 세상 학문을 천시합니다. 목사, 전도사의 일만 하나님의 일이 아니라 이 세상의 건전한 모든 일이 다 하나님을 위하는 일임에도, 교회는 배타적인 교회제일주의로 나간다는 것입니다.

셋째, '교역자들의 무식함'입니다. 목사와 전도사는 최하의 사람도 접하지만 최고의 지성인들도 상대해야 하므로, 성경이나 몇 번 읽는 것으로 목사가 되어서는 안 되고 세상의 여러 학문에 대해서도 상당한 지식을 갖추어야 합니다. 예를 들어, 당시 교역자 교육을 보면 보통학교(초등학교) 졸업 학력도 안 되는 이에게 1년에 3개월씩 5년, 즉 총 15개월 동안 신구약 성경을 독과(讀過: 읽고 지나감)하게 한 뒤 목사의 자격을 주었습니다. 그러니 그들이 만인의 정신을 지도하는 자가 되기에 지적으로 부족한 것은 당연하다는 비판입니다.

넷째, '미신적'이라는 것입니다. 미국 선교사들이 마치 아프리카의 미개한 민족에게 전도하는 방법을 우리에게 적용하여, 심오한 원리를 가르치지 않고 고래(古來)의 미신을 이용해 천당 지옥설, 육체 부활, 기도 만능설 같은 것으로 몽매한 민중을 죄악에서 구원하려 한다고 보았습니다. 이광수는 "나는 선교사를 탓하지 않는다. 다만 우리가 그들에게 아프리카인들처럼 보인 것이 분하다"라고 토로했습니다.

이광수는 결론적으로 "현시 조선 교회는 전제적, 계급적이요 야소교의 근본 특징인 자유, 평등의 사상을 몰각(沒却)하였으며, 신앙을 인생의 전체로 여겨 신자와 비신자의 구별을 선인과 악인의 구별같이 하고… 교역자가 문명을 이해하지 못하여 다수한 교인을 미신으로 이끌어 문명의 발전을 저해하므로 문명적 종교의 사명을 감당치 못한다"라고 질타하였습니다. 또한 이광수는 1918년 9월 〈매일신보〉에 다시 교회에 대한 비판을 가했습니다. 그는 "30년의 역사와 30만 명의 교도를 가진 조선 야소교회에서 아직 신앙고백이나 교리 해석 한 권을 생산하

지 못했다"라고 꼬집으면서, 자기 교회의 역사책 한 권도 저술하지 못
한 교회의 지적 빈곤을 비난하였습니다.

　　이광수가 정식으로 기독교에 입교했거나 스스로 기독교인임을 천
명한 일은 없었습니다. 그러나 그가 오산학교 교사로 있을 때, 기독교
정신으로 이 학교를 건립하고 지도했던 남강 이승훈 장로와 교장 고당
조만식 장로 같은 이들에게 강한 영향을 받은 것은 사실입니다. 특히
그의 문학세계는 톨스토이의 기독교적 휴머니즘에 큰 영향을 받았음
을 그의 작품 『무정』, 『재생』, 『흙』, 『유정』 등을 통해 짐작할 수 있습니
다. 비록 그가 기독교에 대해 깊은 이해를 가졌으리라 짐작은 되지만,
그는 어디까지나 교회 밖의 사람이었습니다.

　　그러나 우리는 한 시대의 지성인이 교회를 향해 던진 비판의 소리
를 간과해서는 안 됩니다. 교회는 항상 밖에서 비판하는 사람들의 소리
를 경청하면서 자성(自省)의 자세를 가져야 할 책무가 있기 때문입니다.
이 글과 관련해서 내일 한 번 더 다루겠습니다. 샬롬.

춘원 이광수의 한국교회 비판 (2)

"비판을 받지 아니하려거든 비판하지 말라 너희가 비판하는 그 비판으로
너희가 비판을 받을 것이요" (마 7:1-2)

어제 소개한 이광수의 교회 비판 글을 함께 생각해 봅시다. 우선 이광수의 글은 1917년에 나온 것으로, 지금으로부터 100여 년 전, 즉 한 세기가 지난 일임을 유념하면서 그의 비판을 되새겨 봅시다. 한 세기가 지났다는 것은, 그가 당시 한국교회를 비판한 내용이 오늘날의 교회와는 상관없는 '과거의 이야기'가 되어야 마땅하다는 뜻입니다. 즉 100년 전의 한국교회와 오늘의 한국교회는 180도 달라진 모습이어야 한다는 말이지요.

그런데 불행하게도 100년 전 이광수의 교회 비판이 오늘날 교회에도 거의 그대로 적용된다는 사실에 놀라지 않을 수 없습니다. 다시 말하면 100년 전 한국교회의 모습이나 현재의 모습이 본질적인 면에서 크게 달라지지 않았다는 방증일 것입니다. 100년 전 이광수의 비판을 항목별로 다시 점검해 봅시다.

첫째, "금일 야소교회(기독교회)는 계급적이다"라는 비판입니다. 기독교의 근본정신인 만인평등 사상을 실천해야 할 교회가 오히려 목사, 장로들이 평신도 위에 군림함으로써 계급적 단체로 전락하고 있다는 지적입니다. 이 비판에 대해 오늘날 교회는 "전혀 그렇지 않다"라고 자신 있게 말할 수 있을까요? 목사와 장로들이 과연 평신도들과 조금도 다름없는 동등한 지체라고 생각할까요? 장로는 안수집사보다 높고, 권사는 서리 집사보다 높다는 계급 의식이 우리 안에 없다고 장담할 수

있을까요? 100년이 지난 지금도 한국교회는 여전히 뿌리 깊은 계급 의식을 갖고 있는 것이 사실입니다.

둘째, "교회지상주의"입니다. 교회만 제일이라고 하여 비기독교인을 모두 악인이요 신용 없는 이방인으로 보고, 교리 이외의 세상 학문을 천시한다는 비판입니다. 이 두 번째 비판은 오늘날 절반은 맞고 절반은 틀립니다(Yes and No). 우선 현재 교회가 불신자를 무조건 악인이나 신용 없는 사람으로 매도하지는 않습니다. 그러나 목사와 전도사의 일만 하나님의 일이고, 세상에서의 직업과 학문은 세속적인 일로 치부하는 '교회지상주의'에서는 아직 자유롭지 못한 것이 사실입니다. 모든 삶의 영역이 하나님의 주권 아래 있음을 인정하는 성숙함이 필요합니다.

셋째, "교역자들의 무식함"입니다. 100년 전에는 보통학교(초등학교) 졸업도 못한 사람들에게 15개월 동안 성경을 독과(讀過: 읽고 지나감)하게 한 뒤 목사 자격을 주었기에, 지성인들을 지도하기에 역부족이라는 비판이었습니다. 이 세 번째 지적은 오늘날 교회에는 맞지 않습니다. 요즘은 4년제 대학을 졸업한 학사 학위 소지자들을 받아 신학대학원에서 3년 동안 강도 높게 교육하고, 목회학석사(M.Div.: Master of Divinity) 학위를 줍니다. 졸업 후에도 각 교회에서 적어도 2년 이상 전도사(강도사) 사역을 거쳐 청빙하는 교회가 있을 때 비로소 목사 안수를 줍니다. 따라서 교역자의 교육 수준에 대한 100년 전의 지적은 오늘날 교회에 적용되지 않습니다.

넷째, "미신적"이라는 비판입니다. 선교사들이 우리 민족을 미개인 취급하며 심오한 진리 대신 천당 지옥설, 육체 부활, 기도 만능설 등 기복적인 신앙을 가르쳤다는 지적입니다. 이 네 번째 지적, 즉 기독교의 진리를 미신적으로 왜곡했다는 비판은 오늘날 교회에 부분적으로만 적용됩니다. 물론 지금도 "기도하면 만사형통한다"는 식의 기복주의를 설파하는 목사들이 있는 것은 사실입니다. 그러나 대다수 교회는 기독교의 진리를 그렇게 노골적으로 왜곡하여 가르치지 않습니다. 다만 목회자들은 교인들에게 복음의 정수(精髓)를 가르쳐야지, 신앙을 요행을 바라는 수단으로 전락시키는 가르침은 철저히 삼가야 합니다.

100년 전 이광수가 지적한 한국교회의 약점을 오늘날 교회가 여전히, 혹은 부분적으로 지니고 있다는 사실은 부끄러운 일입니다. 우리 교회는 이광수의 지적뿐만 아니라, 교회를 향한 세상의 날카로운 비판을 경청해야 합니다. 고쳐야 할 것은 고치고, 시정해야 할 것은 과감히 시정하면서 올바른 길로 나아가기 위해 더욱 기도하며 노력해야겠습니다. 교회가 세상 사람들로부터 다시금 칭찬과 존경을 받을 수 있도록, 우리 모두 깨어 기도합시다. 샬롬.

교회의 분립과 분열

"평안의 매는 줄로 성령이 하나 되게 하신 것을 힘써 지키라 몸이 하나요 성령도 한 분이시니 이와 같이 너희가 부르심의 한 소망 안에서 부르심을 받았느니라." (엡 4:3-4)

한국에서와 마찬가지로 미국에서도 한인 교회들이 분열하는 모습을 자주 봅니다. 어떤 교회의 역사를 들여다보면, 목사님이 개척해서 시작한 교회보다 기존에 다니던 교회에서 갈라져 나와 시작한 교회가 태반인 것이 현실입니다. 그리스도의 교회는 하나라는 사실을 모르는 성도는 없습니다. 성삼위일체 하나님을 믿고 신구약 성경을 하나님의 말씀으로 고백하며, 2,000년 교회의 전통을 계승한 교회는 결코 분열해서는 안 됩니다. 분열은 교회 안에 두 패가 갈려 결별하는 것입니다. 싸우고 나뉜 교회는 교인들끼리 길에서 만나도 서로 인사조차 하지 않고, 심지어 욕설이나 저주도 서슴지 않는 경우가 있습니다. 과연 이들을 그리스도인이라 부를 수 있겠습니까?

교회는 '분열'이 아니라 '분립(分立)'이 원칙이어야 합니다. 우리 초기 교회 역사에 교회가 싸워서 갈라지지 않고 은혜롭게 분립한 아름다운 사례가 있습니다. 1900년대 초 평양 장대현교회는 길선주(吉善宙, 1869-1935) 목사님이 목회를 하였습니다. 길 목사님은 예수님을 영접하기 전, 선도(仙道)와 관성교(關聖敎)에 심취하여 많은 공부를 했던, 당대에 뛰어난 학자이자 지도력을 갖춘 분이었습니다.

당시 평양은 '동양의 예루살렘'이라는 말을 들을 정도로 교회가 부흥했던 도시였습니다. 많은 교인이 설교가로 명성이 높았던 길선주 목사님의 말씀을 들으러 장대현교회로 몰려와, 교회는 언제나 만원이었습니다. 당시 약 2,000여 명의 성도들이 모였으니 그 열기가 얼마나 대단했는지 짐작할 수 있습니다. 예배당 크기는 제한되어 있는데 교인들이 계속 몰려와 더 이상 수용할 수 없게 되자, 당회는 교회를 분립하기로 결단했습니다. 그래서 교인들에게 거주지를 기준으로 교회를 정해 주었습니다. 창동 근처에서 오는 교인은 창동교회(彰洞敎會)로, 산정현 쪽에서 오는 교인은 산정현교회(山亭峴敎會)로, 서문 밖에서 오는 교인은 서문밖교회(西門外敎會)로, 남산현(남현) 쪽에서 오는 이들은 남현교회(南峴敎會)로 가도록 조치했습니다.

그 지역에 사는 교인들은 교회의 지침에 순종하여 자기 집이 있는 지역 교회에서 예배를 드렸습니다. 분립 예배를 드릴 때, 온 교인이 같이 모여 은혜 중에 예배를 드리고 서로 축복하며 파송했습니다. 이들 분립 교회는 하나같이 성장해서 평양성에서 두드러진 교회들이 되었습니다. 반면 싸우고 분열한 교회는 서로 원망하고 욕하고 저주하며, 침을 뱉으며 갈라지는데, 이것은 결코 그리스도를 주로 영접한 사람들이 할 행위가 아닙니다. 또한 성령님께서 그들 마음속에 계신다면 결코 그런 행동을 할 수 없습니다. 지금까지 같은 예배당 안에서 말씀을 듣고 주님의 몸과 피를 함께 나누어 마신 그리스도인들은 이렇게 할 수 없습니다.

교회에는 결코 분열이 있어서는 안 되며, 오직 은혜로운 분립만 있어야 합니다. 우리는 믿음의 조상들이 보여준 본을 받아야 합니다. 한인 교회는 세계 어느 교회도 하지 않는 새벽기도회를 하면서 열심히 기도하는 교회요 성도들입니다. 그런데 이런 열정적인 교인들이 서로 싸워 원수가 되는 것은 그들의 신앙이 참된 기독교 신앙이 아님을 스스로 입증하는 꼴입니다.

예수님을 바르게 믿는 성도들은 은혜로운 분립을 지향해야 합니다. 주님께서는 이것을 원하고 계십니다. 진정한 교회는 성령님께서 역사하시는 곳이지, 사탄이 틈타 분란을 일으키는 곳이 아닙니다.

바울 사도는 "평안의 매는 줄로 성령이 하나 되게 하신 것을 힘써 지키라… 너희가 부르심의 한 소망 안에서 부르심을 받았느니라"(엡 4:3-4)고 말씀하셨습니다. 교회의 일치를 위해 더욱 열심히 기도합시다. 샬롬.

교회 분열의 원인

"평안의 매는 줄로 성령이 하나 되게 하신 것을 힘써 지키라." (엡 4:3)

기독교의 역사는 분열의 역사라 해도 과언이 아닙니다. 교회 역사상 최초의 교회인 예루살렘 교회에서도 구제 문제로 히브리파 과부들과 헬라파 과부들 간의 분쟁이 있었습니다. 교회가 공평하게 도움을 주지 않고, 히브리파 과부들은 챙기면서 헬라파 과부들은 명단에서 제외하는 일로 분쟁이 일어난 것입니다. 이것은 교회 안에서조차 분배의 정의가 실현되지 않았다는 의미입니다. 비록 유대교에서 개종하여 주님을 영접하였지만, 여전히 유대교적 전통과 선민사상이 남아 있어 이방 문화에 익숙한 헬라파 과부들을 차별한 것입니다.

교회 분열의 전형은 고린도교회였습니다. 이 교회는 한두 파도 아니고 바울파, 아볼로파, 게바파, 그리스도파로 나뉘어 분쟁을 일으켰습니다.(고전 1:12) 교회는 오직 주 예수 그리스도를 중심으로 하나가 되어야 하는데, 바울이나 아볼로나 게바는 모두 하나님의 사역자들일 뿐입니다. 주님만이 교회의 머리시고 몸이신데, 왜 주님을 따르지 않고 사람을 따랐는지 이해할 수 없는 노릇입니다. 한국도 교회 안에서 분쟁이 일어나 교회가 분열되는 경우를 자주 보았습니다. 그러나 미국에 와서 이민 교회의 현실을 보니, 그야말로 이민 교회의 역사는 분열의 역사라고 볼 수밖에 없습니다.

그럼 교회 분열의 이유는 무엇일까요? 첫째, 한마디로 말하면 마귀의 역사입니다. 성도들의 마음속에 성령께서 역사하셔야 하는데, 오히려 마귀가 틈을 타서 분쟁을 일으키게 만드는 것입니다. 마귀가 역사하는 동안 교회는 분열될 수밖에 없고, 다툼과 갈라짐이 일어나는 것은 자명합니다. 그러므로 교회 분열을 막기 위해서는 성령의 충만한 은총을 받아야 합니다.

둘째, 복음에 대한 불순종입니다. 성도들은 수시로 성경을 읽고 주일이면 목사의 설교를 듣지만, 정작 복음의 말씀대로 살지 않기 때문에 교회가 분열되는 것입니다. 말씀에 순종하는 삶을 살 때만 분열을 막을 수 있습니다.

셋째, 교만입니다. 하나님께서는 교만한 자를 물리치시고 겸손한 자에게 은혜를 베푸신다고 말씀하셨는데, 인간들은 자기가 남보다 조금이라도 나은 것이 있으면 그것을 내세우고 교만해집니다. 교만한 사람들이 많은 교회는 반드시 분열하게 되어 있습니다. 교만한 사람들은 자기보다 못하다고 여겨지는 성도를 무시하기 때문에 거기서 분쟁이 싹트는 것입니다. 성도들은 예수님의 겸손을 배워야 합니다.

마지막으로, 특별히 한국교회에서 자주 일어나는 문제인 지역감정입니다. 미국같이 넓은 땅에 3억이 넘는 인구가 살지만, 적어도 교회 안에서 출신 지역 때문에 편을 가르는 일은 찾아보기 힘듭니다. 과거 남부와 북부가 노예 문제 때문에 전쟁(남북전쟁)까지 치렀지만, 오늘날 교회 내에서 북쪽 사람들이 남쪽 사람들을 무시한다거나 그 반대의 이유로 갈등을 겪지는 않습니다. 그런데 한국은 유독 남과 북(이념), 동과 서(지역)가 갈라져서, 교회 안에서도 고향과 지방색으로 편이 갈리고 결국 분열하고 맙니다. 참으로 안타까운 일입니다.

앞서 열거한 교회 분열의 원인을 깊이 성찰하면서, 우리는 주님 안에서 하나 되는 신앙생활을 이어 나가야 합니다. 교회는 내부 다툼을 멈추고 복음 선포와 구제에 전념하여 교회의 사명을 감당해 나가야 합니다. 이것이 오늘 우리에게 주시는 주님의 지상명령입니다. 샬롬.

하나 되는 원리

"너희가 부르심을 받은 일에 합당하게 행하여 모든 겸손과 온유로 하고
오래 참음으로 사랑 가운데서 서로 용납하고 평안의 매는 줄로 성령이 하나
되게 하신 것을 힘써 지키라." (엡 4:1-3)

바울 선생은 갈라디아서 3장 28절에 "너희는 유대인이나 헬라인이나
종이나 자유인이나 남자나 여자나 다 그리스도 예수 안에서 하나이니
라"고 말씀하셨습니다. 이렇게 서로 다른 배경을 가진 사람들이 하나
되는 길은 오직 그리스도 안에 있을 때만 가능합니다. 파벌은 2,000년
전 고린도 교회 안에도 있었습니다. "나는 바울에게, 나는 아볼로에게,
나는 게바에게, 나는 그리스도에게 속한 자라 한다는 것이니 그리스도
께서 어찌 나뉘었느냐?"(고전 1:12-13)라고 바울 선생은 힐문(詰問: 따지고 물
음)하였습니다.

또한 바울 선생은 에베소 교회에 보낸 편지에서 "평안의 매는 줄
로 성령이 하나 되게 하신 것을 힘써 지키라 몸이 하나요 성령도 한 분
이시니… 주도 한 분이시요 믿음도 하나요 세례도 하나요 하나님도 한
분이시니"(엡 4:3-6)라고 말씀하셨습니다. 성경은 이토록 교회가 하나
됨을 강조합니다.

한국 사람들은 조선왕조 때부터 사색당쟁(四色黨爭)으로 자기와 다
른 파의 사람들을 모함해서 죽이는 일을 비일비재하게 반복했습니다.
어떤 학자는 한국을 '갈등 공화국'이라고 부르며 한국인의 갈등 구조를
10가지로 열거했습니다. ① 빈부 갈등 ② 노사 갈등 ③ 주택 소유자와
비소유자 ④ 정규직과 비정규직 ⑤ 남녀 갈등 ⑥ 세대 갈등 ⑦ 이념(진
보와 보수) 갈등 ⑧ 지역(수도권과 지방) 갈등 ⑨ 원주민과 이주민 ⑩ 대기업

과 중소기업 간의 갈등이 그것입니다.

한국 사람들은 자기와 성향이나 생각이 다르면 어울리지 않고 적대감을 드러내기도 합니다. 정치 성향이 다르면 술자리도 같이하지 않고, 연애나 결혼도 기피하려 합니다. 자기와 의견이 다른 사람과는 말도 섞기 싫어하고 같은 자리에 앉는 것조차 불편해하며, 애초에 상대방을 이해하고 타협하며 더불어 살려는 생각이 부족해 보입니다.

이러한 배타성이 극단으로 치달은 예가 공산주의입니다. 공산주의자들은 사상에 동조하지 않거나 반대하는 사람은 무조건 숙청하고 제거합니다. 따라서 공산주의는 모든 사람을 포용하는 기독교를 적대시할 수밖에 없습니다. 그 비극적인 실례가 6.25 전쟁입니다. 당시 공산군이 얼마나 많은 목사, 장로, 성도들을 학살했는지 역사의 자료들이 증명하고 있습니다.

이런 세상의 편 가르기 문화는 교회 안에서 반드시 해소되어야 하고, 또 해소할 수 있습니다. 그 원리는 "각각 자기보다 남을 낮게 여기고… 너희 안에 이 마음을 품으라 곧 그리스도 예수의 마음이니"(빌 2:3, 5)라는 말씀의 실천에 있습니다. 내 고집을 접고 상대방의 의견을 존중하면 화해와 일치는 자연히 이루어집니다. 우리 모두 그리스도의 마음을 품고, 나보다 남을 낮게 여기면 교인들 간의 간격은 자연히 사라집니다. 이것이 화해자이신 그리스도를 따르는 우리가 걸어가야 할 십자가의 길입니다. 샬롬.

막힌 담을 헐라

"그는 우리의 화평이신지라 둘로 하나를 만드사 원수 된 것 곧 중간에 막힌 담을 자기 육체로 허시고" (엡 2:14)

70년대 초 시카고로 유학을 왔을 때의 일입니다. 시카고 시내에는 집들이 다닥다닥 붙어 있어서 담이나 울타리 같은 것이 따로 없었습니다. 그런데 조금 멀리 교외로 나가니 집들이 여유 있고 질서정연하게 서 있는데도, 집과 집 사이에 담이나 울타리가 없었습니다. 집과 집 사이에 경계선은 분명 있지만 그 경계선은 눈에 보이지 않습니다. 잔디를 깎을 때 자기 집 쪽 잔디를 다 깎은 후, 이웃집과 닿은 곳에 이르러서는 대략적인 경계선을 넘어 이웃집 쪽으로도 조금 더 깎아 주는 것이 잔디 깎는 예의입니다.

두 집 사이에 담이 없기 때문에 이웃집에 가려면 자기 출입문을 나와 잔디밭을 가로질러 걸어가서 이웃집 출입문에 있는 초인종을 누르면 됩니다. 만약 담이나 울타리가 있다면 대문을 나가서 그 집 대문 앞까지 돌아가 초인종을 누르고, 사람이 나올 때까지 기다려야 하지요. 비가 많이 오거나 눈보라가 치면 담장 때문에 이웃집에 가는 것조차 거추장스럽게 됩니다.

인류 역사를 더듬어 보면 원시시대에는 집과 집 사이에 담이나 울타리 같은 것은 없었고, '내 땅', '네 땅'의 구별도 없었습니다. 그러다가 농경문화가 정착되면서 도둑이나 들짐승들을 막기 위해 울타리와 담을 쌓기 시작했습니다.

중세 봉건 제도가 시작되면서 봉건 영주는 거대한 성을 쌓기 시작했습니다. 이 성은 도둑이나 야생동물을 방어하기 위한 목적도 있었지만, 주로 외적의 침략을 막기 위해서였습니다. 봉건시대가 지나고 현대에 와서도 여전히 집과 집 사이의 담은 그대로 남아 있습니다.

그러나 더 큰 문제는 인간과 인간 사이에 드리워진 담, 즉 눈에 보이지 않는 담입니다. 특히 한국 사회에서 고부간(시어머니와 며느리)의 갈등, 형제들, 친족들, 이웃들, 친구들 사이에 가로놓인 보이지 않는 담이 문제입니다. 교회에 가서도 고개는 까딱하고 형식적으로 "안녕하세요"라고 말은 하지만, 두 사람 사이에 혹은 두 가정 사이에 놓인 담은 굳게 서 있습니다. 이로 인해 교회의 3대 소명 중 하나인 '성도의 교제'가 사라지고, 끼리끼리 모이는 폐쇄적인 공동체로 전락하고 있습니다.

마지막에는 두 패로 나뉘어 싸우다가 교회가 두 쪽이 나는 경우를 수도 없이 봅니다. 특별히 미국에 와서 보니 한인 교회 치고 분열 안 된 교회가 거의 없고, 갈라진 교인들끼리는 길거리에서 만나도 인사조차 하지 않고 지나는 경우가 많다고 합니다.

바울 사도는 "오래 참음으로 사랑 가운데서 서로 용납하고 평안의 매는 줄로 성령이 하나 되게 하신 것을 힘써 지키라… 이와 같이 너희가 부르심의 한 소망 안에서 부르심을 받았느니라"(엡 4:2-4)고 말씀하셨습니다. 우리가 기독교 신앙을 가진 사람으로서 하나님께 기도하고, 같은 예수님을 믿으며, 성령님의 역사를 믿는 성도라면 예배를 드리기 전에 보이지 않는 담을 헐어 버려야 합니다. 바울 사도는 "그는 우리의 화평이신지라 둘로 하나를 만드사 원수 된 것 곧 중간에 막힌 담을 자기 육체로 허시고"(엡 2:14)라고 말씀하셨습니다. 주님께서 친히 육체로 그 막힌 담을 허무셨다고 선포합니다.

예수님께서도 "예물을 제단 앞에 드리려다가 거기서 네 형제에게 원망들을 만한 일이 있는 것이 생각나거든 예물을 제단 앞에 두고 먼저 가서 형제와 화목하고 그 후에 와서 예물을 드리라"(마 5:23-24)고 명확히 말씀하셨습니다.

교우들과 막힌 담을 헐어 버린 후에 와서 예배를 드리라는 말씀입니다. 그렇게 행하지 않고 드리는 예배는 하나님께서 기쁘게 받으시지 않습니다. 마음으로 멀어진 교우들 사이에 놓인 담을 헐고, 화해한 후에 기쁜 마음으로 드리는 예배가 참된 예배입니다. 하나님께서는 바로 그 예배를 받으십니다. 우리 모두 눈에 보이지 않는 마음의 담을 헐어 버립시다. 이것이 진실한 신자의 모습입니다. 샬롬.

나는 크리스천입니다

"이같이 너의 빛이 사람 앞에 비치게 하여 그들로 너희 착한 행실을 보고
하늘에 계신 너희 아버지께 영광을 돌리게 하라." (마 5:16)

한번은 연세대학교 김형석 명예교수님이 도산 안창호 선생 기념 강연을 하던 중, 한 일본인 목사에 대한 이야기를 들려주셨습니다. 그 내용에 깊이 깨달은 바가 있어 함께 나누려 합니다. 미국 감리교회가 한국에 파송한 한 선교사가 동남아에서 열린 외국 선교사 모임에 참석했을 때의 일입니다. 그는 그곳에서 일본에서 온 선교사 한 사람(이하 A씨)을 만나 대화하던 중, A씨가 젊은 시절 겪은 이야기를 듣게 되었습니다.

1945년 8월, 제2차 세계대전이 막바지에 이르렀을 때였습니다. 무수한 미국의 B-29 폭격기가 도쿄(동경)를 폭격하기 시작하자, 온 도시는 혼비백산(魂飛魄散)하여 각기 살길을 찾아 시골로 떠났습니다. 그때 A씨 가족도 먼 시골로 피난을 가서 살게 되었습니다. 낯선 곳에 아는 사람도 없고, 전쟁 중이라 찾아오는 이도 없었으며, 말을 거는 사람조차 없었습니다. 그런데 하루는 어떤 사람이 찾아와서 "혹시 내가 도와줄 일이 없겠습니까? 도움이 필요하면 돕겠습니다"라고 말했습니다. 이렇게 하여 두 가정은 자연히 가까이 지내면서 어려운 피난 시절을 함께 견뎠습니다.

전쟁이 끝나고 A씨 가정이 다시 도쿄로 돌아가게 되었는데, 그동안 어려울 때 많은 도움을 준 분에게 고마움을 표시하며 서로 석별(惜別)의 정을 나누었습니다. 그때 도움을 준 분이 마지막으로 이렇게 말했습니다. "사실 나는 조선 사람인데, 일본에서 오래 살면서 일본으로

귀화(歸化)한 사람입니다. 그리고 저는 크리스천입니다." A씨는 그러냐고 대답하고 헤어졌습니다.

도쿄로 돌아온 A씨는 전쟁 후 모든 것이 파괴된 세상에서 한동안 정신없이 살다가, 문득 피난지에서 도움을 주었던 조선인이 자기가 크리스천이라고 말한 것이 생각났습니다. A씨는 자기가 사는 동네의 예배당 앞을 지날 때마다 예전의 일이 떠올라, 어느 주일 예배에 참석했습니다. 자연히 목사를 만나게 되었고, 교회에 정기적으로 출석하면서 신앙생활을 시작하였습니다.

그 후 A씨는 남은 생애를 어떻게 살아가야 하나 고민하다가, 목사가 되어야겠다는 결심을 하고 신학교에 들어가 목사가 되었습니다. 그리고 지금은 동남아에서 선교 사역을 감당하고 있다고 했습니다. 그는 "오늘의 내가 있는 것은 피난지에서 만난 조선인 크리스천의 사랑과 도움 때문이다"라고 고백했습니다.

A씨가 시골에 내려가 사는 동안 조선인 크리스천을 만나 여러 가지 도움을 받았다 할지라도, 그분이 "나는 크리스천입니다"라는 말을 하지 않았다면, 그는 도움을 준 이가 기독교인인지 몰랐을 것입니다. 그는 '기독교란 어떤 종교인가? 예수 믿는 사람들은 왜 어려운 사람을 도와주는가?'라는 생각을 하면서 교회에 나가게 되었고, 결국 목사이자 선교사가 된 것입니다.

만일 그 조선 사람이 자신의 정체성을 밝히지 않았다면, A목사는 교회가 무엇인지, 기독교가 무엇인지 모르고 생을 마쳤을지도 모릅니다. 그러나 그가 "나는 크리스천입니다"라고 자신이 성도임을 밝힌 것이 동기가 되어, '예수'의 '예' 자도 모르던 사람이 선교사가 되었다는 사실을 우리는 명심해야겠습니다.

우리가 선한 일을 했을 때나 어려운 사람을 도와주었을 때, "나는 크리스천입니다", "나는 기독교인입니다"라고 한 말 한마디가 그 사람의 인생을 송두리째 바꾸어 놓을 수 있습니다. 우리도 세상 속에서 자신 있게 "나는 크리스천입니다"라고 고백하며 살 수 있도록 노력합시다. "이같이 너의 빛이 사람 앞에 비치게 하여 그들로 너희 착한 행실을 보고 하늘에 계신 너희 아버지께 영광을 돌리게 하라"(마 5:16)는 예수님의 말씀을 기억합시다. 샬롬.

교회 부흥의 원리

"그러므로 너희는 가서 모든 민족을 제자로 삼아 아버지와 아들과 성령의 이름으로 세례를 베풀고 내가 너희에게 분부한 모든 것을 가르쳐 지키게 하라." (마 28:19-20)

목회자나 평신도들은 주일마다 새 신자들이 와서 교회가 계속 성장해 가기를 바라고 기도합니다. 그렇다면 어떻게 해야 매 주일 새로운 성도들이 등록하고 우리 교회가 부흥할 수 있을까요? 다른 지역의 교인이 이사를 와서 우리 교회에 나오는 경우나, 다른 교회에 출석하던 교인이 우리 교회로 옮겨와서 교인 수가 증가하는 것은 하나님 나라 전체로 볼 때 큰 의미가 없습니다. 이런 경우, 우리 교회 교인 숫자는 늘어날지 모르지만, 그쪽 교회에서는 교인 한 사람 혹은 한 가정이 빠져나갔기 때문에 전체 총량은 변함이 없거나 오히려 줄어든 셈이 됩니다.

미국의 여론조사기관 그레이 매터 리서치(Grey Matter Research)와 인피니티 콘셉트(Infinity Concepts)가 복음주의 개신교인 818명을 대상으로 실시한 설문조사에 따르면, 교회에 출석하게 된 계기가 '가족이나 친구의 전도'라고 답한 교인이 57%로 절반을 넘었습니다. 코로나 팬데믹 이전에 실시한 조사(59%)와 비교해 봐도 별로 차이가 없었습니다.

즉, 교회에 새로 등록한 교인들이 나오게 된 결정적 동기는 누군가로부터 전도를 받았기 때문입니다. 연령별로 보면 35세 미만 성인 교인 중 71%가 다른 교인의 전도로 교회에 나오게 되었다고 답했고, 35-44세가 62%, 45-54세가 59%, 50세 이상이 51%로 나타났습니다.

이번 조사에서 인터넷으로 새로운 교회를 검색해서 왔다는 교인은 15%로, 팬데믹 이전의 5%보다 약 3배 증가했습니다. 흥미로운 점은 인터넷 사용 빈도가 가장 높은 편인 35세 미만의 교인들 중 약 78%가 (온라인 탐색에 그치지 않고) 예배에 직접 참석해 보고 교회를 결정한다고 답했다는 것입니다.

또한, 조사 대상 교인 중 54%가 매주 현장 예배에 출석한다고 답했고, 65%는 적어도·한 달에 한 번 이상 현장 예배에 출석하는 것으로 나타났습니다. 반면 온라인으로만 예배를 드린다는 교인은 39%, 한 달에 1-3번 시청하는 교인은 15%였습니다.

예수님께서 승천하시기 직전에 제자들에게 마지막으로 부탁하신 말씀은 "그러므로 너희는 가서 모든 민족을 제자로 삼아"였습니다. 여기서 우리가 유념해야 할 것은 '가서'라는 단어입니다. '가서'는 머물러 있지 말고 나아가라는 행동의 명령입니다.

1885년 미국 북장로교회의 언더우드(Horace G. Underwood) 목사와 미국 북감리교회의 아펜젤러(Henry G. Appenzeller) 목사가 한국에 오지 않았다면 우리 민족이 어떻게 복음을 접할 수 있었겠습니까? 또한 1912년 한국 장로교회는 총회 창립 기념으로 김영훈, 박태로, 사병순 세 분의 목사를 중국 산동성(山東省) 내양현(萊陽縣)에 선교사로 파송해서 중국인들에게 복음을 전했습니다. 만일 우리 선교사들이 그곳에 가지 않았다면 그곳 중국인들은 오랜 세월 복음을 모르고 살았을 것입니다.

우리 교회가 부흥하기 위해 전도해야 하지만, 그보다 더 중요한 본질은 한 영혼, 한 영혼을 구원하기 위해 복음을 전해야 한다는 것입니다. 전도는 천하보다 귀한 생명을 구하는 일이기 때문입니다. "가서 복음을 전하라"는 말씀은 주님의 지상명령이자 마지막 부탁입니다. 샬롬.

선교(전도) 방법론

"내가 너희에게 이르노니 이와 같이 죄인 한 사람이 회개하면 하늘에서는
회개할 것 없는 의인 아흔아홉으로 말미암아 기뻐하는 것보다 더하리라."
(눅 15:7)

선교학에서는 선교사나 복음 전도자가 현지에서 복음을 전할 때 어떤
방법을 택할 것인가에 대해 크게 세 가지 이론이 있다고 말합니다. 첫
째는 급진적 변혁(Radical Transformation), 둘째는 혼합주의(Syncretism), 셋째
는 점진적 변화(Gradual Transformation)입니다.

첫째, '급진적 변혁'은 복음을 알지 못하는 사람들에게 단도직입적
으로 "예수님을 믿으세요. 예수님을 믿으면 천국에 가고, 안 믿으면 지
옥으로 바로 갑니다. 당신은 언제 죽을지 모릅니다. 지금 당장 주님을
영접하지 않으면 오늘이라도 교통사고나 심장마비로 죽을 수도 있으
니 속히 결단해야 합니다"라며 다소 위협적으로 전도하는 방식입니다.
그러나 이 방법은 상대방의 즉각적인 반발을 살 수도 있고, 경우에 따
라서는 곤욕을 치를 수도 있어서 그리 바람직한 방법은 아니라고 봅
니다.

둘째, '혼합주의'입니다. 혼합주의는 그 지역의 토착 문화와 종교
를 인정하면서 기독교 신앙을 적당히 접목하는 방법입니다. 이 방법은
큰 거부감 없이 기독교를 수용하게 한다는 점에서는 효과적일 수도 있
습니다. 마테오 리치(Matteo Ricci)는 이탈리아 태생의 예수회 소속 신부
로 1583년 중국에 가서 복음을 전했습니다. 그는 중국 사람들이 고대
로부터 행해왔던 제사 문화를 기독교의 "네 부모를 공경하라"는 말씀
과 연결하면서, 기독교는 유교의 발전된 형태라며 제사를 인정했습니

다. 덕분에 중국 사람들은 큰 반감 없이 기독교를 수용할 수 있었고, 자연스럽게 제사를 계속 드렸습니다.

그러나 이후 프란치스코회 신부들이 중국에 들어와, 중국 교인들이 조상 제사를 드리며 혼합적인 신앙생활을 하는 것을 목격하고 교황청에 보고했습니다. 이에 교황 클레멘스 11세(Clemens XI)는 1715년 조상 제사를 금하는 회칙(回勅)을 내리고, 후에 예수회 신부들을 모두 소환했습니다. 결국 중국에서 제사를 금지당한 교인들은 많은 고초를 겪어야 했습니다.

이런 일은 한국 가톨릭교회 역사에서도 비슷하게 일어났는데, 한국에 들어온 선교사들은 처음부터 제사를 엄격히 금했습니다. 1780년대 충청도 진산에서 윤지충(尹持忠)과 권상연(權尙然)이 천주교에 입교한 후, 집안에 있던 신주(神主: 죽은 사람의 위패)를 즉시 불살라 버리고 제사를 폐지하였습니다. 결국 이 일로 인해 윤지충, 권상연 두 사람은 체포되어 목베임으로 순교했습니다. 그때가 1791년 11월로, 이 사건을 신해박해(辛亥迫害) 혹은 신해교난이라 합니다.

마지막 세 번째는 '점진적 변화'입니다. 이는 전통문화에 깊이 젖어 있는 이들의 정신과 생활을 조금씩 바꾸어 나가는 방법입니다. 무엇이 진리이며 무엇이 옳은 길인가를 스스로 선택해서 서서히 기독교 신앙을 받아들이게 하는 방법입니다. 지나치게 급진적인 변혁을 시도하거나 기존 문화와 기독교를 무분별하게 혼합하는 방법은 옳지 않으므로, 시간이 걸리더라도 점진적인 변혁 전략을 세워야 합니다. 전도는 첫째 성령님의 도우심을 간구하고, 전도 대상자를 위해 꾸준히 기도하면서, 시간을 두고 서서히 접근해서 진리를 심어주어야 합니다. 한 생명을 구하는 것은 지극히 어려운 일이지만, 천하를 얻는 것과 마찬가지입니다. 샬롬.

너희가 믿을 때에 성령을 받았느냐

"너희가 믿을 때에 성령을 받았느냐 이르되 아니라 우리는 성령이 계심도 듣지 못하였노라." (행 19:2)

바울 사도가 에베소에 와서 어떤 제자들을 만나 "너희가 믿을 때에 성령을 받았느냐?"라고 묻자, 그들은 "아니라 우리는 성령이 계심도 듣지 못하였노라"고 대답했습니다. 바울이 "그러면 너희가 무슨 세례를 받았느냐?"고 물으니 "요한의 세례니라"고 답했습니다. 그때 바울이 그들에게 안수하자 성령이 그들에게 임하여 그들이 방언도 하고 예언도 하였습니다.(행 19:1-6)

우리는 이 본문에서 에베소에 있던 제자들이 예수님을 믿고 세례는 받았지만, 성령님이 계신다는 것을 전혀 알지 못했음을 볼 수 있습니다. 그들은 하나님도 계시고 예수님도 계신다는 것은 알았지만, 정작 성령님의 존재는 몰랐습니다.

우리는 성부, 성자, 성령 세 분을 '삼위일체(三位一體: Trinity)'라고 말합니다. '삼위일체'라는 용어가 성경에 직접 나오지는 않지만, 초기 교회 교부들이 이 용어를 정립하여 오늘에 이르고 있습니다. 성령님이 계시다는 것을 모른다는 것은 기독교 신앙을 온전히 알지 못하는 것입니다. 기독교 신앙은 성령님의 역사(役事)를 제대로 파악할 때 비로소 완성됩니다. 기독교는 하나님과 예수님만으로 구성되는 것이 결코 아니며, 반드시 성령님이 계셔야만 합니다. 따라서 성령님이 계시는 것을 알지 못하고 세례를 받았다는 것은 세례를 잘못 받은 것입니다.

부활하신 예수님께서 제자들에게 나타나셔서 말씀하셨습니다.

"성령을 받으라 너희가 누구의 죄든지 사하면 사하여질 것이요 누구의 죄든지 그대로 두면 그대로 있으리라 하시니라."(요 20:22-23) 3년 동안 예수님과 동거동락(同居同樂) 했던 제자들이었지만, 이때까지는 성령님을 받지 못하고 예수님을 따라다녔다는 결론이 나옵니다. 그들은 예수님과 3년 동안 같이 생활했으면서도 성령님과는 상관없는 삶을 살았던 셈입니다.

성령님을 받지 못한 베드로가 부활하신 주님을 뵙고도 "나는 물고기 잡으러 가노라"고 말하자, 다른 제자들도 "우리도 함께 가겠다"(요 21:3)며 배를 타고 갈릴리 호수로 돌아가 버렸습니다. 이것이 성령님을 받지 못한 제자들의 무기력한 모습입니다.

요즘 교인들이 세례를 받을 때 성령님이 계시다는 것을 모르는 사람은 없습니다. 그러나 '지식적으로 알고 있다'는 것과 '성령님이 내 마음에 들어와 계신다'는 것은 하늘과 땅만큼 큰 차이가 있습니다. 아는 것이 곧 믿는 것은 아닙니다. 예수님을 믿지 않는 사람들 가운데도 역사적으로 예수님이 계셨다는 사실 자체를 의심하는 사람은 많지 않습니다. 그러나 그들이 예수님의 실존을 안다고 해서, 예수님을 자기의 구주로 고백하지는 않습니다. 그저 세계 4대 성인 가운데 한 분이라고 생각할 뿐이지요.

바울 사도는 고린도전서 12장 3절 하반절에 "성령으로 아니하고는 누구든지 예수를 주시라 할 수 없느니라"고 못 박아 두었습니다. 성령님의 감동이 없으면 천하없어도 예수님을 나의 구주로 진정성 있게 고백할 수 없다는 말씀입니다. 제가 좋아하고 존경하는 일본의 기독교 여류작가 미우라 아야코(三浦綾子) 여사는 그녀의 수필집 『고독에도 손길이』 마지막 페이지에 "나는 복음을 전하지 아니하고는 견딜 수가 없다"라고 고백했습니다.

복음을 전하지 않고는 견딜 수가 없는 이가 진실한 그리스도인이요, 성령님을 받은 사람입니다. 만일 당신의 마음에 복음을 전하고 싶은 열정이 식어 있다면, 혹시 내 안의 성령님을 근심하게 하고 있지는 않은지 돌아보아야 합니다.

성령님을 받으면 권능을 얻게 되고, 권능을 얻으면 전도하게 되어 있습니다.(행 1:8) 여러분은 자신이 전도하는 사람인지 아닌지를 스스로 판단해 보십시오. "너는 말씀을 전파하라 때를 얻든지 못 얻든지 항상 힘쓰라"(딤후 4:2)는 말씀에 비추어, 나는 항상 전도에 힘쓰는 사람인지 가늠해 보면 성령님이 내 안에 충만히 역사하고 계시는지 알 수 있습니다. 성령님이 내 안에 온전히 내주(內住)하시도록, 끊임없이 기도하고 말씀을 묵상하면서 전도에 힘쓰는 신앙생활을 이어갑시다. 샬롬.

성령의 은사가 뒤로 넘어짐?

"너희는 더욱 큰 은사를 사모하라 내가 또한 가장 좋은 길을 너희에게 보이리라." (고전 12:31)

2022년 4월 29일과 30일, 미국 애틀랜타의 스톤 마운틴 파크(Stone Mountain Park) 내에 있는 에버그린 호텔(Evergreen Hotel)에서 가정공동체 주관 성령 집회가 열렸습니다. 이때 초청 강사인 박 모 목사가 안수 기도를 했는데, 최 모(64) 권사가 박 목사가 기도를 마치고 머리를 밀자 뒤로 넘어지면서 머리와 온몸이 바닥에 부딪혀 정신을 잃는 사고가 발생했습니다. 그 후 최 권사는 심한 두통에 시달렸고 혈압이 180(mmHg)을 넘을 정도로 몸 상태가 좋지 않았습니다. 시력이 약화되어 안과에서 검진한 결과 눈의 수정체가 손상을 입어 시술까지 받아야 했습니다. 최 권사는 혈압이 계속 올라 응급실에 실려 가기도 하고, 4개월 이상을 고통받으면서 교회에 이 사실을 알렸지만, 교회 측은 "당신의 보험으로 치료받고 보험으로 보장되지 않는 부분만 돕겠다"는 말을 했습니다.

교회는 교회가 가입한 보험 청구를 해주지 않았고, 그러는 동안 최 권사의 병세는 점점 악화되어 척추 통증과 다리 마비 증세, 혈압 상승 등으로 응급실을 오가야 했습니다. 주치의와 병원 의료진들은 최 권사의 상태가 전형적인 뇌진탕 증세라는 진단을 내렸습니다. 교회의 미온적인 대처로, 최 권사는 어쩔 수 없이 2024년 4월 변호사를 선임해서 치료비와 보상을 요구하는 소송을 교회를 상대로 제기했습니다.

우리는 가끔 한국에서나 미국에서 성령 집회를 하는 모습을 보곤 하는데, 그때 빠지지 않고 등장하는 장면이 있습니다. 목사가 신도들의 이마를 밀면 뒤로 넘어지는데, 그때 뒤에서 건장한 안내 위원 두 사람이 넘어지는 신도의 몸을 받쳐서 머리가 땅에 부딪치지 않게 해주는 장면입니다. 최 권사가 넘어질 때, 뒤에 사람이 없었거나 받쳐주는 사람들이 최 권사의 몸을 제때 받쳐주지 못해서 머리가 땅에 부딪친 것으로 보입니다.

목사가 신도들의 이마를 뒤로 밀고 그대로 뒤로 넘어지는 현상이 과연 성령님의 은사일까요? 성령님은 신자들을 뒤로 넘어지게 하실까요? 신구약 성경 어디를 찾아봐도 성령 받은 사람이 뒤로 넘어진다는 기록은 없습니다. 부상을 당할 수 있고 경우에 따라서는 생명을 잃을 수도 있는 위험한 현상이 성령님의 은사일 수는 없습니다.

바울 사도는 성령님의 은사에 대해 로마서 12:6-8과 고린도전서 12:4-11에 자세히 언급하였습니다. 또한 예수님께서는 "오직 성령이 너희에게 임하시면 너희가 권능을 받고 예루살렘과 온 유다와 사마리아와 땅 끝까지 이르러 내 증인이 되리라"(행 1:8)고 말씀하셨습니다.

따라서 성령을 받은 사람은 주님의 증인, 즉 복음을 전하는 사람입니다. 복음을 전하지 않는 사람은 성령의 능력을 제대로 힘입지 못한 사람입니다. 성령을 받은 사람은 일본의 기독교 작가 미우라 아야코(三浦綾子) 여사가 "나는 복음을 전하지 아니하고는 견딜 수가 없다"라고 고백한 것처럼, 복음을 전하지 않고는 견디지 못하는 사람입니다.

전도하는 사람은 성령님을 받은 사람이고, 전도하지 않는 사람은 성령님과 무관하게 사는 사람일 수 있습니다. 당신은 전도하는 사람입니까? 그렇다면 당신은 성령님의 사람입니다. 혹시 전도하지 않습니까? 미안하지만 당신 안에 계신 성령님은 탄식하고 계실지도 모릅니다. 우리 모두 열심히 기도하여 성령님의 충만한 은총을 받아 열심히 전도하는 사람이 됩시다. 복음 전도는 예수님께서 가장 기뻐하시는 일입니다. 샬롬.

탈종교화되는 사회 속의 교회

"이는 하나님을 알 만한 것이 그들 속에 보임이라 하나님께서 이를
그들에게 보이셨느니라… 그의 영원하신 능력과 신성이 그가 만드신
만물에 분명히 보여 알려졌나니 그러므로 그들이 핑계하지 못할지니라."
(롬 1:19-20)

현재 미국이나 서구 기독교권 국가들에서 여러 가지 이유로 교회를 떠
나는 사람들의 숫자가 연간 약 300만 명에 이르는 것으로 추산됩니다.
따라서 전 세계적으로 가장 빠르게 성장하는 종교 집단은 바로 '무종교
(No Religion)'라고 합니다. 한국도 예외는 아니어서 종교가 없다고 말하
는 사람들이 63%이고, 종교가 있다고 대답한 사람은 37%에 불과했습
니다. 개신교인의 비율은 13%로 10년 전에 비해 7%가 하락했습니다.

미국의 여론조사 기관인 퓨 리서치 센터(Pew Research Center)의 조사
에 의하면, 무종교인 미국인의 56%가 높은 곳에 있는 절대적 존재를
믿는다고 밝혔으며, 67%는 인간에게 영혼이 있다고 생각한다고 대답
했습니다. 또한, 종교가 사람들에게 삶의 의미와 목적성을 줄 수 있다
고 생각한다고 말했습니다. 즉, 무종교인이라 하여 종교를 무조건 증오
하거나 문제로 보지 않고, 종교의 긍정적인 면을 인정하고 있다는 것입
니다.

이처럼 제도권 종교는 외면받고 있지만, 그렇다고 해서 영성(靈性)
의 약화를 의미하는 것은 아닙니다. 오히려 영성을 추구하려는 사회적
트렌드는 더욱 뚜렷해지고 있습니다. 1981년부터 영성 훈련에 대한 의
식 변화를 추적하는 기관의 보고에 의하면, '인생의 의미나 목적에 대
해 자주 생각하는 편인가'라는 질문에 '그렇다'고 답하는 사람들의 비
율이 해마다 계속 늘어나고 있습니다. 결론적으로 인간은 자신의 종교

를 가지고 있든 없든, 영성에 대한 관심 자체가 사라지는 것은 아니라는 뜻입니다.

인류 역사가 시작된 이래, 신을 믿는 사람이나 믿지 않는 사람이나 신 자체를 완전히 부인할 수는 없습니다. 신이 없다고 말하는 사람도 사실은 내면 깊은 곳에서 신을 의식하고 있는 것입니다. 인간은 죽음 앞에서 나약해지고, 죽음 후의 세상에 대해 초연(超然)할 수 없기 때문입니다. 바울 사도는 "이는 하나님을 알 만한 것이 그들 속에 보임이라 하나님께서 이를 그들에게 보이셨느니라… 그의 영원하신 능력과 신성이 그가 만드신 만물에 분명히 보여 알려졌나니 그러므로 그들이 핑계하지 못할지니라"(롬 1:19-20)고 선언하였습니다.

어떤 인간도 하나님의 존재를 핑계치 못합니다. 입으로는 부인해도 그의 본성은 하나님의 존재를 긍정하고 있습니다. 하나님께서 창조하신 만물에 그 신성이 분명히 드러나 있기 때문입니다. 비록 무신론자나 공산주의자라 할지라도 죽음을 두려워하는 것은, 본능적으로 사후에 있을 하나님의 심판을 감지하기 때문입니다.

교회를 떠난 영혼을 다시 돌아오게 하기 위해, 우선 그들이 왜 교회를 떠났는지를 살피고, 교회가 고쳐야 할 부분을 과감히 개혁해야 합니다. 아버지 집을 떠나 방탕한 생활을 하던 탕자가 아버지 품으로 돌아온 것처럼, 저들이 다시 교회로 돌아오게 해야 합니다.

이 일을 이루기 위해서는 성령님의 역사가 필요하고, 성령님의 역사가 일어나기 위해서는 기도하는 길밖에 없습니다. 예수님은 "기도 외에 다른 것으로는 이런 종류가 나갈 수 없느니라"(막 9:29)고 말씀하셨습니다. 교회가 사는 길은 기도가 유일한 해결책입니다. 샬롬.

마태수난곡

"예수께서 신 포도주를 받으신 후에 이르시되 다 이루었다 하시고 머리를
숙이니 영혼이 떠나가시니라." (요 19:30)

사순절 기간에 자주 부르고 듣는 찬송 중에 '마태수난곡(St. Matthew Passion)'이 있습니다. 대림절이나 성탄절에 자주 듣는 헨델의 오라토리오 '메시아(Messiah)'에 대해서는 아는 사람들이 많습니다. 특별히 메시아 중 가장 널리 알려진 '할렐루야' 합창은 전 세계 어느 교회나 성당에서도 성탄절에 빼놓지 않고 부르는 찬송입니다.

헨델의 메시아가 널리 알려진 데 반해, 사순절과 고난주간, 그리고 성금요일(Good Friday)에 많이 부르는 바흐의 '마태수난곡'은 제목은 들어봤어도 이 곡에 대해 깊이 아는 사람은 많지 않습니다. 저도 마태수난곡에 대해 아는 것이 별로 없었는데, 한 음악 평론가가 쓴 글을 읽고 이 곡에 대한 이해를 넓힐 수 있었습니다. 관심 있는 분들을 위해, 그 음악 평론가의 해설을 옮겨 보겠습니다.

"독일 라이프치히의 성 토마스 교회(St. Thomas Church)에 봉직하고 있던 J.S. 바흐는 1727년, 역사에 길이 남을 마태수난곡을 작곡했다. 그 시절 독일 교회에서는 매년 성금요일이 되면 그리스도의 수난을 소재로 한 수난곡을 연주했다. 고난주간이 되면 다른 음악 활동이 금지되기 때문에, 당시 사람들에게는 수난곡을 듣는 것이 유일한 음악 행사였으며, 따라서 이 곡에 쏠리는 사람들의 기대도 대단했다.

'마태수난곡'은 예수의 수난을 다룬 마태복음의 내용을 바탕으로 만들어진 장대한 음악 서사시이다. 예수를 체포하기 위해 음모를 꾸미

는 것에서부터 최후의 만찬, 예수의 예언, 겟세마네 동산에서의 기도, 예수의 체포, 대제사장 앞에서의 굴욕, 베드로의 부인, 유다의 죽음, 빌라도의 심판, 사형선고, 십자가에 못 박힌 예수, 숨을 거두는 예수, 무덤에 묻히는 예수까지의 이야기가 담겨 있다.

바흐는 3년 동안의 작업을 거쳐 이 인류 최대의 드라마를 기악 반주를 동원한 합창과 독창, 중창으로 펼쳐 보였다. 전곡의 연주 시간만 해도 3시간에 달하는 대작이다. 마태수난곡은 흔히 종교 음악의 하나로 분류된다. 하지만 예수의 고난과 죽음을 다룬 이 서사시에서 나는 신의 목소리보다는 인간의 목소리를 듣는다. 죽음을 눈앞에 둔 예수의 인간적인 고뇌, 예수를 팔아넘긴 유다와 예수를 세 번씩이나 부인한 베드로, 그리고 이 사건에 대해 각자의 이해관계에 따라 다른 입장과 태도를 보이는 인간 군상들.

신과 인간, 성(聖)과 속(俗), 영혼과 육체, 믿음과 배신, 이 모든 인간적인 것을 담고 있는 한 편의 거대한 휴먼 드라마이다. 마태수난곡을 들을 때마다 바흐가 얼마나 위대한 작곡가인지를 절감하곤 한다. 그래서 자칫 사장(死藏: 사물이나 기술 따위를 쓰지 않고 묵혀 둠)될 뻔한 이 작품을 발굴해 세상에 널리 알린 멘델스존(Felix Mendelssohn)이 그렇게 고마울 수가 없다."

우리는 이 평론가의 글을 통해 마태수난곡에 대해 대강의 지식을 얻을 수 있습니다. 사순절 기간과 고난주간, 특히 성금요일에 성가대가 부르는 마태수난곡을 들을 때, 이와 같은 사전 정보를 이해하고 들으면 훨씬 더 감명 깊게 들을 수 있을 것입니다. 하나님의 놀랍고 크신 사랑과 주 예수 그리스도께서 나의 죄를 대신 지시고 십자가에서 고난당하시는 사실을 이 음악을 통해 더 깊이 깨닫게 되고, 다시 한번 그 사랑에 감격하게 됩니다.

마태수난곡을 들을 때마다, 약 300년 전에 이 곡을 작곡한 바흐의 깊은 신앙과 예수님에 대한 감사를 음악으로 표현한 작곡가에게 고마움을 표해야 하겠습니다. 우리도 사순절의 마지막 시간, 성금요일을 하루 앞둔 오늘, 주님의 고난을 더욱 깊이 묵상하면서 하나님의 놀라우신 사랑과 예수 그리스도의 위대한 수난을 다시 한번 우리 마음속에 되새기며 진정한 참회의 시간을 가져야 하겠습니다. 샬롬.

잃어버린 예수

"예수께서 이르시되 어찌하여 나를 찾으셨나이까 내가 내 아버지 집에
있어야 될 줄을 알지 못하셨나이까" (눅 2:49)

소년 예수가 12살이 되었을 때, 유대교의 전통에 따라 성인식을 치르기 위해 육신의 아버지 요셉과 어머니 마리아는 예수를 데리고 예루살렘으로 올라갔습니다. 절기를 마치고 돌아갈 날이 되어 요셉과 마리아는 예루살렘을 출발하면서 결정적인 실수를 범했습니다.

요셉과 마리아는 며칠 묵었던 예루살렘에서의 생활을 정리하고 고향으로 돌아가는 길에 이것저것을 챙기면서도, 정작 가장 중요한 예수는 챙기지 않고 하룻길을 갔습니다. 저녁 식사할 때가 되어서야 예수를 찾았지만, 예수는 일행 중에 없었습니다. 친척들과 이웃들에게 예수를 수소문했지만 찾을 수 없었습니다.

요셉과 마리아는 비로소 예수가 일행 중에 없다는 사실을 깨닫고, 그 길로 바로 예루살렘으로 되돌아갔습니다. 그리고 3일 동안 예루살렘 구석구석을 찾아 헤매었지만, 소년 예수를 찾을 길이 없었습니다. 아이를 잃어본 일이 있는 사람들은 잃어버린 아이를 찾는 것이 얼마나 고통스러운 일인지 잘 알 것입니다.

드디어 3일 만에 성전에서 예수를 발견한 마리아는 반갑기도 하고 화도 나서, 예수에게 "어찌하여 우리에게 이렇게 하였느냐? 보라, 네 아버지와 내가 근심하여 너를 찾았다"라며 나무랐습니다. 그때 예수님께서는 "어찌하여 나를 찾으셨나이까 내가 내 아버지 집에 있어야 될 줄을 알지 못하셨나이까?"(눅 2:49)라고 반문하셨습니다.

요셉과 마리아가 소년 예수를 잃어버렸다가 찾는 과정에서 몇 가

지 유념해야 할 대목이 있습니다. 첫째, 그들이 고향으로 돌아가면서 여러 짐을 챙기면서도 가장 먼저 챙겨야 할 예수를 챙기지 않았다는 점입니다. 요셉과 마리아에게 가장 중요한 것은 무엇이었을까요? 아마도 먼저 출발한 마리아는 예수가 이제 성인이 되었으니 아버지 요셉과 함께 올 것이라고 여겼던 것 같고, 요셉은 예수가 비록 성인식은 했지만 아직은 어머니와 함께 갔을 것으로 여겼던 것 같습니다. 서로 미루고 믿다가 정작 예수를 챙기지 못했던 것이지요.

요셉과 마리아는 잃어버린 예수를 찾는 과정에서 하룻길을 다시 예루살렘으로 올라가느라 하루를 소비했고, 3일 동안 예수를 찾았으며, 찾은 후에 또다시 하룻길을 내려갔으니 시간적으로 꼬박 닷새를 낭비한 셈입니다. 시간뿐만 아니라 그동안 먹고 자야 했기 때문에 비용도 적지 않게 들었을 것입니다. 그러므로 예수를 잃어버리면 우리는 영적으로뿐만 아니라 육적으로도 시간과 경제적 손해를 본다는 사실을 유념해야 합니다. 예수를 찾아 헤매는 동안 그들은 불안과 초조로 밤잠도 제대로 자지 못했을 것입니다. 예수를 잃어버리면 이렇게 많은 고통의 시간을 보내야 한다는 것을 기억해야 합니다.

드디어 3일 만에 성전에서 예수를 찾은 후, 예수의 손을 잡고 나사렛으로 내려가는 길은 기쁨과 감사의 여정이었습니다. 우리의 삶 속에서도 예수님을 잃어버리면 불안과 초조 속에서 고통당하지만, 다시 찾은 후에 주님의 손을 잡고 가는 길은 기쁨과 감격의 길이 됩니다.

예수님, 곧 진리는 성전에 있습니다. 요셉과 마리아가 예루살렘에 올라온 즉시 성전으로 갔었다면 3일 동안이나 예수를 찾는 고통을 당하지 않았을 것입니다. 많은 사람이 진리를 찾아 헛된 곳에서 헤매고 있습니다. 진리는 성전에, 즉 하나님의 전에 있습니다. 영적으로 방황하는 자들을 진리가 있는 성전으로 인도해야 합니다. "주와 같이 길 가는 것 즐거운 일 아닌가… 날마다 우리 걸어가리." 샬롬.

잃어버린 예수, 다시 찾은 예수

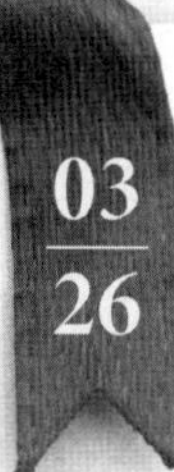

"예수께서 이르시되 어찌하여 나를 찾으셨나이까 내가 내 아버지 집에 있어야 될 줄을 알지 못하셨나이까 하시니" (눅 2:49)

전에 제가 장신대에서 봉직하고 있을 때의 일입니다. 추운 겨울 어느 주일 이른 아침, 설교하러 가기 위해 광나루역에서 전철을 탔습니다. 한 40대 중반의 초라한 아주머니가 몸 앞뒤로 샌드위치 판(광고판)을 걸치고 전철 안을 천천히 걸어가고 있었습니다. 광고판에는 집 나간 아들은 21세의 남자로 정신적으로 약간 문제가 있는데, 보신 분은 적혀 있는 전화번호로 연락해 달라는 내용이 담겨 있었습니다. 저는 이 모습을 보고 마음이 무척 아파, 아들을 꼭 찾게 해 달라고 간절히 기도드렸습니다. 자녀를 잃은 부모는 평생을 슬픔 속에서 살아갑니다.

소년 예수가 12살이 되었을 때, 요셉과 마리아는 유대교 전승에 따라 유월절을 지키기 위해 예루살렘에 올라갔습니다. 일주일간의 유월절 행사를 마치고 집으로 돌아가면서, 요셉도 마리아도 여행에 필요한 모든 행장(行裝: 여행할 때 쓰는 채비)은 다 챙기면서도, 정작 챙겨야 할 예수는 챙기지 않았습니다. 그들은 하룻길을 간 후에야 예수가 일행 중에 없다는 사실을 알게 되었습니다.

요셉과 마리아는 그 길로 바로 예루살렘으로 되돌아가서 3일 동안 이리저리 찾아 헤맸으나 찾지 못하다가, 사흘 만에야 성전에서 예수를 만났습니다. 마리아는 반갑기도 하고 화도 나서, "아이야 어찌하여 우리에게 이렇게 하였느냐 보라 네 아버지와 내가 근심하여 너를 찾았노라"(눅 2:48)고 말했습니다. 그러자 예수는 "어찌하여 나를 찾으셨나이까 내가 내 아버지 집에 있어야 될 줄을 알지 못하셨나이까?"(눅 2:49)라고 반문하셨습니다.

우리는 이 '예수 실종 사건'에서 몇 가지를 살펴볼 수 있습니다. 먼저 요셉과 마리아가 예루살렘을 떠나면서 여러 짐은 챙기면서도, 정작 가장 중요한 어린 아들 예수를 챙기지 않았다는 점입니다. 그들은 예수가 당연히 일행 중에 있을 것으로 여기고 안심하고 길을 떠난 것 같습니다. 우리가 세상을 살면서 정작 중요한 것은 챙기지 않고, 다른 것들만 챙기는 경우가 적지 않습니다. 저는 해외여행을 가려고 집을 나설 때, 늘 마지막으로 점검하는 것이 '여권과 항공권'입니다. 둘 중 하나만 없어도 출국을 하지 못하기 때문입니다.

우리 그리스도인들이 세상을 살아가면서 챙겨야 할 것이 많지만, 가장 중요하게 챙겨야 할 항목은 '주님께서 내 곁에 계시는가'입니다. 소년 예수는 자기를 찾기 위해 3일을 헤맨 부모에게 왜 나를 (엉뚱한 곳에서) 찾았느냐고 반문했습니다. 예수를 찾으려면 성전으로 바로 갔으면 즉시 찾을 수 있었을 텐데 말입니다. 누구나 진리(요 8:32)를 찾기 원한다면 성전, 곧 주님의 몸 된 교회로 가야 합니다.

진리는 성전(말씀이 선포되는 곳)에 있습니다. 예수님께서는 공생애 동안 줄곧 성전에서 성경을 읽고 해설하며 가르치셨습니다. 진리는 오직 주님이 계신 곳에 가야만 찾을 수 있고, 만날 수 있습니다. 요셉과 마리아는 3일 동안 초조와 근심 속에서 소년 예수를 찾아 헤맸습니다. 그들은 제대로 먹지도 못했고, 잠도 자지 못했습니다. 3일간 식사비와 숙박비 등 비용은 또 얼마나 많이 썼겠습니까? 예수를 잃으면 마음의 고통뿐만 아니라 육체적, 금전적으로도 손해를 보게 되어 있습니다.

진리이신 예수님을 찾아 함께 고향으로 돌아가는 요셉과 마리아의 발걸음이 얼마나 가벼웠겠습니까? 주님과 더불어 동행하는 삶은 이루 말할 수 없이 기쁘고 감사한 일입니다. "주님 한 분만으로 만족하옵

니다"라는 찬송을 부르면서 험한 세상에서 주님과 동행하며 늘 승리하
는 삶을 살아갑시다. 샬롬.

고난의 선물

"내가 가는 길을 그가 아시나니 그가 나를 단련하신 후에는 내가 순금같이
되어 나오리라." (욥 23:10)

이런 얘기를 한두 번쯤은 들어 보셨을 겁니다. 영국 사람들은 싱싱한
청어를 무척 좋아하지만, 북해(北海)에서 영국까지 수송하는 과정에서
청어가 거의 다 죽어 버리기 때문에 싱싱한 청어는 영국에서 무척 비
싸게 팔렸습니다. 어부들은 살아 있는 청어를 영국까지 운반하려고 갖
은 노력을 다해보았지만, 모두 실패로 끝났습니다.

그런데 어떤 어부가 청어를 거의 죽이지 않고 영국까지 수송하는
데 성공했습니다. 나중에 밝혀진 비밀은 청어들이 들어 있는 수조(水槽)
에 천적인 메기 한 마리를 함께 넣은 것이었습니다. 메기가 청어 몇 마
리를 잡아먹는 동안, 나머지 청어들은 메기에게 잡혀 먹히지 않으려고
계속 헤엄치며 도망을 다니다 보니 결국 끝까지 살아남을 수 있었던
것입니다.

미국 애리조나 주에서는 우주에서 생명체가 어떻게 생존할 수 있
을지를 연구하기 위해 '바이오스피어 2(Biosphere 2)'라는 거대 인공 생태
계를 만들었습니다. 대형 유리 돔 안에는 정화된 공기, 물, 토양, 여과된
빛으로 완벽한 생육 조건을 갖추었습니다. 그런데 나무들이 처음에는
잘 자라다가 얼마 지나지 않아 시들시들 말라 죽어갔습니다. 과학자들
은 그 원인을 찾았는데, 그것은 바로 '바람'이 없었기 때문이었습니다.
나무는 바람에 흔들리면서 뿌리를 깊게 내리고 줄기가 강해지는데, 바
람이 전혀 없는 완벽하고 편안한 환경에서는 나무 자체가 약해지면서

서서히 죽어간 것입니다.

지금은 백신 덕분에 거의 사라졌지만, 옛날에는 소아마비(Polio)라는 무서운 병이 있었습니다. 소아마비에 걸리면 신체에 마비가 와서 일생 장애를 안고 살아가야 하는 사람들이 많았습니다. 그런데 역설적이게도 시골에서 흙장난하며 자연스럽게 자란 아이들은 소아마비에 걸릴 확률이 낮은 반면, 오히려 가장 깨끗하고 청결하며 위생 관리가 철저한 환경에서 자란 부유층이나 의사의 자녀들 가운데 소아마비에 걸린 아이들이 적지 않다는 사실이 발견되었습니다. 그것은 어려서부터 아이들을 지나치게 무균 상태로만 길러서, 바이러스에 대한 자연 면역력이 약해졌기 때문이라는 분석이 있었습니다. 적당한 노출과 시련이 있어야 면역력이 생기듯, 사람은 적당한 고난과 고통 속에 살아야 더욱 강인해지고 세상을 이길 수 있는 힘을 얻게 된다는 교훈입니다.

우리는 구약에 나오는 욥의 이야기를 잘 알고 있습니다. 욥은 "온전하고 정직하여 하나님을 경외하며 악에서 떠난 자"(욥 1:1)였습니다. 욥은 큰 잘못이 없었지만, 하나님의 허락을 받은 사탄이 욥을 고난의 구렁텅이로 몰아넣었습니다. 하루아침에 모든 재산을 잃었고, 아들 일곱과 딸 셋, 10남매를 잃는 비극을 겪었습니다. 나중에는 건강까지 잃고 절망의 바닥으로 떨어졌습니다.

그러나 그는 고난 속에서도 "내가 가는 길을 그가 아시나니 그가 나를 단련하신 후에는 내가 순금같이 되어 나오리라"(욥 23:10)고 선언하였습니다. 욥은 소망의 사람이었습니다. 절망 속에서도 끝까지 여호와 하나님에 대한 믿음을 잃지 않고, 초지일관(初志一貫) 믿음을 지켰습니다.

우리가 세상을 살아가는 동안 건강 문제, 부부간의 갈등, 자녀 문제, 사업의 실패, 교회 안의 갈등 등 헤아릴 수 없는 문제에 부딪히지만, 이 모든 것은 인생을 살아가는 동안 겪어야 하는 시련과 단련의 과정입니다. 신앙이 좋은 사람이라고 해서 늘 순풍에 돛 단 듯 잔잔한 바다만 항해하는 것은 아닙니다. 고난을 극복한 사람은 후에 순금같이 되어 나올 것입니다. 우리의 소망은 주 예수 그리스도이십니다. 할렐루야! 샬롬.

증거

"거짓말하는 모든 자들은 불과 유황으로 타는 못에 던져지리니 이것이
둘째 사망이라." (계 21:8)

2020년 5월 25일에 무슨 일이 일어났는지 기억하는 사람은 거의 없을
것입니다. 벌써 3년이 지났기 때문입니다. 이날은 미국 미네소타주에
서 경찰이 흑인 조지 플로이드의 목을 눌러 질식사시킨 사건이 일어난
날입니다.

그런데 바로 그날 뉴욕 시내 센트럴 파크에서 또 다른 사건이 하
나 일어났습니다. 그 사건은 그날 이른 아침 흑인 남성 크리스천 쿠퍼
(Christian Cooper)가 자전거를 타고 새들을 관찰하기 좋은 램블(The Ramble,
공원 내 산림지대)에서 아메리칸 솔새를 보기 위해 그리로 달려갈 때 일어
났습니다(이름이 크리스천이네요). 그때 크리스천 쿠퍼는 한 여인이 소리를
지르는 것을 들었습니다. 그 소리는 에이미 쿠퍼(Amy Cooper, 두 사람 성이
우연히 일치하네요)가 자기가 풀어 놓은 개를 부르는 소리였습니다.

미국에서는 개를 데리고 밖으로 나올 때는 반드시 개 줄을 매고
줄을 단단히 잡고 걸어야 합니다. 특히 이 램블 지역은 희귀 새들이 살
고 있어서 '반드시 개 줄을 매고 다니라'는 특별 게시판도 붙어 있는 지
역입니다. 크리스천은 약 20피트(약 7m) 거리에서 에이미에게 개 줄을
매어 달라고 요청했지만, 에이미는 개를 운동시켜야 한다며 거절했습
니다. 뿐만 아니라 엉뚱하게도 911을 불러 어떤 흑인 남성이 나의 목숨
을 위협하고 있다며 빨리 경찰을 보내 달라고 흥분해서 소리를 지르기
시작했습니다. 이때 크리스천은 침착하게 아이폰을 꺼내 그 여자를 촬

영하기 시작했습니다.

모든 과정이 크리스천의 휴대전화에 담겼습니다. 이 과정을 촬영한 70초짜리 영상은 페이스북과 트위터를 통해 수천만 명이 보았고 또 온 세계로 퍼져 나갔습니다. 크리스천은 에이미에게 단순히 개 목줄을 매어 달라고 부탁을 한 것뿐인데, 에이미는 한 흑인 남자가 자기를 공격한다고 몇 번이나 강조하며 자기 생명을 위협한다고 소리치면서 911에 도움을 요청한 사실이 고스란히 영상에 담겨 있었습니다.

에이미는 크리스천이 흑인이라는 사실을 강조하면서 흑인 남자가 백인 여자를 공격한다는 것으로 거짓말을 한 것입니다. 모든 사실이 영상을 통해 만천하에 드러나자 에이미가 다니던 프랭클린 자산운용사는 에이미를 해고하면서 "우리는 어떤 인종 차별도 허용하지 않는다"고 말했습니다. 이 사건이 일어난 지 40일이 지난 후 뉴욕 맨해튼 지방검찰청은 위급 상황이 아닌데도 경찰을 부른 허위 신고 죄로 에이미를 기소하였습니다. 이는 징역 1년까지 선고받을 수 있는 3급 경범죄입니다.

반면 크리스천은 조류계에서 유명하게 되었고 마침내 세계적인 다큐멘터리 채널 〈내셔널 지오그래픽〉으로부터 새 프로그램의 호스트가 되어 달라는 요청을 받았습니다. 반면 에이미의 개는 동물 학대 논란으로 유기견 센터에서 데리고 갔습니다. 크리스천이 휴대전화 카메라로 영상을 찍어 놓지 않았다면 십중팔구 크리스천은 이른 새벽 아무도 없는 공원에서 백인 여성을 겁탈하려 했다는 혐의로 체포됐을 것입니다.

크리스천이 덤터기를 쓸 뻔한 사건이 완전히 반전된 것은 움직일 수 없는 증거가 있었기 때문입니다. 재판정에서 증인이 증언하지만 증언은 믿을 수 없는데, 그 이유는 인간은 거짓말을 하기 때문입니다. 멀쩡한 사람이 거짓말을 천연덕스럽게 하는 경우가 얼마나 많습니까?

그러나 증거는 거짓말을 하지 않습니다. 특히 요즘은 DNA 검사로 범인을 잡아내기 때문에 결코 빠져나갈 구멍이 없습니다. 특히 집안은 물론 거리거리마다 CCTV가 설치되어 있어 며칠, 몇 시 몇 분, 몇 초에 어디서 무슨 일을 했는지 시시각각으로 촬영되기 때문에 빠져나갈 구멍이 없지요.

하나님께서는 우리가 태어나는 순간부터 죽은 순간까지 우리 일생을 영상으로 찍어 놓으신다고 생각합니다. 사람이나 판사는 속여도 하나님의 법정에서는 거짓말을 할 수 없습니다. 촬영해 놓은 영상이 있기 때문이지요. 정직하게 살아야 할 이유가 여기 있습니다. 정직과 성실, 이것이 우리 그리스도인이 살아갈 올바른 길입니다. 하나님 앞에 설 때 부끄럼 없이 서기 위해 진실 되고 정직하게 살아갑시다. "거짓말 하는 모든 자들은 불과 유황으로 타는 못에 던져지리니 이것이 둘째 사망이라"(계 21:8). 샬롬.

오른손이 하는 것을 왼손이 모르게 하라

"너는 구제할 때에 오른손이 하는 것을 왼손이 모르게 하여 네 구제함을
은밀하게 하라" (마 6:3-4)

2024년 2월 26일, 미국 뉴욕시 브롱크스(Bronx)에 위치한 알버트 아인
슈타인 의과대학(Albert Einstein College of Medicine)의 모든 재학생이 강당에
모였습니다. 학생들이 모두 모인 자리에서, 93세의 연로한 이사장이
단상에 올라 미리 준비한 원고의 문장 한 줄을 읽자, 학생들은 믿을 수
없다는 듯 자리에서 벌떡 일어나 박수와 환호를 보냈고, 서로 부둥켜안
고 눈물을 흘리기도 했습니다.

그녀가 읽은 내용은 이러했습니다. "금년(2024년) 8월부터 알버트
아인슈타인 의과대학의 수업료는 무료입니다. 이 소식을 여러분에게
알리게 되어 매우 기쁘게 생각합니다." 이 말을 한 주인공은 알버트 아
인슈타인 의대의 전직 교수이자 이사회 의장인 루스 고테스만(Ruth L.
Gottesman) 여사였습니다.

고테스만 여사는 본인이 50년 넘게 봉직했던 의과대학에 학생들
수업료로 10억 달러(한화 약 1조 3천억 원)를 기부하겠다고 선언했습니다.
이 의과대학 수업료는 연간 약 6만 달러에 달하고, 책값과 기숙사비를
모두 합하면 대략 10만 달러(약 1억 3천만 원)에 이릅니다. 학교 측은 곧바
로 모든 재학생의 학비를 영구히 면제한다고 선언했습니다. 사실상 무
상 교육이 된 것인데, 이 거금을 희사(喜捨)한 고테스만 여사는 세계적
인 투자가 워런 버핏(Warren Buffett)의 파트너였던 故 데이비드 고테스만
(David Gottesman)의 부인입니다. 고테스만 여사는 "남편이 지난 2022년

세상을 떠날 때 나에게 재산을 남겨 준 것에 대해 감사한다. 가치 있는 대의(大義)를 위해 이렇게 선물을 할 수 있는 특권을 얻게 돼 나 자신이 큰 복을 받은 것 같다"고 말했습니다.

남편 고테스만은 세상을 떠나기 전 아내에게 "어디든 당신이 옳다고 생각하는 곳에 이 돈을 쓰시오"라는 유언을 남겼고, 자녀들도 어머니의 결정에 적극적으로 지지를 보냈다고 합니다. 고테스만 부부는 지난 2008년에도 이 대학에 2,500만 달러를 기부해서, 그 기금으로 줄기세포 및 재생 연구소가 설립되기도 했습니다.

고테스만 여사는 이 거금을 기부하면서 단 하나의 조건을 달았는데, 그것은 "자신의 이름이 의과대학에 남겨지는 것을 원치 않는다"는 것이었습니다. 대학 측은 기부자의 이름을 넣는 것이 다른 사람들에게도 기부를 장려하는 효과가 있다고 설득했지만, 고테스만 여사는 이를 단호히 거절했습니다. "이미 어느 누구도 이길 수 없는 '아인슈타인'이라는 위대한 이름을 가졌는데 더 이상 뭐가 더 필요하겠습니까?"

사실 10억 달러는 미국 역사상 단일 의과대학이 받은 최대의 기부금입니다. 특히 이 기부금은 아이비리그 같은 유명 부자 대학이 아니라, 뉴욕 5개 자치구 중에서 가장 빈곤한 지역인 브롱크스에 위치한 의과대학에 제공되었다는 점에서 그 의미가 더욱 큽니다. 이 대학 1학년 학생 183명 중 절반이 여성이고, 18%는 소외계층 출신입니다. 이 소식이 전해지자 대학 웹사이트에는 "세상에 이런 일도 있느냐?", "이런 은혜를 받은 학생들이 나중에 얼마나 훌륭한 의사가 될지는 보지 않아도 알겠다" 등의 찬사가 계속 이어지고 있습니다.

미국과 같이 기독교 문화가 2,000년 동안 뿌리 깊게 내린 사회에서는 기부(Donation)하는 것이 일상입니다. 세계적인 부자들도 재산을 자손들에게 물려주기보다 사회에 환원하는 문화가 자리 잡고 있습니다. 반면 동양 문화권은 유교의 영향으로 효(孝)와 혈연을 중시하는 가족 문화가 강해, 유산을 자손들에게 물려줄 뿐 사회에 환원하는 일은 상대적으로 드뭅니다.

예수님께서는 "오른손이 하는 것을 왼손이 모르게 하라"(마 6:3)고 말씀하셨는데, 고테스만 여사가 자기 이름을 거론치 말라고 당부한 것은 바로 이 말씀의 실천입니다. 이 큰일이 대학 내에서만 조용히 알려지기를 바랐던 그 마음이야말로 예수님의 말씀을 실천한 산 증거입니다. 우리나라에서도 이런 조용한 기부자들이 많이 나오도록 열심히 전도하고, 복음을 전파합시다. 혈연 중심의 문화에서 나눔과 섬김의 기독교 문화로 성숙해가는 사회를 만들기 위해서. 샬롬.

땅굴과 무저갱

"또 내가 보매 천사가 무저갱의 열쇠와 큰 쇠사슬을 그의 손에 가지고
하늘로부터 내려와서 용을 잡으니 곧 옛 뱀이요 마귀요 사탄이라 잡아서
천 년 동안 결박하여 무저갱에 던져 넣어 잠그고 그 위에 인봉하여"
(계 20:1-3)

2023년 10월, 하마스가 이스라엘을 기습 공격한 데서부터 시작한 이스라엘과 하마스의 전쟁이 해를 넘겨 장기화하고 있습니다. 사실 하마스는 정식 국가도 아닌 이슬람 무장 단체로, 병력과 경제 등 모든 면에서 이스라엘의 상대가 되지 않습니다. 더욱이 이스라엘 뒤에는 세계 최강의 군사력과 경제력을 가진 미국이 아낌없이 지원하고 있기 때문에, 객관적인 전력상 이 전쟁은 다윗과 골리앗의 싸움(혹은 대학생과 유치원생의 싸움)처럼 비교가 되지 않습니다.

그럼에도 이스라엘이 하마스를 완전 정복하기까지는 오랜 시간과 적지 않은 희생이 따를 것입니다. 그 이유는 하마스가 총연장 500km에 달하는 땅굴을 파고 그 속에 전쟁에 필요한 물, 식량, 무기, 심지어 지휘 통제실까지 갖춰 놓고 장기전을 기획하고 있기 때문입니다. 땅굴 입구와 출구가 헤아릴 수 없이 많아 이 모든 것을 찾아 없애는 것은 결코 쉬운 일이 아닙니다. 더욱이 땅굴의 출입구를 병원이나 학교 등 공공시설에 두어서, 전쟁이 나도 민간 시설은 폭격하지 않는다는 국제법을 악용하여 그곳을 방패막이로 삼는다는 점입니다.

그러나 아무리 정밀하게 땅굴을 구축하고 입구와 출구를 감춘다 해도, 이스라엘의 첨단 정보 자산과 탐지 장비들 앞에서는 결국 땅굴 작전도 실패로 돌아갈 것입니다. 땅굴의 치명적 약점은 출구와 입구만 봉쇄하면, 혹은 한쪽을 봉쇄하고 그곳에 무차별 공격을 가하면 그 속에

있는 사람들은 고립될 수밖에 없고, 비축해 놓은 모든 물자도 무용지물(無用之物)이 될 수밖에 없다는 사실입니다.

전쟁에 땅굴을 이용하는 것은 고대로부터 내려온 전술입니다. 당나라 태종이 고구려의 안시성(安市城)을 침략하기 위해 성 앞에 거대한 토산(土山)을 쌓았습니다(주후 645년). 그런데 완공을 눈앞에 둔 시점에 토산이 갑자기 무너져 버렸습니다. 고구려군이 토산 밑으로 굴을 판 뒤 지지대를 허물어뜨려 붕괴시킨 것입니다.

제2차 세계대전 때 독일군도 지하에 숨은 레지스탕스를 소탕하려고 굴속에 대량의 물을 퍼부은 일이 있습니다. 태평양 전쟁 때도 오키나와에 상륙한 미군은 땅굴 속에 매복한 일본군을 제거하는 데 많은 희생을 감수해야 했습니다. 미군은 베트남전 때도 땅굴 속에 숨어 있는 베트콩들을 잡기 위해 초대형 폭탄을 대량 투하했으나, 밀림 속 깊숙이 뻗은 땅굴을 모두 파괴할 수는 없었습니다.

하지만 요즘은 과학의 발전으로 초소형 정찰 드론과 로봇이 땅굴에 먼저 진입해서 내부 구조와 부비트랩, 매복병의 위치를 파악하면, 자폭 드론이나 특수부대가 진입하여 이것들을 정밀 타격합니다. 결국 현대전에서 땅굴은 더 이상 안전한 도피처가 아닙니다.

본래 인간은 빛이 있는 땅 위에서 살게 되어 있고, 어둡고 습한 땅굴은 두더지나 뱀, 쥐 같은 동물들이 사는 곳입니다. 인간은 땅 위에 건물을 올리고, 그곳에서 삶을 영위하며 문명을 이루어 갑니다.

하나님께서 창조하신 섭리대로 인간은 땅 위에서 생육하고 번성하며, 땅을 정복하면서 살아가야 합니다. 땅굴 속과 같은 무저갱(無底坑: Bottomless pit) 속에 사탄 마귀를 몰아넣고, 더 이상 세상에 나오지 못하게 해야 합니다. 성경은 마지막 때에 마귀가 무저갱 속에서 영원히 결박당할 것을 예언하였습니다(계 9:2, 17:8, 20:1-3).

성도들은 빛이 있는 땅 위에서 살다가, 마침내 영원한 빛의 나라 천국에 들어가 살 것입니다. "만유 주 하나님 우리를 도우니 피난처요… 괴롬이 심하고 환난이 극하나 피난처 되시는 주 하나님."(찬송가 70장) 샬롬.

조선의 부활

"예수께서 이르시되 나는 부활이요 생명이니 나를 믿는 자는 죽어도
살겠고 무릇 살아서 나를 믿는 자는 영원히 죽지 아니하리니 이것을 네가
믿느냐?" (요 11:25-26)

1885년 4월 5일은 부활주일었습니다. 물론 그때 조선에는 서양식 달
력(양력)이 통용되지 않았고, 더욱이 '부활'이나 '주일'이라는 개념조차
없던 시절이었습니다. 바로 그날, 1885년 4월 5일, 일본에서 부산을 거
쳐 제물포항에 도착한 배에는 두 명의 미국 선교사가 타고 있었습니
다. 한 사람은 미국 북장로교회가 파송한 호레이스 언더우드(Horace G.
Underwood) 목사였고, 다른 한 사람은 미국 북감리교회가 파송한 헨리
아펜젤러(Henry G. Appenzeller) 목사였습니다. 아펜젤러 선교사는 이날 제
물포에 첫발을 디딘 후, 도착 소감을 일기에 이렇게 적었습니다.

"우리는 부활주일에 여기 왔습니다. 이날 죽음의 철장을 부수신
주님께서 이 백성을 얽매고 있는 줄을 끊으시고, 이들을 하나님의 자녀
들이 누리는 빛과 자유의 세계로 이끌어 주시기를 기원하나이다." (아펜
젤러 일기, 1885년 4월 5일)

따라서 한국교회는 부활주일에 시작되었습니다. 기독교회는 죽
음의 권세를 이기시고 부활하신 예수님을 통해 부활의 새 생명을 얻는
것에서 출발합니다. 부활은 인류의 영원한 소망이고, 모든 믿는 자들에
게 주시는 최상의 은총입니다. 복음의 전령(傳令)들이 부활주일 아침 제
물포에 도착한 것은, 오랫동안 어둠과 절망적인 상황에 놓여 있던 조선
백성을 구원하시기 위한 하나님의 섭리였습니다. 당시 조선은 구한말
의 혼란 속에 국운은 기울어가고 있었고, 탐관오리(貪官汚吏: 탐욕이 많고 행

실이 깨끗하지 못한 관리)들은 백성들의 고혈을 빨아 치부(致富)하는 데 여념이 없었습니다. 백성들은 흉년과 질병, 외세 침략의 고통 속에서 죽음과 같은 삶을 이어가고 있었습니다.

이때 선교사들이 들어와서 맨 먼저 시작한 사역은 교육이었습니다. 언더우드가 길가에 버려진 고아들을 데려다 기르면서 시작한 학교가 경신학교였고, 감리교의 메리 스크랜튼(Mary F. Scranton) 여사는 근대교육의 혜택을 전혀 받지 못하던 여인들을 위해 이화학당을 세웠습니다. 아펜젤러는 양반 자제들만 한자 교육을 받던 관습을 타파하고, 누구든지 배우기를 원하는 사람은 다 와서 배울 수 있는 배재학당을 시작했습니다. 현대식 학교가 세워지면서 서양 문물과 세계사, 지리, 수학, 물리, 화학 등을 가르치기 시작했습니다. 한국인들이 무지로부터 깨어나 부활한 것입니다.

수천 년 동안 동양의학에 의지하여 침과 뜸, 그리고 탕약만을 달여 마시던 조선 백성들이 제중원(濟衆院, 후일 세브란스병원)에서 현대식 서양 약과 치료법으로 병을 고치고 수술을 받게 되었습니다. 이어 전주에 예수병원, 광주에 제중병원, 대구에 동산병원, 평양에 기홀병원, 해주에 구세요양원(결핵병원) 등 여러 곳에 병원이 세워졌습니다. 질병의 공포에 시달리던 조선 백성들이 서양 의학을 통해 치유받고 새 생명을 얻게 된 것입니다. 그 외에도 철저하게 여성을 차별하던 문화에서 남녀평등을 이루어냈고, 신분제를 철폐하며 인간은 누구나 평등하다는 사상을 심어주었습니다.

부활 주일에 조선에 첫발을 디딘 선교사들은 조선 백성들을 죽음과 같은 절망에서 다시 살아나게 하는 부활의 아침을 열었습니다. 그리스도께서 죽음을 이기심으로 인류의 영원한 적이었던 사망 권세를 깨뜨리셨습니다. 이제 우리는 이 부활의 기쁜 소식을 온 세계에 전파해야 하는 소명을 받았습니다. 부활은 새 생명이고 새로운 삶의 시작입니다.

이 기쁜 소식을 온 세상에 전하여 많은 사람이 부활의 새 아침을 맞이하게 하는 일에 앞장서는 우리가 됩시다. 할렐루야, 샬롬.

4

THE RESURRECTED LIFE

부활의 생명

부활절 날짜는 왜 매년 바뀔까?

"천사가 여자들에게 말하여 이르되… 그가 여기 계시지 않고 그가
말씀하시던 대로 살아나셨느니라." (마 28:5-6)

부활주일 잘 보내셨지요? 그런데 부활절 날짜는 왜 매년 바뀔까요? 성
탄절은 매년 똑같은 날인 12월 25일인데, '부활절은 왜 매년 바뀔까?'
하는 생각을 해보셨나요?

우리는 성탄절인 12월 25일을 예수님께서 탄생하신 날로 알고 있
지만, 사실 예수님 탄생의 정확한 날짜는 알려지지 않았습니다. 12월
22일 동지, 즉 일 년 중 밤이 제일 긴 날이 지나고 낮이 점점 길어지는
때에 로마 제국에서는 태양신에게 큰 제사를 드렸는데, 초기 기독교회
가 '참 빛'이신 예수님께서 오신 날을 기리기 위해 25일로 정해 기념하
기 시작했습니다.

그런데 로마 가톨릭교회와 개신교는 12월 25일이 성탄절인 데 반
해, 그리스 정교회(Orthodox Church, 러시아·세르비아 등)는 율리우스력(Julian
Calendar)에 따라 이듬해 1월 7일을 성탄절로 지킵니다. 아무튼 성탄절
은 날짜가 양력으로 고정돼 있습니다. 따라서 성탄절은 주일일 때도 있
지만, 평일에 오는 경우가 더 많습니다.

그러면 왜 부활절 날짜는 왔다 갔다 할까요? 그것은 그럴만한 이
유가 있습니다. 부활절 날짜가 통일되기 전에는 로마 가톨릭교회와 동
방의 교회들이 서로 다른 날을 지켰습니다. 로마 교회는 꼭 주일을 부
활절로 지켰고, 동방 교회는 요일에 상관없이 유월절 기간에 맞춰 지키
곤 했었지요.

그러다 주후 325년에 니케아(Nicaea: 튀르키예의 이즈니크)에서 로마 제국 전체 교회 대표들이 모여 세계 교회 회의를 열었습니다. 당시 기독교를 공인한 로마 황제 콘스탄티누스 1세(Constantinus I)의 소집 명령에 의해 모였습니다. 이때 모인 주된 목적은 예수님이 피조물인가, 아니면 하나님과 동일한 본질인가 하는 문제(아리우스 논쟁)를 해결하기 위해서였습니다. 그리고 이 회의에서 부활절 날짜 계산법도 결정되었습니다.

부활절은 춘분(春分: 낮과 밤의 길이가 같은 날)이 지나고, 음력 보름(만월)이 지난 후 도래하는 첫 번째 주일로 정했습니다. 이렇게 복잡하게 정한 이유는 예수님의 부활이 유대인의 절기인 유월절 기간에 있었기 때문입니다. 우리는 태양력(양력)을 사용하지만, 유대인들은 태음력(음력)을 사용합니다.

음력은 달을 표준으로 계산하기에 양력과 차이가 생깁니다. 양력은 일 년이 365일하고 약 6시간이 남습니다. 따라서 4년마다 하루가 더 생겨 윤년(2월 29일)이 옵니다. 반면 음력은 일 년이 약 354일로 양력보다 11일 정도가 짧습니다. 그러므로 약 3년에 한 번씩 한 달을 통째로 더 넣어야 계절이 맞습니다. 이렇게 끼워 넣는 달을 윤달(閏月)이라 합니다. 음력 보름(만월)을 기준으로 삼다 보니 자연히 양력상 부활절 날짜가 왔다 갔다 하는 것입니다. 춘분은 양력 3월 21일경으로 고정되어 있으나, 음력의 보름날은 매년 달라지기 때문입니다. 그래서 어떤 해는 부활절 날짜가 한 달 가까이 늦어지기도 합니다.

따라서 부활절 날짜를 정하려면 그해 양력 달력과 음력 달력을 둘 다 갖다 놓고, 먼저 양력에서 춘분(3월 21일)을 찾고, 이어 음력 달력에서 춘분 다음에 오는 첫 보름날(15일)을 찾은 뒤, 바로 다음에 오는 주일을 찾으면 그날이 부활절입니다.

좀 복잡하지요? 그러나 평신도들은 굳이 계산하느라 신경 쓸 필요가 없습니다. 저도 신경 안 씁니다. 달력을 보면 요즘에는 친절하게 '재의 수요일', '성금요일', '부활주일' 날짜까지 정확히 표시되어 있습니다. 부활절 날짜가 왜 해마다 바뀌냐고 묻는 사람이 있으면 설명해 주시려 애쓸 필요 없고, "달의 움직임을 따르다 보니 그렇다" 정도로 답하시거나, 더 깊은 것은 목사님께 물어보라고 하시면 됩니다. 대신 목사들은 언제, 누구에게나 설명해 줄 수 있게 분명히 알아 둘 필요가 있겠지요.

짧지 않은 사순절, 그리고 고난주간을 잘 지켜오신 여러분들의 마음을 주님께서는 흔쾌히 받으셨으리라 믿습니다. 죽음의 권세를 이기시고 생명의 부활을 하신 주님과 함께 매일 믿음으로 승리하는 삶을 이어 가시기를 기원합니다.

생명, 우연일까, 필연일까?

"그러나 내가 나 된 것은 하나님의 은혜로 된 것이니 내게 주신 그의
은혜가 헛되지 아니하여… 오직 나와 함께 하신 하나님의 은혜로라."
(고전 15:10)

어떤 이는 글에서 사람이 세상에 태어나는 것은 우연일 뿐이라고 주장
했습니다. 과연 그럴까요? 우리가 세상에 태어난 것이 우연(偶然: 아무런
인과 관계 없이 뜻하지 않게 일어나는 일)일까요, 아니면 필연(必然: 그리되는 수밖에
다른 도리가 없음)일까요? 성경은 우리의 출생에 대해 이렇게 증언합니다.

"오직 주께서 나를 모태에서 나오게 하시고 내 어머니의 젖을 먹을 때에
의지하게 하셨나이다." (시 22:9)
"주께서 내 내장을 지으시며 나의 모태에서 나를 만드셨나이다." (시 139:13)
"너를 만들고 너를 모태에서부터 지어낸 너를 도와줄 여호와가 이같이 말
하노라." (사 44:2)
"네 구속자요 모태에서 너를 지은 나 여호와가 이같이 말하노라." (사 44:24)
"내가 너를 모태에 짓기 전에 너를 알았고 네가 배에서 나오기 전에 너를
성별하였고" (렘 1:5)

또한 바울 선생은 갈라디아서 1장 15절에서 "내 어머니의 태로부
터 나를 택정하시고 그의 은혜로 나를 부르신 이가"라고 고백하고 있
습니다.

가만히 생각해 보면 제가 한국에서, 예수 믿는 가정에서, 남자로
태어난 것 자체가 결코 우연히 이루어진 일이 아닙니다. 이는 분명 하

나님의 예정과 섭리 가운데서 이루어진 일입니다. 하나님께서 사람을 세상에 보내실 때는 분명한 목적이 있습니다. 그러므로 우리는 하나님께서 우리를 세상에 보내신 목적이 무엇인가를 분명히 깨닫고, 그 목적에 부합한 삶을 살아야 합니다.

그런데 성경을 보면 하나님께서 모든 사람을 동일한 방식으로 택하신 것은 아님을 알 수 있습니다. 아브라함에게는 이스마엘과 이삭 두 아들이 있었지만, 여종 하갈에게서 난 맏아들 이스마엘은 유업을 잇지 못하게 하시고, 본처 사라가 낳은 이삭을 택하셨습니다. 또한 하나님께서는 이삭이 낳은 두 아들 에서와 야곱 가운데 맏아들 에서를 택하지 아니하시고, 둘째 아들 야곱을 택하셔서 이스라엘의 조상으로 삼으셨습니다.

신약에서도 예수님의 열두 제자 가운데 베드로와 가룟 유다 둘 다 죄를 범했지만, 참회하고 돌아온 베드로는 높이 들어 쓰셨으나, 후회만 하고 자살을 택한 가룟 유다는 버림받았습니다. 예수님께서 십자가에 달리셨을 때, 양편에 있던 두 강도 가운데 하나는 예수님과 함께 낙원에 이르렀지만, 다른 하나는 영원한 멸망으로 갔습니다.

따라서 우리가 이 세상에 나온 것은 결코 우연이 아니고 하나님의 뜻에 의한 필연입니다. 하나님의 택하심을 입고 세상에 나와 말씀대로 살다가 천국으로 가는 사람이 있는가 하면, 아무리 전도해도 주님을 영접하지 아니하고 세상에서 온갖 죄악을 범하다가 멸망으로 가는 사람들이 있는 것을 봅니다.

고린도전서 12장 3절 하반절에 "성령으로 아니하고는 누구든지 예수를 주시라 할 수 없느니라"는 말씀이 있습니다. 그리스도를 주로 고백하는 것은 내 의지로 하는 것이 아니라, 전적으로 성령님의 역사하심임을 알 수 있습니다. 우리가 세상에 태어난 것은 우연이 아니라 하나님의 섭리에 의한 필연이기에, 우리는 그 은혜에 감사할 수밖에 없습니다. 그러므로 우리는 죽는 순간까지 하나님의 은혜에 감사하며 말씀에 순종해야 합니다. 나아가 믿지 않는 사람들에게 열심히 전도해서 더 많은 사람이 하나님의 자녀가 되게 하는 일에 최선을 다해야 합니다. 우리를 하나님의 자녀로 삼아 주신 놀라우신 하나님의 은총에 감사합니다. 샬롬.

하나님께서 주시는 생명

"네 집 안방에 있는 네 아내는 결실한 포도나무 같으며 네 식탁에 둘러앉은 자식들은 어린 감람나무 같으리로다." (시 128:3)

미국 UCLA(캘리포니아 대학교 로스앤젤레스) 의과대학의 어떤 교수가 머지않아 의학 공부를 마치고 현장으로 나가 환자를 진료하게 될 학생들을 가르치고 있었습니다. 수업 중에 한 사례를 들며 학생들에게 질문을 던졌습니다. "여기 한 부부가 있다. 아버지는 매독균에 감염되어 있고, 어머니는 폐결핵 환자다. 이들 사이에서 아이 넷이 태어났는데, 첫째 아이는 매독균으로 인해 시각 장애를 가졌고, 둘째 아이는 병들어 죽었고, 셋째 아이 역시 부모의 병 때문에 청각 장애가 생겼으며, 넷째 아이는 결핵 환자가 되었다. 그런데 어머니가 또 임신을 했다. 이런 경우에 그대들이라면 어떻게 하겠는가?"

학생들은 모두 한목소리로 대답했습니다. "유산시켜야 합니다. 아버지가 매독 환자요 어머니가 폐결핵 환자이며, 이미 낳은 아이 넷이 모두 온전치 못한데, 이런 악조건에서 아이를 또 낳으면 어떻게 되겠습니까? 당연히 유산시켜야 합니다."

그러자 교수는 점잖게, 그리고 아주 정중하게 대답했습니다. "그대들은 방금 베토벤을 죽였네. 우리가 익히 아는 악성(樂聖) 베토벤은 바로 그런 환경에서 1770년에 태어났다네. 아버지는 매독 환자요, 어머니는 폐결핵 환자요, 형제들도 다 병들어 있었지만, 그 가운데서 태어난 베토벤은 57년 동안 위대한 작곡 활동을 하였지. 물론 베토벤도 후에 청력을 잃었지만, 그런 악조건에서도 수많은 불후의 명곡을 남겼다네. 여러분은 무릇 우리 인간의 판단과 사고가 얼마나 어리석고 잘못되기 쉬운가를 잘 알아야 하네.”

그 교수는 덧붙여 말했습니다. “그대들은 환자를 대할 때 이 사실을 잊지 말라. 의학적 지식이 좀 있다고 해서 이렇게 저렇게 기계적으로 판단할 것이 아니라, 모름지기 하나님의 역사가 어떻게 이루어지고 있는가를 생각하며 겸손하고 신중하게 생명을 다루어야 할 것이다.” 이 이야기는 사람이 생명에 대해 함부로 말해서는 안 되고, 또 쉽게 판단해서도 안 된다는 교훈을 줍니다. 사람은 신중하게 생각하고, 말은 줄이되 넓은 마음으로 생명을 대해야 한다는 가르침입니다.

세계 감리교회의 창시자인 존 웨슬리(John Wesley, 1703-1791)는 아버지 새뮤얼 웨슬리(Samuel Wesley) 신부(영국 국교회)와 어머니 수잔나 웨슬리(Susanna Wesley) 사이의 15번째 아들로 태어났습니다. 어머니 수잔나는 19명의 자녀를 낳았는데, 그중 8명이 일찍 죽고 11명이 살아남았습니다. 존은 15번째 아들이고, 찬송가 작사를 많이 한 찰스는 18번째 아들이었습니다. 만일 수잔나가 자녀들을 열넷까지만 낳고, 넉넉하지 못한 성직자 가정의 형편을 생각해 요즘처럼 단산(斷産: 아이 낳기를 그만둠)을 했다면, 존 웨슬리는 세상에 태어나지 못했을 것이고, 감리교회라는 세계적인 개신교단도 없었을 것입니다.

그러나 수잔나는 하나님께서 주시는 대로 아이들 19명을 낳아, 그중 세계 교회를 변화시킨 존과 찰스 같은 위대한 아들들을 길러낸 것입니다. 태중의 아이는 하나님께서 주신 귀중한 생명이며 선물입니다. 따라서 교회는 원칙적으로 임신 중절을 살인으로 규정합니다. 물론 산모의 생명이 위태롭거나, 태중의 아이가 치명적 장애를 가졌다거나, 미성년 소녀가 성폭행당하여 임신했을 경우 등 불가피한 예외는 있을 수 있습니다.

UCLA 의대생들의 판단대로 베토벤 부모의 병력과 앞서 태어난 아이들의 불행을 보면서 더 이상 아이를 낳지 않는 것이 좋겠다고 판단하여 태아를 낙태시켰다면, 인류는 베토벤의 위대한 〈전원 교향곡〉, 〈운명〉, 〈영웅〉, 〈합창〉, 〈월광 소나타〉, 〈엘리제를 위하여〉 등 웅장하고 장엄한 명곡들을 영원히 듣지 못했을 것입니다.

태아는 하나님의 귀한 선물입니다. 낙태는 죄악입니다. 생명은 천하보다 소중합니다. 아이를 낳을 수 있는데 낳지 않는 사람들은 심사숙고(深思熟考: 깊이 잘 생각함)해야 합니다. 그 아이가 장차 어떤 위대한 인물이 될지 아무도 모르기 때문입니다. 하나님께서 주시는 최선의 선물은 자녀들입니다. 동의하시나요? 샬롬.

인간의 생명은 언제 시작될까? (1)

"곧 창세 전에 그리스도 안에서 우리를 택하사 우리로 사랑 안에서 그 앞에
거룩하고 흠이 없게 하시려고 그 기쁘신 뜻대로 우리를 예정하사 예수
그리스도로 말미암아 자기의 아들들이 되게 하셨으니" (엡 1:4-5)

2024년 2월 말, 미국 앨라배마(Alabama)주 대법원은 1872년에 제정된 주(州)법에 근거하여 배아(胚芽)를 사람의 생명으로 인정하고, 냉동 배아(Frozen Embryo)를 파괴한 사람에게 살인죄를 적용했습니다. 사건의 발단은 병원에 입원해 있던 환자 한 명이 냉동 배아를 저장하는 모바일 인퍼머리 메디컬 센터(Mobile Infirmity Medical Center)의 보관실에 들어간 일이었습니다. 환자가 냉동 배아 여러 개를 꺼내다가 실수로 떨어뜨려 시험관이 파손되었고, 그 안에 들어 있던 배아들도 모두 못 쓰게 되었습니다.

이 판결은 '인간의 생명이 언제 시작되느냐' 하는 본질적인 문제와 직결됩니다. 기독교에서는 정자와 난자가 결합하는 순간에 인간의 생명이 시작되었다고 봅니다. 수정되는 순간부터 세포 분열이 시작되고, 그 분열이 계속되어 결국 완전한 인간이 되기 때문입니다.

인간 생명의 시작점이 언제인가 하는 문제는 의학계에서도 의견이 일치하지 않습니다. 이 문제는 종교관과 윤리관까지 충돌하며 쉽게 결론이 나지 않는 난제입니다. 배아를 못 쓰게 만들었다는 것은 미래의 생명체들이 죽었다고 볼 수 있습니다. 배아가 단순히 '몇 개의 세포 덩어리'라고 생각하면 하등의 문제가 없겠지만, 배아를 '생명'이자 '미래의 인간'으로 본다면 미래의 아이들이 살해당했다고 볼 수밖에 없습니다.

의학적으로 배아(Embryo)는 난자와 정자가 결합한 후 세포분열을

시작한 단계로서 임신 8주 이전의 상태를 말하고, 8주 이후에는 태아(Fetus, 胎兒)라고 부릅니다. 시험관 아기(IVF: 체외 수정)는 1978년 영국에서 최초로 태어났고, 한국에서는 그때로부터 7년 후인 1985년에 성공적으로 탄생했습니다. 시험관 아기 시술은 자궁과 유사한 환경이 만들어진 시험관에서 난자와 정자를 수정시켜 배아를 만듭니다.

실패를 예상해서 여러 개의 배아를 만들어 그중 건강한 몇 개를 자궁에 착상시키는데, 이에 따라 체외 수정의 경우 쌍둥이가 많이 태어납니다. 이 과정에서 쓰이지 않고 남은 배아들은 얼려서 보관을 하는데, 임신을 원하는 난임 부부에게 이 배아를 기증하는 경우도 있습니다. 그런데 성경은 우리에게 인간의 생명이 언제 시작되는지를 정확하게 알려주고 있습니다. 바울 선생은 에베소 교회에 보낸 편지에서 "곧 창세 전에 그리스도 안에서 우리를 택하사… 그 기쁘신 뜻대로 우리를 예정하사 예수 그리스도로 말미암아 자기의 아들들이 되게 하셨으니"(엡 1:4-5)라고 선포했습니다.

여기 분명히 '창세 전'에 그리스도 안에서 우리를 택하셨다고 말씀하셨습니다. 따라서 우리가 세상에 태어난 것은 하나님께서 창세 전에 우리를 택하셔서 세상에 보내셨기 때문입니다. 우리가 주님을 구주로 영접하게 된 것도 5절 말씀대로 "그 기쁘신 뜻대로 우리를 예정하사 예수 그리스도로 말미암아 자기의 아들들이 되게 하셨다"고 말씀하셨습니다.

인간의 생명은 하나님께서 창세 전에 예정해 두셨다가 세상에 보내신 것입니다. 그러므로 수정이 어머니의 몸 안에서 이루어졌건 밖에서 이루어졌건 간에, 아버지의 정자와 어머니의 난자가 결합하는 순간 인간의 생명이 시작되었다는 것이 성경적 가르침입니다. 그 이외의 모든 이론은 성경에 맞지 않으며, 이는 인간들의 생각일 뿐입니다. 인간의 생명은 하나님께서 주관하셔서 세상에 보내시고 또 세상에서 데려

가십니다. 따라서 어디에서든 수정이 이루어지는 순간 인간의 생명은 시작되었고, 그 생명은 천하보다 귀한 존재입니다. 그러므로 낙태는 하나님의 뜻을 정면으로 거스르는 죄입니다.

내 생명은 하나님께서 창세 전에 택하셨고, 그리스도를 통하여 하나님의 자녀가 되게 하셨다는 사실을 결코 잊어서는 안 됩니다. 우리를 창세 전에 예정하시고 세상에 보내셨으며, 우리를 하나님의 자녀로 삼아 주신 하나님은 영원히 찬양을 받으실지어다. 할렐루야. 샬롬.

"여호와께서 그에게 임신하지 못하게 하시므로… 여호와께서 그를 생각하신지라 한나가 임신하고" (삼상 1:6, 19-20)

이제 일주일(2024년 11월 5일) 후에 있을 미국 대통령 선거에 공화당 후보로 나선 도널드 트럼프(Donald Trump) 전 대통령의 부인 멜라니아(Melania Trump) 여사가 여성들의 낙태권에 대해 단호한 지지를 선언했습니다. 곧 출간될 그녀의 회고록에서 "여성이 임신 여부를 결정하는 것은 자신의 신념에 의거해야 하며 정부의 어떤 압력이나 개입으로부터 자유로워야 한다. 낙태 문제에 있어서는 여성 자신이 스스로 결정할 수 있는 권리를 절대 지지한다"는 입장을 밝혔습니다.

일반적으로 낙태 문제에 대해 공화당은 반대 입장을, 민주당은 지지 입장을 취합니다. 그런데 공화당 대통령 후보인 트럼프의 부인이 민주당의 입장과 유사한 낙태권을 주장하고 나온 것은 트럼프로서도 난감한 상황이 아닐 수 없습니다.

낙태에 관한 문제는 어제오늘의 일이 아닙니다. 이는 오래된 사회적 이슈이며, '생명 우선(Pro-Life)'이냐 여성의 '선택할 권리(Pro-Choice)'가 우선이냐 하는 문제는 여전히 미국 사회의 가장 중요한 쟁점 가운데 하나입니다. 태아가 언제부터 사람이 되느냐는 문제에 대해 생물학적으로 이런저런 논의를 할 수 있겠지만, 과연 인간이 '언제까지는 사람이 아니고, 언제부터는 사람'이라고 결정지을 수 있는 문제일까요? 사람들이 태아가 언제부터 사람이라고 규정할 수 있나요? 그럴 권리는 누가 주었습니까?

우리 기독교에서는 생명이 하나님께서 주신 것임을 믿습니다. 생명은 모태에서 난자와 정자가 결합하여 세포 분열이 시작되는 순간부터 존재합니다. 따라서 수정란(受精卵)이 바로 사람입니다. 수정 그 자체가 하나님의 영역입니다. 하나님께서 여인의 태를 열어 주셔야 수정이 되고 아기가 생기며, 태를 닫으시면 수정이 되지 않습니다.

좋은 예로 사무엘의 어머니 한나의 경우를 볼 수 있습니다. 사무엘의 어머니 한나가 아기를 갖지 못한 것은 여호와께서 그녀에게 임신하지 못하게 하셨기 때문입니다(삼상 1:5). 그러나 여호와께서 한나를 생각하셔서 임신을 허락하시자, 불세출(不世出)의 지도자 사무엘을 출산하였습니다(삼상 1:19-20).

신약에서도 세례 요한의 아버지 사가랴와 어머니 엘리사벳은 하나님 앞에서 모든 계명과 규례대로 흠이 없이 행한 의인들이었지만 자식이 없었습니다(눅 1:6-7). 하나님께서 그들에게 자녀를 주시지 않았던 것입니다. 그러나 때가 되자 하나님께서는 그들에게 세례 요한을 주셨습니다. 사도 바울은 "내 어머니의 태로부터 나를 택정하시고"(갈 1:15)라고 고백하며, 그를 택한 시기가 어머니의 태에 있을 때라고 말씀합니다. 또한 그는 한 걸음 더 나아가 "창세 전에 그리스도 안에서 우리를 택하사"(엡 1:4)라고 말씀하시면서, 우리의 생명은 하나님께서 창세 전에 이미 택하셨음을 선언하였습니다.

세상이 무슨 말을 하든지 우리는 성경 말씀에 귀를 기울여야 합니다. 성경에 있는 말씀을 믿는 자는 그리스도인이지만, 믿지 않는 자는 불신자입니다. 교회가 세태에 휩쓸려서는 안 됩니다. 이사야 선지자는 "존귀한 자는 존귀한 일을 계획하나니 그는 항상 존귀한 일에 서리라"(사 32:8)고 말씀하였습니다. 우리 그리스도인들은 존귀한 자들입니다. 샬롬.

영아 살해

"예수께서 그 어린아이들을 불러… 어린아이들이 내게 오는 것을
용납하고 금하지 말라 하나님의 나라가 이런 자의 것이니라." (눅 18:16)

인류가 영아를 살해한 역사는 오래되었습니다. 기원전 8세기경 고대 그리스의 스파르타에서는 아들이 태어나면 장차 씩씩한 군인이 될 수 있을지 판단하여, 약해서 구실을 못 할 것 같으면 죽였습니다. 물론 당시에는 영아 살인죄가 없었습니다.

그 후 로마 제국에서도 아이가 장애를 갖고 태어나거나 너무 약해서 사람 구실을 제대로 하지 못할 것 같으면 죽였습니다. 애굽(이집트)으로 이주해 간 이스라엘 백성들이 창대해지자, 애굽 왕은 산파들에게 이스라엘 가정에서 태어난 사내아이는 죽이라고 명령했습니다. 다행히 모세가 살아남은 이야기는 출애굽기에 자세히 기록되어 있습니다.

사람이 극한 상황이 되면 인육(人肉: 사람 고기)을 먹기도 합니다. 열왕기하에 보면 아람 군대가 사마리아 성을 에워싸고 성안으로 들어가는 모든 물줄기와 식량 반입을 막았습니다. 성내의 백성들은 물도 양식도 없어 죽어가고 있었습니다. 그때 두 여인이 대화한 끔찍한 기록이 있습니다. "네 아들을 내어 놓으라 우리가 오늘 먹고 내일은 내 아들을 먹자 하매 우리가 드디어 내 아들을 삶아 먹었더니…" (왕하 6:28-29)

한 엄마가 자기 아들을 이웃 여인과 함께 삶아 먹고, 이튿날 이웃 여인의 아들을 삶아 먹기로 한 기록입니다. 굶주림의 극한에 이르면 자기 아들까지 삶아 먹을 수 있는 것이 인간의 타락한 본성임을 보여줍니다. 세상에서 가장 위대하다는 모성애마저 무너진 참혹한 모습입니다. 2023년 6월, 한국에서 세 아이의 엄마가 갓 낳은 아이를 자기 집 냉동고 속에 넣어 죽이고, 또 다른 아이가 태어나자 그 아이도 냉동고 속에 넣어 죽였다는 뉴스가 전해졌습니다. 이 엄마는 결국 체포되어 재판을 받고 있습니다.

생각해 보면 참 기가 막힌 일입니다. 두 아이의 시신이 들어 있는 냉장고에서 음식물을 꺼내 가족들이 같이 앉아 먹었다고 생각하니 참담하기 그지없습니다. 아기 시신이 둘씩이나 냉동고에 있는데, 그 냉장고에서 식품을 꺼내 가족이 둘러앉아 태연하게 식사를 할 수 있었을까요? 인간의 양심이란 지극히 상대적입니다. 이런 경우 이 부모의 양심이 과연 살아있는 인간의 양심일까요? 살인을 두 번씩이나 하고도 아무런 가책 없이 지내는 이들이 양심을 가진 인간들일까요? 먼 옛날 식인종들은 인간을 잡아먹고 기분 좋아 노래를 부르고 춤을 추었다고 하지요.

오래전에 보도된 뉴스에서 한 여고생이 만삭이 되어 아기가 나오자 화장실에 버리고 간 사실도 있었고, 가끔 한강에 신생아가 탯줄을 달고 죽어 떠내려오는 경우도 있다고 합니다. 한국의 합계출산율이 0.78명으로 OECD 국가들 중 가장 낮다며 나라 전체가 우려하고 있으면서, 정작 태어난 아이들이 원인도 모르게 죽어가고 있는 현실은 외면하고 있습니다. 갓 태어난 아기들을 제대로 돌볼 생각은 하지 않고 죽음에 내모는 현실이 참으로 답답한 노릇입니다.

기독교는 사람의 생명을 천하보다 귀한 것으로 여깁니다. 영아 살해가 흔했던 로마 제국 시대에도 기독교 가정에서는 어떤 경우에도 아이를 살해하는 일은 없었습니다. 생명은 하나님께서 세상에, 그리고 우리 가정에 보내 주신 최선의 선물입니다. 아기가 없는 세상을 상상해 보십시오. 예수님께서는 "어린아이들이 내게 오는 것을 용납하고 금하지 말라 하나님의 나라가 이런 자의 것이니라"(눅 18:16)고 말씀하셨습니다. 그리스도인들은 생명 존중과 어린이 사랑에 최선을 다해야 합니다. 샬롬.

자살 충동

"사람이 만일 온 천하를 얻고도 제 목숨을 잃으면 무엇이 유익하리요
사람이 무엇을 주고 제 목숨과 바꾸겠느냐?" (마 16:26)

어떤 글을 읽다가 충격적인 대목을 보았습니다. "삶이 아프고 힘든가
요? 함께 세상 떠날 사람 찾습니다." 한국의 어느 초등학교 6학년 학생
이 자살 관련 인터넷 카페에 올린 글이라고 합니다. 한국 청소년 3명
중 1명이 학업 스트레스로 인해 자살 충동을 느낀다고 합니다. 자살 충
동은 스트레스와 불안 장애, 우울증을 가진 사람들에게 흔히 나타나는
현상입니다. 자신이 쓸모없는 존재이고, 주변 사람들에게 짐만 될 뿐만
아니라 앞으로도 상황은 전혀 변하지 않을 것이라는 부정적인 생각을
가진 사람들에게서 주로 나타난다고 합니다.

한국에서는 하루 평균 30-40명이 스스로 목숨을 끊는데, 이는
OECD(경제협력개발기구) 국가 가운데 가장 높은 수치입니다. 반면 출산
율은 가장 낮다고 하니, 자살률은 가장 높고 출산율은 가장 낮은 이 나
라의 앞날을 우려하지 않을 수 없습니다.

한국이 세계 10위권의 경제 대국이라 하는데, 어떻게 이렇게 많은
사람이 생명을 끊는지 이해하기 어렵습니다. 요즘같이 잘사는 세상이
아니라, 먹을 것이 없어 풀뿌리를 캐 먹고 나무껍질을 벗겨 먹으며 연
명했던 우리 조상들은 결코 스스로 생명을 버리지는 않았습니다. 모든
것이 열악한 환경에서도 끈질기게 생명을 유지하고 지켜냈던 것이 우
리 민족인데, 오늘날 세계에서 가장 잘사는 나라 중 하나가 되었고, 모
든 것이 풍족하여 먹을 것이 넘쳐나는 세상에 왜 자살률은 이렇게 높

게 나타나는 것일까요?

　더욱 심각한 것은 초등학교 6학년 학생이 자살 동반자를 찾는 이 현실입니다. 사람의 생명은 천하보다 귀하다는 것이 기독교의 생명관입니다. 어떠한 상황에서도 살아남아야 하고, 생명을 하찮게 여기거나 포기해서는 안 되는 이유는 주 예수 그리스도께서 그 한 생명을 위해 십자가에서 희생하셨기 때문입니다.

　하나님이신 예수님께서 스스로 생명을 버리기까지 인간들의 생명을 소중하게 여기셨는데, 정작 인간들이 그 소중한 생명을 헌신짝처럼 버리는 것은 참으로 무서운 죄가 아닐 수 없습니다. 어린 초등학생마저 자살을 감행하려는 이 상황에 대해 가정, 사회, 국가는 심각하게 반성해야 합니다. 다른 어떤 단체보다도 교회는 이런 상황을 엄중하게 인식하고 대처해야 합니다. 초등학생이 자살하려는 세상을 교회가 강 건너 불 구경하듯 한다면, 이는 교회의 근본 소명을 방기(放棄: 내버리고 돌아보지 않음)하는 일입니다.

　초등학생에게 과도한 학업을 강요하고, 좋은 성적 받기만을 바라는 부모들의 빗나간 욕망이 자녀들을 죽음으로 몰아넣는다는 사실을 명심해야 합니다. 좋은 성적을 받아야 좋은 대학에 가고, 좋은 대학을 졸업해야 좋은 직장, 좋은 배우자, 좋은 가정을 얻는다는 세속적 가치관과 황금만능주의가 팽배한 사회에서는 아이들의 자살 충동을 막을 수 없습니다.

　학생들 각자는 지능이 다르고, 재능이 다르며, 취미와 적성이 다릅니다. 무조건 좋은 학업 성적만을 요구하지 말고, 자녀들의 재능과 취향을 잘 살펴 그 길로 가게 하는 것이 아이에게나 부모, 사회에 덕이 되는 길입니다. 그리스도인의 가정은 자녀들에게 성적을 지나치게 강요하지 말고, 스스로 갈 길을 찾도록 인도해 주어야 합니다. 무엇보다 자녀들에게 하나님의 말씀에 충실하도록 신앙 교육을 바르게 시켜야 합니다. 바른 신앙을 가진 자녀들은 결코 곁길로 가지 않습니다. 진리 안에서 자란 자녀들은 진리 가운데 굳건히 서 있습니다. 주님께서 그들의 길을 인도해 주실 것입니다. 자녀들을 위해 많은 기도가 요청되는 세대입니다. "쉬지 말고 기도하라."(살전 5:17) 샬롬.

금문교의 그물

"사람이 만일 온 천하를 얻고도 제 목숨을 잃으면 무엇이 유익하리요
사람이 무엇을 주고 제 목숨과 바꾸겠느냐." (마 16:26)

미국에는 볼거리가 참 많습니다. 나이아가라 폭포, 그랜드 캐니언(Grand Canyon), 옐로스톤 국립공원(Yellowstone National Park) 같은 대자연은 물론, 인간이 만든 건축물 중에는 동부 뉴욕의 엠파이어 스테이트 빌딩과 서부 샌프란시스코의 금문교가 대표적입니다. 금문교는 골든게이트 (Golden Gate) 해협을 가로지르는 현수교(懸垂橋: 줄에 매달아 놓은 다리)입니다. 총 길이 2.74km, 폭 약 27m의 왕복 6차선 다리로 하루에 약 11만 대의 차량이 오가는데, 1933년에 착공하여 1937년에 완공되었습니다.

이 다리는 세계에서 가장 아름다운 다리이자 사진 촬영 명소로 유명하며, 수많은 영화와 드라마에 미국의 상징으로 등장합니다. 그런데 이 아름다운 다리는 관광 명소로만 유명한 것이 아니라 '자살 다리'라는 불명예도 안고 있습니다. 지난 87년 동안 이 다리에서 투신하여 숨진 사람은 약 1,800명에 달합니다. 투신자는 거의 다 목숨을 잃었지만, 극히 일부는 해수면에 강하게 부딪히고도 살아남았습니다. 샌프란시스코시는 더 이상 비극이 반복되지 않도록 특단의 조치를 취했는데, 바로 다리 상판 6m 아래에 '자살 방지 그물'을 설치한 것입니다.

이 공사는 2018년에 시작해 5년 만인 2024년 1월에 완공되었습니다. 다리의 미관을 해치지 않기 위해 멀리서는 그물이 보이지 않도록 설계했습니다. 그물 색상을 다리를 떠받치는 기존 철골 구조물과 비슷하게 하여, 다리를 건너는 운전자나 보행자, 자전거 이용자의 시야를 방해하지 않으며, 멀리 있는 전망대(View Point)에서도 거의 눈에 띄지 않게 했습니다. 물론 그물을 설치했다고 해서 자살을 100% 막을 수는 없습니다. 그물 위로 떨어진 후 다시 투신을 시도할 수도 있기 때문입니다. 하지만 떨어지는 그 순간, 삶에 대해 다시 한번 생각해 볼 기회를 주고 구조 가능성을 열어 준다는 데에 그물 설치의 깊은 의미가 있습니다.

하버드대학교와 UC 버클리(University of California, Berkeley)의 연구에 따르면, 자살 시도 후 생존한 사람 대부분은 다시 자살을 시도하지 않는다고 합니다. 즉, 극단적인 충동이 바로 죽음으로 이어지지 않도록 막아주기만 해도 수많은 생명을 살릴 수 있다는 뜻입니다.

제가 중학교에 다닐 때, 한강 다리에는 큰 글씨로 "앗! 잠깐만 참으세요. 곧 좋은 기회가 올 것입니다"라는 자살 예방 표지판이 붙어 있었습니다. 옛날에는 한강에 다리가 하나밖에 없었지만, 지금은 30개가 넘는 다리가 놓여 있어 관리가 더 어려워졌습니다. 최근 한강 교량 투신 시도는 2년 연속 1천여 건에 달하며, 그중 마포대교가 압도적으로 많았습니다. 2018년부터 2023년까지 6년 간 한강 다리 자살 시도자는 총 4,069명에 이릅니다.

한국은 OECD 국가 중 자살률 1위로, 하루 평균 30-40명이 목숨을 끊는 '자살 공화국'이라는 오명을 쓰고 있습니다. 동기는 다양하겠지만, 기독교적 관점에서 자살은 스스로의 생명을 해치는 큰 죄입니다.

예수님께서는 "사람이 만일 온 천하를 얻고도 제 목숨을 잃으면 무엇이 유익하리요 사람이 무엇을 주고 제 목숨과 바꾸겠느냐"(마 16:26)라고 물으시며 생명의 절대적 가치를 강조하셨습니다. 생명 경시 풍조가 만연한 세상에서 생명의 소중함을 일깨우는 것이 우리 그리스도인의 사명입니다. 자살을 예방하고 생명을 살리는 일에 한국교회가 앞장서야겠습니다. 이것이 이 시대 우리에게 주어진 또 하나의 거룩한 소명입니다. 샬롬.

생명의 전화

"사람이 만일 온 천하를 얻고도 제 목숨을 잃으면 무엇이 유익하리요
사람이 무엇을 주고 제 목숨과 바꾸겠느냐." (마 16:26)

'생명의 전화'에 대해 들어본 분이 많이 계실 것입니다. 한국에는 물론 이곳 미국 로스앤젤레스에도 생명의 전화가 있어서, 이역만리 타국에서 이민 생활을 하던 중 막다른 골목에 선 한인들의 손을 붙잡아 주고 안아주는 역할을 감당하고 있습니다. L.A. 생명의 전화는 2024년으로 창립 26주년을 맞이했는데, 이 기관은 많은 사람에게 희망과 소망을 주고 있습니다. 이곳의 사역은 1998년 어느 날, 삶의 희망을 잃고 자살을 시도하려던 한 사람이 P 목사에게 우연히 전화를 건 것이 계기가 되어 시작되었습니다.

한밤중에 걸려 온 전화를 받은 P 목사는 한 생명의 소중함을 절감하고 성실하게 상담을 해주었습니다. 이를 계기로 365일 연중무휴로 밤을 새워가며 어려운 문제로 고민하는 한인들의 등대 역할을 해 왔습니다. P 목사는 다인종, 다문화 사회인 미국에서 겪는 문화적 차이와 언어 장벽 등의 이유로 많은 한인이 절망 속에 위기를 겪고 있다며, 생명의 전화가 모든 이들의 문제를 완벽히 해결해 줄 수는 없으나 그들의 아픔과 슬픔을 경청하며 공감해 줄 수는 있다고 말했습니다.

지난 25년여 동안 생명의 전화로 걸려 온 상담 전화는 7만 1천여 건에 달합니다. 그중 고독과 외로움이 7,612건으로 가장 많았고, 부부 갈등 및 가정폭력 3,463건, 배우자(본인)의 외도 2,580건, 신앙(이단) 문제 1,996건 등이었습니다. 삶을 포기하고 자살 충동에 시달리다 전화를 하는 경우도 1,722건에 이릅니다. P 목사는 누구나, 언제, 어디서나 전화를 걸면 익명이 보장되며 깊은 위안을 받을 수 있다고 강조했습니다.

P 목사는 더 많은 전화를 받고 싶지만 영리를 목적으로 하는 일이 아니어서 운영에 한계가 있다며, 한인 동포들의 아픈 마음을 어루만져 주는 사역을 함께할 독지가(篤志家)의 깊은 관심과 후원을 부탁한다고 전했습니다. 생명의 전화는 전문 교육을 받은 자원봉사 상담원들이 1년 365일 연중무휴로 매일 오후 3시부터 다음 날 새벽 5시까지 전화 상담 봉사를 하고 있습니다.

사실 말이 쉽지, 한밤중에 잠을 자지 않고 언제 걸려 올 지 모르는 전화를 기다린다는 것은 보통 힘든 일이 아닙니다. 게다가 술에 취해 횡설수설하는 사람, 장난 전화를 거는 사람, 여성 상담사들에게 성적인 농담을 하는 사람 등 상담원을 괴롭히는 전화도 적지 않습니다. 그러나 자살을 기도하려던 사람과 상담하여 그가 삶의 희망을 찾고 새로운 삶의 길을 걷게 된다면, 이는 천하를 얻는 것보다 더 소중한 일입니다. 마땅히 털어놓고 이야기할 친척이나 친구가 없는 외로운 사람들이 생명의 전화를 통해 위로와 격려를 받고 고통의 늪에서 벗어날 수 있다면, 그 어떤 일보다 고귀한 사역임이 틀림없습니다.

한 후배 목사의 가슴 아픈 일화가 있습니다. 한번은 그가 미국에서 토요일 늦게 한국에 도착했습니다. 시차 적응도 안 된 상태에서 잠을 설친 채 주일 낮 예배를 인도하고 저녁 예배까지 마치고 나니, 완전히 녹초가 되어 집에 들어갔습니다. 그때 목사관 문을 두드리는 소리가 나서 나가보니 얼굴이 창백한 한 청년이 서 있었습니다. 청년이 잠시 상담을 할 수 있겠느냐고 물었지만, 목사님은 너무 지쳐서 "지금은 몸이 너무 힘드니 내일 아침 새벽기도회 끝나고 상담을 하자"며 그를 돌려보냈습니다.

다음 날 새벽기도회 인도를 위해 예배당으로 갔는데, 예배당 마당 건너편에 있는 큰 나무에 어젯밤 그 청년이 목을 매어 스스로 생명을 끊은 것을 발견했습니다. 비록 몸이 피곤했더라도 그때 그 청년의 이야기를 들어주었더라면, 최악의 선택은 막을 수 있지 않았을까 하는 후회가 평생의 짐으로 남았다고 합니다.

개인은 지치고 쓰러질 수 있습니다. 그렇기에 언제든 도움의 손길을 내밀 수 있는 시스템이 필요합니다. 생명의 전화는 자살하려는 사람이 이른 새벽에 걸어온 전화를 받아 상담한 것이 계기가 되어 한 사람의 생명을 구하는 소중한 사역입니다. 우리 모두 관심을 갖고 후원하며, 이 귀한 사역을 위해 기도합시다. 샬롬.

대신 죽은 사람

"이와 같이 너희도 너희 자신을 죄에 대하여는 죽은 자요 그리스도 예수 안에서 하나님께 대하여는 살아 있는 자로 여길지어다." (롬 6:11)

오늘은 조선 말기에 살았던 개혁파의 지도자 김옥균(金玉均, 1851-1894)의 짧은 생을 살펴보겠습니다. 김옥균은 1851년 충청도 공주에서 태어난 조선 말기의 정치가이며 급진 개혁파의 한 사람이었습니다. 그는 1872년 알성시 문과에 장원 급제한 후 여러 요직을 거쳤으나, 수구 세력인 민씨 일파에 밀리다가 1884년 박영효(朴泳孝), 홍영식(洪英植) 등과 더불어 갑신정변(甲申政變)을 일으켰습니다.

그러나 얼마 되지 않는 병력으로 청나라 군대에 밀려 그들의 계획은 '3일 천하'로 끝나고 말았습니다. 김옥균은 일본으로 망명했다가 청일전쟁이 발발하기 직전 중국 상하이로 건너갔습니다. 김옥균은 1894년 조선 정부가 보낸 암살범 홍종우(洪鍾宇)에게 살해된 후 시신이 조선으로 옮겨져, 사지(四肢)가 절단된 후 조선 8도에 효수(梟首: 죄인의 목을 베어 높은 곳에 매달아 둠)되었습니다.

김옥균이 일본으로 망명했을 때 일본 정부는 그를 홋카이도 등으로 유배 보냈습니다. 그때 김옥균 곁에 다마(타마, 玉)라는 일본 여인이 있었다고 전해집니다. 다마는 빼어난 미인도 아니었고 명문가의 딸도 아니었으며 어떤 야망을 품은 것도 아니었는데, 오직 김옥균을 숭모(崇慕)하는 마음으로 그를 따르며 도왔습니다. 두 사람이 정식으로 부부의 연을 맺고 산 것은 아니었으나, 다마는 김옥균을 극진히 섬겼습니다.

그런데 김옥균을 노리는 자객이 따라붙자, 다마는 이를 눈치챘습니다. 자객은 어떤 이념이나 뜻이 있었던 것은 아니고, 그저 공명심에 사로잡혀 있었던 이름 없는 낭인(浪人: 일정한 직업 없이 떠돌아다니는 무사)에 불과했습니다. 알려진 일화에 따르면, 다마는 김옥균을 죽일 기회를 노리던 낭인에게 접근해서 몸을 허락하고, 그가 방심한 틈을 타 자객을 죽이고는 소리 없이 사라져 버렸다고 합니다. 김옥균은 이런 상황을 전혀 몰랐고, 나중에 경찰이 낭인의 죽음을 수사하는 과정에서 다마의 행적이 밝혀졌을 뿐입니다.

우리는 조선을 근대 국가로 만들려던 꿈을 이루지 못한 한 개혁가의 발자취를 더듬으면서, 아무 연고도 없는 사람이었지만 자기가 흠모하던 사람을 위해 목숨을 걸고 지켜 주었던 한 여인의 기구한 삶을 보게 됩니다. 사랑했던 남자를 위해 자신의 모든 것을 던져 자객을 막아내고 사라진 한 여인의 희생적인 사랑을 봅니다. 부부도 아니고 연인도 아니었지만, 한 사람을 위해 자신을 버린 여인의 모습에서 '희생(犧牲)'이라는 단어를 깊이 생각해 봅니다.

아무 연고도 없는 사람을 위해 자기 목숨을 버릴 사람은 세상에 거의 없을 것입니다. 자기 자식을 살리기 위해 몸을 던지는 부모는 더러 있습니다. 형제나 자매 중에서 나를 위해 대신 죽을 사람이 있을 수도 있습니다. 그러나 생면부지(生面不知: 전혀 모르는 사람)의 남이 나를 대신해서 죽어 줄 수 있을까요? 일반적으로 생각한다면 아무 상관 없는 나를 위해서 자기 생명을 내어놓을 사람은 없다고 보는 것이 정답일 것입니다.

그런데 정말 생면부지의 나를 위해서 자기의 생명을 내어놓으신 분이 계십니다. 바로 예수 그리스도이십니다. 주님께서는 나의 죄를 대신 지시고 십자가에서 생명을 버리셨습니다. 주님께서 나를 대신하여 십자가에서 고난을 받으셨기 때문에 내가 영원히 살 수 있게 되었습니다. 이 기쁜 소식을 온 세상에 전해야 합니다. 나를 대신해서 죽음의 길을 택하신 주님의 그 크고 높은 사랑을 전파해야 합니다. 이 기쁜 소식을 모르는 사람에게 전해야 하는 소명이 나에게 주어져 있습니다. 주님의 죽으심으로 내가 살았고, 나는 영원한 세계에서 살 자격을 얻었습니다. 할렐루야, 아멘 감사합니다. 샬롬.

친구를 위해 목숨을 버린 사람들

"그가 우리를 위하여 목숨을 버리셨으니 우리가 이로써 사랑을 알고
우리도 형제들을 위하여 목숨을 버리는 것이 마땅하니라… 자녀들아
우리가 말과 혀로만 사랑하지 말고 행함과 진실함으로 하자."
(요일 3:16, 18)

이제는 세월이 흘러 희미해져 가고 있지만, 세월호 참사는 우리 국민 모두의 가슴속에 응어리처럼 남아 있습니다. 2014년 4월 16일, 경기도 안산시 단원고등학교 교사와 학생 339명은 제주도로 수학여행을 가기 위해 인천에서 여객선 세월호에 몸을 싣고 즐거운 여행을 시작했습니다. 그러나 전남 진도 앞바다에서 청해진해운사의 탐욕과 선원들의 안일한 업무로 인해 승객 304명이 희생(사망 299명, 실종 5명)되는 대참사가 벌어졌습니다. 선장은 20대 신참 3등 항해사에게 조타실을 맡기고, 침실에 누워 쉬고 있었습니다. 배가 가라앉아 가는데 선장은 승객들에게 절대 움직이지 말고 객실에 머물러 있으라는 방송을 한 후, 자기는 전용 통로를 통해 몰래 빠져나와 구조선에 올랐습니다.

이렇게 살아 나온 선장이 한가롭게 젖은 지폐를 꺼내 말리고 있는 동안, 22살의 승무원 故 박지영 씨는 구명조끼를 입지 않은 학생들에게 구명조끼를 입혀주면서 이리저리 뛰어다녔습니다. 한 여학생이 "언니는 왜 구명조끼를 안 입어요?"라고 묻자 "승무원들은 맨 마지막에 입는 법이란다"라고 말한 뒤, 그녀는 침몰하는 세월호와 함께 바닷속으로 사라졌습니다.

제2차 세계대전이 한창이던 1943년 1월 22일, 미국 뉴욕항을 떠난 연합군 병력 수송선 도체스터(Dorchester)호는 904명의 장병을 태우고 그린란드를 향해 항진(航進)을 계속했습니다. 출발한 지 12일 만인 2

월 3일, 도체스터호는 독일 잠수함이 발사한 어뢰를 맞고 가라앉기 시작했습니다. 배가 갑자기 파손되자 구명조끼가 턱없이 부족했습니다. 그때 조지 폭스(George L. Fox), 알렉산더 구드(Alexander D. Goode), 클라크 폴링(Clark V. Poling), 존 워싱턴(John P. Washington) 등 네 명의 군목은 구명조끼를 입지 못한 병사들에게 가서 자기들이 입고 있던 구명조끼를 벗어 주었습니다.

"우리는 예수님을 믿고 있어서 지금 죽어도 천국에 갈 수 있으니, 당신은 이 구명조끼를 입고 살아서 꼭 예수님을 믿고 먼 훗날 천국에서 만납시다." 침몰하는 배 위에서 네 명의 군목은 서로 손을 잡고 "내 주를 가까이 하게 함은 십자가 짐 같은 고생이나" 찬송을 부르면서 바닷속으로 사라졌습니다. 살아남은 병사들이 희생당한 네 군목의 이야기를 전했고, 트루먼(Harry S. Truman) 대통령은 이 소식을 듣고 네 명의 군목을 기념하는 예배당 건축을 지시했으며, '네 명의 불멸의 군목들'이라는 기념우표가 발행되기도 했습니다.

기독교의 본질은 친구를 위해 목숨을 버리는 것입니다. 사도 요한은 "그가 우리를 위하여 목숨을 버리셨으니 우리가 이로써 사랑을 알고 우리도 형제들을 위하여 목숨을 버리는 것이 마땅하니라… 자녀들아 우리가 말과 혀로만 사랑하지 말고 행함과 진실함으로 하자"(요일 3:16, 18)고 권면하였습니다.

그리스도인이 걷는 길은 자기희생의 길입니다. 예수님께서는 "사람이 친구를 위하여 자기 목숨을 버리면 이보다 더 큰 사랑이 없나니"(요 15:13)라고 말씀하셨습니다. 이웃을 위해 자기 생명을 버린 의인들이 세상을 밝게 비추고 있습니다. 우리 그리스도인들은 이런 삶을 살기 위해 부단히 기도하면서 노력해야 합니다. 샬롬.

순명

"진리를 알지니 진리가 너희를 자유롭게 하리라." (요 8:32)

가톨릭교회에서 사제 서품(敍品: 안수식)을 할 때, 세 가지 서원을 합니다. 첫째는 청빈(淸貧)으로 평생 재산을 갖지 않는다는 것, 둘째는 정결(순결)로 결혼하지 않고 평생 독신으로 산다는 것, 셋째는 순명(順命)으로 상위 성직자의 명령에 절대 복종한다는 것입니다. 가톨릭교회는 매년 성유 축성 미사 등을 통해 전 세계에 있는 모든 사제와 수도자들이 이 서원을 하나님과 교회 앞에서 엄숙히 갱신하며 선서합니다. 세 번째 서원인 '순명'은 자기보다 상위 성직자가 명령을 내리면 이의를 달 수 없고, 무조건 따라야 함을 의미합니다. 그런데 최근 익명의 추기경이 프란치스코(Francis) 현 교황에 대한 강한 비판이 담긴 글을 올려 가톨릭 교계가 술렁이고 있습니다.

2024년 2월 29일 보수 가톨릭 웹사이트 '데일리 컴퍼스(The Daily Compass)'에는 '데모스 2세(Demos II)'라는 가명으로 '바티칸의 내일'이라는 제목의 글이 실렸습니다. 이 매체는 어떤 추기경이 다른 추기경들과 주교들의 제안을 취합한 후 작성했다며, 보복이 우려된다는 이유로 자신의 실명을 공개하지 않았습니다. 익명을 원한 이 추기경은 프란치스코 교황의 강점으로 약자에 대한 연민, 가난하고 소외된 이들에 대한 관심 등은 인정하면서도, 단점 또한 명백하다고 주장했습니다.

그는 교황이 독재적이고, 때로는 보복적으로 보이는 통치 스타일을 가졌으며, 교회법 문제에 대한 부주의, 정중한 의견 차이에 대한 편

협함이 단점이라고 지적했습니다. 그러면서 "가장 심각한 것은 신앙과 도덕 문제에서 신자들에게 혼란을 야기하는 모호성"이라고 말했습니다. 현 교황인 프란치스코는 남미 아르헨티나 출신으로 가톨릭계에서는 이례적인 개혁파로 불립니다.

교황은 동성애, 피임, 이혼 후 재혼자에 대한 성체성사 허용, 성직자의 독신 의무, 불법 이민 문제 등에 전향적이고, 가톨릭의 식민 지배 가담과 사제의 성추행을 적극적으로 사과했습니다. 그러나 최근에는 동성 커플에 대한 가톨릭 사제의 축복을 허용해 보수파의 거센 반발을 샀습니다.

익명의 추기경은 교황의 개혁 정책이 혼란을 가져왔다고 지적한 뒤 "혼란은 분열과 갈등을 낳는다. 그 결과 오늘날 교회는 최근 역사상 그 어느 때보다 더 분열돼 있다"고 비판했습니다. 이 추기경은 프란치스코 교황의 뒤를 이을 차기 교황은 올곧은 정통주의자이면서 권위주의적이지 않은 통치 스타일의 후보여야 한다고 주장했습니다. 한마디로 프란치스코 교황과 정반대의 인물이 차기 교황으로 선출되어야 한다는 것입니다.

추기경은 "이 기고가 다음 교황청이 어떤 모습이어야 하는지에 대해 필요한 대화를 이끌어내는 데 도움이 되길 바란다"며 글을 맺었습니다. 현재 추기경 수는 은퇴한 이들을 포함해서 전 세계적으로 240여 명인데, 이 중 교황 선출권이 있는 80세 미만의 추기경은 130여 명입니다. 따라서 이렇게 많은 추기경 중에 누가 이 글을 썼는지는 알 길이 없습니다.

누가 이 글을 썼는지는 모르지만, 교회의 최고 수장인 교황에 대해 반기를 든 것은 극히 이례적인 일로, '순명'의 서약을 어긴 것으로도 해석될 수 있습니다. 절대 순명을 서약한 사제가 상위 성직자, 특히 교황에게 공개적으로 반기를 든 것은 파격적인 사건입니다.

그러나 이제 가톨릭교회도 2천 년간 내려오던 절대적 서약의 전통이 흔들리고 있다고 볼 수 있습니다. 아무리 교황이라도 신앙에 위배된다고 여겨지면 항의할 수 있고, 글로 지적할 수도 있어야 합니다. 인간은 누구나 생각에 차이가 있고, 신학적 입장도 다를 수 있습니다. 이렇게 다른 것을 인정하고 발표하며 논의할 수 있는 자유와 토론의 장이 보장되어야 하지 않을까요?

이제 가톨릭교회도 성직의 위계질서와 상위 성직에게 무조건 순종해야 한다는 계율을 개혁해야 할 때가 되었다고 생각합니다. 익명으로 교황에게 글을 올리지 말고, 떳떳하게 자기 이름을 밝히고, 자기 견해를 표현할 수 있는 때가 빨리 와야 한다고 여겨집니다. 그리스도 안에서는 누구나 진정한 자유를 누리며 살아갈 권리가 있기 때문입니다. 샬롬.

구호

"가난한 자들은 항상 너희와 함께 있거니와" (마 26:11)
"예수께서 이르시되 가서 너도 이와 같이 하라." (눅 10:37)

국어사전에 구호(救護)란 '재해나 재난 따위로 어려움에 처한 사람을 도와 보호함'이라고 기재되어 있습니다. 제가 6.25 전쟁 때 자주 듣던 말 중에 '구호물자'가 있었습니다. 당시 구호물자 중 '알랑미'가 있었는데, 이는 베트남을 안남(安南)이라 불렀기에 안남미(安南米)를 그렇게 불렀습니다. 한국 쌀과 달리 길이가 길고 밥을 해 놓으면 찰기가 없어, 입으로 '훅' 불면 밥알이 낱낱이 바람에 흩날렸지요. 그때 사셨던 분들은 다 아실 겁니다.

미국 정부와 교인들이 보내 준 구호물자 중에는 큰 깡통에 들어 있는 버터, 치즈, 분유, 그리고 옷 등이 있었습니다. 그것을 먹고 입고 살았지요. 지금 생각하면 미국 사람들과 교인들 덕분에 우리 민족이 생존할 수 있었습니다. 이렇게 구호물자 덕분에 살았던 시절을 기억하면서, 해외에서 고난 중에 사는 사람들, 특히 먹을 것이 없어 굶주려 죽어가는 어린이들을 위해 구호 식량을 보내는 기관에 성금을 보내는 분들이 많습니다.

그런데 현재 세계에서 가장 많은 식량과 구호물자를 지원하는 미국의 국제개발처(USAID)가 2023년 6월 8일, 그동안 실시해 오던 아프리카 에티오피아에 대한 식량 원조를 전면 중단한다고 AP통신이 보도했습니다. 아프리카에서 두 번째로 인구(약 1억 2천만 명)가 많은 이 나라에 굶어 죽는 사람이 수백만 명이라는 소식이 전해지면서, 세계 각지에서 구호 식량을 보내고 있습니다. 그중 가장 큰 몫을 담당하고 있는 USAID가 식량 공급을 중단한 이유는, 식량이 공급되는 과정에서 광범위하게 빼돌려져 정작 굶주린 이들이 아닌 탐욕스러운 자들이 배를 채우고 있다는 조사 결과가 나왔기 때문입니다.

USAID는 "에티오피아 정부와 협력해서 전국을 조사한 결과 구호 식량 유용이 광범위하게, 그리고 조직적으로 이뤄지고 있다는 결론을 내렸다. 개선이 이뤄질 때까지 식량 원조를 재개하지 않을 것"이라고 밝혔습니다. 미국의 일간지 「워싱턴 포스트」(The Washington Post)는 이런 식량 절도 사건에 에티오피아 정부 관료들이 관여했을 것이라고 보도했습니다. 에티오피아 연방 및 지방 정부 당국자들이 지원 대상자 수를 부풀린 뒤, 구호 식량을 뒤로 빼돌려 자국 군대나 전직 전투 부대에 제공한 것으로 보인다는 것입니다.

구호 식량인 밀이 시장에서 밀가루가 되어 이웃 나라에 팔려나갔습니다. 조사단이 에티오피아 7개 지역 중 6개 지역을 조사한 결과, 6개 지역 모든 제분소 63곳에서 구호 식량을 불법으로 가공해 외국에 팔아넘긴 사실을 밝혀냈습니다. 미국은 전 세계에서 가장 많은 지원을 에티오피아에 하고 있는데, 그 규모는 일 년에 약 18억 달러(한화 약 2조 3천억 원)에 이릅니다. 에티오피아는 내전과 가뭄 등으로 전체 인구의 약 15%인 2천만 명이 구호 식량에 의존해 살아가고 있습니다. 그런데 자기 국민 2천만 명이 굶어 죽고 있는데, 그들이 먹고 살아갈 식량을 빼돌려 자기들 배를 불리려 공무원들과 짜고 도둑질을 한다니, 이 소식을 듣고 누가 구호금을 보낼 생각을 하겠습니까.

다른 도둑질보다 생존이 걸린 빈민들의 식량을 도둑질하는 것은 그 어떤 명분으로도 용서받을 수 없는 죄악입니다. 옷이나 물건을 훔치는 것과 달리, 기아(飢餓) 선상에 서 있는 이들의 양식을 빼돌려 돈을 갈취하는 자들은 최고형으로 엄벌해야 마땅합니다. 이는 성경이 말하는

'고아와 과부와 나그네'들의 식량을 빼앗아 갈취하는 것과 다를 바 없습니다. 아마도 하나님께서는 굶주리는 사람들의 식량을 도둑질하는 악인들을 더욱 엄하게 심판하시리라 믿습니다. 돈에 눈이 어두워져 있는 사탄의 무리들은, 남은 죽어도 나만 배부르면 그만이라는 인면수심(人面獸心: 사람의 얼굴을 하고 있으나 마음은 짐승과 같음)의 사람들입니다.

언제쯤 미국 구호 기관이 굶주리는 에티오피아 빈민들에게 다시 식량을 제공할지 걱정입니다. 참으로 안타깝고 통탄할 현실입니다. 이런 악인들에게 복음을 전해서, 그들이 회개하고 성령님으로 거듭난 삶을 살게 해야 할 책임이 우리에게 지워져 있습니다. 함께 기도하면서 열심히 전도합시다. 샬롬.

고아와 과부

"고아와 과부를 위하여 정의를 행하시며 나그네를 사랑하여 그에게 떡과 옷을 주시나니" (신 10:18)

고아는 부모가 없는 아이들을 말합니다. 부모가 동시에 사고로 숨지거나, 편모 혹은 편부 밑에서 자라다 부모가 세상을 떠나 고아가 되는 경우도 있고, 양친으로부터 버림을 받아 고아가 된 경우도 있습니다. 고아는 세상에서 가장 의지할 곳 없는 불쌍한 아이들입니다. 전쟁, 지진, 화재, 태풍, 교통사고 등 다양한 원인이 어린아이들을 홀로 남게 만듭니다.

한국에서는 보호기관에서 고아들을 모아 초·중·고등학교까지 먹이고 입히고 교육시킨 후, 고등학교를 졸업하면(만 18세) 일정한 액수의 자립 정착금을 주고 시설에서 내보냅니다. 그러면 이들은 시설에서 나와 우선 제일 싼 월세 방을 하나 얻고 직장을 구하려 동분서주(東奔西走: 이리저리 바쁘게 돌아다님)하지만, 고졸 학력에 고아라는 사실이 드러나면 취업은 더욱 어려워집니다.

2022년 초, 보호시설에서 나온 남녀 두 사람이 사회에 적응하려 애쓰다 결국 자포자기하여 스스로 생명을 끊은 안타까운 사건이 있었습니다. 보호기관에서 퇴소하여 2년 이상 거리를 떠돌아다니는 청년이 1만 2,000명이 넘고, 매년 약 2,500-3,000명이 가방 하나 들고 길거리로 나와 어디론가 사라진다고 합니다.

이러한 현실 속에서 전북특별자치도 익산시에서는 보호시설에서 나온 청년들을 위해 약 700여 명의 자원봉사자가 대리 부모 역할을 자청했습니다. 이들은 십시일반으로 돈을 각출(醵出)하여 '보호 종료 청소년 자립 지원센터'인 '유콘(Youth Contact Point)'을 세웠습니다. 이 대리 부모들은 아이들을 데려다가 밥도 해주고, 집에 데려다 재우기도 하고, 진학 상담을 해 주며 취업도 시켜 주고, 결혼식도 올려 줍니다. 이곳에서는 학업을 미처 마치지 못한 이들에게는 공부를 시키고, 취업하려는 사람들에게는 기술을 가르쳐 일자리를 알선해 주기도 합니다.

운이 좋아 부잣집에 양자나 양녀로 들어가게 되면 호강하면서 대학원까지 마치고, 좋은 직장에 취업도 하고, 마음에 맞는 배우자도 만나 단란한 가정을 꾸리고 살아갈 수도 있습니다. 그러나 대부분의 고아는 세상의 냉랭한 눈초리 속에서 고단한 삶을 살다 쓸쓸하게 세상을 등지는 게 현실입니다.

그러나 이 세상의 고아보다, 인생의 마지막에 돌아갈 곳이 없는 '영혼의 고아'들이 더욱 불쌍한 사람들입니다. 천국으로 가는 사람은 행복한 사람이지만, 그리스도를 모르고 산 사람은 세상에서 아무리 행복한 삶을 살았다 해도 그는 가장 불쌍한 사람입니다. 구약 성경에서 하나님께서 고아와 과부와 나그네를 돌보라고 누누이 말씀하신 것은 그들이 세상에서 제일 연약한 사람들이기 때문입니다. 부모 없는 고아들도 가련하지만, 불의의 사고로 남편을 잃고 어린 것들과 함께 세상에 남겨진 과부도 불쌍하기는 마찬가지입니다.

돈도 기술도 직업도 없는 데다, 몸까지 건강하지 않은 미망인, 과부들이 세상을 살아가는 것은 상상하기조차 어렵습니다. 인천의 한 아파트에서 생활고를 견디다 못해 세 아이와 함께 투신하여 네 가족이 목숨을 끊은 비극적인 사건도 있었습니다.

하나님께서 왜 과부를 돌보라고 하셨는지 그 이유를 아시겠지요? 이렇게 힘들게 살아가는 고아와 과부들은 물론 국가나 지방 자치 단체가 돌보아 주어야 하겠지만, 그들 주변에 있는 교회들도 마땅히 나서야 하지 않을까요? 해외 선교에 수천만 원, 수억 원을 쓰는 교회가 정작 교회 담장 밖에서 신음하는 고아와 과부를 돌보는 데는 인색하다면, 과연 하나님께서 기뻐하실까요? 선교비 못지않은 구제비를 책정하여, 교회 주변에 있는 고아와 과부를 돌보는 교회와 성도들이 되어야겠습니다. 이 일을 위해 함께 노력하고 기도합시다. 샬롬.

고아들을 돌보라

"고아와 과부를 위하여 정의를 행하시며 나그네를 사랑하여 그에게 떡과
옷을 주시나니" (신 10:18)

구약 성경에 보면 고아와 과부와 나그네를 돌보라는 말씀이 자주 나옵
니다. 아무리 가난한 집안이라 할지라도, 부모가 있는 자녀들은 든든한
울타리가 있기에 먹어도 같이 먹고 굶어도 같이 굶으며, 고난을 당해도
함께 이겨 나갑니다. 하지만 고아들은 부모가 없기 때문에 모든 것을
홀로 짊어져야 하는 고독한 존재들입니다. 즉 보호막이 전혀 없는 고립
무원(孤立無援: 고립되어 구원받을 데가 없음)의 처지입니다.

제가 어린 시절 겪었던 6.25 전쟁 때, 부모를 잃은 전쟁고아들이
참 많았습니다. 미국 교회의 도움으로 각지에 고아원이 세워져 전쟁고
아들을 돌보았고, 유명한 홀트(Holt)아동복지회를 비롯한 입양 기관을
통해 10만여 명의 고아들이 미국을 비롯한 전 세계 수많은 가정에 입
양되었습니다.

그런데 세계 경제 10위권이라는 한국의 고아들이 지금도 해외에
입양되고 있다는 사실을 알고 계시는지요? 왜 우리나라 가정에서 우리
아이들을 품지 않고, 해외로 보내야만 할까요? 이제는 세상이 좋아져
서 고아들도 각종 시설에서 고등학교 졸업 때까지 먹이고 입히며 교육
하고, 만 18세(혹은 연장 시 24세)가 될 때까지 돌보아 줍니다. 그러나 고등
학교를 졸업하고 보호 기간이 종료되면 일정한 액수의 자립 정착금을
쥐여주고, 시설에서 내보냅니다.

그러면 이때부터 이들은 사회에 홀로 던져진 외톨이가 되어 생존

을 위해 괴롭고 힘든 삶을 이어가야 합니다. 얼마 전, 신문 기사에 고등학교를 졸업하고 시설을 나온 청년이 월세방을 얻어 보금자리를 마련했지만, 취업이라는 난관에 직면한 사연이 실렸습니다. 고졸 학력에 고아라는 편견 때문에 직장을 얻지 못하고, 이리저리 헤매다 간신히 직장을 찾았지만, 얼마 못 가 여러 가지 이유로 해고를 당했습니다. 사회의 따가운 시선과 괄시와 천대를 견디다 못한 이 청년은 결국 약을 먹고 생을 마감했습니다. 우리 사회가 이 청년을 죽음으로 몰아넣은 것입니다.

최근 통계(2024년 5월 기준)에 따르면 매년 약 2,400여 명의 아이들이 시설을 떠나 사회로 나온다고 합니다. 아동 양육 시설이나 위탁 가정의 보호를 벗어난 후, 지원 제도의 한계로 인해 이들은 심리적, 사회적, 경제적 어려움을 홀로 감당하면서 냉혹한 경쟁 사회와 맞부딪치게 됩니다. 부모가 있는 사람들은 이른바 '부모 찬스'로, 혹은 부모의 권력과 인맥이 대물림되는 사회에서 조금은 수월하게 사회생활을 시작하지만, 홀로 선 이들은 살아갈 길이 막막합니다. 사회에 나온 이들이 적응해서 살아가기 위해서는 우선 안정적인 주거 시설이 필요합니다. 주거비 부담 없이 자립할 때까지 기거할 시설이 절실한 것입니다.

또한 이들이 안정적인 생활을 하기 위해서는 이들을 돌보아 줄 육체적, 정신적 보호자가 필요합니다. 사회에서 부딪히는 실질적인 문제와 심리적 문제를 상담해 주고, 취업 정보와 기술 교육을 제공할 수 있는 여건이 마련되어야 합니다. 한마디로 말해 부모 없는 아이들을 돌보는 것은 크게는 국가나 지방 자치단체가 해야 할 일이지만, 전국 방방곡곡 없는 곳이 없는 교회들이 여호와 하나님의 명령에 따라 이들을 품어 주어야 합니다.

교회들이 아프리카나 남미, 러시아, 중국 등 여러 나라에 선교사들을 파송하고 많은 선교비로 해외 선교 사역도 감당해야 하지만, 우리 교회 바로 옆에서 힘들게 살아가며 생과 사의 갈림길에 놓인 이웃을 위해 기도하고, 물질로 후원하며 그들의 앞길을 열어 주는 사역도 반드시 병행해야 합니다. 여호와 하나님께서 고아를 돌보라고 하신 명령은 구약시대 이스라엘 백성들에게만 주신 것이 아니라, 오늘 온 세계에 있는 모든 교회와 그리스도인들에게 요구하시는 명령이기도 합니다. 우리 모든 교인은 이들을 위해 기도하면서 돌보는 일에 힘써야 하겠습니다. 이것은 여호와 하나님의 엄중한 명령입니다. 샬롬.

입양아

"무릇 하나님의 영으로 인도함을 받는 사람은 곧 하나님의 아들이라…
양자의 영을 받았으므로 우리가 아빠 아버지라고 부르짖느니라 성령이
친히 우리의 영과 더불어 우리가 하나님의 자녀인 것을 증언하시나니"
(롬 8:14-16)

지난 2023년, 미국 언론에 '입양아 출신 수전 김 드클러크(Susan K. DeClercq) 미시간 연방 판사 지명'이라는 기사가 크게 보도된 적이 있습니다. 당시 조 바이든(Joe Biden) 대통령은 그녀를 미시간주 연방법원 동부지원 판사로 지명했습니다. 이후 상원의 인준을 통과하여, 수전 김 씨는 동아시아 출신 최초의 미시간 연방 판사로 일하고 있습니다.

한국의 어느 병원 계단에 버려졌던 수전 김은 미국에 사는 미혼모에게 입양되어 미시간대학(University of Michigan)과 웨인스테이트대(Wayne State University) 법대를 거쳐 연방 검사로 18년 동안 봉직했습니다. 청문회 당시 그녀를 추천한 게리 피터스(Gary Peters) 상원의원은 "검사로서 시민의 권리를 보장하기 위해 많은 노력을 해왔으며, 판사가 되기 위한 충분한 경험을 쌓아왔다. 최초의 아시안 출신으로 앞으로도 국가에 헌신할 법조인이 될 것으로 본다"고 말했습니다.

청문회에서 수전 김 씨는 "낳아 주신 어머니와 키워주신 어머니, 두 분께 무한한 감사를 드린다"고 말하고, "이 나라가 내게 준 놀라운 기회를 늘 깊이 생각하고 있다"고 고백했습니다. 그녀는 남편 그레그 커(Greg Kerr)와의 사이에 세 자녀를 두고 있습니다. 수전 김 씨 외에도 이곳 한국 신문은 입양인들 가운데 출중한 인사가 된 이들에 대한 기사를 가끔 보도합니다. 그럴 때마다 낯선 땅 양부모 밑에서 어려움도 많았을 것이고, 학교에서도 조롱을 많이 받았을 텐데, 굳세게 세파를

이겨내고 승리한 입양아 출신 우리 동포들을 볼 때면 뿌듯한 자부심을 느낍니다.

한국 고아들이 본격적으로 미국이나 유럽으로 입양된 것은 6.25 전쟁 때부터입니다. 잘 아시는 '홀트아동복지회(Holt)'와 기타 입양 기관을 통해 지난 70여 년 동안 약 20만 명의 고아나 버림받은 아이들이 입양되어 해외로 나갔습니다. 다행히 많은 아이가 좋은 가정에 입양되어, 양부모들의 사랑과 배려로 정규 대학과 의대, 법대, 경영대학원(MBA) 등에서 공부하고 의사, 변호사, 검사, 판사, 큰 회사의 주요 보직에서 보람 있게 일하는 사람들이 적지 않습니다.

그러나 빛이 있으면 어둠도 있는 법입니다. 입양 가정의 부모들이 이혼하거나 가정이 깨지면, 입양아를 서로 맡지 않으려 하여 갈 곳이 없어지는 경우도 적지 않습니다. 특히 여아인 경우, 나쁜 양부모를 만나면 어려서는 종 부리듯 하고, 어느 정도 성장하면 성적으로 학대하거나 심지어 성폭행까지 하는 짐승만도 못한 사례들도 없지 않습니다. 양부모의 친자녀들로부터 차별과 학대를 받거나, 심지어 내쫓기는 경우도 있습니다. 또한 양부모가 시민권 취득을 위한 서류 작업을 제대로 해주지 않아, 성인이 되어도 미국 시민권이 없어 불법 체류자 신세가 되어 추방 위기에 놓이는 경우도 적지 않은 것이 현실입니다.

입양아들은 양부모 밑에서 사랑받고 자랐어도, 자기를 낳아 준 생모(生母)를 찾기 위해 한국을 방문하는 경우가 자주 있습니다. 실제로 생모를 찾기는 아주 어려운데, 그 이유는 정보가 부족하기 때문이고, 더러는 생모가 자녀를 버린 죄책감과 부끄러움 때문에 나타나지 않는 경우도 있다고 합니다.

아직도 한국에서 미국이나 기타 외국으로 입양되어 나가는 아이들이 적지 않다고 합니다. 6.25 전쟁 직후에는 전쟁고아들이 많았고, 부모가 있다 해도 아이들을 먹이고 입힐 수가 없어 어쩔 수 없이 해외로 입양을 보낼 수밖에 없었습니다. 그러나 이제 한국이 세계 10위권의 경제 대국이 되었다고 자랑하면서도, 여전히 고아들이나 버림받은 아이들을 외국 양부모들에게 떠넘기는 일이 계속되고 있다고 하니 참으로 부끄럽고 안타까운 일입니다.

바울 사도는 우리가 하나님의 양자 됨을 선언하였습니다. "무릇 하나님의 영으로 인도함을 받는 사람은 곧 하나님의 아들이라… 양자의 영을 받았으므로 우리가 아빠 아버지라고 부르짖느니라 성령이 친히 우리의 영과 더불어 우리가 하나님의 자녀인 것을 증언하시나니"(롬 8:14-16) 영적으로 우리는 하나님의 양자, 즉 입양아입니다. 하나님이 우리의 아버지이십니다. 하나님을 아버지로 둔 사람은 천하에 두려울 것이 없고, 부러울 것이 없습니다. 우리 모두 하나님의 양자 됨을 마음껏 누리며(Enjoy) 살아갑시다. 샬롬.

핏줄

"유다가 자기 형제에게 이르되 우리가 우리 동생을 죽이고 그의 피를
덮어둔들 무엇이 유익할까… 그는 우리의 동생이요 우리의 혈육이니라
하매 그의 형제들이 청종하였더라." (창 37:26-27)

한국 사람들은 혈통을 매우 중요하게 여깁니다. 혈통은 '우리'라는 개념 속에서 나옵니다. 우리 가족, 우리 가문, 우리 혈통, 우리 집안, 우리 핏줄 등입니다. 특히 혈통을 중요시하는 경우, "피 한 방울도 섞이지 않은 남"이라는 말을 자주 합니다. 그러나 미국에 와서 살다 보니, 혈통이란 말이 무색해질 때가 많습니다. 당장 우리 교회 안에서도 어느 장로님의 딸은 어느 나라 남자와 결혼했고, 어느 권사님의 아들은 어느 나라 여자와 결혼을 했다는 말을 자주 듣다 보니, 이제는 '혈통'이라는 말에 아무런 감흥이 없습니다.

이곳 미국 내 한인들 사이에서는 '우리는 단일 민족이다', '백의 민족이다', '같은 혈통이다'라는 말이 큰 의미가 없습니다. 서로 다른 인종이 결혼하면 다문화 가정(Mixed Family)의 자녀가 태어나기에, 단일 민족이나 같은 혈통이라는 말은 더 이상 쓸 수 없게 됩니다.

6.25 전쟁 중에 부모를 잃은 고아들이 '홀트아동복지회(Holt)'나 기타 입양 기관을 통해 8만 명 이상 해외로 입양되었습니다. 전쟁이 끝난 후에도 아이를 기를 수 없는 형편의 가정에서는 아이들을 해외로 입양 보내곤 했습니다. 그런데 해외에 입양된 아이들이 성인이 된 후에 자기를 낳아 준 생모(生母)를 찾는 경우가 적지 않습니다. 그러나 생모가 기관에 아이를 맡길 때 이름과 생년월일만 남긴 경우가 많아, 그 부모나 생모를 찾는 것은 보통 어려운 일이 아닙니다.

외롭고 쓸쓸하게 살아오던 입양인들이 핏줄을 찾는 것은 자연스러운 일입니다. 입양아들은 '엄마는 왜 나를 버렸을까, 그럴 수밖에 없었던 이유는 무엇이었을까, 아직 살아 계실까, 생부와 같이 살고 있을까, 동생이나 형은 있을까, 재혼하셨을까?' 등등 수많은 의문을 품고 살아갑니다. 구약 성경에서 요셉의 열 명 형들이 막내동생 요셉을 죽이려 했을 때, 유다(Judah)가 "그는 우리의 동생(Brother)이요 우리의 혈육(Flesh)이니라"(창 37:27)고 말했습니다. 유대인들의 선민 의식을 엿볼 수 있는 대목입니다. 유대인들은 자기 민족만 하나님의 선민(Chosen People)이라고 여깁니다.

반면 신약에서는 온 세계(Oikumene)의 모든 사람이 그리스도의 십자가 보혈로 하나가 된 형제요 한 혈통임을 확신합니다. 바울 선생은 갈라디아 교회에 보낸 편지에서 "너희는 유대인이나 헬라인이나 종이나 자유인이나 남자나 여자가 다 그리스도 안에서 하나이니라"(갈 3:28)고 못 박아 두었습니다. 여기서 육신의 혈통은 무의미해집니다.

입양아들이 친모나 친부를 찾는 것은 그들에게 매우 중요한 일입니다. 그러나 어렵게 찾았음에도 친부모가 이미 세상을 떠났을 수도 있고, 찾기는 찾았는데 그들의 생활이 어려워 도리어 자녀에게 많은 돈을 요구하는 안타까운 경우도 있습니다. 이럴 때 과연 육신의 혈통이 무슨 의미가 있을까요?

육신의 혈통을 찾는 것도 중요하지만, 영적 혈통을 찾는 것은 더욱 중요합니다. 육신의 혈통은 오래 살아야 몇십 년이지만, 영적 혈통은 영원히 사는 길임을 명심해야 합니다. 주님의 십자가 보혈이야말로 우리가 찾아야 하는 참된 혈통입니다. 온 세계 만민들에게 열심히 전도하여 그리스도 안에서 한 가족으로, 그리고 한 혈통으로 만나는 날을 기약합시다. 샬롬.

아동 노동

"사람들이 예수께서 안수하고 기도해 주심을 바라고 어린 아이들을
데리고 오매 제자들이 꾸짖거늘 예수께서 이르시되 어린 아이들을
용납하고 내게 오는 것을 금하지 말라." (마 19:13-14)

2023년 5월, 아침 조간신문에 "현대차 협력사 또 아동 채용 적발"이라
는 큰 활자의 뉴스가 전해졌습니다. 2022년에도 현대차 협력사에서 아
동을 고용해서 일하게 한 일로 당국의 조사를 받고 많은 벌금을 낸 일
이 있었는데, 또다시 똑같은 뉴스가 난 것입니다. 보도에 따르면 현대
차 협력 업체가 위조 신분을 사용한 소년을 채용해 일을 시키다 당국
에 적발되어 벌금을 물었습니다. 미국 앨라배마주 노동부 감독관이 현
대차 그룹의 협력업체에서 금속 주물을 쌓고 있는 소년의 나이를 묻자
18세라고 대답했으나, 조사 결과 16세라는 사실이 밝혀졌습니다.

　미국에서는 고등학교까지 의무교육이어서 18세 미만의 아이들은
모두 학교에서 공부해야 합니다. 따라서 18세 미만의 아이들이 월요일
부터 금요일까지 거리에 있으면 안 됩니다. 학교에 보내지 않은 학부모
들에게 책임을 묻습니다. 또한 미국에서는 불법 체류자 가정의 아이들
도 학교에서 무상으로 교육을 받게 합니다. 아이들 부모의 합법 체류
여부를 학교에서 따지지 않습니다. 세상의 모든 아이는 학교에서 공부
할 권리가 있고, 국가는 교육할 의무가 있기 때문입니다.

　아동 노동의 역사는 오래되었습니다. 고대나 중세는 말할 것도 없
고, 근대에 와서도 계속되었습니다. 19세기 초 영국에 산업혁명이 일
어났을 때, 자본가들은 저임금으로 어린이들을 섬유 공장 등지에서 노
동을 시켰습니다. 가난한 집 부모들은 아이들을 일터에 보내 생활비를

보충해야 했습니다. 당시 노동하는 어린이들 중에는 8-9세도 있었고, 주일(공휴일)도 없이 하루에 무려 12시간에서 16시간 노동을 시켰습니다. 처우도 매우 나빠 굶어 죽지 않을 정도로만 밥을 주었고, 돌아가는 방직기계 안에 들어가 기름칠을 하게 하는 등 위험한 일도 서슴지 않았습니다.

영국 정부는 1842년 어린이와 부녀자의 광산노동을 금지했으며, 보호법 위반자에 대한 처벌도 강화하였습니다. 인도주의자들의 노력으로 반드시 일정 수준 이상 공부를 시키는 의무교육제가 도입됐고 아동들의 노동 강도를 차차 줄여 나갔습니다. 우리나라도 과거 가난했던 시절에는 쌀 한두 가마니를 받고 아이들을 부잣집 몸종이나 하녀로 보내기도 했습니다.

국제노동기구(ILO)가 2012년에 조사한 바에 따르면, 8-13세 사이의 어린이 노동자는 전 세계적으로 2억 6천만 명이고, 이 중 약 1억 7천만 명은 일체의 인권 없이 노동만 강요당하는 아동 노동자들입니다. 이들 대부분인 7천7백만 명은 아시아 지역 아동들입니다. 인도의 유리 공장 노동자의 절반 이상이 어린이이며, 베트남에서는 어린이가 커피 농장에서, 콜롬비아의 어린이는 탄광에서 일하고 있습니다.

문제는 저개발 국가 가정들의 경제 형편이 어려워 아이들을 노동 현장으로 내보낼 수밖에 없는 현실입니다. 어떤 경우에도 아동에게 일을 시키지 말아야 하지만, 부모 없는 고아들, 부모가 병들어 굶고 있는 가정의 아이들은 일을 해야 먹고살 수밖에 없는 현실이 문제입니다. 이 아이들의 노동을 금지하면 이들 가정의 생계는 누가 책임을 지느냐 하는 어려운 문제가 남습니다.

지난 세월 동안 아이들이 노동에 내몰렸던 것은 그렇다 치더라도, 오늘날 세계 제일의 부자 나라인 미국에서 18세 미만 아이들을 노동 현장에 투입하고, 적은 임금을 주고 일을 시키는 것은 용인할 수 없는 비인도적 행위이며 불법입니다.

2,000년 전 예수님 당시, 제자들은 부모들이 어린이들을 예수님께 데리고 오는 모습을 보고 꾸짖었습니다. 이 모습을 본 예수님은 제자들을 책망하시면서 어린이들이 내게 오는 것을 금하지 말라고 말씀하셨습니다. 어린이의 인권을 존중하라는 말씀입니다.

18세 미만 어린이들은 교육을 받아야 하고, 18세 이상 성인이 된 후에 노동을 해야 합니다. 온 세계에 어린이 노동이 없는 세상이 속히 오도록 계속 기도하며 노력해야겠습니다. 미국에 있는 한국계 회사에서 어린이들에게 노동을 시킨다는 뉴스가 더 이상 나지 않았으면 좋겠네요. 샬롬.

무국적 아동들

"그러나 우리의 시민권은 하늘에 있는지라 거기로부터 구원하는 자 곧 주 예수 그리스도를 기다리노니" (빌 3:20)

미국이라는 나라는 세계 여러 나라에서 온 사람들이 섞여 사는 그야말로 용광로와 같은 사회입니다. 따라서 미국에 사는 사람들 중에 영어를 모르는 사람들도 많습니다. 미국은 가난한 나라 사람들에게 꿈의 나라입니다. 특히 남미의 빈민들에게는 미국에서 사는 것이 유일한 소망이기도 합니다. 그래서 미국 남부 국경으로 넘어오는 불법 체류자들이 날마다 부지기수로 입국을 시도하여, 미국의 큰 사회적 과제가 되고 있습니다. 미국에 일단 들어오면 불법 체류자라도 굶어 죽는 일은 드물고, 중병에 걸리면 무료로 치료해 주는 병원도 있습니다. 특히 아이들은 불법 체류자 자녀라도 신분을 묻지 않고, 무조건 공립학교에 들여보내 공부를 시킵니다.

최근 한국에서 태어난 '무국적 아동'들에 대해 쓴 글을 읽었습니다. 한국에 불법 체류하는 부모들 사이에서 태어난 무국적 아동들이 수만 명이 넘는다고 합니다. 한국인들이 기피하는 소위 3D(Dangerous, Difficult, Dirty: 위험하고, 힘들고, 더러운) 업종의 일을 하기 위해 입국한 후, 기간이 지나도 귀국하지 않고 잔류하는 노동자들이나 불법 체류 부모 사이에서 태어난 아이들은 무국적 아동이 됩니다.

한국은 속인주의(屬人主義)를 채택하고 있기 때문에 아버지나 어머니 두 사람 가운데 한 사람이 한국 사람이어야 한국 국적을 받게 됩니다. 따라서 아이가 한국 땅에서 태어나도, 부모가 한국 사람이 아니면 아이는 한국 국적을 받지 못하고 무국적자가 됩니다. 문제는 이 무국적 아이들이 취학 연령이 되어도, 신분 문제로 인해 초등학교 교육의 사각지대에 놓이기 쉽다는 점입니다. 아이들 교육은 국적에 따라 주어지는 것이 아니라, 국적과 상관없이 때가 되면 가르쳐야 하고 받아야 할 권리입니다. 아이는 국적과 상관없이 인류의 일원이기 때문입니다. 국적이 있다고 교육하고 국적이 없다고 교육하지 않는다면, 국적 없는 아이들은 배움의 기회를 잃고 무학(無學)으로 일생을 살아가야 하지 않겠습니까? 아이들을 국적으로 차별하여 교육의 기회마저 박탈하는 것은 하나님의 정의에 어긋나는 일입니다.

하나님께서는 국적과 상관없이 사람으로 태어났으면 사람으로서의 가치와 권리를 인정해 주기를 원하십니다. 예수님께서 십자가에 돌아가신 것은 어떤 특정한 국민을 위한 것이 아니라, 온 인류를 위함입니다. 그 사람이 어떤 조건에 있느냐는 전혀 고려 대상이 아닙니다. 그가 사람이라면 십자가 보혈의 능력으로 죄 사함을 받고, 하나님의 자녀가 될 수 있으며, 영원한 나라의 일원이 될 수 있습니다. 한국도 이제는 무국적자 자녀라 해도 안심하고 교육받을 수 있도록 품어주어야 합니다. 이것이 휴머니즘(Humanism: 인본주의)이며, 기독교 사랑의 원리입니다.

인간 세상은 물론 법이 있어야 하고, 그 법에 따라 운영해야 하는 것이 원칙입니다. 그러나 적어도 아이들 교육만은 조건을 따지지 말고, 무조건 시켜야 하지 않을까요? 바울 선생은 "우리의 시민권은 하늘에 있는지라 거기로부터 구원하는 자 곧 주 예수 그리스도를 기다리노니"(빌 3:20)라고 말씀하였습니다. 우리의 시민권은 하늘에 있기 때문에, 하늘나라를 소망하며 우리의 구원자 주 예수 그리스도를 기다리며 살아가야 합니다. 하늘나라에 들어가는 사람들은 세상의 국적이 없습니다. 주여, 어서 오시옵소서. 샬롬.

어떤 그리스도인

"이같이 너희 빛이 사람 앞에 비치게 하여 그들로 너희 착한 행실을 보고 하늘에 계신 너희 아버지께 영광을 돌리게 하라." (마 5:16)

어떤 이가 한 그리스도인 어르신의 삶을 소개하는 글을 썼습니다. 필자가 오랫동안 곁에서 지켜본, 구순(九旬: 아흔 살)이 다 되어 가는 이 어르신은 나이가 많음에도 불구하고 은퇴라는 개념 없이 이른 새벽에 일어나 가게 문을 열고 성실하게 일하며 살아가는 분입니다.

이분은 약 50년 전에 미국에 와서 여느 한인 이민자들처럼 여러 가지 힘든 일을 하면서 이민 생활을 이어갔습니다. 그분은 미국 동부 지역의 어느 도시, 흑인 거주 지역에서 편의점을 운영하며 열심히 일했습니다. 매일 새벽 4시 전에 일어나서 출석하는 교회에 가 새벽 기도회를 마치고, 곧바로 가게로 가서 일을 시작했습니다. 주일에는 가게 문을 닫고 온전히 예배를 드렸지만, 월요일부터 토요일까지는 폭설이 내리거나 날씨가 좋지 않아 비상사태가 선포되어도 쉬는 날 없이 가게 문을 열었습니다.

그가 그렇게 열심히 돈을 버는 데는 목적이 있었습니다. 그것은 어려운 사람을 돕고, 가난한 사람들에게 나누어 주기 위함이었습니다. 출석하는 교회에서는 이렇게 모범적으로 신앙생활을 하는 이분에게 장로직을 맡기려 했지만, 장로라는 직분이 부담스럽다며 한사코 사양했습니다. 오랫동안 그 어르신은 매월 첫째 토요일이면, 직접 준비한 음식물과 푸드뱅크(Food Bank: 무료 급식소)로부터 얻은 식품들로 수백 개의 선물 꾸러미를 만들어서 가난한 흑인 동네로 갔습니다. 길게 줄을 서서 어르신을 기다리는 주민들에게 선물을 나눠주며, 핫도그를 만들어 주면서 전도를 했습니다.

어느 날 필자도 이 일에 동참해서 차례대로 선물을 나누어 주었는데, 어떤 아이가 선물을 받고 간 후에 다시 왔습니다. 필자가 아이에게 "아까 받아 가지 않았느냐"고 묻자 "아빠가 시켰다"고 말했습니다. 정직하지 못한 것은 옳은 것이 아니라는 교훈을 주려고 아이에게 선물 봉지를 주지 않으려 했더니, 어르신은 웃으며 이렇게 말했습니다. "그냥 속아 주고 줘요."

한번은 어르신이 시내에서 운전하고 가는데, 어떤 미국인 여성이 뒤에서 어르신의 차를 들이받았습니다. 당황한 뒤차 운전자가 내려서 다가오자, 차 뒷부분이 파손되었음에도 불구하고 어르신은 웃으면서 "됐다"고 하며 여성 운전자를 그냥 보냈습니다. 보통 사람 같으면 운전자가 도망갈까 봐 얼른 내려 사진을 찍고, 운전면허증과 보험증을 내놓으라고 요구했을 테지만, 어르신은 너그럽게 차를 들이받은 백인 여성을 그대로 돌려보냈습니다.

또 한 번은 적지 않은 돈을 꾸어 간 사람이 갚지도 않고 소리 없이 이사를 가 버린 일이 있었습니다. 이 소식을 들은 어르신의 부인이 속상해하며 투덜거리자, "그냥 내버려 둬요. 그 사람들 그 돈 갖고 가서 잘 살면 되잖아"라고 말을 했습니다. 코로나19 팬데믹 기간에는 장사가 잘되지 않아서 무척 어려웠는데, 필자가 관계하는 어떤 후원 단체에 기부(Donation)를 해 달라고 부탁하자, 적지 않은 돈을 쾌척했습니다. 필자가 "요즘 힘드실 텐데 미안하다"고 했더니, "그게 하나님 돈이지 내 돈인가요?"라는 한마디를 남기고는 소리 없이 가버렸습니다.

우리는 이 글에서 어떤 나이 지긋한 그리스도인의 삶의 모습을 보았습니다. 이분이 그렇게 살아갈 수 있는 것은 그 마음속에 '그리스도의 마음'을 품고 있기 때문입니다. 그리스도의 마음을 품고 사는 사람은 이 어르신과 같이 어려운 사람을 도와주고, 자기가 손해를 보면서 삽니다. 이는 "내가 모태에서 알몸으로 나왔사온즉 또한 알몸이 그리로 돌아가올지라"(욥 1:21)고 고백한 욥의 신앙을 가졌기 때문입니다.

　　예수님께서는 "이같이 너희 빛이 사람 앞에 비치게 하여 그들로 너희 착한 행실을 보고 하늘에 계신 너희 아버지께 영광을 돌리게 하라"(마 5:16)고 말씀하셨습니다. 진실한 그리스도인으로 산다는 것은 참 어려운 일입니다. 그러나 불가능한 일은 아닙니다. 성령님께서 내주하시는 사람들은 그렇게 살아갈 수 있습니다. 샬롬.

긍휼이 여기는 자는 복이 있나니

"너는 네 떡(Bread)을 물 위에 던져라. 여러 날 후에 도로 찾으리라."
(전 11:1)

어떤 신문사 논설위원이 쓴 글을 읽고 참 좋은 내용이라 여겨 여러분들과 함께 나누고 싶습니다.

"6.25 전쟁 때 흥남 철수선을 타고 탈출한 실향민 임 모 씨가 진해에서 서울로 가려다 열차에 문제가 생겨 대전에서 내렸다. 생계가 막막했던 그에게 대전 대흥동성당이 구호물자였던 밀가루 두 포대를 내줬다. 임 씨는 가족들 끼니를 해결하고 남은 밀가루로 찐빵을 만들어 대전역 앞에서 장사를 시작했다. 나무 간판에는 '성스러운 마음'이란 뜻의 '성심'을 새겨 넣었다. 대전의 명물 빵집 '성심당(聖心堂)'의 시작이었다. 북한을 탈출할 때 임 씨는 '이번에 살아남으면 남은 인생은 남에게 베풀기 위해 살겠다'고 다짐했다. 임 씨는 하루에 만든 빵 중 100개를 이웃에게 나누어 주었다.

당일 만든 빵 중 안 팔린 빵은 모두 가난한 이웃에게 나누어주는 성심당의 전통은 이렇게 만들어졌다. 지난해 성심당이 지역사회에 베푼 나눔 빵은 10억 원어치가 넘는다. 직원들은 매일 각지에 보낼 나눔 빵을 포장하며 '사랑'을 체감한다.

가업을 물려받은 아들 임 대표가 1981년 소보로, 앙금빵, 도넛을 합친 듯한 '튀김 소보로'를 개발해 히트를 쳤다. 그러나 2005년 화재로 매장과 빵 공장이 모두 소실되는 위기가 찾아왔다. 사장은 장사를 접으려 했지만, 직원들이 '잿더미 회사, 우리가 일으켜 세우자'는 현수막을 내걸고 재건에 나섰다. 성심당은 직원 인사고과에 '사랑' 항목을 만들어 배점 40점을 주고, 퇴사 직원에겐 재입사 권리를 보장하며 화답했다.

2012년 대전역에 입점한 것이 '전국구 빵집' 도약을 이끌었다. 대전을 방문한 외지인들이 성심당 빵을 앞다투어 사 가면서 군산 '이성당(李盛堂)'과 함께 '전국 2대 빵집' 반열에 올랐다. 하루 내방객이 1만 7천 명이 넘는 성심당은 1년에 딱 하루, 직원 체육대회 날만 문을 닫는다. 그날이 되면 "재난 문자로 휴업 알려 주세요", "KTX가 대전역 무정차 통과하게 해 주세요" 등의 열성 팬들의 요청이 소셜 미디어(SNS)를 달군다.

성심당이 지난해 1,243억 원의 매출을 올려 동네 빵집 최초로 1,000억 원을 넘어섰다. 영업 이익은 무려 315억 원에 달해, 파리바게뜨(199억 원), 뚜레쥬르(214억 원) 등 대기업 빵집 프랜차이즈를 앞질렀다. 작년에 선보인 '딸기 시루'가 '가성비 케이크'로 입소문을 타면서 매출을 끌어 올렸다고 한다. 성심당 임 대표 책상 위엔 '모든 이가 다 좋게 여기는 일을 하도록 하십시오'라고 적힌 명패가 놓여 있다. 동네 가게가 대기업과의 경쟁에서 이겨 향토 기업이 되고, 지역사회에 선한 영향력을 행사하며 문화의 아이콘으로 자리 잡는 '성심당 모델'이 계속 나오면 좋겠다."

저는 이 글을 읽으면서 성심당이 왜 성공했는지 단번에 간파했습니다. 이북에서 간신히 남한으로 피난을 오면서 "남은 인생은 남에게 베풀기 위해 살겠다"라는 다짐을 실천하며, 하루에 만든 빵 중 100개는 이웃에게 나누어 주었고, 그날 팔다 남은 빵은 모두 이웃에게 기부했습니다. 즉 '베푸는 삶'이 성공의 비결이었습니다.

솔로몬은 "너는 네 떡(Bread)을 물 위에 던지라. 여러 날 후에 도로 찾으리라"(전 11:1)고 말했습니다. 어려운 이웃에게 빵을 나누어 주는 사람에게 하나님께서는 반드시 보답하십니다. 성심은 '거룩한 마음'입니다. 거룩한 마음은 어려운 이웃을 돕는 마음입니다.

서양 사람의 밥은 빵입니다. 밥을 못 먹는 사람에게 밥을 주는 것보다 더 귀한 일은 없습니다. 주님께서는 말씀하셨습니다. "내가 주릴 때에 너희가 먹을 것을 주었고… 여기 내 형제 중에 지극히 작은 자 하나에게 한 것이 곧 내게 한 것이니라."(마 25:35, 40) 주님의 말씀에 따라, 우리가 가진 것 중 작은 부분이라도 굶주린 자에게 나누어주는 삶을 실천하며 살아갑시다. 샬롬.

오만한 인간들

"교만은 패망의 선봉이요 거만한 마음은 넘어짐의 앞잡이니라."
(잠 16:18)

세기의 초호화 유람선 타이타닉(Titanic)호는 1912년 4월 14일 오후 11시 40분, 북대서양 뉴펀들랜드 동남쪽 600km 지점에서 거대한 빙산과 부딪혀 침몰했습니다. 이 사고로 승객 2,224명 중 1,514명이 사망하고 706명만이 구조되었습니다. 이 배는 길이 270m, 무게 46,000톤에 달하는 당시 세계 최대의 호화 여객선이었습니다. 꿈을 안고 영국 사우스햄프턴(Southampton)항을 떠나 미국 뉴욕으로 첫 항해를 떠난 타이타닉호는 빙산에 부딪힌 후 차가운 바닷속으로 가라앉고 말았습니다.

당시 배에 있던 구명정은 승객 수에 비해 턱없이 부족해서, 전체 승객의 절반이 넘는 사람이 생명을 잃었습니다. 이 침몰 사건은 인류 역사상 최악의 해상 사고 중 하나로 기록되어 있습니다. 사고 당시 타이타닉호의 선장과 선원들의 눈에 보인 것은 20m가량의 빙산이었는데, 빙산의 90%가 수면 아래 잠겨 있었기 때문에 피하기 어려웠던 측면도 있습니다.

필자는 타이타닉호 사건을 살펴보면서 놀라운 사실을 발견했습니다. 타이타닉호의 소유 회사인 화이트 스타 라인(White Star Line)은 이 배의 탄생과 첫 항해를 홍보하면서, "하나님도 이 배는 침몰시킬 수 없다(God himself could not sink this ship)"라는 말로 승객을 모집했다는 이야기가 전해집니다. '하나님도 이 배는 침몰시킬 수 없다'는 말은 하나님이 하실 수 없는 일이 있다는 뜻이고, 또한 하나님은 배 한 척 침몰시킬 능력이 없는 존재라고 폄하하는 것이 아닙니까? 세상에 이런 오만한 말을 하고, 또 이 문구를 선전 문구로 채택했다면, 관계자들이 과연 제정신 이었는지 의심스럽습니다. 그것도 영국과 같은 기독교 국가에서 말입니다.

직원 한 사람이 지나가는 말로, 혹은 농담으로 이런 말을 했다면 어리석은 인간이라고 치부하겠지만, 이것이 회사의 자부심이었다면 참으로 기가 찰 노릇입니다. 그들이 자랑하던 타이타닉은 출발한 지 불과 3일 만에 바닷속으로 사라져 버렸습니다. 이 말이 얼마나 헛된 소리였는지 만천하에 드러난 셈입니다.

제2차 세계대전 당시 일본과 독일의 추축국 동맹 관계에서도 인간의 오만을 엿볼 수 있습니다. 당시 일본 군부의 실세였던 도조 히데키(東條英機)와 나치 독일의 히틀러(Adolf Hitler)는 하나님을 두려워하지 않는 오만함의 극치를 보여주었습니다. 알려진 일화에 따르면 히틀러는 "독일 군대는 하나님 이외에 이 세상 그 어떤 군대도 다 이길 수 있다"고 호언장담했고, 이에 질세라 일본 군부 역시 "일본군은 신적인 존재인 천황을 모시기에 하나님도 이길 수 있다"는 식의 오만방자한 태도를 보였습니다.

그러나 제2차 대전이 어떻게 끝났는지는 모두가 다 아는 사실입니다. 미군이 일본 히로시마와 나가사키에 원자폭탄을 투하하자, 일본 천황은 무조건 항복하는 수치스러운 역사를 남겼습니다. 하나님도 무서워하지 않는다던 일본군은 어디로 갔습니까?

과거 하나님께서는 인류의 죄악을 씻어내시려 홍수의 재앙을 내리셨습니다. 대재앙을 겪은 인류는 또다시 하나님의 약속을 믿지 못하고, 하늘에 닿는 바벨탑을 쌓으며 인간의 이름을 내려고 했습니다. 하나님께서는 이 무모한 시도를 중단시키기 위해 인류의 언어를 혼잡게 하셔서 온 세계로 흩어 버리셨습니다. 하나님의 무지개 언약을 믿지 않고, 오만한 태도를 보인 인류는 결국 심판을 받았습니다. 하나님도 깨뜨릴 수 없다고 호언장담하던 타이타닉호는 바닷속으로 사라져 버렸고, 하나님도 두려워하지 않던 전범 도조 히데키는 패전 후 재판에서 사형을 선고받고 형장의 이슬로 사라졌습니다. 어떤 개인도, 어떤 민족도 하나님 앞에서 거만을 떨면 그 끝은 패망입니다. 지혜의 왕 솔로몬은 "교만은 패망의 선봉이요 거만한 마음은 넘어짐의 앞잡이니라"(잠 16:18)고 훈계했습니다. 우리 모두 하나님을 두려워하며, 더욱 겸손한 마음으로 살아갑시다. 샬롬.

보물을 하늘에 쌓아 두라

"너희를 위하여 보물을 땅에 쌓아 두지 말라… 오직 너희를 위하여 보물을
하늘에 쌓아 두라… 네 보물이 있는 그곳에는 네 마음도 있느니라."
(마 6:19-21)

제가 미국에 와서 살면서 흔히 접하는 뉴스는 미국 재벌들이 기부를
자주 한다는 사실입니다. 그런데 이 기부는 남성 부자들뿐만 아니라 여
성들도 적극적인데, 그중에는 세계적 거부(巨富: 큰 부자) 부부가 이혼한
후에 부인이 남편으로부터 받은 엄청난 재산을 다시 사회에 환원했다
는 소식이 있습니다.

2020년 11월, 텍사스주 샌안토니오(San Antonio)의 YWCA 사무
소장은 한 남자로부터 전화를 받았습니다. 그 남자가 "매켄지 스콧
(MacKenzie Scott)이 귀 기관에 기부하려 하는데, 몇 가지 질문에 답할 수
있느냐"고 물었을 때, 사무소장은 처음에는 무슨 말인지 알아듣지 못
했습니다. 나중에 매켄지 스콧이 YWCA에 100만 달러(약 14억 원)를 기
부할 테니 은행 계좌를 알려 달라는 말을 듣고는 그만 울음을 터뜨렸
습니다.

제프 베조스(Jeff Bezos) 아마존(Amazon) 회장의 전 부인 매켄지 스콧
은 2019년 4월, 남편과 이혼하면서 아마존 주식의 4%(당시 약 380억 달러)
를 받았습니다. 스콧은 자기가 받은 돈을 어떻게 쓸 것인지 계획을 세
웠고, '더 기빙 플레지(The Giving Pledge: 억만장자들이 재산의 절반 이상을 기부하겠
다고 서약하는 캠페인)'에 서명했습니다. 스콧은 이혼 1년 만인 2020년 7월,
116곳에 17억 달러를, 12월에 382개 단체에 41억 6천만 달러를, 2021
년 6월에는 286곳에 27억 달러를 기부했습니다. 이어 2022년에는 다

섯 차례에 걸쳐 11억 달러를, 그리고 2023년에는 360개 단체에 22억 달러를 기부했습니다.

2023년 3월 말까지 불과 4년도 안 되는 기간에 총 1,900여 단체에 무려 172억 달러(약 23조 원)를 기부한 것입니다. 전 남편 베조스를 비롯해 전 세계의 수많은 거부가 아직 '더 기빙 플레지'에 서약하지 않는 것을 보면, 자기 재산을 스스럼없이 기부한다는 것이 얼마나 어려운 일인지를 가늠할 수 있지 않습니까?

스콧은 기부할 때 전문 팀을 통해 기부 대상을 철저하게 조사하여 선정합니다. 그 후 전화로 기부 사실을 알리고는 갑자기 거액의 수표를 전달하고 조용히 사라집니다. 거창한 기증식을 열거나 신문 기자들을 불러 사진을 찍고 온 세상에 알리는 일은 추호도 하지 않습니다. 뿐만 아니라 이 돈을 어떻게 써야 한다는 조건 없이 마음대로 쓰라고 합니다. 단 한 가지 조건이 있다면 자신의 신상(Privacy, 개인정보)을 지켜 달라는 것입니다. 스콧에게 감사 편지를 보내거나 직접 연락하지 말라는 것이지요.

스콧은 물론 팀원들 누구도 어떤 언론의 인터뷰에도 응하지 않습니다. 조용히 "오른손이 하는 것을 왼손이 모르게"(마 6:3) 합니다. 스콧은 "개인의 재산은 혼자만의 노력이 아니라 사회 집단의 노력의 산물이다. 누군가를 돕는 일은 우리 모두를 돕는 일이다. 나는 금고가 완전히 빌 때까지 (기부를) 계속하겠다"고 말했습니다.

한국의 재벌들과 이혼한 부인들이 엄청난 위자료를 받고도 사회에 재산을 환원했다는 이야기를 들어 본 일이 있나요? 이런 기부 행위는 우연히 이루어지는 것이 아니고, 수천 년 동안 기독교 문화권에서 쌓인 기부 문화에서 나온 결과입니다. 가족 중심의 상속을 중시하는 유교 문화권에서는 이런 일이 흔치 않습니다.

기독교권의 기부 행위는 예수님께서 "너희를 위하여 보물을 땅에 쌓아 두지 말라… 오직 너희를 위하여 보물을 하늘에 쌓아 두라… 네 보물이 있는 그곳에는 네 마음도 있느니라"(마 6:19, 21)고 하신 말씀을 실천하는 일입니다. 재산의 사회 환원은 재벌들만 하는 것이 아닙니다. 비록 내가 가진 재산이 많지 않아도, 그중 십일조 정도는 나보다 어려운 사람들에게, 어렵게 공부하는 고학생들에게, 고아와 과부와 독거노인, 장애인들에게 나누어 줄 수 있지 않을까요? 우리 모두 '그리스도의 마음'을 품고 나눔을 실천하는 삶을 살아갑시다. 샬롬.

강철왕, 앤드루 카네기

"너희 안에 이 마음을 품으라 곧 그리스도 예수의 마음이니" (빌 2:5)

앤드루 카네기(Andrew Carnegie, 1835-1919)는 1835년 영국 스코틀랜드 던 펌린(Dunfermline)에서 가난한 방직공의 아들로 태어났습니다. 집안이 가난하여 학교는 겨우 초등학교 4학년밖에 다니지 못했고, 도서관에서 책을 빌려 독학했습니다. 훗날 그가 수많은 도서관을 지어 헌납한 것은 어린 시절 도서관의 신세를 많이 진 것에 대한 보답이었습니다.

카네기에게는 셔츠와 바지가 한 벌밖에 없어서, 강철 공장에서 고된 일을 마치고 집에 돌아와 잠든 사이, 어머니는 셔츠와 바지를 세탁해서 밤새 난로가에 앉아 옷을 말려 이튿날 카네기가 입고 가게 하였습니다. 어머니의 희생적인 모습을 지켜본 카네기는 22세 때, "내가 성공하여 어머니를 호사스럽게 해 드리기 전까지는 결혼하지 않겠다"고 맹세하고, 실제로 그 약속을 지켰습니다. 그는 성공한 후 52세 때 21세 연하의 루이즈 휫필드(Louise Whitfield)와 결혼하여 62세에 딸 마거릿(Margaret)을 보았습니다.

카네기는 뼈 빠지게 일해 모은 돈으로 1875년 미국 최초의 강철 공장인 '에드거 톰슨 강철회사(Edgar Thomson Steel Works)'를 설립하고, 본격적으로 강철 제조 사업에 뛰어들었습니다. 카네기는 자기 강철 공장에서 새로운 철을 만들어 많은 부(富)를 축적했는데, 그는 그 돈을 아낌없이 사회에 헌납하여 부자들이 모은 돈을 어떻게 써야 하는지 모범을 보여 주었습니다. 65세 때 그는 "부자인 채로 죽는 것은 정말 부끄러운 일이다. 통장에 많은 돈을 남기고 죽는 것처럼 무가치한 인생은 없다. 인생의 3분의 1은 교육에, 3분의 1은 돈을 버는 데, 나머지 3분의 1은 가치 있는 일을 위해 쓰라"고 말했습니다.

카네기가 기부한 공공 도서관만 3,000여 개에 달합니다. 그는 교회에 다니지 않았지만 음악에 관심이 많아 7,000대가 넘는 파이프오르간을 여러 교회에 기증하였고, 미국 과학 발전을 위해 '카네기 멜론 대학(Carnegie Mellon University)'의 전신인 '카네기 공과대학'을 설립하였습니다. 그 외 시카고대학 등 12개 종합대학과 12개 단과대학에 거액을 기부하였고, 전 세계 예술인들이 평생 한 번 서 보기를 소원하는 '카네기 홀(Carnegie Hall)'을 건립하였습니다. 기타 문화예술 분야에 많은 돈을 쾌척하여, 그가 평생 모은 돈의 90%인 3억 6,500만 달러(현재 가치로 수조 원)를 사회에 환원하였습니다.

물론 카네기에 대해 부정적으로 평하는 사람들도 있습니다. 그가 운영하는 강철 공장 노동자들에게 저임금을 주었고, 노동자들의 인권을 도외시하면서 돈을 벌었다고 혹평을 합니다. 그러나 당시 시대적 상황에서는 대부분의 회사가 그러하였기에, 그만의 잘못으로 돌리기에는 무리가 있다는 견해도 있습니다. 그런 비판을 하는 사람들에게 저는 묻고 싶습니다. "그럼 당신은 도서관을 몇 개나 세워 사회에 환원했나요? 300개? 30개? 3개? 단 한 개?" 카네기는 도서관만 3,000개를 건립하여 가난한 집 아이들이 도서관에서 공부하게 하였고, 동네 사람들이 책을 빌려 보면서 지식의 폭을 넓히게 해 주었습니다.

'강철왕' 카네기는 비록 비신자였을지라도 그 삶의 열매로 볼 때 "그리스도의 마음"을 품고 산 사람이라고 평가해야 합니다. 그리스도의 마음이 없으면, 그런 자선 사업을 하기 어렵습니다. 한국의 재벌들을 보십시오. 그들이 도서관을 지어 사회에 헌납했다는 말을 들어 본 일이 있나요? 생의 마지막에 모아놓은 돈을 몽땅 자식들에게 상속하고 세상을 떠나지 않던가요?

그리스도의 마음은 남을 배려하는 마음입니다. 그리스도의 마음을 품은 카네기는 유산의 90%를 사회에 환원했습니다. 당신은 당신의 유산 몇 %를 사회에 또는 교회에 헌납할 예정인지 조용히 생각해 보는 시간을 가져 보시기를 바랍니다. 샬롬.

석유왕, 존 D. 록펠러

"이는 네 속에 거짓이 없는 믿음이 있음을 생각함이라 이 믿음은 먼저
네 외조모 로이스와 네 어머니 유니게 속에 있더니 네 속에도 있는 줄을
확신하노라." (딤후 1:5)

존 D. 록펠러(John D. Rockefeller, 1839-1937)는 '석유왕'이라는 명성을 가진
사람으로 미국 뉴욕주 리치퍼드(Richford)의 가난한 가정에서 태어났습
니다. 그는 어려운 가정 형편 속에서도 신앙이 돈독한 어머니의 기도와
가정교육을 받으며 자랐고, 피나는 노력을 거듭한 결과 40대에 미국
석유 산업의 90%를 차지하는 대부호가 되었습니다.

그가 55세 무렵 심각한 스트레스와 중병으로 시한부 선고에 가까
운 진단을 받았을 때, 그는 어머니의 간절했던 기도와 가르침을 다시금
떠올렸습니다. 마음을 비우고 나눔을 실천하기 시작한 그는 기적적으
로 건강을 회복하여 97세까지 장수하며 수많은 자선 사업을 남겼습니
다. 그가 위대한 과업을 이룰 수 있었던 것은 어머니가 남긴 열 가지 유
언을 평생 마음속에 간직했기 때문입니다. 록펠러의 어머니가 유언으
로 남긴 열 가지 교훈은 다음과 같습니다.

첫째, 하나님을 친아버지로 섬겨라. 둘째, 목사님을 하나님 다음으
로 섬겨라. 셋째, 오른쪽 주머니에는 항상 십일조를 넣어 두어라. 넷째,
원수를 만들지 말며 모든 사람을 친구로 대하라. 다섯째, 항상 앞자리
에 앉아서 예배를 드려라. 여섯째, 아침마다 기도로 하루를 시작하라.
일곱째, 잠자리에 들기 전에 하루를 반성하고 기도하라. 여덟째, 어려
운 이들을 사랑의 손길로 도와라. 아홉째, 주일 예배는 꼭 자기 교회(본
교회)에서 드려라. 열 번째, 아침 일하기 전에 하나님의 말씀을 읽고 기

도드려라.

록펠러 어머니의 유훈을 분석해 보면, 성도들이 어렵지 않게 실천할 수 있는 일들입니다.

첫째, '하나님을 친아버지로 섬기라'는 말은 하나님을 저 멀리 하늘에 계시는 추상적 신으로 생각하지 말고, 한 집에서 같이 사는 아버지처럼 친밀하게 섬기라는 말입니다. 둘째, '목사님을 하나님 다음으로 섬기라'는 말은 목사가 하나님의 사역자로서 성도들에게 진리를 가르치며 바른 신앙의 길로 이끌어주는 분이기 때문에 존중하고 순종하라는 뜻입니다.

셋째, '십일조를 항상 오른쪽 주머니에 넣고 다니라'는 말은 아무리 바빠도 하나님의 것을 구별하는 십일조를 최우선 순위에 두라는 것입니다. 넷째, '원수를 만들지 말고 모든 사람을 친구로 대하라'는 말은 경쟁자를 쓰러뜨릴 대상으로만 보지 말고 더불어 사는 공생의 지혜를 가지라는 말입니다. 다섯째, '항상 앞자리에 앉아서 예배를 드리라'는 말은 뒷자리에 앉아서 방관자처럼 예배드리지 말고, 앞자리에서 주인공이 되어 경건하게 예배드리라는 권고입니다.

여섯째와 일곱째는 기도로 하루를 시작하고 마무리하라는 것이며, 여덟째는 항상 주변의 가난한 사람을 도우라는 나눔의 명령입니다. 아홉째, '주일 예배는 꼭 자기 교회에서 드리라'는 말은 본교회를 소중히 여기고 헌신하라는 뜻이며, 마지막 열 번째는 말씀과 기도로 무장한 후 하루의 일과를 시작하라는 훈계입니다.

록펠러는 어머니의 유훈을 평생 지키며, 시카고대학을 비롯해 미국 전역에 24개의 대학과 4,900여 개의 교회를 세웠습니다. 이 모든 일은 어머니의 유언을 철저히 지킨 아들의 공헌입니다. 어머니의 눈물의 기도는 자녀들을 성공의 길로 이끄는 비결입니다. 어머니들은 자기 자녀에게 어떤 십계명을 주시겠습니까? 록펠러 어머니의 유훈을 음미하

면서 자녀들에게 남겨 줄 우리 가문의 십계명을 만들어 보시기를 바랍
니다. 샬롬.

무엇을 기증할 것인가?

"한 세대는 가고 한 세대는 오되 땅은 영원히 있도다." (전 1:4)

어떤 재벌들은 자기가 가진 돈을 사회에 기증하는 경우가 있습니다. 특히 기독교 문화가 뿌리 깊은 서구 사회 재벌들의 기증은 다른 문화권보다 활발한 편입니다.

제가 오래 봉직한 서울 광나루 장로회신학대학교는 본디 평양에서 시작되었습니다. 1901년, 평양에서 선교하던 미국 북장로교회가 파송한 새뮤얼 A. 마펫(Samuel A. Moffett, 마포삼열) 목사가 자기 사랑방에서 두 명의 학생을 가르친 것이 장로회신학대학교의 태동입니다.

마펫 목사는 시카고에 있는 맥코믹신학교(McCormick Theological Seminary)를 졸업했는데, 이 학교는 본래 인디애나주 하노버에 있었던 레인 신학교(Lane Theological Seminary)였습니다. 그런데 미국의 유명한 목화 수확기 발명가 사이러스 맥코믹(Cyrus McCormick) 장로가 큰돈을 신학교에 기부하면서, 학교 이름을 맥코믹신학교로 바꾸고 위치도 인디애나에서 시카고로 옮겨 현재에 이르고 있습니다.

마펫 목사는 모교에 거금을 기증한 맥코믹 장로에게 평양 장로회신학교에 도움을 요청하였습니다. 이에 맥코믹 장로가 1908년, 당시 돈 1만 1,000원을 기증해 주어 석조 2층 건물을 지어 신학교 본관으로 썼습니다. 1921년, 맥코믹 장로가 다시 7만 원을 기증해 주어 이 돈으로 기숙사를 지었습니다.

1900년 뉴욕에서 모인 세계선교사대회에서, 조선의 유일한 서양

병원인 제중원 원장 올리버 R. 에비슨(Oliver R. Avison) 의사가 조선 선교에 대한 보고를 하며 열악한 조선의 의료 시설에 대해 열변을 토하였습니다. 이 대회에 참석했던 오하이오주 클리블랜드의 석유 재벌 루이스 세브란스(Louis Severance) 장로가 이 연설에 감동하여, 당시 돈 1만 5,000달러를 기증했습니다. 이 돈으로 서울역 앞에 땅을 사고 2층 현대식 빌딩을 지었으며, 기증자의 이름을 붙여 세브란스병원이라 명명하였습니다.

저는 집에서 차로 약 20-30분 거리에 있는 케네스 한 L.A. 카운티 공원(Kenneth Hahn L.A. County Park)에 자주 운동을 하러 다닙니다. 그곳에 가면 나무도 많고 드넓은 잔디밭에 걷기 좋은 트랙이 있어서, 그 길을 따라 걸으며 운동을 합니다. 이 공원을 기증한 케네스 한(Kenneth Hahn, 1920-1997) 씨는 L.A. 카운티 이사회 회원으로 40년 일했고, L.A. 시의회 회원으로 5년간 일했습니다. 그는 인권 운동의 열렬한 지지자로 특히 마틴 루터 킹 주니어(Martin Luther King, Jr.) 목사의 후원자였습니다. 그의 아들 제임스 한(James Hahn)은 L.A. 시장을 역임하였습니다. (성이 Hahn이어서 혹시 한국인이나 중국인이 아닌가 했는데, 백인이었습니다.)

케네스 한 씨는 자비로 1984년, 약 350에이커(Acre, 1에이커는 약 1,224평)의 큰 공원을 만들어 L.A. 카운티에 기증했습니다. 저는 이 공원 산책로를 걸으면서 재벌들이 사회에 공헌하는 일들 중, 공원을 기증하는 것이 가장 안전하고 오래 보존하는 길이라는 것을 깨달았습니다. 앞서 말씀드린 맥코믹 장로가 평양에 있던 장로회신학교에 본관을 지어주고 기숙사를 지어 준 건물은 지금은 흔적도 없이 사라지고 없습니다. 그 자리에 다른 건물이나 아파트가 들어서, 그곳이 옛날에 신학교 자리였고 맥코믹 장로가 기증한 기금으로 세운 건물이 있었다는 사실을 아는 사람은 거의 없습니다.

또한 세브란스 장로가 기부한 돈으로 서울역 앞에 대지를 사서 당시 현대식 건물을 지어 조선 제일의 병원을 세웠지만, 지금은 그 부지가 팔려 다른 사람의 소유가 되었고 세브란스 빌딩이 서 있습니다. 예전 병원 건물의 흔적은 사라져 버렸습니다. 물론 1957년 연희대학교와 세브란스의과대학이 합병하여 연세대학교가 되었고, 현재 서대문구 신촌동에 번듯한 세브란스병원이 세워져 그 이름은 그대로 유지되고 있지만, 그가 기증한 서울역 앞의 옛 건물은 사라지고 없습니다.

그러나 케네스 한 씨가 기증한 공원은 매일 해 뜨는 시각부터 해 지는 시각까지 남녀노소, 어린이, 반려견 등 수많은 사람과 동물들이 운동도 하고 놀이도 하면서 즐기고 있습니다. 건물은 화재나 지진으로 무너지기도 하고, 더 큰 빌딩을 짓기 위해 철거하기도 하므로 언젠가는 사라지게 되어 있습니다. 그러나 공원으로 지정되면 사람들이 즐겨 찾는 명소가 되어 언제까지나 그대로 보존될 것입니다.

산불이나 지진 또는 홍수가 나도 땅은 그대로 남아 있습니다. 따라서 재벌들이 많은 사람이 즐길 수 있는 공원을 만들어 기증하면 영구히 그 이름이 남아 있으리라 여겨집니다. "한 세대는 가고 한 세대는 오되 땅은 영원히 있도다."(전 1:4) 지혜의 왕 솔로몬의 말입니다. 샬롬.

인생의 마감

"사람이 만일 온 천하를 얻고도 자기 목숨을 잃으면 무엇이 유익하리요
사람이 무엇을 주고 자기 목숨과 바꾸겠느냐." (마 8:36-37)

세상에 태어난 사람은 반드시 죽습니다. 언제, 어디서, 어떻게 죽을지
는 아무도 모릅니다. 사람의 생명이 끝나는 형태는 천수를 누리고 병
없이 죽는 자연사(自然死), 암 등 여러 가지 병으로 죽는 병사(病死), 사고
로 죽는 사고사(事故死), 살해당해 죽는 타살(他殺), 그리고 스스로 생명을
끊는 자살(自殺) 등입니다.

지난 2024년 8월 말, 로스앤젤레스를 비롯한 미국의 한인 사회를
놀라게 한 사건이 조간신문에 대서특필되었습니다. 미국 남쪽 조지아
주 애틀랜타의 명망 있는 50대 한인 치과의사가 부인과 15세 딸을 살
해한 후, 스스로 생명을 끊은 사건이었습니다. 이 치과의사는 그 지역
에서 이름난 의사로 그 도시에서도 최고 부자들만 사는 수백만 달러의
저택에서 부인, 딸과 함께 단란한 가정을 이루고 살고 있었습니다. 그
런데 분명치 않은 이유로 아내와 딸을 살해하고, 스스로 목숨을 끊어
모든 사람에게 충격을 주었습니다. 그는 유서에 "힘들다. 미안하다. 혼
자 남을 아내와 딸이 안쓰러워 함께 떠난다"라고 써 놓았습니다.

비슷한 시기인 2024년 8월, L.A. 지역에서도 보석상으로 거부가
된 70대 한인이 부자 동네의 1,500만 달러(약 200억 원) 저택에서 60대 부
인과 40대 딸을 살해하고 자신도 자살한 사건이 일어났습니다. 이 사
건 역시 L.A. 지역의 모든 한인을 놀라게 했습니다.

구약 성경에도 자살을 한 사람들 얘기가 많이 나옵니다. 지면 관계

상 자세한 이야기는 쓰지 못하고, 자살한 사람과 그에 대한 성경 본문만 밝힙니다. 아비멜렉(삿 9:53-54), 사울 왕(삼상 31:4), 아히도벨(삼하 17:23), 시므리(왕상 16:15-20), 삼손(삿 16:28-30) 등입니다. 신약 성경에는 예수님을 은 삼십에 판 후, 이를 후회하면서 스스로 목매 자살한 가룟 유다(마 27:1-5)가 있습니다. 따라서 자살은 어제오늘 일이 아니고, 고대로부터 있어 왔던 일입니다.

인간은 어떤 경우에도 다른 사람의 생명이나 자신의 생명을 해쳐서는 안 된다는 것은, 어느 정도 인지(認知) 능력이 생기면 누구나 다 아는 사실입니다. 자살도 살인이라는 사실을 다 알고 있습니다. 그런데 왜 남도 아니고 자기 아내, 자식, 심지어 부모, 형제자매까지 죽이고 자살을 하는 비극이 자주 발생하는 것일까요?

자살을 하는 사람은 그 나름대로 어쩔 수 없는 이유가 있겠지요. 따라서 그 사람의 입장이 되어 보지 않으면 그 마음을 온전히 알 수 없습니다. 그러나 자살을 감행하려는 사람들에게 어떤 경우에도 그런 끔찍한 일을 자행하지 않도록 생명의 소중함을 일깨워 주어야 합니다. 그렇게 하기 위해서는 예수 그리스도를 구주로 영접하고, 우리의 모든 죄가 예수님의 십자가 보혈로 정결케 되었다는 확신을 갖게 해주어야 합니다. 그러면 어떤 어려움에 부닥쳐도 가족 살인이나 자살 같은 것은 꿈에도 생각하지 않게 될 것입니다. 서두에 말한 두 사람이 만일 예수님을 진실로 믿고 의지했다면 그런 일을 자행하지는 않았을 것입니다.

자살도 하나님이 주신 생명을 스스로 끊는 살인이기에 결코 해서는 안 될 무서운 죄임을 주지(周知)시켜야 합니다. 생명의 주권은 오직 하나님께 있음을 확신시켜 주어야 합니다. 우리나라가 자살률 전 세계 2위, OECD 국가 중 1위라는 불명예를 씻기 위해서는 열심히 복음을 전하는 길밖에 없습니다. 우리의 가족, 일가친척, 친구, 이웃, 나아가 우리 민족에게 복음을 전하는 일에 매진해야 합니다. 이 일만이 가족을 죽이고 스스로 생명을 끊는 불행한 일이 다시는 일어나지 않게 하는 첩경입니다.

주님의 마지막 지상 명령은 온 세상에 나아가 복음을 전하라는 것입니다. 복음을 전하기 위해서는 성령님의 능력을 받아야 합니다.(행 1:8) 열심히 기도하여 성령님의 능력을 받고 전도하여, 자기 가족을 죽이고 스스로 자결하는 비극이 다시는 일어나지 않도록 해야겠습니다. 전도 이외에 다른 방도가 없습니다. "주님, 성령님을 우리에게 부어 주셔서 우리 모두 열심히 복음을 전하는 전도인들이 되게 해 주시옵소서. 아멘."

자본주의 사회의 한 단면

"이에 잔을 받으사 감사기도 하시고 이르시되 이것을 갖다가 너희끼리 나누라." (눅 22:17)

지난 2024년 5월, 아침 조간신문에서 충격적인 뉴스를 보았습니다. "세계 첫 반려견 전용 비행기 떴다"라는 제목으로 다음과 같은 기사가 실렸습니다. 같이 한번 읽어봅시다.

"반려견과 함께 객실에 앉아 비행할 수 있는 세계 최초 반려견 전용 항공사가 지난 23일 첫 운항을 시작했다. AP통신은 24일 미국의 반려견 전용 항공사 '바크 에어(Bark Air)'가 전날 뉴욕에서 로스앤젤레스까지 노선을 처음 운행했다고 보도했다. 국내선 편도 항공편 가격이 6천 달러에 달할 정도로 고가지만 전부 매진됐다. 또 이번 주에만 항공편을 증설해 달라는 요청이 1만 5천 건 이상 들어왔다고 전해졌다.

오는 6월 항공편 또한 인기를 얻으며 판매량이 증가하고 있는 것으로 알려졌다. 바크 에어는 지난달 반려견 항공권을 처음 출시했다. 반려견들이 목줄을 매거나 케이지(Cage)에 들어가지 않고 좌석 및 침대 등을 자유롭게 오갈 수 있도록 했으며, 반려견을 위한 스파, 전용 샴페인과 커피도 제공된다. 또 반려견의 불안감 완화를 돕기 위해 소음제거 귀마개와 페로몬 함유 쿠션도 제공한다. 항공사 측은 그동안 반려견들이 비행기를 타기 위해 스트레스와 어려움을 겪는 상황이 많았다며 설립 취지를 설명했다.

비행기는 최대 15마리의 반려견이 탑승할 수 있고, 한 마리당 견주 한 명이 동반으로 탈 수 있다. 승객은 18세 이상 성인이어야 하며 어

린이 견주는 탈 수 없다. 반려견의 크기나 품종에는 제한이 없다. 현재
는 국제선인 미국 뉴욕에서 영국 런던 노선과 국내선인 뉴욕-로스앤
젤레스 노선만 운영 중이다. 국제선은 편도 기준 8천 달러다."

여러분들은 이 기사를 읽은 후에 어떤 생각이 드시나요? 반려견을
기르는 사람들은 무척 반가워할 수도 있겠네요. 저를 놀라게 한 것은
운임입니다. 제가 살고 있는 L.A.에서 뉴욕까지 사람의 왕복 요금은 보
통 400-500달러 정도입니다. 그런데 이 반려견 전용 비행기는 편도 가
격이 6천 달러(약 820만 원)라니, 개 한 마리를 데리고 뉴욕-L.A.를 왕복
하려면 1만 2천 달러(한화 약 1,640만 원)를 지불해야 합니다. 우리 같은 서
민들의 입장에서는 기가 찰 노릇입니다. 국제선인 뉴욕-런던 왕복에는
1만 6천 달러, 즉 2,200만 원 가까이 지불해야 한다니요. 그런데도 매
진된다니 할 말을 잃게 됩니다.

요즘은 강아지를 가족처럼 여기며 "내 새끼"라고 부르는 분들도
많습니다. 그 마음을 이해 못 하는 바는 아니지만, 사람보다 동물이 더
호강하는 듯한 현실에 씁쓸함을 감출 수 없습니다. 자본주의 사회가 본
디 자본의 논리로 돌아간다지만, 부유층을 위한 편의 시설이 어디까지
갈지 알 수 없습니다. 단 몇 푼이 없어서 굶어 죽고, 병원에 가지 못하
고 죽는 사람들이 즐비한 세상에 강아지 한 마리를 운반하기 위해 이
렇게 많은 돈을 쓴다는 것은, 빈곤한 이들의 입장에서는 허탈감을 넘어
분노를 일으킬 일이 아닐 수 없습니다.

자본주의가 지나치게 자본가와 부자들 위주로 흐르면, 없는 사람
들의 분노가 언제, 어떻게 폭발할지 알 수 없습니다. 1789년에 일어난
프랑스 대혁명과 1917년 러시아에서 일어난 볼셰비키(Bolsheviks) 혁명
은 굶어 죽어가던 사람들이 돈과 권력을 독점하고 부귀영화를 누리던
왕족과 고위 성직자, 부자들을 향해 일으킨 무서운 심판이었습니다.

예수님의 "너희끼리 나누라"는 말씀과 구약 에스겔 선지자가 "너

희는 공평하게 나누어 기업을 삼으라"(겔 47:14)고 하신 말씀은 재물을 공평하게 나누라는 명령입니다. 나누지 않는 세상은 누군가가 강제로 빼앗아 가난한 사람들에게 나누어 주는 세상으로 변할 수 있습니다. 돈 많다고 너무 으스대며 살아서는 안 됩니다. 나누며 사는 세상이 진정 사람 사는 세상 아니겠습니까? 샬롬.

돈이 많으면 행복할까?

"돈을 사랑함이 일만 악의 뿌리가 되나니 이것을 탐내는 자들은 미혹을 받아 믿음에서 떠나 많은 근심으로써 자기를 찔렀도다." (딤전 6:10)

한국이나 미국이나 많은 사람이 로또 복권을 삽니다. 당첨금 액수가 많으면 많을수록 더 많은 사람이 복권을 사는데, 한두 장이 아니라 10장, 20장을 사는 사람들도 적지 않지요. 복권을 사는 사람들의 소망은 꼭 1등에 당첨되어 많은 돈을 받는 것입니다. 사람들은 돈만 많으면 행복하다고 생각하지요. 그렇기도 합니다. 왜냐하면 돈은 거의 모든 일을 해결해 주기 때문입니다. 그래서 돈 많은 사람들을 부러워하고, 누구나 큰 부자가 되려고 불철주야 일을 합니다.

지난 2024년 3월 15일, 캘리포니아 복권국은 작년 10월 파워볼(Powerball) 1등 당첨자가 프레이저 파크(Frazier Park)에 사는 테오도루스 스트루익(Theodorus Struyck, 65)이라고 밝혔습니다. 당시 1등 당첨금은 17억 6,500만 달러에 이릅니다. 이 돈이 얼마나 큰 돈인지는 이 액수에 환율(약 1,350~1,400원)을 곱해보면 알 수 있는데, 한화로 약 2조 4천억 원이 넘는 천문학적인 금액입니다.

3개월 이상 1등 당첨자가 나오지 않아 상금이 누적되어 이렇게 많은 돈을 받을 수 있었습니다. 미국 복권 역사상 두 번째로 큰 파워볼 금액이었습니다. 은퇴한 테오는 인구 3,100명에 불과한 작은 마을에서 조용히 살고 있었습니다. 5개월 동안 당첨금을 받아 가지 않던 그가 최근에야 이것을 현금화했습니다. 캘리포니아주는 복권 당첨자의 실명과 사는 곳을 공개합니다. 또한 복권을 판 소매점의 이름과 위치, 당첨 날짜, 당첨 금액도 공개합니다. 테오는 복권 당첨 소식이 알려진 후, 집 밖에 '무단 출입 금지(No Trespassing)' 경고판을 세웠습니다.

테오는 경고문만 붙인 채 어디론가 사라져 이웃들은 그의 행방을 궁금해하고 있습니다. 테오의 집은 다른 사람이 돌보고 있는데, 그 사람은 "나쁜 짓을 하는 사람들에 대한 두려움이 크다. 누군가 테오의 머리에 자루를 씌워 차량으로 끌고 갈까 봐 걱정된다"며 보안을 철저히 해 주길 바란다고 말했습니다. 복권에 당첨된 사람은 테오뿐만 아니라, 대부분 이름을 바꾸거나 어떤 사람은 성형수술을 하여 얼굴을 고치기도 하고, 집 주소를 옮기는 등 사람들이 자기가 당첨자라는 것을 알지 못하게 하기 위해 갖은 노력을 다합니다.

미국 같은 경우, 그렇게 많은 돈을 가진 사람들은 강도들이 총을 들고 들어가 돈을 빼앗고, 자녀들을 납치해 돈을 요구하기도 하여 당첨 후 사생활이 완전히 깨어지고 맙니다. 얼굴을 드러내 놓고 마음대로 아무 데나 다닐 수도 없는 구속된 생활을 합니다. 당첨되지 않았을 때는 어디든지 마음 놓고 다니며 자유를 누렸지만, 당첨된 후로는 엄청난 '돈의 감옥'에 갇히게 됩니다. 시쳇말로 "돈이 원수"지요.

바울 사도는 "돈을 사랑함이 일만 악의 뿌리가 되나니 이것을 탐내는 자들은 미혹을 받아 믿음에서 떠나 많은 근심으로써 자기를 찔렀도다"(딤전 6:10)라고 말씀하였습니다. 돈이 일만 악의 원천이 된다는 말입니다. 돈은 우리가 살아가는 데 큰 어려움이 없을 정도면 되지, 한꺼번에 큰돈을 갖게 되면 이를 탐내는 사람들에게 해코지를 당할 가능성이 농후합니다.

바울 선생이 "우리가 먹을 것과 입을 것이 있은즉 족한 줄로 알 것이니라 부하려 하는 자들은 시험과 올무와 여러 가지 어리석고 해로운 욕심에 떨어지나니 곧 사람으로 파멸과 멸망에 빠지게 하는 것이라"(딤전 6:8-9)고 말씀하였습니다. 있는 것을 족한 줄로 알고 감사하면서 삽시

다. 로또 사지 마세요. 누가 알아요? 재수 없이 1등에 덜컥 당첨될지. ^^

샬롬.

돈의 위력

"부자의 재물은 그의 견고한 성이요 가난한 자의 궁핍은 그의
멸망이니라." (잠 10:15)

일반적으로 미국이 이스라엘을 항상 지원한다는 사실은 잘 알려져 있
습니다. 이스라엘과 주변 나라들 간에 전쟁이 벌어지면 미국은 틀림없
이 이스라엘을 지원합니다. 따라서 세계 최강, 최고 부자, 최고의 군사
력을 가진 미국이 지원하는 한 이스라엘을 이길 나라는 없습니다. 대
체로 미국이 이스라엘을 이렇게 지원하는 이유는 미국 내 유대인들이
가진 막강한 재력과 언론 등 사회적 영향력 때문이라는 것은 공공연한
사실입니다.

저는 유대인들이 어떻게 미국에 영향력을 미쳐, 미국이 유대인들
의 모국 이스라엘을 지원할 수밖에 없는지 그 구체적 내용을 최근에
알게 되었습니다. 미국을 움직이는 힘은 연방 상원과 하원, 그리고 행
정부를 대표하는 대통령에게 있습니다. 그러므로 미국을 움직이기 위
해서는 상하원 의원들이 법을 제정할 때 어떤 안건에 동의하도록 만드
느냐가 가장 중요합니다.

모든 일은 국회의원들이 법을 만들고 대통령이 선포하면 되기 때
문에, 의원들을 자기편으로 만들기만 하면 됩니다. 민주주의 국가에
서는 선거를 통해 대통령과 국회의원을 선출하는데, 선거에 돈 없이
는 아무것도 할 수 없는 것이 현실입니다. 특히 미국 같은 자본주의 사
회에서는 돈 없이 정치를 할 수 없습니다. 돈이 선거에 어떤 영향을 미
치는지를 초당적으로 조사하는 미국의 비영리 연구기관 '오픈시크

릿'(OpenSecrets)이 연방선거관리위원회가 공개한 자료를 근거로, 2021-2022년 선거기간 동안 미국 내 이스라엘 로비 단체 '에이팩(AIPAC: 미국 이스라엘공공정책위원회)'이 후원한 정치인 기부금을 분석한 결과를 내놓았습니다.

분석에 따르면 민주당 정치인은 약 2천만 달러(약 65%), 공화당 정치인은 약 1,000만 달러(약 35%), 그리고 무소속 정치인들은 8,000달러 등 총 3천여만 달러를 유대인들로부터 후원받았습니다. 또한 예비 선거에 참여한 양당 모든 후보자에게도 약 3천만 달러를, 선거를 치르지 않는 재직 의원들에게도 약 2,400만 달러를 지원했습니다. 이렇게 넉넉한 후원금을 받아 당선된 의원들이 이스라엘을 지지하지 않을 수 없습니다. 미국 연방 의원들이 이스라엘 앞에만 서면 작아지는 이유가 바로 이 '돈의 힘' 때문입니다.

유대인은 미국 전체 인구의 2.2%에 해당하는 약 650만 명에 불과하지만, 그들이 가진 재력을 정확히 아는 사람은 없습니다. 이스라엘은 1976년 이래로 미국의 직접적인 경제적, 군사적 원조를 받는 최대 수혜국으로, 매년 30억 달러 이상을 지원받고 있습니다. 이스라엘은 이렇게 많은 돈을 받고도 그 돈이 구체적으로 어떻게 쓰였는지 미국에 낱낱이 설명할 필요가 없는 예외적인 국가이기도 합니다. 미국이 이스라엘을 지원할 수밖에 없는 이유는 막강한 경제력으로 치밀하고도 전방위적인 로비를 벌이는 유대인들의 영향력 때문입니다.

지혜의 왕 솔로몬은 "부자의 재물은 그의 견고한 성이요 가난한 자의 궁핍은 그의 멸망이니라"(잠 10:15)고 설파했습니다. 이 세상에서는 돈이 제일 큰 힘을 갖고 있습니다. 돈으로 해결되지 않는 문제는 거의 없습니다. 따라서 사람들이 돈 버는 데 혈안이 되는 것입니다.

하지만 유대인들이 다른 나라 사람들과 다른 점은 자기의 재력을 모국을 위해 아낌없이 헌납한다는 점입니다. 자기 돈 아까운 줄 모르는 사람은 없습니다. 그러나 유대인들은 2,500년 만에 되찾은 모국의 안전을 위해, 나라 없는 서러움을 더 이상 후손들에게 물려주지 않기 위해 아낌없이 돈을 내어놓습니다. 전쟁이 나면 서둘러 이스라엘로 달려가는 그들의 모습을 보면, 세상에 유대인을 이길 민족은 없다는 생각이 듭니다.

다만 한 가지 아쉬운 점은 저들 대부분이 예수 그리스도를 구주로 받아들이지 않고, 여전히 배척하고 있다는 점입니다. 어떻게 하면 저들이 예수님을 구주로 영접하게 할 수 있을까요? 성령님의 역사밖에 다른 길은 없습니다. 열심히 기도하면서 유대인 전도에 힘써야겠습니다. 샬롬.

5

FAITH IN THE FAMILY AND SOCIETY

가정과 사회 속의 신앙

가정을 잘 다스리라

"주의 말씀은 내 발에 등이요 내 길에 빛이니이다." (시 119:105)

동양 고전 가운데 공자(孔子)의 제자 증자(曾子)가 썼다는 『대학』(大學)의 첫머리에 '수신제가치국평천하(修身齊家治國平天下)'라는 말이 나옵니다. 먼저 자신을 다스리고 가정을 잘 다스린 후에, 비로소 큰일을 도모하라는 말입니다.

바울 사도는 디모데전서 3장에서 감독(목사)의 자격을 "자기 집을 잘 다스려 자녀들로 모든 공손함으로 복종하게 하는 자라야 한다"고 말씀하셨고, "집사들은… 자녀와 자기 집을 잘 다스리는 자"(딤전 3:12)여야 한다고 규정했습니다. 감독이나 집사의 자녀가 신앙생활을 제대로 하지 않고 타인의 본이 되지 않는 생활을 하면, 성도들뿐만 아니라 불신자들의 비웃음거리가 되어 직분자의 자격에 흠이 될 수 있기 때문입니다.

구약 사무엘상 2장에 보면 사사 엘리의 두 아들 홉니와 비느하스가 회막 문에서 수종 드는 여인들과 동침하며,(삼상 2:22) 하나님께 드려야 될 제사 예물을 먼저 좋은 부분만 갈고리로 찍어 가는 사악한 일을 자행하였습니다.(삼상 2:12-17) 그러나 엘리는 "그가 자기의 아들들이 저주를 자청하되 금하지 아니하였음이라"(삼상 3:13) 하여 아들들의 죄악을 간과한 것을 알 수 있습니다. 결국 이스라엘과 블레셋과의 전쟁에서 홉니와 비느하스는 전사했고, 여호와의 법궤마저 블레셋에게 빼앗겼다는 소식을 들은 엘리는 앉아 있던 의자에서 뒤로 넘어져 목이 부러져 죽는 비참한 최후를 맞았습니다.(삼상 4:18) 자식들 교육에 실패한 엘리의 마지막 모습입니다.

구약 성경에 나오는 인물들 중 성군(聖君) 다윗 왕을 흠모하지 않는 사람은 없을 것입니다. 그러나 다윗도 자식 농사만은 망쳤습니다. 장남 암논이 이복누이 동생 다말을 짝사랑한 나머지 음모를 꾸며 동생을 성폭행한 후 내쫓아 버렸습니다. 슬피 울며 돌아온 누이동생을 본 친오빠 압살롬은 암논에게 앙심을 품고, 훗날 자기 여동생을 욕보인 암논을 쳐 죽였습니다.(삼하 13장) 급기야 다윗의 셋째 아들 압살롬은 아버지 다윗을 죽이고 자기가 왕권을 차지하기 위해 쿠데타를 일으켜 다윗 왕을 궁지로 몰아넣었습니다. 더욱이 부친 다윗의 후궁들을 공개 석상에서 성폭행하는 패륜(悖倫)까지 범했는데, 결국 압살롬은 전쟁 중에 요압 장군의 부하들에 의해 죽임을 당하였습니다.(삼하 18:15)

다윗 왕의 넷째 아들 아도니야는 부왕의 뒤를 이어 왕이 되려고 획책했으나, 솔로몬이 왕이 되므로 무산되었습니다. 그러나 아도니야는 엉뚱하게도 부왕 다윗의 몸을 덥게 하기 위해 신하들이 들여보낸 수넴 여인 아비삭을 탐하다가 결국 솔로몬이 보낸 브나야에 의해 죽임을 당했습니다.(왕상 2:25) 결국 솔로몬이 이복형을 죽인 셈입니다.

다윗은 왜 이렇게 자식들 간에 죽이고 죽는 비극을 보았을까요? 그 원인은 다윗이 여러 아내를 두고 이복형제들을 여럿 둔 연고입니다. 하나님께서는 아담과 하와 두 사람을 부부로 삼아 주셨습니다. 일부일처제의 효시입니다. 지금도 일부 문화권에서는 아내를 여럿 두기도 합니다. 이는 성경적 가정의 원리에 비추어 볼 때 참으로 안타까운 일이 아닐 수 없습니다.

엘리는 40년을 사사로 이스라엘을 다스렸고, 다윗도 성군으로 추앙받지만, 자식들 문제만은 자기들 뜻대로 되지 않았고 하나님의 징계를 받은 사실을 살펴보았습니다. 사람 마음대로 안 되는 것 두 가지가

'자식 문제와 골프'라고 하던가요. ^^

하나님께서 부모에게 주신 명령은 자녀들을 어려서부터 하나님의 말씀으로 훈육하고 교육해서, 말씀이 그들의 '발에 등이 되고, 길에 빛이 되게'(시 119:105) 해 주는 일입니다. 바울 사도가 감독과 집사의 자격으로 가정을 잘 다스려야 한다고 권면한 것은, 가정을 다스리지 못한 자는 교회를 다스릴 수 없다는 뜻입니다.

그러나 자식만은 부모 마음대로 안 된다는 데 우리의 고민이 있습니다. 예수님께서 말씀하신 대로 "기도 외에는 다른 길이 없습니다."(막 9:29) 기도가 해결책입니다. 자식들을 위해 끊임없이 기도합시다. 자주 금식도 하시면서. 샬롬.

마마보이

"매를 아끼는 자는 그의 자식을 미워함이라 자식을 사랑하는 자는 근실히 징계하느니라." (잠 13:24)

제가 어렸을 때만 해도 집집마다 아이들이 다섯 명에서 열 명씩 있었습니다. 이렇게 아이들이 많다 보니 부모들이 아이들을 일일이 보살피지도 못했고, 제대로 먹이지도 입히지도, 학교 교육도 시키지 못했지요. 요즘은 가정마다 아이를 하나나 둘밖에 낳지 않기 때문에, 자녀에 대한 부모들의 관심과 사랑이 도를 넘는 때가 많습니다. 특히 아들인 경우 부모는 말할 것도 없고 일가친척, 처가까지 그야말로 '금이야 옥이야' 하면서 최선을 다해 기릅니다.

원하는 것은 모두 들어 주고, 제일 좋은 것을 먹이며, 제일 좋은 옷을 입히고, 제일 좋은 학교에 보내기 위해 쏟는 부모들, 특히 엄마들의 관심과 노력은 상상을 초월합니다. 경제적으로 여유가 있는 집안에서는 엄마가 하나부터 열까지 아들의 모든 삶에 관심을 가지고, 낱낱이 간섭하고 돌봐주며 이끌어 줍니다.

이런 아이들은 모든 것을 엄마가 알아서 결정해 주면 자기는 따라만 가면 되기 때문에, 부모에 대한 의존이 심해질 수밖에 없습니다. 그러므로 자기가 결정할 문제도 일일이 엄마한테 물어보고 엄마가 하라는 대로 하는, 소위 '마마보이(Mama Boy)'가 되는 것입니다.

어떤 심리 상담학자의 글에 이런 일화가 있습니다. 한 할머니가 전화 상담을 해 왔는데 "제 애 때문에 걱정이에요"라고 말해서, "애가 몇 살인데요?"라고 물었더니 "지금 쉰 살이에요"라고 대답하더랍니다. 쉰 살 된 아들을 '애'라고 부르며 걱정하는 어머니는 아들에 대한 집착을 놓지 못하고 평생 아들을 품 안의 자식으로 여기며 살아갑니다. 아들 사랑이 지나쳐서, 대한민국의 건강한 남자는 누구나 다 가는 군대에서 고생할 것이 안쓰러워 멀쩡한 척추를 수술하게 한다든지, 살을 비정상적으로 찌게 하거나, 군의관들을 매수해서 입대를 피하게 하는 빗나간 모성애가 있다는 사실을 우리는 알고 있습니다.

모성애는 지극히 고귀한 사랑입니다. 그러나 빗나간 모성애는 결국 자식을 망치게 합니다. 솔로몬은 "매를 아끼는 자는 그의 자식을 미워함이라 자식을 사랑하는 자는 근실히 징계하느니라"(잠 13:24)고 훈계했습니다.

요즘 세상에는 체벌이 금지되어 있습니다. 미국 가정에서는 매를 때리지는 않지만, '타임아웃(Time-out: 생각하는 의자)'이라는 규칙을 정해 놓고, 아이가 잘못했을 때 그 의자에 일정 시간 동안 앉아서 자기가 무엇을 잘못했는지를 반성하게 하는 가정이 많습니다. 꼭 매를 때릴 필요는 없습니다. 제가 초·중등학교 다닐 때, 가끔 선생님들이 말썽꾸러기 아이들에게 의자를 들고 서 있게 하는 벌을 주었는데, 이것은 매를 맞는 것보다 더 힘든 벌이었지요.

하나밖에 없는 귀한 아들을 마마보이로 만들어서야 되겠습니까? 자기 일은 자기가 결정하고 이행하게 하는 훈련을 시켜, 튼튼하고 자립적인 아들로 만드는 것이 자식을 제대로 사랑하는 길임을 부모들은 깊이 인식해야 합니다. 그리고 특별히 아들을 진심으로 사랑한다면, 세상적이고 물질적인 면만 생각하지 말고 깊은 신앙을 심어 주는 일에 최선을 다해야 합니다. 신앙의 아들은 결코 마마보이가 되지 않습니다.

세상에 나가면 술과 마약, 도박, 그리고 수많은 유혹이 지천으로 널려 있는데, 이런 세상에서 우리 아들이 싸워 이기려면 마마보이가 되어서는 안 되고 믿음의 사람이 되어야 합니다. 하나밖에 없는 자녀를 위한 어머니의 기도가 절실히 필요한 시대입니다. 샬롬.

호부견자

"대저 여호와께서 그 사랑하시는 자를 징계하시기를 마치 아비가 그
기뻐하는 아들을 징계함 같이 하시느니라." (잠 3:12)

'호부견자(虎父犬子)'란 말은 '호랑이 같은 아버지에 개 같은 아들'이란
뜻입니다. 아버지는 훌륭한데 아들은 별 볼 일 없는 사람이라는 의미지
요. 지난 2024년 미국 대선 당시, 공화당의 도널드 트럼프(Donald Trump)
와 민주당의 조 바이든(Joe Biden) 간의 치열한 경쟁이 있었습니다. 당시
바이든은 82세로 미국 역사상 최고령 대통령이었고, 트럼프 역시 78세
의 고령이었습니다. 트럼프는 전임 대통령으로서 기이한 언행으로 주
목받았으며, 성 추문 입막음을 위해 회삿돈을 유용한 혐의로 유죄 평결
을 받기도 했습니다.

이런 와중에 조 바이든의 차남 헌터 바이든(Hunter Biden, 54)이 총기
구입 시 작성하는 양식에 마약 중독 치료 사실을 숨기고 "아니요"라고
기록한 혐의와, 마약을 복용하고 있는 상태에서 총기를 구입한 죄로 델
라웨어주 배심원단으로부터 2024년 6월 11일 유죄 평결을 받았습니
다. 헌터는 명문 조지타운대학교를 졸업하고, 예일대학교 법과대학을
마친 후 변호사 시험에 합격하여 활동한 유능한 인재입니다. 그러나 그
가 2살 때 어머니와 누이가 교통사고로 세상을 떠났기 때문에 어머니
의 사랑을 받지 못하고 어린 시절을 보냈습니다.

헌터는 성인이 되어 결혼하고 딸을 셋이나 둔 아빠로서, 또 변호사
로서 자신에 대해 책임을 질 수 있는 사람이었지만, 사탄의 굴레인 마
약에 손을 대면서 인생이 꼬여 버렸습니다. 사탄의 사슬에 매이면 사탄

이 시키는 대로 할 수밖에 없습니다. 가장 정직하게 써야 할 총기 구매 양식에 거짓으로 표시한 것은 중대한 불법입니다. 마약을 하는 사람이 총기를 소유하는 것이 얼마나 위험한지는 대형 총기 사고의 범인들 대다수가 마약 복용자라는 사실이 증명하고 있습니다.

성령님이 계시지 않으면 사탄이 들어와 사람을 몰락의 길로 이끌고 갑니다. 헌터가 마약에 손을 대지만 않았어도, 변호사로서 또 대제국 미국의 현직 대통령 아들로서 얼마든지 존경받는 삶을 살 수 있었을 것입니다.

미국 제2대 대통령 존 애덤스(John Adams)와 아들 존 퀸시 애덤스(John Quincy Adams, 6대), 그리고 제41대 대통령 조지 H.W. 부시(George H.W. Bush)와 아들 조지 W. 부시(George W. Bush, 43대)와 같이 아버지를 이어 훌륭한 지도자가 될 수 있는 길이 열려 있었음에도 불구하고, 마약의 덫에 걸려 인생을 망쳐 버렸습니다. '호부견자'라는 말이 이런 경우에 쓰이는 말이 아닐까요?

그러나 그 누구도 사탄의 덫에 빠지지 않는다고 장담하지 못합니다. 가룟 유다도, 아나니아와 삽비라도, 엘리사 선지자의 사환 게하시도, 아간도 모두 사탄의 덫에 걸려 자신과 가족의 삶을 멸망의 구렁텅이로 몰아넣었습니다.

사탄의 유혹을 이길 힘은 오직 성령님의 은총밖에 없습니다. 성령님이 내 안에 계시면 어떤 사탄의 유혹도 능히 이길 수 있습니다. 문제는 성령님이 내 안에 계시지 않을 때입니다. 성령님이 내 안에 머물러 계시기 위해서는 끊임없는 기도와 말씀 묵상이 필요합니다. 기도와 말씀이 내 삶에서 멀어질 때, 사탄은 틀림없이 그 기회를 노리고 내 속으로 슬며시 들어옵니다.

아버지같이, 아니 그보다 더욱 훌륭한 사람이 되기 위해서는 철저한 신앙생활을 하면서 기도와 말씀에 의존하는 삶을 살아야 합니다. 그래서 사람들로부터 '호부견자'가 아니고, '호랑이 아버지에 호랑이 아들'이라는 뜻의 '호부호자(虎父虎子)'라는 말을 들어야 합니다. 그 길은 오직 기도와 말씀뿐입니다. 우리 자녀들이 나보다 더 나은 지도자와 신앙인이 되게 하기 위해서는 끊임없는 기도와 말씀 교육이 절실히 요청됩니다. 이것이 부모와 조부모들에게 지워진 무거운 신앙적 책무입니다. 샬롬.

부모의 책임

"내가 오늘 너희에게 증언한 모든 말을 너희의 마음에 두고, 너희의
자녀에게 명령하여 이 율법의 모든 말씀을 지켜 행하게 하라." (신 32:46)

저는 요일마다 기도 제목을 정해 놓고 기도드리는데, 주일 새벽에는 교
회들을 위해서 기도합니다. 한국교회, 미국교회, 유럽교회, 억압받는
교회들, 중국교회(삼자교회, 지하 처소교회), 북한에 숨어 있는 교우들, 선교
사들이 현지에 세운 미약한 교회들을 위해서 기도하고, 특히 신학교 제
자들이 목회하는 교회들을 위해서 기도합니다.

어제 주일 새벽에도 교회들을 위해서 기도하면서, 왜 세계 여러 나
라 교회가 점점 시들어가고 매년 문 닫는 교회가 수백 개에 이르며, 줄
어드는 교인이 수만 명에 이르는지 그 이유를 묵상하였습니다.

현재 세계 인구는 점점 늘어나 약 80억이 넘는 인구가 지구상에
살고 있는데, 왜 교회 숫자는 줄어들고 교인들은 점점 더 감소하는 것
일까요? 한국이나 유럽 여러 나라의 인구 증가율이 현저히 떨어지는
이유도 있겠지만, 전체적으로는 인구가 늘어나고 있지 않습니까? 세계
전체를 보면 교회가 문을 닫아야 될 정도로 심각하게 인구가 줄어드는
것은 아닙니다. 예배당 문을 닫는 이유는 예배당 주변에 사람이 없어서
가 아니고, 그들이 교회에 나오지 않기 때문입니다. 특히 요즘 교회에
젊은 교인들이 없는 주된 이유는 지금 교회에 출석하고 있는 부모들의
자녀들이 교회에 나오지 않기 때문입니다. 그럼, 왜 교인들의 자녀들이
교회에 출석하지 않을까요? 그것은 두말할 필요 없이 부모들이 자녀들
에게 철저한 신앙 교육을 하지 않았기 때문입니다.

우리 자녀들이 투철한 신앙을 가지고 있다면, 어디에서 살든지 교회를 찾아 등록하고 성실하게 출석할 것입니다. 그러나 고등학교까지 교회 출석을 잘하던 아이들이 대학에 가면서, 특히 집에서 멀리 있는 대학에 가면서부터 교회 출석을 등한히 하고 아예 교회를 등져 버리는 경우가 많습니다. 젊은이들이 교회에 나와야 그들의 자녀들이 교회에 나오고, 그래야 유치부, 초·중·고, 대학부까지 발전할 터인데, 젊은 사람들이 나오지 않으니 아이들이 나올 리가 없고, 아이들이 나오지 않으니 교회학교가 자연히 문을 닫는 것입니다.

부모들은 자녀들을 먹이고 입히며 교육하는 것으로 그 책임이 끝나는 것이 아닙니다. 가장 막중한 책임은 자녀들을 철저한 신앙인으로 기르는 것입니다. 모태 신앙인이 교회를 등지는 책임은 본인의 책임보다 부모의 책임이 더 큽니다. 신앙을 떠난 자녀들을 위해서는 모니카의 기도를 해야 합니다. 성 아우구스티누스의 어머니 모니카는 "기도의 아들은 망하지 않는다"는 확신을 갖고, 타락한 아들이 돌아오기까지 10여 년을 밤낮으로 눈물의 기도를 드렸습니다. 그 기도로 결국 '탕자 아우구스티누스'가 기독교 역사에 길이 남을 '성 아우구스티누스'이 되었습니다.

우리 아이들이 주님께 돌아올 때까지 부모들은 밤낮으로 눈물로 기도드려야 합니다. 부모의 설득으로는 자녀들을 신앙으로 돌아오게 할 수 없습니다. 기도만이 유일한 해결책입니다. 기도하면 성령님께서 그들의 영혼을 움직여 주십니다. 자녀들이 멸망의 넓은 길로 달려가고 있는데 기도도 하지 않는 부모는 자녀를 진심으로 사랑하지 않는 부모입니다. 자기들은 교회에 매주 나가면서, 자녀들이 세상에서 방황하고 있는데도 괘념치 않는 것은 부모로서 직무를 유기하는 것입니다.

신앙생활을 하지 않는 자녀를 둔 부모들은 오늘부터 하나님 앞에 무릎을 꿇어야 합니다. 자녀들이 주님께 돌아올 때까지. 그것이 부모

된 첫 번째 도리입니다. 그렇게 되면 교회도 문을 닫지 않고, 교인 숫자
도 줄어들지 않습니다. 길은 쉬운 데 있습니다. 무릎 꿇고 끊임없이 드
리는 부모들의 눈물의 기도가 그것입니다. 샬롬.

딸을 선호하는 한국 사람들

05
05

"남자나 여자나 다 그리스도 예수 안에서 하나이니라." (갈 3:28)

아들과 딸 가운데 어느 쪽을 선호하느냐 하는 것은 종족에 따라, 시대에 따라 다를 수 있습니다. 일반적으로 아들을 선호하는 경향이 강했습니다. 특히 한국에서는 유교의 영향으로 남아선호 사상이 무척 강했습니다. 딸은 다른 성씨 집안으로 시집을 가지만, 아들은 집안의 혈통을 이어가기 때문에 아들을 선호할 수밖에 없었습니다.

아들 선호의 또 다른 원인은 조상 제사 문제입니다. 딸은 다른 가문에 시집가면 그 집의 제사에 참여하지, 친정의 제사에 참여하지 않습니다. 제사는 장남이나 차남이 주관합니다. 따라서 사대부 집안에서는 반드시 아들이 있어야만 했습니다. 특히 사대부 집안에 본처가 아들을 낳지 못하면 첩을 얻어 아들을 보고, 그것도 안 되면 씨받이 여인을 데려다가 아들을 얻기도 했습니다. 딸 일곱을 낳고도 또 아이를 낳는 것은 아들을 얻기 위함이었지요. 아들이 있어야 그 집안의 혈통이 유지되기 때문입니다. 따라서 아들은 그 집안의 대들보요, 기둥이었습니다.

낙태 기술과 태아 성별 판별 기술이 없었을 때는, 아이가 생기면 아들이건 딸이건 간에 낳을 수밖에 없었지만, 의학 기술이 발달하면서부터는 사전에 검사해서 딸이면 지우고 아들이면 낳는 풍조 때문에 남자의 비율이 여자보다 훨씬 높을 수밖에 없었습니다.

특히 조선왕조 500년 유교 문화에서는 남녀 차별로 남자는 교육하면서도 여자아이들은 학교에 보내지 않았습니다. 19세기 후반, 개신교 선교사들이 들어오면서 비로소 여자아이들도 교육을 받기 시작했지요. 감리교 선교사 메리 스크랜튼 여사가 자기 사랑방에서 여자아이 둘을 데리고 시작한 이화학당이 조선 역사 4,000년에 처음 생긴 여학교였습니다. 이제는 여자들도 외국 저명 대학에서 박사학위(Ph.D.)를 받고 소위 'SKY 대학'이나 외국 유수 대학의 교수로 학생들을 가르치는 시대가 되었습니다. 여자가 국무총리는 물론, 대통령까지 되는 시대가 되었지요.

그런데 최근 세계적으로 유명한 여론조사 기관인 갤럽(Gallup)이 세계 44개국에서 "자녀를 한 명만 낳는다면 아들과 딸 중 누굴 원하느냐?"는 질문을 던졌는데, "딸을 원한다"는 대답을 한 나라 중 1위가 한국으로 28%였고, 아들을 원한다는 사람은 15%였습니다. 30년 전만 해도 한국인 58%가 아들을 원한다고 했는데, 이제 남아 선호가 4분의 1로 줄어든 셈입니다. 이번 조사에서 한국인 56%는 '아들딸 상관없다'고 했고, 한국 다음으로 딸을 원하는 나라는 일본과 스페인 등으로 26%였습니다.

어떤 간호대학의 조사에 의하면 치매 노인을 돌보는 가족의 82%가 여성이고, 그중 딸이 40%를 넘었는데 아들은 불과 15%였습니다. 왜 딸을 선호하는지 이해가 되시나요? 얼마 전까지 '아들 낳으면 자동차 타고, 딸 낳으면 비행기 탄다'는 말이 있었지요. 이제는 시대가 변해서, 성(姓)은 아버지의 성을 따른다는 원칙이 바뀌어 본인이 원하면 어머니의 성을 따를 수 있도록 법도 변경되었습니다.

성별에 따라 자녀를 선택하는 것은 아주 잘못된 일입니다. 태아가 남자면 살리고 여자면 없애거나, 반대로 태아가 여자면 살리고 남자면 없애는 것은 분명 살인 행위입니다. 정자와 난자가 자궁에서 결합하는 순간 성별을 누가 결정합니까? 네, 하나님께서 결정하십니다. 이 일은 하나님의 영역이기 때문에 사람이 침범할 수 없습니다. 전에는 여아(女

兒)를 지우더니, 이제는 남아(男兒)를 지우는 것이 얼마나 잔인한 일입니까?

하나님의 결정대로 순종하며 따라야 합니다. 남아 선호, 여아 선호라는 말은 없어져야 합니다. 인간이 인위적으로 성별을 선택하는 것은 하나님의 권위에 도전하는 일입니다. "아들딸 구별 말고, 둘만 낳아 잘 기르자." 예전에 많이 듣던 말이지요? 이제는 아들딸 구별 말고 주신 대로 잘 길러야 합니다. 바울 선생은 선포하였습니다. "남자나 여자나 다 그리스도 예수 안에서 하나이니라."(갈 3:28) 이 말씀은 진리입니다. 샬롬.

자녀 생산

"네 집 안방에 있는 네 아내는 결실한 포도나무 같으며 네 식탁에 둘러앉은 자식들은 어린 감람나무 같으리로다." (시 128:3)

하나님께서는 태초에 남자인 아담을 창조하신 후, 아담이 홀로 지내는 것이 좋지 않게 보여 그를 잠들게 하시고 갈비뼈 하나로 하와를 만드셔서 아담에게 이끌어 주셨습니다. 그리하여 남자인 아담과 여자인 하와가 부부가 되어 가인과 아벨, 그리고 후에 셋을 낳았습니다. 하나님께서 부부가 자녀를 생산하게 하신 것은 인류에게 주신 커다란 은총입니다.

부부가 후손들을 남기고 세상을 떠나도 그 후손들이 또 자녀를 낳아 길러 인류의 역사가 지금까지 지속된 것입니다. 그런데 문제는 건강한 남자와 여자가 결혼했지만, 자녀를 생산하지 못하는 경우입니다. 결혼한 부부 사이에 아이가 없는 것은 남편이나 아내 쪽에 생식 능력에 문제가 있어 자녀를 갖지 못하는 경우가 많습니다. 이런 경우 부부는 부모 없는 고아를 양자 또는 양녀로 삼아 자기 아이처럼 기르는 것이 전통적인 방법이었습니다.

그런데 과학이 발달하면서 소위 인공수정 방법이 생겨났습니다. 아내에게는 생식 능력에 아무 문제가 없지만 남편에게 문제가 있는 경우, 다른 남자의 정자를 받아 아내의 난자에 수정해서 자녀를 생산하는 방법입니다.

최근(2024년 7월) 호주에서 정자를 기증받아 낳은 캐서린 도슨(Catherine Dawson, 34) 씨가 어느 여성 모임에서 자신과 아주 비슷하게 생긴 다른 여인을 만나게 되었습니다. 그 여성도 기증받은 정자로 태어났다는 말을 듣고 확인한 결과, 두 사람의 생물학적 아버지가 같다는 것이 밝혀졌습니다. 도슨은 이 사건을 계기로 기증자 코드를 활용해서 자신의 생물학적 형제자매를 찾았는데, 1년 만에 50명이 넘는 이복 형제자매를 확인할 수 있었습니다. 호주 ABC 방송은 1970-80년대에 남자가 정자를 기부할 때마다 호주 돈 10달러를 지급했는데, 이를 악용해서 여러 이름을 써가며 자기 정자를 수백 개 기증한 사람들이 있었다는 것을 확인했다고 보도했습니다. 문제는 사람들이 자기의 이복 형제자매가 어디에 살고 있는 누구인지 알 수 없어, 결과적으로 이복남매가 근친 결혼을 하는 비극이 생겨날 수 있다는 것입니다.

어떤 부부는 세 명의 자녀를 시험관 수정 방식으로 낳았는데, 자녀들이 동일한 생물학적 아버지의 자녀이기를 바라 병원에서 세 차례 모두 동일한 남성의 정자를 제공받아 출산을 했습니다. 그러나 아이 중 한 명이 심각한 장애를 갖고 태어나 유전자 확인을 했더니, 첫째와 나머지 두 아이가 친자 관계가 아닌 것이 밝혀졌습니다. 이 문제를 계기로 호주는 주(州) 정부를 중심으로 정자 관리를 철저히 강화하도록 하였습니다.

퀸즐랜드주는 검사한 샘플의 42%가 기증자의 신원이 실제와 다를 수 있다는 조사에 따라, 2020년 이전에 냉동된 수천 개의 정액 샘플을 모두 폐기 처분하라는 명령을 내렸습니다. 또 한 사람의 정자를 사용할 수 있는 횟수도 제한하고, 주 정부 차원에서 기증자를 관리하는 정보 등록소를 설립하는 법안을 도입하기로 했습니다.

요즘에는 결혼을 해도 아이를 갖지 않는 소위 '딩크족(DINK: Double Income No Kids)'들이 늘어가고 있습니다. 아이를 낳아 기르고 교육하며 출가시키는 과정, 그리고 그 후에 손주들을 돌봐줘야 하는 양육의 부담 때문에 아이를 아예 낳지 않겠다는 것입니다.

기독교 신앙은 아이를 낳고 못 낳는 것은 전적으로 하나님의 주권에 달린 일로 믿습니다. 아이를 낳지 못하는 것도 하나님의 뜻으로 여기고, 입양을 통해 가정을 이루는 것도 아이를 갖는 훌륭한 방법 중 하나입니다.

자녀 없는 부부는 함께 기도하면서 하나님의 뜻이 무엇인지 분별해서 행동하는 것이 신앙적 해법이라 여깁니다. 과학의 발달은 인류에게 많은 혜택을 주지만 동시에 윤리적 어려움도 같이 따라온다는 사실을 유념해야 합니다. 자녀 문제로 고민하는 가정들이 부부가 함께 기도하면서 하나님의 뜻을 헤아려 실행하기를 바랍니다. 참 어려운 문제입니다. 샬롬.

생육하고 번성하라

"하나님이 그들에게 이르시되 생육하고 번성하여 땅에 충만하라, 땅을 정복하라." (창 1:28)

하나님께서는 에덴동산에서 아담과 하와를 창조하시고, "그들에게 복을 주시며 하나님이 그들에게 이르시되 생육하고 번성하여 땅에 충만하라, 땅을 정복하라"고 명령하셨습니다. 인류는 아담과 하와 두 사람에 의해 번성하여 오늘날 약 80억 인구가 온 세상에 퍼져 살고 있습니다. 이 세상 어느 곳에 가든지 사람은 살고 있습니다. 극한 지방에도, 머리가 벗겨질 정도의 뜨거운 태양이 쏟아지는 적도에도 사람들은 살고 있습니다.

하나님께서는 세상 어느 곳에서든지 사람이 살 수 있는 여건을 마련해 두셨습니다. 그러므로 아무리 흉년이 들고 홍수가 나서 헤아릴 수 없이 많은 농경지가 피폐화되어도 사람은 지금까지 살아남았습니다.

제가 어렸을 때는 한 가정에 아이들이 대여섯 명은 보통이었고, 많은 집은 10명, 12명이었습니다. 이런 현상은 서방에서도 마찬가지여서, 감리교회를 시작한 존 웨슬리(John Wesley)의 모친은 19명을 낳았는데, 존은 15번째 아이였습니다. 미국 역사에 빼놓을 수 없는 위대한 인물 중 한 사람인 벤자민 프랭클린(Benjamin Franklin)도 15번째 아이였습니다.

한국의 인구가 급격하게 늘어난다고 판단한 정부는 1962년부터 산아제한 정책이 포함된 가족계획을 발표했습니다. 그로부터 60여 년이 지난 지금은 상황이 180도 달라져서, 두 남녀가 결혼해서 낳은 아이 평균이 0.7-0.8명, 즉 한 명도 낳지 않는 결과가 되고 말았습니다. 이제 아이들은 낳지 않고 노인 인구는 늘어가는 '역피라미드' 현상이 나타나 심각한 사회문제가 되었습니다.

자, 그럼 한국의 앞날은 어떻게 되는 것일까요? 아이들을 낳지 않는 사회는 일해야 하는 젊은이들의 숫자는 점점 줄어들고, 양로원에 가는 노인들은 점점 많아지는 희망 없는 사회가 되고 말겠지요. 미국이라는 나라는 본디 이민자들이 모여 만든 나라여서 주기적으로 이민자를 받아들입니다. 물론 미국에 필요한 고급 인력을 주로 받아들이지만, 불법으로 입국한 사람들도 때가 되면 대사면령을 내려 영주권을 주고 살아갈 수 있게 해 줍니다. 2000년에서 2010년까지 10년 동안, 미국은 전 세계로부터 1,400만 명의 이민자를 받아들였습니다. 이러니 미국 백인들이 아이들을 낳지 않아도 이민으로 인구를 조절하고 있는 것입니다.

한국도 낳지 않는 아이들을 억지로 낳게 할 수는 없고, 이제 이민 문제를 심각하게 고려해 봐야 하는 단계에 이르렀습니다. 이제는 단일민족이니, 배달겨레니, 한 핏줄이니 하는 배타적 개념을 불식(拂拭: 의심이나 부조리한 점을 말끔히 떨어 없앰)시켜야 합니다.

'글로벌 타운(Global Town)', 즉 지구촌이라는 말은 인류가 인종이나 종족을 가리지 않고 함께 사는 동네란 뜻입니다. 이제 우리는 아이들을 낳지 않는 세상에서 인류가 어떻게 서로 돕고 살아가야 하느냐는 근본적 문제를 갖고 씨름해야 할 단계에 이르렀습니다. 인간 사이에 있는 모든 편견을 없애고 '다름'에 대한 이해와 포용이 절실히 요청되는 시대가 되었습니다.

'나'나 '우리'라는 울타리를 넘어 '너'와 '너희'라는 간격을 없애고, 우리 모두 하나님의 자녀라는 개념을 가질 때 비로소 인구 문제 해결의 실마리가 풀릴 것입니다. 참 쉽지 않은 문제지요? 생육하고 번성하

라는 하나님의 명령을 어긴 결과가 이제 나타나기 시작했습니다. 하나
님의 명령을 따르는 길이 인류가 사는 길입니다. 샬롬.

노인

"너는 센 머리 앞에서 일어서고 노인의 얼굴을 공경하며 네 하나님을
경외하라 나는 여호와이니라." (레 19:32)

미국에서 살다 보니 노인들에 대한 대우가 무척 좋다는 것을 알게 되
었습니다. 물론 한국도 이제 서구 문화, 특히 기독교 문화의 영향을 받
아 노인들에 대한 대우가 많이 좋아졌다는 이야기를 듣고 있습니다.

전에는 '노인' 즉 '늙은 사람'이라는 용어를 많이 썼는데, 요즘은
'어르신'이라는 용어를 쓴다고 하더군요. 노인보다는 어르신이 듣기 좋
긴 한데, 나이가 들었는데도 어르신 대우를 받지 못하는 사람들이 있
다는 게 문제지요. 미국에서는 어디를 가든지 시니어를 우대하여, 많은
음식점에서 적은 금액이지만 할인을 해 주고, 공원이나 박물관 등 공공
기관에 입장할 때도 할인을 해 줍니다.

이렇게 시니어를 우대하는 이유는 두 가지가 있다고 여겨집니다.
우선 시니어는 과거 젊었을 때 일을 많이 했고, 자녀들을 기르느라고
수고를 많이 했으며, 오늘날 젊은이들이 이렇게 살 수 있는 토대를 마
련해 준 은인들이기 때문입니다. 다음으로는 약자에 대한 배려입니다.
기독교 배경의 서양 문화는 고아, 과부, 나그네(노숙인), 장애인 등 지극
히 작은 자들에 대한 배려가 깊이 인식되어 있습니다. 따라서 시니어들
은 나이가 많아 육체적 힘도 없고 정신력까지 약해져 가므로 정상적인
삶을 살아갈 수 없는 상황에 이르게 됩니다.

양로병원(요양병원)에 가보면 많은 노인이 지팡이, 워커(Walker: 보행
보조기), 휠체어 등에 의지하여 움직이는 것을 봅니다. 따라서 노인들은

누군가의 도움을 받아야 살아갈 수 있는 사람들이어서 개인뿐만 아니라 국가, 주(State), 시(市), 또 구호 기관, 교회 등 종교 기관에서 이들을 돌보아 줍니다.

성경에도 노인들에 대해 존경과 배려를 당부하고 있습니다. 레위기에 "센 머리 앞에서 일어서라"고 말씀하신 것은 노인을 존중하라는 말입니다. 지혜의 왕 솔로몬은 "백발은 영화의 면류관이라 공의로운 길에서 얻으리라"(잠 16:31)고 말씀하였습니다. 확실히 머리가 하얗게 센 노인은 그분 삶의 이력이 그 머리털에 나타나 보입니다. 그러나 그 영화의 면류관을 얻으려면 '공의로운 길을 걸었어야 한다'는 조건이 붙어 있습니다. 다시 말하면 머리가 희다거나 나이가 많다고 다 존경을 받는 것은 아니라는 뜻입니다. 아무리 머리털이 희다 해도, 그의 과거의 삶이 부끄러웠다면 아무도 그를 진심으로 존중하지 않습니다.

흰머리 노인들의 삶이 정당하고 떳떳하면 누구나 존경을 표합니다. 그러나 평생 구두쇠로 살아온 노인 앞에서는 아무도 일어서지 않습니다. 한 노인이 살아온 삶의 흔적은 그 자체가 지혜의 보고일 수 있습니다. 아프리카의 격언에 "노인 한 명이 죽는 것은 도서관 하나가 불탄 것과 같다"는 말이 있습니다. 젊은이들이 경험해 보지 못한 세상, 젊은이들이 모르는 세상살이에 대한 지혜가 노인들에게는 있습니다. 젊은이들로부터 존경과 경애를 받기 위해서는 노인들의 삶이 그에 걸맞아야 합니다.

100세를 훌쩍 넘긴 김형석(金亨錫) 연세대 명예교수님은 대학 총장을 지내지도, 많은 돈을 모은 재벌도, 정치권력을 지녔던 정치인이나 대통령도, 사법부의 대법관을 지내지도 않은 그저 평범한 은퇴한 대학교수일 뿐입니다. 그러나 많은 한국 사람뿐만 아니라 외국 사람들 중에도 그분을 존경하는 이들이 많은 이유는, 그분의 삶이 깨끗했고 무엇보다 국가와 민족을 사랑하는 마음, 제자들을 사랑하는 마음으로 올곧게 살아오신 삶의 흔적 때문입니다. 이런 어른 앞에서는 자연히 일어서게 되어 있습니다. 우리 모두는 지금도 늙어 가고 있습니다. 우리의 머리가 희어졌을 때, 젊은이들이 존경하는 마음으로 일어설 수 있는 삶을 살도록 노력합시다. 샬롬.

노익장

"모세가 죽을 때 나이 백이십 세였으나 그의 눈이 흐리지 아니하였고 기력이 쇠하지 아니하였더라." (신 34:7)

'노익장(老益壯)'이란 늙었지만 의욕이나 기력이 점점 좋아지거나 그런 상태를 뜻하는 말입니다. 2024년 5월 3일자 뉴스에 올해 100세 된 한인 어르신이 운전면허를 갱신했다는 놀라운 소식이 실렸습니다. 로스앤젤레스 남쪽 오렌지 카운티에 사는 S 씨는 2024년 4월 22일 만 100세가 되었는데, 나흘 후인 26일 그 지역 차량국(DMV: Department of Motor Vehicles)에서 면허를 갱신하였습니다.

S 씨는 DMV에서 필기시험에 합격한 것은 물론, 색맹 검사를 포함한 시력, 청력 검사, 앞뒤로 걷는 보행 검사도 무사히 통과했습니다. 감독관의 입에서 "합격(Pass)"이라는 말이 나오자, 주변의 DMV 직원들 모두가 S 씨에게 축하 인사를 건넸습니다. S 씨는 "뒤늦은 생일 선물을 받은 셈이다. 앞으로 1, 2년 더 운전하고 상황을 봐서 면허를 반납할까 한다"고 말했습니다. 그는 21세부터 차를 운전하기 시작해서 운전 경력 79년이라며, "지금까지 내 잘못으로 사고를 낸 적은 단 한 번도 없다"고 자부했습니다.

S 씨는 40대에 당뇨 판정을 받은 것 이외에 건강에 특별한 이상은 없었다고 합니다. 지금도 매일 아침 1시간 30분 동안 근력운동과 걷기를 할 정도로 당뇨를 포함한 전반적인 건강관리에 힘쓰고 있습니다.

요즘 세상에 100세까지 사는 것도 쉬운 일이 아니고, 산다고 해도 대부분은 요양병원에 누워 있거나 치매와 거동 불편으로 고생하는 경우가 흔합니다. 80이 넘으면 시력이나 청력이 떨어져 운전면허증을 갱신하지 못하는 이들도 많은데, 100세에 갱신을 했다니 대단한 노익장이 아닐 수 없습니다. 본인이 평소에 건강관리를 철저히 했을 뿐만 아니라 하나님의 특별한 은총이라 여겨집니다.

제가 장로회신학대학교에 봉직하고 있을 때, 방학을 맞아 부모님을 뵈러 L.A.에 오면, 선친께서 친구 장로님들 식사 대접을 하고 싶다고 하시는 경우가 있었습니다. 언젠가 친구 장로님들을 대접하고 싶다 하셔서 H 장로님께 전화를 드렸습니다. 당시 장로님 연세가 90세였습니다. 어떻게 오시겠냐고 여쭈었더니, "내가 운전하고 가지. 아무개 장로, 아무개 장로 내가 픽업(Pick-up)해서 가지"라고 말씀하셨습니다.

식사를 하면서 H 장로님께 "90세 연세에 운전을 하고 다니시니 대단하십니다"라고 말씀드렸더니 이렇게 대답하셔서 함께 웃었던 기억이 납니다. "한 번은 하나님께 100살까지 운전하게 해 달라고 기도드렸더니, 하나님께서 '야, 이놈아 욕심도 많다' 그러셔서, 그럼 95세까지만 하게 해달라고 해서 허락을 받았다네."

H 장로님은 매일 새벽기도회에 다녀오신 후, 오전에 테니스 코트에 가서 젊은 사람들과 더불어 2시간 동안 운동을 하십니다. 테니스는 서울 경신중학교에 다니던 때 시작해서 그때까지 계속 치신다고 하셨습니다. 그런데 그로부터 몇 달 후, H 장로님은 갑작스러운 뇌졸중으로 쓰러져 고생하시다 세상을 떠나셨습니다.

분명히 건강하게 장수하는 것은 하나님께서 주시는 특별한 은총입니다. 많은 사람이 건강하게 오래 살기를 바라지만, 마음대로 되지 않는 것이 우리의 인생사입니다. 따라서 하나님께서 우리에게 주신 이 귀중한 삶을 하루하루 소중하게 그리고 보람 있게 살아야 합니다. 오늘 건강했던 사람이 내일 어떻게 될지 모르고, 아침에 건강한 모습으로 나갔던 아들이 심장마비로 세상을 떠났다는 소식을 듣는 경우도 더러 있습니다.

신명기 34장에 "모세가 죽을 때 나이 백이십 세였으나 그의 눈이 흐리지 아니하였고 기력이 쇠하지 아니하였더라"고 기록되어 있습니다. 모세는 하나님의 특별한 은총을 받은 분임에 틀림없습니다. 우리가 몇 살까지 살지 모르지만, 살아생전에 건강관리를 열심히 해서, 하나님께서 부르시는 날까지 영육 간에 건강하게 살도록 노력합시다. 또 그렇게 살게 해 달라고 열심히 기도합시다. 주말 잘 보내시고, 월요일에 만납시다. 샬롬.

인생의 황혼

"내일 일을 너희가 알지 못하는도다 너희 생명이 무엇이냐 너희는 잠깐 보이다가 없어지는 안개니라." (약 4:14)

어떤 은퇴 목사님이 쓴 글에서, 후배 목사가 요양 시설에 살고 있는 '한 노인이 남긴 낙서'를 발견하고 옮겨 적은 내용을 보았습니다. 그 내용은 이렇습니다.

"돈 있다고 유세 부리지 말고, 공부 많이 했다고 잘난 척하지 말고, 건강하다고 자랑하지 말고, 뽐내지 마소. 다 소용없다 아이가. 나이 들고 병들어 놓으니 잘난 자나 못난 자나, 배운 자나 못 배운 자나, 너나없이 남의 손 빌려 하루하루 살아가더이다. 그래도 살아 있어 남의 손에 끼니를 이어가며, 똥오줌도 남의 손에 맡겨야 하는구려. 당당하던 그 기세, 그 모습이 허망하고 허망하구려. 내 형제 내 식구, 자식만 최고인 양 남을 업신여기지 마시고요. 피 한 방울 섞이지 않은 식구도 아닌 남들이 어쩌면 이토록 고맙게 해 주는지…."

위의 글은 요양병원이나 양로원에 입원한 어르신들의 공통적 상황이라고 말할 수 있습니다. 모두가 대소변을 남이 받아내는 것은 아니지만, 결국 언젠가는 그렇게 될 수도 있습니다.

제가 장로회신학대학교에 봉직하고 있을 때, 방학을 맞아 부모님을 뵈러 미국에 오면 선친께서는 가끔 양로원에 계시는 친구 장로님들이나 권사님들을 방문하러 가자고 하셨습니다. 목사 아들이 왔으니까 외롭게 병으로 고생하시는 분들에게 기도를 해 드리라고 요청하신 것입니다. 토요일이나 주일 오후에 양로병원에 가면, 많은 노인이 휠체어를 타고 정문 안쪽 양옆으로 길게 앉아서 문을 바라보고 있습니다.

혹시 누가 들어오면, 행여나 내 아들이나 며느리, 딸이나 사위가 손주들을 데리고 오지 않나 하고 목을 길게 늘이고 쳐다봅니다. 그러다가 자녀들이나 손주들이 들어오면 얼굴에 환한 미소를 띠고 휠체어를 열심히 굴리면서 나가 맞이합니다. 그런데 하루 종일 정문 쪽을 바라봐도 다른 노인의 자녀들은 오는데 내 자녀들이 오지 않으면, 저녁 황혼이 질 때까지 문을 바라보다가 시무룩한 표정으로 서서히 휠체어 바퀴를 굴리며 돌아갑니다. 쓸쓸하고 섭섭한 눈망울에 눈물이 맺힌 채 방으로 향하는 뒷모습은 참으로 안타깝습니다.

양로병원에는 평생을 대학에서 가르치던 교수도, 낫 놓고 기역 자도 모르는 노인도, 별 넷을 달았던 대장도, 막대기 네 개 병장도 그곳에서는 차별이 없습니다. 과거에 엄청난 돈을 가졌던 재벌급 인사도, 세끼 밥도 제대로 먹지 못하고 어려운 생활을 했던 사람도 모두가 다 똑같은 삶을 살아갑니다. 위에서 어떤 노인이 쓴 글과 같이, 밥도 남의 손이 떠 주는 것을 받아먹고 대소변도 남이 치워 줘야 되는 상황에 놓여 있으면, 가족들도 방문하는 것을 꺼리고 철없는 손주들은 냄새가 난다고 다시는 가려 하지 않기도 합니다.

생로병사(生老病死). 세상에 태어나고, 늙어가면서 병을 얻고, 그리고 마지막에 세상을 떠나는 것은 아담으로부터 지금까지 인류 역사가 계속되는 동안 변하지 않는 원칙입니다. 그래도 양로병원에서 90세, 100세까지 살다가 가시는 분들은 복 받은 이들입니다. 젊은 나이에 병으로, 사고로 세상을 떠나는 사람, 심지어 스스로 생명을 끊는 사람들도 적지 않기 때문입니다.

우리는 언젠가 이 세상을 떠납니다. 하나님께서 부르시면 가야 합니다. 그러므로 우리는 갈 준비를 해야 합니다. 고3 수험생들이 대학입시 준비를 얼마나 많이 하는지, 결혼할 신랑 신부가 얼마나 많은 준비를 하는지, 한국에서 미국으로 이민을 오려는 사람들은 준비할 것이 얼마나 많습니까? 그런데 정작 우리가 천국으로 이민 갈 준비는 별로 하지 않고 살고 있지 않나요? 정말 중요한 것은 천국으로 이민 갈 준비입니다. 순간마다 하나님께서 나를 부르실지 모른다는 생각을 갖고 믿음 생활을 철저하게 해야겠습니다. 샬롬.

정년 은퇴

"한 세대는 가고 한 세대는 오되 땅은 영원히 있도다." (전 1:4)

지난 2023년 가을, 미국에서는 차기 대선 후보들의 나이 문제가 대두되었습니다. 당시 현직 대통령이었던 조 바이든(Joe Biden)은 81세였고, 재선에 성공해 4년을 더 하게 되면 86세까지 재임하게 되는 상황이었습니다. 공화당의 유력한 대선 후보였던 전임 대통령 도널드 트럼프(Donald Trump) 역시 당선되면 임기 말에는 80이 넘는 나이가 됩니다. 이렇게 민주, 공화 양당의 유력 후보가 모두 80이 넘는 고령으로 대통령직을 수행하는 것에 대해 우려의 목소리가 컸습니다. 특히 바이든의 경우, 공식 석상에서 잦은 말실수나 불안한 모습을 보여 건강과 인지 능력에 대한 걱정을 하는 사람들이 많았습니다.

한국과는 달리 미국에는 대통령직을 포함해 대부분의 직책에 연령 제한이 없습니다. 연령 제한을 두는 것은 '연령 차별(Age Discrimination)'에 해당하며, 미국 사회에서는 어떤 차별도 해서는 안 된다는 원칙에 위배되기 때문입니다.

최근 연령에 대한 논쟁은 정치계뿐만 아니라 법조계에서도 나오고 있습니다. 미국 워싱턴 D.C. 연방항소법원의 폴린 뉴먼(Pauline Newman) 판사에게 사법위원회는 1년간 업무 정지 명령을 내린 바 있습니다. 사법위원회는 "다른 방법이 있기를 바라지만 판사가 더 이상 업무 수행 능력이 없는 것으로 판단될 때에는 행동을 취할 의무가 있다"고 천명했습니다. 올해 96세인 뉴먼 판사는 최근 뚜렷하게 저하된 업무 능력과 관련해서 은퇴 또는 일선 후퇴를 제안받았습니다.

연령 제한을 두고 때가 되면 은퇴하게 하는 제도는 장단점이 분명히 있습니다. 연령 제한은 후배들에게 자리를 양도하고, 후배들이 가르치고 일할 수 있는 기회를 마련해 준다는 데 큰 의미가 있습니다. 그러나 은퇴하는 본인의 입장에서는 아직도 신체적으로나 정신적으로 건강하고 의욕이 있으며, 오랜 세월 쌓아온 지식과 경험을 통해 더 많은 일을 할 수 있음에도 불구하고, 나이가 들었다는 이유로 현직에서 물러가야 하는 것은 본인에게도 후배들에게도 손해가 될 수 있습니다.

얼마 전 한국 사법부의 상황에서 보았듯이, 대법원장이 편향적 성향을 가지고 비슷한 성향의 판사들을 요직에 앉혀 재판의 공정성을 해치는 일은 대단히 많은 문제를 낳습니다. 그러나 대법원장의 임기가 6년이어서, 6년 후에는 새로운 대법원장이 그 자리에 앉아 전임자의 편향된 일들을 바로잡을 기회를 가질 수 있는 것은 좋은 제도임에 틀림없습니다. 따라서 사람은 때가 되면 그 자리에서 물러가고 새로운 사람이 들어와서 또 새롭게 일할 수 있게 하는 것이 옳다고 여겨집니다. 전도서를 쓴 지혜의 왕 솔로몬이 "한 세대는 가고 한 세대는 오되 땅은 영원히 있도다"(전 1:4)라고 한 말은 의미가 깊습니다.

한 세대(노년 세대)는 물러가고 또 새로운 세대(젊은 세대)가 와서, 전임 세대를 이어받고 참신한 세상을 만들어간다면 얼마나 좋겠습니까? 그러나 요즘 돌아가는 세태를 보면 새로운 세대가 새로운 역사를 만들어가는 것이 아니고, 더욱 험악한 세상을 만들어 가는 것 같아 걱정입니다. 때가 되면 물러가고 새로운 세대에게 새 시대를 맡기는 것이 하나님의 정로라 여겨집니다. 샬롬.

백수

"너희는 온 천하에 다니며 만민에게 복음을 전파하라 믿고 세례를 받는
사람은 구원을 얻을 것이요 믿지 않는 사람은 정죄를 받으리라."
(막 16:15-16)

'백수'에는 두 가지 뜻이 있습니다. 먼저 백수(白手)는 '백수건달(白手乾
達)'의 준말로 돈 한 푼 없이 놀고먹는 사람을 의미하고, 다음은 99세를
가리키는 말로 일백 백(百) 자에서 위의 '일(一)'을 빼면 흰 백(白) 자가 되
어 99세를 백수(白壽)라 합니다. 그런데 미국의 지미 카터 전 대통령이
백수를 지나 2024년 10월 1일에 100세가 되어 성대한 생일잔치를 했
습니다. 제가 미국에 온 초기에 대통령 선거 유세가 한창 진행되고 있
었는데, 그때 조지아주 플레인스라는 시골에서 땅콩 농장을 경영하며
동네 침례교회에서 주일 학교 교사를 하던 지미 카터(Jimmy Carter)가 미
국 제39대(1977-1981) 대통령에 당선되었습니다.

그러나 카터는 대내외적으로 여러 어려운 문제에 부닥치면서 미
국 국민의 지지를 잃고 재선되지 못하여 단임(4년)으로 대통령직을 내
려놓았습니다. 1981년 1월 20일 후임 로널드 레이건 대통령 취임식에
참석한 후, 세계 최정상의 자리에서 물러나 고향에 내려와 보니 4년간
돌보지 못한 땅콩 농장은 빚더미 위에 놓여 있었습니다.

하지만 그는 은퇴 후 지구촌 이곳저곳을 다니면서 분쟁 지역의 문
제 해결에 앞장섰고, 세계 평화와 인권, 공중보건 개선을 위해 여생을
바쳤습니다. 이 모든 일은 그의 확실한 신앙에서 나온 소명에 충실한
것이었습니다. 특별히 1984년부터는 부인과 함께 무주택자들에게 저
렴하고 적절한 주택을 지어 주는 '해비타트(Habitat: 사랑의 집 짓기)' 사역을

시작하여, 35년 동안 14개국에서 10만여 명의 자원봉사자와 더불어 약 4만 4천 채의 주택을 지어 공급해 주었습니다. 그렇게 그는 전 세계의 소외된 곳을 찾아다니며 헌신적으로 봉사한 공로로 20여 년 후에 노벨 평화상 수상의 명예를 안았고, 전 세계 많은 사람으로부터 존경을 받고 있습니다.

불철주야 일하던 그도 흐르는 세월은 어쩔 수 없어 90세 즈음에 암에 걸려 고생하다가, 피부암의 일종인 흑색종(Melanoma)이 재발하면서 2023년 2월부터 호스피스 케어를 받고 있습니다. 또한 사랑하던 아내 로잘린(Rosalynn) 여사를 2023년 11월에 천국으로 떠나보낸 후, 외로운 투병 생활을 이어가고 있습니다.

사람들은 은퇴 후 별로 할 일이 없어서 무위도식(無爲徒食: 아무 하는 일 없이 놀고먹기만 함)하는 경우가 많습니다. 그러나 우리 그리스도인들은 은퇴 후에도 할 일이 많습니다. 그중 가장 소중한 일은 사람의 생명을 구하는 전도입니다. 전도는 영원한 파멸에 이를 영혼들을 천국으로 인도하는 귀한 일입니다. 은퇴 후에 하루 한 시간만이라도 전도지를 들고 다니며 믿지 않는 사람들에게 복음을 전해야 합니다. 이 일만큼 소중한 일은 없습니다. 영혼을 구원하는 일은 카터 대통령이 은퇴 후 지구촌을 다니며 한 사회봉사 못지않게, 아니 그 이상으로 영원한 가치가 있는 귀한 일입니다.

우리는 "네 집 근처 다니면서 건질 죄인 많도다"라는 찬송을 부르지요. 그렇습니다. 내 집 근처, 아니 우리 집안 식구들 중에 건질 죄인들이 많습니다. 은퇴하신 여러분! 전도합시다. 전도는 은퇴 후에 할 수 있는 세상에서 가장 값진 일입니다. 하나님께서 가장 기뻐하시는 일이기도 합니다. 우리 모두 기도하면서 전도에 매진합시다. 샬롬.

결혼 예식

"예수께서 그들에게 이르시되 항아리에 물을 채우라 하신즉 아귀까지
채우니 이제는 떠서 연회장에게 갖다 주라 하시매 갖다 주었더니"
(요 2:7-8)

가톨릭교회의 결혼식은 혼배성사로 가톨릭교회 일곱 가지 성사 가운
데 하나입니다. 결혼식을 올릴 신랑과 신부는 성당에서 신부의 집전으
로 예식을 거행해야 합니다. 신부(神父)는 신랑과 신부의 서약을 마친
후, "신랑 김 아무개와 신부 이 아무개가 부부가 된 것을 내가 성부와
성자와 성령의 이름으로 선포하노라. 하나님이 짝지어 주신 것을 사람
이 나누지 못할지니라."(마 19:6)고 선언하면 그때부터 이들은 교회법적
으로 부부가 됩니다.

가톨릭 신자들이 신부(神父) 이외 다른 유명 인사의 주례로 일류 호
텔에서 예식을 거행했더라도, "내가 성부와 성자와 성령의 이름으로
두 사람이 부부가 된 것을 선언하노라"는 선포가 없었기 때문에 그들
은 교회법적으로 부부가 될 수 없고, 소속 성당의 교적에도 부부로 등
재되지 못합니다.

미국에 와보면 한국 어디에서나 볼 수 있는 일반 결혼예식장이 드
뭅니다. 2,000년 동안 내려오는 기독교 전통에 따라 결혼 예식은 주로
성당과 예배당에서 거행하며, 신부와 목사만이 주례를 할 수 있다고 믿
기 때문입니다. 그러나 이제 세상이 달라져서, 아예 결혼 예식도 없이
동거하며 아이를 낳거나 계약 부부로 살아가는 사람들이 많아졌습니
다. 옛날 가난한 집에서도 찬물 한 그릇 떠놓고서라도 예식을 올리고
부부 생활을 시작했던 것과는 대조적입니다.

전 세계적으로 출산율이 현저히 낮아지면서, 나라마다 출산율을 높이기 위해 예식 여부와 상관없이 두 남녀가 아기만 많이 낳으면 된다는 통념이 일반화되어 가고 있습니다. 소위 사실혼을 인정하고 세제 혜택과 가족수당 등을 지급하는 국가도 늘고 있습니다.

한국의 한 여론조사에서 20대 남녀에게 비혼 출산이 가능한지 물었더니 40%가 긍정했습니다. 최근 한국의 한 유명 배우가 혼외자(婚外子)를 얻고도 상대와 결혼하지 않겠다고 하여 논란이 되었습니다. 자녀를 낳았다면 마땅히 결혼하여 부모가 함께 양육해야 함이 도리가 아니겠습니까?

한국의 합계출산율이 0.7명 이하로 떨어지면서 국가 소멸을 우려하는 목소리가 높습니다. 그러다 보니 어떤 방법으로든 아이만 낳으면 된다는 생각이 퍼지고 있습니다. 하지만 이는 국가의 미래를 생각할 때 근시안적인 판단일 수 있습니다. 양친 부모의 온전한 사랑과 돌봄 속에서 자란 아이들도 사회적 적응에 어려움을 겪는 경우가 많은데, 하물며 불안정한 가정 환경이나 부모의 부재 속에서 자란 아이들이 올바른 가치관을 지닌 성인으로 성장하기란 쉽지 않은 일입니다.

예수님께서 가나 혼인 잔치에 가셔서 포도주가 떨어져 곤란한 상황을 보시고 기적을 베푸신 기록이 있습니다.(요 2장) 결혼이라는 거룩한 질서 밖의 동거 부부에게도 주님께서 동일한 복을 내려 주실지는 깊이 생각해보아야 할 문제입니다. 그리스도인 부모들은 자녀를 철저히 교육하여 가톨릭 신자는 성당에서, 개신교 신자는 예배당에서 예식을 정중히 올려야 함을 가르쳐야 합니다. 세상이 변해도 그리스도인은 결혼의 신성함을 끝까지 지켜내야 합니다. 이것이 하나님께서 기뻐하시는 길이며 복 받는 길입니다. 결혼 생활은 하나님께서 복을 주셔야 진정으로 성공할 수 있습니다. 샬롬.

어떤 결혼식

"예수께서 그들에게 이르시되… 이제는 떠서 연회장에게 갖다 주라…
그대는 지금까지 좋은 포도주를 두었도다 하니라." (요 2:7-10)

결혼식은 동서고금을 막론하고 한 가정의 가장 기쁘고 행복한 의식입니다. 한국에서는 결혼을 인륜지대사라고 할 만큼 소중히 여기며, 양가 가족과 친척뿐만 아니라 친구들, 이웃들, 특히 믿는 가정은 출석하는 교회에도 큰 기쁨이자 즐거움입니다. 결혼식 방법도 시대와 종족에 따라 저마다 다르고, 식을 올리는 장소도 다양합니다. 대체로 기독교 전통이 강한 나라에서는 교회나 성당에서 목사와 신부의 집례로, 불교 국가에서는 승려의 주례로 사찰에서, 이슬람 국가에서는 이맘(Imam)의 주례로 모스크에서 식을 올립니다.

2025년 6월 26일부터 3일간 세기의 결혼식이 이탈리아 베네치아에서 거행되었습니다. 세계 부자 서열 3위인 아마존(Amazon.com) 창업자 제프 베조스(Jeff Bezos)와 저널리스트이자 기업가인 로렌 산체스(Lauren Sanchez)의 결혼식이었습니다. 베조스의 재산 총액은 약 2,440억 달러(약 329조 원)로, 거부답게 이 결혼식에 전용기 90대가 귀빈들을 모시기 위해 동원되었고, 수상 택시도 30대가 투입되었습니다. 이 결혼식에 쓰인 돈이 약 11억 달러(약 1조 5천억 원)로, 장소 대여에만 3,330만 달러(약 450억 원)가 소요되어 '세기의 결혼식'이라는 말에 어울리는 규모였습니다.

베네치아 당국과 일부 관광업자들은 억만장자의 결혼식이 지역 경제에 도움이 된다는 입장이지만, 유네스코(UNESCO) 세계문화유산인 베네치아를 상품화하고 지역 주민의 삶의 터전을 침해하고 있다는 반발이 거셌습니다. 베조스는 비판 여론과 보안 우려 등으로 본래 결혼식 장소였던 시내 중심가에서 외곽으로 식장을 옮겼고, 베네치아 의회에 300만 달러의 기부금도 전달했지만 반대 여론을 잠재우기에는 역부족이었습니다. 결혼 마지막 날에도 500여 명의 시위대가 베조스의 결혼식을 규탄하는 집회를 벌였습니다.

베조스는 사후(死後)에 재산 전부를 여러 자선 단체에 기부하겠다는 서약을 했고, 이미 적지 않은 액수를 기부했습니다. 그러나 그가 이번 결혼식에 쓴 비용은 보통 사람들은 상상도 할 수 없는 엄청난 액수입니다. 미국에 있는 그의 저택 뒷마당에서 명사들을 초대하여 검소하게 식을 올렸다면 얼마나 좋았을까요? 반대하는 이들의 아우성이 들리는 곳에서 굳이 무리하게 진행할 필요가 있었을까요? 결혼식은 많은 사람의 축복 속에서 치러져야지, 비난 소리를 들으며 치러지는 것이 무슨 의미가 있을까요? 그 엄청난 비용을 굶주리는 이들, 돈이 없어 병원 문전에서 발을 구르는 환자들, 의지할 곳 없이 홀로 생을 마감하는 독거노인들을 위해 썼다면 그 가치가 더욱 빛났을 것입니다.

예수님께서는 가나 혼인 잔치에 초대받아 가셔서 포도주가 떨어져 곤란해하는 이들을 보시고, 돌 항아리 여섯 개에 물을 채우라 명하셨습니다. 그리고 그 물을 포도주로 바꾸어 주심으로써 가정의 문제를 해결하고 축복해 주셨습니다.

여기서 잠시 유머 한 토막입니다. 술을 좋아하는 어느 신부님이 외국에 나갔다 오며 비싼 술 두 병을 가방에 담아 입국하다가 공항 검색대에서 걸렸습니다. 직원이 "신부님, 이 술은 반입 금지 품목입니다."라고 말하자, 신부님이 하늘을 올려다보며 이렇게 말했다지요. "주님, 이번에도 물을 술로 만들어 주셨군요!"

결혼식은 많은 사람의 축복 속에 진행되어야지, 시위대의 반대를 무릅쓰고 강행할 일은 아닙니다. 무엇보다 하나님께서 복 내려 주시는 예식을 거행하는 것이 최선의 결혼식이 아닐까요? 우리 자녀들의 결혼식도 예배당이나 성당에서 목사와 신부의 축복 기도를 받으며 조촐하고 정중하게 거행되기를 소망해 봅니다. 샬롬.

이런 결혼식

"너희는 하나님과 재물을 겸하여 섬길 수 없느니라." (눅 16:13)

제가 군목으로 있을 때, 하루는 연대 주임상사가 찾아왔습니다. 본부 중대 이 중사가 결혼식을 올리지 못하고 살다가, 월남전에 가서 돈을 벌어 와서 결혼식을 올리고 싶은데 목사님께서 주례를 서 주실 수 있겠느냐고 물었습니다. 저는 물론 해 줄 수 있다고 대답하고, 조촐한 결혼식을 진행했습니다. 식장에는 이 중사의 중학생 아들과 초등학생 딸이 엄마, 아빠의 결혼식을 지켜보았습니다.

옛날, 가난한 집에서는 결혼식을 올릴 돈이 없어서 냉수 한 그릇 떠 놓고 서로 손잡고 서약하고 살았습니다. 하지만 요즘에는 결혼식을 성대하게 하는 경우가 많습니다. 부자들은 일류 호텔을 빌려서 결혼식을 올리고, 식당에서 평소에 먹어보지 못한 진귀한 음식들로 손님 접대를 합니다.

2021년 중국 후베이성에서 결혼식이 열렸는데, 신부가 양쪽 손목에 찬 금팔찌와 목걸이 60개의 무게가 6kg에 달했다고 합니다. 2013년 인도의 부자 프라모드 미탈(Pramod Mittal)은 딸 결혼식에 약 6,000만 유로(약 890억 원)를 썼는데, 스페인에서 3일간 열린 결혼식장엔 유명 셰프와 집사 등 200여 명이 동원되었고, 주문 제작한 6단 웨딩케이크 무게만 60kg이 나갔다고 합니다.

또한 세계 9위이며 아시아 최고 부자인 무케시 암바니(Mukesh Ambani) 인도 릴라이언스 인더스트리 회장의 막내아들 결혼식이 2024

년 7월에 시작되어 4일간 계속되었는데, 힐러리 클린턴 전 미국 국무
장관, 보리스 존슨 전 영국 총리, 한국의 이재용 삼성전자 회장 등 세계
에서 내로라하는 인사들이 다수 초청되었습니다. 암바니 가문은 전세
기를 100대 이상 빌리는 등 이번 결혼식에 약 6억 달러(약 8,300억 원)를
썼는데, 이는 6년 전 딸 결혼식 때보다 7배나 많은 액수입니다.

그런데 이 결혼식에 세계적 부호인 메타(Meta, 구 페이스북) 최고경영
자 마크 저커버그(Mark Zuckerberg)도 초대가 되었는데, 정작 세계 부자
순위권인 저커버그는 2012년 결혼식을 자기 집 뒤뜰에서 올렸습니다.
신부 결혼반지는 다이아몬드 대신 자기가 디자인한 소박한 루비 반지
였고, 초청받은 하객은 90여 명으로 식사는 근처 식당에서 주문한 평
범한 음식이었습니다.

저는 이 기사를 읽으면서 중국, 인도와 같은 동양 부자들의 자녀
결혼식과 미국 부자의 결혼식을 비교해 보았습니다. 동양 부자들이 자
녀들 결혼식에 상상할 수 없이 많은 돈을 쓰는 것과 미국의 부호가 자
기 집 뒤뜰에서 조촐한 결혼식을 올린 것은 그들의 문화적, 종교적 배
경이 다르기 때문이라고 생각했습니다. 가족과 현세의 복을 중시하는
기복적 종교 문화권과 달리, 청교도 정신이 깃든 서구 기독교 문화권은
검소함과 이웃을 생각하는 전통이 있기 때문입니다.

어리석은 농부는 많은 양식을 쌓아 놓고 인생을 즐기려 했지만, 그
날 밤에 세상을 떠난다는 사실은 몰랐습니다.(눅 12:16-21) 부자는 날마
다 자기 가족과 친구들을 불러다 호화 잔치를 베풀면서, 대문 밖에 누
워있는 거지 나사로를 돌보지 않다가 지옥으로 간 사실을 기억해야 합
니다.(눅 16:19-31) 하나님께서는 나의 소유를 나와 가족만을 위해 쓰지
말고, 어려운 이웃을 위해 쓰는 것을 기뻐하십니다. 다 잘 알고 계시지
요? 샬롬.

조혼

"하나님이 그들에게 이르시되 생육하고 번성하여 땅에 충만하라, 땅을 정복하라." (창 1:28)

최근까지 중국은 세계에서 인구가 가장 많은 나라였습니다. 그러다 근래에 그 자리를 인도에 내어주었습니다. 오래전, 중국은 인구가 계속 늘어나자 식량난 등을 우려해 '한 가정 한 자녀' 정책을 강제했습니다. 두 번째 자녀는 호적에 올려 주지 않기 때문에, 아이를 낳아도 호적이 없는 '검은 아이(흑해자)'가 되어 초등학교에 갈 나이가 되어도 학교에 보내지 못하는 난관에 부딪혔습니다.

그러나 중국의 생활 수준이 높아지고 여성들의 사회 활동이 많아지면서 출산, 육아에 많은 시간과 돈이 든다는 이유로 결혼을 기피하고, 또 결혼을 해도 아이를 아예 낳지 않는 가정이 늘어났습니다. 따라서 중국에서 인구가 줄어드는 기현상이 일어나자, 중국 정부는 인구 증가를 위해 산아제한 정책을 폐기하고 아이를 많이 낳으라고 독려하고 있지만 뜻대로 되지 않고 있습니다.

2024년 3월, 중국은 연례 최대 정치 행사인 '양회'(兩會: 전국인민대표대회와 전국인민정치협상회의)에서 저출산 문제가 주요 안건으로 다루어졌습니다. 여기서 중국 의무교육 학제를 현행 12년에서 9년으로 단축하자는 안과, 결혼 가능한 나이를 남녀 모두 18세로 낮추자는 안도 나왔습니다. 현재는 남성 22세, 여성 20세입니다.

15세 이후에 취업을 하고 20대 이전에 결혼해서 출산을 장려하자는 것입니다. 또한 퇴직 연령을 65세로 연장하는 안도 주요 의제로 다

루었습니다. 현재 중국의 출산율(2023년 기준 약 1.0명)은 한국(0.72명)보다
는 높지만, 세계적으로 매우 낮은 수준입니다. 이에 따라 중국 정부는
인구 증가를 위하여 양육 보조금 지원, 복권 지급 등 다양한 출산 장려
책을 내놓고 있지만 성과를 거두지 못하고 있습니다.

취업난과 집값 상승, 막대한 양육비 등 경제적 요인들과 한 자녀
정책 때 '소황제'로 자라온 2030세대의 결혼·출산 기피 문화가 겹쳐
인구가 감소하고 있습니다. 인구가 줄어들면 필연적으로 생산 가능 인
구가 감소하고, 가계 소비 둔화, 생산성 하락, 노인 부양 부담 등 여러
가지 문제가 연쇄적으로 발생하게 됩니다.

한국은 옛날부터 조혼을 하는 경향이 있었습니다. 세자가 아홉 살
이 되면 벌써 세자빈을 정하고 결혼식을 올립니다. 빨리 손주를 낳으라
는 뜻이었지요. 양반 가정에서도 아들이 12살이 되면 장가를 보냈습니
다. 대를 이을 손자를 빨리 보려는 뜻이었습니다. 그러나 너무 어린 나
이에 아이를 낳으면 산모의 건강을 해치고, 미숙아를 낳을 확률이 높다
는 것이 의학계의 정설입니다.

19세기 후반 미국 선교사들은 한국에 들어와서 복음을 전했을 뿐
만 아니라 병원과 학교를 세워서 한국 근대화에 크게 공헌한 사실은
잘 알려져 있습니다. 뿐만 아니라 선교사들은 한국 사회의 폐습 철폐에
도 많은 애를 썼는데, 그중 하나가 조혼의 습속을 고치는 일이었습니
다. 장로교 선교사 공의회가 인권에 관한 다섯 가지 항목을 선포했는
데, 그 첫째가 "남녀가 장성하기 전에 혼인하는 일이요"였습니다. 교회
는 남자 20세, 여자 16세 미만의 결혼을 금하였습니다.

처음에는 별로 호응이 없었으나, 교세가 늘어나고 사람들이 신식
교육을 받기 시작하면서 차츰 조혼이 옳지 않다고 생각되어 결혼 연령
이 늦어지기 시작했습니다. 우리나라 옛말에 "집안이 잘되려면 집안에
서 두 가지 소리가 나야 한다. 하나는 아기 우는 소리요, 둘째는 글 읽

는 소리다"라고 했습니다. 아기 우는 소리가 나야 집안의 혈통이 유지되고, 글 읽는 소리가 나야 과거 시험에 급제한 아들이 나와 가문이 번창하게 되기 때문입니다.

하나님께서 아담과 하와에게 주신 첫 번째 명령이 "생육하고 번성하여 땅에 충만하라"(창 1:28)입니다. 따라서 우리 그리스도인 가정에서는 자녀들의 결혼에 관심을 많이 갖고, 혼기가 찬 자녀들의 결혼을 서둘러, 믿음 좋은 배우자를 만나 자녀들을 적어도 두 명은 낳아 기르도록 권면하고 위해 기도해야 합니다. 교회에 유아세례 받는 아기들이 늘어나 주일 학교, 중고등부, 대학부, 청년부가 활성화되도록 더욱 노력해야 합니다. 그래야 교회의 미래가 있습니다. 같이 기도합시다. 샬롬.

남녀 차별의 문화

"남자나 여자나 다 그리스도 예수 안에서 하나이니라." (갈 3:28)

지난 2023년 10월 7일, 아프가니스탄 북서부 헤라트(Herat)주에서 진도 6.3의 강진이 발생하여 수많은 사람이 죽고 부상을 당했습니다. 그해 초 튀르키예에서 지진이 발생했고, 얼마 전에는 모로코에서 지진이 발생하더니, 아프가니스탄에서도 강진이 발생하여 많은 사람이 건물 잔해에 파묻혀 목숨을 잃었습니다.

강진이 발생하였으므로 신속하게 구조 활동을 해야 했는데, 장비도 인원도 부족하여 큰 어려움을 겪었습니다. 지진이 발생한 지 여러 주가 지나 구조와 구호 작업이 신속하게 이루어져야 하는 상황이었음에도, 여러 걸림돌로 인하여 상황은 좋아지지 않았습니다. 우선 장비가 부족해서 무너진 잔해를 파헤치는 것이 어려웠습니다. 당시 이스라엘과 하마스 간의 무력 충돌로 인해 국제 사회의 관심이 그쪽으로 쏠리는 탓에, 많은 나라가 지원하지 못했습니다. 중국과 이란 등 몇 나라가 지원을 약속했지만, 그마저도 신속하게 이루어지지 않았습니다.

중장비가 동원돼야 하는데 그런 것이 없어서, 지진 발생 직후부터 삽과 곡괭이로 건물 잔해를 파헤치려고 하니 역부족이었습니다. 무거운 콘크리트 더미를 도저히 치울 수가 없어서, 그 밑에 살아있는 사람도 구하지 못하고 죽어가는 안타까운 상황이었습니다. 그런데 당시 유엔 및 비정부기구(NGO: Non-governmental Organization) 요원들이 돕기 위해 그곳에 갔지만, 아프가니스탄 탈레반 정부가 여성들의 참여를 금지하고 있어서 여성 대원들이 구호 활동을 하지 못하는 사태가 벌어졌습니다.

국제인권단체 국제앰네스티(Amnesty International)는 탈레반 정부가 남녀 차별 없이 모두 구조 작업에 나설 수 있도록 보장해야 한다고 촉구했지만, 전통적으로 여성을 차별하고 여성의 대외 활동을 금기시하는 이슬람 문화권에서는 이를 용납하지 않았습니다. 단 한 사람의 구호 요원이 절실히 필요한 상황에서, 여성이라고 구호 활동에서 배제되어야 한다는 탈레반의 전통은 실로 반인륜적 처사가 아닐 수 없습니다. 구호 활동에 여성들의 활동을 금하는 세상이 어디에 있습니까? 여성들이 부상당한 사람들을 치료해 주고, 어린이들에게 음식을 만들어 먹이고, 노인들을 보살펴 주는 일을 해야 하는데, 여성들의 활동 자체를 막는 문화는 이 세상에서 척결해야 하는 야만적 문화임에 틀림없습니다.

이슬람 문화권에서는 한 남자가 여자 넷을 아내로 데리고 살 수 있고, 여자는 외출도 자유롭게 못 하며, 외출 시에는 아버지나 오빠 등 남자가 동행해야 하는 법이 있습니다. 지역에 따라서는 여자는 학교에도 가지 못하고, 운전도 투표도 하지 못하는 2등 시민으로 취급하고 있습니다. 하긴, 유교 문화권의 한국도 불과 100여 년 전만 해도 여성들이 얼굴을 내놓고 다니지 못하고, '쓰개'를 쓰고 얼굴만 내놓고 다녔습니다. 여자들은 교육을 받아서는 안 되고, 오직 집안에서 자녀를 낳아 기르고 남편과 시부모를 잘 섬기는 것으로 여성의 역할을 한정해 놓았습니다.

그러나 기독교가 들어와서 여성을 해방시켰습니다. 맨 먼저 세운 학교가 '이화학당'으로, 배달겨레의 4,000년 역사에 처음으로 여성들에게 교육을 시켰고, 교회 안에서 여성들의 활동을 장려하며 사역 범위를 확장해 나갔습니다. 지금은 여성들이 오히려 남성들보다 더 활발하게 사회 활동을 하면서 여러 면에서 남성들을 앞지르고 있습니다.

이슬람권에서 남녀 차별이 없어지려면 다른 길이 없습니다. 한국과 같이 기독교 문화가 사회를 변혁시켜야 합니다. 저들이 진리이신 그리스도를 받아들이면, 진리가 저들을 자유하게 할 것입니다. 아프가니스탄에서 여성 NGO들이 봉사할 수 있게 하는 길은 오직 이 길밖에 없습니다. 열심히 기도하면서 이슬람권 전도에 박차를 가합시다. 샬롬.

성경과 남존여비 (1)

"남자나 여자나 다 그리스도 예수 안에서 하나이니라." (갈 3:28)

동서고금을 막론하고 남자가 우위에 있고 여자가 하위라는 사상은 일관되게 지속되어 오고 있습니다. 이것은 기독교뿐만 아니라 다른 종교나 다른 문화권에서도 마찬가지입니다.

창세기 1장에 보면 분명히 하나님께서는 하나님의 형상대로 사람을 창조하셨는데, 남자인 아담을 먼저 창조하신 후 아담이 홀로 지내는 것을 좋지 않게 여기시고, 아담을 깊이 잠들게 하신 후 그의 갈비뼈 하나를 뽑아 여자를 창조하셔서 아담에게 주셨습니다. 그리고 두 사람에게 "생육하고 번성하여 땅에 충만하라, 땅을 정복하라… 모든 생물을 다스리라"고 말씀하셨습니다.

에덴동산 중앙에 있는 선악과는 따 먹지 말라고 명령하셨지만, 뱀의 유혹을 받은 하와가 선악과를 먼저 따먹고 남편 아담에게 주어 먹게 하였습니다. 하나님께서는 명령을 거역한 아담과 하와에게 벌을 내리셔서, 아담에게는 "땅은 너로 말미암아 저주를 받고 너는 평생에 수고하여야 그 소산을 먹으리라"(창 3:17)고 말씀하셨습니다. 하와에게는 "내가 네게 임신하는 고통을 크게 더하리니 네가 수고하고 자식을 낳을 것이며 너는 남편을 원하고 남편은 너를 다스릴 것이니라"(창 3:16)고 말씀하셨습니다. 교회는 이 말씀에 근거하여 남자가 여자보다 우위에 있고, 남자는 여자를 다스릴 것이라는 말씀에 따라, 여성은 남성보다 열등하고 남자가 하는 일은 여자가 할 수 없다는 주장을 계속해 왔습니다.

바울 선생이 고린도전서 14장 34절에 "여자는 교회에서 잠잠하라 그들에게는 말하는 것을 허락함이 없나니 율법에 이른 것 같이 오직 복종할 것이요 만일 무엇을 배우려거든 집에서 자기 남편에게 물을지니 여자가 교회에서 말하는 것은 부끄러운 것이라"고 말씀하신 것을 근거로, 교회 안에서 여자를 차별해야 한다는 주장을 하는 사람들이 생겨났습니다. 뿐만 아니라 디모데전서 2장 12절 이하에 "여자가 가르치는 것과 남자를 주관하는 것을 허락하지 아니하노니 오직 조용할지니라 이는 아담이 먼저 지음을 받고 하와가 그 후며 아담이 속은 것이 아니고 여자가 속아 죄에 빠졌음이라"고 말씀하였습니다.

그런데 다른 한편, 바울 사도는 갈라디아서 3장 28절에 분명히 "남자나 여자나 다 그리스도 예수 안에서 하나이니라"고 말씀하셨고, 고린도전서 11장 11절에 "그러나 주 안에는 남자 없이 여자만 있지 않고 여자 없이 남자만 있지 아니하니라 이는 여자가 남자에게서 난 것 같이 남자도 여자로 말미암아 났음이라 그리고 모든 것은 하나님에게서 났느니라"고 말씀하였습니다.

이런 상반된 성경 구절을 어떻게 해석해야 할까요? 먼저 우리가 생각해야 될 것은 바울 선생이 고린도전서나 디모데전서에서 '교회 안에서 여자가 잠잠하고 가르치지 말라'고 말한 것은, 그 시대의 고린도 교회 상황에 맞춰 써 보낸 편지이며, 믿음의 아들 디모데에게 목회적 차원에서 교훈한 것이라는 점을 유념해야 합니다.

바울 선생은 에베소서 6장 5절에 "종들아 두려워하고 떨며 성실한 마음으로 육체의 상전에게 순종하기를 그리스도께 하듯 하라"고 말씀하셨습니다. 분명 당시에는 노예제도가 있었고 종들이 있었습니다. 이것은 2000년 전 바울 선생이 에베소 교회에 편지를 쓸 때의 사회 상황을 보여주는 것입니다. 오늘도 보람 있는 하루 보내세요. 샬롬.

성경과 남존여비 (2)

"남자나 여자나 다 그리스도 예수 안에서 하나이니라." (갈 3:28)

오늘날 전 세계 어느 곳이나 공식적으로 노예가 존재하지 않습니다. 고용인과 피고용인처럼 일하는 사람과 부리는 사람은 있지만, 제도적인 노예는 없습니다. 따라서 바울 선생이 2,000년 전에 "종들아 주인 섬기기를 그리스도께 하듯 하라"고 하신 말씀은 문자 그대로 오늘날 현실에 적용하기 어렵습니다.

여자는 남자보다 못하기 때문에 남자에게 무조건 순종하고 따라야 한다는 개념은 이미 지난 시대의 원리이고, 오늘날에는 남자나 여자가 모두 다 평등한 관계에 있음을 인정해야 합니다. 법적으로나 사회적으로 여자를 차별하는 것은 금지되어 있고, 차별을 하는 경우에는 처벌을 받게 되어 있습니다. 물론 현실적으로 여자들이 여전히 차별을 받고 있지만, 원칙적으로는 차별할 수 없게 되어 있습니다.

남자와 여자가 평등하다는 '무차별의 개념'을 선언한 바울 선생은 "그러나 주 안에는 남자 없이 여자만 있지 않고 여자 없이 남자만 있지 아니하니라 이는 여자가 남자에게서 난 것 같이 남자도 여자로 말미암아 났음이라 그리고 모든 것은 하나님에게서 났느니라"(고전 11:11-12)고 말씀하셔서, 남자와 여자가 차별 없음을 분명히 하셨습니다.

그런데 그로부터 2,000년이 지났지만, 지금도 달라진 것은 많지 않습니다. 세상은 여전히 남성 위주로 움직이고 있습니다. 우리가 날마다 타고 다니는 자동차 안전벨트나 방탄조끼가 남성을 표준으로 설계되어 여성들에게는 안전성이 떨어진다는 연구 결과가 나와 있습니다. 또한 신약(新藥) 개발 과정에서도 주로 동물의 수컷만 실험용으로 쓴다는 점은 여전히 남성 중심 사상이 사회를 지배하고 있다는 방증입니다.

분명히 여성이 남성보다 육체적으로 약한 면이 있는 것은 사실입니다. 따라서 육체적으로 강한 힘을 가진 남성은 여자들을 보호해 주고 지켜 주어야 할 책임이 있습니다. 그러나 보호해 주고 지켜 준다고 해서 결코 남성이 여성보다 우위에 있다는 뜻은 아닙니다.

이것은 남성이 마땅히 해야 할 당위이며 의무입니다. 당위나 의무를 행했다고 해서 그 사람이 우위에 있는 것은 아닙니다. 예를 들어 세금을 납부하는 것은 당위이며 의무입니다. 세금을 냈다고 해서, 지금 사정이 어려워 세금을 내지 못한 사람보다 인격적으로 우위에 있는 것은 아닙니다.

적어도 문명인들은 여자가 육체적으로 약하다고 해서 남성이 우위라고 생각하지 않습니다. 지적으로는 여성이 남성보다 앞서는 경우도 많습니다. 한국에서 제일 좋다는 대학 졸업식에서 최우수 성적으로 대통령상을 받는 사람은 여성이 훨씬 더 많습니다. 폐일언(蔽一言)하고 성경은 결코 남녀를 차별하라고 가르치지 않습니다. 오히려 성차별은 성경의 가르침을 거역하는 것임을 밝히고 있습니다. 세상에서는 성차별을 해도, 교회 안에서는 결코 차별해서는 안 됩니다.

그리스도께서 십자가 고난을 받으신 이유는 남성들만을 위함이 아니지 않습니까? 남자나 여자, 차별 없이 누구나 다 구원의 반열에 서서 하나님의 자녀가 됩니다. 십자가 밑에 남녀 차별이 있을 수 없습니다. 따라서 이슬람권에서 여성을 철저히 차별하는 모습을 볼 때, 그 길은 결코 인류를 바르게 선도할 수 있는 길이 아님을 알 수 있습니다. 어떤 조건에서도 인간을 차별하지 않는 기독교의 가치만이 세계를 이끌고 갈 수 있는 참된 빛입니다.

진리는 오직 예수 그리스도밖에 없습니다. "너희는 유대인이나 헬라인이나 종이나 자유인이나 남자나 여자나 다 그리스도 예수 안에서 하나이니라."(갈 3:28) 이것이 기독교의 인간관입니다. 인간을 차별하지 않는 사랑이 최후 승리를 할 것입니다. 샬롬.

성차별과 임금

"너희가 내 말에 거하면 참으로 내 제자가 되고 진리를 알지니 진리가
너희를 자유롭게 하리라." (요 8:31-32)

지금으로부터 110여 년 전인 1912년, 미국 매사추세츠주 로렌스
(Lawrence)에서 여성들의 대규모 파업이 일어났습니다. 이 지역은 51개
국에서 온 이민자들이 섞여서 살았던 '멜팅 팟(Melting Pot: 용광로)' 사회였
습니다. 이 지역의 여러 공장은 이민 온 여성들과 미성년자들을 값싸게
고용해서 혹사시켰습니다. 열악한 근무 환경과 낮은 임금을 견디던 여
성 노동자들은 1912년 1월 11일, 그동안 쌓였던 불만을 드디어 터뜨렸
습니다.

주말에 받은 주급 봉투를 열어 보니 32센트가 모자랐던 것입니
다. 주(州)법 개정으로 여성과 어린이 근무 시간이 주 56시간에서 54시
간으로 단축되자, 공장주들이 임금을 깎았기 때문입니다. 32센트는 한
끼를 먹을 수 있는 돈이었기에, 그들은 결국 한 끼를 굶어야 했습니다.
드디어 여성들의 분노가 폭발하면서 파업이 시작되었습니다. 시위대
들은 "우리는 빵을 원한다. 그리고 장미도 원한다"를 외쳤습니다. 빵은
생존을 위한 것이고, 장미는 인간으로서의 품위 있는 삶을 의미했습니
다. 당시 여성 운동을 선도했던 제임스 오펜하임(James Oppenheim, 1882-
1932)의 시(詩) '빵과 장미'를 인용한 것입니다.

주 정부가 민병대와 경찰을 동원해 진압하면서 수백 명이 체포
되었고 사상자가 발생했지만, 여성들은 투쟁을 멈추지 않았습니다.
파업은 혹한 속에서도 두 달 이상 계속되었고, 드디어 3월 14일 임금

15% 인상과 초과 근무 수당 지급 등의 요구 조건들을 관철해 냈습니다. 미국 노동 운동 사상 기록적인 승리를 얻은 '빵과 장미의 파업'이었습니다.

미국에서 매년 3월 15일경은 '이퀄 페이 데이(Equal Pay Day: 동일 임금의 날)'입니다. 글자 그대로 남성과 여성의 임금이 같아지는 날을 의미하는데, 안타깝게도 오늘날 미국에서 남녀의 임금은 여전히 동일하지 않습니다. 같은 일을 해도 남자들은 여자들보다 더 많은 임금을 받고 있습니다. 최근 통계에 따르면, 남성이 1년 동안 버는 돈을 여성이 벌기 위해서는 해를 넘겨 74일간 일을 더 해야 비로소 남성과 동일한 임금이 됩니다. 남성이 1달러를 벌 때 여성은 83센트밖에 벌지 못합니다. 이것이 세계 최고 부자 나라 미국의 현실입니다.

2022년 10월, 여성정책연구소 보고서는 풀타임 근로자들의 성별 임금 격차가 완전히 사라지는 때를 2059년으로 추정했습니다. 앞으로 30여 년의 세월이 더 지나야 합니다. 한 세대 이상의 시간이 필요하다는 것이죠. 2,000년 전, 사도 바울 선생이 선포한 "남자나 여자가 다 그리스도 안에서 하나이니라"(갈 3:28)라는 말씀이 실현될 날이 언제쯤 올까요? 인간의 편견은 결국 사탄의 역사라고 볼 수밖에 없습니다.

진리(그리스도)가 우리를 자유롭게 하기 전에는 인간은 여전히 사탄의 사슬에 얽매어 살아갈 것입니다. 오직 진리만이 우리에게 진정한 자유를 주십니다. 남성들에게 여성이 자기들과 동일한 하나님의 자녀라는 인식이 생기기 전에는 남녀 차별은 여전히 존재할 것입니다. 아직도 한 남자가 아내를 여럿 두기도 하고, 여자들은 눈을 제외한 온몸을 가리고 외출해야 하며, 외출 시에는 반드시 남자가 동행해야 하는 이슬람 문화권에서 남녀평등이 실현될 날이 오기는 할까요?

이 철옹성 같은 이슬람권의 억압적인 문화를 바로잡을 수 있는 길은 오직 진리이신 그리스도를 전하여 믿게 하는 길밖에 없습니다. 그런

데 그 일이 지난한 일이니, 하나님께서는 남녀가 차별 없이 사는 세상
을 원하십니다. 우리의 끊임없는 기도가 더욱 요청되는 시대입니다.
샬롬.

남녀공학

"남자나 여자나 다 그리스도 예수 안에서 하나이니라." (갈 3:28)

남녀공학이란 남학생과 여학생이 같은 학교, 같은 교실에서 공부하는 것을 의미합니다. 그런데 인류는 최근까지 남자들에게는 학교 교육을 시켰지만, 여자들에게는 정규 교육을 시키지 않았습니다. 여자들에게는 집안에서 살림하는 것과 어른들 섬기는 일, 자녀들을 낳아 기르는 법 정도만 가르쳤는데, 그 이유는 여성의 역할이 그것에 국한된다고 여겼기 때문입니다. 그러나 역사가 진행되면서 여성의 인권이 신장되자, 여자들도 남자들과 같이 학교에서 정규 교육을 받아야 한다는 인식을 갖는 사람들이 늘어났습니다.

미국에서 여자들에게 대학 입학을 허락한 곳은 1833년, 오하이오 주 오벌린에서 시작된 오벌린 칼리지(Oberlin College)입니다. 오벌린 칼리지는 미국 내에서 최초로 여성들뿐만 아니라 흑인들에게도 입학을 허락했고, 한걸음 더 나아가 남녀공학으로 출발했습니다. 이 대학은 미국의 제2차 대각성 운동 여파로 생겨났는데, 이 운동의 선도자였던 찰스 피니(Charles Finney) 목사가 크게 공헌했습니다. 그는 이 대학의 제2대 학장으로 취임하여 대학을 발전시켰습니다. 복음이 여성 해방을 선도한 것입니다.

2,000년이 넘는 기독교 역사를 가진 서구 사회였지만, 미국도 여성 교육을 시작한 것은 남자 대학인 하버드대학이 세워진 지(1636년) 200년이 지난 후였습니다. 여자들만의 고등 교육기관은 1837년에

414

세운 매사추세츠주 마운트 홀리요크 여성신학교(Mount Holyoke Female Seminary)가 시초입니다.

한국에서 여자들에게 정규 교육을 시작한 것은 1886년 미국 북감리교회 선교사 메리 스크랜튼 여사가 자기 숙소가 있던 서울 정동의 작은 방에서 시작한 이화학당부터입니다. 한국에서 여자들이 학교에서 교육을 받기 시작한 것은 반만년 역사에 최초의 일이었습니다. 이화학당이 지금의 이화여자대학교 전신이라는 사실은 잘 알려져 있습니다. 이화학당은 남학생들만 교육하던 배재학당과 더불어 근대 교육의 시작이었습니다. 당시에는 유교 전통에 따라 남자 학교와 여자 학교를 따로 세웠습니다. 그러나 세월이 흐르면서 남녀공학 학교가 서서히 세워지게 되었습니다.

최근 서울에 있는 모 여자대학이 학교 발전과 재정 문제 등으로 남학생을 받아들이는 안을 검토한다는 소식이 전해지자, 학생들이 여자대학으로서의 정체성을 계속 유지해야 한다며 거세게 반대 시위를 한다는 소식을 들었습니다. 오랜 전통을 가진 여자대학교 학생들이 그 정체성을 고수하려는 마음은 이해가 됩니다. 하지만 시대가 변했고 인구가 급감하는 상황에서, 남학생을 받아서는 안 된다고 막는 것이 보편적 교육의 가치나 시대적 흐름에 부합하는지는 고민해 보아야 합니다. 여자대학의 전통도 중요하지만, 남녀공학의 장점도 많고 학령인구가 줄어들어 대학 존립 자체가 위협받는 현실에서 대학 당국의 고민도 깊을 것입니다. 앞으로는 여자대학 체제를 고수하기가 현실적으로 어렵지 않나 생각됩니다.

바울 사도는 갈라디아 교회에 써 보낸 편지에서 "남자나 여자나 다 그리스도 예수 안에서 하나이니라"(갈 3:28)고 선언하였습니다. 이 말씀을 하신 것이 2,000년 전입니다. 그리스도 안에서는 여자와 남자가 다 하나입니다. 샬롬.

당신은 행복하십니까?

"어떠한 형편에든지 나는 자족하기를 배웠노니 나는 비천에 처할 줄도
알고 풍부에 처할 줄도 알아 모든 일 곧 배부름과 배고픔과 풍부와
궁핍에도 처할 줄 아는 일체의 비결을 배웠노라." (빌 4:11-12)

'행복'이라는 단어를 모르는 사람은 없습니다. 행복의 사전적 의미는
'좋은 운수' 또는 '만족감을 느끼는 정신 상태'라고 정의합니다. '행복
경제학'의 창시자 리처드 이스털린(Richard A. Easterlin) 교수는 저서 『지적
행복론』에서 행복의 세 가지 요소를 제시했습니다. 첫째는 물질적인
부(富), 둘째는 건강, 셋째는 가족을 포함한 사회관계를 꼽았습니다.

그러나 돈이 많고 건강하며, 가족과 사회 여러 관계가 원만하다고
해서 그 사람이 반드시 행복한 사람일까요? 여기서 얘기하는 행복은
외적인 조건을 의미하는 것으로, 진정한 행복은 우리의 외면에 있는 것
이 아닙니다. 비록 돈이 많지 않아도 행복한 사람이 있고, 건강상 문제
가 있다 해도 감사하며 사는 사람들도 많습니다. 가족 관계나 사회 관
계 속에서 어려움이 있다 할지라도, 그것을 극복하겠다는 의지와 희망
을 갖고 기도하면서 사는 사람은 행복한 사람입니다.

1953년 한국인의 1인당 GDP는 67달러에 불과했습니다. 그런데
지난 2023년 기준으로는 3만 2,142달러를 기록하며 약 480배나 늘었
는데, 현재 한국인들은 과연 행복하다고 느끼며 살까요? 유엔에서 조
사한 세계 행복 지수 순위를 보면 한국이 2012년 56위였는데, 그로부
터 10년 후인 2022년에는 오히려 59위로 세 단계나 떨어졌습니다. 한
국인들의 자살률은 경제협력개발기구(OECD) 회원국들 중 20년째 계
속 1위를 차지하고 있습니다.

한국 사람들이 행복하지 않다고 느끼는 것은 상대적 빈곤 때문입니다. 한국인 학부모들의 소망은 자녀들이 명문대를 졸업하고 전문직에 종사하면서 좋은 아파트를 소유하는 것입니다. 더 나아가 이른바 '사(士, 師, 事) 자' 달린 사위나 며느리를 본다면 금상첨화(錦上添花: 비단 위에 꽃을 더함)겠지요. 그러나 그렇지 못한 많은 부모나 자녀는 자기들이 행복하다고 여기기가 어렵습니다.

한국인들이 현재 소유하고 있는 집(아파트), 자가용, 에어컨, 난방 시설, 냉장고, 세탁기 등은 두 세대 전 우리 부모님들은 단 하나도 갖고 살지 못했습니다. 그렇다면 우리 부모님들은 모두 불행한 삶을 살았을까요? 그런데 이런 모든 것을 갖추고 살면서도 행복하지 않다고 여기는 사람들이 대부분이라는 것은 무슨 모순일까요? 한국 사람들이 행복을 너무 외적인 것, 물질적인 것, 세상적인 것에 두고 있기 때문입니다. 그러나 그런 것으로는 그 누구도 온전한 행복을 느낄 수 없습니다. 왜냐하면 항상 나보다 잘나고 잘사는 사람들은 있기 마련이기 때문이지요.

바울 선생은 세상적으로 보면 가장 불행한 사람입니다. 당대 최고의 학문을 연마했지만, 가정도 일정한 거처도 없이 매일 죽음의 상황에 직면하면서 살았습니다. 그가 겪은 고난은 고린도후서 11장 23절 이하에 구구절절 기록해 놓았습니다. 이런 고난 속에 산 사람은 사도 바울 외에 아무도 없습니다.

그러나 그는 자족(自足: 스스로 넉넉함을 느낌)하기를 배운 분이었습니다. 바울 선생은 "어떠한 형편에든지 나는 자족하기를 배웠노니"라고 술회하였습니다. 우리가 그리스도 안에 살면 바울 선생과 같은 인생관을 갖고 살 수 있습니다. 이런 인생관을 갖고 사는 사람이 행복한 사람입니다. 행복은 외적인 것에 있지 않고 내면에 있습니다. "주와 같이 길 가는 것 즐거운 일 아닌가… 한 걸음 한 걸음 주 예수와 함께 날마다 날

마다 우리 걸어가리."(찬송가 430장) 주님과 함께 걷는 곳에 진정한 행복
이 있습니다. 이런 행복을 모르는 사람들에게 알려 주어야 할 책무가
우리에게 지워져 있습니다. 샬롬.

한국인의 행복 지수

"나는 비천에 처할 줄도 알고 풍부에 처할 줄도 알아 모든 일 곧 배부름과
배고픔과 풍부와 궁핍에도 처할 줄 아는 일체의 비결을 배웠노라."
(빌 4:12)

러시아의 문호(文豪: 크게 뛰어난 문학가) 레프 톨스토이(Lev Tolstoy)는 부자 백
작의 아들로 태어나서 세상에서 누릴 수 있는 모든 것을 해 보며 살았
습니다. 그러나 톨스토이에게는 삶의 만족이 없었습니다.

그러던 어느 날 한적한 시골길을 가다가 어떤 농부를 만났습니다.
그런데 그 농부의 얼굴에는 평안과 기쁨이 가득 차 있었습니다. 톨스
토이는 농부에게 평화의 비결이 무엇이냐고 물었습니다. 농부는 "하나
님을 의지하고 살기 때문에 언제나 기쁠 뿐입니다"라고 대답했습니다.
톨스토이는 이 말을 듣고 큰 충격을 받았습니다. 자기는 많은 재산과
세상적 즐거움을 누리며 살고 있음에도 불구하고, 시골 농부보다 더 불
행하게 살고 있는 자신을 성찰하며 삶을 진지하게 돌아보기 시작했습
니다.

그 이후 그의 전 생애가 변했습니다. 이전에 열망하던 것을 버리게
되었고, 오히려 전에 구하지 않았던 것을 갈망하게 되었습니다. 이전에
좋게 보이던 것들이 하찮게 여겨졌고, 대수롭지 않게 보이던 것들이 이
제는 중요한 것으로 보였습니다. 톨스토이는 삶에 일대 전환을 맞이했
고, 그리스도 안에서 참된 평안을 찾았습니다.

최근 유엔 산하 지속가능발전해법네트워크(SDSN)가 세계 137개
국의 행복 순위 통계를 발표했습니다. 1위는 핀란드, 2위 덴마크, 3위
아이슬란드, 4위 이스라엘, 5위 네덜란드, 6위 스웨덴, 7위 노르웨이, 8

위 스위스, 9위 룩셈부르크, 10위 뉴질랜드입니다. 137개국 중 행복도가 가장 낮은 나라는 아프가니스탄이었고, 한국의 행복 순위는 세계 57위로 경제협력개발기구(OECD) 국가 중 최하위권이었습니다. 1위부터 10위 나라의 국민 대다수가 기독교 문화권에 속해 있다는 점은 시사하는 바가 큽니다.

한국은 이제 전 세계에서 모르는 사람이 없을 정도로 유명한 나라가 되었습니다. 경제력에서는 세계 10위권에 올라 있고, 군사력은 세계 6위이며, 삼성, LG, SK 등 대기업들은 세계적인 제품을 생산, 수출하고 있습니다. 제가 세계 여러 나라를 여행하면서 이용한 공항 여기저기에 한국 기업의 광고가 걸려 있는 것을 보았습니다.

방탄소년단(BTS)과 같은 케이팝 문화는 세계 청소년들의 가슴을 설레게 하고 있습니다. 전 세계 여러 나라를 여행해 보면 돈을 내지 않고 화장실을 사용할 수 있는 나라는 별로 없는데, 한국은 무료로 화장실을 사용할 수 있을 뿐만 아니라 공중화장실에 비데가 설치되어 있을 정도로 편의 시설이 잘 갖춰진 나라입니다. 그럼에도 불구하고 한국 사람들이 느끼는 행복감은 OECD 국가 중 최하위이고, 하루에 약 30~40명이 스스로 목숨을 끊는 한국은 OECD 국가 중 자살률 1위의 나라입니다.

왜 한국 사람들은 이러한 풍요 속에서 불행한 삶을 살고 있을까요? 그 이유는 상대적 빈곤입니다. 많은 사람보다 더 잘살고 있으면서도, 나보다 더 잘사는 사람들을 바라볼 때 스스로 불행하다고 느끼는 것입니다. 여성들이 100만 원짜리 고급 핸드백을 들고 다니면서도 천만 원짜리 가방을 든 여인을 보면 '나는 왜 저렇게 좋은 가방을 들지 못할까'라며 자신을 질책하고 자존감을 짓밟습니다. 사실 100만 원짜리는 고사하고 10만 원짜리 가방도 못 들고 다니는 이웃이 많은 것을 망각하는 것이지요. 눈을 높은 데 두면 자신이 비천해지는 법입니다.

바울 선생은 "나는 비천에 처할 줄도 알고 풍부에 처할 줄도 알아 모든 일 곧 배부름과 배고픔과 풍부와 궁핍에도 처할 줄 아는 일체의 비결을 배웠노라"(빌 4:12)고 말씀하셨습니다. 어느 때나 어느 곳에서나 주님과 함께하면 만족이 있고 행복이 있습니다. 한국인들이 세계 상위권의 행복을 누리며 사는 길은 주님을 구주로 영접하는 길밖에 없습니다. 우리 그리스도인들부터 주님과 함께 만족하는 삶을 살면서, 이 기쁜 소식을 불신자 이웃들에게 열심히 전하며 살아야 합니다. 만족한 삶은 오직 주님과 함께 사는 데서 옵니다. "주님 한 분만으로 만족하옵니다." 샬롬.

가장 행복한 나라

"나는 비천에 처할 줄도 알고 풍부에 처할 줄도 알아 모든 일 곧 배부름과
배고픔과 풍부와 궁핍에도 처할 줄 아는 일체의 비결을 배웠노라."
(빌 4:12)

유엔 산하 자문기구가 발표하는 '세계 행복 보고서(World Happiness
Report)'에 따르면 전 세계에서 7년 연속 가장 행복한 나라는 북유럽에
있는 핀란드입니다. 왜 핀란드 사람들은 세계에서 가장 행복한 사람
들일까요? 높은 소득 수준 때문일까요? 핀란드의 1인당 국내총생산
(GDP)은 5만 달러 정도입니다.

경제적인 풍요가 분명히 행복의 조건 중 하나일 수는 있으나, 그것
이 행복을 가져다주는 필수 요소는 아닙니다. 세계에서 가장 부자 나라
인 미국이 행복한 나라 순위에서 20위권에도 들지 못했다는 사실이 이
를 증명합니다. 대체로 부자 나라인 이탈리아는 40위권 밖이고, 세계
경제 대국인 일본은 50위권에 머무르고 있습니다. 세계 경제 순위 10
위권인 한국은 137개국 중 57위, 경제협력개발기구(OECD) 38개국 중
35위로 최하위권입니다.

그렇다면 핀란드를 가장 행복한 나라로 만든 이유는 무엇일까요?
〈리더스 다이제스트(Reader's Digest)〉사가 시민들의 정직도를 조사한 적
이 있습니다. 현금과 연락처를 함께 넣어 분실한 것처럼 지갑을 길에
떨어뜨리고, 몇 개가 되돌아오는지를 실험했습니다. 핀란드의 수도 헬
싱키시의 경우 버려진 12개 지갑 중 11개가 온전히 되돌아왔습니다.
헬싱키 시민이 조사 대상 도시 중 가장 정직한 시민으로 밝혀진 것입
니다.

행복한 나라를 만드는 조건으로는 풍족한 경제 수준 못지않게 높은 교육 수준, 남녀 평등, 질 좋은 건강보험 제도, 가정 친화 정책 등이 꼽히는데, 핀란드는 이 부분들에서 모두 최우수 성적을 받았습니다. 그러나 이외에도 국민의 정직성이 행복한 나라의 중요한 조건이라는 것을 보여 주고 있습니다. 핀란드가 꾸준히 세계 제일의 행복 국가가 된 것은 정직성을 바탕으로 한 높은 수준의 상호 신뢰와 자유가 있기 때문입니다.

다른 연구는 핀란드 특유의 사우나 문화를 행복의 요인으로 지목했습니다. 핀란드는 인구가 550만 명인데 사우나가 300여만 개로, 누구나 쉽게 이용할 수 있습니다. 정부 건물은 말할 것도 없고 사기업, 개인 클럽, 일반 가정 등에도 사우나 시설은 필수로 되어 있습니다. 사우나 문화는 핀란드인들의 삶에서 중요한 부분으로, 사람들은 사우나 목욕을 통해 몸을 정결하게 하고 스스로 건강 증진을 도모하며, 부정적 생각은 땀과 함께 증발시켜 내면의 안정과 평화를 찾습니다.

사우나는 친척이나 친구, 동료, 스포츠 팀, 심지어 낯선 사람들까지도 한데 모여 어울려 대화하고 즐기는 장소입니다. 사우나 안에 들어선 사람들은 의복이 표현하는 사회적 지위를 알 수 없고, 모두가 다 평등함을 느낍니다. 또한 사우나는 이민자들이 핀란드 사회 속에 통합될 수 있도록 도와주는 중요한 시설이기도 합니다. 사람들은 사우나에서 서로 사귀고 소통하며 하나가 됩니다. 이러한 요소들이 한데 어우러져 핀란드를 세계 제일의 행복 국가로 만들었습니다.

결국 핀란드 국민들 사이의 믿음과 신뢰가 행복 지수를 높인다는 사실을 보여 줍니다. 핀란드 국민 대다수는 루터교를 비롯한 기독교적 배경을 가지고 있습니다. 바울 선생은 "나는 비천에 처할 줄도 알고 풍부에 처할 줄도 알아 모든 일 곧 배부름과 배고픔과 풍부와 궁핍에도 처할 줄 아는 일체의 비결을 배웠노라"(빌 4:12)고 토로했습니다.

　그리스도를 믿는 확고한 신앙이 행복의 조건입니다. 믿음은 신앙의 세계에서 가장 중요한 요소지만, 인간 사회에서도 서로 신뢰할 수 있는 행복의 조건입니다. 믿을 수 없는 사회나 국가는 행복과는 먼 거리에 있는 불행한 나라일 뿐입니다. 지난 2023년 한국의 행복 지수는 10점 만점에 5.94점으로 조사 대상국 중 57위에 머물렀습니다. 신뢰할 수 없는 사회의 행복 지수가 높아질 수 없겠지요. 열심히 전도해서 서로 믿고 신뢰할 수 있는 나라로 만들어 갑시다. 샬롬.

한국인의 마음

"긍휼히 여기는 자는 복이 있나니 그들이 긍휼히 여김을 받을 것임이요."
(마 5:7)

자연에 대한 태도가 동양과 서양 사이에 차이가 있습니다. 동양은 대체로 자연과 더불어 조화롭게 사는 전통을 가지고 있지만, 서양은 자연을 정복의 대상으로 생각하고 인간의 삶에 맞게, 그리고 풍요롭게 하는 데 치중하였습니다.

소설 『대지』(The Good Earth)로 노벨문학상을 받은 미국의 유명한 작가 펄 벅(Pearl S. Buck, 1892-1973) 여사가 한국을 방문한 후, 한국에서 인상적으로 본 두 가지를 글로 남겼습니다. 하나는 하루 종일 부렸던 소가 달구지를 끌고 집으로 돌아갈 때, 농부는 그 소달구지에 타지 않고 소고삐를 잡고 나란히 서서 가는 모습이었습니다. 농부도 하루 종일 힘들게 일해서 지쳐 있었겠지만, 역시 온종일 일한 소의 수고를 생각하여 소가 끌고 가는 달구지에 자기의 몸을 싣지 않고, 지쳐 있는 소와 나란히 같이 걸어가는 모습에서 한국인의 따뜻한 마음을 보았습니다.

농부는 소와 동지 의식을 느끼며, 소에게 '내가 너를 이렇게 사랑한다'는 마음을 보여 주는 것이라고 여겼습니다. 이것은 얼마나 '아름다운 동행(同行)'인지 모릅니다. 소는 이성이 없는 동물이기에 주인 농부의 마음을 십분 헤아리지 못하겠지만, 아무리 이성 없는 동물이라도 주인이 빈 수레에 올라타지 않고 나란히 걸어가는 것은 자기의 노고를 인정하고 고마워하는 마음이라는 것을 비록 동물이라도 깨닫는다는 것입니다. 여기, 한국 농부들의 동물을 사랑하는 자상하고 따뜻한 마음이 짙게 배어 있는 모습을 펄 벅 여사는 보았습니다.

두 번째로 펄 벅 여사가 한국에서 가장 인상 깊게 본 일은 가을에 과일나무에서 과일을 딸 때, 모두 따지 아니하고 꼭대기에 있는 과일 몇 개를 남겨 두는 '까치밥' 전통이었습니다. 한국 사람들은 누구나 과일을 딸 때 모두 따지 않고, 그 가운데 몇 개는 남겨 두고 까치를 비롯한 여러 새가 와서 먹게 합니다.

사실 까치밥을 남겨두지 않아도 까치를 비롯한 새들은 얼마든지 자기들의 먹거리를 구할 수 있습니다. 그렇지만 한국 사람들은 과일을 따면서 하나도 남기지 않고 몽땅 따서 인간들만 먹는 것이 아니라, 그 가운데 얼마를 남겨 동물들과 나누는 정신은 한국인들의 동물 사랑의 따뜻한 마음을 구체적으로 표현하는 것으로 펄 벅 여사는 이해하였습니다.

저는 펄 벅 여사가 한 가지 보지 못하고 간 것이 있다고 여겨집니다. 그것은 '고수레' 전통입니다. 요즘 젊은 사람들은 고수레가 무엇인지 모르는 사람들이 많겠지만, 우리 시대만 해도 도시락을 싸 가지고 소풍을 가거나 들에서 먹게 될 경우, 항상 먹기 전에 먼저 젓가락으로 약간의 밥을 떠서 멀리 던지면서 "고수레!"라는 말을 했습니다. 미물들에게 먼저 먹거리를 나누는 전통이지요.

펄 벅 여사는 한국 여행을 마치고 돌아가면서 "나는 한국에 관광을 하러 온 것이 아니라 한국 사람들의 따뜻한 인간미와 그 마음을 보기 위해서 왔다"고 말했습니다. 여사는 후에 한국을 배경으로 한 소설 『한국에서 온 두 처녀』(1951), 『살아있는 갈대』(1966), 『새해』(1968)를 썼습니다.

우리 배달겨레는 옛날부터 따뜻한 마음씨와 착한 삶을 살아온 민족입니다. 오늘에 와서 황금만능주의가 세상을 휩쓸어 비정하고 잔인한 모습이 자주 보이지만, 민족의 저변에 면면히 흐르는 민족성은 결코 변하지 않았다고 생각합니다. 이 착한 백성들에게 참된 진리이신 그리스도를 알게 하면, 영적으로나 육적으로 세상에 따를 민족이 없을 만큼 뛰어난 민족이 되리라 확신합니다. 우리 그리스도인들은 민족 복음화를 위해 열심히 기도하면서 전도해야 합니다. 샬롬.

한국인의 지조

"우리가 살아도 주를 위하여 살고, 죽어도 주를 위하여 죽나니, 그러므로
사나 죽으나 우리가 주의 것이로다." (롬 14:8)

지조란 옳은 원칙과 신념을 끝까지 지켜 굽히지 않는 꿋꿋한 의지를
말합니다. 왕촉(王燭)은 주전 3세기 중국 전국시대(戰國時代)의 제(齊: 1046
B.C.-221 B.C.)나라 충신으로, 성격이 어질고 현명하여 큰 명성을 얻었습
니다.

연(燕)나라 군대가 제나라를 공격해서 연전연승을 거두고 있을 때,
연나라의 장수 악의(樂毅)가 왕촉을 회유하려 했으나, 그는 "충신(忠臣)
은 불사이군(不事二君)이요, 열녀(烈女)는 불경이부(不更二夫)"라는 말을 남
기고 목매어 자결했습니다. 충신은 두 왕을 섬기지 않고, 열녀는 두 남
편을 섬기지 않는다는 뜻으로 충신과 열녀의 굳은 지조를 이야기한 것
입니다.

한국인의 지조는 고려 말기에 충성을 바친 포은(圃隱) 정몽주(鄭夢
周)와, 조선조 초기에 수양대군이 조카 단종을 몰아내고 왕위를 찬탈했
을 때 단종을 복위(復位)시키려던 사육신(死六臣) 중 한 사람인 매죽헌(梅
竹軒) 성삼문(成三問)에게서 볼 수 있습니다.

이성계가 고려조를 배신하고 조선왕조를 창업하여 새로운 나라를
건설할 때, 고려의 충신이었던 정몽주를 회유해서 조선 건국에 참여시
키려고 이성계의 다섯째 아들인 이방원이 정몽주를 찾아가서 '하여가
(何如歌)' 시조를 읊었습니다. "이런들 어떠하며 저런들 어떠하리. 만수산
드렁칡이 얽어진들 어떠하리. 우리도 이같이 얽어져 백년까지 누리리

라." 그러자 정몽주는 저 유명한 '단심가(丹心歌)'를 읊어 대답했습니다. "이 몸이 죽고 죽어 일백 번 고쳐 죽어, 백골이 진토 되어 넋이라도 있고 없고, 임 향한 일편단심이야 가실 줄이 있으랴." 그의 대쪽 같은 의지를 표현했습니다. 결국 이방원은 수하(手下)를 시켜 선죽교(善竹橋)에서 쇠몽둥이로 정몽주를 쳐 죽였습니다. 지금도 비 오는 날, 개성 선죽교에 가면 정몽주의 피가 흘러내린 돌에 붉은 빛이 남아 있다고 합니다. 정몽주야말로 '충신불사이군'을 몸으로 실천한 충신입니다.

단종(端宗)은 세종대왕의 장남인 문종과 현덕왕후 사이의 외아들로, 부왕 문종이 붕어(崩御: 임금이 세상을 떠남)한 후 조선조 6대 왕에 등극하였습니다. 그러나 권세에 욕심이 많던 숙부 수양대군은 조카 단종을 몰아내고, 조선조 7대 왕 세조로 등극하였습니다. 멀리 강원도 영월에 유배된 단종을 복위시키려고, 성삼문, 박팽년, 이개, 하위지, 유성원, 유응부 여섯 사람이 세조를 제거하고 단종을 다시 왕으로 세우려는 계획을 세웠습니다. 그러나 당초 이 계획에 참여했던 김질(金礩)이라는 자가 배신하고 이 거사를 수양대군에 밀고함으로써 계획은 무산되고, 여섯 사람은 모진 고문을 당한 후 처형되었습니다.

죽음을 앞두고 성삼문은 '봉래산가(蓬萊山歌)'라는 시조를 읊었습니다. "이 몸이 죽어가서 무엇이 될꼬 하니, 봉래산 제1봉에 낙낙장송 되었다가, 백설이 만건곤(滿乾坤)할 제, 독야청청(獨也靑靑)하리라." 살아서뿐만 아니라 죽어서도 홀로 푸른 소나무가 되어 그 기상을 보이겠다는, 생사를 초월한 늠름한 절개를 나타내었습니다. 어떤 경우에도, 어떤 상황에서도 두 임금을 섬길 수 없다는 단호한 태도를 보인 것입니다. 우리 배달겨레는 정몽주와 성삼문의 대쪽 같은 절개를 이어받은 민족입니다.

기독교 역사에 나오는 무수한 순교자들은 하나님과 예수 그리스도에 충성을 맹세하고 신앙의 절개를 지키겠다며 세례를 받습니다. 그리스도인들 가운데 수많은 성도들이 죽음 앞에서 비굴하게 배교하지 않고 죽음의 길로 들어서 순교했습니다. 우리는 그들 순교자들의 피 위에 세워진 교회를 섬기고 있습니다. 배교하면 살아남을 수도 있었던 성도들은 끝까지 진리를 위해 기꺼이 자기의 생명을 내어놓았습니다. 정몽주와 성삼문을 위시한 사육신들은 불사이군의 정신으로 자기 생명을 버렸습니다. 그들은 섬기던 왕에게 생명을 바쳤습니다. 우리는 우리 죄를 대신 지시고 십자가에 죽으신 주님을 위해 우리의 목숨을 버릴 준비를 해야 합니다. "우리가 살아도 주를 위하여 살고, 죽어도 주를 위하여 죽나니, 그러므로 사나 죽으나 우리가 주의 것이로다."(롬 14:8) 사도 바울의 말씀입니다. 샬롬.

신숙주와 숙주나물

"또 내가 크고 흰 보좌와 그 위에 앉으신 이를 보니… 다른 책이 펴졌으니
곧 생명책이라 죽은 자들이 자기 행위를 따라 책들에 기록된 대로 심판을
받으니" (계 20:11-12)

숙주나물이 무엇이고 숙주나물이라는 말이 어디서 나왔는지 기성세대
는 대강 다 알고 있지만, 미국에 살고 있는 1.5세나 2세들, 그리고 한국
에 있는 어린 학생들은 잘 모릅니다. 콩나물은 콩을 길러서 나오는 것
이지만, 숙주나물은 숙주를 길러서 나오는 나물이 아니고 녹두를 기른
나물입니다. 그런데 왜 녹두나물이라고 하지 않고 일반적으로 숙주나
물이라고 하는지 어린 학생들은 잘 모를 겁니다.

녹두나물을 숙주나물이라고 부르는 것은 변절자 신숙주(申叔舟,
1417-1475)의 이름에서 나온 것이기 때문입니다. 녹두나물을 숙주나물
이라고 부르는 이유는 이 나물이 콩나물이나 다른 나물보다 더 빨리
상하기(변하기) 때문입니다. 따라서 변절자 신숙주의 이름을 따서 숙주
나물이라 부르게 된 것입니다.

신숙주는 전남 나주 출생으로 머리가 명석하여 세종대왕 시절에
과거 시험에 합격했습니다. 그는 집현전 학사로 사육신(死六臣) 성삼문
(成三問), 박팽년 등과 함께 훈민정음 창제와 연구에 많은 공헌을 했습니
다. 그는 비록 문관이었지만 병력을 이끌고 북쪽의 여진족과 남쪽의 왜
구(倭寇: 일본 해적) 토벌에 여러 번 출정하였으며, 말년에는 의정부(議政府)
영의정까지 오른 인재였습니다.

신숙주는 사육신들과 함께 문종의 유언을 받들어 단종을 보필하
기로 서약했으나, 변절하여 수양대군을 왕으로 추대하는 계유정난(癸

酉靖難)에 가담했습니다. 유학자로서의 절개를 꺾고 '불사이군'(不事二君) 즉, '한 신하는 두 임금을 섬기지 않는다'는 계율을 어기고, 단종을 왕위에서 내쫓고 수양대군을 세조로 옹립하는 데 앞장섰습니다.

그 후에 단종 복위 운동이 일어나자 단종과 금성대군의 처형을 강력히 주장하여 이들을 죽게 하였고, 간신 유자광(柳子光)의 모함으로 남이(南怡) 장군이 억울한 죽음을 당할 때도 적극 참여하여 또다시 권력에 아부하는 모습을 보였습니다. 그는 뛰어난 학문과 재주로『고려사』, 『고려사절요』,『해동제국기』,『국조오례의』,『동국통감』 등을 편찬하였고, 농업과 축산업 기술에 대한 서적도 편찬하였으며 세종대왕의 훈민정음 창제에도 많은 공로를 남겼습니다.

신숙주는 많은 공헌에도 불구하고 단종을 제거하고 수양대군을 옹립하는 일에 앞장서서 사육신과 대조적인 인물로 여겨집니다. 신숙주를 평가할 때, 그가 단종을 폐위, 처형하고 수양대군을 왕으로 옹립한 것은 유교 사회에서는 있을 수 없는 배신자임에 틀림없습니다.

반면에 그가 만일 사육신들과 더불어 세상을 떠났다면 그가 이룬 의미 있는 업적은 후세에 남아 있지 못했을 것입니다. 신숙주의 공로보다 절개를 더 소중한 것으로 보는 사람들은 그를 비하하여 나물 이름으로 부르는 것을 당연하게 여길 것입니다. 인간에 대한 평가는 항상 양면성을 지닙니다.

그러나 우리에 대한 진정한 평가는 하나님의 백보좌(흰 보좌) 심판석에서 이루어집니다. "다른 책이 펴졌으니 곧 생명책이라… 죽은 자들이 자기 행위를 따라 책들에 기록된 대로 심판을 받으니"(계 20:12) 우리는 사후에 우리 행위를 기록한 책에 있는 대로 심판을 받게 됩니다. 역사의 평가보다 하나님의 심판을 늘 생각하면서 항상 올바른 신앙생활에 매진합시다. 샬롬.

매국노

"내가 노략한 물건 중에 시날 산의 아름다운 외투 한 벌과 은 이백 세겔과
그 무게가 오십 세겔 되는 금덩이 하나를 보고 탐내어 가졌나이다."
(수 7:21)

이스라엘 백성들은 애굽에서 430년 동안의 노예생활을 청산하고, 모세의 인도로 40년 동안 광야 생활을 마친 후 드디어 요단강에 이르렀습니다. 모세가 하나님의 부르심을 받은 후, 그의 후임 여호수아의 인솔로 요단강을 건너 가나안 땅에 들어갔습니다.

첫 번째 성(城)인 여리고를 점령할 때, 여호수아는 백성들에게 성 안에 있는 모든 것을 "너희는 온전히 바치고 그 바친 것 중에서 어떤 것이든지 취하여 너희가 이스라엘 진영으로 바치는 것이 되게 하여 고통을 당하게 되지 아니하도록 오직 너희는 그 바친 물건에 손대지 말라"(수 6:18)고 명령했습니다.

그러나 유다 지파 갈미의 아들 아간이 그 물건 중 시날산의 아름다운 외투 한 벌과 은 200세겔, 그 무게가 50세겔 되는 금덩이 하나를 보고 탐내어 가져다가 자기 장막 안 땅속에 감추었습니다. 이 사실을 알지 못한 여호수아는 작은 성 아이를 치기 위해 군인 3,000명쯤 보냈는데, 이스라엘이 패하여 약 36명이 죽임을 당하는 비극을 맞았습니다. 결국 이 원인이 여호와의 명령을 어긴 아간의 죄로 판명되어, 이스라엘 모든 백성이 아간과 그 가족들, 소와 나귀와 양과 장막과 모든 것을 이끌고 아골 골짜기로 가서 돌로 쳐서 죽이고 돌무더기를 만들었습니다. 그래서 그곳을 오늘날까지 아골 골짜기라 부릅니다(수 7:26).

아간은 눈앞에 보이는 물질에 홀려 여호와의 명령을 어기고 그것

들을 탐하다가, 결국 온 집안이 멸망을 당하는 비극을 초래하였습니다. 아간은 물질의 탐욕으로 인한 자기의 행위가 반민족적인 일이며, 자기 때문에 많은 사람이 죽임을 당하고 고통을 겪을 것을 생각하지 못했습니다.

지난 2023년 12월 보도에 의하면 한국의 유명 회사 임원으로 있던 사람이 회사의 최고급 비밀 기술을 빼내어 중국에 팔아먹는 반사회적, 반민족적, 반국가적 행위를 한 것이 탄로났습니다. 그 가치가 수조 원대에 달해 회사에 큰 손해를 끼쳤을 뿐만 아니라, 중국에서 이 고급 기술을 이용하여 나노급 디램(DRAM) 제품을 양산해서 팔면 수십조 원에 달하는 손실을 입히게 되어, 회사와 국가에 결정적 배신행위를 했습니다. 이 사람은 중국이 제시한 돈에 눈이 어두워, 아간처럼 회사뿐만 아니라 국가를 배반한 엄청난 일을 저지르고 말았습니다. 그는 체포되었고 앞으로 재판을 받고 그에 상응한 대가를 치러야 할 것입니다.

인간이 돈에 눈이 가려지면 몸담았던 회사도, 국가도, 민족도 보이지 않고 오직 돈밖에 보이지 않는 법입니다. 야고보 장로는 "욕심이 잉태한즉 죄를 낳고 죄가 장성한즉 사망을 낳느니라"(약 1:15)고 말씀하셨습니다. 돈의 욕심이 회사를 배반하고 국가와 민족을 배신하는 결과를 가져와, 결국 사망(감옥)에 이르는 비극을 가져다주었습니다.

이 일은 결국 돈에 대한 욕심 때문에 일어난 것입니다. 돈에 대한 욕심으로 그는 감옥에서 수년간 옥살이를 해야 할 것이고, 가족들은 남편과 아버지의 불의한 일로 인하여 오랜 세월 매국노 가족이라는 낙인이 찍혀 고통 속에 살아가야 할 것입니다. 인간은 물질 앞에서 작아지기 쉽지만, 정당하지 못한 물질의 취득은 엄청난 고통을 안겨준다는 사실을 깊이 깨달아야 합니다. 어떤 일에도 돈에 욕심을 내지 말고, 정당하게 일하고 벌어 쓰는 것이, 비록 많은 돈을 벌지 못하더라도 당당하고 깨끗하며 부끄러움 없는 경제생활이라는 점을 깊이 인식해야 합니다.

　특히 우리 그리스도인들은 물질에 초연해야 하며, 어떠한 유혹이 닥쳐도 단호히 거절할 수 있는 용기와 믿음을 가져야 합니다. 이것이 그리스도인다운 삶의 태도입니다. 금년에는 물질의 장벽을 넘는 삶을 살아 봅시다. 샬롬.

말 한 마디가 일생을 결정한다

> "혀는 곧 불이요 불의의 세계라 혀는 우리 지체 중에서 온 몸을 더럽히고
> 삶의 수레바퀴를 불사르나니 그 사르는 것이 지옥 불에서 나느니라."
> (약 3:6)

말 한마디가 한 여인의 운명을 결정하는 사건이 우리 역사 속에 있었습니다. 조선왕조 제21대 왕 영조(英祖)의 왕비는 정성왕후(貞聖王后) 서씨(徐氏)입니다. 정성왕후는 1692년에 대구 서씨 명문 양반 가문에서 태어나 1704년 12세의 나이에 두 살 어린 10세의 왕세자 연잉군(延礽君: 후에 영조)과 결혼을 했습니다. 왕세자의 부인이 되는 것은 본인은 물론 온 집안의 경사요 대단한 행운이 아닐 수 없습니다.

왕세자가 왕이 되면 세자빈은 자연히 왕후가 되어, 그 부친과 오라비들에게 높은 관직이 보장되는 것은 불문가지(不問可知)의 사실입니다. 정성왕후 서씨는 어렸을 때부터 손이 아주 고와서 친정어머니로부터 "네 손은 어떤 아이 손보다 예쁘다"는 칭찬을 받으며 자랐습니다. 서씨가 혼례를 올린 첫날 밤에 연잉군이 서씨의 손을 바라보면서 물었습니다. "손이 참 곱군요. 어찌 그리 예쁜 손을 갖고 있나요?" 서씨는 별 뜻 없이 대답했습니다. "어려서부터 어른들의 사랑을 받으며, 물 한 방울도 손에 묻히지 않고 귀하게 자라서 그렇게 된 것 같습니다." 양반집에는 하녀들이 많아서 딸들이 부엌에 들어갈 일이 없으므로, 손에 물을 묻히지 않고 사는 것은 자연스러운 일이었습니다.

그런데 이 말을 들은 연잉군의 얼굴 표정이 싸늘하게 변하더니, 아무 말도 하지 않고 그대로 방을 나가버렸습니다. 연잉군이 그런 행동을 한 이유는 자기 어머니 숙빈(淑嬪) 최씨가 무수리(수라간에서 물 긷는 일

을 하던 여자), 즉 최하위 말단 궁녀로 날마다 물 긷고 빨래하고 허드렛일을 오래 하여 손이 부르트고 상처투성이인 보기 흉한 손을 갖고 있었기 때문이었습니다. 따지고 보면 서씨는 아무 잘못이 없었습니다. 손이 예쁜 연유를 말한 것뿐인데, 그 말이 연잉군의 가슴에 맺힌 한을 긁는 결과가 되었던 것입니다. 영조는 서씨가 왕비가 된 후에도 죽을 때까지 단 한 번도 왕비의 처소를 찾지 않은 비정의 왕이었습니다. 정성왕후는 영조가 죽는 순간까지 33년 동안 남편의 사랑을 받지 못한 채 홀로 지내다 생을 마감하였습니다.

만일 서씨가 연잉군의 어머니 숙빈 최씨가 무수리 출신이라는 사실을 깊이 인식했다면, 그런 말을 하지 않았을 수도 있었습니다. 그러나 서씨는 12세의 어린 소녀였기에 순진하게 말한 것뿐입니다. 하지만 연잉군의 귀에는 어머니의 슬픈 과거를 들먹이며 자신의 귀한 신분을 자랑하는 것으로 들려 그런 매정한 일을 저질렀던 것입니다.

내가 무심코 한 말이 어떤 사람에게는 가슴에 비수처럼 꽂혀 평생을 고통 속에 살게 하고, 그 말을 한 사람과는 눈길도 마주치지 않으려 하는 경우가 적지 않습니다. 잠언에 "말이 많으면 허물을 면하기 어려우나 그 입술을 제어하는 자는 지혜가 있느니라"(잠 10:19)는 말씀이 있습니다. 내가 무심코 한 말이 타인의 가슴을 찌르는 비수가 될 수 있다는 점을 늘 유의해야겠습니다.

서두에 인용한 야고보서 말씀처럼 혀는 우리 지체 중에서 온몸을 더럽히고 삶의 수레바퀴를 불사릅니다. 우리 조상 김천택(金天澤)의 시조에 "말로써 말이 많으니 말을 하지 말까 하노라"가 있습니다. 말이 말을 만들어 큰 사달을 일으킬 수 있다는 뜻입니다. 12세의 어린 정성왕후는 전혀 예상치 못한 상황에서 말 한마디로 평생 남편과 잠자리 한번 하지 못하고 쓸쓸히 살다 죽어갔습니다. 냉정히 말한다면 정성왕후는 사실을 말한 것밖에 없었습니다. 마음이 좁은 사람은 연잉군이었습니다. 자기 귀에 거슬리는 말을 했다고 아내를 평생 독수공방하게 만든 영조는, 자기 아들 사도세자(思悼世子)를 한여름 뜨거운 날씨에 8일 동안 뒤주에 가두고 물 한 모금도 주지 않고 죽게 만든 비정의 아비였습니다.

역사의 뒤안길에 억울하게 죽은 사람들이 참 많습니다. 12세의 서씨, 정성왕후도 억울하게 살다 간 경우입니다. 역사의 교훈은 매사 조심하되, 특히 말을 조심하라고 경계합니다. 구약 잠언서는 특히 말을 조심해야 할 것을 누누이 훈계하고 있습니다. 말을 조심, 또 조심하며 살아갑시다. 특히 우리 그리스도인들은 더욱더. 샬롬.

애국 애족이란 무엇일까?

"그러나 이제 그들의 죄를 사하시옵소서 그렇지 아니하시오면 원하건대
주께서 기록하신 책에서 내 이름을 지워 버려 주옵소서." (출 32:32)

요즘 한국에서 들려오는 소식들은 암울한 것들뿐입니다. 희망적인 소식이 있었으면 좋겠는데, 대부분 부정적인 것들이어서 모국이 걱정됩니다. 구약 성경에 나오는 에스더는 자기의 동족 이스라엘을 위해서 자기의 생명을 걸었습니다. 유명한 "죽으면 죽으리라"는 말을 남기고, 왕이 부르지 않았지만 죽음을 담보로 왕 앞에 나갔습니다. 자기 생명을 거는 것이 최선의 애국이요, 애족입니다.

모세가 시내산에 올라가 십계명을 받아 내려오는 40일 동안, 이스라엘 백성들은 아론을 강압하여 금송아지를 만들어 놓고, 이 금송아지가 애굽에서 자기들을 이끌어 낸 신이라며 노래하고 춤추며 놀아났습니다. 모세는 이 큰 악을 행한 이스라엘 백성들을 위하여 하나님께 간구하였습니다. "이제 그들의 죄를 사하시옵소서 그렇지 아니하시오면 원하건대 주께서 기록하신 책에서 내 이름을 지워 버려 주옵소서."(출 32:32) 이스라엘 백성을 용서해 주시지 않으시면 차라리 자기 이름을 생명록에서 지워 달라고 간구하였습니다. 모세의 민족 사랑의 극치를 보여 주는 장면입니다.

신약의 사도 바울 역시 "나의 형제 곧 골육의 친척을 위하여 내 자신이 저주를 받아 그리스도에게서 끊어질지라도 원하는 바로라"(롬 9:3)며, 극진한 민족 사랑의 모습을 보여 주고 있습니다. 모세나 바울은 자기 민족의 구원을 위하여 자기의 생명 하나쯤은 초개(草芥: 지푸라기)처럼

버릴 수 있다는 신앙의 결단을 보여줍니다. 애국애족이란 이런 것이 아니겠습니까?

조선을 일본의 식민지로 만들기 위하여 동분서주하던 이토 히로부미(伊藤博文)를 안중근(安重根) 의사가 하얼빈역에서 격살하였습니다. 재판정에서 판사가 "당신은 가톨릭 교인으로서 살인하는 것이 죄가 아니라고 생각하는가?"라고 물었을 때, 안 의사는 이렇게 담대히 대답했습니다. "내가 이토 히로부미에게 개인적 감정이 있어서 그를 격살한 것이 아니고, 우리 2천만 민족을 일본의 노예로 만들려는 민족의 역적을 처단한 것이다." 진정한 애국애족의 발로였습니다.

1967년 이집트가 이스라엘을 침공했을 때, 미국 뉴욕 스태튼 아일랜드(Staten Island)에 있는 한 의과대학에 재학 중이던 이스라엘 학생들은 휴학계를 내고 학교를 떠나 고국 이스라엘로 돌아갔습니다. 국가 방위를 위한 전쟁에 참전하기 위해서였지요. 그런데 아이러니하게도 이집트에서 유학 온 학생들도 휴학계를 내고 학교를 떠났는데, 그들은 징집 영장이 나올 것을 알고 캐나다나 멕시코로 도망을 갔다는 일화가 있습니다. 두 나라의 전쟁 결과는 뻔한 것 아닙니까? 이 전쟁은 단 6일만에 이스라엘의 승리로 끝났습니다.

시간이 좀 지났지만, 미국에 있는 징집 대상자 한국 젊은이들에게 '한국에 전쟁이 나면 돌아가겠느냐'고 물었더니 약 65%가 돌아가지 않겠다고 대답했다는 통계가 있었습니다. 전쟁이 나지도 않은 한국에서 군대에 가지 않으려고 온갖 편법을 쓰는 당사자들과, 아들을 군에 안 보내려고 갖은 애를 쓰는 부모들이 있다는 사실은 우리의 마음을 무겁게 합니다. 그리스도인들이 할 수 있는 최선의 애국은 기도입니다. 기도만큼 위대한 애국은 없습니다. 기도는 하나님과 성령님을 움직일 수 있는 지름길입니다. 나라가 어려움에 처했을 때, 온 교회와 교인들이 합심해서 기도해야 합니다. 기도가 유일한 해결의 길입니다. 샬롬.

태극기

"만국이 그 빛 가운데로 다니고 땅의 왕들이 자기 영광을 가지고 그리로 들어가리라." (계 21:24)

지난 2023년 11월 말, 윤석열 대통령이 영국(대영제국)의 국빈으로 초청되어, 영국 찰스 3세 국왕 내외의 영접을 받으며 백마가 끄는 황금 마차를 타고 버킹엄(Buckingham) 궁으로 향하는 모습을 보고 감개무량했습니다. 영국은 16세기부터 해상권을 제패하면서 해외에 수많은 식민지를 건설하며 20세기까지 세계 최강국으로 군림했습니다. "대영제국에는 해 지는 날이 없다"는 말은 세계 각지에 식민지를 두어, 영국의 국기 '유니온 잭(Union Jack)'이 휘날리지 않는 땅이 없다는 의미입니다.

이렇게 영국이 세계를 제패하고 있을 때, 한국은 감히 비교할 수도 없는 초라한 변방의 소국(小國)이었습니다. 더욱이 1910년부터는 일제의 식민지가 되어 'Korea'라는 나라 이름조차 잃어버렸습니다. 그런데 이제 대한민국 대통령은 영국뿐 아니라 미국, 프랑스, 독일, 이탈리아, 중국, 러시아 등 전 세계 200여 개국 어디를 가든지 국빈 대우를 받으며, 대로(大路) 양옆에 그 나라 국기와 더불어 태극기가 게양되어 휘날립니다.

특히 우리나라 대통령이 일본을 방문했을 때, 일장기와 태극기가 길옆 양쪽 기둥에 매달려 휘날리는 모습을 보면, 일제가 35년 동안 조선을 얼마나 수탈하고 박해했는지 잘 알고 있는 이들에게는 눈물 나는 감격이 아닐 수 없습니다. 일제 강점기 동안 태극기를 소지한 사람은 붙잡혀 가서 고문을 당하고 온갖 고통을 겪었던 사실을 생각해 보면, 일장기와 태극기가 나란히 휘날리는 거리를 우리나라 대통령이 일본 총리와 함께 의전 차량에 나란히 앉아 행진하는 모습은 감격 그 자체입니다.

1882년 8월, 고종의 특명전권대신(特命全權大臣) 겸 수신사(修信使)인 박영효(朴泳孝)가 현해탄을 건너 일본으로 가고 있었을 때의 일입니다. 외국 사절이 머무는 숙소에 그 나라의 국기를 게양하는 것이 관례인데, 당시 조선에는 국기가 없었습니다. 그래서 박영효가 배 위에서 서둘러 그린 것이 태극기입니다. 따라서 최초의 태극기는 박영효가 머물던 일본 숙소 정문에 게양된 것이 시초입니다. 박영효가 일본에서 돌아온 그해 8월 22일 태극기 제정(制定) 사실을 조정에 보고하였고, 1883년 1월 27일 태극기를 국기로 공포하여 정식으로 사용하기 시작하였습니다.

1945년 8월 15일 일제가 연합국에 무조건 항복함으로써, 모든 국민이 태극기를 휘날리며 해방의 기쁨을 만끽하였습니다. 그러나 1950년 6.25 전쟁이 터지면서 북한 인민군들에 의해 남한 대부분이 공산화되어 태극기 대신 인공기가 휘날리다가, 그해 9월 28일 서울이 수복되면서 다시 중앙청 꼭대기에 태극기가 휘날렸습니다.

1953년 7월 27일 휴전협정 이후 지금까지 남한 전역에 태극기가 휘날리고 있습니다. 태극기는 제작 때부터 지금까지 많은 수난과 고난을 겪으면서 험한 세월을 지냈습니다. 다시는 대한민국에서 태극기가 내려지는 일이 있어서는 안 됩니다. 세상 끝날까지 태극기는 대한민국의 국기로 남아 있어야 하고, 세계 열강들의 국기와 나란히 세워져 휘날려야 합니다.

한 제국이 멸망하면 그 나라 국기도 사라집니다. 따라서 이 세상 어떤 나라도, 그 나라 국기도 한계가 있습니다. 오직 하나님의 나라만이 영원합니다. 우리 그리스도인들에게는 십자가의 깃발만이 영원합니다. 세상에서는 국기를 사랑하고 소중히 여겨야겠지만, 영적으로는 십자가의 깃발을 높이 들고 최후 승리할 때까지 진군해 나가야 합니다.
샬롬.

6

A Month of
Remembrance

기억의 달

6.25 전쟁과 미국

"예수께서 대답하여 이르시되 열 사람이 다 깨끗함을 받지 아니하였느냐
그 아홉은 어디 있느냐?" (눅 17:17)

오늘은 6.25 전쟁 75주년(2025년 기준)을 맞이한 기념으로 6.25 전쟁과 미국에 대해 생각해 보겠습니다. 북한 공산군이 불법 남침을 했다는 소식을 들은 미국 대통령 해리 트루먼(Harry S. Truman)은 즉시 유엔 안전보장이사회(Security Council) 소집을 요청하였습니다. 당시 안전보장이사회의 5대 상임이사국 중 하나인 소련 대표 야코프 말리크(Yakov Malik)가 중공(중국)의 상임이사국 문제로 이사회 출석을 거부하고 있어서, 나머지 4개국인 미국, 영국, 프랑스, 중국(대만) 대표들이 유엔군 파견을 결정하였습니다. 만일 말리크가 출석하여 거부권을 행사했다면 유엔군을 한국에 파송할 수 없었고, 남한은 그대로 공산화되었을 것입니다. 말리크의 불참은 하나님의 섭리였습니다.

안전보장이사회의 결의에 따라 16개국인 미국, 영국, 프랑스, 튀르키예, 캐나다, 필리핀, 태국, 뉴질랜드, 호주, 벨기에, 콜롬비아, 에티오피아, 그리스, 네덜란드, 룩셈부르크, 남아프리카공화국이 군대를 파송하였습니다.

그런데 이들 국가가 군대를 파송하는 데 드는 모든 비용을 미국이 담당했다는 사실을 아는 사람은 별로 없습니다. 16개국이 군대를 파송했다고 하지만, 지상군의 88%, 공군의 98%, 해군의 84%가 미군이었으므로 미군이 대부분을 차지하고 있었습니다. 미국은 휴전이 될 때까지 약 180여만 명의 군인을 파병하였는데, 그중 전사자가 약 4만 명, 부

상자가 10여만 명, 실종 1,000여 명, 포로 7,000여 명으로 모든 면에서 미군의 희생이 가장 컸습니다. 한마디로 말해서 미국의 지원이 없었으면, 남한은 그대로 북한 공산군에 의해 점령되어 공산화되었을 것입니다.

또한 수백만 명의 피난민들과 전쟁고아들, 전쟁 미망인들, 한국 부상병들을 위해서 미국과 미국 교회가 식량인 안남미(베트남 쌀)와 밀가루, 강냉이 가루, 우유 가루, 버터, 치즈 등 많은 식품을 보내 주었습니다. 그럼 왜 미국은 이런 큰 희생을 감수하면서 한국을 도왔을까요? 그 원인은 다양하게 분석될 수 있겠지만, 저는 신학자로서 이것은 전적으로 남한을 구원하시기 위한 하나님의 섭리였다고 봅니다.

하나님께서는 미국이란 나라와 교회를 통하여 남한을 구원하시기 위해 유엔군을 파송하게 하셔서, 비록 통일을 이루지는 못했지만, 남한만이라도 자유 민주주의 국가로 지켜 주셨습니다. 미국은 초창기부터 종교의 자유를 찾아서 신대륙에 와 천신만고 끝에 미국이라는 세계 최강의 국가를 세운 청교도 신앙의 나라입니다. '자유'는 미국이라는 나라의 표상입니다. 미국은 '자유의 땅(Land of Freedom)'입니다. 미국은 북한 공산당이 자유 대한민국을 유린하는 행위를 그대로 보고만 있을 수 없었습니다.

특별히 당시 주미 대사였던 장면(張勉) 박사가 미국의 정계와 교계에 "남한에는 개신교인과 가톨릭교인 약 100만 명이 있는데, 북한 공산당들이 남한을 점령하면 100만 명의 기독교인들은 죽음을 면치 못할 것"이라며 눈물로 호소하여 미국의 정계와 교회를 움직였습니다. 이것이 하나님의 특별한 은혜가 아니고 무엇이겠습니까? 결론적으로 말하면 미국이 없었더라면 남한은 공산화되었을 것이고, 지금 남한은 북한의 모습 그대로 교회나 성당은 단 하나도 없고 교인들도 없으며, 오직 주체 김일성 사상만이 휩쓸고 있을 것입니다. 상상만 해도 끔찍스럽지 않습니까? 그런데 지금도 대한민국의 정통성을 부정하며 자유 민주주의의 가치를 훼손하려는 세력이 있다는 것은 참으로 안타까운 일이 아닐 수 없습니다.

6.25 전쟁 발발 75주년을 맞이하여, 현재 한국이 세계 10대 경제 강국으로 풍요를 누리며 사는 데 결정적 역할을 한 미국과 미국 교회에 대한 감사를 잊어서는 안 됩니다. 예수님께서는 나병에서 깨끗함을 받은 아홉 명이 감사를 하러 오지 않았을 때, "그 아홉은 어디 있느냐?"(눅 17:17)고 물으셨습니다. 은혜를 모르는 자는 금수(禽獸: 짐승)와 다름없습니다. 하나님의 은혜와 미국의 은혜를 잊지 맙시다. 샬롬.

국기와 태극기

"홀연히 수많은 천군이 그 천사들과 함께 하나님을 찬송하여 이르되
지극히 높은 곳에서는 하나님께 영광이요 땅에서는 하나님이 기뻐하신
사람들 중에 평화로다 하니라." (눅 2:13-14)

태극기가 생긴 유래에 대해 두 가지 설(說)이 있습니다. 하나는 1882년 5월, 조선은 미국과 강화도에서 미국 대표 로버트 슈펠트(Robert Shufeldt)와 조선 대표 신헌(申櫶), 김홍집(金弘集)이 조미수호통상조약(朝美修好通商條約)을 맺었습니다. 이 조약식에 양국 국기가 게양되어야 하는데, 미국은 성조기를 올렸으나 조선은 국기가 없었습니다. 미국 측이 국기를 요청하자, 김홍집은 역관(譯官: 통역관) 이응준(李應俊)에게 명하여 부랴부랴 태극기를 만들었다는 것입니다.

다른 하나는 1882년 8월, 박영효(朴泳孝)가 임오군란(壬午軍亂) 후 일본에 특명전권대사(特命全權大使)로 갈 때, 그가 머물 호텔에 조선의 국기를 게양해야 하는데 국기가 없어서, 현해탄을 건너는 배 위에서 부랴부랴 그린 것이 태극기라고 전해집니다.

1883년, 태극기가 조선의 국기로 선포되었습니다. 태극기는 수많은 수난을 겪었습니다. 1910년 조선이 일본에 병탄되자 태극기는 사라지고 일장기가 게양되었습니다. 1919년 3·1 독립운동 때 태극기가 잠깐 보이다가 조용히 사라졌습니다. 제2차 세계대전이 끝나고 조선이 일제로부터 독립하던 1945년 8월 15일, 수많은 사람이 태극기를 들고나와 목이 터져라 만세를 불렀습니다. 그러나 미국과 소련 사이의 협정으로 한반도가 38선을 경계로 나뉘어, 북쪽의 조선민주주의인민공화국에서는 인공기가, 남한의 대한민국에서는 태극기가 게양되었습니다.

1950년 6.25 전쟁이 터지고 서울이 북한 공산군에 점령되면서 광화문 정부 청사 첨탑에 인공기가 게양되었다가, 맥아더 장군의 인천 상륙으로 서울이 수복된 9월 28일 태극기가 다시 게양되었습니다. 1953년 7월, 휴전협정으로 남북이 갈리면서 남한에는 태극기가, 북한에는 인공기가 게양되었습니다.

저는 한국의 대통령이 국빈으로 중국에 가면, 중국 주석과 나란히 서서 의식을 거행할 때 뒤에 태극기와 중국 국기인 오성기가 나란히 게양된 것을 볼 때마다 감개무량합니다. 조선 민족은 4,000년 동안 중국의 속방(屬邦)으로, 중국의 천자(天子: 황제) 앞에 엎드려 절하며 예를 갖추었습니다. 감히 천자와 나란히 서거나 앉을 수가 없었습니다. 조선의 왕이 붕어(崩御: 임금이 세상을 떠남)하면 세자가 왕위를 계승해야 하는데, 중국 천자의 허락이 없으면 할 수 없었고, 심지어 세자빈을 간택하는 것조차 천자의 허락이 필요했습니다. 즉 중국 천자의 허락 없이는 거의 아무 일도 조선 마음대로 할 수 없었습니다.

그런데 이제는 중국의 오성기와 태극기가 나란히 게양되어 있는 무대에 중국을 다스리는 주석과 한국 대통령이 나란히 서서 의식을 거행하는 것을 보면 '참 세상이 많이 바뀌었구나' 하는 격세지감을 느낍니다.

오래전에 전두환 대통령이 일본에 국빈 방문을 했을 때, 태극기와 일장기가 나란히 게양되어 있는 무대에서 일본 천황과 전두환 대통령이 나란히 서서 의식을 거행하는 것을 볼 때, 일제 35년 동안 우리 민족과 교회가 겪었던 고난의 세월이 파노라마처럼 스쳐 갔습니다. 일제 강점기라면 일본 천황과 조선 시골 소년 전두환의 사이는 가히 상상할 수 없는, 하늘과 땅보다 더 현격했는데, 이제는 나란히 서서 의식을 거행하는 것을 보면 별천지에 온 듯합니다.

세상은 많이 변했고, 한국의 위상도 경제 순위 세계 10위권에 이르렀으며 군사력은 세계 6위지만, 한반도 전체에 태극기가 휘날리지 못하고 북한에는 인공기가 걸려 있는 것은 민족의 비극이 아닐 수 없습니다. 언제쯤 한반도 전역에 태극기가 휘날릴 때가 올까요? 태극기, 성조기, 오성기, 일장기도 나라가 망하면 사라집니다. 세상에 영원한 제국은 없습니다. 따라서 국기는 한계적 물건일 뿐입니다. 영원한 제국은 오직 하늘나라밖에 없습니다. 천국에는 국기가 없습니다. 오직 천군 천사들과 구원받은 성도들의 찬양이 천국의 상징일 뿐입니다. 그날을 기다리며, 믿음 생활에 충실해야겠습니다. 샬롬.

부산 유엔군 묘지

"너희가 도망하는 일이 겨울이나 안식일에 되지 않도록 기도하라."
(마 24:20)

1950년 6월 25일 주일 새벽, 북한 인민군들이 38선 전역에서 남쪽을 향해 침공해 들어오자, 미국 주도로 유엔 안전보장이사회의 결의에 따라 전 세계에서 16개국이 전투병을 파병했고, 6개국이 의료 지원을 해 주었습니다. 한국이 어디에 있는지, 왜 가서 내 생명을 걸고 싸워야 하는지도 모르고, 국가의 명령을 받고 한반도에 와서 공산군과 싸우다 생명을 잃거나, 생사조차 알 수 없는 실종자가 4만 896명이나 된다는 사실을 남한 사람들 중에 알고 있는 이가 얼마나 되는지 궁금합니다.

의료 지원국까지 22개국 청년 195만 7,733명이 우리 땅에서 피를 흘렸고, 그중 3만 702명이 목숨을 잃었습니다. 전쟁이 한창 진행되던 1951년 유엔군 사령부는 전국 각지에 가매장(假埋葬)되어 있던 파병국 군인들의 유해를 한곳에 모아 묘역을 조성했는데, 이것이 오늘날 부산 '유엔기념공원(UN Memorial Cemetery)'의 시초입니다.

휴전협정이 체결되고 나서, 미국 등 여러 나라가 자기 나라 군인들의 유해를 본국으로 이송했고, 현재는 11개국 장병 2,320명이 이곳에 잠들어 있습니다. 처음에는 유엔이 직접 관리하다가 1974년부터 파병국 주한 대사들이 위원회를 구성해서 공동으로 관리하고 있습니다. 이렇게 조성된 유엔군 묘지는 이제 부산의 명소가 되었고, 혹 한국을 방문하는 6.25 참전 용사들이 이 묘지를 방문하고 "내가 죽으면 이곳에 묻어 달라"고 유언하는 분들이 늘어나고 있다고 합니다.

정부 초청이나 기타 기관 초청으로 한국에 온 참전 용사들은 70여 년 전의 전쟁터였던 한국과 현재 세계 10위권의 경제 대국이 된 한국을 볼 때 격세지감을 느끼면서, 자신들의 희생의 대가로 이렇게 발전한 모습을 보고 뿌듯한 자부심을 갖습니다.

그런데 불행한 것은 6.25 전쟁이 발발한 지 75년(2025년 기준)이 지났지만, 휴전선은 여전히 그대로 있고 북한 공산 정권은 핵무기를 개발하면서 미사일을 계속 발사하고 남침 야욕을 노골적으로 드러내고 있다는 점입니다. 북한 동포들은 굶주려 죽어가고 있으며, 열악한 의료 환경 속에서 마취제 없이 수술받아야 하는 고통스러운 현실이라는데, 한 번 발사에 수억 달러가 든다는 미사일을 하루가 멀다고 쏘아대고 있으니, 이보다 한심한 나라가 있을까요?

북한은 남한을 적화통일 하겠다는 70여 년 전 김일성의 야욕을 아직도 그대로 유지하고 있으니, 참으로 어처구니가 없습니다. 현재 남한에 미군 3만 명이 주둔해 있고, 미국 시민 수만 명이 있으며, 여러 나라 국민이 많이 살고 있는 남한을 침공한다거나 핵무기를 쏜다는 것은 상상하기 어렵습니다.

전쟁이 나면 유엔군이 자동으로 전쟁에 개입하게 되는데, 어떻게 남침을 감행할 수 있겠습니까? 도대체 북한에 전쟁을 수행할 만한 무기와 휘발유, 그리고 자금은 있을까요? 백성들이 굶어 죽고 있는데 전쟁이 가능할까요? 하지만 모르지요. 역사는 언제나 이성적인 방향으로만 흐르는 것이 아니니까요. 예수님께서는 "너희가 도망하는 일이 겨울이나 안식일에 되지 않도록 기도하라"(마 24:20)고 말씀하셨습니다. 그런데 공교롭게도 6.25 전쟁은 주일(안식일)에 시작되었고, 중공군의 개입으로 유엔군이 후퇴하는 때가 1월 4일(1·4후퇴)로 혹독하게 추운 겨울이었습니다.

하나님의 은혜가 아니었다면 우리는 지금 이렇게 평화로운 삶을 살 수 없습니다. 모두가 다 하나님의 은혜입니다. 다음으로 우리가 이런 평화를 누리고 살 수 있는 것은 군인을 파송해 준 16개국과 의료 지원을 해 준 6개국, 기타 많은 물자를 지원해 준 38개국이 있다는 사실을 잊어서는 안 됩니다.

따라서 한 전쟁에 60여 개국이 직간접으로 개입했다는 기록은 인류 역사에 처음 있는 일로, 기네스북에 기록되어 있습니다. 모두가 우리 민족을 구원해 주시려는 하나님의 은총입니다. 하나님의 은혜가 아니었다면 대한민국은 현재 지구상에 존재하지 않았을 것입니다. 아직도 공산 치하에서 죽음의 길을 걷고 있는 북한의 그리스도인들을 생각하면 마음이 아픕니다. 저들이 참된 자유를 얻을 수 있는 길은 오직 하나님께 기도드리는 길밖에 없습니다. 북한 동포들과 그리스도 안에서 형제자매 된 이들을 위해 열심히 기도합시다. 샬롬.

6.25 전쟁과 인도

"네 생각에는 이 세 사람 중에 누가 강도 만난 자의 이웃이 되겠느냐
이르되 자비를 베푼 자니이다 예수께서 이르시되 가서 너도 이와 같이 하라
하시니라." (눅 10:36-37)

제가 인도라는 나라가 있다는 사실을 알게 된 것은 중학교 때 '지리' 과목을 공부할 때였습니다. 세계 지도를 펴 놓고 보면 중앙에 중국이 넓게 펼쳐져 있고, 조금 서쪽으로 가면 거대한 크기의 인도가 있습니다. 지금은 인도가 세계 최고 인구 대국이지만, 얼마 전까지는 중국이었습니다. 중학교 때 지리 시간에는 전 세계 여러 나라를 수박 겉핥기 식으로 배웠기 때문에 인도에 대해 배운 것은 거의 생각이 나지 않고, 후에 인도에 대해 조금씩 알아가기 시작했지요.

우선 인도는 힌두교가 국가 종교처럼 자리 잡아 인구의 대다수(약 80%)가 이 종교를 믿고 있습니다. 힌두교는 소를 신성시하여 소고기를 먹지 않습니다. 인도의 기독교 역사는 2,000년으로, 예수님의 제자 도마가 인도에 와서 전도하다 순교한 것으로 전해져 내려옵니다. 지금도 인도 남서부 케랄라(Kerala) 지역에 가면 '도마교회'가 있습니다. 기독교 인구는 약 2% 남짓입니다.

인도가 6.25 전쟁 때 의료 지원단을 보내 주었다는 사실을 알게 된 것은 그리 멀지 않은 과거입니다. 16개국이 파병해서 전선에서 싸워 약 5만 명의 군인들이 전사하거나 실종되었다는 사실은 많이 부각되고 있지만, 여섯 나라가 의료 지원단을 보내 주어 부상을 당한 유엔군과 한국군을 치료해 주었다는 사실은 많이 알려져 있지 않았습니다.

의료 지원을 해준 여섯 나라 중 인도가 있는데, 이들 지원단은

1950년 인도 뭄바이를 출발한 지 2주일 후인 11월 20일 부산에 도착했습니다. 그때부터 1953년 휴전협정이 체결되기까지 한국에서 의료 지원 활동을 계속했습니다. 인도 의료지원단은 최전방에서 싸우다 부상당한 병사들 약 20만 명을 치료해 주었는데, 책임자는 아콧 랑가라지(A.G. Rangaraj) 중령이었습니다. 그는 군의관으로 입대해서 2차 대전에 참전했고, 6.25 전쟁이 터지자 제60야전병원 지휘관으로 내한하였습니다.

제60야전병원은 외과 의사 4명, 마취 의사 2명, 일반 의사 8명 등 총 346명으로 구성되어 있었는데, 랑가라지 중령은 영국군 제27여단을 지원하였고, 그의 후배인 배너지(Banerjee) 소령이 이끄는 분견대(分遣隊)는 대구에 있는 후방 병원을 담당했습니다. 랑가라지 중령은 공수부대와 함께 전투 현장에 낙하산을 타고 투입돼, 전사자와 부상병들을 후송하며 돌보았습니다. 이런 열악하고 위험한 환경에서도 2만 3천여 차례의 수술을 했고, 약 20만 명의 부상병들을 치료해 주어 생명을 건져 주었습니다.

인도 의료지원단은 당시 열악한 한국 병원 네 곳을 운영하면서, 한국인 의사와 간호사들 교육까지 맡아 한국군 의료 발전에 지대한 공헌을 하였습니다. 랑가라지 중령은 후에 한국 정부로부터 충무무공훈장을 받았고, 2020년 7월에는 '이달의 6.25 전쟁영웅'으로 선정되기도 하였습니다. 그는 예편한 후 여생을 아프가니스탄, 방글라데시 등 후진국에서 천연두 근절에 헌신하다 2009년 3월, 92세의 나이로 세상을 떠났습니다.

제가 이 이야기를 하는 것은 인도와 6.25 전쟁과는 별로 연관이 없는 것으로 여기다가 이 사실을 알게 되었기 때문입니다. 우리 민족이 최악의 상황에 처해 있을 때, 부상병들과 민간인들을 치료해서 생명을 구해주고, 영구 장애인들로 살아갈 수밖에 없는 사람들을 치료해 주어 건강한 사람으로 살 수 있도록 도와준 은인들의 은혜를 잊어서는 안되겠다는 생각 때문입니다.

16개 파병 국가 외에 의료 지원을 해 준 나라가 인도를 비롯한 여섯 나라인데, 스웨덴, 덴마크, 노르웨이, 이탈리아, 서독(독일)입니다. 이들 나라가 의료 지원을 해 주어 수많은 군인과 민간인들이 새 생명을 얻은 일을 잊어서는 안 되겠습니다. 강도 만난 사람을 도와준 선한 사마리아 사람(눅 10:33)처럼, 죽어 가는 군인들과 민간인들을 구원해 준 이들 의료 지원국의 은혜를 잊지 말고, 진심 어린 감사를 드려야겠습니다. "하나님이시여, 6.25 전쟁 때 우리나라에 와서 피 흘리며 싸워준 나라의 용사들과 의료 지원을 해 준 나라들의 투사들 위에 땅 위의 복과 영생의 복을 넉넉히 베풀어 주시옵소서. 아멘."

어떤 호주 지원병

"네 이웃을 네 자신같이 사랑하라." (마 22:39)

오늘은 호주 출신으로 6.25 전쟁에 참전한 용감한 군인 한 사람을 소개합니다. 호주 시드니에 사는 올해(2025년) 92세의 존 바인햄(John Bainham) 씨는 1933년 11월, 호주 퀸즐랜드주에서 출생하였습니다. 그는 고등학교를 졸업한 후, 대학에 가는 것보다는 군대에 입대하여 모험하고 싶다는 생각으로 군에 지원을 했습니다. 당시 호주 병역법에는 나이가 19세가 넘어야 입대할 수 있다는 조항이 있었는데, 바인햄은 그때 18세였습니다. 그는 나이를 22세라고 속이고 입대했습니다. 그때 입대하면 한국전에 참가해야 한다는 사실을 그는 알고 있었지만, 자원입대를 한 것입니다.

그는 입대 후 호주에서 기초 훈련을 마친 뒤, 이듬해(1953년) 일본을 거쳐 부산에 도착하였습니다. 바인햄은 호주 왕립 연대(Royal Australian Regiment) 제3대대 보병으로 경기도 연천군의 최전선에 배치되었습니다. 그는 부대 배치를 받자마자, 먼저 한국전에 자원입대한 가장 가까운 친구의 행방을 찾았는데, 그가 3일 전에 전사했다는 비보를 들었습니다.

그는 수색 중대에 배치되어 순찰하면서 호주군 지역에 스며든 인민군과 중공군을 찾아내어 생포하거나 사살했습니다. 한 번은 인민군 부대와 조우하여 총격전을 벌여 그들을 격퇴했는데, 그중 일단의 군인들이 후퇴하다가 동굴 속으로 숨어 들어간 것을 보고 수류탄을 던져 모두 몰살시켰습니다. 바인햄은 전우들이 곁에서 총에 맞아 죽는 모습을 자주 목격했고, 자기도 죽을 고비를 몇 번 넘겼는데, 전선에 배치된 지 2개월 후에 휴전협정이 체결되어 전투는 끝났습니다. 그러나 그는 9개월을 한국에 더 머물면서 총 대신 삽을 들고 숨진 전우들의 시신을 찾아 수습하는 일을 하였습니다. 이 기간 양측에서 찾은 시신이 1천 구가 넘었습니다.

바인햄은 호주로 돌아온 후에도 군에 계속 남아 말레이시아와 인도네시아, 베트남 전쟁에도 참전하여 적지 않은 공적을 남겼습니다. 전역 후에는 자신의 군 생활을 중심으로 자서전을 썼고, 최근에는 유튜브 채널을 개설하고 한국전을 알리는 등 왕성한 활동을 계속하고 있습니다. 그는 한국전쟁(Korean War)에 16개국 병사들이 참전하여 희생된 사람들이 많은데, 한국인들은 주로 미군만을 생각하는 것 같아 섭섭하다는 말을 합니다. 미국 외에 여러 나라 병사들이 한국에서 전사하거나 부상을 당했는데, 그들에 대한 자료나 기념비조차 제대로 없는 것은 아쉬운 일이라고 말했습니다.

호주는 유엔에서 한국전 참전을 결의했을 때 미국 다음으로 파병을 결정했고, 총 1만 7,164명이 참전하여 그중 340명이 전사했고 1,200여 명이 부상을 당했습니다. 한 기자가 그에게 "한국인이나 호주의 다음 세대에 남기고 싶은 이야기가 있느냐?"고 물었더니, 그는 이렇게 대답했습니다. "매우 간단하다. 자유를 얻기 위해서는 싸워야 한다는 것이다." 바인햄은 자기가 자원입대하면 한국전쟁에 파견될 것이고, 자칫하면 생명을 잃을 수도, 치명적 부상을 당할 수도 있다는 사실을 알면서도, 생면부지의 땅과 가련한 백성들을 위해 나이를 속이면서까지 자원했던 것입니다.

좀 오래전 이야기지만, 미국에 거주하는 병역 의무가 있는 한국 유학생과 젊은이들에게 '지금 한국에서 전쟁이 일어난다면 돌아가겠느냐'고 물었을 때, 상당수가 돌아가지 않을 것이라고 대답했다는 통계가 있었습니다. 자기 부모와 형제자매, 일가친척들이 전쟁에 휘말려 있는데 자기는 그대로 미국에 남아 있겠다고 대답한 사람들과, 생면부지의 땅과 사람들을 위해 생명을 담보로 자원입대한 바인햄 씨가 비교되지 않습니까? 바인햄 씨가 죽음을 두려워하지 않고 한국전에 지원할 수 있었던 용기와 담력은 2,000년 서구 기독교 신앙에서 나왔다고 볼 수밖에 달리 찾을 길이 없어 보입니다.

"자유는 피를 먹고 자란다"는 말이 있습니다. 하나님께서 주신 자유를 지키고 쟁취하기 위해서는 피를 흘려야 한다는 것을 인류 역사가 증명하고 있습니다. 피 흘림 없이 자유가 스스로 찾아오는 경우는 없습니다. 자기 나라도 아닌 나라에서 생명을 버린 호주 참전 군인들과 유엔군 후손들에게 하나님의 은총이 언제까지나 함께하시기를 기원합니다. "네 이웃을 네 자신같이 사랑하라."(마 22:39) 예수님의 말씀입니다.

어떤 미국인 아내들

"내가 진실로 진실로 너희에게 이르노니 한 알의 밀이 땅에 떨어져 죽지
아니하면 한 알 그대로 있고 죽으면 많은 열매를 맺느니라." (요 12:24)

6.25 전쟁 동안 많은 사람이 죽고 고난을 겪었는데, 그중에는 전쟁고아
들과 전쟁 미망인들이 많았습니다. 어린 것들과 살아갈 길이 막막했던
전쟁 미망인들과 가난한 집 소녀들이 미군 기지촌 주변으로 모여들었
습니다. 그들 중 좋은 배필을 만난 여인들은 미군이 귀국한 후 결혼증
명서와 초청 이민 서류를 보내와 미국으로 이주하였고, 남편의 사랑과
시집의 환대 속에 행복한 여생을 보낸 이들도 적지 않습니다. 하지만
대체로 그들의 미국 생활은 고난의 연속이었습니다.

제가 70년대 말에서 80년대 초까지 목회했던 인디애나주의 한인
교회에는 국제 결혼한 여성들이 여럿 출석했습니다. 착한 남편을 만난
부인들은 비록 언어 소통이 어렵기는 했지만, 아이들 낳고 행복하게 살
았습니다. 그러나 무지하고 거친 남편을 만난 여인들은 술 취한 남편으
로부터 날마다 매를 맞고 살다가, 급기야 이혼을 당하고 고통 속에 살
아가는 경우도 없지 않았습니다.

『한국민족문화대백과사전』에 따르면 한국전쟁 이후 최소 10만 명
가량의 미군 아내들이 미국 시민권을 획득한 후, 자기 부모와 형제자매
들을 초청해서 미국에 들어와 살게 하였습니다. 그들 형제자매들이 또
시민권을 받은 후 자기 친정 부모와 형제자매들을 초청해서 미국으로
이민 온 한국 사람들은 그 수를 헤아리기 어렵습니다. 뿐만 아니라 이
들이 미국에서 한국으로 송금한 달러도 무시할 수 없을 정도여서 한국

경제 발전에도 어느 정도 기여를 했습니다.

더러는 이들 부인이 한국의 음식, 문화, 전통, 역사를 보급하는 역할도 감당했습니다. 이들 자녀 가운데 현재 미국 사회에서 리더로 활약하는 사람들이 적지 않습니다. 그 가운데 메릴린 스트릭랜드(Marilyn Strickland, 한국명: 김순자)는 2선의 연방 하원의원으로 활동하고 있는데, 그녀는 인종차별과 6.25 전쟁의 비극 속에서도 어머니의 사랑과 가르침으로 모든 어려움을 극복했다고 술회했습니다. 어머니의 희생이 귀하게 일하는 딸을 만들었습니다.

우리는 이름 없는 기지촌의 여인들을 통해 무수한 한국인이 미국으로 이주했고, 또 그들이 시민권을 취득한 후에 가족 초청을 통해 많은 한국인이 미국에 와서 정착하고 성공할 수 있었다는 사실, 즉 남모르는 눈물을 흘리며 서러운 삶을 살아온 여인들의 희생이 있었다는 사실을 간과해서는 안 됩니다.

가련한 한국의 여인들은 수많은 전쟁과 굶주림, 역병과 탐관오리들의 수탈과 괴롭힘 속에서도 굽힐 줄 모르는 절개로 서러운 삶을 이어 왔습니다. 그러면서도 자녀들에게는 자기와 같은 설움을 주지 않으려 혼신의 힘을 다해 교육에 열정을 쏟았습니다.

많은 한인이 미국에 와서 오늘 행복하게 사는 것은 기억도 희미해진 여인들의 희생이 있었다는 사실을 잊어서는 안 됩니다. "한 알의 밀이 땅에 떨어져 죽지 아니하면 한 알 그대로 있고 죽으면 많은 열매를 맺느니라."(요 12:24) 한 여인의 희생은 많은 가족을 행복하게 만들어 주었습니다. 물론 미군 아내들 중에는 대학을 졸업하고 미8군 사무실에서 근무하다가 미군과 결혼하고 미국에서 살면서 친정 형제자매들을 초청한 경우도 적지 않습니다. 예수 그리스도 한 사람의 십자가 희생은 전 인류를 구원하였습니다. 우리는 그 사랑으로 구원의 반열에 서 있습니다. 할렐루야. 샬롬.

숨은 은인들 (1)

"형제들아 내가 그리스도 예수 우리 주 안에서 가진 바 너희에 대한 나의 자랑을 두고 단언하노니 나는 날마다 죽노라." (고전 15:31)

금년(2025년)은 9·28 서울 수복 75주년이 되는 해입니다. 맥아더(Douglas MacArthur) 장군의 6.25 전쟁 기간 최대 업적은 두말할 필요 없이 인천상륙작전입니다. 당시 모든 해군 장성들이 이 작전에 반대하면서 불가능하다고 말했습니다. 성공 확률은 5,000분의 1, 상륙하기에는 최악의 조건을 갖춘 인천 앞바다는 조수 간만의 차가 9m나 되고, 물이 차 있는 만조 시간은 2시간밖에 되지 않았기 때문입니다.

게다가 항로가 좁고 구불구불해서, 작전이 실패할 경우 군함이 3km가 넘는 갯벌에 갇혀 진퇴양난에 빠질 수밖에 없는 상황이었습니다. 모든 참모가 반대했지만, 맥아더는 "이 작전은 반드시 성공한다. 아무도 섣부른 짓을 하지 않는다고 믿기에 허를 찌를 것이다"라며 밀고 나갔습니다. 역시 천재의 판단은 보통 사람들과 달랐습니다. (맥아더는 1903년 미국 육군사관학교를 수석으로 졸업했는데, 그는 개교 이래 역대 세 번째로 높은 성적을 받았습니다.)

결국 이 작전은 성공했고, 역사에 길이 남을 9·28 서울 수복으로 이어져서 한국전쟁의 판도를 완전히 바꾸어 놓았습니다. 그런데 한 가지 잘 알려지지 않은 일이 있습니다. 그것은 작전 개시 한 달 전에 맥아더 장군이 한국군에 특수 임무를 요청한 일입니다. 인민군과 생김새가 같고 같은 언어를 사용하는 한국군만이 수행할 수 있는 첩보 공작 임무였습니다.

이것을 '엑스레이(X-Ray)' 작전이라 일컬었는데, 적의 상태를 훤히 들여다본다는 의미에서 지어진 작전명이었습니다. 당시 해군 정보장교였던 함명수(咸明洙) 소령이 이 일을 맡았습니다. 17명으로 구성된 첩보부대원은 모두 미혼자였는데, 그 이유는 생포되더라도 가족을 염려할 필요가 없게 하기 위함이었습니다.

전쟁이 일어난 지 두 달 뒤인 1950년 8월 24일, 첩보원들은 영흥도 잠입에 성공했고, 월미도를 거쳐 인천시에 들어가 첩보 활동을 시작했습니다. 적의 해안포 위치, 병력과 물자 규모 등을 파악해서 사령부에 보고했습니다. 상륙작전의 성공을 위해 항만의 상태, 안벽의 높이까지 정확하게 재고, 해안에 설치된 기뢰까지 제거했습니다. 인천 시민들은 이들에게 숙식을 제공했고, 북한군 보안대원 두 명을 설득해서 시내 통행증을 발급받아 감시의 눈을 피해 다녔습니다.

첩보부대는 9월 13일 철수를 시작했는데, 이 중에 여섯 명은 마지막 일을 처리하느라 남았다가 9월 14일 적과 전투가 벌어졌습니다. 이때 임병래(林炳來) 소위와 홍시욱(洪時旭) 하사는 동료 넷을 후퇴시키고, 적에게 포위되자 스스로 목숨을 끊었습니다. 이들은 끝까지 상륙 작전의 비밀을 지키려고 죽음을 택한 것입니다.

9월 14일 대한민국 국민으로 미군에 소속된 켈로(KLO) 부대원들이 월미도에 도착해서 등대에 불을 밝혔고, 이 등대 불빛에 따라 9월 15일 새벽, 드디어 261척의 함선이 인천 앞바다에 웅장한 모습을 드러내면서 함포가 불을 뿜었습니다. 연합군 7만 5,000명은 큰 희생 없이 순식간에 인천에 상륙하여 작전은 완전한 성공으로 끝났습니다. 유엔군은 곧이어 서울로 진격했고, 13일 후인 9월 28일 드디어 서울이 수복되고 중앙청 하늘에 태극기가 휘날렸습니다.

천재적인 전략가요 지휘관인 맥아더 장군의 인천상륙작전이 세계 해전사(海戰史)에 길이 빛나는 성공 작전으로 기록되었음은 물론입니다.

그러나 맥아더의 이 작전은 특수 임무를 받고 사전 준비를 완벽하게 갖추었던 첩보원들의 공로가 아니었다면 불가능했을 수도 있습니다.

세계 역사에 나오는 위대한 인물들이나 2000년 기독교 역사에 나오는 이름난 분들은 익히 알고 있지만, 이름 없이 복음을 전하다가 생명을 잃은 무수한 전도인과 사역자들은 역사에 가려져 있습니다. 사실 그들의 공로가 아니면 복음이 우리에게까지 전해질 수 있었을까 하는 생각을 해봅니다. 9·28 수복 75주년(2025년 기준)을 맞아 인천상륙작전에서 희생한 첩보부대원들과 그 유가족에게 감사의 마음을 가져봅시다. 샬롬.

숨은 은인들 (2)

"사람이 만일 온 천하를 얻고도 제 목숨을 잃으면 무엇이 유익하리요 사람이 무엇을 주고 제 목숨과 바꾸겠느냐." (마 16:26)

6.25 전쟁 기간 일어난 여러 가지 일들 가운데 빼놓을 수 없는 사건은 흥남철수작전입니다. 이 작전을 '크리스마스의 기적(Miracle of Christmas)' 이라고 부릅니다. 당시 미국 대통령 트루먼(Harry S. Truman)은 이 작전의 성공 소식을 듣고 "내가 가질 수 있는 가장 좋은 크리스마스 선물이다" 라고 말했습니다.

장진호 전투에서 미국 제1해병사단은 자신들의 열 배에 달하는 12만 명 중공군의 공략을 저지하고, 그들의 포위를 뚫고 흥남에 도착했습니다. 12월 15일 미국 제1해병사단을 시작으로 12월 24일까지 열흘간 철수가 이루어졌습니다. 한국군 제1군단장 김백일(金白一) 장군과 제1군단 소속의 민간인 고문관 현봉학(玄鳳學) 박사(의사이며 교수)는 미 제10군단장 에드워드 알몬드(Edward Almond) 소장을 적극 설득해서 피란민 약 10만 명을 철수시키는 데 성공했습니다.

화물선 메러디스 빅토리(Meredith Victory)호는 1950년 12월, 부산에 군수물자를 내려놓은 후 함경남도 흥남항으로 향했습니다. 메러디스 빅토리호의 레너드 라루(Leonard LaRue) 선장의 결단에 따라, 선적했던 무기를 전부 바다에 버리고 피란민 1만 4천여 명을 태워 남쪽으로 출항하였습니다. 이 사건은 단일 선박으로 가장 많은 인명을 구조한 배로 2004년 기네스북에 등재되었습니다. 이 흥남철수작전으로 한국군 제1군단과 미국 제10군단의 장병 10만 명과 피란민 약 10만 명, 35만 톤의 군수품을 싣고 철수하는 데 성공하였습니다.

　홍남철수작전을 되돌아보면서, 왜 그토록 많은 북한 주민들이 정든 고향, 대대로 살아오던 주택, 오랜 세월 농사짓던 농토나 과수원을 버리고 수십만 명이 남으로, 남으로 몰려 내려왔을까요? 그것은 두말할 필요 없이 공산당이 싫어서였지요. 해방 후 5년 동안 공산 치하에서 경험했던 공산 정권의 비정한 폭정, 특히 배우고 재산이 있는 사람들, 사회 지도층 인사들, 목사들을 인민재판으로 즉석에서 죽창으로 찔러 처형하는 잔인무도한 모습을 보고, 모든 것을 포기하고 자유 대한민국의 품으로 내려온 것입니다. 다른 하나는 메러디스 빅토리호의 선장 레너드 라루의 결단이었습니다. 배에 적재된 무기를 바다에 버리고, 그 공간에 수많은 피란민을 싣고 내려온 것은 참으로 위대한 '휴머니즘의 승리'가 아닐 수 없습니다.

　전쟁에서 무기가 얼마나 중요한지는 초등학교 1학년도 알고 있습니다. 무기 없는 전쟁은 전투가 아니고 항복이지요. 그러나 무기를 바다에 버리고 피란민을 구호한 선장의 행동은, 하나의 생명이 천하보다 귀하다는 기독교 신앙이 아니면 이해할 수 없는 결단입니다. 무기를 버리고 사람의 생명을 구한 라루 선장의 결단, 그것은 위대한 인간 승리입니다.

　쇠로 만든 무기는 다시 만들면 되지만, 수만 명의 인명은 다시 살려낼 수 없는 소중한 보물입니다. 피란민 10만 명과 그 후손 중에 얼마나 많은 인재가 나왔겠습니까? 이 귀한 인재들을 쇳덩어리 무기와 비교할 수는 없습니다. 홍남철수작전에서 헌신한 지휘관들과 이들의 후손들에게 하나님의 은총이 넉넉히 임하시기를 기원합니다. 샬롬.

현대판 노아의 방주

"너는 모든 정결한 짐승은 암수 일곱씩, 부정한 것은 암수 둘씩을 네게로 데려오며 공중의 새도 암수 일곱씩을 데려와 그 씨를 온 지면에 유전하게 하라." (창 7:2-3)

6.25 전쟁 때 우리 민족이 미국으로부터 받은 은혜는 말로 다 표현할 수 없습니다. 유엔을 통해 군대를 파송해 주었고, 16개국이 한국에 올 때 드는 비용과 전쟁 중 발생하는 모든 비용을 미국이 다 부담했습니다. 뿐만 아니라 피란민 구호를 위해 엄청난 식량과 의복, 의약품 등을 공급해 주었습니다.

그런데 제가 전에 몰랐던 한 가지 사실을 최근 알게 되었는데, 6.25 전쟁 중 미국이 한국에 가축과 꿀벌을 보내 주었다는 사실입니다. 미국에서 한국으로 가는 수송선에 전쟁 물자가 가득 실려 있었는데, 엉뚱하게도 카우보이 모자를 쓰고 가죽 부츠를 신은 카우보이들이 한국으로 가는 동물들을 돌보고 있었습니다. 이 수송선에는 한국으로 보내는 젖소, 황소, 돼지, 염소 등 약 3,200마리의 가축이 실려 있었습니다.

이 가축들은 미국의 비영리기관인 헤이퍼 인터내셔널(Heifer International)이 한국에 보낸 것인데, 이 가축들을 돌보기 위해 카우보이들이 승선한 것입니다. 이들 카우보이는 약 7주간의 긴 항해 기간 동안 동물들을 돌보았습니다. 산더미처럼 밀려오는 파도에 멀미를 하며 쓰러져 있는 동물들을 돌보고, 끼니마다 무거운 건초 더미를 날라다 주었으며, 물을 공급해 주고 병든 동물을 치료해 주어야 하는 힘든 일을 감당하였습니다. 무엇보다 수천 마리가 수시로 쏟아 내는 배설물을 치우는 것 또한 보통 고역이 아니었습니다. 이렇게 1952년부터 1976년까지 총 44회에 걸쳐 약 300여 명의 카우보이들이 동물들을 한국으로 수송했습니다.

1954년에는 캘리포니아주 오클랜드 공항에서 특별 비행기가 특별한 손님을 태우고 하늘로 날아올랐는데, 이 비행기에는 약 150만 마리의 꿀벌이 벌통 200개에 나뉘어 들어 있었습니다. 6.25 전쟁 중 득실거리는 이, 빈대, 벼룩, 파리, 모기, 나방 등의 해충을 박멸하기 위해 하늘에서 비행기가 디디티(DDT) 살충제를 마구 뿌렸습니다. 덕분에 이런 해충들은 거의 박멸되었지만, 동시에 나비와 꿀벌까지 죽어 화분을 옮기지 못해 거의 모든 과일과 작물들이 열매를 맺지 못했습니다. 이에 따라 미국에서 꿀벌 수송 작전을 벌여 꿀벌 150만 마리를 한국으로 수송했습니다.

비행기는 보통 고도 8,000-9,000피트인 데 반해, 이 꿀벌들은 사람들과 달라서 일반 비행 고도의 절반 정도인 4,000피트(약 1,200m)로 운행하였습니다. 이 비행기는 요즘 같은 점보 비행기가 아니었고, 꿀벌 수송을 위해 비행 거리 2,000-3,000km의 중형 프로펠러기였습니다. 미국에서 한국까지 오는 데 이곳저곳에 기착해야 했고, 비, 눈, 얼음 등이 조종사의 시야를 가리는 어려움을 극복하며 3박 4일간 고난의 여정을 마치고 한국에 무사히 도착했습니다.

헤이퍼 인터내셔널은 여러 동물을 한국으로 이송하는 이 프로젝트를 '한국을 위한 노아의 방주 작전(Operation Noah's Ark for Korea)'이라고 명명하였습니다. 짐승을 싣고 가는 배(항공기)라 '노아의 방주'라는 이름을 붙인 것입니다. 과거 우리가 몰랐던 6.25 전쟁 때 미국으로부터 받았던 귀한 선물들을 생각하면, 과연 미국이 없었다면 오늘 남한이, 그리고 미국에 살고 있는 약 200만 명의 한국인과 전 세계에 나가 살고 있는 수백만 명의 한국인이 지금같이 평온한 삶을 살 수 있을까를 생각해 봅니다. 참으로 고마운 마음을 금할 수 없습니다.

특히 모든 미국 교회가 전쟁으로 고통받고 있던 전쟁고아, 홀로된 여인들, 장애인, 굶어 죽고 병들어 죽어 가는 가련한 사람들을 위해 사랑의 선물을 그리스도의 사랑과 함께 보내 준 사실을 결코 잊어서는 안 될 것입니다. 전쟁의 와중에 젖소를 보내 젖을 짜서 엄마 잃은 어린 것들에게 우유를 먹이고, 돼지나 염소를 길러 고기를 먹게 하였을 뿐만 아니라 꿀벌까지 보내준 나라는 미국밖에 없습니다.

다른 사람들은 몰라도 우리 모든 그리스도인은 6.25 전쟁의 고난 속에서 그리스도의 사랑을 베풀어준 미국 교회와 교인들, 그리고 일반 시민들에게서 받은 은혜를 결코 잊어서는 안 되겠습니다. 짐승도 은혜를 잊지 않고 보답한다지 않던가요? "검은 머리 짐승은 거두는 것이 아니다"는 말이 우리에게는 해당하지 않는다는 사실을 보은으로 입증해야겠습니다. 샬롬.

지게 부대

"근신하라 깨어라 너희 대적 마귀가 우는 사자 같이 두루 다니며 삼킬 자를 찾나니 너희는 믿음을 굳건하게 하여 그를 대적하라." (벧전 5:8-9)

오늘은 6.25 전쟁 때 헌신한 '지게 부대'에 대한 이야기를 하겠습니다. 전쟁이 나면 국가에 비상사태가 선포되고, 군부(軍部)는 국민들의 인력과 재산 등 모든 것을 사용할 권리를 갖습니다. 그중에서도 특별히 중요한 것은 인력 동원입니다. 19세부터 35세까지의 젊은이들은 모두 징집되어, 일정한 훈련을 받고 무기를 지급받은 후 전선에 투입되어 국가와 민족을 위해서 싸웁니다.

우리나라는 전 국토의 70% 이상이 산이어서, 전투가 산악지대에서 많이 일어났습니다. 산의 고도가 높아짐에 따라 전투는 점점 더 어려워집니다. 왜냐하면 군인들이 싸우고 있는 고지대에 물건들을 보급해야 하기 때문입니다. 우선 군인들이 먹어야 하는 식료품과 끝없이 소모되는 무기와 탄약이 공급되어야 합니다.

많은 식품과 무기, 탄약을 보급하기 위해서는 많은 인력이 동원되어야 합니다. 이승만 대통령은 1950년 7월 26일 긴급명령 제6호를 발령하여 민간인을 징발해서 '한국노무단(KSC: Korean Service Corps)'을 조직했습니다. 노무단원은 군인이 아니기 때문에 계급도, 군번도, 군복도 없었습니다. 이들이 지게에 식료품과 포탄을 지고 올라갔기 때문에 '지게 부대'라는 별칭이 붙었습니다. 보통 40~50kg이나 되는 짐을 지고 가파른 산등성이를 올라가 전투 중인 군인들에게 물자를 공급했습니다.

고지대를 오르다 발을 헛디뎌서, 혹은 졸다가 언덕 아래로 굴러떨어져 생명을 잃는 사람들도 많았습니다. 그들은 산꼭대기까지 식량과 무기와 탄약을 지고 올라갔을 뿐만 아니라, 하산할 때는 부상자와 시신을 지고 내려왔습니다. 지게가 영어 알파벳 'A'자와 닮았다고 해서 유엔군들은 이들을 '에이 프레임 아미(A-Frame Army)'라고 불렀습니다. 당시 미 8군 사령관 제임스 밴 플리트(James Van Fleet) 장군은 "지게 부대가 없었다면 미군 10만 명 이상의 추가 파병이 필요했을 것"이라고 말했습니다. 지게 부대는 35세에서 45세까지의 남성으로 제한되었지만, 실제로는 10대부터 60대까지 동원할 수 있는 모든 인원이 징발되었습니다. 휴전 때까지 징집된 인원이 30만 명이고, 사상자와 실종자는 1만 명이 넘는 것으로 추산합니다. 지게 부대 없이 전쟁 수행은 불가능했습니다.

지게 부대원들은 전쟁에서 생명을 잃었어도 정규 군인과 같이 전사자로 분류되지도 않았고, 국가로부터 제대로 된 보상도 받지 못하고 있습니다. 민족과 겨레를 위해 아무 보상도 받지 못하고 생명과 몸을 바친 지게 부대원들이야말로 진정한 애국자들입니다. 찬송가 323장의 '부름 받아 나선 이 몸' 가사 중 "이름 없이 빛도 없이 감사하며 섬기리다"라는 내용이 있습니다. 지게 부대원들이야말로 이름도 없이 빛도 없이 국가와 민족을 위해 생명을 바친 이들이었습니다. 우리는 이들의 헌신과 희생을 잊어서는 안 되겠습니다.

오늘 우리가 이렇게 평화의 세상에 살 수 있게 된 것도 이름 없이, 빛도 없이 희생한 지게부대원들의 공로입니다. 이런 희생 위에 세워진 나라가 다시는 공산당들의 무모한 불장난에 휩싸이지 않도록 항상 경계를 게을리해서는 안 되겠습니다. "근신하라 깨어라 너희 대적 마귀가 우는 사자 같이 두루 다니며 삼킬 자를 찾나니 너희는 믿음을 굳건하게 하여 그를 대적하라."(벧전 5:8-9) 믿음으로 승리합시다. 샬롬.

3.8선과 휴전선

"또 십자가로 이 둘을 한 몸으로 하나님과 화목하게 하려 하심이라 원수 된 것을 십자가로 소멸하시고… 이는 그로 말미암아 우리 둘이 한 성령 안에서 아버지께 나아감을 얻게 하려 하심이라." (엡 2:16, 18)

오늘은 6.25 전쟁이 일어난 지 3년 만에 남북 간에 휴전협정이 조인되고 전쟁이 그친 날입니다. 금년은 휴전협정이 조인된 지 꼭 72주년(2025년 기준)이 되는 해입니다. 휴전 후 세월이 70년이나 지난 것은 많은 것을 생각하게 합니다.

오늘은 38선과 휴전선은 무엇이 다른지 살펴보기로 합시다. 한반도는 신라가 삼국(고구려, 신라, 백제)을 통일할 때까지 세 나라로 분리되어 있었습니다. 그러나 신라가 당나라의 협조를 받아 고구려와 백제를 무너뜨리고 통일된 나라를 이룬 것이 주후 676년이었습니다. 그때로부터 조선은 통일된 나라로 내려오다, 제2차 세계대전이 끝날 무렵인 1945년 8월 8일, 소련이 일본에 선전포고를 하고 바로 군대를 한반도로 진입시키면서 국토 분단의 역사가 시작되었습니다. 이에 놀란 미국이 소련에게 북위 38도선까지만 점령하고 그 이하로는 내려오지 말라는 제안을 급히 전달했습니다. 소련은 별다른 이의 없이 미국 안을 받아들이고 38선 이북에만 머물러 있었습니다. 물론 38선 이남에는 미국이 점령을 했지요.

1950년 6월 25일 주일 새벽, 김일성은 남쪽을 적화 통일해서 공산화하려는 야욕으로 남침을 감행해 수많은 군인과 민간인의 희생을 남긴 후, 1953년 7월 27일 휴전협정이 체결되었습니다. 휴전협정에 남북 간의 경계선은 협정 당일 현재 전선으로 한다는 규정에 의해서 38선은 의미가 없어졌고, 전쟁을 하던 바로 그 지점이 양국 간의 경계선이 된 것입니다. 이것이 바로 휴전선입니다.

38선은 북위 38도선을 서에서 동으로 일직선으로 그은 것인데 반해, 휴전선은 서쪽보다 동쪽이 훨씬 북쪽으로 올라간 것을 볼 수 있습니다. 우리 군대는 휴전협정이 체결되면 38선이 아니고 현재 전투지역이 경계가 된다는 사실을 예측하고 한 치의 땅이라도 더 찾으려고 사력을 다했습니다. 동쪽 강원도는 산악이 많고 험준하지만, 국군이 목숨 걸고 전투를 해서 38선보다 훨씬 더 높게 올라가 휴전선이 그어진 것입니다. 반면 서부전선은 주로 미군과 유엔군이 담당한 지역이어서 휴전협정 조인이 다가옴을 간파하고 무리한 확전보다는 현상 유지 전략을 취하다가, 협정에 서명하자 그대로 그 지역이 휴전선이 된 것입니다.

동해안 쪽으로 차를 타고 가다 보면 '38선 경계석'이 세워져 있는 것을 볼 수 있습니다. 그곳이 바로 38선이 지나는 곳이고 6.25 이전에는 그곳이 남북 경계선이었으나, 휴전협정으로 38선 이북의 상당 부분이 우리 땅이 되었습니다.

1970년대 초, 제가 육군 1사단 12연대 군목으로 있을 때 서부전선 휴전선을 지키는 부대에서 복무했습니다. 병사들이 낮에는 자고 저녁이 되면 일어나 식사를 하고 어둠이 다가오면 모두 철책선을 따라 밤새도록 불침번을 섰습니다.

그로부터 다시 50년이 지난 현재, 서에서 동까지 그어 놓은 155마일(약 249km)의 휴전선이 남북을 갈라놓고 있습니다. 북한 김정은 정권은 끝까지 남한의 적화통일을 지속적으로 밀고 나갈 것이고, 남한은 적화통일을 추호도 용납할 수 없기 때문에 휴전선은 남북 간에 오가지 못하는 국경선 아닌 철벽선이 되어 있습니다.

남북 사이에 국경 아닌 휴전선이 사라지고, 한 나라에서 언제 어디서나 마음대로 오갈 수 있는 날이 언제쯤 올까요? 바울 선생은 "십자가로 이 둘을 한 몸으로 하나님과 화목하게 하려 하심이라 원수 된 것을 십자가로 소멸하시고… 이는 그로 말미암아 우리 둘이 한 성령 안에서 아버지께 나아감을 얻게 하려 하심이라"(엡 2:16, 18)고 말씀하셨습니다. 이렇게 되는 길은 오직 하나님께 간구하는 길밖에 없어 보입니다. 기도 많이 합시다. 휴전선이 사라지는 날까지. 샬롬.

나는 아무도 죽이고 싶지 않다

"예수께서 이르시되 네 마음을 다하고 목숨을 다하고 뜻을 다하여 주 너의
하나님을 사랑하라 하셨으니… 네 이웃을 네 자신과 같이 사랑하라."
(마 22:37, 39)

사람이 사람을 죽이는 일을 살인이라고 합니다. 구약 성경에서 살인한
자는 반드시 죽이라(출 21:12)고 되어 있고, 인류 역사상 가장 오래된 법
전인 함무라비 법전에도 살인자는 죽이라고 규정하고 있습니다.

2023년 7월 22일 영국 일간지 「더 타임스」의 일요일판 「선데이 타
임스」에 따르면 모스크바에 살던 건설 노동자 비탈리 탁타쇼프(Vitaly
Taktashov, 31)는 이번 우크라이나 전쟁에 징집되어 전선에 나가 싸우면
서 가족들을 생각하며 일기 형식의 글을 적어 놓았습니다. 그 내용 중
"나는 그 누구도 죽이고 싶지 않다. 우리도 그들을 죽이지 않고 그들도
우리를 죽이지 않기를 바란다"라고 썼습니다. 2022년 블라디미르 푸틴
러시아 대통령의 동원령으로 최전선에서 싸우다가 전사한 탁타쇼프의
유품 중 그가 써 놓은 일기가 나와 공개되었습니다.

탁타쇼프는 2018년 결혼해서 두 살배기 아들을 두고 직장에 다니
면서 휴가 때는 가족과 행복한 시간을 보내던 평범한 가장이었습니다.
그러나 그는 전선에 투입된 후로 가족을 그리워하면서 2023년 1월 초
까지 조그마한 노트에 가족에게 보낼 편지를 쓰며 전쟁터에서 일어나
는 일을 일기 형식으로 33쪽에 걸쳐 기록했습니다.

징집 첫날이었던 2022년 11월 29일 자에 "밤에도 총소리가 들린
다. 드론이 날아다니고 대포가 작동하는 걸 목격했다. 가족 모두 너무
보고 싶다. 이야기를 나누고 싶다"고 썼습니다. 다음 달인 30일, "두렵

다. 눈물을 흘리면서 이 글을 쓴다. 집으로 돌아가고 싶다. 가족 모두를 정말 사랑한다. 그리고 나는 아무도 죽이고 싶지 않다. 모든 종교가 살인하지 말라고 가르치기 때문이다. 우리도 살인하지 않고 그들 우크라이나군도 우리를 죽이지 않길 바란다. 아내를 정말 사랑한다. 당신과 함께 늙어가고 싶다. 부디 나를 기다려 주시오"라고 기록했습니다. 또 어느 날 글에는 "오늘은 나무를 베러 갔는데, 내 다리를 부러뜨려서라도 가족 품으로 돌아가고 싶다"고 적었습니다.

우크라이나 군인들이 전사한 러시아 군인들의 시신을 수습하던 중, 탁타쇼프의 군복 주머니에서 꼬깃꼬깃 구겨진 이 일기장을 발견했습니다. 우크라이나군은 그의 시신을 땅에 묻어 주고, 이 일기를 「선데이 타임스」에 보냈습니다. 「선데이 타임스」는 '우리가 찾는 건 푸틴의 전쟁으로 미래가 파괴된 한 가정의 모습'이라며 '이들의 이야기는 크렘린궁의 거짓말 뒤에 숨은 잔인한 현실을 알리는 귀중한 자료'라고 평했습니다.

초기 교회 성도들이 로마 제국의 징집령을 거부한 것은 십계명의 제6계명, "살인하지 말라"는 계명을 정면으로 위반하는 것이기 때문이었습니다. 한 사람의 폭군 때문에 헤아릴 수 없이 많은 사람이 죽은 역사는 20세기의 비극인 제2차 세계대전 때를 떠올려 볼 수 있습니다. 이때 독일의 히틀러가 죽인 독일 병사들, 연합군 병사들, 독일 시민들, 연합국 시민들을 합산하면 그 수는 대강 5천만 명에서 7천만 명으로 추산합니다.

이번 러시아의 우크라이나 무단 침공으로 그동안 러시아와 우크라이나 군인들, 민간인들, 어린아이들이 또 얼마나 많이 생명을 잃었을까요? 한 사람을 죽이면 살인자가 되고, 전쟁터에서 100명을 죽이면 영웅이 되어 무공훈장을 받는 아이러니입니다. "예수께서 이르시되… 네 이웃을 네 자신과 같이 사랑하라"(마 22:39)고 말씀하셨습니다. 사람을 죽이고 죽는 전쟁이 언제쯤 끝날까요? 샬롬.

아마겟돈 전쟁

06
13

"세 영이 히브리어로 아마겟돈이라 하는 곳으로 왕들을 모으더라."
(계 16:16)

러시아가 우크라이나를 침공한 전쟁이 벌써 수년째 계속되고 있습니다. 러시아는 우크라이나가 나토 회원국이 아니므로 나토 회원국들이 도와주지 않을 것이라고 생각했겠지만, 그의 예상과는 달리 미국을 비롯한 나토 회원국들이 비록 군인들을 직접 전쟁에 참전시키지는 않지만 무기와 탄약, 그리고 전쟁 물자를 계속해서 공급하고 있습니다.

이에 힘입은 우크라이나 병사들이 용감하게 싸워, 러시아가 고전을 면치 못하고 있어서 이 전쟁이 얼마나 오래 지속될지, 언제 끝날지는 아무도 알 수 없습니다. 우크라이나군이 이제 러시아 본토와 모스크바 아파트와 공항까지 드론으로 공격하여 러시아 시민들의 불안이 고조되고 있습니다. 푸틴은 궁지에 몰리면 핵무기를 쓸 수 있다는 겁박을 계속하고 있습니다.

인류는 핵무기가 얼마나 가공할 만한 무기인지 이미 알고 있습니다. 1945년 8월 6일 일본 히로시마에 인류 역사상 최초로 원자폭탄 '뚱보'(Fat Man)가 떨어졌고, 사흘 후인 9일에 나가사키에 또 다른 원자폭탄 '꼬마'(Little Boy)가 떨어졌습니다. 이 핵폭탄 두 발로 무려 22만 명이 순식간에 생명을 잃었고, 무수한 사람들이 방사능에 노출되어 서서히 죽어갔습니다. 인류 역사상 최초로 핵무기가 사용된 것입니다. 마지막 최후의 1인까지 국토를 사수하겠다던 일본인들의 각오도 이 무서운 무기 앞에서는 더 이상 버틸 수 없어, 결국 1945년 8월 15일 정오, 일본 천황이 무조건 항복을 선언함으로 고통스러웠던 제2차 세계대전이 끝났습니다.

그 이후 강대국들은 핵무기가 얼마나 큰 위력을 가지고 있는지 알고 나서 앞다투어 핵무기 개발에 나섰습니다. 원자폭탄뿐만 아니라 수소폭탄, 코발트탄 등으로 발전되어, 현재 세계가 보유하고 있는 핵무기는 무려 1만 5천 개가 넘습니다. 러시아가 6,375개, 미국이 5,800개로 전체 93%를 차지하고, 나머지는 영국, 프랑스, 중국, 파키스탄, 인도, 이스라엘, 그리고 북한이 소유하고 있습니다.

핵무기가 얼마나 가공할 만한 파괴력을 갖고 있는지 잘 알고 있는 핵보유국들은 차마 이 무기를 사용할 엄두를 못 내는데, 그 이유는 1945년 8월 일본에서 겪었던 그 무서운 파괴력과 인명 살상을 눈으로 보았기 때문입니다.

만약 러시아가 핵무기를 사용한다면 다른 핵무기를 가진 나라들도 핵무기를 쓸 가능성이 생겨, 지구는 완전히 파멸될 것이고 이 지구상에 살아남을 사람은 한 사람도 없게 됩니다. 1946년에서 58년 사이에 태평양의 비키니섬에서 미국이 공개적으로 핵실험을 23차례 실시했는데, 그중 수소폭탄 한 개의 실험으로 섬 3개가 흔적도 없이 사라져 버렸습니다. 핵전쟁이야말로 성경에서 얘기하는 아마겟돈 전쟁, 즉 최후의 전쟁이 될 것입니다. 아마겟돈 전쟁은 지구의 종말 직전 악마가 최후의 발악을 하는 대전쟁이기 때문에 지구는 일대 혼란에 빠지게 되고 인류가 겪어야 하는 고통은 극에 달할 것입니다.

세상은 어차피 언젠가 끝나게 되어 있습니다. 그것이 푸틴이 핵무기를 씀으로 인한 것인지, 그렇지 않으면 다른 방법으로 끝날지 알 수 없지만, 하나님의 섭리는 인간 세상에 종말을 고하는 것입니다. 인류의 역사가 끝나는 날은 주님께서 재림하시는 날이고, 나의 생이 끝나는 날은 하나님께서 나의 영혼을 부르시는 날입니다. 언제 우리의 생명을 부르실지 알 수 없는 생을 살아가는 우리는 항상 준비하는 삶을 살아야 합니다. 우리 모두 "아멘, 주여 오시옵소서"라고 고백할 수 있는 믿음을 갖고 살아갑시다. 샬롬.

핵전쟁

"주의 날이 도둑 같이 오리니 그 날에는 하늘이 큰 소리로 떠나가고 물질이 뜨거운 불에 풀어지고… 그 날에 하늘이 불에 타서 풀어지고 물질이 뜨거운 불에 녹아지려니와… 새 하늘과 새 땅을 바라보도다." (벧후 3:10, 12-13)

인간이 가지고 있는 무기 가운데 가장 무서운 무기는 핵무기입니다. 핵이 얼마나 무서운가 하는 것은 1945년 8월, 제2차 세계대전이 막바지에 이르렀을 때 미군이 일본 히로시마와 나가사키에 떨어뜨린 두 개의 원자폭탄의 위력을 생각하면 어느 정도 짐작할 수 있습니다. 핵무기는 미국과 러시아, 영국, 프랑스, 인도, 파키스탄, 잠정적으로 이스라엘과 북한이 가지고 있는 것으로 추측합니다. 만약 이들 나라가 가지고 있는 핵무기를 모두 사용하는 전쟁이 일어난다면 지구가 어떻게 될 것인가 하는 것을 수년간 연구해 온 미국 콜로라도 대학교 브라이언 툰(Brian Toon) 교수의 말을 들어보겠습니다.

"만일 핵전쟁이 발발한다면 전 세계에서 그나마 안전한 곳은 남반구인 호주와 뉴질랜드뿐이고, 핵전쟁이 벌어지면 72시간 이내에 지구촌에서 약 55억 명이 사망하고, 약 30억 정도의 생존자는 엄청난 고난에 직면하게 될 것이다"라고 말했습니다. (호주에 거주하는 분들 축하합니다.)

전직 언론인이자 소설 『핵전쟁 시나리오』의 저자인 애니 제이컵슨(Annie Jacobsen)은 "3개 대륙에 걸친 화재로 인한 짙은 연기가 미니 빙하기를 촉발시켜, 생존자가 식량을 재배하는 것이 거의 불가능해질 것이며, 세계 대부분 지역 특히 중위도(中緯度) 지역은 얼음으로 뒤덮일 것이다. 미국 아이오와주나 우크라이나 같은 곳은 10년 동안 눈으로 뒤덮일 것이다"라고 예측했습니다.

그녀는 "핵전쟁으로 지구의 대규모 환경 변화가 발생해 빙하기가 초래되는 이른바 핵겨울(Nuclear Winter)의 결과는 인류에게 치명적으로, 오존층이 심하게 손상되고 파괴되어 외부에서 생활할 수 없어 사람들은 지하에서 살 수밖에 없을 것이다. 또한 핵 벙커가 대안으로 여겨지지만 전력이 유지되어야 유용하다"면서 "발전기를 가동하기 위해서는 연료를 구해야 하는데 이 일도 쉽지 않다. 사람들은 남아있는 작은 자원을 놓고 싸우게 되어 가장 원시적이고 가장 폭력적인 상태로 돌아가게 될 것이다"라고 경고했습니다.

알베르트 아인슈타인(Albert Einstein) 박사는 "제3차 세계대전이 일어난다면 인간들은 무엇으로 싸울지 모르겠지만, 제4차 세계대전이 일어난다면 인간들은 돌과 몽둥이로 싸울 것이다"라고 말했습니다. 3차 대전은 핵무기 싸움이므로 지구상의 모든 문명은 사라질 것이라는 이야기입니다.

이런 사실은 강대국의 지도자들뿐만 아니라 알 만한 사람들은 다 알고 있는 사실입니다. 따라서 모두가 자멸하는 핵전쟁은 일어나지 않는다는 것이 올바른 해답입니다. 그러나 인간사 아무도 모르는 일입니다. 세상 일이 이성적이고 합리적으로만 되는 것이 아니고, 우연히 또는 돌발적인 사건이 인류를 멸망으로 몰아갈 수도 있습니다.

최근 푸틴이 우크라이나 전쟁을 승리로 이끌기 위해 국경 근처에서 전술 핵 훈련을 한다는 뉴스가 전해지고 있습니다. 연습한다고 정말 핵무기를 쓰지는 않겠지만, 막판에 몰리면 쥐가 고양이 발이라도 물어뜯는다는 말과 같이, 푸틴이 무슨 짓을 할지는 아무도 모르는 일 아닙니까? 북한 공산당이 서울을 불바다로 만들어 버리겠다는 말을 공공연히 하고 있는 것은 암암리에 서울에 핵무기를 쏟아부을 가능성을 시사하는 것입니다. 공산당들이 언제 무슨 일을 할지 아무도 모릅니다.

성경을 보면 분명히 핵전쟁이 일어날 가능성을 예시하고 있습니다. 사도 베드로는 주님께서 오시는 "그날에는 하늘이 큰 소리로 떠나가고 물질이 뜨거운 불에 풀어지고… 그날에 하늘이 불에 타서 풀어지고 물질이 뜨거운 불에 녹아지려니와"라고 예언했습니다.(벧후 3:10, 12) 주님께서 재림하는 날 물질이 뜨거운 불에 풀어진다는 말씀이 바로 핵폭발을 의미하는 것이 아닐까요? 언젠가는 핵이든 아니면 다른 방법이든 간에 지구(물질)는 "뜨거운 불에 풀어지는" 날이 올 것입니다. 이것이 하나님의 불의 심판입니다.

그것이 무엇이든 우리는 항상 준비하는 삶을 살아야 합니다. 특히 우리의 신앙생활을 늘 점검하면서 하나님께서 오라 하시면 "아버지, 내 영혼을 받으시옵소서"라며 천국으로 갈 준비를 하며 삽시다. 그날이 언제인지는 오직 하늘에 계시는 아버지만 아십니다. 샬롬.

핵무기는 없어져야 한다

"예수께서 이르시되 네 칼을 도로 칼집에 꽂으라 칼을 가지는 자는 다 칼로
망하느니라." (마 26:52)

미국 시카고 남쪽에 가면 유명한 시카고 대학교가 있습니다. 이 시카고
대학교는 1890년 미국의 석유재벌 존 록펠러가 기증한 거금으로 세워
진 학교로, 연구 중심의 대학입니다. 대학교 중앙 도서관 앞에 조각상
이 하나 세워져 있는데, 이 조각상은 시카고 대학교에서 핵연쇄반응 실
험에 성공한 것을 기념하는 것입니다.

시카고 대학교 물리학과 교수들이 제2차 세계대전이 한창 진행
되고 있던 1942년 12월 2일, 유명한 물리학 교수 엔리코 페르미(Enrico
Fermi, 1901-1954)를 주축으로 인류 역사상 최초로 핵연쇄반응 실험에 성
공했습니다. 이 실험을 기초로 미국 정부는 유명한 '맨해튼 프로젝트
(Manhattan Project)'로 원자폭탄을 만들어냈습니다. 여기서 만들어 낸 원
자폭탄은 미국 대통령 해리 트루먼의 명령에 따라 1945년 8월 6일 일
본의 히로시마에 투하되었습니다(Little Boy). 이어 8월 9일에는 나가사
키에 또 다른 원자폭탄(Fat Man)이 떨어졌습니다.

이 폭탄으로 히로시마에서는 9만 명 내지 16만 명이, 나가사키에
서는 6만 명 내지 8만 명 정도가 사망하였으며, 그 후에도 원자폭탄의
후폭풍과 피폭, 기타 질병 합병증과 부상으로 사망자가 속출하였습니
다. 원자폭탄이 투하된 지 6일이 지난 8월 15일, 일본이 연합국에 무조
건 항복하면서 태평양 전쟁과 제2차 세계대전이 종식되었습니다. 이
일로 일본은 "핵무기를 만들지 않으며, 갖지 않으며, 들여오지 않겠다"

는 비핵 3원칙을 수용했습니다.

　이로써 인류는 핵무기가 얼마나 가공할 만한 무기인가를 확인하였고, 다시는 이런 무기를 써서는 안 된다는 인식이 확산되었습니다. 그러나 현재 미국을 비롯한 러시아, 영국, 프랑스, 중국, 인도, 파키스탄, 그리고 아마도 이스라엘과 북한 등 여러 나라가 수많은 핵무기를 보유하고 있습니다.

　이번에(2025년 6월) 이스라엘이 전격적으로 이란에 수많은 미사일과 드론으로 이란의 주요 지점을 폭격했는데, 목표는 주로 이란이 개발하고 있는 핵무기 관련 시설들이었습니다. 이스라엘은 이란이 핵무기를 갖게 되면 언젠가 이스라엘을 핵무기로 공격할 것을 두려워하여 공격을 계속하고 있는 것입니다. 핵무기는 가공할 파괴력을 갖고 있어서, 만일 핵전쟁이 일어난다면 지구상에 있는 모든 인간과 생물은 순식간에 멸절하고 말 것입니다. 따라서 핵무기는 만들 수는 있지만 쓸 수는 없습니다. 세계가 핵무기의 위력이 얼마나 거대한지를 히로시마와 나가사키에서 똑똑히 보았기 때문입니다.

　오래전에 제가 히로시마에 갔을 때 원자폭탄이 떨어진 곳에 있는 평화공원에 갔는데, 그곳에서 당시 원자탄에 파괴된 건물과 여러 잔해들, 그리고 엿가락처럼 꼬여 있는 철도를 보았습니다. 원자탄 위력의 일부를 눈여겨보았습니다. 언젠가 핵전쟁이 일어난다면 그것은 인류의 마지막 전쟁일 것입니다. 요한계시록 16장 16절에 "아마겟돈이라는 곳으로 왕들을 모으더라"고 기록하고 있는데, 아마겟돈에 모인 적그리스도와 그의 추종자들이 세계 종말의 전쟁을 일으킬 것으로 보이는데 이것이 바로 핵전쟁이라 여겨집니다.

　인류가 가지고 있는 모든 핵무기를 없애야 하지만 그것은 거의 불가능한 일이므로, 이란을 비롯한 어떤 나라도 더 이상 핵을 만들지 못하게 세계가 감시해야 합니다. 핵무기는 인류 파멸의 괴물이기 때문입니다. 이스라엘은 자기들의 생존을 위해 끝까지 이란의 핵무기 제조를 막을 것입니다. 예수님께서는 "칼을 가지는 자는 다 칼로 망하느니라"(마 26:52)고 경고하셨습니다. 핵을 가진 자는 핵으로 망할 수 있습니다. 인류는 오직 평화를 추구하고 평화의 세상을 만들기 위해 노력하며 기도해야 합니다. 그것이 인류가 평화롭게 살아갈 수 있는 유일한 길입니다. 우리 모두 세계 평화를 위해 꾸준히 하나님께 기도합시다. 샬롬.

전쟁은 여호와께 속한 것이라

"또 여호와의 구원하심이 칼과 창에 있지 아니함을 이 무리에게 알게
하리라 전쟁은 여호와께 속한 것인즉 그가 너희를 우리 손에 넘기시리라."
(삼상 17:47)

2023년 10월, 이스라엘 가자지구의 하마스가 이스라엘 젊은이들의 축제장에 미사일을 발사해서 약 1,200여 명이 죽었고 260여 명이 인질로 끌려가면서 시작된 전쟁은 지금도 계속되고 있습니다. "무고한 유대인들이 피를 흘리던 시대는 지났다"라는 슬로건과 구약 성경에 "이는 이로 눈은 눈으로"라는 말씀에 따라, 이스라엘은 하마스를 무차별 공격해서 지금까지 약 4만여 명의 무고한 어린이, 부녀자, 노인 등이 죽임을 당하는 살육전이 계속되고 있습니다.

근래에는(2024년 10월) 레바논의 헤즈볼라(Hezbollah)가 이스라엘에 미사일을 쏘고 포격을 가하자 이스라엘도 대규모 군대를 동원하고, 수백 대의 폭격기가 헤즈볼라의 주요 거점과 무기고들을 무자비하게 폭파시키면서 전쟁이 격화되고 있습니다. 이스라엘과 아랍족(무슬림)들 간의 전쟁은 이스라엘이 1948년 독립을 선언한 때로부터 지금까지 그치지 않고 계속되고 있습니다. 잘 알려진 대로 이스라엘은 아브라함의 적자 이삭의 후손들이고, 아랍 무슬림들은 아브라함의 서자 이스마엘의 후손들입니다.

아브라함의 적자 이삭이 태어나면서부터 두 아들 간의 갈등이 시작되었습니다. 이스마엘이 이삭을 놀리며 괴롭히는 모습을 본 사라가 아브라함에게 이런 사실을 고하자, 아브라함은 하갈과 이스마엘을 집에서 내보내면서 비극은 시작되었습니다.(창 21장) 광야를 헤매던 이스

마엘은 큰 무리가 되어 결국 아랍족의 조상이 되었고, 그 후손들은 7세기 초에 나타난 무함마드가 만들어낸, 알라 신을 섬기는 무슬림들이 되어 번창하기 시작하였습니다. 그러므로 여호와 하나님을 섬기는 이삭의 후손 이스라엘 백성들과 알라 신을 섬기는 이스마엘 후손 아랍족들 간의 갈등이 길게는 4000년, 짧게는 1300년 동안 이어오고 있습니다.

주전 586년에 남쪽 유다가 멸망한 후 이스라엘 백성들은 디아스포라로 전 세계에 흩어져 살다가, 제2차 세계대전이 끝난 후 유엔의 결의에 의해 이스라엘이 독립하자 전 세계에 흩어져 살고 있던 유대인들이 2,500년 동안 살아오던 무슬림들을 서서히 몰아내고 옛날 다윗과 솔로몬이 다스렸던 이스라엘 왕국을 재건하는 일에 몰두하게 되었습니다.

한편 수천 년 동안 살아오던 땅을 잃고 방황하는 팔레스타인 사람들은 자기들이 살던 땅을 되찾기 위해 끊임없는 전쟁을 일으키지만, 강대한 미국과 서방 국가들의 후원을 받은 이스라엘을 물리칠 수는 없는 노릇입니다. 더욱이 이스라엘이 핵무기를 보유하고 있어서 더욱 건드리기 버거운 상대입니다.

아마도 이스라엘 전쟁과 우크라이나 전쟁이 아마겟돈 전쟁의 시발이 아닌가 하는 생각을 해봅니다. 세상의 마지막 전쟁인 아마겟돈 전쟁은 인류 종말의 전쟁이고 이 전쟁 끝에 주님께서 재림하시게 되어 있습니다. 지금 이스라엘과 아랍의 전쟁이 아마겟돈 전쟁이 아니기를 기도해야겠습니다. 그러나 전쟁은 여호와께 속합니다. 세상의 종말이 언제 온다 해도 우리는 믿음으로 승리합시다. 샬롬.

싸움

"피 흘리기를 좋아하는 자는 온전한 자를 미워하고 정직한 자의 생명을 찾느니라." (잠 29:10)

인간의 역사는 전쟁의 역사라 정의합니다. 인간은 인간들끼리 싸우고 자연과 싸워왔습니다. 개인과 개인이, 가족과 가족이, 부족과 부족이, 후에는 국가와 국가가 전쟁을 일으켜 세계대전까지 나아갔습니다. 그럼 왜 인간은 싸움을 할까요? 두말할 필요도 없이 자기의 세력을 넓히고 그 세계의 두목이 되기 위함입니다.

아마도 인류 역사상 최초의 싸움은 에서와 야곱이 어머니 리브가의 뱃속에서 싸웠던 일이 아닌가 싶습니다.(창 25:22) 이 싸움은 필연적으로 서로 먼저 세상 밖으로 나오려는 것이었습니다. 한날한시에 태어난 쌍둥이도 먼저 나온 아이가 형이 되고, 뒤따라 나온 아이가 동생이 되기 때문입니다. 집 안에서 장자와 차자는 차이가 많지요. 옛날 법에는 장자가 많은 유산을 받게 되어 있고, 집안 서열도 장자가 제일 먼저입니다.

싸움은 필연적으로 피를 흘리게 되어 있습니다. 인간은 겉으로는 그렇지 않은 척하면서도 속으로는 피를 보고 쾌감을 느끼는 악한 본성이 있습니다. 옛날 로마 시대 때 원형경기장에서 검투사 두 사람이 칼로 싸우다 한 사람이 상대를 제압한 후 칼을 번쩍 들고 황제를 쳐다보면, 황제는 오른손 엄지손가락을 하늘로 세웠다가 주먹을 뒤집어 엄지손가락을 땅으로 향해 꽂으면 검투사는 쓰러져 있는 상대를 칼로 찔러 죽입니다. 그러면 황제나 원로원 귀족들, 일반 평민, 심지어 노예들까지 환성을 지르고 즐거워합니다. 인간이 피를 흘리고 죽는데 환호를 하는 악성이 인간 속에 자리 잡고 있는 것입니다.

역사가 발전하면서 사람과 사람이 싸워서 상대를 죽이고 피를 흘리는 잔인한 살인은 서서히 사라지고, 이제는 죽이지 않고 싸우는 방법을 찾았는데 그것이 권투입니다. 주먹으로 상대를 쳐서 쓰러뜨리면 사람들은 환호하면서 즐거워합니다. 더러는 시합 중에 죽기도 합니다. 쓰러진 선수, 죽은 선수의 어머니, 부인, 자녀들의 심정은 어떨까요?

사람과 사람 사이의 싸움에서 사람과 동물과의 싸움이 생겨났습니다. 투우입니다. 투우사가 황소를 상대로 싸우는 것이지요. 마지막에 황소가 피 흘리며 쓰러지면 관중들은 환호하고 투우사에게 찬사를 보냅니다. 또 인간들은 동물과 동물이 서로 싸우게 해서 쾌감을 느낍니다. 닭싸움, 개싸움, 소싸움, 나아가 백수의 왕이라는 사자와 호랑이가 서로 싸우도록 만들어 놓고 즐기는 것이 잔인한 인간들입니다. 상대를 물어뜯어 피 흘리는 것을 보고 즐기는 것입니다.

피를 좋아하는 인간들의 잔인성을 버리고 평화와 화해로 가는 길은 오직 평화의 왕이신 구세주 예수 그리스도를 영접하는 길밖에 없습니다. 예수님께서는 피 흘리는 것을 좋아하는 인간의 악성을 제거하기 위해 스스로 십자가에서 피를 흘려 인류를 구원하셨습니다. 더 이상 인간 세상에 피 흘림 없이 평화를 이루고 살게 하시려고, 예수님께서는 스스로 피를 흘리신 것입니다. 모든 사람이 주님을 영접하고 마음의 평화를 이룰 때 비로소 피 흘림 없는 평화가 찾아올 것입니다.

그리스도의 마음을 품고 사는 사람들은 서로 사랑하고 격려하며 위로하고 이끌어 주는 마음을 갖습니다. 모두 이런 마음으로 열심히 복음을 전하여 이 땅에 위의 평화를 위해 더욱 기도하며 노력합시다. 샬롬.

이스라엘과 하마스의 전쟁

"너희가 섬길 자를 오늘 택하라 오직 나와 내 집은 여호와를 섬기겠노라."
(수 24:15)

요즘(2023년 11월) 온 세상 뉴스는 이스라엘과 가자 지역의 이슬람 극단주의 무장단체인 하마스와의 전쟁에 쏠려 있습니다. 약 한 달 전 하마스가 이스라엘에 수천 발의 미사일과 드론으로 공격해 이스라엘 시민 1,000여 명을 죽이고, 행글라이더를 타고 이스라엘 국경을 넘어와 이스라엘 사람들과 외국 사람 남녀노소를 가리지 않고 240여 명을 인질로 끌고 갔습니다.

잘 아시는 대로 가자 지역을 비롯해서 아랍 지역은 이슬람이라는 종교를 믿는 사람들인 무슬림들이 살고 있습니다. 이슬람은 7세기 초 사우디아라비아 메카에서 태어난 무함마드라는 사람에 의해서 시작되었습니다. 그는 종교적인 사람으로 사막에서 깊은 명상을 하고 있을 때, 천사 가브리엘이 나타나서 책을 한 권 주면서 새로운 종교를 시작하라는 신탁을 주었습니다.

그 책이 바로 이슬람의 경전인 코란경입니다. 무함마드는 코란경을 바탕으로 '알라'라는 신을 구상하고, 자기가 만든 종교를 아랍 사람들의 종교로 만들었습니다. 그는 이 종교를 전파하기 위해 '한 손에 코란을 들고 한 손에 칼을 들고' 진격해 가면서 알라를 믿든지, 죽임을 당하든지 양자택일하게 하는 방법으로 아랍 세계를 단시일 내에 통일했습니다. 그 여세를 몰아 지중해 연안과 유럽까지 진격해서 스페인의 절반을 이슬람으로 만들었습니다. 이때부터 시작된 이슬람과 기독교의 투쟁은 크고 작게 계속 이어져 내려오고 있습니다.

제2차 세계대전이 끝난 후에 유엔의 결의에 의해 이스라엘이 독립국이 되면서, 전 세계에 흩어져 살던 유대인들이 이스라엘로 몰려와 수천 년 동안 살아오던 이스라엘 지역의 아랍인들을 밀어내고 이스라엘이 세워지면서 두 민족 간의 갈등은 지금까지 지속되고 있습니다. 이스라엘과 하마스의 전쟁은 여호와 하나님을 믿는 나라와 알라 신을 믿는 나라 간의 종교 전쟁입니다. 이스라엘을 강력하게 지지하고 후원하고 있는 미국을 비롯한 영국, 프랑스, 독일, 이탈리아, 스웨덴, 스페인 등 서유럽 나라들 모두가 다 여호와 하나님을 믿는 국민들이 다수인 국가들입니다.

그러므로 무슬림들이 적으로 생각하는 나라는 이스라엘뿐만 아니라 여호와 하나님을 섬기는 나라들입니다. 따라서 저들은 기독교도들을 자기들의 적으로 여기면서 지구상에서 없애 버려야 하는 대상으로 여기고 있습니다. 따라서 이스라엘과 하마스의 전쟁은 여호와 하나님과 알라 신의 대결입니다. 존재하지도 않은 알라는 살아 역사하시는 여호와 하나님을 결코 이길 수 없습니다. 전쟁을 오래 끌면 그들은 기독교 국가들에 해를 끼치겠지만, 자기들은 그것보다 훨씬 더 많은 해를 입는다는 사실을 깨달아야 합니다. 따라서 이 전쟁은 그렇게 쉽게 끝날 전쟁이 아니고 세상 끝날까지 계속될 것입니다.

결국 세상 끝날 주님께서 재림하시면서 세상의 모든 악의 세력은 무너지고, 오직 여호와 하나님을 섬기는 사람들의 승리로 역사가 종결될 것입니다. 따라서 우리는 이 전쟁을 바라보면서 최후 승리는 여호와 하나님을 믿는 사람들에게 있다는 사실을 굳게 믿고 나가야 합니다.

알라라는 헛된 신을 믿는 무슬림들에게 살아 계시고 지금도 역사하시는 여호와 하나님과 길이요 진리요 생명이신 예수 그리스도를 전해서 알라 신을 버리고, 여호와 하나님을 믿는 신앙인이 되게 하기 위해 꾸준히 전도하면서 기도해야 합니다. 여기에 참된 평화가 깃들일 것입니다. 선교하기가 극히 어려운 이슬람 세계에서 선교하는 선교사들과 가족들을 위해 계속 기도합시다. 샬롬.

노예 해방 기념일

"그리스도께서 우리를 자유롭게 하려고 자유를 주셨으니 그러므로
굳건하게 서서 다시는 종의 멍에를 메지 말라." (갈 5:1)

저는 미국에서 꽤 오래 살았는데도 매년 6월 19일이 노예 해방 기념
일이라는 것을 알지 못했습니다. 작년(2022년)에도 알지 못하다가 금년
에야 비로소 이날이 연방 공휴일이라는 것을 알았습니다. 아마 작년
은 이날이 주일이어서 모르고 지난 것 같습니다. 그런데 금년에는 월
요일이라, 연방정부, 주정부, 각급 공공기관과 은행이 문을 닫는다 해
서 비로소 이날이 공휴일임을 알게 되었습니다. 이날을 준틴스 데이
(Juneteenth Day)라고 부르는데, June(6월)과 Nineteenth(19일)를 합한 말로
Juneteenth라고 부른다네요.

미국의 역사에서 노예제도는 간과할 수 없는 중요 항목입니다. 아
프리카에서 노예가 미국으로 실려 온 것은 1619년으로, 청교도들을 싣
고 온 메이플라워호가 미국에 도착한 1620년보다 1년 전의 일이었습
니다. 1619년, 아프리카에서 생포한 흑인 20명을 실은 배가 미국 동부
버지니아주 포인트 컴포트(Point Comfort) 해안에 도착하여, 당시 식민지
개척의 중심이었던 제임스타운에서 20명의 노예가 처음으로 팔렸습니
다. 이것이 미국 노예 제도와 노예 매매의 시초였습니다.

그 후 미국의 필요에 따라 아프리카에서 약 1,200만 명의 아프리
카 노예들이 미국에 강제로 끌려와, 남자들은 주로 농사일에, 여자들은
백인들 가정의 가사 도우미(식모), 유모, 청소부, 세탁부로 강제 노역을
하였고, 흔히 흑인 소녀들은 남자 주인의 성적 노리개감이 되어 흑백

혼혈아를 낳았습니다. (이 아이는 분명 주인의 아이인데도 노예로 취급되었습니다.)

이런 고난의 삶을 살던 노예들을 해방한 이가 미국 16대 대통령 아브라함 링컨(Abraham Lincoln)이었다는 것을 모르는 사람은 없습니다. 노예제 문제로 남북이 갈려 노예제를 반대하는 북쪽과 지지하는 남쪽 사이에 1861년 전쟁이 일어났습니다. 전쟁이 시작된 지 2년 후인 1863년 1월 1일, 링컨 대통령이 역사적 노예해방 선언을 하여 미국에 있는 모든 노예를 해방시켰습니다. 그러나 남부에서는 마지막까지 노예제를 고수하다 전쟁이 1865년 5월 26일에 끝나자 대부분의 남부 주가 노예 해방을 어쩔 수 없이 받아들였는데, 텍사스주가 마지막으로 1865년 6월 19일에 노예해방을 선언하였습니다.

노예해방기념일이 6월 19일이 된 것이 바로 텍사스주가 이날 노예해방을 선언했기 때문입니다. 아프리칸 아메리칸들은(흑인) 이제 더 이상 노예가 아니고 완전 자유인이 되었습니다. 그러나 법적으로는 흑인들이 자유인이 되었지만 현실적으로 자유인이 되었을까요? 법적으로 자유가 주어졌다고 자유를 향유하는 것은 아닙니다. 아무리 법적으로 자유가 보장되었다 해도 그 자유를 누릴 수 없으면 그 자유는 법 조항에 있는 자유일 뿐이지 내가 누릴 수 있는 자유는 아닙니다.

제대로 교육을 받지 못하면 무지라는 굴레에 매인 노예입니다. 따라서 진정한 자유를 누리려면 부지런히 공부하고 부지런히 일해서 무지와 빈곤으로부터 자유를 얻어야 합니다. 세상에서 모든 자유를 얻었다 해도 죄악으로부터의 자유, 즉 예수 그리스도를 통한 구속의 은총을 얻지 못하면, 아무리 많이 배우고 돈이 많아도 그는 여전히 죄의 노예이며 마귀의 종일 뿐입니다. 비록 조금 못 배웠어도 돈이 좀 없어도 영혼의 자유를 누리며 사는 사람은 참된 자유인입니다. 사도 바울 선생이 바로 그런 사람이었습니다.

예수님은 말씀하셨습니다. "진리를 알지니 진리가 너희를 자유롭게 하리라."(요 8:32) 바울 선생은 "그리스도께서 우리를 자유롭게 하려고 자유를 주셨으니 그러므로 굳건하게 서서 다시는 종의 멍에를 메지 말라"(갈 5:1)고 하셨습니다. 자유는 소중한 것입니다. 육신의 자유보다 영혼의 자유가 더욱 소중합니다. 우리 모두 그리스도 안에서 자유를 누리며 삽시다. 또한 진정한 자유를 모르는 사람들에게 진리이신 그리스도를 전하며 삽시다. 샬롬.

잘못과 사과

"어떤 잃은 물건 즉 소나 나귀나 양이나 의복이나 또는 다른 물건에
대하여… 재판장이 죄 있다고 하는 자가 그 상대편에게 갑절을
배상할지니라." (출 22:9)

미국에 아프리카 흑인들이 처음 들어온 것은 1619년으로 올라갑니다.
처음에는 계약 흑인들에게 임금 없이 일을 시키고 기간이 되면 자유를
주었습니다. 그러나 그들은 생계를 위해 남자 흑인들은 백인 농장에서,
여자 흑인들은 백인 가정의 가사 도우미로 일하면서 노예로 전락했습
니다. 이후로 본격적으로 아프리카에서 노예 무역상에 의해 흑인들이
신대륙에 다량 쏟아져 들어왔습니다.

이렇게 시작한 남미와 북미의 노예 제도는 1863년 남북전쟁 중 링
컨 대통령에 의한 노예제도 폐지 선언과, 1964년 린든 존슨(Lyndon B.
Johnson) 대통령의 민권법 공포에 이르기까지 350여 년 동안 지속되었
습니다. 그런데 이렇게 수백 년 동안 백인들이 흑인을 노예로 부린 일
을 돈으로 배상하는 일이 최근 여러 곳에서 진행되고 있습니다. 과거
백인들이 흑인들을 노예로 학대한 대가를 돈으로 변상한다는 것입니
다. 2021년 시카고 북쪽에 있는 작은 도시 에반스턴(Evanston)시는 흑인
들에 대해 인종 차별 보상금으로 흑인 1인당 2만 5천 달러를 배상할 것
을 결정하였습니다.

샌프란시스코시는 흑인 '배상자문위원회'를 조직하고, 흑인 1인당
500만 달러를 인종 차별 배상금으로 지불할 것을 권고하였습니다. 샌
프란시스코시는 1960년 흑인 거주 지역의 흑인들을 강제로 몰아내고
그곳을 고급 주택단지로 만든 데 대한 보상을 하려고 한 것입니다. 캘

리포니아 주 의회는 2021년 '캘리포니아 배상금 태스크포스(California's Reparations Task Force)'를 구성하고, 흑인 노예 후손들에게 돈으로 배상하는 방법을 찾아보라고 요청했습니다.

저는 이런 이야기를 들으면서, 일본은 왜 자기들 조상들이 조선에서 행한 짐승만도 못한 가혹 행위에 대해 제대로 된 사과도, 금전적 배상도 하지 않는지 이해할 수가 없습니다. 물론 그들은 몇 차례 형식적 사과도 했고, 1965년 한일청구권협정으로 배상은 끝났다고 주장하고 있습니다.

미국인들이 자기 조상들이 부렸던 노예 후손들에게 보상금을 주려는 태도는 청교도 신앙의 정신이 아니면 해석하기 어려운 대목입니다. 일본이 위안부 할머니들에게나 강제 노역 노무자들에게 사과도 보상도 하지 않는 것은 이들에게 청교도 신앙, 즉 기독교 신앙이 없기 때문입니다. 일본은 잡신의 나라로 일본인들에게는 죄의식은 거의 없고 수치심만 있기 때문입니다.

진정한 참회는 마음속에서 우러나오는 사과와 금전적 배상입니다. 이 두 가지 중 하나만 빠져도 진정한 사과가 아닙니다. 구약 성경에도 잘못을 한 사람은 배상을 얼마나 할 것인가를 구체적으로 명령하고 있습니다.(출 22:9) 피해자들이 바라지도 않은 보상금을 주겠다는 미국인들의 마음은 분명히 기독교적 참회의 모습입니다. 진정한 참회는 하나님께로부터 용서를 받는 지름길입니다. 우리 모두 하나님께 그리고 사람들에게 진 빚을 진정한 참회로 하나씩 청산해 나갑시다. 샬롬.

백인 우월주의 (1)

"노아가 술이 깨어 그의 작은 아들이 자기에게 행한 일을 알고 이에 이르되
가나안은 저주를 받아 그의 형제의 종들의 종이 되기를 원하노라 하고."
(창 9:24-25)

1619년 네덜란드 배 한 척이 20명의 아프리카 흑인을 태우고 미국 버지니아 제임스타운에 들어왔는데, 이것이 아프리카인들이 미국에 노예로 들어온 첫 사례입니다. 이때부터 미국에서는 아프리카인들의 노예 제도가 시작되었습니다.

백인들은 자기들이 하나님의 복을 받은 사람들이라고 생각합니다. 그 근거는 노아가 포도주에 취해 벗은 몸으로 장막에 누웠을 때, 둘째 아들 함이 그 모습을 보고 형과 동생에게 아버지의 흉을 본 것에서 비롯되었습니다. 노아는 술에서 깬 후에 함이 자기의 흉을 본 것을 알고, "가나안은 저주를 받아 그의 형제의 종들의 종이 되기를 원하노라"고 저주를 했습니다. 가나안은 함의 아들 중 한 명입니다.(창 10:6)

노아는 막내아들 야벳에게 축복하면서 "하나님이 야벳을 창대하게 하사 셈의 장막에 거하게 하시사 가나안은 그의 종이 되게 하시기를 원하노라"(창 9:27)고 말했습니다. 노아의 큰아들 셈은 아시아 쪽의 조상이 되었고, 함은 아프리카의, 야벳은 유럽 백인들의 조상이 되었다는 것이 백인들의 성경 해석입니다. 따라서 야벳의 후손인 백인들은 함의 후손들을 종(노예)으로 부려야 한다고 주장합니다. 그러므로 백인들이 흑인들을 노예로 부리는 것은 성경에 근거한 일이라 여겼습니다.

바울 선생이 에베소 교회에 써 보낸 편지에서 "종들아 두려워하고 떨며 성실한 마음으로 육체의 상전에게 순종하기를 그리스도께 하듯

하라"(엡 6:5)는 말씀을 근거로 노예들은 주인에게 절대 복종할 것을 강요했습니다. 물론 오늘에 와서 이런 주장을 드러내 놓고 하는 백인들은 없습니다. 그러나 말은 하지 않지만, 속으로는 그런 생각을 여전히 가지고 있다는 사실을 알 만한 사람은 다 알고 있습니다.

1861년 남북전쟁 때 남부의 교회 지도자들과 교인들은 백인이 흑인을 노예로 부리는 것은 성경적 근거임을 강하게 주장하였습니다. 전쟁에서 패한 후에도 그들은 여전히 노예제가 성경적 근거라고 주장했습니다. 그러면 성경적 근거라는 것을 살펴봅시다. 노아가 술이 깬 후에 둘째 아들 함(함의 아들 가나안)에게 한 저주의 말이 아프리카 사람들에게 한 말일까요? 함에게는 구스, 미스라임, 붓, 가나안 등 네 아들이 있었는데,(창 10:6) 그중 가나안이 아프리카 조상이라는 근거는 어디에도 없습니다.

설령 그렇다 해도 가나안의 후손들이 자손만대 노예로 살아가야 하는 근거도 이유도 없습니다. 노아의 저주는 하나님의 저주가 아니었습니다. 노아가 함(가나안)을 저주했다 해도 그 저주가 수천 년 내려오는 것도 아닙니다. 수천 년 전 노아가 아들에게 한 저주가 현재 아프리카에 살고 있는 사람들에게도 미쳐 백인(야벳)의 노예가 되어야 한다는 논리는 황당한 것입니다. 노아가 술이 깬 후 화가 나서 한 저주는 함의 자손 삼사 대에 그쳐야 합니다.

이제 링컨 대통령이 노예 해방을 선언한 지 160년도 더 지났는데, 오늘도 백인들 마음속에 흑인을 노예로 여기는 마음이 있다면 그것은 결코 그리스도인의 마음이 아닙니다. 바울 사도가 "너희 안에 이 마음을 품으라 곧 그리스도 예수의 마음이니"(빌 2:5)라고 권면하신 말씀은 오늘 흑인을 비하하는 백인을 포함한 모든 사람에게 주신 말씀입니다. 그리스도 안에서는 "종이나 자유인이나… 다 그리스도 예수 안에서 하나이니라"(갈 3:28)는 바울 선생의 말씀에 귀 기울여야 합니다. 이것이 참된 그리스도인의 마음가짐입니다. 샬롬.

백인 우월주의 (2)

"거기에는 헬라인이나 유대인이나 할례파나 무할례파나 야만인이나
스구디아인이나 종이나 자유인이 차별이 있을 수 없나니 오직 그리스도는
만유시요 만유 안에 계시니라." (골 3:11)

미국은 본디 백인들이 세운 나라입니다. 1607년 최초의 이민단 144명
이 신대륙에 온 것도 백인 영국인이었고, 1620년에 온 102명의 청교도
들과 일반인들 역시 영국인 백인들이었습니다. 그 후 영국은 물론 프랑
스, 독일, 이탈리아, 스웨덴, 노르웨이, 덴마크 등 서유럽 여러 나라에서
수백만 명의 백인 이민자들이 신대륙으로 건너와 정착하였습니다. 그
들은 모두 피부색으로 보면 백인들입니다.

　　물론 초창기부터 아프리카에서 많은 흑인이 노예로 끌려와서 살
았지만, 그들은 노예였기 때문에 사람으로 간주되지 않았습니다. 노예
해방이 된 것이 남북전쟁 중이었던 1863년이었지만, 해방이 되었다고
해서 흑인들이 백인들과 같은 처우를 받은 것은 아닙니다. 세월이 지나
면서 남미에서 히스패닉 사람들이 왔고, 후에 인도, 중국, 일본, 한국 등
황인종들이 미국에 들어와서 살기 시작했습니다. 그러나 지금도 미국
은 여전히 백인들 인구가 약 70%로 백인들이 주류를 이루고 있습니다.
흑인들은 불과 13%, 히스패닉 18%, 아시안 5.4%에 불과합니다. 미국
은 학력, 재력, 정치적 영향력 등 백인들이 좌지우지하고 있어 백인들
이 지배하는 나라입니다.

　　일반적으로 백인들은 유색 인종이 미국에 들어와서 사는 것을 달
갑지 않게 생각합니다. 왜냐하면 백인들은 주로 개신교 배경이어서, 가
톨릭 배경의 남미 사람들이나 힌두교의 인도, 불교 배경의 중국, 일본,

한국 사람들이 들어오는 것을 좋아하지 않습니다. 뿐만 아니라 이민자들의 범죄율이 높은 것도 싫어하는 이유 중 하나입니다.

문제가 많은 공화당의 트럼프가 금년 11월에 치러지는 차기 대통령으로 유력하게 거론되고 있습니다. 공화당이나 트럼프는 소수 민족에 대한 거부감이 심하고, 미국에 백인 이외 유색인종들이 이민 오는 것을 좋아하지 않습니다. 소위 바이블 벨트(Bible Belt)라는 남부 지역 보수적 백인 복음주의 계통의 사람들은 이민에 대해 관대한 민주당의 바이든보다, 멕시코 국경에 거대한 장벽을 세워서 남미 사람들이 미국으로 들어오는 것을 철저히 막겠다는 트럼프를 지지하고 있습니다.

비록 미국에는 국교가 없고 헌법에 국가와 종교가 분리된다는 내용이 있지만, 누가 봐도 미국은 개신교도들이 다수인 개신교 국가입니다. 그러나 성경이 제시하고 있는 그리스도 안에서 모든 사람이 하나라는 정신은 아직 실현되지 않았습니다.

문제는 미국의 기독교가 점점 힘을 잃어가고 있다는 점입니다. 매년 신자 수가 줄어들고 문 닫는 예배당의 숫자가 많아지는 것은 미국이 영적 힘을 잃어가고 있다는 증거입니다. 한 세기 전만 해도 전 세계에 수만 명의 선교사를 파송했던 미국 교회가 이제 본국 교회조차 지탱하기 어려운 처지가 되었으니, 미국의 영적 세력은 심각하게 기울어져 가고 있습니다.

그렇게 된 원인은 말할 것도 없이 미국 교회가 성경에서 떠나고 있기 때문입니다. 교파마다 동성결혼 문제로 나뉘어 갈등을 이어가고 있는 것이 산 증거입니다. 미국 교회가 다시 영적 힘을 얻기 위해서는 성경의 가르침대로 만민이 그리스도 안에서 평등하다는 원칙을 수용하고 실천해야 합니다. 피부 색깔, 지역, 종족의 장벽을 넘어 그리스도 안에서 모든 인류가 하나라는 사실을 인정하고 받아들이는 그날이 올 때까지 우리는 꾸준히 기도해야 합니다.

　미국이 세계 제일의 국가로 계속 남아 있으려면 성경 말씀에 입각한 정책을 세우고, 백인들 위주로 나갈 것이 아니라 미국에 살고 있는 사람들 모두가 같은 시민이요 동료라는 의식을 가져야 합니다. 우리는 많은 백인이 인종 차별을 하지 않고 하나님의 백성으로 하나 되는 날이 올 때까지 열심히 기도해야겠습니다. 샬롬.

인종 차별

"유대인이나 헬라인이나 종이나 자유인이나 남자나 여자나 다 그리스도
예수 안에서 하나이니라." (갈 3:28)

지금부터 약 150년 전인 1871년 로스앤젤레스에서 중국인 학살 사건 (Chinese Massacre of 1871)이 일어났습니다. 그해 10월, 차이나타운에서 중국인들끼리 다투다 백인 술집 주인이 숨지고 경찰관 한 명이 부상을 당하는 사건이 벌어졌습니다. 이 과정에서 중국인들이 백인을 죽였다는 소문이 퍼져나가 500여 명의 폭도가 차이나타운으로 몰려와 중국인 18명을 살해했습니다. 당시 중국인 인구가 불과 172명이었는데 18명이 살해되었으니, 중국인 인구 10%가 살해된 셈입니다.

이 사건으로 폭도 25명이 기소됐지만, 재판에 넘겨진 사람은 10명에 불과했고 그중 8명만이 살인이 아닌 과실치사죄로 유죄가 확정되었습니다. 이 사건은 미국에서 중국인들에 대한 증오와 차별이 강화되는 계기가 되었습니다.

1992년 4월 29일부터 5월 4일까지 역시 L.A. 지역에서 일어난 흑인들의 폭동으로 많은 한국인의 가게가 약탈을 당했고 불태워졌으며 인명 피해도 났습니다. 이때 L.A. 백인 경찰들은 폭동이 일어난 한인 지역의 폭동을 진압하지 않고, 그 폭동이 백인들 지역으로 번질까 봐 백인들 지역만을 순찰하며 보호하는 현상이 일어났습니다.

이런 현상은 미국이라는 민주주의 국가에서는 도저히 일어날 수 없는 일이지만, 백인들이 주도권을 쥐고 있는 현실에서 동양 사람들, 특히 한국 사람들을 보호해 주리라고 생각하는 것 자체가 헛된 꿈이었

습니다.

미국은 백인들만 모여 사는 지역이 있고, 흑인들만, 히스패닉만 모여 사는 지역이 있습니다. 물론 그 중간 지대에 백인과 흑인, 히스패닉 등 기타 여러 종족이 섞여 사는 곳도 있습니다. 그런데 미국은 백인들이 처음 시작한 나라로 백인들이 다수여서 현재 백인 인구가 약 60%, 히스패닉 19%, 흑인 12%, 아시안은 약 5.4%에 불과합니다. 따라서 미국은 아직까지 백인들이 절반 이상이어서 백인들의 나라라고 해도 과언이 아닙니다. 미국같이 다양한 민족으로 구성된 나라에서 모두가 하나 된다는 것은 이상에 불과합니다.

가게에 깨끗한 옷을 입은 백인이 들어왔을 때와 허름한 옷을 입은 흑인이 들어왔을 경우 차별 없이 대하기 어렵습니다. 일부 흑인들이 연루된 강도 사건이 빈번하다 보니, 흑인 손님이 들어오면 의심과 경계의 눈초리를 보내는 경우가 생깁니다. 그러므로 인류가 자기의 종족과 자기 피부색을 가진 사람 이외의 사람을 자기들과 동일하게 여기며 대우하는 것은 거의 불가능합니다. 물론 동족들끼리도 재산 정도에 따라 차별을 하니 무슨 말을 할 수 있겠습니까. 돈이 없다고, 못 배웠다고, 고아라고, 막노동을 한다고 차별하며 멸시를 하는 것이 현실입니다.

교회 역사 첫 교회인 예루살렘 교회에서 과부들의 구제 문제로 분쟁이 일어났습니다. 히브리파 과부들에게는 매일 구제금을 주면서 헬라파 과부들에게는 주지 않은 문제로 분쟁이 일어났습니다. 바울 선생이 갈라디아 교회에 써 보낸 글에서 유대인이나 헬라인 모두 그리스도 예수 안에서 다 하나라고 말씀하셨지만, 현실은 그렇지가 않았습니다. 최초 교회 안에서 히브리파와 헬라파 사이에 분쟁이 일어나지 않았습니까?

따라서 우리 교회부터 앞장서서 인간 차별의 문화를 철폐하고 그리스도 안에서 다 하나 되는 일에 적극 나서야 합니다. 이것은 인간의 노력이나 교육으로 되는 것이 아니라 성령님의 역사를 통해서만 가능합니다. 성령님께서 우리의 마음을 변화시키시고 생각을 바꾸어 주시면 가능한 일입니다. 더욱 열심히 성령님의 역사를 위하여 기도합시다. 샬롬.

차별

"하나님은 사람의 외모를 보지 않으시고… 하나님을 경외하며 의를
행하는 사람은 다 받으시는 줄 깨달았도다." (행 10:34-35)

오래전에 유럽 여행을 할 때 영국에 갔었습니다. 영국 런던 히드로 공
항에서 내려 입국 수속을 하는데, 세 개의 간판이 공중에 걸려 있었습
니다. 맨 왼쪽에 UK(United Kingdom), 가운데 Commonwealth, 그리고
오른쪽에 Others라 써 있었습니다.

United Kingdom은 잉글랜드, 웨일스, 스코틀랜드, 아일랜드로 소
위 영국이고, Commonwealth는 옛날 영국의 식민지 나라였던 호주,
캐나다, 인도를 비롯해 아프리카 여러 나라 등 17개국입니다. 그리고
맨 오른쪽 Others는 그 이외 모든 나라를 말하는 것으로 미국 시민인
저는 Others에서 수속을 밟고 입국했습니다. 세계 제일의 나라 미국 시
민도 영국에서는 기타 나라로 취급하더군요. 점잖게 말해서 '기타'지
심하게 말하면 '잡다한 나라'라는 말이겠지요.

미국에서 인종을 구별할 때 화이트(White), 블랙(Black), 히스패닉
(Hispanic), 그리고 아더스(Others)로 되어 있습니다. 한국인(Korean)은 당연
히 Others에 속합니다. 미국에 사는 아시안은 전체 인구의 6%밖에 되
지 않으므로 그렇게 분류할 수밖에 없겠지요. 우리 피부색이 노랗다고
흑인들을 차별하지만, 백인들의 눈에는 아시안도 여전히 유색인(Colored
People)에 속합니다.

한국 교수 한 분이 1969년, 미국에서 유학할 때 겪었던 이야기를
쓴 것을 읽었습니다. 주일에 예배를 드리러 집에서 걸어서 10분 거리

에 있는 미국 장로교회에서 예배를 드렸는데, 교인 모두가 백인들이고 유색인종은 자기 부부뿐이었습니다. 몇 주일 예배를 드렸는데 그들 곁에 와서 앉는 사람은 아무도 없었습니다. 어떤 주일에 담임 목사가 예배가 끝난 후에 교인들과 인사를 나눈 후, 그들 부부를 사무실로 불러서 정중하게 "불편하게 해 드려 죄송합니다"라고 사과를 했습니다. 처음에는 무슨 사과인지 알지 못했으나, 늘 옆자리가 비어 있는 일에 대해 사과한다는 사실을 알게 되었습니다. 두 부부는 더 이상 이 교회에 나가지 않고 1시간 반 거리에 있는 유일한 한인교회를 버스와 지하철을 갈아타고 가서 예배드렸습니다.

시간을 좀 더 거슬러 올라가서 1955년, 텍사스 주립대학에 유학 온 K교수가 한번은 버스를 앞문으로 타려고 하니까 운전기사가 뒷문으로 타라고 말했습니다. 왜 그러느냐고 물었더니, 기사는 앞문은 백인들만 타게 되어 있고 흑인은 뒷문으로 타야 한다고 해서, 나는 황인종인데 왜 뒷문으로 타야 하느냐고 물으니까 백인이 아닌 사람은 모두 뒷문으로 타야 한다고 말했습니다.

당시 텍사스주를 비롯해서 11개 남부 주는 수정 헌법을 인정하지 않고 인종차별을 유지하는 "동등하지만 분리한다(Equal but Separate)"라는 차별법을 만들어 실시하고 있었습니다. 따라서 흑인들은 공중 화장실, 공원, 극장, 학교, 주차장, 기차, 버스, 엘리베이터 등에서 차별을 받았습니다.

1968년에 이르러 이 법은 폐지되었지만, 법적으로 해결되었다고 일상에서 해결된 것은 아닙니다. 눈에 보이지 않는 차별은 태도나 말씨, 시선에서 느낄 수 있지요. 인간의 머릿속에 박혀 있는 인간 차별 의식은 법으로 해결되는 일이 아닙니다. 내 딸이 흑인 남자와 혹은 흑인 여자와 결혼을 하겠다면 여러분들은 흔쾌히 허락할 수 있습니까? 못한다면 여러분은 흑인을 차별하는 것입니다. 2,000년 전에 바울 사도가

"너희는 유대인이나 헬라인이나 종이나 자유인이나 남자나 여자나 다 그리스도 예수 안에서 하나이니라"(갈 3:28)라고 선포했지만, 2,000년이 지난 지금도 유대인과 헬라인(이방인), 남자와 여자의 차별은 엄연히 존재합니다.

세상에 살고 있는 모든 사람을 한 가족으로 여기는 날은 영원히 오지 않을 수도 있습니다. 그러나 진정한 기독교 신앙을 가진 사람이라면 이 장벽을 넘어서야 하고, 또 그렇게 해야만 합니다. 참 어려운 문제지만 그리스도의 십자가 고난을 생각하면 불가능한 일은 아닙니다. 성령님의 역사하심을 힘입어 차별의 장벽을 넘어서야 합니다. 기도 많이 합시다. 샬롬.

한국 전쟁에 군대를 파송한 나라들

"즐거워하는 자들과 함께 즐거워하고 우는 자들과 함께 울라."
(롬 12:15)

유엔(UN)은 제2차 세계대전 후 전승국 미국의 루스벨트, 영국의 처칠, 소련의 스탈린 등 연합국 지도자들의 주도하에 출범하였습니다. 1945년 10월 24일 출범 당시 회원국은 51개국으로 본부는 미국 뉴욕에 두기로 했습니다. 유엔의 창립 목적은 앞으로 전쟁 없는 세상을 만들자는 것이었습니다. 그런데 불과 5년 후, 1950년 한국에서 6.25 전쟁이 발발하였습니다. 그때 전 세계에 93개 독립국이 있었는데 유엔 회원국은 61개에 불과했습니다.

전쟁 없는 세상을 만들자는 유엔의 본디 의도와는 달리, 북한의 김일성은 남한을 적화통일하겠다는 허황한 꿈을 꾸면서 소련의 스탈린과 중국(중공)의 마오쩌둥(모택동) 후원 아래 남한을 침공하였습니다. 북한이 남한을 무단 침공했다는 소식이 전해지자 미국의 트루먼 대통령은 유엔 안전보장이사회 소집을 요청했고, 유엔 안전보장이사회는 유엔의 결의로 독립한 남한의 대한민국이 북한 공산당에 의해 무단 침공당한 것을 보고 유엔군을 보내기로 결의하고 회원국들의 자발적 파병을 촉구했습니다.

유엔 안전보장이사회는 상임이사국인 미, 영, 프, 중, 소 5대 전승국이 단 한 나라라도 거부권을 행사하면 부결되는 조항이 있습니다. 따라서 한국에 군대를 파병하자는 안을 소련 대표가 거부했으면 부결되었을 것입니다. 그러나 그때 마침 소련 대표 야코프 말리크(Yakov Malik)

가 중국 대표를 장제스(장개석)의 대만 정부가 아니라 본토를 장악한 마오쩌둥 정부로 해야 한다며 상임이사국 회의를 보이콧하고 있었습니다. 따라서 미, 영, 프, 중(대만), 이 네 상임이사국이 결의하여 열여섯 나라 군대가 한국에 와서 싸울 수 있었습니다. 남한을 구원하시기 위한 놀라운 하나님의 섭리였습니다.

만일 그때 소련 대표 말리크가 상임이사회에 참석하여 거부권을 행사했다면 유엔군 파병은 없었고, 남한은 그대로 공산당 정권에 넘어가고 말았을 것입니다. 만일 그랬다면 오늘 남한은 없고 오직 적화통일된 조선인민공화국이 존재하고 있을 것입니다. 교회는 단 하나도 없고, 기독교인들은 모두 아오지 탄광에서 강제 노역이나 강제 수용소에서 짐승 같은 처우를 받다가 죽어갔을 것입니다. 종교의 자유가 없는 북한의 상황을 그대로 남한에 적용하면 답이 곧 나오지요.

여기서 잠깐 한국 전쟁에 파병한 16개국에 대해 생각해 봅시다. 우리는 6월을 보내면서 우리 땅에 와서 고귀한 생명을 버린 16개국에 감사를 잊어서는 안 됩니다. 16개국은 미국, 영국, 프랑스, 캐나다, 네덜란드, 호주(오스트레일리아), 뉴질랜드, 룩셈부르크, 남아공(남아프리카 공화국), 벨기에, 필리핀, 콜롬비아, 그리스, 에티오피아, 태국, 튀르키예입니다.

군대를 파병한 국가들의 종교적 배경을 분석하면 개신교 국가는 미국, 영국, 캐나다, 네덜란드, 호주, 뉴질랜드, 룩셈부르크, 남아공 8개국으로 절반이고, 가톨릭이 필리핀, 프랑스, 벨기에, 콜롬비아 4개국, 동방정교회가 그리스, 에티오피아 두 나라로, 기독교 국가 합이 14개국이고, 그리고 나머지 두 나라는 튀르키예(이슬람), 태국(불교)입니다.

군인을 파병하지 않았지만, 의사 및 의료 물자를 지원해 준 나라는 스웨덴, 인도, 덴마크, 노르웨이, 이탈리아, 서독(독일) 등 6개국입니다. 이들 6개국 중 인도(힌두교) 한 나라만 제외하고 나머지 다섯 나라가 모

두 기독교(개신교 5개국, 가톨릭 1개국) 국가였습니다. 이것은 무엇을 의미할
까요? 그렇습니다. 자유를 유린하려는 세력에 맞서 싸워준 나라는 대
부분 기독교 국가였다는 사실입니다. 따라서 한국에 군대와 의무단을
보내 준 22개국 중 기독교 배경 국가가 19개국이고, 나머지 셋은 힌두
교, 불교, 이슬람 각각 한 개 국가입니다. 따라서 절대다수가 기독교 국
가입니다.

강도 만난 자를 도와준 선한 사마리아 사람과 같이 자기의 생명을
돌보지 않고 고난당한 사람을 도와주는 정신이 그리스도의 사랑의 정
신입니다. 자유를 수호하고 투쟁하는 그리스도의 정신을 온 세계에 빨
리 전파하여 기독교를 박멸하려는 공산 세력을 물리치고, 십자가의 기
치가 온 누리에 휘날리도록 열심히 전도하고 선교해야겠습니다. 이것
이 오늘 우리와 교회에 지워진 무거운 소명입니다. 남한의 운명이 경각
(頃刻) 간에 놓여 있을 때 군인을 파송해 주고 의사와 의료 물자를 제공
해 준 22개 나라에 진심으로 감사하다는 말씀을 드립니다. 샬롬.

흑인

"이에 이스라엘이 애굽에 들어감이여 야곱이 함의 땅에 나그네가
되었도다." (시 105:23)

제가 처음 흑인을 본 것은 6.25 전쟁 때 백인 군인들과 함께 한국에 왔
던 군인들이었습니다. 이(齒)만 희고 온몸이 새까만 사람을 보고 놀라
서 도망가던 기억이 납니다. 미국에 와서 본 흑인들은 대체로 형편이
어려웠지만, 그중에 공부를 열심히 한 사람들은 사회 상류층에서 지도
자로 선 사람들도 적지 않습니다. 미국 초기부터 아프리카에서 노예로
끌려와서 오랫동안 노예 생활을 했기 때문에 지금도 여전히 백인들과
기타 종족들로부터 눈에 보이지 않는 차별을 받고 있는 것이 사실입니
다. 그러나 공부를 제대로 한 사람들은 의사, 검사, 판사, 교수, 나아가
연방대법원 판사, 연방 하원의원, 상원의원, 그리고 다 아시는 것 같이
버락 오바마는 흑인으로 미국 최초의 대통령이 되었습니다.

　　수많은 흑인 출신 예술가와 운동선수들이 각 분야에서 뛰어난 재
능을 발휘하고 있습니다. 미국에서 가장 인기가 있는 야구, 농구, 미식
축구(아메리칸 풋볼) 등에서 뛰는 선수들 중에 흑인이 많습니다. 이번 제
33회 파리 하계 올림픽대회(2024년 8월)의 여러 경기 장면을 보면 흑인들
이 체육에 얼마나 많은 재능을 가지고 있는지를 다시 한번 느낍니다.
대부분의 운동 경기에 흑인들이 나오고 또 흑인들이 좋은 성적을 거두
는 것을 보았습니다.

　　미국 선수들 가운데 흑인이 있는 것은 당연하지만, 주최국인 프랑
스뿐만 아니라 영국, 독일, 스위스, 스웨덴, 이탈리아, 스페인 등 백인들

의 나라 선수들 중 흑인들이 그 나라의 국기를 가슴에 달고 나와 경기하는 모습을 보면서 흑인들의 체육에 탁월한 재능을 확인합니다. 하나님께서는 흑인들에게도 운동과 춤, 음악 등 예술 분야에 뛰어난 재능을 주셔서 백인들이나 기타 종족들과 겨루어 결코 뒤지지 않는 모습을 보여 줍니다.

기독교 초기 역사에 뛰어난 인물인 테르툴리아누스(Tertullian), 키프리아누스(Cyprian), 아우구스티누스(Augustine) 등은 아프리카 출신들이었습니다. 노아의 둘째 아들 함이 아버지 노아의 수치를 가려주지 않고 형과 동생에게 흉을 본 이유로 아버지 노아의 저주로 아프리카에 살게 되었는데, 그 땅을 '함의 땅'(시 105:23)이라고 부르게 되었습니다. 비록 지금은 가난하고 못살며 굶어 죽고 병들어 죽는 사람들이 많은 고난의 땅이지만, 풍부한 자원과 불어나는 인구로 인해 앞으로 아프리카 대륙은 세계 어느 대륙보다 뒤지지 않는 땅이 될 것입니다.

아프리카 흑인들이 전 세계 여러 나라에 흩어져 살면서 뛰어난 스포츠의 기량을 발휘하여, 그 나라들의 대표로 나가 좋은 성적을 올리며 금, 은, 동메달을 따고 있습니다. 하나님께서는 각 종족에게 특별한 재능을 주셔서 그 재능으로 자신감을 갖고 웅비(雄飛: 기세 좋고 씩씩하게 활동함)할 수 있는 길을 열어 주셨습니다.

흑인들이 스포츠 분야뿐만 아니라 다른 분야에서도 특출한 재능을 발휘하여 피부색에서 오는 차별과 열등감을 극복하고 뛰어난 재능을 발휘하는 날이 오기를 기대해 봅니다. 이번 올림픽에서 흑인들이 획득한 금, 은, 동메달이 전체의 몇 %나 되는지 헤아려보면 어떨까요? 함의 땅이여! 힘을 내어라. 샬롬.

미국에 들리는 낭보

"끝으로 너희가 주 안에서와 그 힘의 능력으로 강건하여지고 마귀의 간계를 능히 대적하기 위하여 하나님의 전신갑주를 입으라." (엡 6:10-11)

얼마 전 저는 [오늘의 묵상] 글 중에 미국 루이지애나주에서 공립학교 교실에 십계명 판을 게시하라는 법이 통과되어 시행 중에 있다는 애기를 하면서 청교도의 잔재가 아직은 조금 남아 있다고 썼습니다. 그런데 또 다른 낭보(기쁘고 반가운 소식)는 미국 오클라호마주의 라이언 월터스(Ryan Walters) 교육위원장이 2024년 6월 27일 공립학교 5학년부터 12학년까지의 수업 시간에 성경 교육을 포함하도록 지시한 것입니다. 교육위원장은 오클라호마주의 모든 공립학교 교실에 성경을 배치할 뿐만 아니라 수업 과정에 성경 수업을 포함시킬 것을 의무화했습니다.

월터스는 기자회견에서 성경은 우리 아이들에게 이 나라의 역사를 가르치고, 서구 문명을 제대로 이해시키며, 미국의 법체계의 기초를 이해하는 데 필요한 역사적 문서이며 미국의 헌법과 미국 탄생에 사용된 가장 기초적인 문서 중 하나라고 말했습니다.

2010년에 오클라호마주 의회는 공립 고등학교에서 학생들에게 구약과 신약을 선택 과목으로 제공하여 학생들이 문학, 예술, 음악, 웅변, 공공정책 등 현대사회와 문화를 이해하는 데 필요한 성경적 내용, 인물, 시, 설화에 대한 지식을 가르칠 수 있게 한 법안을 통과시키고 당시 주지사가 서명했습니다.

이번에 월터스 교육감이 추가시킨 것은 미국의 역사와 건국 문서, 미국 헌법과 건국 조상들(Founding Fathers)이 성경을 어떻게 인용하여 이

나라를 건립했는지, 성경이 미국 건립과 사회 문화 발전에 얼마나 큰 영향을 끼쳤는지를 역사적 차원에서 가르치는 것에 중점을 둔 것입니다.

항상 선한 일을 하는 데는 악한 세력이 공격을 하게 되어 있습니다. 당장 공화당 주도의 이런 정책에 민주당 소속 상원의원은 "이 정책은 결국 법정으로 가게 될 것이다"라고 말하면서, "학교에서 성경을 가르칠 것이 아니라 당장 부족한 교사들을 채용하고 학교가 당면한 실제적인 문제 해결책을 제공해야 한다"고 말했습니다.

또한 미국 이슬람관계위원회 지부장은 "오클라호마의 공립학교나 전국의 다른 곳에서 종교를 강제로 가르치거나 수업의 일부로 요구하는 것에 대해 단호히 반대한다"고 밝혔습니다. 정교분리를 위한 미국인 연합 회장 역시 최근 성명을 통해 "공립학교는 주일학교가 아니다"라고 반박했습니다.

그러나 월터스는 "성경은 없어서는 안 될 역사적, 문화적 기준이다. 성경에 대한 기초 지식이 없이는 오클라호마 학생들이 미국의 건국 개념도, 미국 역사의 기초도 제대로 이해할 수 없다. 이것이 오클라호마 교육 기준이 성경 교육을 제공하는 이유다"라고 강조했습니다.

왜 미국이 술, 마약, 도박, 동성애, 총기 사고, 낙태 등 비기독교적 문제가 급증하는지, 그 원인이 무엇인지 분별해야 합니다. 이런 더러운 물결은 사회를 넘어 이제는 교회까지 파급되어 오염된 목사, 장로들이 교회를 지배하고 있지 않습니까? 지각 있는 성도들은 깨어 기도하면서 이런 악의 세력을 물리치기 위해서 최선을 다해야 합니다. 마귀의 간계를 능히 대적하기 위하여 하나님의 전신갑주를 입어야 합니다.(엡 6:10-11) 신앙의 투쟁을 위한 영적 준비를 단단히 해야겠습니다. 샬롬.

미국 청교도의 잔재 (1)

"불은 끊임이 없이 제단 위에 피워 꺼지지 않게 할지니라." (레 6:13)

제가 80년대 초 인디애나주에서 목회할 때, 교회가 인디애나주 최북단 사우스벤드(South Bend)라는 소도시에 있었습니다. 교회가 있는 사우스벤드 시 옆에는 일리노이주가, 북쪽에는 미시간주가 접하여 3개 주가 만나는 '3주 접경'(Tri-State) 지역입니다. 당시 미시간주나 일리노이주에서는 일 년 12달 아무 때나 술을 사고파는 데 반해, 인디애나주에서는 주일날만은 술을 사고팔 수 없었습니다. 저는 그때 '인디애나주에 청교도 신앙의 잔재가 한 조각 남아있구나'라는 생각을 했습니다.

오늘 아침(2024년 6월) 조간신문에 남부 루이지애나주가 모든 공립학교 교실에 십계명을 의무적으로 게시해야 한다는 법을 제정 공포했다고 AP 통신과 CNN 방송이 보도했습니다. 공화당이 다수인 주 의회에서 지난달 통과한 이 법안에 공화당 소속인 제프 랜드리(Jeff Landry) 주지사가 서명하여 발효되었습니다. 이 법에 따르면 유치원부터 주립대학까지 루이지애나주의 모든 공립학교 교실과 강의실에 "크고 읽기 쉬운 글꼴"로 십계명을 포스터 크기(11x14인치)로 만들어 게시해야 합니다. 또 설치 시 "십계명은 거의 3세기 동안 미국 공교육의 주요 부분이었다는 내용이 포함된 4문단의 설명이 들어가야 한다"고 규정했습니다. 미국의 언론들은 이런 법을 제정한 것은 루이지애나주가 처음이라고 보도했습니다.

1962년 케네디 대통령이 미국 내의 모든 공립학교에서 성경(신약)

공부와 주기도문 암송을 금지하는 행정명령을 내렸고, 연방대법원이 공립학교에서 기도로 수업을 시작하는 것은 위헌이라고 판결한 이후, 미국의 모든 공립학교에서 주기도문을 외우는 것과 성경 교육이 사라졌습니다.

그런데 60여 년 만에 십계명만이라도 게시하여 학생들로 하여금 여호와 하나님을 공경해야 한다는 무언(無言)의 교육을 시키는 것은 여간 다행한 일이 아닐 수 없습니다. 케네디 대통령이 이런 명령을 한 것은 주기도문을 외우고 성경(신약)을 가르치는 것은 종교의 자유를 해치는 일이라며 항의한 유대인들 때문이라 합니다.

유대인들은 예수님을 구세주로 인정하지 않고 선지자 가운데 한 사람으로 여기고 있어서, 학생들이 주기도문 외우는 것을 금지시켜야 한다고 주장했는데, 십계명은 구약의 야웨 하나님께서 주신 계명으로 유대인들이 반대할 이유가 없습니다. 십계명은 유대교와 기독교에서 공통으로 지키는 계율이기 때문입니다.

십계명 중 부모를 공경하라, 살인하지 말라, 간음하지 말라, 도둑질하지 말라, 네 이웃의 물건을 탐내지 말라 등의 계명은 어떤 종교에서도 반대할 이유가 없는 내용입니다. 다만 유대교와 기독교의 하나님만 섬겨야 한다는 제1, 2, 3계명과 안식일을 지켜야 한다는 제4계명은 이슬람 쪽에서 반대할 구실이 될 수 있습니다.

선한 일에는 반드시 사탄이 가인의 후손들에게 들어가 이런 일을 방해하게 되어 있습니다. 루이지애나주의 소식이 전해지자마자 '정교분리를 위한 미국인 연합'과 '종교로부터의 자유 재단' 등 단체들은 "십계명을 학교에 게시하는 것은 특정 종교의 메시지를 학생들에게 강압하는 것"이라며 항의합니다. 이것은 수정헌법 1조를 위반하는 일이라며 소송을 제기하겠다고 말했습니다. 마귀는 언제나 이런 선한 일을 그대로 보고만 있지 않지요.

후에 결과가 어떻게 나오든 간에 루이지애나주에서 이렇게 십계명을 교실에 게시하게 한 것은 미국을 위해, 어린 학생들을 위해 매우 좋은 일임에 틀림없습니다. 이런 선한 영향력이 남부의 보수적 기독교 세력이 강한 의회와 지사들을 통해 계속 확산되면 미국의 숨통이 트일 것입니다.

미국의 기독교는 점점 쇠약해져서 매년 문 닫는 교회가 속출하고, 백인 기독교인들은 아이를 낳지 않아 교인 수는 급감하고 있습니다. 청소년들은 술과 마약과 도박에 빠져 교회를 등지고 있는 이때, 미국의 한 구석에 청교도 정신이 아직 완전히 사라지지 않고 작은 불씨가 살아 있다는 생각에 마음이 조금은 놓입니다.

"제단의 불을 *끄지 말라*"(레 6:13)는 여호와 하나님의 명령에 따라 성전의 불꽃을 계속 피어오르게 하여, 비록 세상은 어두워져도 성전 안의 한 줄기 빛이 온 세상을 비추는 성령님의 불길로 솟아오르게 해야 합니다. 미국이 다시 청교도 신앙으로 돌아오기까지 함께 기도합시다. 샬롬.

미국 청교도의 잔재 (2)

"안식일을 기억하여 거룩하게 지키라… 일곱째 날은… 아무 일도 하지
말라." (출 20:8, 10)

2023년 6월, 미국 연방대법원에서 그동안 문제가 되어 오던, 미국에서
개인의 종교 자유와 신념에 대한 문제에 중요한 판결이 나왔습니다. 첫
째는 주일(일요일) 근무 거부 문제를 종교적 신념으로 인정했다는 점입
니다. 상식적으로 전 세계 대부분의 나라에서 주일은 공휴일로 정해져
있습니다. 그런데 미국같이 청교도들에 의해 세워졌다는 나라에서 주
일에 반드시 일을 해야만 하는 직장이 있다면 이해가 되십니까? 물론
특별히 일이 많이 밀려 회사에서 평일 임금의 두 배를 주면서 일을 하
도록 요청을 할 수는 있으나, 강제성을 띨 수는 없습니다. 다시 말하자
면 주일에 일을 하지 않았다고 부당한 대우를 한다거나 심지어 해고를
시키는 것은 상상할 수 없는 일입니다.

그런데 다른 직장도 아니고 미 연방정부 기관인 연방우정국(USPS)
에서 주일에 일을 하지 않은 직원을 해고할 수 있을까요? 전직 연방 우
정국 우편 배달원이었던 제럴드 그로프(Gerald Groff, 45)가 교회 출석을
위해 주일 근무를 거부했다는 이유로 경고와 정직 처분을 받은 후 지
난 2019년에 해고되면서 문제가 제기되었습니다. 제럴드는 소장(訴狀)
에서 "주일을 지켰다는 이유로 징계를 받았고, 해고 위협으로 인해 불
안과 스트레스에 시달렸으며, 주일(일요일) 근무를 거부했다는 이유로
종교적 권리를 침해당했다"며 제소했습니다.

이 사건은 지방법원, 고등법원에서 패소했지만, 연방대법원은

2023년 6월 29일 예배를 위해 주일(일요일) 근무를 거부했다는 이유로 해고된 제럴드의 손을 들어 주면서 고용주는 종교를 가진 직원에게 편의를 제공해야 한다고 판결했습니다. 이번 판결이 큰 의미를 갖는 것은 보수(6명)와 진보(3명) 성향과 관계없이 연방 대법관 9명 전원이 만장일치로 결정을 했다는 점입니다. 따라서 앞으로 미 전역에서 근로자의 종교적 권리 행사는 법적 근거를 확실히 갖게 되었습니다.

이번 연방대법원 판결은 미국 내에서 종교의 자유를 다시 회복한 중대한 판결입니다. 이는 종교적 신념을 지키기를 원하는 약자들의 승리이며, 직업과 신앙 사이에서 한 가지를 선택하도록 강요받는 상황을 방지할 수 있게 되었습니다. 이번 판결은 미국에 남아 있는 한 조각 청교도의 잔재라 여겨집니다. 다른 하나는 연방 대법원이 동성애자들의 요청을 종교적 신념으로 거절할 수 있는 자유를 보장해 준 판결을 내린 것입니다. 연방대법원은 2023년 6월 30일 종교적 신념을 이유로 동성 커플에게 서비스를 제공하지 않아도 된다는 판결을 6대 3으로 가결하였습니다.

이 사건은 콜로라도주에서 웹 디자인을 하는 로리 스미스(Lorie Smith)가 일반 대중을 상대하는 사업장에서 성적 지향성(동성애), 인종 등을 이유로 차별을 금지하는 주법에도 불구하고, 수정헌법 제1조의 표현의 자유를 침해한다면서 낸 헌법 소원에서 스미스가 승소한 것입니다. 2012년, 동성결혼이 합법인 매사추세츠주에서 결혼한 동성 부부는 콜로라도주 레이크에 위치한 케이크 숍 '마스터피스 케이크샵'에 가서 결혼 기념 케이크를 만들어 달라고 요청했습니다. 빵집 주인 필립스는 "나는 기독교인이므로 동성애자들에게 케이크를 만들어 줄 수 없다"고 거절하자 문제가 커졌습니다. 동성애자들뿐만 아니라 동성애를 지지하는 사람들이 몰려와서 데모를 하고 영업을 방해했습니다. 그러나 이번 연방대법원의 판결로 신앙인은 누구든지 신앙의 신념을 이유로 동

성애자들의 요청을 거절할 수 있는 권리가 확보되었습니다. (수정헌법 1
조에 보장된 표현의 자유를 근거함)

현재 미국 연방대법원 판사들의 성향은 보수 6명, 진보 3명으로
보수 진영이 3분의 2여서, 지난번 낙태가 불법이라고 판결한 것같이
앞으로도 계속 보수적인 판결이 나올 것 같습니다. 연방대법원 판사는
정년이 없고 종신직이기 때문에 앞으로도 한동안 연방대법원은 보수
적 판결을 내릴 가능성이 있으나, 보수적이라고 반드시 보수적인 판결
만 하는 것이 아니고 진보라고 또 진보적인 판결만 하는 것은 아닙니
다. 주일 강제 노동 문제는 진보 판사 3명이 모두 보수 편에 손을 들어
주어 만장일치로 가결된 것이 이를 잘 보여주고 있습니다.

아무튼 오랜만에 미국이 성경적 정신으로 돌아오는 것 같아 마음
이 흐뭇합니다. 아직 미국에 청교도의 정신이 조금은 남아 있구나 하는
생각을 해보는 날입니다. 미국에서 청교도 정신이 점점 더 확산되기 위
해 같이 기도합시다. 샬롬.

미국은 여전히 기독교 국가다

"이러한 백성은 복이 있나니 여호와를 자기 하나님으로 삼는 백성은 복이 있도다." (시 144:15)

2025년 1월 9일, 미국의 수도 워싱턴 D.C. 국립대성당에서 전·현직 대통령과 3부 요인이 참석한 가운데 거행된 미국 제39대 대통령 지미 카터의 장례식 중계 방송을 보면서, 미국은 여전히 기독교 국가라는 것을 다시 한번 확인했습니다. 강대상 중앙에 카터 대통령의 시신이 성조기에 싸여 놓여 있고, 교인 좌석 맨 앞줄에 현직 대통령 조 바이든 부부와 부통령 해리스 부부, 그리고 그 옆에 곧 대통령으로 취임할 트럼프 내외가 앉아 있었습니다.

그 뒤로는 과거에 대통령이었던 버락 오바마, 조지 부시, 빌 클린턴 등 전직 대통령 부부가 앉아 있고, 그 외에 3부 요인들이 성당 안을 가득 채운 가운데 엄숙하게 거행되었습니다. 예식은 철저하게 기독교식으로 진행되어 성공회 신부가 예식을 거행했고, 산상수훈을 낭독한 후 전 미국 유엔대사였던 앤드류 영 목사가 설교를 했습니다. 그리고 성가대 찬양과 찬송, 그리고 축도로 예식은 거의 2시간 만에 끝났습니다.

시신은 카터의 고향인 조지아주 플레인스(Plains)로 옮겨져 그곳에 묻히게 됩니다. 잘 알려진 대로 카터 대통령은 플레인스의 평범한 땅콩 농장의 아들로 태어나서 땅콩 농사를 짓다가 조지아 주지사를 한 것이 전부인 경력을 가지고 미국 대통령에 당선되어 4년간 미국을 이끌고 갔습니다. 그는 대통령이 되기 전 고향에서 땅콩 농사를 지면서 남침례교회 교인답게 주일학교 교사를 지냈고, 대통령직에서 물러난 후에도 고향에 내려가서 주일학교 교사를 계속했던 것은 잘 알려진 사실입니다.

저는 카터 대통령의 장례식을 보면서, 미국 헌법에 정치와 종교는 분리되어 있다고 명시되어 있지만, 수백 년 내려오는 청교도의 정신은 아직도 죽지 않고 이런 큰 국가적 행사는 성당에서 전·현직 대통령과 3부 요인들이 모인 가운데 예배로 엄수되는 것을 보고, 아직 미국의 청교도 정신이 저변에 그대로 깔려 있다는 것을 확인했습니다.

미국에 무슬림, 힌두교, 불교도 기타 잡다한 종교들이 많이 있지만, 60-70% 기독교 신앙의 백인들 주류는 다른 종교들을 훨씬 앞지르고 있습니다. 무서운 세속화 물결로 교회의 세력이 약해져 가지만, 국민 전체에 깔려 있는 기독교 신앙과 문화는 쉽게 사라지지 않고, 여전히 순수한 청교도의 신앙을 가지고 믿음과 신앙을 지키는 국민들이 많이 있다는 사실을 우리는 인식해야 합니다.

카터 대통령의 장례식을 보면서 한국에서는 언제쯤 전직 기독교인 대통령 장례식을 성당이나 교회에서 거행할까 하는 질문을 해 보았습니다. 수천 년 무당 종교와 불교, 유교에 찌든 한국 문화 바탕에서 기독교 문화가 이것들을 극복하고 미국처럼 전직 대통령 장례식을 기독교식으로 할 날이 있을까요?

전체 국민의 불과 20% 정도밖에 안 되는 기독교를 80%로 끌어올리기까지 이런 일은 불가능하지 않을까요? 그러나 모든 한국교회가 "5천만을 그리스도에게로"라는 표어를 내걸고 전도에 매진하면 불가능한 일은 아닐 것입니다. 문제는 한국교회 목사, 교인들이 성령님의 능력을 받느냐에 달려 있습니다. 이 일을 이루기 위해서는 "오직 기도"로 능력을 받는 길밖에 없습니다. 우리 모두 꿈을 가지고 기도와 전도에 전념합시다. 샬롬.

7

FAITH, FREEDOM, AND GOVERNANCE

신앙, 자유, 그리고 통치

민주공화국의 시초

"제비 뽑아 맛디아를 얻으니 그가 열한 사도의 수에 들어가니라."
(행 1:26)

여러분들은 세계에서 가장 작은 나라 가운데 하나인 산마리노(San Marino)를 아시나요? 저는 그런 나라가 있다는 말은 들었지만, 그 나라에 대해 아는 것은 별로 없었고 또 알아볼 생각도 하지 않았습니다.

저는 최근, 산마리노는 비록 작은 나라지만 우리 기독교와 깊은 관계가 있고 또 민주주의 정체(政體: 국가 조직의 형태)가 처음 시작되었다는 것에서 큰 의미를 가지고 있는 나라라는 것을 알게 되었습니다. 산마리노는 면적이 61.2㎢(서울 면적의 1/10)로 유럽에서 세 번째, 전 세계에서는 다섯 번째로 작은 나라입니다. 산마리노는 이탈리아 북부에 있는 작은 나라로 인구는 약 34,000명이며 유럽에서 가장 오래된 나라입니다.

산마리노는 주후 301년 크로아티아 출신의 석공 성 마리누스가 로마 제국의 기독교 박해를 피해 티타노산 속에 기독교 공동체를 이룬 게 기원입니다. 산마리노는 초기부터 로마식 집정관제 공화 정치를 채택했습니다. 현재 2인 집정관이 6개월 동안 집무하는데, 60명 정원의 주민 대표의회에서 선출합니다. 복수제를 택한 것과 짧은 임기는 독재를 막기 위한 방편이며, 6개월 만에 한 번씩 열리는 취임식은 이 나라 최대의 관광 상품이기도 합니다. 연 약 400만 명의 관광객이 뿌리고 가는 돈은 이 나라 수입의 50%나 됩니다.

저는 산마리노 공화국의 역사를 살펴면서, 세계 그 어느 나라도 기독교 박해를 피해 도망 나온 피란민들에 의해서 세워진 나라는 없었다는 것과 처음부터 일인 독재가 아니고, 주민들이 뽑은 대표가 나라를 일정 기간 다스리는 민주공화국의 시초였다는 점에 놀랐습니다. 기독교는 초기부터 한 사람이 다스리는 독재 체제가 아니고 민주적 체제였습니다. 예수님의 열두 제자 중 하나였던 가룟 유다 대신 맛디아를 선출할 때도 두 사람을 추천하여 제비 뽑아 선출했고,(행 1장) 예루살렘 교회에서 일곱 집사를 택할 때도 믿음과 성령이 충만한 사람 일곱을 택하여 안수하고 집사로 임명했습니다.

16세기 초 프랑스 사람 장 칼뱅이 스위스 제네바에서 교회 개혁을 할 때, 교회 목사를 교인 총회(공동의회)에서 선출하도록 하여, 약 1,000년 동안 로마 가톨릭교회에서 각 성당 신부를 주교가 임명, 파송하던 전통을 깨고 교인들이 선출하도록 하는 민주주의 제도의 기초를 놓았습니다. 이방인 중에서 그리스도를 주로 영접한 사람에게 유대교에서 요구하는 할례를 받게 할 것인가 말 것인가 하는 문제로 논쟁하다가, 예루살렘에서 사도들과 장로들 그리고 바울과 바나바 등이 모여 의논한 후, "우상의 더러운 것과 음행과 목매어 죽인 것과 피를 멀리 할 것"(행 15장)을 조건으로 할례를 요구하지 않기로 했습니다.

이 모임은 최초의 교회 지도자 회합으로, 어떤 문제를 한 사람이 결정하는 것이 아니라 여러 지도자가 모여 의견을 나눈 후에 최종적으로 결정하는 전례를 남겼습니다. 이것을 '회의주의'(Conciliarism)라 합니다. 이때부터 기독교회는 모든 문제를 교회 지도자들이나 혹은 교인 전체 회의에서 다수결로 결정하는 전통이 세워졌습니다.

이것이 바로 민주주의 기초입니다. 1620년 메이플라워호를 타고 신대륙으로 온 청교도들을 포함한 102명의 사람이 신대륙 상륙을 앞두고 남자들만 모여 메이플라워 서약(Mayflower Compact)을 채택하였습니다. 신대륙에 도착하면 지도자를 선출한다는 협약을 맺은 것이 미국 민주주의의 기초가 되어, 1776년 미국이 독립을 선언할 때 모든 주권은 국민에게 있다고 선언한 자유민주주의의 시초입니다.

민주주의는 기독교에서 시작되었고 기독교 배경에서 성장해 왔습니다. 예수님께서 "내 형제 중에 지극히 작은 자 하나에게 한 것이 곧 내게 한 것이니라"(마 25:40)고 말씀하신 것이 바로 민주주의 무차별의 정신입니다.

산마리노의 시초가 기독교 피란민들에 의해 시작되면서 공화제를 채택한 것이 바로 기독교 정신의 구현입니다. 일당 독재의 공산국가는 오래 가지 못한다는 것을 구소련의 소멸에서 보았습니다. 무차별의 정신, 그것이 기독교의 본질입니다. 지극히 작은 자에게 한 것이 주님께 한 것이라는 생각으로 어려운 사람을 돕는 삶을 이어갑시다. 샬롬.

세계의 정치 제도

"각 사람은 위에 있는 권세들에게 복종하라. 권세는 하나님으로부터 나지 않음이 없나니 모든 권세는 다 하나님께서 정하신 바라." (롬 13:1)

2024년에 전 세계적으로 46개국에서 선거가 치러지는데, 그중 '완전한 민주주의' 국가는 단 7개국에 그친다는 보도가 났습니다. 그러니까 약 40개국은 완전한 민주주의 국가가 아니라는 뜻입니다. 지금 우리가 살고 있는 세상에 약 200여 개 나라가 있는데, 그 나라들의 정치 체제를 셋으로 나눌 수 있습니다. 자유민주주의 국가, 공산주의 국가, 자유민주주의를 표방한 독재 국가입니다.

금년에 46개 나라가 선거를 하지만 자유민주주의 정부를 위한 선거가 아니고, 특정한 사람과 당을 위한 형식적 선거인 경우가 많습니다. 권력이라는 것이 묘해서 한번 자리에 앉으면 내놓기가 싫은 속성이 있습니다. 따라서 권력을 한번 잡으면 많은 사람이 그 권력을 내려놓지 않으려고 합니다. 그런 의미에서 두 번 대통령을 하고 세 번째 대통령을 하라고 많은 사람이 강권했지만, 스스로 권좌에서 내려와 낙향한 미국의 초대 대통령이며 국부(國父)로 추앙받는 조지 워싱턴이야말로 자유민주주의의 초석을 놓은 위대한 지도자입니다.

우리나라의 초대 대통령 이승만은 대통령을 세 번이나 했지만, 거기서 그치지 않고 더 하려다 결국 4.19 학생 혁명으로 불행한 최후를 맞이했습니다. 군사 혁명으로 정권을 잡은 박정희 대통령도 유신헌법을 만들어서 18년 동안 권좌에 앉아 있다가, 믿었던 부하의 손에 의해 불행한 최후를 맞이했습니다. 권력을 잡은 자는 그 권력을 유지하기 위해 자기 아버지도, 자식도, 아내도, 형제도 죽이는 것을 서슴지 않습니다. 따라서 권력을 잡은 자들이 그 권력을 내려놓고 자리에서 물러난다는 것은 결코 쉬운 일이 아닙니다.

일단 선거에 의해서 대통령이나 수상이 되면, 장기 집권을 하기 위해서 헌법을 고치거나 아니면 계엄령을 선포하고 권력을 계속 유지하는 사례를 우리는 많이 보아 왔습니다. 자유민주주의 국가인 미국을 비롯한 유럽의 여러 나라 그리고 캐나다, 호주, 뉴질랜드 등은 모두 개신교 국가들입니다. 남미는 가톨릭교회 배경이지만 세계에서 가장 못사는 지역 가운데 하나고, 군사 쿠데타로 권력이 군부에 있는 나라들도 여럿 있습니다. 아프리카 여러 나라도 마찬가지로 군사 쿠데타에 의해 권력을 찬탈한 사람들이 수십 년을 통치하고 있습니다.

종교적으로 보면 기독교, 그중에서도 개신교 국가들은 대개 자유민주주의 체제를 잘 유지하고 있지만 그 외의 종교, 특히 불교와 이슬람권에서는 권력 이양이 제대로 되지 않고, 왕 또는 한 사람이나 한 당에 고착되어 있는 것을 자주 봅니다. 인도는 자유민주주의 국가이기는 하지만, 힌두교로 인해 사람들을 신분에 따라 구별하는 카스트(Caste) 제도로(법적으로는 폐지되었으나 사회에서는 여전히 유지되고 있음) 전체 인구의 거의 20-25%가 불가촉천민(Untouchable)들로 인간 이하의 대접을 받고 있어서 평등한 사회가 되는 것은 요원합니다. 이슬람 국가들은 아직도 왕이 통치하는 나라가 많고, 국민들이 선거를 한다 해도 특정한 사람이 수단 방법을 가리지 않고 권력을 유지하는 나라들이 많이 있는 것을 봅니다.

그러면 왜 기독교, 특히 개신교권 국가들에서만 자유민주주의 체제가 유지되고 있을까요? 그 이유는 "유대인이나 헬라인이나 종이나 자유인이나 남자나 여자나 다 그리스도 안에서 하나"(갈 3:28)라는 성경 말씀에 따른 평등한 사회가 이루어져 있기 때문입니다.

우리는 온 세계의 모든 나라에 자유민주주의가 정착되어 권력이 국민에게서 나온다는 원리가 실현되도록 기도해야 합니다. 자유민주주의 국가에 사는 사람들에게 주어진 사명이 무겁고 힘들지만, 주님께서 주시는 능력을 힘입어 감당해 나갈 수 있으리라 믿습니다. 샬롬.

일그러진 민주주의

07
—
03

"이에 예수께서 이르시되 네 칼을 도로 칼집에 꽂으라. 칼을 가지는 자는
다 칼로 망하느니라." (마 26:52)

민주주의(民主主義)란 문자 그대로 '백성이 주인'이 되는 체제를 말합니
다. 왕이 주인이었던 왕정 시대가 끝나고, 백성이 주인이 되는 정치체
제인 민주주의가 출현하였습니다. 민주주의는 다수결이 원칙입니다.
숫자가 많은 쪽이 이기고, 적은 쪽이 패배하는 구조입니다. 대통령 선
거에서 단 한 표만 많아도 그는 대통령이 되고, 한 표가 모자란 후보는
패자가 됩니다.

그러므로 민주주의는 내 의견과 다르다 하더라도 다수의 의견을
존중하는 사회에서만 안착될 수 있습니다. 그러나 많은 경우 자기와 의
견이 다르면 불복종하고, 경우에 따라서는 폭력으로 다수가 선출한 대
통령을 축출하기도 합니다.

북한의 공식 이름이 '조선민주주의인민공화국'입니다. 북한 체제
가 민주주의라는 얘기입니다. 북한의 민주주의도 선거를 통해서 지도
자를 선출합니다. 그런데 북한에는 공산당(노동당) 이외에 실질적인 정
당은 없습니다. 따라서 후보는 공산당에서 추천한 사람 하나밖에 없으
므로, 백성들은 그 사람에게만 투표를 하기 때문에 투표자의 100%가
공산당이 추천한 사람에게 투표합니다. 이것이 일그러진 민주주의입
니다.

민주주의의 구체적 시작은 1620년 메이플라워호가 미 대륙에 상
륙하기 직전 배에 타고 있던 성인 남자들이 모여 협약을 맺은 '메이플

라워 서약'(Mayflower Compact)입니다. 이 협약에 "우리가 도착해 살 이 땅에서는 민간 정치 체제를 결성할 것을 결정했다"는 내용이 있습니다. 민간 정치 체제라는 것은 왕정을 거부한다는 의미입니다. 민(民) 즉 백성이 정치 체제를 결정한다는 내용입니다.

백성들의 지지를 받는 사람이 지도자가 되고, 백성들의 지지를 받지 못한 사람은 결코 지도자가 될 수 없다는 원칙입니다. 따라서 민주주의는 미국에서 시작되었고, 국민들이 대통령을, 국회의원을, 주지사와 시장을 선거합니다. 심지어 판사와 검사도 시민이 선출하기 때문에 판사나 검사가 윗사람들이나 정권의 눈치를 볼 필요가 없고, 오직 국민만을 위해서 주어진 임무를 수행합니다.

일그러진 민주주의는 자기와 의견이 다른 지도자나 당에 대해 적대감을 갖는 사람이 많은 나라에서 나타납니다. 내가 지지하지 않는 정당에서 하는 일은 하나부터 100까지 다 악(惡)이고, 내가 지지하는 정당이 하는 일은 하나부터 100까지 다 선(善)이라고 생각하는 사람들이 있습니다. 따라서 이런 사람이 많으면 많을수록 그 사회나 국가는 건전하게 발전해 나갈 수 없습니다. 비록 내가 지지하는 정당이나 지도자가 아니라도 잘한 것은 잘한다고 말하고, 잘못된 것은 비판해야 하는데, 흑백 논리로 우리 쪽은 다 옳고 반대편은 다 그르다는 생각을 갖는 데서는 건전한 민주주의가 꽃필 수 없습니다.

그럼 우리 그리스도인들은 정치에 어떤 태도를 지녀야 할까요? 그리스도인들이 어느 당에 소속하고 지지하는 것은 본인의 자유입니다. 그러나 내가 속한 정당은 무조건 선이고, 다른 당은 무조건 악이라는 이분법적 생각은 버려야 합니다. 그럼 그 표준을 어디에 두어야 할까요? 그것은 성경에 두어야 합니다. 즉 성경에 하라는 것은 하고, 하지 말라는 것은 해서는 안 됩니다. 성경은 동성애나 낙태를 허용하지 않습니다. 그러므로 그리스도인들은 말씀에 순종해야 합니다. 만일 따르지 않는다면 그는 그리스도인은 아닙니다. 총기 규제를 반대하는 것은 예수님께서 말씀하신 "네 칼을 도로 칼집에 꽂으라. 칼을 가지는 자는 다 칼로 망하느니라"(마 26:52)고 하신 말씀을 거역하는 것입니다.

민주주의는 내가 희생하는 정신에서 꽃핍니다. 자기 이익만을 취하는 사회는 결코 민주주의가 꽃필 수 없습니다. 나보다 남을 낮게 여기는 정신(빌 2:3)에서 비로소 진정한 민주주의가 실현됩니다. 민주주의는 성경 말씀에 기초할 때 비로소 만개(滿開: 꽃이 활짝 핌)합니다. 열심히 전도해서 많은 사람이 그리스도의 정신으로 살아가게 해야 합니다. 이것이 우리 그리스도인들의 소명입니다. 샬롬.

7월 4일 미국 독립기념일

"예수께서 대답하시되 진실로 진실로 너희에게 이르노니 죄를 범하는
자마다 죄의 종이라." (요 8:34)

한국 사람이면 일제 35년간의 암흑기가 지나고 해방을 맞이한 8.15 해
방일을 모르는 사람이 없는 것처럼, 미국에 사는 사람들은 말할 것 없
고 한국이나 세계 여러 나라에서도 매년 7월 4일이 미국의 독립기념일
이라는 사실을 기억하는 사람들도 많습니다. 미국의 독립은 너무 유명
하고 잘 알려져 있어서 구태여 여기서 다시 거론할 필요는 없습니다.
다만 신대륙에 거주하던 13개 주의 주민들이 영국 정부의 수탈에 못
견디고 독립을 선포한 후, 길고 지루한 7년 전쟁에 승리하여 새로운 국
가가 탄생하였는데, 이 국가가 바로 미국이라는 나라입니다.

인류 역사상 최초로 왕정(王政)을 끝내고 백성에게서 주권이 나오
는 자유민주주의는 이때 시작되었습니다. 사실 미국 민주주의는 1620
년 청교도들과 일반 시민 102명이 타고 온 메이플라워호 선상에 있었
던 성인 남자들이, 배가 신대륙에 닿기 전에 모여 합의한 '메이플라워
서약(Mayflower Compact)'에서 시작되었습니다.

그 내용 중 중요한 것은 "우리 스스로 민간 정치 체제를 결성할 것
을 결정했다. 이것을 제정하여 우리 식민지의 총체적인 이익을 위해 식
민지의 사정에 가장 잘 맞다고 생각되는 정당하고 평등한 법률, 조례,
법, 헌법이나 직책을 만들어 우리 모두 당연히 복종과 순종을 다 할 것
을 약속한다"라는 내용입니다. 쉽게 이야기해서 식민지에서는 주민들
이 지도자를 뽑고 그가 주민들을 법에 따라 다스린다는 내용입니다. 그

로부터 정확히 156년 후에, 식민지 주민들은 영국에 반기를 들고 일어난 것이 독립 전쟁입니다.

너무나도 유명한 식민지의 변호사 패트릭 헨리(Patrick Henry)의 "자유가 아니면 죽음을 달라"라는 말은 자유의 소중함을 극적으로 표현한 말입니다. 미국을 '자유의 땅(Land of Freedom)'이라고 말합니다. 미국에서는 모든 게 자유입니다. 유명한 자유론의 대가 존 스튜어트 밀(John Stuart Mill)은 그의 명저 『자유론』(On Liberty)에서 자유에 대한 정의를 내렸습니다. "자유란 내가 남의 자유를 억압하는 것 이외에 모든 것을 할 수 있는 것을 의미한다." 그렇습니다. 우리는 우리를 부당하게 억압하는 모든 것으로부터 자유로워야 합니다.

미국인들은 독립 후 거의 250년이 지난 현재 정치, 경제, 사회, 문화, 체육 등 여러 분야에서 세계 그 어떤 나라에 뒤지지 않은 자유를 만끽하며 살아가고 있습니다. 내가 법을 어기지 않는 한, 나의 자유를 억압할 사람이나 단체는 없습니다.

자유에는 외적(外的) 자유와 내적(內的) 자유가 있습니다. 외적 자유는 정치적인 것에서부터 우리의 행동을 제어하는 것에서 자유함을 얻는 것입니다. 내적 자유는 양심의 자유입니다. 내가 양심에 거리끼는 일을 했다면, 나는 자유인이 아닙니다. 범인은 경찰을 보거나 경찰서 앞을 활보하지 못합니다. 그가 지은 죄가 있기 때문입니다. 탈세를 한 사람은 국가의 법을 어겼기 때문에 탈세범입니다. 그러나 그가 탈세 사실을 국세청에 신고하고, 탈세한 세액(稅額)에 이자, 벌금까지 다 갚고 나면 그는 비로소 자유인이 됩니다.

한국에서 개인이나 단체나 직장이나 국가에 죄를 범하고 해외로 도피해 와서 이름을 바꾸고 더러는 얼굴 성형도 하고 살아가는 사람이 적지 않다는 이야기를 듣습니다. 그들이 해외로 도피했거나 이름을 바꾸었거나 얼굴 성형을 했다 해도, 그들이 지은 죄는 없어지지 않습니다. 그 죄를 해결하기 전에 그들에게 자유는 없습니다. 밤낮으로 혹시 수사관들이 들이닥치지 않을까 초조하게 살아갑니다. 죄의 종입니다.

우리가 비록 우리 신앙 때문에 감옥에 갇혔다 해도, 감옥 속에서도 양심의 자유를 누리고 살면 우리는 자유인입니다. 외적 자유가 중요한 것이 아니고 내적 자유가 더욱 중요합니다. 모든 미국인이 외적 자유를 만끽하고 산다 해도 그들에게 내적 자유가 없다면, 다시 말해 죄의 굴레를 벗어나지 못하면 그들은 아직도 노예로 살고 있는 것입니다.

예수님께서는 "죄를 범하는 자마다 죄의 종이니라"(요 8:34)고 선포하셨습니다. 또한 "진리를 알지니 진리가 너희를 자유롭게 하리라"(요 8:32)고 말씀하시면서, 진리 되시는 예수님을 알아야 자유를 얻게 된다고 말씀하셨습니다. 외적 자유도 중요하지만, 내적 자유, 영혼의 자유는 우리가 누려야 할 참된 자유임을 명심해야 합니다. 이 자유를 온 세상에 선포하기 위해 열심히 전도해서 내적 자유를 얻는 사람들이 늘어나게 해야 할 책임이 나에게 주어져 있습니다. 열심히 전도합시다. 샬롬.

미국 독립선언서

"주는 영이시니 주의 영이 계신 곳에는 자유가 있느니라." (고후 3:17)

신대륙의 동부 13개 주 대표들이 1776년 7월 4일 필라델피아 인디펜던스 홀에 모여 독립선언문을 발표하였습니다. 이 선언문 제2장 첫머리에 "모든 사람은 평등하게 창조되었고, 창조주는 몇 개의 양도할 수 없는 권리를 부여했는데, 그 권리 중에 생명과 자유와 행복의 추구가 있다"는 내용이 있습니다.

이 내용의 첫째는 모든 사람은 평등하게 창조되었다는 것입니다. 지구상에 있는 모든 사람은 인종, 종족, 혈통, 지역, 직업, 성별 등 어떤 조건으로도 인간을 차별해서는 안 된다는 말입니다. 과거에는 어떤 국가나 사회든 간에 인간 사이에 계층이 있었습니다. 왕족, 귀족, 성직자, 평민, 종, 노예 등이 그것입니다. 또한 남자와 여자가 엄격히 구별되어 있었고 노소(老少)의 차별도 존재했습니다.

지금부터 250년 전 미국이 독립하면서 모든 사람은 평등하다는 평등사상을 선언했지만, 당시에도 흑인은 말할 것도 없고 남자도 부동산이 없으면 투표권을 갖지 못했습니다. 백인 여성이 투표권을 갖게 된 것도 1920년으로 독립을 선언한 지 140년이 지난 후였습니다. 차별 없는 세상을 선언했지만, 실현은 오랜 세월을 요구합니다.

독립선언서가 발표된 지 250년이 된 지금도 여전히 백인들은 흑인, 히스패닉, 아메리칸 인디언, 아시안들을 눈에 보이지 않게 차별하고 있습니다. 야고보 장로는 "주 예수 그리스도에 대한 믿음을 너희가 가졌으니 사람을 차별하여 대하지 말라"(약 2:1)고 경계하셨습니다. 적어도 교회 안에서는 차별이 없어야 한다는 말입니다.

다음은 창조주가 양도할 수 없는 권리를 부여했는데 그중에 생명과 자유와 행복 추구가 있다고 선언했습니다. 하나님께서 주신 생명은 그 누구도 훼손할 수 없는 하늘이 내리신 선물입니다. 옛날 제왕들은 백성들에 대한 생사여탈권(生死與奪權)을 쥐고 있어서, 아무 죄가 없는 사람도 죽일 수 있는 권한을 갖고 있었습니다. 그러나 오늘날에는 법에 의하지 않고는 그 누구도 사람의 생명을 해칠 수 없습니다.

자유는 그 무엇보다도 소중한 것입니다. 자유론의 대가(大家) 존 스튜어트 밀(John S. Mill)은 "자유는 천부(天賦: 하늘이 내려 준)적인 권리로 누구도 개인의 자유를 제한할 수 없지만, 단 한 가지 예외는 다른 사람의 자유를 침해할 자유는 없다"라고 말했습니다.

지금도 공산주의 국가에서는 자유가 없습니다. 자유는 무엇보다 소중한 것이기에 패트릭 헨리(Patrick Henry)는 "자유가 아니면 죽음을 달라"고 외쳤습니다. 바울 사도는 "주의 영이 계신 곳에는 자유가 있느니라"(고후 3:17)고 선언하였습니다. 진정한 자유는 죄로부터의 자유입니다. 아무리 완벽한 자유를 가졌다 해도 지은 죄가 있으면 그 죄 값을 치르기 전에는 자유가 없습니다.

우리가 세상의 법을 어기지 않아 죄가 없다 해도, 영적 죄를 해결하지 못하면 진정한 자유는 없습니다. 진정한 자유를 얻는 길은 예수 그리스도의 십자가 보혈로 우리의 죄를 씻었을 때입니다. 모든 사람이 진정한 자유를 얻게 하기 위해 열심히 복음을 전해서 그리스도 안에서 참 자유를 얻게 해야 합니다.

마지막으로 행복 추구권인데, 세상에 참된 행복은 없습니다. 참된 행복은 우리가 그리스도 안에 있을 때 오는 법입니다. 행복하기를 원하는 사람은 예수 그리스도 앞으로 나아와야 합니다. 여기에 참된 자유와 행복이 있습니다. 미국 독립선언서가 실현되기 위해서는 모든 사람이 그리스도의 제자가 되어야 합니다. 그러므로 우리가 전도에 최선을 다 해야 합니다. 샬롬.

조지 워싱턴

"아무 일에든지 다툼이나 허영으로 하지 말고 오직 겸손한 마음으로 각각 자기보다 남을 낫게 여기고" (빌 2:3)

미국의 국부(國父) 워싱턴에 대해서 웬만한 사람들은 다 알고 있습니다. 영국의 식민지였던 신대륙의 13개 주가 연합해서 영국과 독립전쟁을 일으켜, 길고 지루한 8년(1775-1783) 전쟁을 끝으로 영국으로부터 독립을 이루어낸 1등 공신이 바로 총사령관이었던 워싱턴입니다.

워싱턴은 일반 사람들의 생각과는 달리 정기 교육을 한 번도 받은 적이 없습니다. 형에게서 틈틈이 글을 배운 것이 전부였습니다. 그는 17살 때에 토지 측량사로 일하다가 아버지와 형이 세상을 떠나는 바람에 광활한 농장을 상속받아 경영을 했습니다. 그는 22살 때 프랑스와의 전쟁에서 혁혁한 공로를 세우면서 군인으로 더욱 유명해졌고, 육군 대령으로 버지니아군 사령관이 되었습니다. 1775년 미국에 독립전쟁이 일어나자 워싱턴은 독립군 사령관이 되어 전쟁을 승리로 이끌었습니다.

1783년 전쟁이 끝나자 1789년 워싱턴은 만장일치로 대통령에 선출되었습니다. 4년 후인 1793년에 재선되어 4년의 임기를 채우고 다시 대통령 선거를 치르게 되었을 때, 워싱턴이 한 번 더 대통령을 해야 된다는 여론이 형성되어 있었습니다. 그러나 그는 대통령을 세 번 하면 독재를 할 가능성이 있다고 출마를 포기하고 고향 버지니아로 내려가서 다시 농사일을 시작했습니다.

그러다가 1798년 미국과 프랑스 간의 전쟁이 벌어졌습니다. 이 전쟁을 '유사전쟁(Quasi-War)' 또는 이 전쟁이 선전포고도 없이 해상에서 산발적으로 벌어진 미국과 프랑스 해군 간의 전쟁으로, '선전포고 없는 전쟁'(Undeclared War with France), '해적전쟁'(The Pirate Wars) 또는 '절반전쟁'(The Half War)이라 부릅니다. 미국 제2대 대통령 존 애덤스(John Adams)는 전쟁을 승리로 이끌 수 있는 최선의 전략가는 전직 대통령 워싱턴밖에 없다고 여기고, 그에게 도와 달라고 부탁을 했습니다. 워싱턴은 주저하지 않고 과거 자기 밑에서 일했던 애덤스 밑에 들어가 전쟁에 나서겠다고 승낙했습니다. 당시 규정에 의하면 육군 참모총장은 현역 군인이어야 했기에 애덤스가 고민하자 워싱턴은 서슴없이 육군 중장으로 복귀해서 프랑스전을 승리로 이끌었습니다.

워싱턴은 당시 66세로 병이 들어 있었는데, 결국 건강을 회복하지 못하고 1799년 군복을 입은 채로 세상을 떠나 고향 마운트버논(Mount Vernon)에 묻혔습니다. 워싱턴 대통령이 위대한 것은 그가 권력을 계속 유지하지 않고 두 번에 그친 일입니다. 워싱턴이 대통령을 세 번 하지 않겠다고 양보한 것이 미국의 전통이 되어, 이제는 법으로 두 번 이상 대통령을 할 수 없도록 규정하고 있습니다. 우리는 공산주의 국가나 왕정국가에서 왕, 수상, 대통령이란 이름으로 수십 년을 혹은 평생을 최고의 권좌에 앉아 있는 사람들이 많음을 알고 있습니다.

아직도 왕정 체제에서 왕으로 죽을 때까지 권력을 내려놓지 않는 세계 여러 나라의 모습을 보면, 미국이 얼마나 훌륭한 민주주의 체제를 유지하고 있으며 이러한 민주주의 체제를 유지하는 미국이 세계 최강, 최고 부자 나라, 세계 최고의 문화 예술 등 모든 것을 지배하는 이유가 바로 여기에 있다는 사실을 알 수 있습니다. 워싱턴은 권력을 탐하지 않은 사람이었고, 옛날 자기 부하 밑에 들어가 국가를 위하여 최전선에서 싸우는 용맹한 군인으로, 우리는 그의 겸손과 애국심을 배워야 합니다.

워싱턴은 미국의 국부일 뿐만 아니라 온 세계 사람들의 존경의 대상이 되기에 충분합니다. 우리나라에서는 언제쯤 이런 대통령을 볼 수 있을까요? 권력에 집착하지 않고 자기를 내세우지 않은 한 인간의 모습은 그리스도인의 모범 사례를 보는 것 같습니다. 겸손한 사람은 권력에 집착하지 않는 사람, 돈에 매몰되지 않는 사람, 부하의 밑에 흔쾌히 들어가서 조국을 위해서 투쟁할 수 있는 사람, 이런 사람이 진정한 그리스도인이 아닐까요? 샬롬.

아브라함 링컨의 리더십

"아무 일에든지 다툼이나 허영으로 하지 말고, 오직 겸손한 마음으로 각각 자기보다 남을 낫게 여기고" (빌 2:3)

미국 영주권자가 미국 시민이 되려면 시민권 시험을 보아야 합니다. 이 시험에서 가장 자주 묻는 질문이 미국의 제16대 대통령이 누구냐 하는 문제입니다. 이 문제는 아마 전 세계 사람들 중 알 만한 사람들은 다 아는 문제지요. 물론 아브라함 링컨입니다. 우리는 보통 링컨 대통령 하면 노예해방을 한 대통령으로 알고 있고, 또 그것은 사실입니다. 그러나 그가 노예 해방을 한 일보다 더 중요한 일은 노예 해방을 할 때까지 그가 보여준 리더십입니다.

미국의 남부지방은 농사가 주 산업이어서 노예들 없이는 농사를 지을 수 없었으므로 노예가 필수였습니다. 그러나 북부는 주로 공장 등 산업이 중심이어서 노예가 그렇게 절실하게 필요하지 않았습니다. 따라서 북부 지방의 지도자들은 노예 해방의 사상을 더 짙게 갖고 있었고, 남부 지방은 노예제를 지지할 수밖에 없었습니다. 결국 1861년 노예제를 반대하는 북부(링컨 대통령)와 지지하는 남부(제퍼슨 데이비스 대통령)가 전쟁을 시작하였습니다. 미국에서는 이 전쟁을 '내전'(Civil War)이라고 말합니다. 우리는 남북전쟁이라 하지요.

저는 노예제 문제로 전쟁을 시작했으면 링컨이 바로 노예해방 선언을 했어야 했는데, 전쟁이 시작된 지 2년이 다 된 1863년 1월 1일에서야 선언을 했을까라는 의문을 갖고 있었습니다. 미국 역사를 자세히 살펴보면 링컨의 마음속에는 노예제 존치(存置)냐 폐지냐의 문제보다 미국이 분열되느냐 마느냐 하는 문제가 더욱 중요했습니다. 노예제 폐지는 확실한 명제였지만, 이 문제로 미국이 남북으로 두 쪽이 돼서는 안 된다는 것이 링컨의 생각이었습니다. 따라서 그가 남북전쟁을 시작한 것도 노예제를 지지하는 남부가 대통령을 세우고 단독의 국가를 구성하려 했기 때문에 어쩔 수 없었기 때문이었습니다.

따라서 그는 어떻게 해서든지 국가가 분열되지 않고 다시 하나가 되기 위해서는 남부가 반대하는 노예제 폐지를 당장 선포할 수는 없었습니다. 북부의 많은 사람이 전쟁을 하는 마당에 왜 노예제 폐지 선언을 하지 않느냐며 링컨을 몰아세웠지만, 링컨은 대국적인 견지에서 남부를 항구적으로 고립시키지 않으려고 이를 미루었던 것입니다. 그래서 그는 전쟁이 시작된 지 2년이 다 될 때까지 선언을 유보했던 것입니다. 이것이 링컨의 위대한 포용의 리더십이었습니다. 전쟁에서 이긴 링컨은 패자를 몰아세워 영원한 원수로 만드는 것이 아니고, 포용해서 함께 가자는 것이 그의 정책이었습니다. 적을 품어 안은 아량과 도량을 갖춘 인물이 바로 링컨이었습니다.

오늘 한국이나 미국 정치권을 보면 마치 부모를 죽인 원수를 대하는 것처럼 철저히 없애 버려야 하는 철천지원수처럼 대하면서 정치를 하는 모습을 보고 있습니다. 정치는 어디까지나 생각이 다른 사람들이 각각 당을 만들어 상대방의 정책을 비판하고 배척하지만, 대안을 가지고 국민들을 설득해야 하는데, 무조건 없애려는 마음을 갖고 대항하는 것은 패망의 길로 들어서는 것입니다.

오늘 정치 지도자들은 적을 품어 안을 수 있는 포용의 정치를 한 위대한 지도자 링컨의 정신을 배워야 합니다. 여기에 소위 상생의 원리가 나오는 것입니다. 바울 선생이 "나보다 남을 낫게 여기라"는 권면을 따르지는 못해도, 나와 동등하다는 생각쯤은 할 수 있지 않을까요? 샬롬.

영국 왕과 미국 대통령

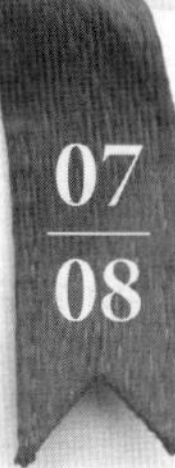

"내 형제들아 영광의 주 곧 우리 주 예수 그리스도에 대한 믿음을 너희가
가졌으니 사람을 차별하여 대하지 말라… 너희가 사람을 차별하여 대하면
죄를 짓는 것이니" (약 2:1, 9)

2023년 7월 중순, 유럽을 방문 중인 바이든 대통령이 첫 순방지인 영
국 윈저성에서 영국 왕 찰스 3세(Charles III)를 만났습니다. 10개월 전 찰
스 3세의 대관식 이후 다시 처음 만났는데, 찰스 3세는 건물 밖까지 나
와 차에서 내리는 바이든 대통령을 맞이했고, 악수를 한 후 근위병 악
대가 양국 국가를 연주하는 것을 듣기 위해 단상으로 올라갔습니다.

그런데 이 과정에서 바이든이 찰스 3세의 등에 가볍게 오른손을
얹었습니다. 이 일은 일반적으로 있을 수 있는 일입니다. 그런데 문제
는 왕족이 먼저 나서지 않는 경우 개인적인 신체 접촉을 해서는 안 된
다는 영국 윈저 왕가의 불문율을 어긴 것이라는 지적을 하는 사람들이
있었습니다. 영국 귀족 연감을 펴내고 있는 측에서는 "왕족이 먼저 포
옹해 오거나 팔을 들어 올 수는 있지만, 당신은 일단 가만히 기다리며
어떤 행동이 적합할지를 살펴보는 것이 낫다"고 조언했습니다.

그러나 한 왕실 관계자는 바이든 대통령의 '접촉'을 두고 "두 사람
과 두 국가 사이의 따뜻함과 애정의 훌륭한 상징이었다"고 말했습니
다. 이런 논란에도 불구하고 대체적인 견해는 "국왕 폐하는 이와 같은
종류의 접촉을 전적으로 편안해한다. 일부 보도와 달리 의전에 부합하
는 행동이었다"고 말했습니다.

저는 이 기사를 읽으면서 일부 사람들의 고루한 사상은 변하기가
참 어렵구나 하는 생각을 했습니다. 본디 미국(신대륙)은 17세기 초, 청

교도들이 영국 왕이 영국 교회의 신앙을 강압하자 이를 거부하고 영국을 떠난 사람들이 시작한 나라입니다. 미국은 1776년 영국과의 독립전쟁에서 승리한 후 13개 주의 대표들이 모여 국가의 대표를 선출하였습니다. 그런데 이 사람의 호칭 문제가 대두되었습니다. 지금까지 국가의 대표는 왕이었습니다. 당시 전 세계 모든 나라는 왕이 다스렸습니다.

그러나 미국은 왕이 없는 새로운 나라였기에 국민들이 뽑은 대표자의 이름을 무엇으로 해야 하느냐는 문제에 부딪힌 것이지요. 어떤 사람은 '대표자'(Representative), '의장'(Chairman), 단순히 '지도자'(Leader) 등등의 의견이 분분했는데, 그중 한 사람이 '프레지던트'(President)라는 것이 어떠냐고 말하자 모두 동의하여 프레지던트라는 용어를 채택했습니다.

미국에는 프레지던트가 무수히 많습니다. 미국 대통령은 The President of the United States of America입니다. 하버드대학교 총장은 The President of the Harvard University, IBM의 대표도 The President of the IBM 등입니다. 미국에는 무수한 프레지던트가 있습니다. 미국에는 프레지던트가 많아 미국 대통령은 '대통령'이 아니고, '보통령'(보통사람들의 대표)입니다.

영국 찰스 3세는 76세고 바이든은 82세로 바이든이 6살 더 많습니다. 따라서 나이 든 노인이 자기보다 젊은이의 등에 손을 올리는 것은 문제가 될 수 없습니다. 찰스 3세는 영국의 왕이지 미국의 왕은 아닙니다. 이제 자유 민주 사회에 옛날 같은 왕은 우리에게 없습니다. 왕이 초법(超法)적으로 국가를 운영하던 시대는 이미 지났습니다. 과거의 왕이나 왕실 가족도 일반 국민과 똑같이 살면서 일도 하고 세금도 냅니다.

왕은 종신이지만, 프레지던트는 4년이면 임기가 끝납니다(한국은 5년). 그리고 새로운 대통령이 국민의 대표자가 되어 다시 4년을 지도합니다. 이제 우리는 왕이 없고 국민의 대표가 있는 세상에 살고 있습니다. 찰스 3세는 특별한 존재가 아닙니다. 그냥 영국의 왕일 뿐입니다. 19세기 때의 왕이 아니란 말입니다. 우리에게 왕은 오직 예수 그리스도 한 분뿐이십니다. 샬롬.

미국의 대통령 선거 제도

"봉사와 사도의 직무를 대신할 자인지를 보이시옵소서… 제비 뽑아
맛디아를 얻으니 그가 열한 제자의 수에 들어 가니라." (행 1:25-26)

미국 대선이 얼마 남지 않았습니다. 저에게 예비 선거 투표지가 우편으로 배달되어 투표를 했습니다. 우선 한국 사람이 출마한 곳에는 한국 사람을 골라서 표시했고, 우리의 생활과 직결되는 주민 발의안 몇 개에도 표시했습니다. 마지막으로 대통령 후보로 공화당의 트럼프냐 민주당의 해리스냐에 부딪혔을 때 망설이지 않을 수 없었습니다. 솔직히 말해서 두 사람 다 별로 마음에 들지 않습니다. 트럼프는 과거 4년 동안 대통령을 하는 동안 돌출 행동과 말로 많은 문제를 일으켰고, 전통적으로 공화당은 총기 규제를 반대하기 때문에 내키지 않습니다. 그러나 동성 결혼과 낙태를 반대하기 때문에 끌리는 면도 있습니다.

한편 해리스는 미국 역사상 처음으로 여자가 대통령이 될 수 있는 가능성이 열려 있어서, 남자만 줄곧 해 오던 대통령을 이제 미국도 여자가 한번 해 보는 것이 좋겠다는 생각을 하고 있습니다. 미국보다 모든 면에서 뒤처지는 미국 바로 아래 붙어 있는 멕시코도 이번에 여자가 대통령으로 선출되었는데, 미국도 이제 여자가 한번 대통령을 해 보는 것이 어떻겠냐는 생각도 해 보았습니다. 그런데 마음에 걸리는 것은 민주당은 전통적으로 동성결혼과 낙태를 지지한다는 점입니다. 동성 결혼과 낙태는 성경 말씀에 어그러진 일이므로 우리 기독교인들에게는 신앙적으로 용납할 수 없는 범죄입니다.

그런데 제가 미국에 와서 선거 제도를 살펴볼 때, 한 가지 중대한

모순을 발견했습니다. 주지사나 주 의원을 선출할 때는 다수결로 결정하는 데 반해, 연방 대통령 선거에서는 다수결이 아니고 538명의 선거인단 수를 누가 더 많이 가져가느냐로 결정합니다. 트럼프가 대통령으로 선출되던 때 민주당 힐러리 클린턴 후보가 전체 국민의 약 300만 표를 더 얻었지만, 선거인단 수를 더 가져간 트럼프가 대통령에 당선되었지요. 민주주의는 다수결이 원칙인데 어떻게 300만 표를 더 얻은 후보가 떨어질까요?

미국 전체 선거인단 수는 주 인구 비례에 따라 배분됩니다. 선거인단 총수는 538명으로 270명을 확보한 후보가 대통령이 됩니다. 캘리포니아 선거인단 수는 55명인데, 가령 공화당 후보 지지가 49.9%, 민주당 지지가 50.1%면 선거인단 55명을 민주당이 모두 가져가는 승자 독식 제도입니다. 이것이 말이 됩니까? 선거인단을 반반씩 가져가야지 0.1%, 아니, 단 한 표가 더 많으면 55명 전원을 가져간다는 것은 민주주의 제도에서는 도무지 이해할 수 없는 엉터리 제도 아닙니까? 이런 제도는 빨리 시정되어야 하겠지요.

미국 대통령은 미국 대통령으로 끝나는 것이 아니고 세계 대통령이라 해도 과언이 아닐 정도로 중요한 인물이므로, 모쪼록 하나님의 뜻을 잘 따르는 사람이 당선되어 미국을 그리고 세계를 안정적으로 이끌어 가도록 열심히 기도해야겠습니다. 모든 일은 역사를 주관하시는 하나님의 뜻에 달려 있다고 믿고 있으니, 하나님의 뜻을 기다려 봅시다. 미국을 위해 열심히 기도합시다. 샬롬.

민주주의의 허점

"그들은 소리 질러 이르되 그를 십자가에 못 박게 하소서. 십자가에 못 박게 하소서 하는지라… 그들이 큰 소리로 재촉하여 십자가에 못 박기를 구하니 그들의 소리가 이긴지라." (눅 23:21, 23)

주전 8세기, 도시 국가 아테네는 귀족들이 다스리는 나라에서 서서히 민주정(民主政)으로 바뀌어 갔습니다. 민주정의 가장 중요한 기관은 입법부 역할을 하는 민회(民會)와 행정부 역할을 하는 500인회였습니다. 그런데 민주정이 시간이 가면서 정치에 참여하는 자유시민의 무절제한 권한 남용의 폐해를 목격한 아테네의 철학자들은 민주정을 반대하고 나섰습니다.

주전 399년 민주정에 의해 추천된 아테네의 500명 배심원은 360 대 140표로 젊은이를 선동하고 국가가 믿는 신을 부정한다는 이유로 소크라테스를 사형에 처하자는 고발인들의 제안을 받아들였습니다. 재판이 끝난 한 달 후에 소크라테스는 "악법도 법이다"라는 의미 있는 말을 한 후 의연하게 독약을 마시고 세상을 떠났습니다. 다수결을 원칙으로 하는 민주주의의 모순이 여기서 드러난 것입니다.

소크라테스의 수제자였던 플라톤은 진정한 현자인 스승을 어처구니없이 죽인 민주정을 결코 용납하지 못했습니다. 나라를 다스릴 능력과 자격을 갖추지 못한 시민이 추첨(선거)을 통해 관직에 앉게 된다는 점, 그런 사람들이 민회에 모여 중요한 국가적 결정을 내린다는 것이 매우 위험하다는 것을 깨달았습니다.

20세기 초 독일의 히틀러는 쿠데타가 아니라 민주적 선거를 통해 권력을 잡았습니다. 의회의 다수가 되자 그는 다수의 힘으로 민주주의를 파괴하고 폭력적 독재정권을 세웠습니다. 민주주의의 모순이 여기 또 나타난 것입니다. 민주주의를 칭송하던 사람들도 공공성이 결여된 사회, 욕망, 비합리성으로 가득한 세상에서는 민주정치가 정상적으로 작동하는 것은 불가능하다는 확신을 갖기 시작했습니다.

프랑스의 저명한 역사가, 정치철학자, 사회학의 선구자인 알렉시 드 토크빌(Alexis de Tocqueville: 1805-1859)은 "모든 시민은 그들의 수준에 맞는 정부를 갖는다"라는 유명한 말을 했습니다. 러시아 국민들은 푸 틴이라는 사람에게 90% 가까운 지지를 보내 그를 30년 동안 통치하게 만들었습니다. 아프리카의 많은 민주공화제를 택한 나라들의 권력을 잡은 자들은 수십 년 동안, 아니 종신토록 권력을 내려놓지 않고 휘두 르고 있어도 국민들은 여전히 그 독재자를 지지하고 있습니다.

금년(2024년)은 윤년(閏年)입니다. 4년마다 한 번씩 돌아오는 윤년에 는 세계적으로는 올림픽 대회가 열리고, 미국에서는 대통령 선거가, 한 국에서는 국회의원 선거가 있지요. 선거는 국민들이 자기들의 대표자 들을 선출하는 행사입니다. 그러나 그 국민들의 수준이 어느 정도냐에 따라서 선출된 지도자들을 맞게 됩니다. 미국은 빛나는 민주주의 역사 를 가지고 있지만, 항상 그랬던 것만은 아닙니다.

조지 워싱턴, 토머스 제퍼슨, 아브라함 링컨, 존 케네디, 로널드 레 이건 같은 위대한 대통령을 선출하기도 했지만, 누구라고 구체적으로 이름을 들지 않아도 미국 대통령으로서는 도저히 자격이 없는 사람들 이 대통령을 한 때도 많았습니다. 이번 한국의 국회의원 선거를 멀리서 바라보면서 토크빌의 말은 결코 흘러가는 말이 아니라는 것을 확신했 습니다. 대한민국 국민의 수준에 어울리는 국회의원을 선출했으니, 또 그 의원들이 그들의 수준에 맞는 정치를 하겠지요. 국민들이 선택했으 니 그런 사람들이 하는 정치를 바라보면서 또 4년을 보내게 됐네요.

국회의원들 중에 진정한 기독교 신앙을 가진 사람들이 많아서 성경 말씀대로 정치를 해야 국가와 민족이 번영할 수 있는데, 국회의원 중 교인 숫자는 많은데 하는 일들을 보면 교인이라고 할 수 없는 의원들이 태반이니 참 한심한 노릇입니다. 진정으로 하나님을 두려워하는 의원들이 많이 나오도록 열심히 전도하고 더욱 기도해야겠습니다. 물론 기독교 신앙을 가진 국민들이 더욱 많아져서 그에 걸맞은 국회의원들을 선출해야 하겠지요. 열심히 기도하며 전도합시다. 샬롬.

미국의 쿠데타

"각 사람은 위에 있는 권세들에게 복종하라. 권세는 하나님으로부터 나지 않음이 없나니, 모든 권세는 다 하나님께서 정하신 바라." (롬 13:1)

우리는 보통 쿠데타가 일어났다고 하면 아프리카나 아시아 또는 남미 어느 나라에서 일어난 걸로 생각합니다. 그런데 미국에서 쿠데타 음모가 있었다면 여러분들은 믿어지십니까? 그런데 미국에서도 쿠데타 음모가 있었습니다. 1929년 미국 주식 시장이 붕괴되면서 미국은 경제 대공황에 빠져들었습니다. 1,600만 명의 노동자가 직장을 잃었고, 5,000여 개 이상의 은행이 도산했으며, 수백만 명의 가족이 정든 집을 잃었습니다. 당시에는 현재 실시되고 있는 실업보험, 최저임금, 사회보장 또는 메디케어와 같은 서민들의 삶을 안전하게 만드는 장치가 하나도 없었습니다.

이 어려운 때 혜성같이 나타난 인물이 미국의 제32대 대통령 프랭클린 루스벨트입니다. 루스벨트 대통령은 뉴딜(New Deal) 정책을 실천해 나갔는데, 이 정책은 대단한 성공을 거두었고 마침 제2차 세계대전이 일어나면서, 루스벨트 대통령은 미국 역사상 처음이고 마지막으로 네 번의 연임 대통령이라는 대기록을 남겼습니다. 그런데 루스벨트의 뉴딜 정책은 주로 서민층과 중산층 살리기에 역점을 두었기 때문에, 부자들 당(黨)인 공화당과 부유층 그리고 기업가와 금융가들의 비난을 피할 수 없었습니다. 루스벨트는 대공황의 원인을 제공했다고 여겨지는 은행에 다양한 규제를 가했고, 기업에 대한 정부의 강력한 통제를 실천했습니다. 따라서 미국의 경제를 좌우하는 월가의 금융업계와 대기업가들은 정부가 기업의 자유를 지나치게 침해한다고 불만을 토로하기 시작했습니다.

이러한 루스벨트의 뉴딜 정책에 반기를 든 사람들이 루스벨트를 몰아내고 친자본주의 형태의 파시스트 정부를 수립할 음모를 꾸몄습니다. 이것이 1933년 '월가의 반란(Wall Street Putsch)'이라고 불린 쿠데타 음모였습니다. 이 음모에 가담한 사람들은 미국의 대표적인 대기업가들로, 자금을 모으고 무기를 준비하면서 50만 명에 이르는 1차 대전 참전 군인들을 동원해서 워싱턴으로 진격해 루스벨트 대통령을 체포한다는 계획을 세웠습니다.

그들은 이 쿠데타의 지휘관으로 당시 군대 내에서 신망이 높았던 스메들리 버틀러(Smedley Butler) 장군을 섭외했는데, 버틀러는 이 계획을 국가에 대한 반역으로 여기고 당시 FBI 국장 J. 에드거 후버(J. Edgar Hoover)에게 알림으로써 쿠데타는 실패로 끝나고 말았습니다. 그런데 이 사건이 미국 사회에 크게 알려지지 않고 조용히 넘어갈 수 있었던 것은, 이들이 루스벨트 대통령의 뉴딜 정책에 적극 협조한다는 조건으로 대통령이 이들의 처벌을 면제해 주었기 때문입니다.

쿠데타로 권력을 장악한 정권은 독재로 흐르게 되어 있고, 한 번 권력을 잡은 군부는 그 권력을 내놓지 않고 수십 년 동안 그리고 자식에까지 물려주면서 독재를 계속하고 있는 현상을 아프리카, 아시아, 남미 여러 나라에서 보고 있습니다.

쿠데타는 불법입니다. 합법적으로 국민들이 선출해서 세운 정부를 무력으로 몰아내고 권력을 장악하는 것은 결코 하나님의 뜻이 아닙니다. 바울 선생은 로마서 13장에 "각 사람은 위에 있는 권세들에게 복종하라 권세는 하나님으로부터 나지 않음이 없나니 모든 권세는 다 하나님께서 정하신 바라"고 말씀하였습니다. 물론 폭군에게 무조건 복종하라는 의미는 아닙니다. 권세를 잡은 자들이 선정을 베풀고 백성들을 위하여 나라를 잘 다스릴 때 복종하라는 말씀입니다.

예수님께서는 "그때 내가 그들에게 밝히 말하되 내가 너희를 도무지 알지 못하니 불법을 행하는 자들아 내게서 떠나가라"(마 7:23)고 말씀하셨습니다. 불법과 합법은 하늘과 땅만큼 차이가 있습니다. 모든 일은 합법적이어야 합니다. 기독교 신앙은 항상 합법 편에 섭니다. 샬롬.

탄핵

"모든 사람이 죄를 범하였으매 하나님의 영광에 이르지 못하더니
그리스도 안에 있는 속량으로 말미암아 하나님의 은혜로 값없이 의롭다
하심을 얻은 자 되었느니라." (롬 3:23-24)

2024년 말 한국의 정치는 혼돈 가운데 있었습니다. 윤석열 대통령의 비상계엄령 선포가 6시간 만에 해제되는 촌극이 벌어졌고, 이어 대통령이 탄핵되어 국무총리가 대통령 권한 대행이 되었으나 국무총리까지 탄핵을 당하는 사상 초유의 사건이 발생하여 한국은 전 세계에 부정적 뉴스를 전했습니다.

탄핵은 무슨 뜻일까요? 탄(彈)은 '퉁길 탄'에, 핵(劾)은 '캐물을 핵'으로 원래 뜻은 '죄상을 들어서 책망함'이란 뜻입니다. 법률용어로는 보통 절차에 의한 파면이 어려운 대통령, 공무원, 법관 등을 국회에서 소추(訴追)해서 해임하거나 처벌하는 일입니다. 그런데 우리의 과거 역사에서도 고위 관리가 법을 어기거나 부정을 했을 때 임금에게 아뢰는 제도가 있었습니다. 조선왕조실록에 탄핵이란 단어가 6,462번 등장합니다. 탄핵을 맡은 부서는 삼사(三司)라고 불리던 사헌부(司憲府), 사간원(司諫院), 홍문관(弘文館)이었습니다. 이들을 언론 3사라고도 부릅니다. 사헌부는 관리들에 대한 감찰이나 인사에 관여했고, 사간원은 임금의 잘못된 일을 고치도록 진언(進言)을 했으며, 홍문관은 임금의 학문적, 정치적 자문에 응하면서 무엇이 옳은지 알려 주는 역할을 했습니다.

대체로 탄핵의 이유는 도덕적 해이였는데, 도성 축조 공사에 감독을 소홀했다거나 왕비의 상중(喪中)에 술을 마셨다거나 궁중 기밀을 누설했거나 자신의 범죄 기록을 파괴하는 등이었습니다. 조선시대 때 탄

핵은 왕을 뺀 모든 관리가 대상이 되어 관리들의 두려움이 되었으나, 때로는 권력투쟁과 정치적 목적 달성을 위한 수단이 되기도 했습니다.

예수님께서 성전에서 가르치고 계셨을 때, 한 떼의 유대인들이 간음하다 현장에서 잡힌 여인을 끌고 와서 예수님께, "이 여자가 간음하다 현장에서 잡혔나이다. 모세는 율법에 이러한 여자를 돌로 치라 명하였거니와, 선생은 어떻게 말하겠나이까?"(요 8:4-5)라고 묻자, 예수님께서는 "너희 중에 죄 없는 자가 먼저 돌로 치라"(요 8:7)고 말씀하셨습니다. 이 말씀을 들은 자들은 양심에 가책을 느껴 어른으로부터 젊은이까지 하나씩 빠져나가고 죄지은 여인과 예수님만 남아 있었습니다. 생각해 보면 탄핵을 하는 사람은 정말 죄가 없는 사람들일까요? 탄핵을 주창하는 사람들도 남이 모르는 범죄가 한두 가지가 아닐 것입니다.

모든 인간은 하나님 앞에서 죄인들입니다. 이 세상에 그 어떤 사람도 나는 죄가 없다고 말할 사람은 없습니다. 기독교는 "모든 사람이 죄를 범하였으매 하나님의 영광에 이르지 못하더니 그리스도 안에 있는 속량으로 말미암아 하나님의 은혜로 값없이 의롭다 하심을 얻은 자 되었느니라"(롬 3:23-24)고 선언합니다. 따라서 사랑의 하나님께서는 스스로 인간이 되어 세상에 오셔서 세상 모든 사람의 죄를 대신 지시고 십자가의 고난을 당하셨습니다. 따라서 우리는 십자가의 보혈로 죄 씻음을 받고 정결한 사람이 된 것입니다. 우리는 죄가 없어서 천국에 가는 것이 아니고, 전적으로 하나님의 값없이 주시는 은혜 덕분입니다.

탄핵은 다른 사람을 탄핵하는 것이 아니라 스스로를 탄핵해야 합니다. 이것이 바로 참회이며 하나님의 자녀가 되는 길입니다. 우리는 끊임없이 자신을 탄핵하면서 회개하여 하나님으로부터 용서를 받고 하나님의 자녀의 자격을 유지해야 합니다. 이것이 우리 그리스도인들이 지켜 나가야 할 본분입니다. 샬롬.

사진 한 장과 상혼

"돈을 사랑함이 일만 악의 뿌리가 되나니 이것을 탐내는 자들은 미혹을
받아 믿음에서 떠나 많은 근심으로써 자기를 찔렀도다." (딤전 6:10)

사진이 세상에 처음 나온 것은 1826년으로 프랑스 사람 조세프 니세포르 니에프스(Joseph Nicephore Niepce)의 '그라의 창문에서 바라본 조망'(Point de vue du Gras)이 인류 최초의 사진입니다. 이때부터 시작한 사진은 이 세상의 그 어떤 것보다도 확실한 역사적 증거 자료를 제시합니다. 사람의 말이나 글은 정확하지 않고 거짓말, 과장, 왜곡 등으로 역사 기록의 확실한 증거가 되기 어렵습니다. 그러나 사진은 움직일 수 없는 증거가 됩니다. 물론 오늘에는 사진을 조작할 수 있어서 사진도 믿을 수 없는 세상이 되었지만, 사진 조작 기술이 생기기 전에 찍어 놓은 사진은 가장 확실한 역사적 사료(史料)가 됩니다.

1970년 12월 어느 추운 날, 폴란드를 방문한 서독의 총리 빌리 브란트(Willy Brandt)가 유대인 위령탑 앞에 무릎을 꿇고 사죄하는 사진이 온 세계에 전달되면서 많은 신문은 "무릎 꿇은 이는 브란트 한 사람이지만 일어선 것은 독일 민족"이라고 보도했습니다. 당시 폴란드 총리도 눈물을 흘리면서 "용서한다. 잊기는 힘들지만…"이라는 말을 했습니다.

베트남전 당시 네이팜탄으로 파괴된 마을에서 알몸으로 울면서 뛰어 나오는 어린 소녀 사진 한 장이 네이팜탄의 민간인 거주지 사용을 금지하는 국제협약을 맺어지게 했습니다. 아프리카 수단에서 내전으로 굶어 죽어가는 아이를 뜯어먹기 위해 기다리던 독수리 떼를 찍은

사진이 온 세계에 보도되면서 수단 사태 해결을 촉구하는 여론이 크게 일어났던 일도 있었습니다.

최근 2024년 7월 미국 펜실베이니아에서 유세하던 공화당 대통령 후보 도널드 트럼프 전 대통령이 백인 청년 토머스 크룩스(20)가 쏜 총알이 오른쪽 귀를 스쳐 지나가면서 얼굴에 피가 흐르는 장면이 찍힌 사진이 보도되었습니다. 트럼프가 성조기가 나부끼는 파란 하늘 아래서 오른손을 들고 'Fight'를 외치는 모습이 마치 파리 루브르 박물관에 소장되어 있는, 1830년 프랑스 화가 외젠 들라크루아(Eugene Delacroix)가 그린 '민중을 이끄는 자유의 여신(La Liberte Guidant le Peuple)'과 비슷해서 대조가 되었습니다. 들라크루아의 작품은 1830년 7월 혁명을 지지하는 것으로 후에 프랑스가 공화제로 전환되는 하나의 계기가 되었습니다.

상인(商人)들은 돈 버는 일에 민감하게 움직입니다. 트럼프의 피격 사건이 일어난 지 불과 2시간여 만에 온라인에서는 당시 사진이 박힌 티셔츠 판매가 보도되었습니다. 트럼프가 경호원들이 둘러싼 와중에도 오른손 주먹을 번쩍 들고 'Fight, Fight'를 외치는 사진을 인쇄한 티셔츠가, 이 사진을 공개한 지 불과 2시간 남짓한 시간에 출품되었습니다.

우리는 장사꾼들이 돈 버는 일에 빠르게 움직이는 모습을 보면서 놀라지 않을 수 없습니다. 트럼프가 암살범의 총에 죽을 수도 있는 현장 사진을 돈 버는 데 머리를 쓰는 사람들은 도대체 어떤 무리들일까요? 그런 셔츠를 사는 사람들이 있으니 그런 물건이 나오는 것이겠지요.

바울 사도는 "돈을 사랑함이 일만 악의 뿌리가 되나니 이것을 탐내는 자들은 미혹을 받아 믿음에서 떠나 많은 근심으로써 자기를 찔렀도다"라고 말씀하셨습니다. 돈보다 인간의 생명은 얼마나 고귀한 것입니까? 모든 사람이 진리이신 주님께로 돌아오게 하기 위해 함께 기도해야 합니다. 샬롬.

가짜 뉴스

"이르되 너희는 말하기를 그의 제자들이 밤에 와서 우리가 잘 때에 그를
도둑질하여 갔다 하라." (마 28:13)

세상에는 진짜와 가짜가 있습니다. 문제는 무엇이 진짜고 무엇이 가짜
인지 분간하기가 어렵다는 점입니다. 가짜는 거짓입니다. 구약 성경에
도 거짓 선지자들이 많았지만, 예수님 당시에도 거짓 뉴스가 팽배했습
니다. 예수님께서는 살아생전에 돌아가신 후 3일 만에 부활하실 것을
누누이 말씀하였고 강조하였습니다. 예수님은 무덤에 계신 지 3일 만
인 안식 후 첫날(주일) 새벽 부활하셔서 갈릴리로 가셨습니다.

예수님께서 부활하신 사실을 간파한 장로들과 바리새인들은 예수
님의 부활이 세상에 알려지면 큰 혼란이 일어날 것을 염려하여, 무덤을
지키던 군인들을 돈으로 매수하여 자기들이 잘 때 제자들이 와서 시신
을 도둑질해 갔다고 말하라고 사주(使嗾)하였습니다. 따라서 "이 말이
오늘날까지 유대인 가운데 두루 퍼지니라"(마 28:15)고 기록되어 있습니
다. 예수님께서 부활하신 것이 분명했지만, 제자들이 시신을 도둑질했
다는 가짜 뉴스가 세상에 퍼지면서 사람들은 그 가짜를 진짜로 믿었던
것입니다.

예수님께서 부활하신 후에 많은 사람에게 보이셨고 하늘로 승천
하실 때도 본 사람들이 많았지만, 여전히 예수님의 부활을 믿지 않고
가짜 뉴스를 믿는 사람들이 부지기수입니다. "한 사람은 영원히 속일
수 있고 많은 사람을 한 번 속일 수는 있어도, 많은 사람을 영원히 속일
수는 없다"는 말이 있습니다. 그런데 세상에 가짜가 진짜처럼 유행하

는 것은 많은 사람이 진실보다는 가짜를 더 믿기 때문입니다.

　　과거 한국의 광우병 소동도 아무 근거 없는 가짜 뉴스인데도 많은 사람이, 심지어 초등학생들까지도 미국산 소고기를 먹으면 뇌에 구멍이 숭숭 뚫려 죽는 것으로 믿었습니다. 가짜가 잠깐 승리한 것이지요. 제2차 세계대전 때 히틀러 밑에서 온갖 가짜 뉴스를 양산해서 독일 사람들을 히틀러에게 맹종하게 만든 파울 괴벨스(Paul Goebbels)의 가짜 선전은 독일 민족을 바보로 만들어 버렸습니다. 괴벨스의 가짜 선전에 현혹된 독일 사람들은 전쟁 중에 말로 다 할 수 없는 고통을 당했을 뿐만 아니라 전쟁이 끝난 후에도 필설로 표현하기 어려운 고난을 당했습니다. 가짜에 속아 넘어간 대가였습니다.

　　예수님께서는 말세에 "거짓 선지자가 많이 일어나 많은 사람을 미혹하겠으며"(마 24:11), "거짓 그리스도들과 거짓 선지자들이 일어나 큰 표적과 기사를 보여 할 수만 있으면 택하신 자들도 미혹하리라"(마 24:24)고 경고하셨습니다. 2천 년 기독교 역사 속에 거짓 선지자들과 자신이 예수라고 자칭한 자들이 부지기수로 많았습니다. 오늘에도 자칭 예수가 많이 나타나 있고, 자칭 그리스도라고 말하는 사탄이 들끓고 있습니다.

　　이 모든 징조는 세상의 마지막이 다가오고 있다는 증거입니다. 교회 안에서뿐만 아니라 세상에 사기꾼들과 협잡꾼들이 들끓고 있습니다. 우리 그리스도인들은 정신을 똑바로 차리고 바른 신앙 안에서 십자가에 달리신 예수님만 바라보고 앞으로 정진해 나가야 합니다. 세상으로 눈을 돌리면 우리의 신앙은 흔들리게 되어 있습니다. 오직 진리이신 예수님만 바라보고 앞으로 전진해 나갑시다. 샬롬.

부정부패는 국가를 망하게 한다

"돈을 사랑함이 일만 악의 뿌리가 되나니, 이것을 탐내는 자들은 미혹을 받아 믿음에서 떠나 많은 근심으로써 자기를 찔렀도다." (딤전 6:10)

70년대 초 제가 전남 광주 보병학교에서 (군목) 장교 훈련을 받기 전에 논산훈련소에서 사병 교육을 6주 받았습니다. 고된 훈련을 마친 어느 날 저녁 식사에 소고기국이 나온다 해서 기대를 갖고 국을 받았는데, 소고기는 한 점도 없고 기름만 몇 방울 떠 있었습니다. 그 기름도 소기름인지 마가린을 풀어 띄운 기름인지 알 수가 없었습니다. 허탈해 있는 우리에게 누군가 "이것은 소가 헤엄치고 지나간 물"이라 해서 같이 웃었습니다. 분명히 국방부에서는 사병들에게 소고기국을 끓여 먹이라고 돈을 내려보냈을 텐데, 그 소고기 값은 중간에서 다 새 버리고 말단 사병, 훈련병들은 기름 몇 방울 뜬 맹탕 국을 먹었지요. 그 소를 살 돈을 설마 육군참모총장이 착복하지는 않았을 테고, 군사령관, 군단장, 사단장, 연대장, 대대장, 중대장, 소대장에 이르기까지 누군가가 착복하고 말단 사병들에게는 소고기 한 점 없는 맹탕 국을 제공한 것입니다.

1894년 청나라와 일본 간에 전쟁이 벌어졌는데 이 전쟁이 청일전쟁입니다. 청나라는 비록 노쇠한 제국이었지만 경제나 군사 등 여러 면에서 일본을 크게 앞서 있었습니다. 더욱이 이홍장(李鴻章)이라는 걸출한 인물이 북양함대를 거느리고 있었는데, 당시 최정예 전함들로 구성된 함대는 선박의 수에 있어서나 화력 면에서도 일본 군대를 완벽하게 앞서 있었습니다.

전쟁이 발발하자 청나라 해군과 일본 해군 간에 해전이 벌어졌는데, 청나라 북양함대가 일본 함대를 향하여 포탄을 발사했지만 그 포탄이 발사되는 경우는 거의 없었습니다. 왜냐하면 그 포탄들은 모두 가짜 포탄이었기 때문입니다. 포탄을 사들일 돈을 중간에서 빼먹고 엉터리 포탄을 분배했던 것입니다.

군인들에게 철저한 훈련을 시키고 정직하게 전쟁 준비를 한 일본과 부패한 관리들과 탐욕스런 지휘관들이 있는 군대가 싸우면 어떤 결과를 가져올까요? 이런 전쟁에서 어느 쪽이 이기느냐고 삼척동자에게 물어봐도 바로 대답을 할 것입니다.

1881년 조선 말기에 훈련도감에서 해고된 구식(舊式) 군인들이 13개월 동안 체불된 임금을 조정으로부터 받았는데, 지급된 쌀에 돌이 절반이나 섞여 있어 사람이 도저히 먹을 수 없었습니다. 이에 분노한 구식 군인들이 폭동을 일으킨 것이 임오(壬午)년에 일어난 '임오군란'입니다. 임오군란은 후에 일어난 동학 농민의 난으로 이어졌고, 청나라와 일본군 간의 청일전쟁에서 일본이 승리하면서 조선왕조는 500년의 막을 내리고 일제의 식민지가 되는 운명을 맞이하였습니다.

청나라가 일본에 항복하고 임오군란이 일어난 일, 그리고 동학 농민의 난이 일어난 모든 원인은 부패한 탐관오리들과 군 지휘관들의 물질적 탐욕 때문이었습니다. 물질의 탐욕은 개인과 가정, 사회와 국가까지 몰락의 길로 끌고 갑니다. 신구약 성경을 통해 물질 때문에 개인과 가정, 나아가 국가까지 패망한 사례는 어렵지 않게 찾아볼 수 있습니다.

바울 선생은 "돈을 사랑함이 일만 악의 뿌리가 되나니"(딤전 6:10)라고 경고하였습니다. 사탄은 늘 우리 곁에서 물질로 유혹을 합니다. 물질의 탐욕에 빠지면 결국 한 나라도 패망한다는 사실을 염두에 두고 살아야 합니다. 그리스도인들은 물질에 청렴한 사람들입니다. 샬롬.

조선왕조는 왜 멸망했을까?

"내가 우리 주 예수 그리스도의 이름으로 너희를 권하노니 모두가 같은 말을 하고 너희 가운데 분쟁이 없이 같은 마음과 같은 뜻으로 온전히 합하라." (고전 1:10)

500년을 내려오던 조선왕조가 패망한 원인은 여러 가지로 분석해 볼 수 있습니다. 그중 중요한 몇 가지를 분석해 보면 원인은 분당(分黨)입니다. 조선조 초기의 사화(士禍)는 반대파를 여러 이유를 들어 모조리 죽인 사건을 의미합니다. 사화는 10대 연산군 때 훈구파(지배층)와 사림파(재야의 선비들)가 대립하면서 무오(1498), 갑자(1504), 기묘(1519), 을사(1545) 사화 등을 의미합니다. 상대편의 주요 인물을 반역이나 기타 죄목으로 모조리 죽이는 사화는 조선왕조를 무너뜨리는 결과를 가져왔습니다.

다음은 사색당쟁(四色黨爭)인데 14대 선조 때부터 시작된 것으로 노론, 소론, 남인, 북인 등 네 당파 간의 갈등을 말합니다. 선조 8년(1575)에 시작되어 조선왕조의 남은 기간 동안 계속되어 당쟁에 휩싸여 싸우다가 결국 조선을 망하게 만들었습니다. 임진왜란이 일어나기 전에 선조는 일본에 통신사 황윤길과 김성일을 보내 일본의 상황을 살피고 오라고 명했는데, 이들이 돌아와서 서인 황윤길은 일본이 침략할 것이 자명하다고 보고했으나 동인인 김성일은 서인에 동의할 수 없어 전혀 그럴 기미가 없다고 상반된 보고를 했습니다. 김성일의 보고를 믿고 무방비 상태로 있다가 결국 7년에 걸친 대재난의 고통을 겪었습니다.

국가의 안위보다 자기 파의 이익을 위해 상대방의 의견을 무조건 반대하다가 임진왜란과 병자호란 같은 미증유(未曾有: 지금까지 한 번도 겪어 보지 못함)의 고난을 겪은 것입니다. 결국 조선은 사색당쟁으로 멸망한 것입니다.

다음은 매관매직(賣官賣職), 즉 벼슬을 돈 주고 사고파는 행위입니다. 많은 돈을 주고 관직을 산 자들은 백성들의 재물을 불법으로 빼앗았습니다. 이들은 돈 좀 있는 사람들을 무조건 끌어다가 "네가 네 죄를 알겠다"하면서 "저놈을 매우 쳐라"며 형틀에 묶어 놓고 볼기짝이 찢어져 피가 철철 흐를 때까지 곤장을 쳐서 결국 돈을 뜯어내는 일이 비일비재하게 일어났습니다.

흉년이 들거나 돌림병이 돌아 많은 백성이 굶어 죽고 병들어 죽어도 백성들을 돌보지 않고 자기 집안이나 자기 당파에 유리한 일만 저질렀으니 나라 꼴이 말이 아니었지요. 홍길동, 장길산, 임꺽정, 일지매 같은 의적(義賊)이 일어나 양반 부잣집의 곳간을 털어 빈민들에게 나누어 주는 일이 일어난 것도 이런 이유 때문이었습니다.

마지막으로 조선왕조가 망한 이유는 쇄국정책(鎖國政策)입니다. 지금 세상이 어떻게 돌아가는지도 모르고 외국과는 통상과 교역을 하지 않고 우물 안의 개구리처럼 국경을 굳게 걸어 닫았으니 나라가 망하지 않고 어떻게 버텼겠습니까? 미국, 프랑스, 일본이 거대한 대포를 장착한 군함을 몰고 와서 개항(開港)을 요구하는데 나룻배를 타고 가서 싸우려 했으니, 참 한심하지 않았나요. 나라 꼴이 이 지경이니 1895년 을미(乙未)년에 독립국가의 왕후 민 중전이 침전에서 일본 건달들에 의해 죽임을 당하였고, 겁에 질린 고종은 러시아 공사관으로 피신을 해서 1년간이나 남의 나라 공사관에서 나라를 다스렸으니…. 우리는 이런 조상들의 피를 받은 후손들입니다. 이 피가 어디로 가겠습니까? 요즘 정치판을 돌아보세요. 조선왕조와 차이가 조금이라도 있나요?

우리 교회는 국가와 민족을 위해 일깨어 기도해야 합니다. 이런 국가적 난국을 헤쳐 나갈 길은 기도밖에 없습니다. 한국교회와 해외에 있는 모든 한인교회는 일깨어 한국을 위해 열심히 기도해야겠습니다. 샬롬.

어느 나라를 믿을 수 있을까?

"이르되 주 예수를 믿으라 그리하면 너와 네 집이 구원을 받으리라."
(행 16:31)

저는 어려서 잘 모르지만 해방 직후에 한국 사회에서 유행했던 경구(警句)가 있었습니다. "미국이라 믿지 말고, 소련에게 속지 말며, 일본 사람 일어나니, 조선 사람 조심하라"는 내용입니다.

맨 먼저 나오는 "미국이라 믿지 말고"라는 가사는 미국은 언제까지나 우리의 우방이 될 수 없고 언젠가 우리 곁을 떠날 수 있다는 의미입니다. 그럼 한국과 미국과의 관계를 역사적으로 더듬어 보기로 합시다. 한국이 미국과 최초로 접촉한 것은 1866년 미국 무역선 제너럴 셔먼(General Sherman)호가 대동강을 거슬러 올라오자 관군의 퇴각하라는 명령을 어기고 계속 항진하다 결국 화재로 침몰하는 사건이 있었습니다. '제너럴 셔먼호 사건'입니다. 이 배에 영국 선교사 로버트 토마스(Robert Thomas)가 중국 성경 몇 권을 가지고 왔다가 배가 불타자 강변으로 올라와 성경을 강변에 흩뿌리고 칼에 맞아 순교한 사적은 모두 알고 있습니다. 최초의 개신교 순교자였습니다.

미국 무역선이 조선에서 화재로 침몰한 사건을 조사하고 통상을 요구할 목적으로 1871년 군함 다섯 척을 출동시켜 막강한 해군력으로 강화도를 유린한 후 퇴각한 사건이 있었는데 이것이 신미양요(辛未洋擾)입니다. 1876년 조선은 일본과 강화도 조약을 맺으면서 처음으로 중국 이외의 외국과 조약을 체결하고 개항(開港)했습니다. 그로부터 6년 후인 1882년 5월 조선과 미국은 '조미(朝美)수호통상조약'을 맺고 정식으로 미국과 교역을 시작했습니다.

이 일을 계기로 조선과 미국은 정식 외교관계가 수립되어 1883년 미국은 서울에 영사관을 설치했고, 조선은 1887년 박정양을 초대 주미 특명전권공사에 임명하고 워싱턴에 주미조선영사관을 개설했습니다.

1905년 7월, 미국 전쟁부 장관 윌리엄 태프트(William Taft)와 일본 내각 총리 가쓰라 다로 사이에 소위 '가쓰라-태프트 밀약'이 체결되었습니다. 그 내용은 미국이 필리핀을 식민지로, 일본이 조선을 식민지로 한다는 것이었습니다. 이 협약으로 일제는 1905년 11월 을사늑약을 강제하여 조선의 외교권을 늑탈(勒奪)하고 드디어 1910년 조선을 일본의 식민지로 만들었습니다. 분명히 1882년 조미통상조약을 맺을 때 조선이 독립국임을 선언한 미국이 자국의 이익을 위해 슬쩍 조선을 일본의 식민지로 넘긴 것입니다. "국제 사회에 영원한 친구도 영원한 적도 없다"는 말이 사실로 증명된 것입니다.

미국은 6.25 전쟁 때 수만 명의 장병을 희생시키며 남한을 지켜 주었고, 이승만 대통령의 혜안(慧眼)으로 한사코 반대하는 미국을 설득하여 한미상호방위조약을 맺음으로 오늘까지 약 3만 명의 미군이 남한에 주재하여 북한의 남침을 방어하고 있습니다. 그러나 미국은 자기 나라에 해로운 일이나 유익이 되는 일이 있으면 옛날 가쓰라-태프트 밀약과 같이 한국을 버릴 수 있는 나라임을 유념해야 합니다. 그러므로 한국은 핵무기를 갖고 있어야 합니다. 북한이 핵무기를 갖고 있는 한 한국은 안전하지 못합니다. 지금 당장 핵무기를 갖지 못하면 즉시 만들 만반의 준비를 하고 있어야 합니다.

우리는 세상 어떤 나라도 영구히 믿어서는 안 됩니다. 영원히 변치 아니하고 우리를 사랑하시며 구원해 주실 분은 오직 진리이신 예수 그리스도 한 분뿐입니다. 우리는 이 사실을 신앙 고백합니다. 샬롬.

독립문과 사대주의

"또 어떤 임금이 다른 임금과 싸우러 갈 때에 먼저 앉아 일만 명으로써 저 이만 명을 거느리고 오는 자를 대적할 수 있을까 헤아리지 아니하겠느냐 만일 못할 터이면 그가 아직 멀리 있을 때에 사신을 보내어 화친을 청할지니라." (눅 14:31-32)

서울 서대문에 가면 독립문(獨立門)이 있습니다. 독립문은 1896년 12월에 기공식을 하고 1898년 1월에 준공되었습니다. 개화파의 주동 인물 중 한 사람이었던 서재필은 청일전쟁 후 1895년 시모노세키 조약에 따라 조선이 청나라로부터 벗어나 완전한 자주 독립국이 되었음에도, 이런 사실을 외국인들은 물론 조선 사람들조차 알지 못하고 있는 것이 안타까워 독립문을 건축하였습니다.

서재필은 과거 청나라 사신을 맞이하던 영은문(迎恩門)을 철거한 자리에 독립의 상징으로 독립문과 독립공원을 세우려는 계획으로 독립협회를 창립하였습니다. 서재필은 독립문 건설에 대해 단순히 청나라로부터의 독립뿐만 아니라 사기, 부패, 속임수의 시스템을 극복하는 것은 물론 일본, 러시아 및 유럽 열강으로부터도 독립한다는 뜻을 품고 이 사업을 추진하였습니다.

우리는 독립문을 생각하면서 조선이 중국에 사대(事大: 약자가 강자를 섬김)할 수밖에 없었던 상황을 직시해야만 합니다. 조선은 4,000년 동안 단 한 번도 중국의 식민지가 된 일이 없었고 독립국가를 유지해 왔습니다.

다시 말하면 청나라 황제가 조선의 왕이 되어 조선을 다스린 적이 없고, 조선의 왕이 조선을 다스렸습니다. 물론 그렇게 되기까지 조선은 중국 황제를 떠받들어야 했고, 국가의 주요 행사 즉 세자가 왕으로 등

극할 때 등의 국가 중요사는 반드시 청나라 황제의 재가(裁可: 허락)를 받아야 했습니다.

일 년에 여러 차례 사은사(謝恩使: 은혜를 감사하는 사절)를 보내 조선의 산물 중 소중한 금, 은, 모시, 명주, 수달피, 호피(호랑이 가죽) 산삼, 제주도 말, 심지어 공여(供女: 공물로 보내는 처녀들) 등 엄청난 진상품을 보내야 했습니다. 그렇게 하지 않으면 약소국인 조선은 강대국 중국에 병합될 수밖에 없었기 때문입니다. 따라서 약소국 조선은 강대국 중국을 사대(事大)할 수밖에 없었습니다. 사대하지 않으면 조선은 중국의 속국이 되어 중국 지도 속으로 들어가야만 했지요.

예수님께서는 어떤 임금이 다른 임금과 싸우려 할 때에 일만 명의 군대로 적군 이만 명을 대적할 수 없다고 판단되면 사신을 보내어 화친을 청해야 할 것이라고 말씀하셨습니다.(눅 14:31-32) 자기 나라가 점령되면 모든 것을 수탈당하기 때문에 아예 싸우기 전에 적국이 원하는 것을 모두 내어 주는 것이 점령당하는 것보다 지혜롭다는 말씀입니다. 약자는 강자에게 사대를 하는 게 지혜롭다는 말씀으로 이해할 수 있습니다.

우리의 진짜 적은 사탄 마귀입니다. 사탄 마귀는 우리가 대적할 수 없는 강력한 힘을 가지고 있습니다. 사탄과 싸워 이길 사람은 아무도 없습니다. 그러므로 우리는 사탄과 싸워 이길 수 있는 힘을 가진 분을 의지할 수밖에 없습니다. 그분은 바로 예수님이시며 성령님이십니다. 예수님이 우리와 함께하시면 우리는 어떤 마귀의 공략에도 승리할 수 있습니다. 마르틴 루터가 지은 찬송가 가사 중 "내 힘만 의지할 때는 패할 수밖에 없도다 힘 있는 장수 나와서 날 대신하여 싸우네 이 장수 누군가 주 예수 그리스도 만군의 주로다 당할 자 누구랴 반드시 이기리로다"(585장 2절)라는 내용이 있습니다. 주님과 함께라면 못 이길 사탄 마귀가 없습니다. 주님과 더불어 항상 승리하는 삶을 살아갑시다. 샬롬.

미국은 왜 이스라엘을 계속 도울까?

"이러한 백성은 복이 있나니 여호와를 자기 하나님으로 삼는 백성은 복이 있도다." (시 144:15)

이스라엘 백성들은 하나님의 택한 백성으로 소위 선민이라는 이름으로 역사를 이어오고 있습니다. 약 2,500년 동안 나라 없는 서러움을 받고 살던 유대인들이 1948년 독립을 한 후, 아랍 국가들이 신생 이스라엘을 공격하여 전쟁이 여러 차례 발발했으나 번번이 이스라엘의 승리로 끝난 것은 바로 미국의 후원 덕분이었습니다.

그러면 왜 미국은 이스라엘을 끝없이 돕고 있는 것일까요? 세계 최강국 미국을 움직이는 힘은 돈, 언론, 문화입니다. 미국에서 돈과 언론과 문화를 장악하고 있는 사람들은 바로 유대인들입니다. 미국 인구 3억 3천 가운데 유대인들은 고작 650만 명 정도로 미국 전체 인구의 2% 정도밖에 되지 않습니다. 이 2%도 되지 않는 유대인들이 미국을 완전 장악하고 있기 때문에 미국은 원하든 원하지 않든 간에 이스라엘을 지원할 수밖에 없습니다. 미국은 돈에 의해서 움직이는 철저한 자본주의 국가입니다. 미국에 와서 "머니 토크(Money talks)"라는 말을 들었습니다. 돈이 큰소리친다는 말입니다.

미국의 글로벌 회사는 구글, 페이스북, 마이크로소프트, 인텔, 델, 컴팩, 오라클, 퀄컴, 골드만삭스, 메릴린치, 모건 스탠리, 체이스맨해튼 등이며, 금융 허브인 월스트리트의 큰손들은 거의 유대인들입니다. 미국은 로비가 합법화되어 있기 때문에 돈 많은 유대인이 상·하원들에게 엄청난 로비를 해서 이스라엘에 유리한 법률을 만들고 있습니다.

언론도 세계적 신문인 「뉴욕타임스」, 「워싱턴 포스트」, 「월스트리트 저널」, 「뉴스위크」, 「타임」, AP, UPI, ABC, NBC, CBS, CNN, 폭스뉴스, 블룸버그, 월트디즈니 같은 거대한 언론 매체가 모두 유대인 소유입니다.

세계 최고의 대학 하버드를 비롯한 예일, 프린스턴, 컬럼비아 등 소위 아이비리그 대학 교수의 3분의 1이 유대인들입니다. 그들은 대학에서 학생들을 가르칠 뿐만 아니라 여러 연구 기관에서 여론을 주도하는 오피니언 리더로 이스라엘에 유리한 여론을 조성합니다. 미국의 노벨상 수상자의 1/3이 유대인이라는 사실은 유대인들의 뛰어난 지적 능력을 보여주는 것이고, 그들은 미국뿐만 아니라 세계를 이끌고 가는 선도자들입니다.

문화면에서도 문학, 음악, 미술, 영화 등에서 타의 추종을 불허하는 모습을 보여주고 있습니다. 강국(強國)은 경제력과 군사력으로만 되지 않는 세상입니다. 문화면이 결여되면 배부른 돼지가 될 뿐입니다. 특히 영화 산업은 그 어떤 나라보다 앞서 있어 워너 브라더스, 유니버설 픽처스, 파라마운트 픽처스, 20세기 스튜디오, 컬럼비아 픽처스 등이 유대인 소유입니다. 그런 의미에서 미국의 문화면을 이끌고 있는 유대인은 미국을 간접적으로 지배하고 있는 것입니다. 이렇게 미국이 이스라엘을 도울 수밖에 없는 이유는 미국에 살고 있는 유대인들의 세력을 무시할 수 없기 때문입니다.

또 다른 한 가지 이유는 미국의 기독교인들, 특별히 보수적 교인들과 교회 지도자들이 이스라엘을 지지하고 있기 때문입니다. 비록 유대인들이 예수님을 구주로 영접하지는 않지만, 그들이 섬기는 여호와 하나님은 우리가 믿고 신앙 고백하는 그 하나님과 동일한 분입니다. 또한 이스라엘 백성들은 하나님이 선택하신 선민이라는 사실을 기독교인들은 알고 있어서, 존재하지도 않는 알라 신을 섬기는 아랍 사람들을 지지할 수는 없습니다. 미국인의 60-70%가 기독교인이어서 그들은 이스라엘을 지지하는 대통령이나 국회의원들을 선출하게 되어 있습니다.

아랍 국가들과 이스라엘이 전쟁을 하면 이스라엘은 살아계신 여호와 하나님께 기도를 드리고 아랍 사람들은 존재하지도 않은 알라에게 기도를 드리므로 그 결과는 명약관화(明若觀火)하지 않습니까? 옛날 엘리야 선지자 한 사람과 850명의 바알과 아세라 선지자들의 대결에서 결과가 어떻게 되었는지는 모두 알고 있는 사실입니다.(왕상 18장) 미국은 언제까지나 이스라엘을 도울 것입니다. 이것은 현실입니다. "이러한 백성은 복이 있나니 여호와를 자기 하나님으로 삼는 백성은 복이 있도다." 하나님의 말씀은 영원히 불변하는 진리입니다. 샬롬.

미국 공립학교에서의 종교 자유

"하늘에 전쟁이 있으니 미가엘과 그의 사자들이 용과 더불어 싸울새… 큰
용이 내쫓기니 옛 뱀 곧 마귀라고도 하고 사탄이라고도 하며" (계 12:7, 9)

미국 수정헌법 제1조에 '정교분리'(Separation of Church and State) 조항이 있
습니다. 국가는 국교(國敎)를 선포할 수 없고, 국가가 국민 개인의 종교
를 강압할 수 없으며, 국민 개개인은 자기의 종교를 자기 신앙 양심에
따라 결정하고 신앙생활을 할 수 있는 자유를 확보해 준 조항입니다.
이 미국의 수정헌법 제1조야말로 인류 역사에 처음 있는 개인의 종교
자유를 확립한 기념비적 항목입니다. 아시는 대로 1620년 메이플라워
호를 타고 신대륙에 내린 102명의 사람 중 67명은 돈을 벌려고 신대륙
에 내렸지만, 35명의 청교도는 종교의 자유를 찾아 험한 항로를 감행
했습니다.

　　신대륙으로 건너오는 사람들 대부분은 기독교 신앙을 갖고 있었
으므로, 자연히 학교에서도 성경을 가르쳤고, 십계명과 주기도문을 교
실 전면 벽에 걸어 놓고 아이들에게도 성경 교육을 시켰지만, 이 일을
비난하거나 저항하는 사람은 없었습니다. 그런데 존 F. 케네디 대통령
재임 시절인 1963년, 공립학교에서 성경 교육과 기도를 금지한다는 대
법원의 판결에 따라 자연히 성경 교육과 기도가 사라졌습니다. 사회학
자들의 분석에 의하면 그 이후 '히피'족이 나타났고 사회 질서가 무너
지기 시작하였으며 청소년 범죄가 급증했다는 보고가 나와 있습니다.

　　그러나 미국 공립학교에서 기독교 신앙 교육을 하지는 않지만, 학
생 개인이 성경을 갖고 등교할 수 있고 학생 개인 시간, 점심시간, 자습

시간에도 성경을 읽을 수 있는 자유가 보장되어 있습니다. 작문 시간에도 성경에 나오는 영웅을 주제로 작문을 할 수도 있습니다. 선생은 이 작문을 학생의 종교 문제로 보지 않고 작문 실력을 테스트하는 목적으로 합니다. 마찬가지로 무슬림 학생이 무함마드에 대한 작문을 해도 상관없습니다.

그런데 문제는 학교 도서관에 불교, 힌두교, 이슬람에 관한 책은 비치해 두면서도 성경이나 기독교에 관한 책은 두지 않는다는 점입니다. 이에 대해 불평을 하면 소위 '정교분리 원칙'을 내세우면서 정색을 하는 것이 현실입니다. 사탄의 역사지요.

제가 살고 있는 로스앤젤레스 남쪽에 테메큘라(Temecula)라는 도시가 있는데, 이 지역 학교 도서관에서 모든 종교 서적을 다 없애 버린 일이 있었습니다. 그런데 그 책들 중 마틴 루터 킹 주니어(Martin Luther King, Jr.)의 책들이 포함됐다고 흑인들이 강력히 반발하여 곤욕을 치른 일이 있었습니다. 지금도 학교에서 기독교인 학생들이 자율적으로 기도회나 성경 공부 모임을 가질 수 있습니다. 왜냐하면 학교는 학생들의 다른 특별 활동을 인정해 주기 때문에 기독교 학생들의 활동을 제어할 권리가 없습니다.

그러나 미국이 과거에 비해 얼마나 타락했고 또 얼마나 반기독교적 문화가 팽배해져 가는지는 얼마든지 확인할 수 있습니다. 이 이유는 두말할 필요 없이 사탄의 역사 때문입니다. 말세가 되면서 사탄은 더욱 거세게 반기독교 운동을 펼치면서 어떻게 해서든지 교회의 세력과 복음 선교 활동을 저해하려고 온갖 방법을 동원하고 있습니다.

사탄은 굶주린 사자가 먹을 것을 찾아 울부짖으며 날뛰는 것처럼 삼킬 자를 찾아 헤매고 있습니다. 이런 때 목사들과 교인들은 기도를 게을리하지 말고 성령님의 임재를 간구하는 기도를 더욱 열심히 드려야 합니다. 끊임없이 다가오는 옛 뱀, 즉 사탄 마귀와 겨루어 승리하기 위해서는 기도와 말씀으로 단단히 무장하지 않으면 이 싸움에서 승리할 수 없습니다. 우리 자녀들이 사탄과 싸워 이기기 위해서는 어려서부터 말씀으로 단단히 교육을 시켜야 합니다.

교회 학교의 교육은 일주일에 단 한 번으로 끝나기 때문에 큰 효과를 기대하기 어렵습니다. 따라서 각 가정에서 가정 예배를 비롯해서 어려서부터 말씀을 외우게 하고 예배와 십일조, 전도 훈련을 철저하게 시켜야 험악한 세상에서 우리 자녀들을 구할 수 있습니다. 궁극적으로는 하나님의 도움을 받는 길밖에 없습니다. 우리 기도의 제목이 참 많습니다. 기도의 삶을 생활화합시다. 샬롬.

미국이 기독교 국가란 또 다른 이유

"이러한 백성은 복이 있나니 여호와를 자기 하나님으로 삼는 백성은 복이
있도다." (시 144:15)

2025년 1월 3일, 제119대 미국 연방 의회가 개원했는데 상원 100명,
하원 435명의 종교 통계가 나왔습니다. 미국의 유명한 여론조사 기관
인 퓨 리서치 센터에 따르면 연방 상·하원 의원 중 자신의 종교가 기독
교라고 말한 의원이 461명입니다. 이번 119대 의회 기독교 의원 숫자
는 118대보다 8명 줄었지만, 전체 의원 중 차지하는 비율은 86.7%로
큰 차이는 없었습니다. 자신의 종교가 개신교라고 표명한 의원들의 비
율은 10년 전 92%에 비해 약간 감소했지만 미국 전체 인구의 기독교
인이 차지하는 비율보다는 훨씬 높습니다.

60년대까지만 해도 미국의 시민 기독교인 비율이 90%가 넘었지
만 2007년에는 78%, 현재는 62%에 머물러 있습니다. 따라서 전체 인
구의 기독교인 비율을 비교하면 연방 의원들의 기독교인 숫자는 훨씬
더 높은 비율입니다. 미국 전체 인구의 약 28%는 무신론자 또는 비종
교인인 데 반해 연방 의원 중 비종교 의원은 1% 미만인 3명에 불과했
습니다.

기독교인 의원 461명 중 개신교인이 295명으로 전체 의원의
55.9%를 차지했고, 가톨릭 신자는 150명 약 28.2%입니다. 기타 몰몬
교 9명, 동방정교회 신자 6명, 메시아닉 및 유대교인 1명입니다. 교단
별로는 침례교인이 75명으로 전체 의원 중 14%로 가장 많았고, 다음
으로 감리교인 26명, 장로교인 26명, 성공회 신자 22명, 루터교 신자

19명이었습니다.

미국 교회는 점점 힘을 잃어가고 있지만, 의원들은 자기가 확실한 개신교인이거나 가톨릭 교인이라고 밝히고 있습니다. 어떤 종교보다도 기독교인들은 나라를 사랑하고 세계 평화를 위해 일할 사람들로, 하나님께서 그들에게 세계에서 가장 중요한 일을 처리하는 미국 연방 의원으로 선출되게 해 주신 것은 하나님의 섭리라고 얘기할 수밖에 없습니다.

이번 새로 구성된 하원에서 다수당인 공화당은 남성이 여성으로 성전환한 사람, 즉 트랜스젠더는 여성 운동 경기에 나가는 것을 금지하는 법안을 가결했습니다. 이 법은 1월 14일 스포츠 여성과 소녀 보호법에 찬성 218표, 반대 206표로 하원을 통과했습니다. 이 법안이 상원에서 통과되면, 남성이 여성으로 성전환한 사람은 여성 운동 경기 참여가 불가능합니다. 이 또한 성경적 정신의 표현이라고 말할 수 있습니다.

앞으로도 트럼프 대통령 4년 동안 기독교 교리에 부합한 법률들이 많이 제정되고 세속화로 흐르는 미국 사회가 다시 한번 청교도 신앙으로 돌아와서 미국이 바른 방향으로 나아갈 수 있도록 노력하고 애써 주기를 기도해야겠습니다.

미래는 알 수 없지만, 현재 미국이 세계 최강의 국가로 세계를 선도하는 입장에서 바른 방향으로 나라를 이끌어 가고, 하나님의 뜻을 실천하는 방향으로 나아가면서 무질서한 세상을 올바른 방향으로 이끌 수 있도록 기도해야 합니다.

미국 사회는 저변에 청교도주의가 흐르고 있어서 겉으로 보기에는 세상이 끝날 것 같지만, 그래도 하나님께 기도하면서 전도하는 사람들이 적지 않습니다. 미국이 앞으로 성경 말씀과 진리대로 나아가도록 열심히 기도합시다. 이것이 우리 그리스도인들의 소명 가운데 하나입니다. 샬롬.

미국의 소명

"너희는 온 천하에 다니며 만민에게 복음을 전파하라 믿고 세례를 받는
사람은 구원을 얻을 것이요 믿지 않는 사람은 정죄를 받으리라."
(막 16:15-16)

금년 2024년은 미국이 독립한 지 248주년이 되는 해입니다. 신대륙의
13개 주가 1775년 5월 본국인 영국에 선전포고를 하고 독립전쟁을 시
작했고, 1776년 7월 4일 독립선언서를 발표하면서 인류 역사 최초의
민주공화국을 선포하였습니다. 현재 세계 최강 국가 미국은 본디 모국
이었던 영국이나 프랑스, 독일, 이탈리아, 스페인, 스웨덴, 노르웨이, 스
위스 등 유럽 여러 나라나 러시아, 중국 등 세계적 강대국들의 역사와
비교하면 불과 250년도 안 되는 젊은 국가입니다.

그러면 미국은 영국으로부터 독립한 지 250년도 안 되는 짧은 기
간 동안에 어떻게 세계 제일의 대국이 되었으며, 세계 여러 나라의 문
제를 좌지우지할 정도로 영향력 있는 나라로 성장했는지 그 이유를 생
각해 볼 필요가 있습니다.

잘 아시는 대로 1620년 메이플라워호를 타고 신대륙으로 건너온
102명 중 청교도 35명의 목적은 국가의 간섭 없는 신앙의 자유를 찾는
것이었습니다. 국가가 강압적으로 정해준 신앙이 아니고 자기 양심에
따라 결정한 신앙을 유지하기 위함이었습니다. 독립을 쟁취한 미국은
인류 역사 최초로 민주공화국을 세워 인류 역사가 시작된 이래, 왕이
다스리던 국가를 민중이 다스리는 국가로 출범하였습니다.

청교도들은 하나님의 섭리로 민주공화국이 세워진 것으로 여기면
서 온 세상에 복음과 더불어 민주공화국을 세워야 한다는 소명으로 초

창기부터 선교에 박차를 가했습니다. 우선 주변에 흩어져 살고 있는 인디언들에게 선교를 시작했고, 아프리카에서 노예로 끌려온 흑인들에게도 복음을 전하여 노예 생활의 고통 속에서도 주님을 영접한 노예들이 흑인 영가(Negro Spirituals)를 부르면서 고달픈 삶을 이어갔습니다.

이런 전도 활동은 미국 내지(內地)뿐만 아니라 해외 선교에도 박차를 가하였는데, 그들은 하나님께서 자기들에게 풍요롭고 자유로운 땅을 주신 것은 세계 복음화의 소명을 이행하라는 뜻으로 알고 세계 선교에 힘을 기울였습니다. 그중 대표적인 해외 선교 운동의 지도자는 드와이트 무디(Dwight Moody) 선생입니다. 무디 선생이 시작한 "해외 선교를 위한 학생자원운동"(SVMFM)으로 수많은 대학생, 신학생들이 해외 선교에 헌신함으로 약 2만 명의 선교사들이 전 세계로 흩어져 나갔습니다.

이들 선교사는 "이 세대 안에 세계를 복음화한다"(Evangelization of the World in This Generation)라는 슬로건을 내걸고 전 세계로 나갔습니다. 한국에 온 초기 선교사들인 의사 호러스 알렌(Horace Allen), 목사 호러스 언더우드(Horace Underwood), 헨리 아펜젤러(Henry Appenzeller) 등이 모두 이 SVMFM 출신들입니다.

현재 각 나라가 파송한 선교사들의 숫자를 보면, 1위는 미국으로 약 10만 명, 2위는 중국(내지 선교사 포함) 10만(?), 3위는 인도의 약 8만, 그리고 4위는 한국으로 약 2만 명입니다. 미국 교회는 하나님께서 신대륙을 자기들에게 주신 목적은 영적으로는 전 세계의 복음화를 위해서, 육적으로는 전 세계의 자유를 수호하기 위해서 세운 것이라고 확신하고 있습니다.

미국 교회가 세속화되어 가고 있는 면이 많지만, 조용한 가운데 하나님께 기도하고 있는 청교도의 후예들도 많이 있다는 사실을 간과해서는 안 됩니다. 10만 명의 선교사를 파송한다는 것은 인적 자원뿐만

아니라 경제적 자원도 엄청나게 많이 필요하다는 사실에 유념해야 합
니다. 선교는 지원자와 재정, 이 두 가지가 충족되지 않으면 불가능합
니다.

　미국 교회와 국가가 건실하게 나가야 세계 복음화와 세계 평화를
지탱할 수 있습니다. 한국교회도 미국 교회와 더불어 미국과 미국 교회
를 위해서 기도해야 합니다. 기도는 하나님께서 우리에게 주신 막중한
과업입니다. "쉬지 말고 기도하라." 샬롬.

미국의 미래

"너희에게 이르노니 아니라 너희도 만일 회개하지 아니하면 다 이와 같이 망하리라." (눅 13:5)

밀림의 왕이 누구냐고 물으면 대부분의 사람은 사자라고 얘기합니다. 그러나 사자도 하이에나나 들개들이 떼로 덤벼들면 속절없이 도망을 가거나 그들의 먹이가 되기도 합니다. 이런 떼거리 동물들뿐만 아니라 치명적인 독을 가진 독사나 전갈 같은 독충을 만나면 도망을 가거나 아니면 공격을 당한 후에 경련을 일으키며 죽습니다.

만물의 영장이라는 인간도 총과 같은 무기가 있기 때문에 어떠한 야수(野獸)도 두려워하지 않습니다. 그러나 인간도 눈에 보이지도 않은 바이러스나 박테리아 등 세균 앞에서는 속수무책입니다. 3, 4년 전에 시작된 코로나 바이러스로 수백만 명의 사람이 떼죽음을 당했고, 중세 말에 유행했던 흑사병으로 유럽 인구의 3분의 1 내지 절반이 죽은 사실은 인간이 얼마나 무력한 존재인지 보여 줍니다.

이 원리는 국가도 마찬가지입니다. 세계를 제패했던 강력한 국가였던 바벨론이나 페르시아, 징기스칸의 몽골제국 등도 모두 세월이 가면서 몰락했습니다. 5대양 6대주에 해 지는 날이 없다던 대영제국도 그 자리를 미국에 내어준 지 오랩니다. 굶어 죽는 사람이 떼거리로 나오던 중국도 이제는 강력한 국가가 되어 세계 제2의 강국으로 부상하여 미국을 넘보고 있지만, 아직까지는 미국이 세계의 최강 국가로 위용(偉容)을 떨치고 있습니다. 아직은 미국이 경제력, 군사력, 문화면에서 세계를 선도하고 있기 때문입니다.

역사에 등장했던 거대 제국들이 무너진 것은 외적의 침략 때문이 아니고 자체 내의 부패 때문이었습니다. 공자(孔子)는 나라가 잘되려면 "식(食: 먹거리)과 병(兵: 군대)과 신(信: 신의)을 돈독히 해야 된다"는 말을 했는데, 먹을 것이 풍족하고 막강한 군사력을 갖고 있어도 국민들 상호 간에 신뢰가 무너지면 그 나라는 패망한다는 말입니다. 식량이나 무기는 해결할 길이 있지만, 국민들 상호 간에 무너진 신뢰는 회복할 길이 거의 없습니다.

대체로 강국이 망하는 것은 국민들의 신뢰 상실과 도덕적 타락입니다. 양심에 화인을 맞아 부정한 일을 저지르고도 변명으로 일관하며 사리사욕을 채우는 자들이 많아지면 그 나라는 서서히 무너지게 되어 있습니다. 또한 도덕적 타락은 필연적으로 성적 타락으로 이어지며, 동성 간 연애는 하나님의 심판을 피할 수 없습니다. 이런 사실을 성경은 소돔과 고모라의 예(例)에서 보여 주고 있습니다.

하나님의 명령을 어기고 타락한 나라치고 멸망하지 않은 나라는 지금까지 단 한 나라도 없었습니다. 미국에서의 성적 타락은 갈 때까지 가고 있습니다. 사회가 동성 결혼이나 낙태를 지지하는 것은 그렇다 치더라도, 심지어 교회까지 이러한 물결에 휩쓸려 들어가 동조하고 있으니 미국의 앞날이 뻔하지 않습니까? 미국이 아무리 강력한 군사력과 경제력을 갖고 있다 해도, 하나님께서 원하시지 않는 방향으로 계속 나아가면 미국도 역사 속에 있었던 하나의 강력했던 국가 중 하나로 기록될 것입니다.

타락할 대로 타락한 니느웨 성을 하나님께서 멸망하시기로 작정하신 후, 끝으로 요나를 보내셔서 마지막 회개의 기회를 주셨습니다. 요나의 경고를 들은 니느웨 성의 왕은 모든 백성에게 금식하도록 선포하고, 심지어 짐승들에게도 먹이를 주지 않고 참회할 때 하나님께서는 니느웨 성을 향한 징계를 거두셨습니다.

미국이 살 길은 하나님 앞에 죄악을 참회하는 길밖에 없습니다. 이 일에 앞장서야 할 미국 교회가 세상과 더불어 가고 있으니 참으로 한심스럽습니다. 세계의 경찰국가인 미국이 살아야 세계 질서가 유지될 터인데, 미국이 무너지면 세계가 혼란에 빠질 것이고 중국과 같은 공산주의 국가가 세계를 제패하게 되면 교회의 앞날이 어떻게 될지 불을 보듯 뻔하지 않습니까?

미국 교회가 다시 한번 각성해서 하나님 앞에 참회하며 진리의 말씀으로 돌아오지 않으면 결국은 소멸될 수밖에 없습니다. 미국에서 사는 교포 교인들뿐만 아니라 한국 교인들도 미국을 위해서 기도해야 합니다. 공산주의 확산을 막기 위해 노력하는 미국이 건강해야 이 일을 잘 수행할 수 있습니다. 미국의 미래를 위해 끊임없이 기도해야 합니다. 미국의 미래를 위해 같이 기도합시다. 샬롬.

암울한 미국의 미래

"불의한 자가 하나님의 나라를 유업으로 받지 못하는 줄을 알지
못하느냐… 남색(男色)하는 자나" (고전 6:9)

몇 주 전 주일 예배 중에 담임 목사가 예배 끝난 후에 서명을 받는데 미
국 시민권자는 사인을 해 달라는 광고를 하였습니다. 예배 후에 무슨
서명을 하라는지 보았더니 다음과 같은 내용이었습니다.

첫째, 안전: 공립, 사립학교 및 대학교까지 출생 시 성별에 따라 화
장실, 샤워실, 라커룸 분리 사용을 의무화하라는 내용입니다. 학교들은
남녀가 이것들을 공용으로 사용하게 하려 합니다. 화장실을 남녀가 공
용으로 사용한 것까지는 용납할 수 있는데, 샤워실에서는 옷을 다 벗어
야 하고 라커룸에서도 완전히 옷을 벗을 경우가 많은데 남녀 학생들이
공용으로 쓴다면 어떻게 되겠습니까? 기가 막히는 일이지요.

둘째, 공평: 7학년 남학생이 자기는 '트랜스젠더(성 전환) 여학생'이
라고 말한다 해도 여성 스포츠에 참가하는 것을 금지해야 한다. 남학생
이 여학생으로 성을 바꾸었다고 해도 여성들만의 스포츠에 참석하지
못하게 하자는 내용입니다.

셋째, 학부모 권리 보호: 학교가 학생들을 대상으로 젠더 이름 만
들기, 출생 성별 바꾸기 등 트랜스젠더가 되는 과정을 학생에게 행하기
전에 먼저 부모에게 알릴 것을 의무화하라는 것입니다. 이 항목은 너
무나도 상식적인 얘기인데, 학생들이 젠더 이름 만들기, 출생 성별 바
꾸기 등 트랜스젠더가 되는 과정을 부모에게 알려야 하는 것은 당연
한 일인데, 학교는 부모 모르게 이런 일을 허용하려 합니다. 따라서 부

모들은 반드시 이런 일을 하기 전에 부모에게 알려야 한다고 주장하는 것입니다.

넷째, 미성년자 트랜스 시술 금지: 학교에서 학부모 허락 없이 학생이 젠더(성 정체성) 관련된 건강검진, 정신검진, 시술받는 것을 금지하고, 학교 의사의 권면 또는 학부모의 동의가 있다 해도 18세 미만 학생의 트랜스젠더 시술을 금지해야 한다는 것입니다.

다섯째, 납세자 세금 보호: 캘리포니아 법에 의해 납세자들의 세금으로 18세 미만 학생들의 성별 바꾸는 트랜스젠더 의료 서비스에 더 이상 주정부 자금을 지불하지 못하도록 하자는 내용입니다. 청소년들이 트랜스젠더를 만드는 시술, 검사, 정신 치료비용으로 사용되어 온 수백만 달러의 비용을 절감하고, 그 절감한 비용을 꼭 필요한 치료를 받아야 하는 사람들과 젊은이들에게 사용한다는 내용입니다.

저는 위의 내용에 서명을 하면서 이렇게까지 미국의 학교가 무너지고 있었는지는 자세히 몰랐습니다. 우리가 알지 못하는 사이에 미국은 어둠을 향하여 질주하고 있었던 것입니다. 여호와 하나님께서 금지하신 명령과 바울 선생께서 경계한 내용을 정면으로 거역하는 길로 나가고 있습니다. 이 청원서는 이러한 일을 하지 못하도록 하자는 것입니다. 그러나 과연 이런 조그마한 한국 부모들의 몸짓이 얼마나 큰 효과를 낼지는 미지수입니다.

하나님께서는 하나님의 뜻을 거스르는 개인이나 가정이나 단체나 민족이나 국가를 결코 용납하시지 않습니다. 하나님께서는 때가 되면 이런 일을 저지르는 사람들을 무서운 방법으로 징치(懲治: 징계하여 다스림)하셨다는 사실을 성경과 역사는 증거하고 있습니다.

청교도의 정신으로 세워진 미국이 오늘 세속주의에 완전히 함몰되어 더러운 세상 물결 속으로 빨려 들어가고 있는데, 교회도 거기 함께 휩쓸려 들어가고 있으니 참 한심한 일입니다. 그러니 교인 수도, 교회 수도 매해 심각하게 줄어들고 있는 것입니다.

미국에 살고 있는 한인들, 특히 교인들은 멸망으로 휩쓸려 들어가는 가련한 영혼들을 위해 열심히 기도해야 합니다. 기도 외에는 이 무서운 세속의 물결을 막아낼 길이 없습니다. 나 개인과 나의 가정을 위해서 기도해야겠지만, 미국과 한국과 세계를 위해서도 합심해서 기도해야 되겠습니다. 열심히 기도합시다. 샬롬.

깨어진 아메리칸 드림

"네 집 안방에 있는 네 아내는 결실한 포도나무 같으며 네 식탁에 둘러앉은
자식들은 어린 감람나무 같으리로다." (시 128:3)

최근(2024년 4월) 한인 남성이 노숙자 재활센터를 떠난 지 이틀 만에 로
스앤젤레스 한인 타운 지역의 비좁은 노숙자 텐트에서 쓸쓸하게 죽음
을 맞이했다는 보도가 났습니다. 한인 노숙자 구제 활동을 하고 있는
성공회 김 신부는 자신이 운영하고 있는 한인 노숙자 재활센터에서 5
년 동안 기거하던 안 씨(65)가 자립을 위해 쉼터(쉘터)를 떠난 지 이틀 만
에 거리 텐트 안에서 숨진 채 발견되었다고 말했습니다.

김 신부에 따르면 안 씨는 부인과 이혼 후 가족과의 소식이 끊겼
고, 미국 내에는 일가친척도 없는 것으로 알려졌습니다. 이혼 후, 안 씨
는 로스앤젤레스 지역의 어떤 기도원에서 10년 넘게 관리인으로 일하
다가 알래스카로 가서 페인트 일을 했는데, 거기서 약물 중독에 빠져
다시 로스앤젤레스로 돌아와 노숙 생활하다가 5년 전부터 김 신부가
운영하는 쉼터에서 생활을 했습니다.

연금을 모아 자립한다며 쉼터를 떠난 지 이틀 만에 죽음을 맞이한
것입니다. 안 씨는 자기도 김 신부처럼 노숙자들을 돕는 일을 하는 것
이 꿈이라고 말하곤 했답니다. 김 신부는 안 씨를 위한 장례식을 준비
하면서, 오래전에 끊어진 인연이지만 안 씨 가족들의 소식을 들으면 좋
겠다고 말했습니다.

미국에 이민 오는 거의 모든 사람은 아메리칸 드림 두 가지를 갖
고 옵니다. 첫째, 돈 많이 벌고, 둘째, 자식들을 모두 아이비리그(Ivy

League) 대학에 보내 졸업시킨 후 우수한 기업에 취업하고 더러는 의사, 변호사, 교수 등 사회 상류층 직업을 갖게 하는 것입니다. 그러나 그런 꿈은 누구에게 오는 것은 아니고, 안 씨처럼 술과 마약과 도박이라는 사탄의 덫에 걸려 본인이나 자녀들이 패망하는 경우를 종종 봅니다. 따라서 아메리칸 드림을 너무 크게 꾸지 말고, 돈은 많이 벌지 못해도 자녀들이 보통 대학을 나와 보통의 직장에서 평범하게 가족들과 더불어 행복하게 살기를 꿈꾸는 소망을 가져야 합니다.

미국에 와서 살다 보면 자연히 이민자들의 소식을 신문, TV, 유튜브 등을 통해서 듣고 보게 됩니다. 미국을 향하여 한국을 출발할 때 '아메리칸 드림'을 꿈꾸며 온 사람들 가운데 성공한 사람들도 적지 않습니다. 주로 신문에 나는 것은 한인 1.5세 또는 2세가 연방 판사에 임명되었다든지, 연방 하원의원에, 주 상·하원의원에, 로스앤젤레스 시의원에 누가 당선되었다는 등 성공한 애기가 적지 않습니다.

금년에 캘리포니아주에서 한인 전문의가 몇 명 시험에 합격했다든지, 변호사 시험에 몇 명 합격했다는 소식도 매년 들려옵니다. 모두 아메리칸 드림을 이룬 경우입니다. 그러나 허름한 옷을 걸치고 넝마 주머니를 주렁주렁 달고 카트를 밀고 가는 한인 노숙자을 볼 때마다, 저 사람도 미국에 올 때는 청운의 꿈을 꾸며 깨끗한 옷을 입고 미국 비자가 찍힌 여권을 들고 인천공항을 떠나 미국에 와서 새로운 삶을 시작했으리라 여겨집니다.

그런데 미국에 와서 사업에 실패했거나 이혼 등으로 본의 아니게 길거리로 나오는 경우도 있고, 술이나 마약, 도박에 빠져 헤어나지 못하고 결국 길거리에 텐트를 칠 수밖에 없는 사람들도 적지 않습니다. 대체로 노숙자가 되는 원인은 술과 마약과 도박이라는 사탄의 3대 덫에 걸렸기 때문입니다. 미국에서 열심히 일하고 꼭 아이비리그 대학에 가지 않아도 보통 대학을 나오고, 자기 취향에 맞는 일자리를 찾아 열심히 살면 크게 성공하지는 못해도 남 부끄럼 없이 살아갈 수 있습니다.

문제는 사탄의 유혹이 넘실대는 세파 속에서 우리 자녀들을 어떻게 안전하게 지킬 것인가입니다. 그것은 예수님께서 "기도 외에는 다른 길이 없다"(막 9:29)고 말씀하신 것을 기억하는 일입니다. 부모들 여러분들은 자녀들을 위해 꾸준히 기도하고 계신가요? 특별히 신앙생활하지 않은 자녀들을 위해 얼마나 기도하고 계신가요? 아메리칸 드림을 이루는 길은 하나님께 열심히 기도하는 방법밖에 없습니다. 샬롬.

파리 올림픽을 보고 나서

"운동장에서 달음질하는 자들이 다 달릴지라도 오직 상을 받는 사람은 한 사람인 줄을 너희가 알지 못하느냐 너희도 상을 받도록 이와 같이 달음질하라." (고전 9:24)

프랑스 파리에서 100년 만에 개최되었던 제33회 하계 올림픽 대회가 2024년 8월 11일에 막을 내렸습니다. 저도 틈틈이 경기를 보면서 미국에 사는 미국 시민으로 자연히 미국 선수들을 응원했습니다.

저는 이번 올림픽 게임을 보면서 몇 가지 생각을 해보았습니다. 모든 사람이 당연히 관심을 가지는 것은 국가별 메달 수(數)입니다. 특히 금메달을 따는 것은 전 세계에서 유일한 승리자라는 의미여서 관심이 많을 수밖에 없었습니다. 따라서 국가 순위를 매길 때 금메달 순으로 하는 나라도 있으나, 금, 은, 동 전체를 합해서 계산하는 것이 원칙이라 여깁니다. 왜냐하면 금과 은의 차이는 불과 0.0005초(남자 100m)밖에 나지 않기 때문입니다. 이것으로 금은 제일이고 은은 별것 아니라고 말할 수는 없지 않겠습니까?

이번 대회에 중국, 일본, 한국이 10위권 안에 들었는데, 지금까지는 서양 사람들의 독무대였던 올림픽이 이제 동아시아의 이 세 나라로 인해 동서 구별이 의미가 없어졌습니다.

다른 하나는 올림픽 메달 순위에서 보여주는 종교별 격차입니다. 세계 4대 종교를 기독교, 힌두교, 불교, 이슬람이라 하는데, 상위 20위권(금메달 순) 안에는 불교 국가라 볼 수 있는 중국과 일본, 그리고 이슬람 국가인 우즈베키스탄을 뺀 나머지 16개국이 모두 기독교 국가입니다. 따라서 20위 안에 기독교 16개국, 불교 두 나라, 이슬람 하나, 그리고 힌두교는 없습니다. (한국은 불교 국가일까요? 기독교 국가일까요?) 기독교는 타 종교의 추종을 단연코 불허합니다.

또 하나 눈에 띄는 것은 국가별이 아니고 종족별입니다. 영국을 중심으로 한 앵글로색슨족인 미국이 126개, 영국 65개, 호주 53개, 캐나다 27개, 뉴질랜드 20개로 약 300여 개의 메달을 휩쓸었습니다. 존재가 미미했던 앵글로색슨족 영국이 6세기경에 기독교를 받아들인 후 16세기부터 세계 무대에 나서면서 급기야 19세기에 '대영제국에 해지는 날이 없다'는 대제국으로 발돋움했습니다. 영국에서 신앙의 자유를 찾아 신대륙으로 건너간 청교도들의 신앙에 기초한 미국이 이제 영국을 이어 세계 제일의 강국으로 부상했습니다.

서양에 프랑스의 프랑크족, 독일의 게르만족, 이탈리아의 라틴족, 러시아의 슬라브족 등 여러 종족이 있지만, 오늘 세계를 제패하는 종족은 단연 앵글로색슨족입니다. 이들의 언어인 영어도 오늘 세계의 공통어가 되어 있습니다. 앵글로색슨족은 기독교 선교에도 가장 앞장선 종족입니다. 한국만 해도 앵글로색슨족인 미국, 영국, 캐나다, 호주 네 나라가 모두 선교사를 파송했습니다. 다른 기독교 국가는 한국에 거의 선교사를 파송하지 않았습니다.

하나님을 열심히 섬기고 선교에 열심인 종족은 물질적으로도 잘 살지만 스포츠도 잘한다는 결론에 이릅니다. 우리 민족도 좀 더 열심히 전도하고 선교사들을 많이 파송해서 스포츠 강국으로 발돋움하기 위해 기도하면서 더욱 노력합시다. 샬롬.

올림픽과 종교

"근신하라 깨어라 너희 대적 마귀가 우는 사자 같이 두루 다니며 삼킬 자를 찾나니 너희는 믿음을 굳건하게 하여 그를 대적하라." (벧전 5:8-9)

예로부터 종교는 신성한 영역입니다. 미신이 아닌 세계적인 종교에 대해 공개적으로 비판하거나 비난하지 않는 것은 그런 말을 하는 사람이 믿는 종교도 역습을 당할 수 있기 때문이기도 하지만, 종교 그 자체가 신성하기 때문입니다.

기독교 입장에서 보면 이슬람, 힌두교, 불교와 같은 세계적 종교도 결코 진리를 가르치며 영원한 구원을 주는 종교가 아님에도 불구하고 공개적으로 비난을 하지 않는 것은 그 일로 인해서 우리 기독교가 당할 피해와 종교 간의 갈등 때문입니다. 특히 이슬람의 알라 신이나 코란경을 모독하는 경우에는 이슬람 극단주의자들이 무서운 피의 보복을 하기 때문에 보복이 두려워서도 이슬람에 대한 비난과 비판을 삼가는 것이 현실입니다.

그런데 이번 33회 파리 여름올림픽 개회식에서 기독교에 대해 노골적인 조롱을 한 일은 전 세계 가톨릭과 개신교도들의 분노를 일으켰습니다. 2024년 7월 27일 개회식 공연에 드래그 퀸(남장 여성)이 등장하는 최후의 만찬 장면을 조롱하는 내용은 올림픽의 정신을 여지없이 짓밟아 버린 만행이었습니다. 유명한 레오나르도 다빈치의 명화 '최후의 만찬'을 패러디하면서, 긴 식탁 위에는 예수님과 제자들 대신 푸른 옷을 입은 여성들 양옆으로 드래그 퀸, 트랜스젠더 모델 등 공연자들이 앉아 있었습니다. 뒤따라 나타난 프랑스 가수는 망사 옷차림으로 식탁

위에 누워 '벌거벗은 누'(Nu)라는 노래를 불렀습니다.

이런 장면이 전 세계에 보도되자 미국 미네소타주 위노나-로체스터 교구장 주교는 자신의 엑스(X, 전 트위터) 계정에 "이는 극악무도하고 경솔한 조롱이며 이 신성모독적인 행위는 기독교를 적대시하는 깊이 세속화된 포스트모던 사회를 상징한다"고 일갈(一喝)했습니다. 주교는 "그들이 감히 이슬람을 비슷한 방식으로 조롱할 수 있을까? 그들이 이렇게 공개적으로 코란의 한 장면을 조롱하는 꿈이라도 꾸었을까?"라고 반문했습니다. 프랑스 주교회의도 "해당 장면은 기독교를 조롱하고 비웃는 장면이었다. 이에 깊이 개탄한다"는 성명을 발표했습니다.

미국 미네소타주 교구장 주교가 말한 대로, 최후의 만찬을 패러디한 자들이 알라 신이나 코란경을 그렇게 했다면 그들은 생명을 잃을 각오를 해야 할 것입니다. 비겁한 저들은 기독교를 조롱해도 생명의 위협을 받지는 않는다는 생각에 그런 짓을 했을 것입니다. 저들은 강자에게 약하고 약자에게 강한 진실로 비겁한 자들입니다.

악마는 시시각각으로 기독교를 비방하고 공격하며, 기독교도들을 폭행하고 살해하는 위협을 2,000년 동안 지속해 왔고 또 지속할 것입니다. 우리는 어떤 어려움과 고난이 닥쳐와도 우리의 신앙을 굳건히 지켜 나가면서 저 불쌍한 영혼들에게 전도해서 그들이 회개하고 돌아오기를 기도해야 합니다. 사도 베드로는 "근신하라 깨어라 너희 대적 마귀가 우는 사자 같이 두루 다니며 삼킬 자를 찾나니 너희는 믿음을 굳건하게 하여 그를 대적하라"(벧전 5:8-9)고 경고했습니다. 성령님의 도우심을 받아 마귀를 용감하게 대적합시다. 샬롬.

금메달보다 귀한 쿠베르탱 메달

"네 이웃을 네 자신같이 사랑하라." (마 22:39)

요즘(2024년 7월) 프랑스 파리에서는 올림픽 경기가 한창 진행되고 있습니다. 전 세계 206개국에서 약 1만 500여 명의 선수가 329개 종목에서 금메달을 목표로 열띤 경쟁을 벌이고 있습니다. 금메달을 획득하는 것은 개인의 영광뿐만 아니라 모국의 영광이기도 하지요. 그런데 올림픽에서 금메달보다 훨씬 더 값어치 있는 메달이 있다는 사실을 저는 최근 알게 되었습니다. 그것은 근대 올림픽을 시작한 프랑스의 교육가인 피에르 드 쿠베르탱(Pierre de Coubertin: 1863-1937)을 기리는 '쿠베르탱 메달'입니다.

쿠베르탱은 "올림픽에서 가장 중요한 것은 대회에서 이기는 것이 아니라 참가하는 것이다. 인생에서 가장 필수적인 것은 이기는 것이 아닌 얼마나 잘 싸우는 것이냐다"라는 유명한 말을 남겼습니다. 쿠베르탱 메달은 경기에서 승리하는 사람에게 주는 것이 아니라 올림픽 정신을 바르게 구현한 사람에게 주는 상입니다. 1936년 베를린 올림픽은 히틀러가 독일 민족인 백인 아리안족의 우수성을 온 세계에 알리기 위해 유치한 정치적 색깔이 짙은 대회였습니다.

이때 미국의 흑인 육상 선수 제시 오웬스(Jesse Owens, 1913-1980)가 100m, 200m, 400m 그리고 멀리뛰기에서 금메달을 따 4관왕에 올라 백인들의 우수성을 온 세상에 알리려 했던 히틀러의 계획은 수포로 돌아가고 말았습니다. 오웬스가 멀리뛰기 예선 경기에서 거의 탈락할 상황에 이르렀을 때, 독일의 육상 선수며 유럽 멀리뛰기 챔피언인 카를 루트비히 '루츠' 롱(Carl Ludwig 'Luz' Long)이 오웬스에게 도약판에서 조금만 더 뒤로 물러서서 뛰어 보라고 조언을 해주자, 이 조언에 따라 뛴 오웬스가 금메달을 획득하였고 롱은 은메달로 밀려났습니다.

롱이 오웬스에게 조언을 해 주지 않았다면 롱은 금메달을 획득했을 것입니다. 그러나 롱은 히틀러 앞에서 흑인 오웬스에게 조언을 해주고 자기는 은메달로 밀려났지만 올림픽 정신을 구현한 것입니다. 롱은 2차 대전 때 시칠리아 전투에서 생명을 잃었지만, 국제올림픽위원회는 롱의 사후에 쿠베르탱 메달을 수여했습니다.

1988년 서울 하계 올림픽에서도 캐나다의 요트 선수 래리 르미외(Larry Lemieux)는 은메달 획득을 눈앞에 두고 있었지만 부산 앞바다의 거센 바람을 맞서 싸우던 싱가포르 팀의 경쟁자들이 전복 사고를 당하자, 서슴없이 물속으로 뛰어들어 두 사람을 구조하고 순찰 보트가 그들을 해안으로 데려간 후에 경주를 계속해서 은메달을 눈앞에 둔 그는 결국 22위로 밀려나고 말았습니다. 눈앞에 보이는 은메달보다도 사람의 생명을 더 귀한 것으로 여기고 인명을 구한 그에게 쿠베르탱 메달을 수여한 것은 당연한 일이었습니다. 지금까지 쿠베르탱 메달을 받은 선수는 모두 17명에 불과합니다.

사람들은 눈앞에 보이는 명예와 돈에 현혹되기 쉬워 보다 더 귀한 것에 눈감아 버리는 때가 많습니다. 자기의 명예보다 더 나은 스포츠맨 정신을 발현한 사람은 "네 이웃을 네 몸처럼 사랑하라"는 계명에 충실한 사람들입니다. 진정한 이웃 사랑이 그리스도의 정신입니다. 진정한 사랑은 자기희생이 뒷받침되지 않으면 실현하기 어렵습니다. 이런 사랑을 실천하기 위해 더욱 노력하며 기도합시다. 눈에 보이지 않는 쿠베르탱 메달을 받기 위해. 샬롬.

문과 무

"아무 일에든지 다툼이나 허영으로 하지 말고 오직 겸손한 마음으로 각각
자기보다 남을 낫게 여기고" (빌 2:3)

2024년 프랑스 파리에서 진행된 제33회 하계 올림픽 대회가 끝났습니다. 그런데 한국이 예상외로 큰 성과를 거두어 한국 사람들이 한껏 들떠 있습니다. 특별히 양궁, 사격, 펜싱에서 많은 금메달을 따서 전체 예상 금메달 6개를 깨고 승전고를 울렸습니다. 이번에 예상을 깨고 금메달을 많이 딴 양궁과 사격과 펜싱을 어떤 신문에 '활과 칼과 총'이라고 썼습니다. 저는 한국 선수들이 활, 칼, 총으로 금메달을 많이 획득한 결과를 보면서 활과 칼, 총은 다 무인(武人)들이 쓰는 도구로 한국은 전통적으로 문(文)을 숭상하고 무(武)를 천시하던 전통을 생각했습니다.

한국 역사를 배운 사람들은 고려시대 때 '무신의 난' 또는 '정중부의 난'에 대해 공부를 했습니다. 고려조 후반에 문신들에게 천대받던 무신들이 의종 24년(1170)에 상장군 정중부를 중심으로 반란을 일으켜, 평소 무신들을 괄시하고 업신여기던 문신들을 쳐 죽이고 약 100년간 무인들이 권력을 잡고 휘둘렀던 '무인 시대'가 있었습니다.

사실 평화 시대에는 무신들의 존재가 두드러지지 않지만, 일단 전쟁이 나면 문신들은 전쟁에 할 일이 없지만 무인인 장군들이 군사를 이끌고 나가 전쟁에서 승리하여 나라가 평화를 얻게 된다는 사실을 모르는 사람은 없습니다.

조선왕조 14대 왕인 선조 때 병조 판서 이율곡(이이)이 10만 명의 군인을 양성해서 외적을 막아야 한다며 10만 양병(養兵: 병력을 기름)을 간

언했지만, 선조와 문신들의 외면으로 1592년 도요토미 히데요시의 조총으로 무장한 15만 8천 군에 한반도가 쑥대밭이 된 사실을 다 잘 알고 있습니다.

문신이 중요한 것은 분명합니다. 그러나 무를 결코 무시해서는 안 됩니다. 무는 국가를 방어하고 전쟁이 나면 국토와 백성들을 보호하는 책임을 집니다. 따라서 문과 무가 항상 동일하게 육성되어야 나라가 건실하게 되는 법입니다. 정중부의 난 이후 100년 동안 무신들이 문신을 천대하고 무시했기 때문에 문화적으로 아무 공적을 남기지 못했습니다. 따라서 문은 무를 존중하고, 무는 문의 존재 가치를 인정하면서 서로 돕고 협력해야 나라가 번성하는 것입니다.

바울 선생이 빌립보 교회에 보낸 편지에서 "아무 일에든지 다툼이나 허영으로 하지 말고 오직 겸손한 마음으로 각각 자기보다 남을 낫게 여기고"(빌 2:3)라고 말씀하셨습니다. 내가 중요하면 남도 중요하고, 내가 하는 일이 소중하면 다른 사람이 하는 일도 귀하다는 것을 인정해야 합니다. 우리가 살고 있는 이 시대는 문과 무를 구별하는 시대는 아닙니다. 문도 중요하고 무도 중요하기 때문에 어떤 것이 더 중요하다고 말할 수 없습니다. 문은 무를, 무는 문을 나보다 낫게 여길 때 국가에 평화가 오게 되어 있습니다. 남을 나보다 낫게 여기는 곳에 평화와 안정이 있습니다. 기독교의 가르침입니다. 샬롬.

한국은 세계 무대에서 몇 번째 나라일까?

"형제를 사랑하여 서로 우애하고 존경하기를 서로 먼저 하며, 부지런하여 게으르지 말고 열심을 품고 주를 섬기라." (롬 12:10-11)

미국 「U.S. 뉴스 앤드 월드 리포트」(U.S. News & World Report)지가 2024년 9월에 발표한 2024년 세계 최고의 나라 순위 1위가 스위스, 2위 일본, 3위 미국, 4위 캐나다, 5위 호주, 6위 스웨덴, 7위 독일, 8위 영국, 9위 뉴질랜드, 10위 덴마크, 그리고 16위 중국, 17위 아랍에미리트(UAE), 18위가 대한민국입니다.

1위부터 10위까지의 나라 중 2위 일본을 제하면 나머지 아홉 나라는 모두 기독교 문화권 나라들입니다. 한국이 경제력에서 13위라지만 전체적인 순위에서는 18위에 그쳤습니다. 한국은 2023년보다 3단계 상승한 순위입니다. 우리나라는 세부 항목 중 국력 6위, 문화 영향력 7위, 기업가 정신 7위 등에서 상위권을 차지했지만, 사회적 목적 42위, 모험 51위, 사업 개방도 70위 등으로 하위권에 머물렀습니다. 세계 최고의 국가 1위는 스위스로 2017년부터 1위를 이어오고 있는데, 세부 항목 중에는 사업 개방도 2위, 삶의 질 3위, 기업가 정신 5위 등에서 상위권을 차지했습니다.

한국이 잘사는 나라가 된 것은 한국 사람들뿐만 아니라 세계가 인정하는 바입니다. 어떤 통계에 의하면 한국인 일인당 수입(GDP)이 일본을 앞지르기 시작했다고 하는데, 전체적인 면에서는 일본이 단연 2위고 한국은 18위에 머물고 있다는 데 유의해야 합니다. GDP에서는 한국이 일본을 앞질렀는지 모르지만 돈만 많이 번다고 국력이 올라가는 것은 아닙니다. 국민 생활 전반의 수준이 올라가야 하는데 과연 한국은 일본에 비해 사회생활에 앞서고 있는지 되돌아보아야 합니다.

저는 일본에 몇 차례 가보았는데 그곳에서 느낀 바, 일본은 깨끗한 사회라는 점입니다. 우선 거리가 깨끗하고 사람들의 옷차림도 깨끗하며 친절하고 겸손하며 양보심이 많다는 점을 크게 느꼈습니다. 많은 한국 사람이 모인 후에는 틀림없이 많은 쓰레기가 남아 있습니다. 구정이나 추석에 귀향하는 사람들이 고속도로 좌우에 버린 쓰레기를 치우는 데 많은 인력과 장비가 소요된다는 뉴스는 이제 뉴스도 아니지 않습니까?

세계 최고 나라 10개국 가운데 일본을 제외한 아홉 나라가 왜 기독교 문화권 국가일까요? 불교권, 힌두교권, 이슬람권 국가는 왜 단 한 나라도 없을까요? 그것은 두말할 필요 없이 기독교 문화 때문입니다. 기독교 문화는 정직, 근면, 검소라는 칼뱅주의(Calvinism)에 기초하고 있습니다. 한국이 세계 10대 최고의 나라에 들어가려면 먼저 기독교 선교가 활발하게 이루어져 교인 비율이 20%가 아니라 80%가 돼야 합니다.

우리가 열심히 복음을 전해야 하는 이유가 여기 있습니다. 한국의 모든 그리스도인은 무엇보다 열심히 전도하여 많은 교인을 만들어야 합니다. 여기 우리 민족이 육적으로 영적으로 세계를 이끌고 갈 길이 있습니다. 이웃들에게 열심히 복음을 전합시다. 샬롬.

북미와 남미

"솔로몬 왕이 마시는 그릇은 다 금이요 레바논 나무 궁의 그릇들도 다
정금이라 은 기물이 없으니 솔로몬의 시대에 은을 귀히 여기지 아니함은"
(왕상 10:21)

미 대륙은 크게 북미와 남미로 나누는데, 북미는 미국과 캐나다 두 나
라고 남미는 북쪽 멕시코로부터 남쪽 끝에 있는 아르헨티나까지 16나
라로 구성되어 있습니다. 그런데 북미와 남미를 비교해 보면 현격한 차
이가 있는데, 북미는 세계 최강 최고 부자 나라고 남미는 세계에서도
가장 못사는 대륙 가운데 하나입니다.

따라서 남미 여러 나라 사람들이 불법으로 미국에 들어오기 위해
지금도 온 가족이 있는 돈 없는 돈을 다 모아 멕시코를 통해 미국 밀입
국을 위해 무진 애를 쓰고 있습니다. 북미나 남미 모두 유럽 여러 나라
의 이민자에 의해 세워진 나라인데, 왜 북미 미국과 캐나다는 세계에서
가장 잘사는 나라들이고 남미의 여러 나라는 거의 다 정치적으로 혼란
하고 경제적으로 빈곤한 상태에 놓여 있을까요?

그 이유는 여러 분야에서 분석해 볼 수 있겠지만, 오늘은 이민자들
의 이민 목적에 대해 생각해 보겠습니다. 미국 초기에 이민을 온 사람
들은 잘 알려진 대로 신앙의 자유를 찾아온 청교도들입니다. 돈을 벌기
위해 온 사람들도 많았지만, 적어도 청교도들은 돈 때문에 대서양을 건
너오지는 않았습니다.

반면 남미는 주로 스페인, 포르투갈 두 나라에서 온 사람들이 주
축이었는데, 이들의 신대륙 이주 목적은 황금이었습니다. 남미 최초
의 정복자 프란시스코 피사로(Francisco Pizarro)나 에르난 코르테스(Hernan

Cortes) 등은 황금을 찾아왔습니다. 피사로나 코르테스 같은 남미 정복자들은 황금을 찾는 데 혈안이 되어 유서 깊은 잉카 제국과 아즈텍 제국을 멸망시켰고, 원주민들을 탄광과 노역장에서 강제 노동을 시켰으며 말을 듣지 않는 사람들은 무자비하게 학살하였습니다.

당시 금과 더불어 은이나 주석 등도 많이 채굴되었는데, 은이 하도 많이 생산되어 은으로 말발굽을 만들어 붙였다는 말이 있을 정도였던 것은 구약 솔로몬 시대에도 은을 귀히 여기지 않았던 상황과 비슷합니다.(왕상 10:21) 신앙의 자유를 찾아온 북미 이민자들은 사람들이 모이면 먼저 예배당을 세웠고, 예배당 주변에 관공서, 학교 등 공공 기관을 세웠으며 그 주변에 주택을 지어서 예배당 중심, 신앙 중심의 사회를 이루었습니다.

남미에서도 정복자들이 여러 곳에 가톨릭 성당을 세우고 원주민들을 강제로 미사에 참여하게 하면서, 항거하는 자는 모진 매질을 하거나 심지어 사형에 처했기 때문에 원주민들은 정복자들이 무서워 어쩔 수 없이 성당에 나갔습니다. 이름뿐인 교인이 양산된 이유입니다.

그러므로 신앙 위주의 북미와 황금 위주의 남미가 오늘날 현격한 차이를 보이는 것은 당연한 결과가 아닐까요? 하나님께서는 어느 쪽에 복을 내려 주시겠습니까?

우리가 세상을 살면서 돈보다 먼저 생각해야 하는 것은 신앙입니다. 우리의 후손들에게 신앙과 황금 가운데 무엇이 우선인지를 바르게 가르쳐야 합니다. 신앙생활을 철저히 할 때 하나님께서 은총을 내려 주신다는 사실을 인지시켜야 합니다. 여기에 우리 후손들의 영혼과 육신이 복 받고 사는 길이 있습니다. 샬롬.

8

LESSONS FROM THE PAST, WISDOM FOR TODAY

과거의 교훈, 오늘의 지혜

인간의 예언

"이스라엘 왕이 이에 선지자 사백 명쯤 모으고 그들에게 이르되 내가 길르앗 라못에 가서 싸우랴 말랴 그들이 이르되 올라가소서 주께서 그 성읍을 왕의 손에 넘기시리이다." (왕상 22:6)

인간은 미래를 알 수 없기에 예측을 합니다. 일기 예보도 꼭 맞는 것이 아니고, 많은 경우 예측이 빗나갑니다. 인간의 미래에 대한 예측은 맞을 때도 있지만, 맞지 않을 때가 더 많습니다. 그 이유는 인간은 미래의 변화를 모르기 때문입니다.

영국 케임브리지 대학 출신의 저명한 여성 경제학자 조안 로빈슨 (Joan Robinson, 1903-1983)은 1964년 북한을 방문하고 난 후, 이듬해에 좌파 비평지에 '1964년 한국 경제의 기적'이라는 글을 게재하였습니다. 그녀는 북한을 '빈곤 없는 국가'라 칭하며 "전후 다른 경제권의 놀라운 성장도 북한의 성취에 비하면 빛을 잃는다. 만약 한국인들에게 선택권을 주면, 모두 북한을 선택할 것이다"라고 썼습니다.

로빈슨이 이 글을 쓴 때는 북한의 경제가 남한보다 앞서 있었던 것은 사실입니다. 1960년대 북한의 1인당 GNI(국민 총소득)가 137달러, 남한이 94달러로 남한의 1.5배였습니다. 북한은 1962년부터 경제 개발 7개년 계획에 따라 경제 성장을 이루어 가고 있었는데, 로빈슨은 김일성을 보고 "독재자라기보다는 구세주에 더 가깝다"라는 극찬을 늘어놓았습니다. 그녀는 북한은 계속 발전할 것이고 남한은 쇠퇴하면서 휴전선이라는 장막은 사라질 것이라며 남한의 사회주의 흡수 통일도 예측했습니다. 로빈슨의 예측과는 달리 경제개발계획을 통한 남북한의 체제 대결은 북한의 괴멸적 실패로 결론이 났습니다.

로빈슨은 중국의 마오쩌둥(모택동)과 그가 주도한 문화 혁명에 대해서도 찬사를 늘어놓는 우를 범했습니다. 그러나 로빈슨은 1983년 세상을 떠날 때까지 자신의 잘못된 판단과 예측에 대해 단 한마디의 수정도 사과도 하지 않았습니다. 그녀는 자신의 오류를 인정하지 않고, 죽기 전에 오늘의 남북한 경제 현상을 보면서도 자기가 과거 잘못된 판단과 예측을 했다는 사과도 하지 않고 침묵으로 일관한 것을 보면, 학자가 사상적으로 편향되면 어떤 모습을 보여 주는지 좋은 실례를 보여주었습니다.

로빈슨이 예언한 때로부터 불과 한 세대가 가기 전에 남북한의 경제 차이가 너무 현격해서 비교가 불가능할 정도입니다. 현재 남한에 살고 있는 사람들 중에 북한에 가서 살고 싶은 사람 나오라면 몇 명이 나올까요? 자유민주주의의 혜택을 누리며 사는 사람들 중, 자유가 억압된 체제로 가서 살고 싶은 사람은 아무도 없을 것입니다.

사람이 미래를 예측한다는 것은 대단히 어려운 일입니다. 특히 변동성이 많은 정치, 경제, 사회, 문화, 예술 등의 미래 예측은 거의 불가능합니다. 소위 미래 학자들이라는 사람들도 자기들이 보는 견해를 말하는 것이지, 꼭 그렇게 된다는 보장을 할 사람은 아무도 없습니다. 왜냐하면 인간은 한 치 앞도 내다보지 못하는 존재이기 때문입니다.

이 세상에 사는 모든 사람은 예수님의 부자 비유(눅 12:16 이하)에서와 같이 앞으로 여러 해 살 것으로 여기고 살아갑니다. 그러나 아침에 나간 가족이 저녁때 영안실에 누워 있는 경우는 어렵지 않게 듣는 이야기입니다. 미래를 예측하고 예언하는 사람들은 반드시 단서를 붙여야 합니다. "이러이러한 조건이 충족된다면, 이렇게 될 것으로 예측된다"라고 말해야 합니다.

구약 아합왕 때, 400여 명의 선지자가 한결같이 잘못된 예언을 했습니다. 그것은 그들에게 '거짓말하는 영'이 들어가 있었기 때문입니

다.(왕상 22장) 오늘도 거짓된 영을 받은 사람들, 교인들, 목사들이 얼마
든지 잘못된 예언을 할 수 있습니다. 예언은 항상 조건이 따라야 하고
가능하면 예언은 하지 말고 현재 일에 충실하는 것이 지혜로운 길입니
다. 샬롬.

선견지명

"내가 네 말대로 하여 네게 지혜롭고 총명한 마음을 주노니 네 앞에도 너와
같은 자가 없었거니와 네 뒤에도 너와 같은 자가 일어남이 없으리라."
(왕상 3:12)

독도가 우리 땅이라는 것을 모르는 한국 사람은 없고 부인하는 사람도
없습니다. 그러나 일본은 끊임없이 독도가 죽도(다케시마)라며 자기네
땅이라고 주장하면서 끈질기게 탐내고 있습니다. 독도가 우리 땅이라
는 것은 역사적으로, 지리적으로, 문서상으로 입증되지만, 일본인들은
일제강점기에 독도가 자기 땅이었다며 자기 땅이라는 주장을 지금도
굽히지 않고 있습니다.

　1900년 10월 25일 대한제국은 독도를 울릉도 부속 섬으로 제정,
공포했습니다. 대한제국이 독도가 우리의 땅임을 선언했지만, 그로부
터 10년 후인 1910년 대한제국이 일제에 병탄되면서 한반도 전체가
일본 치하에 들어갔으므로 자연히 독도도 일본령이 되었습니다. 제2차
세계대전에서 일본이 미국에 항복하였으므로, 일본은 물론 한국의 모
든 영토도 미국 관할 하에 들어갔습니다. 맥아더 사령부는 일본 선박이
나아갈 수 있는 한계선을 그었는데, 이것이 '맥아더 라인'입니다. 그런
데 독도는 맥아더 라인 밖에 있었으므로 자연히 한국 영토가 되었습
니다.

　6.25 전쟁 때 한국과 미국이 전쟁에 몰입하고 있는 동안, 일본 어
선들은 맥아더 라인을 무시하고 노골적으로 독도 인근까지 접근하기
시작했습니다. 또한 일본이 미국의 보호에서 벗어나 독립국이 되자 맥
아더 라인도 자연히 소멸되었습니다. 이에 따라 일본의 독도 침범은 노

골화하기 시작하였습니다. 전쟁 중인 우리나라의 초라한 해군이 세계적 해양 국가인 일본과는 겨루기가 어려웠습니다. 그러나 외교에 능한 이승만 대통령은 부산 피란 시절임에도 샌프란시스코 조약이 발표되기 직전인 1952년 1월 18일 일방적으로 바다 60해리까지 우리 영해라며 '평화선'을 선언했습니다.

울릉도에서 독도까지는 50해리 정도였으므로 독도가 자연히 우리 영토가 되었습니다. 당시 국제법상 영해 기준은 3해리였기 때문에 이승만의 60해리는 아무런 법적 근거가 없었습니다. 따라서 국제적으로는 아무 의미가 없었습니다. 심지어 전선에서 함께 피 흘리며 싸우던 미국까지도 이를 인정하지 않았습니다. 그러나 온 세상이 비난했지만, 이 대통령은 평화선을 넘는 일본 선박에 사정없이 총격을 가하며 나포(拿捕)하였습니다. 평화선 선포 1년 뒤에는 독도 의용수비대를 조직하여 독도에 파견해서 독도를 지키게 하였습니다.

1965년 한일어업협정으로 평화선이 없어질 때까지 300척이 넘는 일본 선박이 한국 해군에 의해 나포되었고, 4,000명 가까운 일본인이 한국 형무소에 구금되었는데 그중 40여 명은 생명을 잃었습니다. 이승만 대통령의 배짱으로 이루어진 일입니다. 이 대통령은 선견지명이 있었던 위대한 지도자였습니다.

일본은 독도가 자기들 영토라고 주장하지만, 실제적 조치는 아무것도 할 수 없었습니다. 오늘날 독도가 우리 영토임을 강하게 주장할 수 있는 것은 전적으로 이승만 대통령의 평화선 선포에 의한 것입니다. 선견지명이 있었던 지도자를 둔 나라의 커다란 수확이 아닐 수 없습니다.

지혜로운 지도자를 만나는 것은 그 민족의 행운입니다. 그러나 어리석고 탐욕스런 지도자는 자신과 국가를 망쳐 놓습니다. 역사는 이런 사실을 누누이 보여 주고 있습니다. 우리 그리스도인들은 지혜로운 지도자를 넘어 하나님이신 예수 그리스도를 우리의 지도자로, 인도자로, 구원자로 삼고 살기 때문에, 비록 우리의 육신의 삶은 고달파도 영적 삶은 풍요롭습니다. "예수가 거느리시니 즐겁고 평안하구나 주야에 자고 깨는 것 예수가 거느리시네 주 날 항상 돌보시고 날 친히 거느리시네 주 날 항상 돌보시고 날 친히 거느리시네."(찬송가 390장) 예수님이 거느리시는 우리는 행복한 사람들입니다. 샬롬.

100년 전쟁

"사람이 친구를 위하여 자기 목숨을 버리면 이보다 더 큰 사랑이 없나니"
(요 15:13)

인류 역사를 전쟁사라고도 말합니다. 이 말은 인류 역사가 시작된 이래 전쟁이 없었던 때가 없었고 지금도 전쟁은 계속되고 있다는 뜻입니다. 전쟁은 대체로 강한 민족이나 국가가 약한 민족이나 나라를 쳐들어가서 자국 영토를 확장하고, 점령지의 모든 금은보화, 지상과 지하의 모든 자원을 수탈해 가는 과정입니다. 로마 가톨릭교회와 개신교 측이 맞붙어 싸운 30년 전쟁은 1618년에서 1648년까지 30년 동안 지속되었습니다. 현대전은 불과 몇 년이면 끝나는데 이때만 해도 30년을 싸웠으니 한 세대 동안 싸운 셈이지요.

그런데 백년전쟁은 100년 동안 전쟁을 했으니 전쟁을 했던 당사국 영국과 프랑스는 3세대(한 세대가 30년) 이상 동안 전쟁에 시달렸다는 이야기가 됩니다. 백년전쟁은 1337년에서 1453년까지 116년 동안 지속된 전쟁입니다. 이 전쟁의 원인은 영국의 왕가 중 하나인 플랜태저넷 가문과 프랑스의 왕가 중 하나인 발루아 가문 사이에 왕위 계승권과 영토 문제 때문입니다.

전쟁의 자세한 내용을 여기서 언급할 필요는 없고 이 전쟁 중 있었던 유명한 이야기 하나를 소개하려 합니다. 영국 왕 에드워드 3세는 전쟁이 시작된 지 3년쯤 되었을 때 영국에서 가장 가깝고 대서양을 마주 보고 있는 전략 요충지인 프랑스의 칼레성을 공격했습니다. 칼레는 철옹성이었으나 1년 이상 끈질기게 공략하는 영국군을 무찌를 수가 없어 결국 에드워드 3세에게 무조건 항복을 선언하였습니다. 1년 이상 끈질기게 저항하면서 영국군에게 피해를 준 칼레성을 에드워드왕은 순순히 항복을 허락할 수 없었습니다. 그는 칼레 시민 대표에게 어려운 조건을 내걸었습니다. 칼레성을 대표하는 지도자 6명의 목숨을 내어놓으면 항복을 수용하고 시민들의 생명과 재산을 보존해 주겠다는 조건이었습니다.

이 소식을 들은 칼레 시민들은 차분히 이 조건을 받아들였습니다. 여러 시민 대표들이 자기가 희생하겠다고 나섰습니다. 제일 먼저 스스로의 생명을 내놓겠다고 나선 사람은 칼레에서 가장 돈이 많은 부자 드 생 피에르였고, 이어 6명이 연달아 자원했습니다. 결국 7명이 되어 한 사람은 살 수 있었습니다. 다음날, 제일 늦게 나오는 사람을 살리기로 하자는 의견을 모았는데, 이튿날 아침 6명이 다 나왔는데 드 생 피에르만 나오지 않았습니다.

사람들은 피에르가 마음의 변화를 일으켜 나오지 않았을지도 모른다고 여기고 그의 집에 가 보았더니 피에르는 자결을 했던 것입니다. 시민들은 모두 그의 희생정신에 감동했고, 특히 영국 에드워드 3세도 피에르의 결단에 감동을 받고 자기의 조건을 철회하였습니다. 에드워드의 약속대로 칼레 모든 시민은 안전하게 살아갈 수 있었습니다. 한 사람의 희생이 나머지 6명의 생명과 더불어 온 성민을 구한 것입니다.

피에르의 결단을 '노블레스 오블리주'(Noblesse Oblige)라 합니다. 이 말은 프랑스어로 "귀족은 의무를 갖는다"라는 의미입니다. 부와 권력, 명성은 사회에 대한 책임과 함께해야 한다는 뜻입니다. 사회 지도층에게는 사회에 대한 책임이나 국민의 의무, 모범적으로 실천하는 높은 도덕성을 요구한다는 의미입니다.

칼레성의 지도층 7명이 스스로 시민들의 안위를 위해 자기 목숨을 버리겠다고 자원하고 나온 것은, 1,000년 이상 지배해 온 기독교 정신이 아니면 해석할 길이 없습니다. "사람이 친구를 위하여 자기 목숨을 버리면 이보다 더 큰 사랑이 없나니"(요 15:13) 예수님의 말씀입니다. 샬롬.

용병

“사람이 무엇을 주고 자기 목숨과 바꾸겠느냐.” (막 8:37)

오늘 아침 읽은 구약 성경 사무엘하 10장 6절에 “암몬 자손들이 자기들이 다윗에게 미움이 된 줄 알고 암몬 자손들이 사람을 보내 벤르홉 아람 사람과 소바 아람 사람의 보병 이만 명과 마아가 왕과 그의 사람 천 명과 돕 사람 만 이천 명을 고용한지라”는 구절을 읽었습니다. 여기서 ‘고용’이라는 용어에 저의 눈이 꽂혔습니다. 고용은 돈을 주고 일을 시킨다는 의미 아닙니까? 그런데 그 일이 일반적인 일이 아니고 군인으로 고용되어 전쟁터에서 전투하다 생명을 잃을 수도, 치명적인 부상을 당할 수도 있는 일입니다. 자기 생명을 담보로 용병이 된다는 것은 돈을 벌기 위한 마지막 선택입니다.

다윗왕은 암몬 왕이 죽고 그의 아들 하눈이 선친을 이어 왕이 되었다는 소식을 접하고, 과거 하눈의 선친이 자기에게 선하게 대한 것을 생각하고 조문단을 보냈습니다.(삼하 10장) 다윗의 조문단이 암몬 땅에 이르자 하눈의 신하들은 다윗이 보낸 조문단이 실제 조문을 위해 온 것이 아니고, 우리 땅을 탐지하여 함락시키려는 수작일 것이라고 충동질을 하였습니다.

어리석은 하눈은 다윗왕의 진심을 깨닫지 못하고 신하들의 말만 듣고 조문단을 붙잡아 수염을 절반 정도 자르고 의복도 중동볼기까지 자르는 치욕을 입혀 돌려보냈습니다. 다윗 왕이 이 소식을 듣고 대노하여 조문단은 여리고에 머물다가 수염이 다 자란 후에 다윗성으로 들어

오라고 명령했습니다. 암몬 왕은 여러 지방에서 용병을 구해 전투 준비를 하였으나 결과는 암몬의 참패였습니다.

최근 러시아가 우크라이나를 침공해서 전쟁이 1년 반 이상 지속되고 있는데 러시아가 '바그너 그룹'(Wagner Group)이라는 이름을 가진 용병단을 고용해서 전투에 투입시키고 있다는 사실은 익히 알고 있습니다.

구약 다윗왕 시대에도 있었던 용병의 역사는 인류 역사가 시작된 이래 계속 있어왔던 제도입니다. 인류 역사 최고의 함무라비 법전에도 용병의 대가가 기술되어 있는 것을 보면 알 수 있습니다. 로마 바티칸을 방문한 이들은 그곳 교황청을 경호하는 멋진 군복을 착용한 군인들이 스위스 출신 용병이라는 사실을 알게 됩니다. 스위스는 본디 산악지대로 농경지가 없고 산업이 발전되지 못해 주민들이 살아가기가 무척 힘들었습니다.

스위스 청년들은 많은 월급을 주는 용병에 자원하였고 거기서 번 돈으로 가족을 먹여 살리는 일을 해 온 것이 오늘에까지 이르게 된 것입니다. 스위스 용병은 한번 계약을 하면 자기의 생명이 끝날 때까지 고용주에 충성을 바치는 것으로 유명합니다.

용병은 일반적으로 자기의 고국, 민족, 가족을 위해 생명을 걸고 전투를 하는 것이 아니고 돈을 받고 싸우는 전투이므로 생명을 걸고 싸우지 않습니다. 전쟁에서는 내 생명을 간수하는 것이 최우선 목적입니다. 아무리 돈을 많이 받았다 해도 내가 죽으면 모든 것이 끝나기 때문에 어떻게 해서든지 자기의 생명 보존을 위해 애를 쓰게 마련이지요.

돈은 좋은 것이지만 자기 생명을 걸고 벌지는 않습니다. 물론 많은 돈을 벌어 놓고 자기 생명을 희생해서 가족을 살릴 수만 있다면 이야기는 달라질 수 있겠지만, 용병들이 받는 돈이 엄청난 액수도 아니고 그 돈이 생명과 바꿀 만한 가치가 있는 것도 아닙니다.

예수님께서는 "사람이 무엇을 주고 자기 목숨과 바꾸겠느냐?"(막 8:37)고 말씀하셨습니다. 세상에 단 하나밖에 없는 나의 소중한 생명을 돈을 받고 전장으로 나간다는 것은 깊이 생각해 볼 일입니다.

나의 생명은 주님께서 십자가에서 피 흘려 죽으셔서 구원해 주신, 세상에서 가장 소중한 하나님의 선물입니다. 하나님께서 부르시는 날까지 소중하게 보존하고 간직해야 하는 나의 마지막 보물입니다. 온 세상을 다 준다 해도 나의 생명을 내어놓을 수는 없지 않습니까? 샬롬.

작곡가 바그너와 용병 바그너

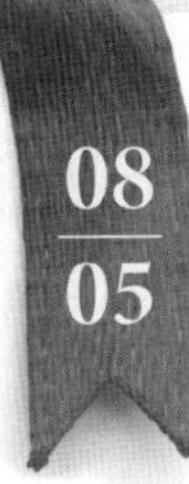

"내 형제들아… 주 예수 그리스도에 대한 믿음을 너희가 가졌으니 사람을
차별하여 대하지 말라… 만일 너희가 사람을 차별하여 대하면 죄를 짓는
것이니" (약 2:1, 9)

고전 음악을 좋아하는 사람이라면 빌헬름 리하르트 바그너(Wilhelm R. Wagner, 1813-1883)가 독일의 작곡가임을 대개 알고 있습니다. 그는 작곡가일 뿐만 아니라 지휘자, 극작가, 연출가, 음악평론가, 저술가이기도 합니다. 그는 낭만주의 오페라 전성시대를 열었고 음악극이라는 새로운 장르를 창시한 음악가이며, 바흐, 베토벤, 쇤베르크에 버금가는 음악가이기도 합니다. 그러나 그가 극단적인 반유대주의자라는 사실을 아는 사람은 많지 않습니다.

바그너는 평론에서 유대교를 적극 비판하였고 작품에서 반유대적인 정서를 여실히 표현하였습니다. 그의 유명한 작품 '니벨룽의 반지'에서도 유대인을 사악한 인물로 묘사했습니다. 철저한 반유대인 정책을 폈던 아돌프 히틀러가 반유대적 성향의 바그너를 좋아했고 그의 음악을 즐겨 들었던 것은 자연스러운 일입니다. 나치당은 바그너의 반유대주의 사상을 전용(專用)하였고 그들은 바그너를 칭송, 숭배하였습니다.

바그너가 반유대적인 경향으로 흐른 이유는 그가 태어난 지 14개월 만에 친부가 사망하고 나서 모친이 유대인으로 추정되는 루드비히 가이어와 재혼하였던 것이 계기가 되었습니다. 바그너는 말년에 어머니가 남편에게 보낸 편지에서 계부가 유대인이라는 것을 알게 되었고, 혹시 자기에게 계부 유대인의 피가 섞여 있지 않을까 하는 의심으로 반유대주의로 흐른 것으로 파악됩니다.

자기는 경제적 어려움에 빠져있는데 유대인 펠릭스 멘델스존은 여유롭게 작품 활동을 하면서 잘 살고 있는데 불만을 토로하였고, 유대인 작곡가 자코모 마이어베어에게 돈을 빌려 쓴 경험이 그를 더욱 유대인 혐오로 이끌었던 것으로 여겨집니다. 그가 반유대주의로 나가게 된 것은 그의 첫 번째 부인 코지마가 극심한 반유대주의자였기 때문이기도 했습니다. 특히 바그너는 독일 민족의 조상이라 여겨지는 아리안(Aryans)족의 우월성에 심취하여 독일인의 우월성에 도취하였습니다. 이에 따라 아리안족에 대한 자부심과 긍지를 중요시했던 히틀러가 바그너를 존중한 것은 자연스러운 일이었습니다.

한 번은 바그너가 지휘하는 오케스트라에서 유대인 작곡가 멘델스존의 곡을 연주한 후, 지휘봉을 들었던 장갑을 벗어 쓰레기통에 버림으로 유대인 작곡가의 곡을 연주한 것에 대한 혐오감을 극적으로 표현했습니다.

천재 물리학자 유대인 아인슈타인이 상대성 이론을 발표하여 전 세계 물리학계를 놀라게 했다는 소식을 듣고 "저런 원숭이같이 생긴 자의 이론을 따라야 하느냐?"고 힐문하기도 했습니다. 그는 기독교도였지만 예수님은 유대인 혈통이 아니고 그리스 혈통이라고 주장하면서 "신구약 간에는 아무 연결이 없다. 이스라엘의 신은 예수의 아버지 신과 다르다. 십계명은 기독교의 교훈에 있는 자비와 사랑이 결여되어 있다"고 주장하면서 유대교의 경전인 구약을 경멸하였습니다.

바그너의 독일 아리안 제일주의, 즉 자기 민족이 세계에서 가장 우수하고 가장 위대하며 세계를 지배해야 한다는 국수주의, 즉 자기 나라의 문화나 전통, 국민적 특수성만을 가장 위대한 것으로 믿고 유지 보존해야 하며 남의 나라 것을 배척하는 사상에 빠져 있었던 사람입니다.

이번 러시아의 우크라이나 침공에서 러시아가 용병으로 쓴 부대 이름이 '바그너 그룹'인 것이 참 흥미롭습니다. 왜 그 수많은 작곡가나 유명 인사들의 이름이 많은데 하필 바그너일까요? 민간 용병회사 바그너 그룹은 2014년 드미트리 우트킨이 창립하였는데, 그는 슬라브 민족주의자로 러시아 첩보부대에서 근무한 경력이 있습니다. 그는 평소 히틀러의 나치주의를 동경했는데, 2014년 우크라이나에서 내전이 벌어졌을 때 히틀러가 평소 숭배했던 바그너의 이름을 붙여 '바그너 민병대'라는 이름으로 창설하였습니다.

바그너가 아무리 위대한 작곡가며 좋은 작품을 남겼다 해도 그의 머릿속에 특정 민족을 증오하는 마음으로 작곡을 했다면 그 곡은 사람들의 마음에 감동을 줄 수 없습니다. 오히려 경멸하게 되어 있습니다. 음악은 누구를 증오하고 미워하는 데서 나오는 것이 아니고 모든 인류를 사랑하고 포용하는 마음에서 나와야 시대를 거슬러 만인에게 감동과 환희를 제공하는 법입니다. 증오는 사랑을 결코 넘을 수 없습니다.

"내 형제들아… 주 예수 그리스도에 대한 믿음을 너희가 가졌으니 사람을 차별하여 대하지 말라… 만일 너희가 사람을 차별하여 대하면 죄를 짓는 것이니"(약 2:1, 9) 야고보 장로의 말씀입니다. 샬롬.

산타 루치아

"천국은 마치 사람이 자기 밭에 갖다 심을 겨자씨 한 알 같으니 이는 모든 씨보다 작은 것이로되 자란 후에는 풀보다 커서 나무가 되매 공중의 새들이 와서 그 가지에 깃들이느니라." (마 13:31-32)

제가 고등학교에 다닐 때 외국 가곡을 많이 배우고 불렀는데 그 가운데 '산타 루치아'라는 곡이 있었습니다. 산타 루치아가 이탈리아에 있는 도시 이름이라는 것은 알고 있었습니다. 이번(2024년 8월) 제33회 하계 올림픽이 개최된 파리에서 남자 100m는 미국의 노아 라일스(27)가 9.784초로 자메이카의 키셰인 톰슨 선수를 단 0.0005초 차로 누르고 금메달을 목에 걸었습니다. 그런데 여자 100m는 세인트루시아(Saint Lucia: 산타 루치아)의 쥘리앵 앨프리드가 금메달을 획득했습니다.

저를 포함 대부분의 사람은 세인트루시아라는 나라가 있는 줄도 몰랐습니다. 세인트루시아는 카리브해에 있는 작은 섬으로 베네수엘라 북쪽에 위치하고 있으며, 면적은 $617km^2$로 서울 $605km^2$와 비슷한데 인구는 18만 명에 불과합니다.

16세기 초에 프랑스 선원들이 카리브 해역을 항해하다 난파되어 어떤 섬에 상륙하였는데, 선원들은 그날이 12월 13일로 성녀 루치아를 기리는 날이어서 그 섬 이름을 산타 루치아라 명명하였습니다. 이 섬 주민의 80%는 아프리카의 가나, 나이지리아 등지의 영국 또는 프랑스 식민지에서 온 흑인 노예들의 후손들입니다. 1979년 독립한 후로 영국 연방 국가로 남아 있지만 아직도 영어 대신 프랑스어를 기초로 한 토착 언어를 쓰고 있습니다.

하지만 이 작은 나라에서 노벨상 수상자를 두 명이나 배출했으니

'작은 고추가 맵다'는 말이 실감 납니다. 한국은 인구가 5천만이고 세인트루시아에 비해 훨씬 넓은 영토를 갖고 있으며 일인당 약 6천 달러로 세계 순위 98위에 머무는 가난한 나라 세인트루시아와 비교하면 훨씬 부유한 나라입니다. 그럼에도 한국은 노벨상을 하나도 받지 못했으니 참 한심하지 않나요? (평화상 제외)

이렇게 가난하고 작은 나라, 그리고 주로 노예들의 후예인 이 나라의 윌리엄 아서 루이스 경이 1979년 노벨 경제학상을 받았는데, 그는 흑인으로 최초의 상을 받은 사람이고, 데릭 월컷은 1992년 노벨 문학상을 받았습니다. 세상에 존재하고 있는지도 모르는 작은 섬나라에서 그것도 노예들의 후예들 중에 노벨상을 둘이나 받은 것은 기적이 아닐 수 없습니다.

"작은 고추가 맵다"라는 말은 고추가 작지만 어떤 열매보다 맵다는 뜻입니다. 비록 국토도 인구도 적고 가난하고 약한 나라 세인트루시아에서 여자 100m 금메달리스트가 나오고, 한국은 단 한 개도 받지 못한 노벨상을 두 사람이나 받았다는 것은 겨자씨같이 작은 나라에서 큰일을 이루어낸 것입니다.

우리는 비록 겨자씨보다 작은 믿음을 갖고 있지만 옥토에 떨어진 씨앗과 같이 30배, 60배, 100배의 열매를 맺을 수 있습니다. 더 큰일을 이루는 믿음의 사람들이 되기 위해 우리 모두 더욱 열심히 기도하면서 전도합시다. 이 일은 어떤 일보다 하나님께서 기뻐하시는 일입니다. 샬롬.

가미카제 신풍

"이와 같이 죄인 한 사람이 회개하면 하늘에서는 회개할 것 없는 의인 아흔아홉으로 말미암아 기뻐하는 것보다 더하리라." (눅 15:7)

2024년 8월 프랑스 파리에서 열린 제33회 하계 올림픽 때 여자 단식 탁구 시합에서 동메달을 딴 일본의 하야타 히나(24)가 "가미카제 정신을 되새기고 싶다"라는 말을 해서 논란이 일었습니다.

제2차 세계대전 때 일본이 가미카제 신풍특공대를 조직해서 주로 미국 전함을 공격했습니다. 가미카제라는 말은 신풍(神風)이란 말로, 1274년 원나라의 쿠빌라이 칸이 고려군과 함께 두 번이나 일본 원정을 갔으나 태풍으로 많은 배가 침몰하여 실패했는데, 일본인들은 이때 분 태풍을 '신이 보낸 바람'이라고 해서 '신풍'이라 합니다.

가미카제는 태평양 전쟁 말기에 일본군이 항공기를 탄 자살특공대를 보내 미국 등 연합군의 전함을 침몰시킨 전략입니다. 가미카제 특공대는 17, 18살 된 미성년자들을 징집해서 비행기 조종 훈련을 시킨 후 일본 왕이 내리는 어주를 한 잔씩 주고 천황폐하 만세를 외치며 폭탄을 잔뜩 실은 폭격기를 몰고 가서 연합군 함대에 충돌하여 침몰시키는 자살특공대원들이었습니다.

그런데 그 비행기에는 적의 함정까지 가는 휘발유는 들어 있었지만 돌아오는 휘발유가 없어서 폭격기와 함께 폭사해야만 합니다. 그러나 이들이 몰고 간 전투기들은 대부분 전함에서 쏘는 기관총과 대공포에 맞아 대부분 추락해 실제적인 피해는 별로 주지도 못했고 퇴패해가는 일본군의 전황을 역전시키는 데 별 효과도 주지 못했습니다.

전쟁은 죽이고 죽는 현장이어서 전투를 하다 총에 맞아 죽는 것은 어쩔 수 없는 일이지만, 미성년자들을 강제로 끌어 모아 돌아오는 휘발유를 주지 않고 자살을 강요한 일본은 인류 역사에 다시없는 잔악한 일을 저지른 것입니다. 생명을 경시한 일본이 전쟁에 패한 것은 당연한 결과입니다.

희대의 전쟁광이었던 독일의 히틀러조차도 사형수들을 가미카제 같은 특공대를 만들어 전투에 투입하자는 의견이 나왔을 때 비윤리적이란 여론에 밀려 결국 취소했습니다. 그 이유는 독일이 1,500년 이상을 기독교 문화권에 있었기 때문에 히틀러를 지지했던 국민들조차도 이런 비윤리적 행위를 용납할 수 없었던 것입니다.

그러나 일본은 수천 년 동안 불교와 신도(神道)의 영향을 받았고 생명을 중시하는 기독교의 영향이 미미했기 때문에 국가와 왕을 위해 생명을 바치는 것은 당연하다고 여겨 가미카제를 실천한 것입니다. 이런 일본인들의 정신은 전쟁이 끝난 지 80년이 지난 지금도 살아있어 일본의 젊은 여인의 입에서 '가미카제 정신'이란 말이 나오는 것입니다.

이슬람 극단주의자들이 온몸에 폭탄을 두르고 유대인들이 모인 곳에서 폭탄을 터뜨려 자살을 하여 많은 유대인을 죽이면 그를 순교자로 추앙하고, 순교자는 천국에서 미인 72명의 수발을 받으며 복락을 누린다고 부추겨 극단주의자들을 죽음으로 몰아넣는 것과 상통하지요.

예수님께서는 "죄인 한 사람이 회개하면 하늘에서는 회개할 것 없는 의인 아흔아홉으로 말미암아 기뻐하는 것보다 더하리라"(눅 15:7)는 말씀을 하셨습니다. 우리가 복음을 전해서 '가미카제 정신' 운운하는 일본 젊은이들이 주님께 돌아오게 해야 합니다. 열심히 전도해서 구원받는 사람들이 늘어가는 일에 앞장섭시다. 샬롬.

하나님의 뜻과 운명

"하나님은 이르시되 어리석은 자여 오늘 밤에 네 영혼을 도로 찾으리니 그러면 네 준비한 것이 누구의 것이 되겠느냐 하셨으니." (눅 12:20)

2024년 8월 9일 남미 브라질 상파울루 근처에서 여객기 한 대가 추락해서 탑승자 58명과 승무원 4명이 모두 사망한 사건이 있었습니다. 그런데 58명 중 여덟 명은 암을 전문으로 치료하는 암 전문의들이었습니다. 이들은 상파울루에서 열리는 종양학회에 참석하러 가는 길이었습니다. 그런데 미국 CNN 등에 따르면 여러 사정으로 이 비행기를 타지 못해 생명을 구한 사람들이 여럿 있었습니다. 10명의 단체는 탑승구 안내판을 잘못 보고 다른 게이트 앞에서 기다리다 비행기를 놓쳐 생명을 구했습니다.

한 승객은 아침 일찍 탑승 수속 카운터에 가보니 직원이 아직 출근하지 않아 커피숍에 가서 느긋하게 커피를 마시다가 탑승 마감 시간이 다 된 것을 깨닫고 부리나케 달려갔지만, 탑승 시간이 이미 지나 타지 못해 생명을 구했습니다. 이들이 생명을 구한 것은 운이 좋아서가 아니고 하나님의 섭리입니다.

2001년 9.11 사건으로 뉴욕의 쌍둥이 빌딩이 무너져 약 3,000명이 생명을 잃었습니다. 그런데 정시에 출근하지 않은 사람들이 생명을 구한 사연이 많이 회자(膾炙: 널리 사람들이 입에 오르내림)되었습니다. 차가 밀려 늦게 출근한 사람, 아침에 갑자기 복통이 나서 출근하지 못한 사람, 건물 가까이 갔다가 다른 일을 보기 위해 늦게 도착한 사람들은 생명을 구했습니다.

2003년 2월 18일 대구 지하철 내 방화 사건으로 192명이 사망했고 6명이 실종되었으며 151명이 부상을 당하였습니다. 그런데 한 여인이 뒤늦게 달려와 닫히는 문 사이에 핸드백을 밀어 넣고 문이 다시 열리게 한 후 탑승을 했는데, 이 사고로 생명을 잃었습니다. 떠나려는 전철을 강제로 멈추고 탔다가 생명을 잃었습니다. 한 치 앞을 내다보지 못하는 인생이 스스로 죽음의 늪 속으로 들어간 것이지요.

여기서 우리의 생명이 끝나는 일을 누가 주관하느냐는 문제에 부딪치게 됩니다. 교회에서 대표 기도하는 장로들이 흔히 하는 말 가운데 생사화복(生死禍福)을 주장하시는 하나님 아버지란 말이 있습니다. 생과 사, 화와 복은 하나님께서 주관하신다는 말입니다. 우리가 세상에 태어난 것은 하나님께서 우리를 세상에 보내셨기 때문입니다. 또한 죽을 때 더 살기 위해 발버둥을 쳐도 하나님께서 부르시면 죽음을 피할 길은 없습니다.

그렇게 살기를 원하는 사람이 죽는 것은 하나님께서 그 생명을 거두어 가시기 때문입니다. 생과 사는 운명이 아니고 하나님의 예정입니다. 제가 시카고에 살 때 어린이 기념 병원(Children Memorial Hospital)에 입원한 아이들 중 여럿이 날마다 암으로 세상을 떠난다는 이야기를 들었습니다. 하나님께서 아이들의 생명을 거두신 것이지 운명이 아닙니다.

예수님께서 "하나님은 이르시되 어리석은 자여 오늘 밤에 네 영혼을 도로 찾으리니 그러면 네 준비한 것이 누구의 것이 되겠느냐?"(눅 12:20)고 말씀하셨습니다. 하나님께서 오늘 밤에 내 영혼을 불러 가실 수 있다는 말씀입니다.

사람들은 딸 시집갈 준비, 한국에 나갈 준비, 대학에 갈 준비는 철저히 하면서도 정작 자기 생의 마지막을 위한 준비는 소홀히 합니다. 우리 모두 "오늘 밤에 네 영혼을 도로 찾으리니"의 말씀을 가슴에 새기며 준비하는 삶을 살아갑시다. 샬롬.

신의 섭리일까, 행운일까?

"우리가 살아도 주를 위하여 살고 죽어도 주를 위하여 죽나니 그러므로
사나 죽으나 우리가 주의 것이로다." (롬 14:8)

제가 한 번은 TV를 보고 있었는데 교통사고 현장을 생중계하였습니다. 한 청년이 휴대전화를 들여다보면서 인도를 걷고 있었는데, 갑자기 옆 차도에서 마주 오던 차 두 대가 정면충돌을 하면서 차 한 대가 공중으로 붕 떠서 남자 쪽으로 날아갔습니다.

청년은 이 모습을 보고 앞을 향해 힘껏 달렸는데, 공중에 떠오른 차가 그 청년을 그대로 덮쳐 현장에서 즉사하였습니다. 이 남자가 걷는 속도대로 걸어갔거나 조금만 더 빨랐으면 공중에 뜬 차가 그를 덮쳐 생명을 잃지는 않았을 텐데, 공교롭게도 그가 달리는 속도와 차가 나는 속도가 비슷해서 결국 그 남자는 덮치는 차에 깔려 그대로 즉사한 것입니다.

최근(2024년 10월) 인도 구자라트주 수라트시의 한 도로 공중에서 검은색 큰 물탱크가 길을 걷는 어떤 여성 위에 떨어졌습니다. 이 여성은 사과를 먹으면서 천천히 길을 걷고 있었는데 갑자기 하늘에서 거대한 물탱크가 여성 위로 떨어진 것입니다. 근처 건물 옥상에 있던 오래된 물탱크를 고철업자가 철거하던 중 실수로 탱크가 아래로 떨어진 것입니다. 그런데 그 물탱크 가운데 구멍이 뚫려 있었는데 이 여성의 몸이 그 구멍 속으로 들어가 아무런 상처도 입지 않고 살아날 수 있었습니다.

이 여성이 몇 cm만 앞에나 뒤에 있었다면 그대로 생명을 잃었을 것입니다. 많은 인도 사람은 힌두교의 신이 이 여성을 구했다고 여깁니

다. 이 여성은 그날 아침 힌두교 사원에서 아침 기도를 마치고 헌금을 하고 돌아오는 길이었습니다. 신앙심이 깊은 이 여인은 힌두교 신이 보호하여 생명을 구했다고 생각합니다.

우리는 이 두 장면에서, 청년은 직접 운전을 하거나 교통사고를 당하지도 않았는데 길을 걷다가 날아온 차가 덮쳐 즉사했고, 인도 여성은 누가 봐도 철제 물탱크에 깔려 즉사할 수밖에 없었지만 탱크 가운데 구멍에 몸이 끼여 상처 하나 없이 살아날 수 있었습니다.

죽은 청년과 살아난 여인의 경우를 어떻게 해석해야 할까요? 세상 사람들은 남자는 운이 정말 나빠서 변을 당했고, 여성은 천행(天幸: 하늘이 준 큰 행운)으로 죽음을 면했다고 말할 것입니다.

그러나 우리 그리스도인들은 생(生)과 사(死), 즉 사람이 세상에 태어나는 것과 세상을 떠나는 것은 전적으로 하나님의 섭리(뜻)라고 신앙 고백합니다. 나이 많아 천수를 누리고 죽는 것도 하나님의 뜻이고, 어린 나이에 병이나 기타 여러 이유로 생명을 잃는 것도 하나님의 뜻입니다.

사도 바울은 "우리가 살아도 주를 위하여 살고 죽어도 주를 위하여 죽나니 그러므로 사나 죽으나 우리가 주의 것이로다"(롬 14:8)라고 말씀하셨습니다. 생과 사 모두 주님을 위한 것이라는 뜻입니다. 또한 그는 "나는 날마다 죽노라"(고전 15:31)고 고백했습니다. 날마다 죽음의 고통을 당하며 복음을 전한다는 말씀입니다.

우리는 날마다 오늘 죽을 수 있다는 생각으로 세상을 살면서 늘 준비하는 삶을 살아야 합니다. 하나님께서 나의 영혼을 부르실 때 "아버지여, 내 영혼을 받으시옵소서"라는 말을 할 수 있도록 기도하며 준비합시다. 이것이 그리스도인들이 세상을 살아가는 원리입니다. 샬롬.

제비뽑기

"경기하는 자가 법대로 경기하지 아니하면 승리자의 관을 얻지 못할
것이며 수고하는 농부가 곡식을 먼저 받는 것이 마땅하니라."
(딤후 2:5-6)

우리는 가끔 축구 시합이나 기타 운동 경기에서 동전을 던져 누가
먼저 공격을 할 것인가를 결정하는 모습을 봅니다. 최근 재미있는 기사
를 하나 읽었습니다. 미국 노스캐롤라이나주의 한 지역 시장을 동전 던
지기로 결정했다는 내용입니다. 2023년 11월 11일 AP 통신에 의하면
전날 진행된 먼로시 시장 선거에서 밥 번스(Robert Burns) 후보가 동전 던
지기 끝에 최종 당선되었습니다.

먼로시는 인구 약 35,000명의 작은 도시로, 7일 시장 선거 투표가
진행됐는데 번스와 야나섹 후보가 똑같이 970표를 얻어 당선자를 결
정하지 못했습니다. 이 지역 선거관리위원회는 두 후보와 논의한 결과
양측은 재검토를 포기하고 동전 던지기로 당락을 결정하기로 합의했
습니다. 선관위 규정은 총투표자 수가 5,000표 미만이고 득표수가 같
아 당선자를 정하지 못한 경우에는 동전 던지기 방식으로 결정하도록
규정되어 있습니다.

노스캐롤라이나 주법에도 선거에서 1위 동점자가 나올 경우 제비
뽑기로 정한다는 규정이 있습니다. 동전을 던지기 전에 야나섹 후보가
먼저 앞면을 선택했고, 선관위원이 동전을 공중에 던져 바닥에 떨어졌
는데 뒷면이 위로 나타났습니다. 결국 번스 후보가 시장으로 최종 당선
되었습니다.

구약 성경 요나서를 보면 제비 뽑는 장면이 나옵니다. 요나는 니느

웨로 가서 회개의 복음을 전하라는 하나님의 명령을 어기고 배를 타고 다시스로 도망가다 심한 폭풍을 만났습니다. 선장과 선원들은 배가 침몰하게 되자 이 재앙이 누구 때문인가를 가리기 위해 제비를 뽑았습니다. 요나서 1장 7절에 "그들이 서로 이르되 자 우리가 제비를 뽑아 이 재앙이 누구로 말미암아 우리에게 임하였나 알아보자 하고 제비를 뽑으니 제비가 요나에게 뽑힌지라"고 기록되어 있습니다. 결국 요나는 바다에 던져지는 운명을 맞았습니다.

이런 경우 제비에 당첨된 요나는 불행하다고 볼 수 있지만, 하나님의 명령을 어기고 도망가다가 결과적으로 하나님의 뜻대로 니느웨에 가서 회개의 복음을 선포하고 그 성을 구원했습니다. 따라서 요나가 제비에 뽑힌 결과 "좌우를 분변하지 못하는 자가 십이만여 명"(욘 4:11)이나 되는 큰 성을 구원하였습니다.

신약 성경에 예수님의 12제자 가운데 하나인 가룟 유다가 선생을 은 30에 팔고 양심의 가책을 받아 자살로 그 생을 마감한 기록이 있습니다. 이에 따라 예루살렘 교회는 가룟 유다 자리에 다른 사람을 채워 넣기로 하고 두 사람을 세웠는데 하나는 바사바라고도 하고 별명은 유스도라고 하는 요셉이요, 하나는 맛디아였습니다.(행 1:23)

그들이 기도하여 이르되 "뭇 사람의 마음을 아시는 주여 이 두 사람 중에 누가 주님께 택하신 바 되어 봉사와 및 사도의 직무를 대신할 자인지를 보이시옵소서"(행 1:24-25)라 기도하고 "제비 뽑아 맛디아를 얻으니 그가 열한 사도의 수에 들어가니라"(행 1:26)고 기록되어 있습니다.

신구약 성경을 보면 제비를 뽑아 누구를 선택하는 것은 하나님의 뜻으로 여기고 그대로 실행하였습니다. 그러나 지금은 아무 일이나 제비를 뽑아서 결정하고 이것을 하나님의 뜻이라고 말하는 것은 옳지 않습니다. 왜냐하면 사람들은 자기들에게 유리한 방향으로 생각하고 실행하는 경우가 많기 때문입니다.

먼로시나 노스캐롤라이나주처럼 법으로 규정된 것 외에는 제비로 무엇을 결정하는 것은 위험이 따르기 쉽고 또 당사자들 간에 분쟁이 생길 수 있습니다. 따라서 모든 일은 법이 정한 대로, 규정대로, 합의한 대로 하는 것이 후일을 위해 안전합니다. 바울 선생도 "경기하는 자가 법대로 경기하지 아니하면 승리자의 관을 얻지 못할 것이며"(딤후 2:5)라고 말씀하였습니다. 신앙적으로는 성경 말씀대로, 세상에서는 세상 법을 준수하며 사는 것이 가장 안전한 삶이고 그리스도인들의 삶의 태도입니다. 샬롬.

교회에 대한 면세

"하나님이여 주의 인자하심이 어찌 그리 보배로우신지요 사람들이 주의
날개 그늘 아래에 피하나이다." (시 36:7)

로마 제국의 제44대 황제 콘스탄티누스 대제는 로마 제국의 통일
을 위해 동쪽 지역의 황제 막센티우스와의 전투에서 십자가 신탁을 받
고 나아가 전쟁에 승리하였습니다. 그는 전쟁의 승리가 기독교도들이
섬기는 신의 도움이라 여기고, 313년 이탈리아 밀라노에서 기독교를
로마 제국의 합법 종교로 선포하였습니다. 이로써 약 300년 동안 로마
제국의 혹독한 박해를 받았던 기독교회가 비로소 자유를 얻었고 로마
제국의 합법 종교가 되었습니다.

콘스탄티누스 대제는 기독교를 제국의 합법 종교로 인정하면서
기독교인들이 자유롭게 예배를 드릴 수 있도록 일요일(주일)을 제국
의 공휴일로 선포했습니다. 우리가 지금 주일에 직장이나 학교에 가지
않고 자유롭게 교회에 출석할 수 있는 것은 콘스탄티누스 대제 덕분
입니다.

그는 또한 기독교가 핍박을 받았던 동안 압수하였던 모든 교회 재
산을 돌려주라 명하였고, 앞으로는 교회의 모든 재산에 대해 면세(세금
을 면제함)하도록 명령했습니다. 뿐만 아니라 사제들의 주택도 면세 대
상에 포함시켰습니다. 이 전통이 서방 세계에서는 지금까지 내려오고
있는데, 서양 기독교 전통과는 아무 상관 없는 한국의 교회, 성당, 불교
사찰 등도 면세 혜택을 받고 있습니다. 이 모든 것이 다 콘스탄티누스
대제 덕분이네요.

2024년 8월 11일 서울행정법원 행정3단독 판사는 최근 재단법인 천주교 서울대교구 유지재단이 강남구청장을 상대로 제기한 재산세 부과 처분 취소 소송에서 재단 보유 아파트에 대한 과세가 위법하다며 과세를 취소하라고 판결했습니다. 서울 교구는 2010년 10월 서울 강남구에 있는 지하 2층 지상 12층으로 이루어진 총 15세대 규모의 아파트를 매입했습니다. 재단은 이 건물은 종교 사업에 필요불가결하고 특수 사목 사제들의 사제관이라며 지방세특례제한법상 비과세 대상이라 주장했습니다. 법원이 이 주장을 받아들여 면세 판결을 한 것은 당연한 결과입니다.

한국의 조세법도 서양의 법과 같이 종교 목적의 건물과 목사관이나 사제관 등에는 면세하게 되어 있습니다. 물론 종교 건물이 선교 목적이냐 영리(營利) 목적이냐가 모호한 경우도 있겠지만, 일반적으로 이야기해서 종교 단체는 일반인들이 사업을 해서 또는 회사를 통해 이익을 남기는 단체와는 달리 포교 목적이 주된 사역이며, 고아, 독거노인, 장애인 등 사회의 약자들을 위한 사역을 주로 하기 때문에 과세를 하지 않는 것이 정당합니다.

테오도시우스 1세는 380년에 기독교를 로마 제국의 유일 종교로 선포하였습니다. 따라서 기독교가 서방 세계에서 2,000년 동안 국가 종교가 되어 교회나 성당, 사제들은 적지 않은 혜택을 받아 왔고 또 받고 있습니다.

그러나 우리 교회나 사제들이 세상에 살면서 국가로부터 받는 혜택도 중요하겠지만, 하늘나라에 가서 받을 은택이 더욱 소중합니다. 세상의 혜택은 제한적이고 한시적이지만 하늘의 상급은 이와 비교할 수 없는 값진 보화입니다. 우리 모두 하늘에 소망을 두고 열심히 주님을 섬기면서 신앙생활에 정진합시다. 샬롬.

콘스탄티누스 대제

"여호와를 자기 하나님으로 삼은 나라 곧 하나님의 기업으로 선택된
백성은 복이 있도다." (시 33:12)

최근(2024년 2월 6일) 보도에 의하면 로마의 카피톨리니 박물관은 높이 13m 크기의 콘스탄티누스 대제의 동상 복제품을 공개했습니다. 주후 4세기경에 제작된 콘스탄티누스 대제의 동상은 전체 조각 중에 얼굴과 손, 발 등 아홉 개 조각만 남아 있고 나머지는 모두 유실된 것으로 추정합니다. 이번에 공개된 콘스탄티누스 대제(재위 306-337)의 동상은 원본이 아니라 남아있는 대리석 원본 신체 부위를 토대로 재구성한 것입니다. 3D 기술을 활용해서 처음 모습을 재현한 것입니다.

로마 제국의 제44대 황제인 콘스탄티누스 대제는 교회 역사에서 빼놓을 수 없는 중요한 인물입니다. 그는 로마 제국으로부터 혹독한 박해를 받던 그리스도인들에게 주후 313년 이탈리아 밀라노에서 자유를 선포하고 기독교를 로마 제국의 합법 종교로 인정했습니다. 이로써 기독교는 300년 만에 로마 제국의 박해로부터 해방되었습니다. 가톨릭 교회의 본산인 로마의 바티칸에 가면 중앙에 거대한 베드로 대성당이 서 있고, 성당 정문 양옆에 역사에 길이 남을 황제 두 사람의 상이 세워져 있습니다.

한쪽에는 로마 제국의 박해로부터 기독교에 자유를 선포한 콘스탄티누스 대제이고, 다른 한쪽은 중세에 기독교회를 크게 확장시킨 샤를마뉴 대제입니다. 이 두 황제를 수문장으로 세워 놓은 것은 제국의 황제는 하나님의 교회를 보호하고 지켜야 할 직무가 있다는 것을 의미

합니다.

　　로마 제국이 기독교를 박해한 주요 이유는 교인 대다수가 제국이 가장 중요시 여기는 황제의 상에 절하고 섬기지 않았을 뿐만 아니라 징집을 거부하고 전쟁에 나가지 않았기 때문입니다. 군국주의 제국에서 징집을 거부하는 것은 용납할 수 없는 반국가적 행위입니다. 그리하여 기독교인들은 로마 제국의 사형법 중 가장 잔인한 십자가형에 처하거나 굶주린 맹수의 굴에 던져 맹수의 밥이 되게 하거나 끓는 기름 가마 속에 던져 죽였습니다. 다만 로마의 시민권을 가진 사람은 이런 잔인한 방법으로 죽이지 않고 순간적으로 숨이 끊어지는 참수형에 처했습니다(바울 선생은 로마 시민이어서 참수형으로 순교하였습니다).

　　그러나 기독교회는 박해를 하면 할수록 더욱더 세력이 확장되어 300년경에 이르렀을 때는 더 이상 억압으로는 통제할 수 없는 지경에 이르렀습니다. 이즈음 콘스탄티누스 대제는 로마 제국을 통일하기 위해 제국의 동쪽 지역을 통치하고 있던 막센티우스와 제국 통일을 위한 마지막 전투를 하게 되었습니다.

　　콘스탄티누스 대제가 마지막 결전을 앞둔 밤에 꿈을 꾸었는데, 천사가 나타나서 십자가 모형을 보여 주면서 "이것을 가지고 나가 전쟁에 승리하라"는 신탁(神託)을 받았습니다. 잠에서 깨어난 콘스탄티누스 대제는 휘하의 모든 장병에게 십자가의 견장을 어깨와 방패에 그려 붙이라고 명령한 후 "기독교의 신이 우리에게 승리를 안겨줄 것이다"라며 군인들을 격려하여 막센티우스 군을 격파하고 통일 로마의 유일한 군주가 되었습니다.

　　십자가로 승리를 거둔 콘스탄티누스 대제는 밀라노에서 300년 동안 제국의 적으로 여기며 탄압했던 기독교를 제국의 합법 종교로 선포하고 자유를 주었습니다. 온갖 수난을 받으면서도 끝까지 신앙을 지키면서 전도에 열심하였던 그리스도인들이 최후의 승리를 거둔 것입니다.

콘스탄티누스 대제는 즉시 십자가형을 폐지시켰고 박해 속에서도 일요일만 되면 비밀리에 모여 예배를 드리던 일요일(주일)을 제국의 공휴일로 선포하였습니다. 뿐만 아니라 박해 기간 동안 빼앗았던 교회의 재산을 돌려주었으며 교회 재산에 일체 면세를 해 주었습니다. 현재 전 세계적으로 주일이 공휴일이 된 것과 교회가 세금을 내지 않는 것은 바로 콘스탄티누스 대제 덕분입니다. 그 외에도 콘스탄티누스 대제는 교회에 많은 혜택을 주어 교회의 확장에 큰 도움을 주었습니다. 샬롬.

노트르담 성당

"두세 사람이 내 이름으로 모인 곳에는 나도 그들 중에 있느니라."
(마 18:20)

오늘은 프랑스 파리에 있는 노트르담 대성당에 대해 쓰려 합니다. 유서 깊은 이 성당이 2019년 첨탑 부근에서 보수 공사를 하던 중 화재가 발생하여 높이 96m의 첨탑이 무너지고 목조 지붕 대부분이 불에 탔습니다. 성당 측은 재건을 위한 헌금과 기부금으로 공사를 마무리하고 드디어 금년(2024년) 12월 7일에 재개관 기념식을 갖습니다. 개관 다음 날인 8일에는 일반 신도가 참여하는 첫 공개 미사도 열릴 예정입니다.

"우리의 귀부인"(성모 마리아)이라는 뜻의 이 성당은 약 900년 전인 1163년에 착공되어 182년 후인 1343년에 완공된 성당으로 프랑스 가톨릭교회의 상징입니다. 연 1,300만 명이 찾는 이 성당은 파리의 루브르 박물관, 에펠탑과 더불어 파리의 3대 명물로 자리 잡고 있습니다. 이 성당은 1789년 프랑스 대혁명이 일어났을 때 반기독교 혁명 지도자들에 의해 심한 모독을 당했는데, 성당 제단 위의 예수님 상과 마리아 상 및 많은 성상이 파괴되었습니다. 특별히 예수님 상과 성모 마리아 상이 있던 자리에 이성(理性)의 신상이 세워졌고, 성당을 모욕하기 위해 거리에서 몸을 파는 매춘부들을 성당 제단에 앉혀 놓기까지 했습니다.

혁명이 일어났을 때 루이 16세와 왕비 앙투아네트를 비롯한 많은 왕족과 귀족들이 단두대에서 처형되었는데, 그중에 프랑스 가톨릭교회의 고위 성직자들도 다수가 포함되어 있었습니다. 백성들은 굶어 죽어가고 있는데 많은 고위 성직자는 왕족들과 귀족들과 더불어 날마다 호의호식하며 잔치로 세월을 보내다 철퇴를 맞았습니다.

저는 노트르담 성당을 두어 번 방문할 기회가 있었는데, 성당 내부는 일반 성당과 크게 다르지 않지만 웅장하고 섬세한 건축은 예술의 나라 프랑스답게 아름다운 성당으로 여겨졌습니다. 저는 멀리서 제단을 바라보면서 프랑스 혁명 당시 예수님과 성모 마리아 상이 파괴되고 그 자리에 이성의 신상이 놓여 있었고, 더러운 창기들이 제단에 앉아 있었을 장면을 연상하면서 많은 생각을 했습니다.

교회가 교회답게 성직자들이 성직자답게 살지 못하면 이런 수모를 당하게 된다는 역사적 교훈입니다. 하나님의 성전도 이교도들에 의해 모욕을 당할 수 있다는 사실을 목회자들과 성도들은 유념해야 합니다.

한 번 성당은 영구적 성당이 될 수 없고, 한 번 예배당이 언제까지나 예배당이 될 수 없다는 사실을 지금 우리는 눈으로 보고 있습니다. 한때 수백, 수천 명이 모였던 거대한 예배당들이 팔려 예배당 첨탑의 십자가가 떨어져 나가고 이슬람의 표식인 반달이 걸린 모스크로 변모하는 것을 보고 있습니다.

성당과 예배당은 성도들이 모여 미사나 예배를 드릴 때 성당이고 예배당이지, 아니면 이교 사원이 되기도 하고 매음녀들의 소굴도 될 수 있습니다. 초막이나 궁궐이나 두세 사람이 주님의 이름으로 모인 곳에 주님께서 함께 계십니다.(마 18:20) 장소가 어디든지 성도들이 모여 미사를 드리고 예배를 드리는 곳이 곧 성당이고 예배당입니다. 성전 건축에 너무 많은 돈과 시간을 들이지 맙시다. 노트르담 대성당은 우리에게 역사적 교훈을 보여주고 있습니다. 샬롬.

제3차 아편전쟁

"너희는 너희가 하나님의 성전인 것과 하나님의 성령이 너희 안에 계시는 것을 알지 못하느냐 누구든지 하나님의 성전을 더럽히면 하나님이 그 사람을 멸하시리라 하나님의 성전은 거룩하니 너희도 그러하니라."
(고전 3:16-17)

19세기 중엽, 영국은 중국으로부터 도자기(china: 중국이 좋은 china를 많이 생산하는 나라라는 뜻에서 영어로 China가 됨), 비단(silk), 차(tea)를 대량 수입했습니다. 당시에는 국제 무역에서 은을 사용했기 때문에 영국이 갖고 있는 은이 중국으로 계속 흘러 들어갔지요.

영국의 은이 중국으로 계속 흘러들어 갔으나 중국은 모든 것이 풍부해 영국으로부터 수입할 것이 별로 없었습니다. 영국은 중국으로 흘러 들어간 은을 되찾을 방법을 모색하다가 인도에 진출해 있는 동인도회사로 하여금 아편(opium)을 대량으로 재배케 하여 이것을 중국에 밀수출하기 시작하였습니다. 당연히 아편 중독자가 많이 생겨났고, 고된 일을 하는 서민들은 물론 귀족, 고위직 부인들까지 중독자가 되어 아편을 찾는 사람이 계속 늘어났습니다.

중국 정부는 아편을 근절하기 위해 노력하던 중 1839년 임칙서(林則徐)를 광주의 흠차(황제가 보낸 사신)대신으로 임명하였습니다. 임칙서는 아편을 싣고 상해로 들어온 영국 상선 3척에 선적해 있던 아편을 모두 녹여 버렸습니다. 이 일로 영국군이 출동하면서 1839년 제1차 아편전쟁이 발발하였습니다. 전쟁은 영국의 일방적 승리로 끝났고 1842년 난징조약으로 영국은 홍콩을 150년 동안 할양받았습니다.

제2차 아편전쟁은 1856-1860년 사이에 영국과 프랑스 연합군과 청나라 사이에 벌어졌습니다. 소위 애로(Arrow)호 사건을 빌미로 두 나라가 청나라를 침공하여 전쟁을 벌이다 영·프 연합군이 텐진(천진)까지 들어오자 청나라는 서둘러 텐진조약에 이어 베이징 조약으로 전쟁은 청나라의 철저한 패배로 끝이 났습니다.

그런데 텐진조약의 여러 조항 중 제5조 "아편 무역을 합법화한다", 제7조 "기독교를 공인한다"가 있었습니다. 이 두 조항은 기독교를 비판하는 자들에게 아편과 기독교를 싸잡아 공격하는 빌미가 되었습니다.

요즘 미국에서 마약 펜타닐이 큰 문제로 부각되고 있습니다. 펜타닐은 헤로인의 50배, 모르핀의 100배의 중독성을 지닌 무서운 마약입니다. 미국에 밀수입되는 펜타닐은 주로 멕시코를 통해 들어오고 있습니다. 그런데 2023년 5월, 멕시코 대통령 로페스 오브라도르는 "펜타닐이 들어있는 중국 화물이 우리 항구에 도착했다. 중국에서 멕시코로 펜타닐이 들어왔다는 증거다"라고 말했습니다. 펜타닐이 멕시코에서 발원된 것이 아니고 중국에서 발원되었다는 것을 의미하는 발언입니다.

미국이 치르고 있는 마약과의 전쟁에서 펜타닐은 가장 치명적 마약입니다. 지난 2021년 10만 7,375명이 약물 과다복용으로 숨졌는데 이 중 67%가 펜타닐과 연관되어 있었습니다. 미국 성인 18세-50세의 사망 원인 1, 2위인 교통사고와 총기 사고로 사망한 숫자를 합한 것보다 더 많습니다. '차이나 화이트'(China White) 또는 '차이나 걸'(China Girl) 등의 별명으로 불리는 펜타닐은 중국에서 만든 후 미국으로 밀수되거나 멕시코를 통해 미국으로 스며드는 것으로 보고 있습니다.

이렇게 되자 미국은 중국 정부가 마약 단속을 느슨하게 하면서 미국의 달러를 마약을 통해 음성적으로 끌어들이는 것으로 여기고 있습니다. 따라서 중국이 미국과의 마약전쟁을 벌이는 것으로 이해되면서 혹자는 이를 '제3차 마약전쟁'이라고 말합니다. 전에는 영국이 마약을 중국으로 밀수출하면서 전쟁이 벌어졌다면 지금은 중국이 마약을 서양 제국에 밀반입하면서 총성 없는 전쟁을 벌이고 있는 셈입니다.

19세기 제국주의 시대에 벌어졌던 아편전쟁은 강대국이 약소국을 침탈한 식민지 시대였으므로 그렇다 쳐도, 오늘 21세기 문명 세상에서 인간의 생명을 해칠 수 있는 마약을 생산해서 외국에 밀수출하거나 또는 방치하는 것은 문명국으로서는 있을 수 없는 인류 공멸의 길을 가는, 지탄받아 마땅한 역겨운 처사입니다.

인간의 생명은 그 무엇으로도 바꿀 수 없는 천하보다 귀한 하나님의 선물입니다. 이 귀한 생명을 해치는 마약을 돈 벌기 위한 수단으로 재배, 밀수출하는 것은 인류를 배반하는 악마의 역사입니다. 바울 선생은 "너희는 너희가 하나님의 성전인 것과 하나님의 성령이 너희 안에 계시는 것을 알지 못하느냐 누구든지 하나님의 성전을 더럽히면 하나님이 그 사람을 멸하시리라"(고전 3:16-17)고 말씀하십니다. 하나님의 전인 우리 몸에 마약을 털어 넣어 망치는 일을 해서는 결코 안 됩니다. 우리 자녀손들이 마약에 물들지 않게 하기 위해 많은 기도가 요청되는 때입니다. 샬롬.

해방 그리고 극일

"그리스도께서 우리를 자유롭게 하려고 자유를 주셨으니 그러므로
굳건하게 서서 다시는 종의 멍에를 메지 말라." (갈 5:1)

오늘 8월 15일은 해방된 지 꼭 80주년이 되는 날입니다. 우리 민족이
일제 치하에서 35년 동안 고난의 세월을 지내다 감격의 해방을 맞이했
습니다. 해방은 일제 강점기가 끝나고 새로운 세상이 되었다는 의미입
니다. 그러나 해방은 우리가 일본과 싸워 승리하여 얻은 것이 아니고
연합국 승리의 전리품으로 온 것입니다. 제2차 세계대전이 한참 벌어
지던 1943년 11월, 미국의 루스벨트 대통령, 영국의 처칠 수상, 중국의
장제스(장개석) 총통이 이집트의 수도 카이로에서 모여 '카이로 선언'을
발표했습니다.

이 선언 가운데 "한국인의 노예 상태를 유의하며, 장차 한국을 적
절한 시기에 해방시키고 독립시킨다"라는 내용이 포함되어 있었습니
다. 그 후 전쟁이 끝나갈 무렵인 1945년 7월 독일 베를린 교외에 있는
포츠담에서 '포츠담 선언'을 발표했는데, 3년 전 카이로에서 천명했던
한국의 해방을 다시 한번 확인한 결과로 우리 민족이 해방되었습니다.

우리나라가 일제 치하에서 해방된 지 80년이 되었는데, 지금 우리
는 극일(克日), 즉 일본을 얼마나 이기고 있을까요? 우리 민족이 극일을
해야 하는 항목이 한두 가지가 아니지만, 지면 관계로 여기서는 두 가
지만 살펴보겠습니다.

첫째는 '정직성'입니다. 도산 안창호 선생이 우리 민족을 망하게
만든 원인이 거짓말에 있다고 개탄하면서 "조선 사람들아, 거짓말을

하지 말라. 조선을 망하게 한 것은 바로 거짓말이다"라고 절규하였습니다. 춘원 이광수도 1920년대에 '민족개조론'을 발표하면서 우리 민족이 버려야 할 가장 중요한 폐습(나쁜 버릇)은 거짓말이라고 역설했습니다.

조금 오래전 통계지만 일본과 한국 사람들의 정직성을 비교한 것이 있습니다. 법정에서 거짓말하는 위증죄가 일본인 1명에 한국인 637명, 사기죄로 기소된 숫자는 일본인 10명에 한국인 360명이었습니다.

오래전에 평소 알고 지내던 일본인 목사에게 "일본에서 현금이 들어 있는 지갑 10개가 길에 떨어져 있으면 현금에 손대지 않고 주인에게 몇 개가 돌아갈까요?"라고 물었더니 서슴지 않고 아홉 개라고 말했습니다. 그때로부터 오래 지난 후, 로스앤젤레스에서 어떤 물리치료소에서 치료를 받았는데 마침 일본 여자 치료사가 들어왔습니다. 치료를 받던 중 같은 질문을 했습니다. "일본에서 현금이 들어 있는 지갑 10개가 길에 떨어져 있으면 현금에 손대지 않고 몇 개가 주인에게 돌아갈까요?"라고 물었더니 "매니(Many)"라고 대답해서 "하우 매니(How many)?"라고 물었더니 "나인(Nine)"이라고 말했습니다. 서울 거리에 현금이 들어 있는 지갑 열 개가 길에 떨어져 있다면 현금에 손대지 않고 몇 개가 주인에게 돌아갈까요? 일본의 기독교 인구는 전체 국민의 0.3%로 1,000명에 3명입니다. 한국의 기독교 인구는 약 20%로 약 1,000만 명이라 하지요. 어느 나라 사람들이 더 정직해야 할까요? 정직하지 못한 민족은 정직한 민족의 지배를 받게 되어 있습니다.

둘째는 애국심입니다. 저는 몇 번 일본에 갔었는데 갈 때마다 크게 느낀 점은 외제 차는 거의 없고 대부분 일본에서 만든 차였습니다. 그것도 소형차가 대부분이었습니다. 일본 사람들은 자기 나라에서 만든 차를 타지 외국 차를 타지 않습니다. 서울에 갈 때마다 외제 차가 더욱 늘어가는 것을 보았습니다. 지금 미국 사람들은 현대와 기아에서 만든 차를 많이 타고 다닙니다. 그런데 정작 한국에 사는 한국인들은 국산차보다 외제 차를 더 선호합니다. 일본 차도 제법 많이 굴러다니지요. 일본 제품 불매 운동은 어디로 갔을까요?

해방 80주년에 우리 민족이 극일, 즉 일본을 앞지르기 위해서는 정직과 애국심을 고양해야 합니다. 35년 동안 우리 민족과 교회를 괴롭히던 일본을 이기고 진정한 자유를 얻는 날이 오게 하기 위해서입니다. "그리스도께서 우리를 자유롭게 하려고 자유를 주셨으니 그러므로 굳건하게 서서 다시는 종의 멍에를 메지 말라"(갈 5:1). 자유는 공짜로 오는 것이 아니고 쟁취해야 하는 것입니다. 샬롬.

100만 달러짜리 시계

"내가 주릴 때에 너희가 먹을 것을 주었고 목마를 때에 마시게 하였고
나그네 되었을 때에 영접하였고 헐벗을 때에 옷을 입혔고 병들었을 때에
돌보았고 옥에 갇혔을 때에 와서 보았느니라… 내 형제 중에 지극히 작은
자 하나에게 한 것이 곧 내게 한 것이니라." (마 25:35-36, 40)

얼마 전(2024년 7월) TV 뉴스를 보는데 남방셔츠를 입은 노인이 어떤 건물 안에 들어가서 엘리베이터 버튼을 누르고 서 있었습니다. 그때 한 건달이 들어와 주먹으로 그 노인의 얼굴을 사정없이 내려치자 노인이 악 소리를 지르면서 그 자리에 쓰러졌습니다. 건달은 즉시 노인이 차고 있던 롤렉스시계를 강탈해 도망가는 장면이 화면에 나왔습니다. 그 노인이 만일 롤렉스시계를 차지 않고 일반 시계를 차고 있었다면 그런 봉변을 당하지는 않았을 것입니다. 노인이 고급 시계를 차고 있었기 때문에 얼굴에 상처를 입었고 시계도 빼앗긴 것입니다.

2024년 8월 15일 조간신문에 '100만 불 고급시계 강탈 2인조 체포'라는 제목의 기사가 실렸습니다. 지난 7일 LA 지역 부자들이 사는 베벌리힐스 로데오 드라이브에서 100만 달러짜리 고급 시계를 찬 사람이 가족과 함께 베벌리힐스 호텔의 레스토랑 페디오에 앉아 있었는데, 강도들이 다가와 권총을 겨누고 시계를 강탈해 갔습니다. 시계는 스위스 파텍 필립 제품으로 가격이 약 100만 달러(한화 약 14억 원)에 달하는 것으로 알려졌습니다.

저는 소위 롤렉스 금딱지 시계가 수천 달러 한다는 얘기는 들었지만 100만 달러 시계가 있는지는 몰랐는데, 이 시계는 순금으로 10캐럿 다이아몬드가 수두룩하게 붙어 있는 모양이지요? 시계를 차는 것은 시간을 알기 위함입니다. 따라서 100만 달러 시계나 10달러 시계나 시간

을 알려 주는 것은 동일하지 않나요? 요즘은 누구나 갖고 있는 휴대전화가 정확한 시간을 보여 주기 때문에 더 이상 시계가 필요 없는 세상입니다. 그럼에도 불구하고 소위 금딱지 롤렉스시계나 100만 달러 시계를 차고 다니는 것은 시간을 보기 위함이 아니고, 나는 이렇게 돈이 많은 부자라는 것을 과시하기 위함이 아닐까요?

세계적 부호 아마존 회장 베조스의 부모인 마이크, 재키 베조스가 1억 8,750만 달러를 미국 비영리단체 아스펜 연구소에 기부했다는 보도가 났습니다(2024년 8월 16일). 100만 달러 시계 소유주가 시계 살 돈 100만 달러를 비영리 단체에 기부했다면 많은 사람으로부터 칭송을 받았을 텐데, 100만 달러 시계를 강탈당했으니... 몸을 다치지 않은 것만도 다행으로 여겨야겠네요.

구약 성경에 여호와 하나님께서는 고아와 과부와 나그네를 돌보라는 말씀을 누누이 하셨고, 예수님께서도 가난한 자, 병든 자, 감옥에 갇힌 자, 억압을 받는 자들을 돌보는 것이 곧 나에게 한 것이라고 말씀하셨습니다.(마 25:40) 또 예수님께서는 가난한 자들은 항상 너희와 함께 있을 것이라고 말씀하셨습니다.(막 14:7) 약자들에 대한 도움의 손길을 게을리하지 말라는 말씀입니다.

고급 시계를 차고 다니는 사람들이나 값비싼 다이아 반지를 끼고 다니는 부녀자들은 그것을 노리는 악인들이 항상 따라다닌다는 사실을 명심해야 합니다. 경우에 따라서는 그 시계나 반지 때문에 생명을 잃을 수도 있다는 사실도 유념해야 합니다. 내가 가진 소유를 자신만을 위해 쓰지 말고 나눔의 정신을 실천하며 사는 사람들이 많아지기 위해 기도해야겠습니다. 샬롬.

하룻밤 숙박비

"가난한 자들은 항상 너희와 함께 있으니 아무 때라도 원하는 대로 도울 수 있거니와… 이것을 갖다가 너희끼리 나누라." (막 14:7, 눅 22:17)

제가 봉직했던 서울 광나루 장로회신학대학교 뒤쪽에 워커힐 호텔이 있습니다. 워커힐 호텔은 5성(星)급 호텔인데, 언젠가 새로운 빌딩이 올라가더니 그 건물에 워커힐의 첫 자인 W자가 붙어 있었는데, 이 건물은 7성급 호텔이라 했습니다. 당시 5성급 호텔인 워커힐 호텔에서 하룻밤 자는데 20-30만 원 정도 했던 것으로 기억나는데, 이 7성급 호텔은 3천만 원(당시 약 3만 달러)으로 부자 나라 대통령이나 수상, 또는 아라비아의 왕들이나 왕족들, 그리고 세계 최고의 부자들이 그곳에서 숙박을 한다는 얘기를 들었습니다.

그런데 근래 깜짝 놀랄 만한 뉴스를 들었습니다. 세계 50대 호텔 중 하나인 두바이에 있는 아틀란티스 더 로얄 스위트룸이 공개됐는데, 중동 내의 유일한 리조트로 최고급 숙박시설을 갖춘 호텔인데 성수기에 스위트룸 하룻밤 숙박료가 10만 달러(한화 약 1억 4천만 원)라 합니다. 이 방에서 미국의 슈퍼스타 비욘세, 제이지(Jay-Z) 등이 중동 공연을 할 때 머물렀다고 합니다. 스위트룸으로 올라가는 전용 엘리베이터 입구는 100년 된 올리브 나무를 깎아 만들었고 거대한 수영장과 서재, 홈시어터(극장), 식당 등이 포함되어 있습니다.

손님이 공항에 내리면 호텔 직원이 최고급 차로 영접하고 유명 패션 기업들의 디자이너를 스위트룸으로 불러 자신만의 쇼핑을 즐깁니다. 24시간 내내 집사와 바텐더가 대기하고 스위트룸 전용 주방에선

언제나 셰프가 요리를 만들어 줍니다. 섬 한가운데 만들어진 초대형 인공 수영장에서 수영하고 일광욕을 즐기거나 인공섬 전경을 즐길 수 있습니다. 거대한 인공 폭포수가 흘러내리는 유리 엘리베이터, 7,200마리의 물고기를 풀어 놓은 수족관이 마련되어 있습니다.

아무리 돈이 제일이라는 자본주의 세상이라고 하지만 하룻밤을 자는데 10만 달러(1억 4천만 원)를 주고 잠을 자는 사람들은 하늘에서 내려온 천사들인가요? 먹을 것이 없어 굶어 죽는 사람들이 부지기수며 약 몇 알만 먹으면 나을 수 있는 병을 앓고 있으면서 먹지 못하고 병들어 누워 있는 아이들이 지천으로 널려 있는 세상에 하룻밤 자는데 10만 달러를 주고받는다니 딴 세상 이야기 같습니다.

하룻밤을 자고 일어나는 것은 초호화 호텔에서 자든지 노숙자들이 길가 천막 속에서 자든지 아침을 맞이하는 것은 마찬가지입니다. 자는 동안은 자기가 초호화 호텔에서 자는지 움막에서 자는지 알 수 없습니다. 예수님의 육신의 어머니 마리아와 아버지 요셉은 여관방이 없어서 마구간에서 하룻밤을 지내면서 아기 예수를 출산했습니다.

돈 없는 사람들은 지금도 냄새나는 여관방에서 하룻밤을 자고 돈 많은 부호들은 초특급 호텔에서 잠을 자지만, 자고 일어나 아침을 맞이하는 것은 모든 사람이 다 동일합니다. 부호들 중에는 자기를 위해 하룻밤 자는데 10만 달러를 스스럼없이 쓰면서 굶고 병들어 죽어 가는 고아와 과부와 노숙자들을 위해서는 단 한 푼도 내어놓지 않는 구두쇠들이 얼마든지 있습니다.

주님께서는 "가난한 자들은 항상 너희와 함께 있으니"(막 14:7), "이것을 갖다가 너희끼리 나누라"(눅 22:17)고 말씀하셨습니다. 가난한 사람들과 도움을 받아야 하는 사람들은 지금도 헤아릴 수없이 많습니다. 자본주의는 장점도 많지만, 부의 독점이라는 굴레를 벗어나지 않으면 언젠가 이 제도는 소멸될 수도 있습니다. 나눔의 정신이 바로 예수님의

정신이요 마음입니다. 나눔을 모르는 인색한 부자들을 바라보지 말고,
우리들만이라도 내가 가진 것 중에 나누어 줄 것이 무엇인지 점검해서
조그마한 것이라도 나누며 사는 세상을 만들어 갑시다. 샬롬.

검소

"그러므로 너희가 더욱 힘써 너희 믿음에 덕을, 덕에 지식을, 지식에
절제를, 절제에 인내를, 인내에 경건을, 경건에 형제우애를, 형제우애에
사랑을 더하라." (벧후 1:5-7)

세상에는 수많은 동물이 있습니다. 그런데 그 동물들은 대개 수놈이 아름답고 예쁘며 찬란한 깃털이나 갈기를 가지고 있습니다. 그 이유는 물론 암놈들을 유혹하기 위함입니다. 그러나 유일하게 인간은 남자가 아니라 여자가 아름답습니다. 여자들은 본능적으로 멋있고 잘생긴 남자, 돈 잘 벌고 가문이 좋은 남자를 배우자로 맞이하기 위해서 얼굴에 화장을 하고 몸치장을 하며, 특별히 의상과 핸드백, 모자, 신발까지 신경을 많이 씁니다.

옷에 주머니가 없는 여자들은 필요한 물건을 넣고 다닐 핸드백이 필요합니다. 그런데 그 핸드백이 천차만별이라 세계적인 명품 에르메스, 샤넬, 프라다, 셀린 등을 비롯해서 남대문 시장에서 파는 싸구려까지 다양합니다.

그런데 재미있는 것은 세계적 명품 가방들 가운데는 짝퉁이 많다는 것입니다. 한국 사람들의 재능이 얼마나 뛰어난지 짝퉁을 진짜와 구별할 수 없을 정도로 정교하게 만듭니다. 프랑스의 유명한 핸드백 제조 전문가가 한국에 나와 진짜와 짝퉁을 놓고 구별하라고 했는데 그는 두 개가 너무 똑같아서 구별을 하지 못했다고 합니다. 짝퉁을 진품과 거의 차이 없이 만들었기 때문입니다. 우스운 이야기로 진품과 짝퉁을 구별하는 방법은 비가 올 때 진짜 핸드백은 품속에 넣고 가짜는 머리 위에 얹는다는 말이 있더라고요.

　　그런데 최근 화제가 된 이야기 가운데 미국 프로 야구선수 오타니 쇼헤이(30) 선수가 L.A. 다저스와 10년간 7억 달러에 계약했다는 소식이었습니다. 그러니까 한국 돈으로 약 1조 원에 달한다는 돈을 받는데, 그 돈이 얼마나 되는지 우리 같은 서민들은 가늠하기가 어렵지요. 그런데 한국에서 벌어지는 다저스 게임에 오타니가 아내 다나카 마미코(28)와 함께 한국에 왔습니다. 여의도 한 호텔에 마련된 다저스 구단 저녁 식사 자리에 두 부부가 참석했는데 마미코는 흰색 니트에 검은색 하의를 입고 작은 크기의 숄더백을 들었다고 합니다. 그런데 이 백은 SPA 브랜드 ‘자라’(ZARA)의 5천 엔, 한화 약 4만 원짜리 숄더백으로 추정된다고 합니다.

　　또한 마미코는 오타니의 부모, 누나 등과 함께 서울 고척 스카이돔에서 열리는 게임을 참관했는데, 이들 일행은 모두 일반석에 앉았다고 합니다. 일반적으로 유명 인사는 스카이박스나 특별실에서 경기를 보는데 마미코와 오타니 가족은 그렇지 않았다는 것입니다. 일본 여성들의 검소한 모습을 보여주는 장면이었습니다.

　　한국 사람들은 돈이 조금만 있으면 고급 승용차를 사고 여인들은 보석과 진주로 꾸미며 세계 제일의 명품을 들고 다니는 것으로 자신을 과시합니다. 그러나 미국에 와서 알게 된 것은 백만장자들도 허름한 자동차를 타고 청바지에 티셔츠를 입고 노동자들과 함께 출근한다는 사실입니다.

　　사치를 한다고 그것이 결코 그 사람의 인격이나 품위를 말하는 것은 아닙니다. 비싼 옷을 입고 보석으로 치장을 했다 해도 그의 말이나 행동이 품위가 없으면 돼지 코에 걸린 진주일 뿐입니다.

　　독일의 유명한 사회 경제학자인 막스 베버(Max Weber)가 저술한 『프로테스탄트 윤리와 자본주의 정신』에서 그는 자본주의의 근원은 장 칼뱅이 주창한 근면, 검소, 절약의 산물이라고 갈파(喝破)했습니다.

　　자본은 근면하고 검소하며 절약하는 곳에 쌓이고 그 자본이 산업의 원천이 되어 자본주의가 이루어졌다는 것입니다. 그런데 이 근면, 검소, 절약의 정신은 바로 성경에 나오는 원리입니다. 사치하고 낭비하며 게으른 곳에는 파멸이 따르게 되어 있습니다.

　　사치와 낭비는 파멸의 늪으로 빠져드는 지름길입니다. 근면, 검소, 절약 이것이 번영의 길로 가는 첩경이며, 이것이 기독교가 가르치는 성경의 정신입니다. 우리 모두 부지런하고 검소한 생활을 하면서 절약하는 삶을 살아갑시다. 샬롬.

어리석은 인간들

"오직 성령의 열매는 사랑과 희락과 화평과 오래 참음과 자비와 양선과
충성과 온유와 절제니 이 같은 것을 금지할 법이 없느니라." (갈 5:22-23)

2023년 5월, 중국에서 가장 무자비한 도전자라는 별명을 갖고 있는 장
쑤성 롄윈강시 출신 인터넷 방송인 산체스(34)가 시청자들의 후원을 받
기 위해 중국산 40도(어떤 보도에는 60도)가 넘는 독주인 백주를 네 병(어떤
보도에는 7병)을 연달아 마신 후 12시간 만에 사망했다는 보도가 있었습
니다.

그는 본디 인플루언서(Influencer)로 활동하면서 다른 사람들과 더불
어 술 마시기 시합을 하다 지나치게 강한 술을 많이 마시고 결국 숨졌
습니다. 그는 평소에도 백주를 마시는 '술먹방'을 자주 해 온 것으로 알
려졌습니다. 그의 사망 소식에 중국 누리꾼들은 "그렇게 위험한 짓을
하다니…" "너무 충격적이다"라는 반응을 보였다고 합니다.

인간은 본디 경쟁 심리가 있습니다. 남과 겨루어 이기려는 생각을
모두 갖고 있습니다. 선의의 경쟁은 격려할 만하고 또 후원해 주어야
합니다. 4년마다 열리는 올림픽 경기를 전 세계 사람들이 흥미롭게 지
켜봅니다. 자기 국가의 명예를 걸고 최선을 다해 금메달을 획득하면 국
가의 명예뿐만 아니라 개인의 명예도 됩니다. 이런 건전한 경기는 백
번 격려하고 후원해야 하지만 어리석은 인간들은 간혹 비인간적이고
비문명적 어리석은 대회를 하는 때가 적지 않습니다. 그 대표적인 예가
바로 '먹는', 그리고 '마시는' 대회입니다.

간혹 TV에서 보면 먹기 대회, 예를 들면 자장면을 1분 내에 누가

가장 많이 먹는가, 햄버거를, 스시를… 등 먹기 대회를 하는 모습을 보는데, 인간이 어떻게 저렇게 많은 양의 음식을 저렇게 짧은 시간에 목구멍으로 넘겨 위장으로 보낼 수 있을까 하고 경탄을 할 때가 많습니다. 마시기 대회도 있어 맥주를 누가 가장 많이 마시는가, 콜라를, 사이다를… 등등등.

상식적인 이야기지만 인간의 위장은 한계가 있어서 일정량 이상의 음식이나 물을 마시면 토하거나 탈이 나게 마련입니다. 그런데 그런 대회를 개최하는 주최 측도 문제지만 그 대회에 나가 엄청난 양의 음식을 목구멍으로 넘기는 인간들도 참 한심한 자들입니다.

의사들은 장수 마을 노인들의 공통점이 소식을 하는 데 있다는 보고서를 낸 것이 한둘이 아닙니다. 의사들이나 영양학자들의 충고는 위장의 80%만 채우고 20%는 비워두라고 권고합니다. 그러면 소화도 잘 되고 우리 위장과 건강을 위해 바람직스러운 일이라고 말합니다.

그런데 이 대회는 위장의 80%는 고사하고 100% 아니 200, 300… 500, 1,000%을 쑤셔 넣는 것 아닙니까? 우리말에 "배 터져 죽는다"는 말이 있지요. 오래 굶주리다 먹을 것이 많이 있으면 그동안의 허기가 한꺼번에 몰려와 닥치는 대로 먹어 결국 위장이 터져 죽는다는 말이지요. 세상만사가 '적당히' '알맞게' 하는 것이 가장 좋은 것입니다. '과유불급'(過猶不及) 즉 "정도에 지나침은 미치지 않은 것보다 못하다"는 말은 중용(中庸)을 강조하는 말입니다.

바울 선생은 성령님의 9가지 열매 즉, 사랑과 희락과 화평과 오래 참음과 자비와 양선과 충성과 온유와 절제를 말씀하시면서 제일 마지막 열매로 절제를 언급하셨습니다. 왜 마지막 열매로 절제를 말씀하셨을까요?

그 이유는 사랑, 희락, 화평, 오래 참음, 자비, 양선, 충성, 온유 등 8가지 열매를 많이 맺어도 마지막 절제가 없으면 무용지물(無用之物)이라는 뜻입니다. 절제 없는 사랑, 절제 없는 희락… 등을 생각해 보세요. 절제 없는 무한대의 모든 것은 비극을 초래하게 되어 있습니다.

　우리 삶 가운데 가장 중요한 성령님의 열매는 절제입니다. 먹는 것을 절제하지 않으면 비만이 되어 건강에 많은 문제를 일으킵니다. 독주를 많이 마시는 대회를 하는 자들은 살인 대회를 하는 것이지요. 먹을 양식이 없어 죽어가는 아이들이 10초에 한 명인 세상에 음식 먹기 대회를 하는 것이 말이 되는 일입니까? 이런 비인간적인 대회를 법으로 금지시켜야 하지 않을까요? 그런데 문제는 그런 대회를 보면서 즐기는 인간들이 한둘이 아니라는 데 있지요. 절제(節制)가 절대로 필요한 세태입니다. 타락해 가는 세상을 위해 더욱 열심히 기도해야겠습니다. 샬롬.

젊은 피

"백발은 영화의 면류관이라 공의로운 길에서 얻으리라." (잠 16:31)

45세의 미국 백만장자 사업가가 더 젊어지기 위해 17살 자기 아들의 피를 수혈해서 논란이 일어났습니다(2023년 5월). IT 계통의 사업을 하는 브라이언 존슨(Brian Johnson, 45)은 자기 신체를 18세의 나이로 돌려보겠다는 꿈을 꾸었습니다. 돈이 많은 그는 최근에도 익명의 젊은 기부자들에게서 혈장(血漿: 피의 혈구를 제외한 액상 성분)을 여러 번 받았습니다. 급기야 2023년 4월, 미성년자 17살의 자기 친아들을 텍사스 댈러스의 한 병원으로 데리고 가서 몇 시간에 걸쳐 피를 뽑았습니다.

아들이 뽑은 피의 총량은 그의 피 전체 1/5가량이었습니다. 아들의 피에서 분리된 혈장은 바로 아버지 브라이언의 몸속으로 들어갔습니다. 그러고 나서 브라이언은 곧장 자기 몸에서 피를 뽑아 혈장을 분리해서 70살의 자기 아버지에게 주입했습니다. 3대 간에 삼각 기증이 이루어진 셈입니다.

브라이언은 노화를 늦추거나 젊어질 수 있는 방법을 찾는 데 연간 수백만 달러를 쓰고 있습니다. 자신을 실험용으로 써서 식사, 수면, 운동 등을 포함한 의학적 진단과 치료법을 찾겠다고 노력하고 있습니다. 그는 이 과정을 프로젝트 블루프린트(Project Blueprint)라 명명하고 여러 의사와 함께 추진 중에 있습니다. 혈장 주입은 의학적으로 간 질환, 화상, 혈액 진단 등 여러 분야에서 쓰인다 합니다.

그러나 이런 브라이언의 행위에 대해 비판적인 시각도 많습니다.

한 생화학 전문가는 "우리는 이것이 유효한 인체 치료가 되는지 충분히 알지 못한다"면서 "역겹고 증거가 전무하며 위험한 방식"이라고 비난했습니다.

반면, 존슨 측 의료진은 이 치료법은 인지 저하 파킨슨병 또는 알츠하이머를 예방할 수도 있을 것이라고 예상합니다. 대체로 돈이 많은 사람은 젊은 사람들의 혈장을 기부받아 주입하는 경우가 많은데, 혈장 주입 절차에 5,500달러가 들어가는 데 반해 혈장 기증자는 겨우 100달러의 상품권을 받을 뿐입니다.

이미 고인이 된 한국의 재벌이 자기가 소유한 큰 병원에서 젊은이들의 피를 수혈한다는 소문을 들은 기억이 납니다. 이 소문이 사실인지 누가 지어낸 말인지 알 수 없으나 돈 많고 큰 병원까지 소유한 재벌이라면 오래 살고 싶은 욕망으로 그런 생각을 할 수 있고 또 실천할 수도 있다고 여겨집니다. 또 효자, 효녀들이 부친에게 권고해서 그렇게 할 수도 있겠다고 생각됩니다. 그러나 어떤 재벌도 100살 넘게 사는 시골 할머니나 할아버지보다 더 오래 살지 못하고 세상을 떠났습니다.

수혈은 사고나 큰 수술로 피를 많이 흘린 환자에게 생명을 살리기 위해 헌혈한 피를 보관했다가 주입하는 것이 원칙입니다. 즉 생명을 살리기 위해 수혈을 하는 것이지 40대 멀쩡한 장정이 미성년자 아들의 피를 뽑아 수혈한다는 것이 말이 되는 일입니까? 죽어가는 사람의 생명을 살리기 위해 수혈하는 것은 정당한 일이고 또 마땅히 그렇게 해야만 합니다. 그런데 멀쩡히 건강한 젊은 사람이 오래 살기 위해, 늙는 것을 예방하기 위해 젊은이의 그것도 미성년자 아들의 피를 수혈받는 것은 있을 수 없는 일입니다.

불치병의 정복을 위해 의과학자들이 여러 모양으로 실험을 하고 연구하여 새로운 약이나 치료법을 강구하는 것은 위대한 일이고 또 반드시 해야 할 일입니다. 그러나 그 방법이 누가 봐도 바람직스러워야지 비난받을 만한 일이면 용납할 수 없습니다.

사람이 나이 들면 늙게 되어 있고 늙으면 늙은 대로 살다가 때가 되면 세상을 떠나는 것은 만고불변의 원칙입니다. 역사에 나오는 유명한 왕후장상(왕, 귀족, 장군, 재상 등) 모두 때가 되어 세상을 떠났습니다. 조금 오래 살고 일찍 가고의 차이일 뿐입니다. 요즘도 100세를 넘겨 살면 사람마다 장수한다고 말들 하지만, 병에 시달리면서 100세 이상 살면 장수가 무슨 소용이 있겠습니까?

인간의 수명은 전적으로 하나님의 손에 달려 있습니다. 하나님께서 부르시면 누구나 언제나 가게 되어 있습니다. 오늘을 살게 해 주신 하나님께 감사하면서 하루하루 살아갑시다. 샬롬.

불로장생 불로초

"내일 일을 너희가 알지 못하는도다 너희 생명이 무엇이냐 너희는 잠깐
보이다가 없어지는 안개니라." (약 4:14)

불로장생이란 말은 사람이 늙지 않고 오래 산다는 의미고 불로초는 사
람을 늙지 않게 하는 풀(약초)이란 말입니다. 사람은 누구나 건강하게
오래 살기를 원합니다. 빨리 죽고 싶은 사람은 자살을 계획하는 사람
외에는 없습니다.

오래 살기를 염원했던 사람 가운데 중국 진나라의 시황제가 있습
니다. 진시황은 불로장생하기 위해 온갖 노력을 다했던 사람입니다. 그
는 주전 259년에 태어나 13살에 왕좌에 올라서 여러 나라로 분립되어
있던 중국을 주전 221년에 최초로 통일한 왕입니다.

그는 불로장생하는 불로초를 구하기 위해 어린 청소년 3,000명을
중국 전역은 물론 조선과 일본까지 보냈습니다. 한국 전역을 답사한 후
남쪽에서 바다를 건너 제주도까지 건너가 불로초를 구하려 했으나 있
을 리가 만무했지요. 제주도 남단에 이르러서 서쪽으로 돌아간다는 표
식을 남겼는데, 여기서 서귀포(西歸浦)라는 이름이 생겨났습니다.

영생을 하기 위해 갖은 노력을 다했던 시황제도 주전 210년 49세
로 세상을 떠났으니 불과 50년도 살지 못하고 모든 사람이 가는 길로
떠났습니다. 세포를 연구하는 학자들은 적절한 환경을 제공하면 세포
는 영원히 분열하며 증식한다고 여겼지만, 33세의 스탠퍼드 의과대학
미생물학 교수 레너드 헤이플릭(Leonard Hayflick)은 많은 실험 끝에 40회
내지 60회 분열한 세포는 더 이상 분열하지 않고 노화 단계에 접어들

어서 사멸한다며, 분열을 멈추지 않는 것은 암세포뿐이라고 말했습니다. 이것은 세포로 이루어진 인간은 영원히 살 수 없다는 것을 입증한 것입니다.

신구약 성경을 통해서 가장 오래 산 사람은 의인 에녹의 아들 무두셀라로 969년을 살았습니다(창 5:27). 따라서 무두셀라도 천년을 살지 못했습니다. 1,000년을 산 사람도 없지만, 죽은 사람이 다시 부활한 일도 예수님 외에는 없습니다. 사람은 세상에 태어나서 하나님께서 주시는 수한(목숨의 한도) 동안 살다 때가 되면 하나님께서 그 영혼을 부르시면 세상을 떠나게 되어 있습니다.

아무리 과학이 발전되고 좋은 약이 나온다 해도 인간이 영생할 수 없는 것은 하나님께서 그렇게 창조하셨기 때문입니다. 야고보 장로는 "내일 일을 너희가 알지 못하는도다. 너희 생명이 무엇이냐 너희는 잠깐 보이다가 없어지는 안개니라"(약 4:14)고 말했습니다. 인간은 잠깐 보이다 사라지는 안개에 불과하다는 말입니다.

우리는 하나님께서 부르시면 하늘나라로 가게 되어 있습니다. 사람은 죽음에 대해 세 가지를 모르는데 첫째, 언제 죽을지 모르고 둘째, 어디서 죽을지 모르며 셋째, 어떻게 죽을지 모른다는 사실입니다. 따라서 우리는 언제, 어디서, 어떻게 갈지 모르지만 가는 것은 분명합니다. 그러나 분명한 것은 "그러므로 우리가 낙심하지 아니하노니 겉사람은 낡아지나 우리의 속사람은 날로 새로워지도다"(고후 4:16)라는 바울 사도의 말씀처럼 우리의 육신은 낡아지지만 우리의 영혼은 날로 새로워지고 있다는 사실을 믿는 것입니다. 죽음을 무서워하는 사람들에게 이 진리의 말씀을 증거할 책임이 우리에게 무겁게 지워져 있습니다. 그러므로 열심히 전도해야 합니다. 이것이 우리의 소명입니다. 샬롬.

어떤 천재의 말로

"그에게서 그 한 달란트를 빼앗아 열 달란트 가진 자에게 주라… 이 무익한 종을 바깥 어두운 데로 내쫓으라 거기서 슬피 울며 이를 갈리라 하니라."
(마 25:28, 30)

미국 연방수사국(FBI)이 '유나바머(Unabomber)'라는 별명을 붙인 시어도어 카진스키(Theodore J. Kaczynski, 1942-2023)는 1942년 시카고에서 폴란드 이민자 중산층 가정에서 태어났습니다. 그는 어려서부터 머리가 명석해서 '걸어 다니는 두뇌(Walking Brain)'라는 말을 들었습니다. 초등학교 때 검사한 지능 검사(IQ Test)에서 167이라는 놀라운 수치를 보여주었습니다. 그야말로 천재였습니다. 월반을 거듭한 그는 16살 때 하버드대학교 수학과에 입학하여 졸업한 후 미시간대학교에서 수학으로 철학박사(Ph.D.) 학위를 받았습니다.

24살 때 UC 버클리대학교의 최연소 수학교수로 취임하였습니다. 그러나 그는 대학에서 가르친 지 2년 만에 사표를 내고 몬태나주의 깊은 산골로 들어가 오두막을 하나 짓고 그곳에서 문명 세계와 단절된 삶을 시작했습니다. 사냥도 하고 먹거리를 스스로 챙겨 먹으면서 도서관에서 대여한 과학, 문학 등의 서적을 자신이 만든 촛불을 켜 놓고 읽곤 하였습니다.

그는 1978년부터 1995년까지 17년 동안 대학과 항공사 등에 16차례 사제 폭탄 소포를 보내 3명을 죽이고 23명에게 상해를 입히는 범행을 자행했습니다. 경찰은 범인을 찾으러 온갖 노력을 다했으나 소포에 지문 하나도 남아 있지 않았고 발송처도 추적되지 않았습니다. 어떤 소포에는 엉뚱한 사람의 체모를 넣는 등의 수법으로 수사망을 피해 다니면서 17년이나 수사 당국에 애를 먹였습니다. 수사 당국에서는 그를 잡는 데 5천만 달러를 썼고 전담 인력 150명에 현상금 100만 달러를 걸었어도 천재 범인을 잡을 수가 없었습니다.

범인을 잡게 된 동기는 범인이 자신의 범행 동기를 세상에 알리기 시작하면서부터였습니다. 범인은 1995년 「뉴욕타임스」, 「워싱턴포스트」 등 유력 신문에 3만 5천 단어에 이르는 장문의 "산업 사회와 미래"라는 글을 보내면서 이 글을 실어 주면 범행을 멈추겠다고 약속했습니다. 글의 내용은 "기술의 발전은 필연적으로 인류의 재앙이 될 것이며, 혁명을 통해 산업사회를 전복하고 인간성을 회복해야 한다"는 내용이었습니다. 이 선언문을 받은 신문사들은 수사 당국과 함께 범죄를 정당화하는 내용을 대대적으로 홍보해 주어야 하느냐는 문제에 부딪혔으나 더 이상의 희생은 막아야 한다는 결론을 내리고 그의 요구를 수용하기로 했습니다.

범인에 대한 단서는 엉뚱하게도 신문에 실린 글을 읽은 그의 동생이 "오래전에 연락이 끊긴 형의 문체와 비슷하다"는 사실을 FBI에 통보하면서였습니다. FBI는 1996년 카진스키의 행적을 추적하여 몬태나주 오두막에서 그를 검거하는 데 성공하였습니다. 그는 1998년 1월 새크라멘토 연방법원에서 열린 재판에서 여덟 번의 종신형을 선고받았습니다. 그 후 2023년 6월 10일 「뉴욕타임스」는 카진스키(81)가 노스캐롤라이나 연방 교도소 병원에서 자살로 생을 마감했다는 뉴스를 전했습니다.

카진스키가 UC 버클리 같은 명문대학에서 교수로 계속 학생들을 가르치면서 수학 발전에 기여했다면 큰 공헌을 할 수 있었을 터인데, 그 좋은 머리를 가지고 산골로 들어가 무서운 범죄를 하고 비극적 생을 마친 것은 참 안타까운 노릇입니다. 아깝고 안타까운 천재의 삶의 말로였습니다.

예수님의 비유 가운데 달란트 비유가 있습니다.(마 25장) 한 달란트를 받은 종이 자기 역량을 다해 열심히 일해서 한 달란트만 남겼어도 다섯 달란트나 두 달란트를 받은 종과 동일한 칭찬을 받았을 것입니다. 그러나 그는 한 달란트(재능)를 땅속에 묻어 놓아 아무 소득도 얻지 못했습니다. 주인의 말대로 차라리 은행에 맡겼으면 원금에 이자라도 받았을 터인데 본전만 갖고 와서 그는 결국 주인의 저주를 받고 몰락했습니다.

천재의 지능을 가진 카진스키가 그 좋은 머리를 한 달란트 받은 종과 같이 땅속에 파묻어 버리고 생산적인 곳에 쓰지 않고 오히려 사람을 죽이는 데 썼으니, 자기도 망하고 남도 해치는 무서운 결과를 초래했습니다. 하나님께서 나에게 주신 달란트가 다섯이든 둘이든 하나든 상관없이 최선을 다해 내가 할 수 있는 데까지 최선을 다해 노력하면 똑같은 칭찬을 받게 됩니다.

주님께서 나에게 맡겨 주신 소임에 충성을 다합시다. "잘하였도다 착하고 충성된 종아 네가 적은 일에 충성하였으매 내가 많은 것을 네게 맡기리니 네 주인의 즐거움에 참여할지어다"(마 25:23). 주님께로부터 이런 칭찬을 받기 위해 최선을 다하며 살아갑시다. 샬롬.

학력과 인격

"먼저 오르는 고기를 가져 입을 열면 돈 한 세겔을 얻을 것이니 가져다가
나와 너를 위하여 주라 하시니라." (마 17:27)

일반적으로 낫 놓고 기역자도 모르는 무학자와 대학을 졸업하고 대학
원에서 석사, 박사학위까지 받은 소위 가방끈이 긴 사람들의 인격은 무
학자보다 훨씬 더 높을 것이라고 생각합니다. 그러나 분명한 것은 학력
이 그의 인격을 보증해 주는 것은 아니라는 사실입니다. 초등학교도 졸
업하지 못한 아브라함 링컨 대통령이 있고, 기독교 역사에 한 획을 그
은 위대한 부흥사 드와이트 무디 선생도, 미국 초창기에 빼놓을 수 없
는 위대한 인물인 벤저민 프랭클린도 초등학교조차 졸업하지 못한 대
표적 인물들입니다.

　일반적으로 어떤 나라에 주재하는 대사, 영사 등 외교관은 면책특
권을 갖고 있습니다. 외교관들은 어지간한 범죄를 해도 면책특권이 있
어서 그 나라의 법에 의해 처벌받지 않습니다. 2024년 6월, 중국 베이
징에서 불법으로 주차한 차의 운전자가 외교관 면책특권을 주장하며
욕설을 퍼붓는 장면이 영상에 공개되어 수많은 사람이 분노했습니다.

　문제의 차량 운전자 유치(여, 58)는 '아시아태평양우주협력기
구'(APSCO) 사무총장으로 중국 고위 공무원 출신입니다. 중국 여러 매
스컴에 따르면 유 사무총장은 외교관 번호판이 달린 관용차에 남편과
애완견을 태우고 베이징의 한 도로 고속차선에 불법 주차를 했습니다.

　차량 정체가 심해지자 시민들이 다가와 항의했지만, 그녀는 차량
이동을 거부했습니다. 오히려 자신의 차가 대사관 차량이며 외교관 면

책특권이 있다고 큰소리를 치면서 항의하는 사람들에게 욕설까지 퍼부었습니다. 신고를 받은 경찰은 그녀의 차가 APSCO 명의로 등록돼 있는 것을 확인하고 벌금을 부과했습니다. 그녀는 경찰에게도 대사관 차량이 무엇인지 아느냐, 외교관 면책특권이 무엇인지 아느냐며 욕설까지 했습니다.

전「환구시보」편집장은 "대사관 차량도 교통법규를 지켜야 한다는 점을 이해하지 못한 것 같다"며 "국기를 단 대사 차량도 도로에 주차하거나 공공통로는 점유할 수 없다"고 지적했습니다. 경찰은 그녀에게 벌금을 부과했고 차량 안에 있던 반려견이 불법인지 확인해서 조치를 취할 계획이라고 합니다.

그녀는 베이징 항공우주대학에서 박사학위를 받았고 중국과학원 원격탐사연구소 종합국장, 국방과학기술산업 처장, 우주국 시스템 공학부 차장 등 주요 보직에서 일을 했습니다. 베이징의 한 변호사는 "외교 면책특권은 중국에 거주하는 다른 나라 외교관에게 적용되는 것이지 중국 국민에게는 적용되지 않는다"고 말했습니다. 공부도 많이 했고 주요 보직에서 일했던 여인이 이런 어처구니없는 일을 한 짓을 보면 공부를 많이 한 것이 인격자를 만드는 것이 결코 아님이 확실합니다.

예수님께서 가버나움 성읍에 이르셨을 때 성전세로 반(半) 세겔 받는 자들이 베드로에게 "너희 선생은 반 세겔을 내지 않느냐?"고 따져 묻자, 예수님께서는 베드로에게 바다에 가서 낚시를 하여 먼저 오르는 고기의 입을 열면 한 세겔이 나올 테니 그것으로 나와 너를 위해 주라(마 17:24-27)고 말씀하셨습니다.

예수님께서 반 세겔을 내신 것은 세상 법을 지키신 것입니다. 우리가 세상을 살아가는 동안은 세상의 법을 따라야 합니다. 세금도 내야 하고 병역의 의무도, 교육의 의무도 이행해야 합니다. 법을 어기면 처벌을 받게 되어 있습니다.

마찬가지로 우리는 영적 세계에 속한 사람들로 하늘나라의 법도 지켜야 합니다. 세상 사람들은 하늘나라의 법을 지킬 필요가 없지만, 신도들은 하나님의 법을 지켜야 합니다. 그러므로 우리는 세상을 더욱 어렵고 힘들게 살아갈 수밖에 없습니다.

우리에게 어떤 어려움이 닥쳐와도, 심지어 우리의 생명을 내어놓는 일이 있어도 하나님 나라의 법을 지켜야만 합니다. 이것이 우리가 가야 할 십자가의 길입니다. 지난 2,000년 동안 수많은 성도가 하늘나라 법을 지키기 위해 생명까지 버렸습니다.

이 길은 우리의 힘으로 가기 어렵기에 성령님의 도우심을 받아야 합니다. 성령님의 도우심을 받기 위해서는 끊임없는 기도와 노력이 함께 따라야 합니다. 우리가 가야 할 길을 마칠 때까지 좁은 길, 십자가의 길을 같이 걸어갑시다. 샬롬.

박사 학위

"예수께서 이르시되… 둘째도 그와 같으니 네 이웃을 네 자신 같이
사랑하라." (마 22:37, 39)

미국에 유학 오는 학생들의 최종 목적은 자기 전공 분야의 박사 학위
를 받고 귀국해서 모교 교수가 되어 후학을 가르치든지 아니면 이름난
재벌 기업이나 정부 고위직에 취업하는 것입니다.

2023년 8월에 배달된 조간신문에 '한국인 박사 1만 명 배출'이
라는 톱뉴스가 났습니다. 미국 내에서 박사를 받는 한국 사람이 매년
1,000명 이상씩 배출되고 있는 것으로 조사되었다고 합니다. 한국은
미국 내에서 박사 학위를 받는 나라들의 톱 3 국가로 나타났습니다. 미
국 국립과학재단(NSF)의 발표에 의하면 2021년의 경우 전국에서 총
1,025명의 한인 박사가 배출되었는데, 이 중에는 영주권자와 시민권자
는 포함되지 않았습니다.

분야별로 보면 이공(理工)계가 729명, 비이공계가 269명으로 이공
계가 훨씬 많습니다. 박사 학위 수여자 10명 중 7명이 엔지니어링을 비
롯한 생명공학, 컴퓨터, 사이언스 등 이공계 쪽에 몰려 있습니다.

가장 많은 박사 학위를 받은 국가는 중국으로 3만 6,068명으로 중
국 역시 91%가 이공계입니다. 두 번째는 인도로 1만 2,807명의 박사
학위 중 역시 이공계가 93%였습니다. 인구 비례로 보면 한국인의 학위
취득률이 월등 높습니다. 같은 조간신문에 다음과 같은 기사가 났습니
다. 사우스플로리다대학에서 화학 박사 과정을 밟고 있는 중국인 유학
생 수밍리는 플로리다주의 템파 지역의 한 아파트 단지에 살고 있었습

니다.

그런데 수시로 윗집에서 나는 변기 소리에 시달리다 급기야 윗집 콘도 출입문을 통해 여러 차례 화학 약품을 주사기로 투입한 행위로 기소되었습니다. 그가 투입한 약품은 마취제의 일종인 메타돈과 히드로코돈으로 두 물질이 사용됐을 때 불안과 복통, 구토, 호흡곤란, 피부 자극, 가슴통증 등의 부작용이 나타날 수 있습니다. 피해자인 윗집 주인 우마르 압둘라 씨는 가족들이 두통 증세로 고통을 받고 출생한 지 10개월 된 아기도 구토를 하자 그동안 변기 문제로 여러 번 방문하여 항의한 수밍리를 의심하고 현관문에 카메라를 설치해 범행 현장을 포착했습니다.

수밍리는 거의 한 달 넘게 약물을 주사기로 투입했습니다. 화학 박사 과정을 밟고 있는 이 친구는 명석한 두뇌와 공부를 할 수 있는 환경과 열정을 가지고 있었습니다. 그런데 위층에서 들리는 화장실 물 내리는 소리에 분노해서 자기의 전공 과목인 화학 물질을 윗집 안으로 투여하여 아기와 가족들이 고통을 받게 만들었다고 하니 참으로 한심한 일이 아닐 수 없습니다.

윗집 주인에게 화장실 물 내리는 소리가 나지 않게 방음 장치를 요청한다든지 법적 조치를 취할 수도 있었을 터인데, 인체에 해로운 화학물질을 투입해서 가족들을 고통으로 몰아넣은 것은 반인륜적인 행위가 아닐 수 없습니다.

예수님께서 "네 이웃을 네 자신 같이 사랑하라"(마 22:39)는 말씀은 이웃이 곧 내 가족과 같다는 말씀입니다. 내 가족이 나를 힘들게 한다고 인체에 해로운 화학물질을 투입하지는 않습니다. 수밍리와 같은 사람에게 필요한 것은 이웃을 사랑하는 마음을 품게 하는 일입니다. 그리스도의 마음을 가진 사람은 이웃 가족에게 보복하려고 이런 행위를 하지 않습니다. 제2, 제3의 수밍리가 출현하지 않기 위해서는 "때를 얻든지 못 얻든지 복음을 전파"해야 합니다. 이것이 우리에게 주어진 소명입니다. 샬롬.

사람의 외모를 보지 말라

"여호와께서 사무엘에게 이르시되 그의 용모와 키를 보지 말라… 내가
보는 것은 사람과 같지 아니하니 사람은 외모를 보거니와 나 여호와는
중심을 보느니라." (삼상 16:7)

일반적으로 고등학교 학생들은 일류 대학에 가는 것이 꿈입니다. 한국
에서는 소위 SKY 대학에, 미국에서는 아이비리그에 가는 것이 본인과
부모들의 소망입니다. 이런 대학에 들어가면 본인의 영광일 뿐만 아니
라 가문의 영광이기도 합니다.

일류 대학을 졸업하면 대기업에 취업해서 높은 연봉을 받으며 승
승장구합니다. 결혼을 시킬 처녀를 둔 부모들이나 본인들은 이런 조건
을 가진 사람을 일등 신랑감으로 여깁니다. 게다가 신랑 집안이 부자면
더 말할 필요가 없겠지요. 그러나 일류 대학, 대기업 사원, 재벌 집안의
아들이란 조건은 그의 외형일 뿐이고, 사람에게 더 중요한 것은 그가
어떤 심성을 가진 사람이냐입니다.

그런데 이런 신화를 여지없이 깨어 버린 사람이 나타났습니다. 니
콜라스 만조네(26)는 볼티모어의 저명한 부동산 개발업자 집안의 아들
로, 그의 가족은 두 개의 골프장과 메릴랜드 지역 라디오 방송국 등을
소유하고 있는 부자 집안 아들입니다. 만조네는 볼티모어의 명문 사립
학교를 수석으로 졸업하고, 아이비리그 대학 중 하나인 펜실베이니아
대학교(U. Penn)에서 컴퓨터 공학을 전공하여 학사와 석사를 받은 후 소
프트웨어 엔지니어로 일하였습니다. 그는 공부만 잘한 것이 아니라 친
구들 사이에 인기도 많은 쾌활한 친구였다고 합니다.

그런데 그가 2024년 12월 미국에서 가장 큰 건강보험회사인 유나

이티드 헬스케어의 회장을 암살하였습니다. 만조네야말로 모든 사람이 부러워할 만한 조건을 두루 갖춘 친구였습니다. 재벌 집안에 명문 사립 고등학교 수석 졸업, 아이비리그 학사와 석사 학위, 소프트웨어 엔지니어로 배우자 선택의 최우선 순위 아닙니까?

그러나 그의 외형은 모두 헛것이고 그 속에는 사람을 죽일 살인의 의도를 품고 있었습니다. 그가 회장을 죽인 이유는 분명히 밝혀지지 않았지만, 아마도 그가 앓고 있는 지병 치료비를 제대로 받지 못했기 때문이 아닌지 추측합니다. 그는 회장이 연봉 1천만 달러를 받고 있으면서 정작 필요한 사람들에게 보험금을 제대로 지불하지 않은 것에 대한 불만을 그렇게 표출한 것으로 여겨집니다. 이 사건은 미국의 거대 보험회사들에 경종을 울린 사건이 되어 보험회사들은 직원들의 사진과 이름, 연락처를 지우고 몸을 사리고 있다 합니다.

사무엘이 하나님의 명령을 받고 베들레헴 이새의 아들 중 왕이 될 아들에게 기름을 부으러 갔을 때 엘리압이 들어오자 사무엘은 그를 보고 "여호와의 기름 부으실 자가 과연 주님 앞에 있도다"(삼상 16:6)라고 생각했지만, 여호와께서는 "그의 용모와 키를 보지 말라… 내가 보는 것은 사람과 같지 아니하니 사람은 외모를 보거니와 나 여호와는 중심을 보느니라"(삼상 16:7)고 말씀하셨습니다.

사람의 내면을 속속들이 들여다볼 수는 없어도 평소 그가 하는 행동, 말, 친구들에게 하는 태도 등을 보면 그의 성격과 사람됨을 어느 정도는 짐작할 수 있습니다. 분명한 것은 진실한 기독 청년(교회 왔다 갔다 하는 사람이 아닌)은 겉과 속이 크게 다르지 않다고 볼 수 있습니다. 그에게는 예수님을 진심으로 믿는 믿음이 있기 때문입니다. 주님을 구주로 고백하는 청년들이 더욱 늘어나 진실한 청년들이 많이 나왔으면 좋겠네요. 우리 자녀들을 그렇게 만들도록 기도하면서 노력합시다. 샬롬.

어떤 한인 여변호사

"돈을 사랑함이 일만 악의 뿌리가 되나니 이것을 탐내는 자들은 미혹을 받아 믿음에서 떠나 많은 근심으로써 자기를 찔렀도다." (딤전 6:10)

워싱턴 D.C.에서 변호사로 38년째 일하는 베테랑 한인 여성 변호사 김 씨는 한국행 여객기 안에서 옆 좌석 승객의 돈을 훔친 혐의로 2023년 8월 중순 연방항소법원으로부터 변호사 자격을 박탈당했다는 보도가 났습니다.

사건은 2007년 5월 27일 주일, 워싱턴 D.C. 덜레스 공항 출발 인천행 대한항공 여객기 일반석에 앉은 윤 모 씨는 곤하게 잠을 자다 승무원이 깨우는 바람에 눈을 떴습니다. 승무원은 윤 씨에게 옆 좌석에 앉은 승객을 아느냐고 물었더니, 윤 씨는 전혀 모르는 사람이라고 답했습니다. 윤 씨가 지갑을 확인해 본 결과 1,100달러가 없어진 것을 알게 되었습니다. 이에 여객기 사무장이 김 변호사에게 다가와 옆 좌석 승객의 돈이 없어졌는데 당신이 돈을 훔치는 것을 승무원이 보았다고 말했습니다.

만약 당신이 돈을 돌려준다면 더 이상 문제 삼지 않겠다고 말했지만 김 변호사는 돈을 훔친 사실을 부인했습니다. 여객 사무장이 김 변호사에게 봉투에 든 돈을 보자고 요구한 후 확인한 결과 김 변호사가 갖고 있던 100달러 지폐의 일련번호가 윤 씨 소유 지폐의 일련번호와 연결된다는 사실을 밝혀냈습니다.

대한항공은 곧바로 한국 경찰에 신고했고 한국 1심 법원과 항소심에서도 김 변호사에게 유죄판결을 내렸습니다. 김 변호사는 미국에서 최종적으로 2019년 중반에 변호사 자격 박탈 판결이 내려졌습니다. 워싱턴 D.C. 연방항소법원이 지난 2019년 9월 30일 김 변호사에 대한 자격 정지 명령을 내렸고 김 변호사에게 자격 정지 사실을 고객들에게 통보하라고 명령했습니다.

김 변호사가 왜 옆 사람 지갑에서 1,100달러(한화 140만 원)를 훔쳤는지를 생각해 봅시다. 사실 변호사는 의사와 더불어 미국에서(한국에서도) 돈 잘 버는 직업에 속합니다. 한 건만 잘 해결하면 수만, 수십만, 경우에 따라서는 수백만(13억 원) 달러를 벌 수 있는 직업입니다. 물론 유능한 변호사일 때 이야기겠지만요. 김 변호사가 옆 좌석 승객의 돈을 훔친 것은 돈을 보고 순간적으로 욕심이 나서 그랬거나 아니면 변호사 사업이 잘 안돼서 돈이 궁했거나의 경우가 아닐까 합니다.

김 변호사는 돈을 보고 순간적으로 자신의 신분도 잊어버리고 돈에 현혹되어 남의 지갑의 돈을 훔친 것은 참으로 평생 후회할 일을 저지르고 만 것입니다. 단돈 1,100달러에 변호사 자격을 박탈당한다는 사실이 얼마나 황당한 일입니까? 그것도 경력 38년의 노련한 변호사가 그런 일을 벌이다니요. 참 안타까운 노릇입니다.

우리도 순간적으로 돈에 현혹되면 김 변호사와 같은 행동을 할 가능성이 농후합니다. "나는 절대 아니다"라고 큰소리칠 사람이 있나요? 돈은 인간을 순식간에 몰락의 길로 몰고 가는 요물(妖物)입니다. 일찍이 고려 말의 충신 최영 장군 모친이 아들에게 "황금을 보기를 돌같이 하라"고 훈계했다는 이야기를 일찍부터 들어왔습니다.

우리 그리스도인들은 더욱 돈(물질)에 초연한 삶을 살아야 합니다. 돈은 우리를 유혹하는 사탄의 미끼입니다. 사도 바울은 "돈을 사랑함이 일만 악의 뿌리가 되나니 이것을 탐내는 자들은 미혹을 받아"(딤전 6:10)라고 훈계하였습니다. 항상 기도하면서 경계하는 삶을 살아야 합니다. 샬롬.

어떤 한인 변호사

"늙은 여자에게는 어머니에게 하듯 하며 젊은 여자에게는 온전히
깨끗함으로 자매에게 하듯 하라." (딤전 5:2)

한국에서도 변호사가 되는 것은 쉬운 일이 아닙니다. 가장 머리가 좋다
는 학생들이 지원하는 법과대학에서 4년 동안 공부한 후에 어렵고 힘
든 사법 시험에 합격한 후, 2년간 사법연수원에서 교육을 받고 판사,
검사, 변호사로 일하게 됩니다.

미국에서 변호사 되기는 한국에서보다 훨씬 더 어렵습니다. 한국
의 법대는 4년이지만, 미국에서는 일반 대학 4년을 졸업한 후에 법학
대학원에 진학하여 3년간 교육을 받고 나서 비로소 변호사 시험을 보
게 됩니다. 따라서 한국에서는 대학 교육이 4년이지만 미국에서는 7년
이나 되어 한국보다 3년을 더 공부합니다.

2024년 10월 17일, 뉴욕 남부 법원 판사가 뉴욕 브롱크스 지역에
서 변호사로 활동해 온 한국인 서 모 씨(47)에게 징역 10년, 보호 관찰
10년 형을 선고했습니다. 서 변호사는 2022년 5월 미성년자를 성적으
로 유인하려 한 혐의로 체포되어 2024년 3월 자신의 유죄를 인정했습
니다. 서 변호사는 경찰의 함정 수사에 덜미가 잡혔는데, 14세 소녀(메
건)로 가장한 형사와 온라인 소통을 했습니다. 서 씨는 자신을 뉴욕에
사는 45세 한국인 남성이라며 성관계를 목적으로 접근했습니다. 서 씨
는 2022년 5월 메건과 성관계를 가지려 약속된 장소에 갔다가 현장에
서 경찰에 체포되었습니다. 본디 서 씨는 최대 30년형을 선고받을 수
있었지만, 자신의 죄를 인정하여 10년으로 감형되었습니다.

서 씨는 성인도 아니고 14살 미성년자를 유혹하여 성관계를 가지려다가 덜미가 잡혀 10년 동안 감옥에서 살아야 하는 신세가 되었으니 개탄스러운 일이 아닐 수 없습니다. 47세의 서 씨에게는 부모와 형제자매, 그리고 결혼을 했다면 아내와 자녀들, 처가에 장인, 장모, 처제, 처남이 있을 것이고 많은 친족, 친구, 이웃들이 있을 것입니다. 그들이 서 씨의 소식을 듣고 얼마나 놀랐겠습니까? 그가 출소하면 57세에, 변호사 자격도 상실되어 그의 남은 인생이 처량하게 되었습니다.

인간은 누구나 식욕과 성욕, 두 가지 기본 욕망을 갖고 있습니다. 이 두 가지 욕망을 채우는 데는 법과 질서가 있습니다. 배가 고프다고 아무 식품점이나 식당에 들어가 음식을 무턱대고 먹을 수는 없습니다. 아무리 강한 성적 욕망을 갖고 있다 해도 이것을 충족시키기 위해서는 법과 질서를 따라야 합니다. 인간에게는 본능을 제어할 수 있는 의지와 인격이 있고, 범법을 하면 그에 따른 벌이 있다는 사실을 모르는 사람은 없습니다.

십계명 제7계명은 "간음하지 말라"입니다. 예수님께서는 "음욕을 품고 여자를 보는 자마다 마음에 이미 간음하였느니라"(마 5:28)고 말씀하셨습니다. 그리스도를 구주로 영접한 사람들은 주님의 말씀을 경청하면서 경건한 삶을 살아야 합니다. 바울 사도가 말씀하신 "늙은 여자에게는 어머니에게 하듯 하며 젊은 여자에게는 온전히 깨끗함으로 자매에게 하듯 하라"(딤전 5:2)는 권면을 마음속에 간직하며 살면 성적 유혹을 이길 수 있습니다.

다시는 서 씨와 같은 사람이 일어나지 않도록, 모든 사람에게 복음을 전하여 성령의 9가지 열매 중 마지막 열매인 절제의 열매를 맺으며 살아가는 사람들이 많아지게 하기 위해서 열심히 복음을 전합시다. 샬롬.

재물보다 명예

"많은 재물보다 명예를 택할 것이요 은이나 금보다 은총을 더욱 택할 것이니라." (잠 22:1)

사람은 누구나 부모님들이 지어 주신 이름을 갖고 죽는 날까지 살아갑니다. 따라서 이름은 그 사람을 의미합니다. 아무개 하면 누구나 알 수 있는 이름이 있습니다. 세종대왕, 이순신 장군, 아브라함 링컨, 마틴 루터 킹 하면 모르는 사람이 없지요. 그러므로 자기 이름을 소중히 보관하고 관리하는 것은 무엇보다 중요한 일입니다.

2024년 9월, 이곳 신문에 보도된 "한인 성매매 조직 고객들 신원 공개된다"라는 타이틀의 기사가 났습니다. 미국 동부지역과 LA 등에서 3명의 한인이 정치인과 의사 등 전문직 등을 포함한 지도급 인사들을 대상으로 고급 회원제 성매매 조직을 운영하다 적발되었다는 뉴스가 한인 사회에 충격을 주고 있습니다.

그런데 한인 성매매 조직 회원으로 가입한 고객 명단이 법원의 결정으로 공개될 것으로 알려지면서 그 사람들이 누구인지 많은 사람이 궁금해하고 있습니다. 이번 사건으로 수사를 받고 재판에 넘겨진 인사들이 모두 28명인데 이들은 변호사를 동원해서 자신들의 신분이 밝혀지지 않도록 안간힘을 쓰며 전전긍긍하고 있다 합니다.

이 사건에 연루된 28명의 직업은 공무원, 첨단 기술자, 제약 업체 임원, 의사, 군 장교, 교수, 변호사, 과학자, 회계사 등입니다. 이들의 변호사들은 재판부에 이들의 이름을 비공개로 해 줄 것을 요청했습니다. 변호사들은 피고인들이 재판에서 승소하면 기소가 취하될 수 있는데,

재판이 끝나기도 전에 이름이 언론에 공개되면 이들의 명성에 치명적 손해를 볼 수 있으므로 불공정하다고 주장하고 있습니다.

그러나 재판부는 "명성에 오점이 생긴다는 것만으로 적법한 절차를 위반한다고 볼 수 없다. 이번 사건이 다른 사건과 다른 점은 무엇인가?"라고 반문하면서 변호사 측의 주장을 일축했습니다.

여러 언론 매체는 국민들의 알 권리를 내세우며 성 매수 남성들의 이름 공개를 지속적으로 요청하고 있고, 대법관 중 한 명도 "이름 공개가 상당한 공공의 이익과 관련 있고, 힘 있는 사람들이 비공개로 특혜를 받지 않도록 보장해야 한다"고 말했습니다.

일반 서민이나 보통 사람들과 달리 변호사, 의사, 교수, 공무원, 회계사 등 사회 지도층 인사들이 돈을 주고 성매매 여성들과 관계를 맺은 것은 사람들의 지탄을 받아 마땅합니다. 이런 일을 하면 우선 부부 관계에 파탄이 날 수 있을 뿐만 아니라 자녀들에게도 결정적 악영향을 미치게 되고 집안에 오점을 남기게 됩니다.

불신자들은 아내 외에 다른 여자들과 잠자리를 갖는 것이 무슨 죄가 되느냐고 물을지 모르지만 그것은 분명히 간음죄입니다. 하나님 앞에서도 아내나 자녀들에게도 부끄러운 일입니다. 그러므로 자기들 이름 공개를 두려워하는 것이지요.

돈을 주고 성매매 여성들과 관계를 갖는 것이 무서운 죄라는 것을 인식시키기 위해서는 그들이 기독교 신앙을 갖게 해야 합니다. 그리스도를 믿는 신자는 그런 더러운 일을 하지 않습니다. 그것이 하나님의 법을 어기는 일이기 때문입니다.

지혜자는 "많은 재물보다 명예를 택할 것이요 은이나 금보다 은총을 더욱 택할 것이니라"(잠 22:1)고 권고하였습니다. 자기 이름을 더럽히는 일을 해서는 안 됩니다. 여기 우리가 열심히 전도해야 하는 또 다른 이유가 있습니다. 죄의식 없는 자들에게 열심히 복음을 전합시다. 샬롬.

사람은 죽어서 이름을 남긴다

"무엇이든지 속된 것이나 가증한 일 또는 거짓말하는 자는 결코 그리로 들어가지 못하되 오직 어린 양의 생명책에 기록된 자들만 들어가리라." (계 21:27)

"호랑이는 죽어서 가죽을 남기고 사람은 죽어서 이름을 남긴다"는 말은 오랫동안 내려오는 명언입니다. 호랑이는 죽은 후에 가죽을 남겨 사람들이 그 가죽을 유용하게 씁니다. 그러나 사람이 죽으면 시체는 아무 쓸 데 없어 땅속에 묻습니다.

족보가 있는 가문에서는 족보에 가족들의 이름이 남지만, 위대한 일을 한 사람은 역사에 그 이름이 남습니다. 사람은 누구나 본능적으로 자기 이름 남기기를 원하지만 그 일이 그렇게 쉽게 되지 않지요. 그래서 사람들은 자기의 이름을 남기기 위해 유명 관광지에 자기 이름을 써 놓는 방법을 택하기도 합니다.

2024년 10월 7일 미국의 유명한 자연 경관인 그랜드 캐니언의 한 바위에 세 사람의 한국인 이름이 쓰여 있고, 그 밑에 '2024년 8월 12일 from Korea'라는 문구가 검은색 펜으로 쓰여 있는 것을 어떤 한국 사람이 발견하면서 알려졌습니다.

이 사실을 알린 사람은 미국에서 40년 동안 거주하는 한국 사람으로 최근에 그랜드 캐니언으로 휴가 여행을 갔다가 이를 발견했다며, 자신이 한국인임이 부끄러워지는 순간이었다고 말했습니다. 한글 이름이 발견된 바위에는 다른 나라 사람들의 이름도 함께 있었다고 합니다. 미국에서는 국립공원에 낙서를 하는 행위는 경범죄로 벌금 5,000달러 (약 650만 원)에 6개월 징역형을 선고받을 수 있습니다.

오래전에 제가 유럽의 정상 알프스의 최고봉 몽블랑에 올라갔을 때 거기서도 한글로 자기들의 이름을 써 놓은 것을 보았고, 그 외 기타 여러 관광지에서도 한국 사람들이 자기들의 이름을 쓰고 밑에 날짜를 써 놓은 것을 보았습니다. 전 세계의 수백, 수천만 명의 관광객이 다녀가는 명승지에 자기 이름을 남기는 것은 스스로의 얼굴에 침을 뱉는 행위가 아닙니까?

역사에 귀한 일을 한 사람들의 이름은 본인이 노력하지 않아도 다른 사람이 알고 역사에 길이 보존됩니다. 인류를 위해 귀한 일을 해서 이름을 남겨야지, 관광지에 자기 이름을 써서 남기려는 것은 얼마나 어리석은 일인가요?

이런 몰상식한 일을 하는 사람은 그 개인만 욕을 먹는 것이 아니고 한국인 전체에게 욕을 먹이는 행위입니다. 세상에서 가장 귀한 글자인 한글로 유명 관광지에 자기의 이름을 써 놓으므로 한글을 창제하신 세종대왕에게까지 욕을 먹게 만드는 행위가 아니겠습니까?

우리 그리스도인들은 우리의 이름이 세상에 남는 것보다 하나님 앞에 놓인 생명책에 기록되어 있는 것이 무엇보다 귀합니다. 사도 요한은 "무엇이든지 속된 것이나 가증한 일 또는 거짓말하는 자는 결코 그리로 들어가지 못하되 오직 어린 양의 생명책에 기록된 자들만 들어가리라"(계 21:27)고 기록하였습니다. 어린 양의 생명책에 나의 이름이 있는 것은 영원한 복락을 누리는 길입니다.

우리 모두의 이름이 생명책에 기록되기 위해 더욱 열심히 믿음 생활을 하면서, 믿지 아니하는 사람들의 이름도 생명책에 기록되게 하기 위해서 복음 전하는 일에 매진해야겠습니다. 하나님께서는 이 일을 가장 기뻐하십니다. 샬롬.

성과 이름

"신화와 끝없는 족보에 몰두하지 말게 하려 함이라 이런 것은 믿음 안에
있는 하나님의 경륜을 이룸보다 도리어 변론을 내는 것이라." (딤전 1:4)

사람은 누구나 성과 이름을 가지고 있습니다. 우리나라의 성씨가 김,
이, 박이 가장 많은데, 김 씨가 전 국민의 약 22%, 이 씨가 15%, 박 씨
가 8%, 최 씨가 5%, 조 씨가 2%, 윤 씨가 2% 등등입니다.

우리나라 사람들은 옛날에는 성이 없었고 이름만 있었습니다. 그
러다 중국 문물이 한국에 들어오면서부터 성이 시작되었을 것으로 추
정합니다. 신라 진흥왕(525-576) 순수비 등의 자료를 보면 신라인들은
이두(吏讀) 문자식 이름을 사용하다가 7세기부터 중국의 한자(漢字)식 성
과 이름을 차용하기 시작하였다고 합니다.

조선 왕조 중기 때부터 귀족들부터 양민 계층까지 성씨가 확대되
기 시작하였습니다. 1909년부터는 민적법이 시행되어 모든 사람이 성
을 가지게 되었습니다. 개인에게 성은 매우 중요합니다. 이름은 내 개
인에 한하지만, 성은 가문과 연결되어 있어서 내가 실수를 하거나 큰
범죄를 했을 때는 개인뿐만 아니라 가족과 일가친척 나아가 조상들까
지 욕을 먹습니다.

서양에서는 일반적으로 처녀가 시집을 가면 신랑 집안의 성을 따
라갑니다. 처녀 때 성이 그린(Green)이었는데 신랑의 성이 존슨(Johnson)
이라면 이제 미시즈 존슨(Mrs. Johnson)이라고 부릅니다. 그러나 이제 시
대가 바뀌어 서양에서도 처녀가 시집을 가도 시집 성을 따르지 않고
처녀 때 성을 그대로 쓰는 경우도 많습니다. 따라서 시대가 변하면 고

래(古來)로부터 내려오던 전통이 허물어지기도 합니다.

성경에 보면 성을 가진 사람은 없고 누구의 아들, 손자, 증손자, 고손자 등 조상들의 이름만 나옵니다. 그러나 비록 성이 없다고 하더라도 성경에 나오는 사람들의 이름만 가지고도 그들의 삶을 더듬어 볼 수 있습니다. 아담, 에녹, 노아, 아브라함, 이삭, 야곱, 유다, 요셉, 모세, 사울, 다윗, 솔로몬, 이사야, 엘리야 등 수많은 인물은 성은 없어도 그들의 생애를 알 수 있습니다. 반면, 암논, 압살롬, 므낫세, 가룟 유다 등은 이름만 들어도 그들이 어떤 악행을 저질렀는지 알 수 있습니다. 여기서 성이 문제가 아니고 이름이 문제라는 것을 알 수 있습니다. 따라서 성이 있고 없고가 문제가 아니고 그들의 삶과 행위가 문제입니다.

아브라함 링컨은 "사람이 나이 40이 되면 자기 얼굴에 책임을 져야 한다"는 말을 했습니다. 그런데 인생은 자기 얼굴에 책임을 지는 것보다 이름에 책임을 져야 합니다. 사람은 죽은 후에 이름을 남기기 때문입니다.

우리 그리스도인들은 내 성이나 이름이 무엇인가가 중요한 것이 아니고 어떤 교인이었나가 더 중요합니다. 사람들이나 하나님께서 보실 때에 어떤 삶을 살았느냐가 중요하지 성과 이름이 중요한 것이 아닙니다.

하나님께서는 성과 이름으로 그 사람을 판단하시는 것이 아니라 그 사람의 행위를 가지고 판단하십니다. 우리가 세상을 살아가면서 나의 이름이나 조상들의 이름에 먹칠을 하지 않고 사는 것도 중요하지만, 더 소중한 것은 정말 신자답게 살아가느냐가 더 중요합니다.

교인이 세상을 떠났을 때 이름 위에 성도, 집사, 권사, 장로, 목사 아무개라고 씁니다. 내가 죽어 천국에 갔을 때 성도로, 집사로, 장로로, 목사로 부끄러움 없이 살았느냐가 성이나 이름보다 더 중요하지 않을까요?

하나님께서는 성도 아무개의 이름보다 그가 세상에서 과연 성도답게 살았느냐를 더욱 중요하게 보십니다. 조상들과 가문에 먹칠을 하는 것을 두려워하기보다 하나님께서 보시기에 과연 내가 부끄럼 없이 살고 있는가에 더욱 관심을 갖고 살아야 합니다. 성도, 집사, 권사, 장로, 목사라는 이름에 걸맞은 신앙생활을 하기 위해 더욱 기도하면서 노력합시다. 샬롬.

대서양 헌장

"그리스도께서 우리를 자유롭게 하려고 자유를 주셨으니 그러므로
굳건하게 서서 다시는 종의 멍에를 메지 말라." (갈 5:1)

대서양 헌장을 아는 사람은 많지 않을 것입니다. 이 헌장은 제2차 세계
대전 중인 1941년 8월 9일부터 12일까지 미국 대통령 프랭클린 루스
벨트와 영국 수상 처칠이 아르헨티나 해군 기지 플라센티아만에서 만
나 전후(戰後)의 세계 질서에 대해서 평화조항의 구상을 발표한 것입니
다. 이 내용은 후에 세워진 유엔의 기본 원칙이 되었습니다.

헌장의 내용은 다음과 같습니다. "첫째, 양국은 영토나 기타 어떤
세력 확장도 추구하지 않는다. (더 이상 식민지를 만들지 않는다.) 둘째, 양국은
국민들의 자유롭게 표현된 소망에 어긋나는 어떠한 영토적 변화도 원
치 않는다. (영토 확장 금지) 셋째, 양국은 모든 국민이 그 속에서 영위할
정부 형태를 선택할 권리를 존중한다. 또 양국은 강압적으로 빼앗겼던
주권과 자치정부를 인민들이 다시 찾기를 원한다. (식민지의 원상회복) 넷
째-여덟째 (생략) 프랭클린 루스벨트, 윈스턴 S. 처칠."

여러분들은 이 헌장을 읽으면서 무슨 생각을 하셨나요? 저는 특히
제3항 "양국은 모든 국민이 그 속에서 영위할 정부 형태를 선택할 권리
를 존중한다. 또 양국은 강압적으로 빼앗겼던 주권과 자치정부를 인민
들이 다시 찾기를 원한다"에 유의했습니다. 이 조항은 식민지 통치를
받는 민족의 해방을 약속한 것입니다. 한국의 독립이 여기에 근거한 것
입니다.

1943년 11월 이집트 카이로에서 미국의 대통령 루스벨트와 영국

수상 처칠, 중국 국민당 총통 장제스(장개석)가 만나 전후 처리 원칙을 결정하면서 한국 독립을 처음으로 공포하였습니다. 만약 이 카이로 선언이 없었다면 1945년 조선이 독립하기는 어려웠을 것입니다.

또한 1945년 7월 17일에서 8월 2일까지 독일의 베를린 교외에 있는 포츠담에서 열린 회담에서도 카이로 선언에서 밝힌 장차 한국을 적절한 시기에 해방시킨다는 조항이 들어가 있었습니다. 일본은 1945년 8월 15일 항복을 선언하면서 포츠담 선언을 무조건 수용하겠다는 점을 분명히 하면서 한국은 35년 동안의 일본의 식민지에서 벗어날 수 있었습니다.

저는 이 대서양 헌장을 읽으면서 루스벨트와 처칠, 두 기독교 국가의 수장들이 억압받고 있던 가련한 조선을 해방시킬 것을 약속한 것은 전적으로 하나님의 예정 가운데서 이루어진 일이라고 여깁니다. 기독교 신앙은 자유의 선포입니다. 바울 사도는 "그리스도께서 우리를 자유롭게 하려고 자유를 주셨으니 그러므로 굳건하게 서서 다시는 종의 멍에를 메지 말라"(갈 5:1)고 권고하였습니다.

우리가 자유를 향유하려면 국력을 키워야 합니다. 국력은 단순히 군사력이나 경제력만을 의미하는 것은 아닙니다. 물리적 힘보다 도덕적 힘이 더욱 필요합니다. 도덕적 힘은 돈이 많다고 나오는 것은 결코 아닙니다. 도덕적 힘은 양심의 명령에 따라 사는 사람들이 많아져야 하는데, 양심의 명령을 따르는 사람은 그리스도를 구주로 영접한 사람입니다. 열심히 전도해서 양심의 명령에 따라 사는 사람들이 늘어나게 해야 합니다. 그래야 대한민국이 물리적, 도덕적, 신앙적 힘을 길러 다시는 어떤 강대국가의 식민지가 되는 일이 없어야 합니다. 우리 모두 열심히 복음 선포에 힘씁시다. 샬롬.

9

ENGAGING WITH SCIENCE AND CULTURE

과학과 문화에 대한 응답

신부 과학자

"태초에 하나님이 천지를 창조하시니라." (창 1:1)

지금부터 약 250년 전 영국 교회인 성공회의 신부 조셉 프리스틀리(Joseph Priestley)는 목회를 하면서 시골 학교의 교사로 봉사하던 교육자였습니다. 그는 평소에 우리가 코로 마시고 뱉는 공기에 관심을 갖고 연구를 시작했습니다. 프리스틀리가 한 번은 양조장 옆을 지나다가 맥주가 발효되면서 나오는 거품을 보게 되었습니다. 이 거품이 바로 이산화탄소라고 부르는 기체인데, 이것을 물에 녹이면 상쾌한 탄산수가 된다는 것을 발견했습니다. 이때부터 프리스틀리의 이름은 전 유럽에 알려지게 되었고 콜라, 사이다의 전신인 인공 탄산음료가 나오기 시작했습니다.

프리스틀리는 지구상의 대기가 한 가지 물질만이 아니라는 사실을 알게 되었습니다. 산소와 질소가 섞여 있고 그 외에 이산화탄소 등도 소량 있다는 것을 발견하였습니다. 프리스틀리는 산소가 인체에 좋다는 것을 발견한 후에 밀폐된 공간에 쥐를 넣어 두면 일정한 시간 후 질식하는데, 그 공간에 보통 공기 대신 산소로 채워 놓으면 쥐가 훨씬 더 오래 산다는 것을 발견하였습니다. 프리스틀리는 용기를 내어 자신도 산소를 흡입해 보았는데 가슴이 가벼워지고 상쾌한 느낌을 받았습니다. 호흡기 환자들에게 산소를 공급하는 것을 몰랐을 때는 산소만 공급하면 살 수 있는 환자들이 많은 희생을 당했습니다.

프리스틀리가 발견한 것 중 가장 중요한 것은 광합성의 원리였습니다. 동물이 호흡하면서 뱉어내는 나쁜 공기를 식물은 다시 좋게 만든 다는 원리입니다. 그는 쥐가 들어가 있는 공간에 살아있는 식물을 같이 넣었더니 아주 오래 사는 것을 알게 되었습니다.

식물이 없다면 동물들이 대기 중의 산소를 다 소모해 버려 결국 모두 질식해 죽게 됩니다. 프리스틀리는 하나님께서 인류를 살리기 위해서 이러한 자연의 조화를 이루어 놓으셨는데, 이것은 비단 동물만을 위한 것이 아니라 동식물이 서로를 돕는 상호 작용임을 깨달았습니다. 동물이 뱉어내는 이산화탄소를 식물은 영양소로 사용합니다. 광합성 이란 태양광 에너지를 이용하여 이산화탄소와 물을 결합해서 탄수화 물을 만드는 화학 작용이며 그 부산물로 산소가 배출되는 것입니다.

동물은 그 탄수화물을 먹고 그것을 산소와 결합해서 에너지를 만 들어냅니다. 그 부산물로 이산화탄소가 나오게 됩니다. 동물의 호흡과 식물의 광합성이 맞물려 돌아가는 놀라운 조화로 지구의 생태계가 유 지되는 것은 하나님의 섭리가 아닐 수 없습니다.

프리스틀리가 미국의 독립과 프랑스 혁명을 지지했다는 이유로 영국의 왕당파 폭도들이 그의 집과 실험실을 파괴하고 불태우는 사태 가 벌어졌습니다. 프리스틀리는 박해를 피해 미국으로 이민 와서 외롭 게 살다 생을 마쳤습니다. 그러나 그의 소박한 실험은 인간과 자연과 하나님의 관계를 이해하는 데 지대한 공헌을 했습니다.

하나님께서 천지를 창조하셨을 때 우주에 신비로운 질서를 만들 어 주셨는데, 인간들은 온갖 더러운 쓰레기를 만들어내고 돈을 벌기 위 해 해로운 이산화탄소를 마구잡이로 배출해서 결국 지구는 온난화라 는 몰락의 길로 치닫고 있습니다. 하나님께서 만들어 놓으신 신비로운 자연의 질서를 파괴하는 인간들은 그들이 파 놓은 함정에 빠져 영원히 헤어나지 못하고 멸망의 길로 내닫고 있습니다. 자연의 질서를 존중하 고 질서에 따라 정직한 삶을 살지 않으면 인류 멸망은 순식간에 닥쳐

올 것입니다.

그리스도인들은 하나님이 만들어 놓으신 자연 질서를 깨뜨리지 말고 존중하면서 자연과 더불어 살아가는 방도를 강구해 나가야 합니다. 이것이 인류가 지구에서 오래 살 수 있는 첩경입니다. 샬롬.

창조와 진화론

"태초에 하나님이 천지를 창조하시니라." (창 1:1)

2024년 7월, 미국의 유명한 여론조사 기관인 갤럽이 창조론과 진화론에 대한 여론 조사를 발표했는데, 하나님께서 약 1만 년 전에 인간을 현재의 상태대로 창조하셨다고 믿는 사람이 약 37%고, 인간은 수백만 년 전부터 하나님과 상관없이 진화했다고 생각하는 사람이 34%로 별 차이가 없었다고 발표했습니다.

우리가 살고 있는 이 세상과 우주가 어떻게 생겨났느냐는 크게 창조론과 진화론으로 나눌 수 있습니다. 창조에 '론'(論) 자를 붙여서는 안 됩니다. '론'은 인간들이 만들어 놓은 하나의 학설이지만 창조는 학설이 아니고 진실입니다. 구약 창세기 1장 1절에 "태초에 하나님이 천지를 창조하시니라"고 기록되어 있습니다. 따라서 우주는 하나님의 창조로 시작이 되었는데 이 사실을 믿지 않는 사람들이 진화론을 따르는 것입니다.

진화론의 창시자는 찰스 다윈(Charles Darwin, 1809-1882)으로, 그는 영국의 생물학자고 지질학자며 박물학자였습니다. 다윈은 1859년 『종의 기원』(The Origin of Species)을 출판하였는데, 그는 모든 종(種)이 공통의 조상으로부터 생겨났다고 주장했습니다. 그 이후 많은 사람이 다윈의 진화론을 받아들이고 그 이론을 따르고 있습니다. 신앙이 없는 사람들은 대체로 진화론을 따르고 우리 신앙인들은 하나님의 창조를 믿습니다.

창조를 믿는 미국인 중 매주 한 차례 이상 예배에 출석하고 정치적으로는 보수적인 경향을 가진 사람들이 많이 포함되어 있으며, 진화론을 믿는 사람들은 대체로 종교가 없고 진보적 정치 성향을 가진 사람들이었습니다. 갤럽은 최근 40년 동안 미국 기독교인 감소와 비종교인 증가가 인간의 기원에 대한 믿음에도 영향을 미쳤다고 분석했습니다.

창조는 하나님께서 태초에 우주 만물을 만드셨다는 사실을 받아들이기 때문에 인류의 기원이나 우주의 시작에 대한 질문이 없습니다. 그러나 진화론의 가장 근본적인 문제는 최초의 생명체가 어디서 왔느냐에 답을 하지 못한다는 점입니다. 진화론은 최초의 우주 형성에 대해 입을 다물고 있습니다. 모른다는 것이지요. 빅뱅(Big Bang)에서 우주가 생겨났다고 이야기하지만, 그럼 빅뱅 이전은 무엇이냐고 물으면 입을 다뭅니다.

미세한 인간의 진화는 있을 수 있습니다. 그러나 미생물이 인간으로 진화했다는 것은 넌센스 아닙니까? 과학은 물질세계(Physics)에 대해 어느 정도 대답을 할 수 있지만 형이상학(Metaphysics)에 대해서는 입을 다뭅니다. 모르기 때문이지요. 성경에 분명히 우주는 하나님께서 창조하셨다고 기록되어 있는데 이 사실을 믿지 않는 사람은 무신론자거나 불가지론(不可知論)자입니다. 불신자가 주님을 영접하고 그리스도인이 되면 자연히 하나님께서 천지를 창조하셨다는 사실을 믿고 받아들이게 되어 있습니다. 진화론을 따르는 사람들이 하나님의 창조를 믿는 사람들이 되게 하기 위해 열심히 전도해야겠습니다. 샬롬.

지구는 둥글다

"태초에 하나님이 천지를 창조하시니라." (창 1:1)

오늘날 지구가 둥글다는 사실을 모르는 사람은 없고 또 의심하는 사람도 없습니다. 그런데 놀라운 것은 지금도 지구는 둥글지 않다고 믿는 사람들이 적지 않은데, 그중에는 뛰어난 과학자들도 있다고 하니 참 이해하기 어렵습니다. 옛날, 아니 중세까지만 해도 대다수의 사람은 지구가 평평하거나 사각형일 것이라고 믿었습니다. 따라서 바다를 멀리 가면 낭떠러지가 있어서 죽음을 면치 못한다며 배를 타고 멀리 나가는 것이 금기시되어 있었습니다.

지구가 둥글다고 처음으로 이야기한 사람은 주전 400년경에 살았던 그리스의 철학자 플라톤이었습니다. 그러나 그는 지구가 둥글다는 것은 확신했지만 이를 증명하지는 못했습니다. 지구가 둥글다는 것을 본격적으로 증명한 사람은 그리스 수학자 에라토스테네스(Eratosthenes, 주전 274-196)였는데, 지구의 둘레와 지름을 측정하는 방법을 발견했습니다.

지구가 둥글다는 걸 처음 증명한 사람은 16세기 초 포르투갈 태생의 스페인 탐험가 페르디난드 마젤란(Ferdinand Magellan, 1480-1521)입니다. 1492년 콜럼버스에 의해 신대륙이 발견되고 1498년 새로운 동방 무역 항로가 포르투갈에 의해 개척되면서, 동방에 많은 향신료(조미료)를 얻기 위한 항해가 시작되었습니다. 마젤란은 1519년 8월, 5척의 배에 승무원 270명을 태우고 몰루카 제도를 향해서 스페인의 세비야항을 출발했습니다. 그는 지구가 둥글다는 사실을 확신하고 배를 타고 계속 나가면 반드시 출발점으로 돌아올 것을 확신하였습니다.

마젤란은 1521년 3월 필리핀에 도착했으나 막탄섬을 토벌하다 본 토인의 화살에 맞아 사망했습니다. 비록 마젤란은 출발 지점에 돌아오지는 못했지만, 출발 시 270명이었던 그의 부하들은 괴혈병과 영양실조로 거의 다 죽고 27명만 1522년 9월 스페인으로 귀항하여 지구가 둥글다는 것을 입증하였습니다.

하나님께서 창조하신 우주 가운데 중심이 되는 지구가 둥글다는 사실이 입증되기까지 주님 탄생하시기 이전은 말할 것도 없고, 탄생하신 이후에도 1,500년이 지난 후에야 겨우 알게 되었습니다. 우리 인간이 지구와 우주의 신비를 알아가는 것이 얼마나 어렵고 힘든 일인지를 보여주는 단적인 예(例)입니다. 인간이 우주를 탐험한다고 우주선을 보내고 우주인을 보냈다고 하지만 하나님께서 창조하신 우주를 언제 어떻게 다 알 수 있을까요? 인간이 지구 이외의 태양계 항성인 달에 발을 디딘 것이 20세기 중반의 일입니다.

우리는 하나님께서 선물로 주신 지구에 대한 것도 아직 제대로 파악하지 못하고 있고, 지구에 사는 인류의 식량, 의료, 교육, 사회적 인프라 등 해결하지 못한 일들이 수두룩한데, 쓸데없이 우주를 탐험한다고 천문학적인 돈을 쓰는 것은 재고할 필요가 있습니다.

그리스도인들은 어떤 일을 할 때 과연 이 일을 하나님께서 기뻐하실까를 먼저 생각하고 기도한 후에 시행해야 합니다. 하나님께서 기뻐하시지 않는 일을 하는 것은 스스로 멸망의 길에 들어서는 것입니다. 우리의 삶의 원천은 하나님의 은총입니다. 하나님의 은혜 없이는 우리는 살 수 없습니다. 소요리문답 제1조가 "사람의 제일되는 목적이 무엇입니까?"입니다. 답은 "사람의 제일되는 목적은 하나님을 영화롭게 하는 것과 영원토록 그를 즐거워하는 것이다"입니다. 우리의 삶의 목적을 바르게 알고 실천하면서 살아갑시다. 샬롬.

지구의 공전과 자전

"태초에 하나님이 천지를 창조하시니라." (창 1:1)

지구가 스스로 한 바퀴 도는 것은 자전으로 24시간입니다. 공전은 지구가 태양의 주위를 한 바퀴 도는 것으로 365일이 걸립니다. 하나님께서 태초에 천지를 창조하실 때 맨 먼저 빛을 창조하셨습니다. 하나님은 빛과 어두움을 나누시고 빛을 낮이라 부르시고 어둠을 밤이라 부르셨습니다.(창 1:4-5) 넷째 날 하나님께서는 큰 두 광명체를 만드시고 큰 광명체로 낮을 주관하게 하시고 작은 광명체로 밤을 주관하게 하셨는데, 낮을 주관하는 광명체는 태양이고 밤을 주관하는 광명체는 달입니다.

오랜 세월 동안 사람들은 지구는 우주의 중심으로 가만히 있고 태양이 지구를 도는 것으로 생각하는 천동설을 믿었습니다. 우리 한국말에도 "해가 뜬다"고 말하고 "해가 서산에 넘어간다"고 말합니다. 따라서 지구는 가만히 있고 해가 뜨고 지는 것으로 이해했고 영어도 일출을 Sunrise, 일몰을 Sunset이라고 쓰며 말합니다.

그러던 중 인류 역사 최초로 폴란드의 천문학자 니콜라우스 코페르니쿠스(Nicolaus Copernicus, 1473-1543)가 1543년 천동설의 오류를 지적하며 지동설을 주장하면서 근대 자연과학의 혁명을 일으켰습니다. 그러나 이때만 해도 사람들은 그를 미친 사람 취급을 했습니다. 당시 교회 개혁자 마르틴 루터도 장 칼뱅도 천동설을 믿었지요.

그러다가 이탈리아의 과학자, 물리학자, 천문학자인 갈릴레오 갈릴레이(Galileo Galilei, 1564-1642)가 천동설을 거부하면서 태양은 가만히 있고 지구가 태양의 주위를 돈다는 지동설을 주장하였습니다. 그는 교회의 가르침에 반(反)하는 이단 사설을 주장했다는 이유로 종교 재판에 회부되어 지동설의 포기를 명령받고 포기한다는 선서를 하고 풀려났습니다. 만일 그가 고집을 부렸다면 그는 화형에 처해졌을 것입니다. 그가 종교 재판정의 계단을 내려오면서 조그만 소리로 "그래도 지구는 돌고 있는 걸!"이란 말을 한 것은 지금도 회자되는 유명한 말입니다.

지구는 1년 365일 동안 한 번씩 태양의 주위를 돌고 있고 하루 동안인 24시간 동안 스스로 돌면서 자전을 합니다. 지구가 자전하는 속도는 1초에 0.004도밖에 안 되기 때문에 사람들은 전혀 움직임을 느끼지 못합니다.

그러나 지구가 태양의 주위를 도는 속도는 시간당 10만 7천km로, 초로 계산하면 1초에 30km로 음속보다 88배나 빠른 속도로 돌고 있습니다. 지구가 이렇게 빠른 속도로 돌 때 엄청난 소리가 나는데, 사람들이 이 소리를 듣지 못하는 이유는 들을 수 있는 주파수가 20Hz에서 20kHz 범위이기 때문입니다.

만약 인간이 초속 30km로 달리는 지구의 공전 소리를 듣는다면 살아남을 사람은 아무도 없습니다. 그러므로 하나님께서는 인간들이 들을 수 있는 소리에 한계를 정해 놓으셔서, 개미가 기어가는 미세한 소리나 지구가 공전하는 어마어마한 소리를 듣지 않고 평안하게 살아갈 수 있게 만드셨습니다. 하나님의 창조의 신비입니다.

인간은 때가 되면 육신의 장막을 벗고 영원한 세계로 들어가게 됩니다. 우리가 세상에 살아가는 날들은 하나님께서 허락하신 소중한 시간이므로 각자에게 주어진 소임에 충실해야 합니다. 순간순간 우리는 기적 속에 살아가고 있습니다. 늘 감사하는 생활을 이어 갑시다. 샬롬.

과학과 인류의 종말

"그러나 그날과 그때는 아무도 모르나니 하늘의 천사들도, 아들도 모르고
오직 아버지만 아시느니라." (마 24:36)

인간의 역사는 도구를 만든 과정이라 말할 수 있습니다. 인간들은 구석
기 시대부터 돌로 칼이나 도끼 같은 도구를 만들어 쓰다가 점차 정교
한 기구를 만들기 시작했고, 철을 찾아낸 후에는 철기와 청동(靑銅: 구리
와 주석)으로 도구를 만들어 썼습니다. 하나님께서는 인간에게만 도구를
만들 수 있는 재능을 주셨습니다. 편안하게 가기 위해 자동차를 만들었
고 물 위를 자유롭게 다니기 위해 배를 만들었으며 심지어 하늘을 마
음껏 날기 위해 비행기를 만들었습니다.

　인간은 이제 인공지능(AI)을 만들어 사람들이 하던 일을 대신하도
록 하고 있습니다. 자동차 공장에 가 보면 노동자들이 하던 일을 로봇
이 하고 있습니다. 노동자들은 출퇴근을 하고 아프면 못 나오고 점심을
먹어야 하고 화장실에 가고 주말에는 안 나오며 경우에 따라서는 임금
을 올려 달라고 파업을 하기도 하지만, 로봇은 이 모든 일 없이 24시간
일만 합니다. 어떤 자동차 회사 회장이 이런 로봇을 쓰지 않겠습니까?

　단순 노동을 하는 로봇을 넘어 이제 AI가 인간이 할 일 대부분을
차지하는 때가 왔습니다. 인간은 의사가 되기 위해 의과대학을 8년(미
국의 경우), 1년 인턴, 4년 레지던트 과정을 거친 후 전문의 시험에 합격
해야 전문의가 됩니다. 따라서 중도에 실패하는 일이 없어야 13년 만
에 전문의가 됩니다. 그러나 AI에게 보통 의사가 평생 읽어도 읽지 못
할 10만여 권의 책의 내용을 불과 몇 분 만에 모두 입력해서 놀라운 지

식을 가진 전문의를 만들어 냅니다. 이것은 변호사도 판사도 교수도 마찬가지입니다.

인간이 기계를 다스리던 시대에서 이제 기계가 인간을 다스리는 시대가 되었다는 사실을 인정해야 합니다. 인간의 지식은 한계가 있지만 AI는 한없는 지식을 빨아들여 인간보다 더 뛰어난 결론을 내어주는 시대가 되었습니다. AI는 이제 인간이 가지고 있는 자연 지능을 능가해서 언어와 사고 능력, 생산력과 창작 능력까지 갖기 시작했습니다. 생성형 AI는 죽지도 않고 끊임없이 업데이트가 가능한 기계로 언젠가 자율성이라는 개념까지도 학습할 수 있게 될 것입니다. 인간의 능력을 뛰어넘는 인공지능의 등장은 피할 수 없어 보입니다.

지금까지 지구에 뛰어난 종이 등장하는 순간 덜 뛰어난 종은 언제나 멸종하거나 노예가 되었습니다. 인공일반지능(AGI)이 등장하는 순간부터 인간은 멸종되거나 기계의 노예가 될 것입니다. 나쁜 인간들이 인간이 지켜야 될 마지막 부분까지 AGI에게 넘겨주면 인간 세상은 파멸로 치닫게 될 것입니다. 이 세상에 인간보다 더 뛰어난 지능을 가진 존재가 세상을 다스리게 될 것입니다. 이런 존재를 만들게 하는 자는 바로 사탄입니다.

사탄은 인간과 비교할 수 없는 능력을 가지고 있습니다. 사탄은 인간을 언제든지 파멸시킬 수 있는 힘과 능력을 가지고 있습니다. 따라서 인류는 세상에서 영원히 살 수 없습니다. 때가 되면 세상은 파멸되고 인류의 역사는 종말을 맞이하게 될 것입니다. 이 시점은 바로 예수 그리스도의 재림 때입니다. 주님께서 재림하시면 인간 역사는 종말을 맞이하게 되는데, 우리는 주님의 재림이 빠르게 다가오고 있다는 사실을 직시해야만 합니다.

우리가 살고 있는 이 세상은 결국 하나님의 심판으로 멸망할 것이고 택함을 받은 사람들만 새 하늘과 새 땅에 들어가서 영원히 살게 될 것입니다. "그러나 그날과 그때는 아무도 모르나니 하늘의 천사들도, 아들도 모르고 오직 아버지만 아시느니라."(마 24:36) 세상의 멸망의 날이 다가오고 있다는 사실을 기억하면서 올바른 신앙생활을 하기 위해 최선의 노력을 다해야겠습니다. 샬롬.

기계가 인간을 이길 수 있을까?

"그러나 그날과 그때는 아무도 모르나니 하늘의 천사들도, 아들도 모르고
오직 아버지만 아시느니라." (마 24:36)

하나님께서 천지를 창조하실 때 인간과 모든 동물과 식물을 만드셨습
니다. 그런데 인간은 만물의 영장(靈長)이 되어 모든 동물과 식물을 다
스리면서 자기들의 삶에 유익하게 활용하고 있습니다. 사실 인간은 매
우 약한 동물입니다. 인간은 다람쥐나 토끼보다 빠르게 달릴 수 없고
곰이나 사자와 같이 강력한 힘을 갖고 있지도 않으며 원숭이처럼 높은
나무에 올라갈 수도 없고 물고기처럼 물속에서 오래 있을 수도 없습
니다.

그럼 인간은 어떻게 모든 동물의 우두머리가 되었을까요? 그것
은 하나님께서 인간에게 지능을 주셨기 때문입니다. 인간의 지능 가운
데 가장 중요한 것은 기계를 만드는 능력입니다. 인간은 돌도끼에서 시
작하여 자동차를 만들어서 편안하게 이동할 수 있게 되었고 하늘을 날
수 있는 비행기를 만들어 타고 다닙니다.

옛날에는 높은 건물을 지으려면 지하실을 깊게 파야 하기 때문에
인부들이 지하에서 흙을 파서 지게에 담아 지고 지상으로 올라왔습니
다. 그러나 인간은 굴착기라는 기계를 만들어 땅 위에서 굴착기가 지하
의 흙을 파서 땅 위에 있는 트럭에 싣습니다. 굴착기 한 대가 하루에 인
부 3,000명이 하는 일을 한다고 합니다.

미국에서 같이 공부하던 선배 목사 한 분이 미국 텍사스 농촌 지
역에서 목회를 했는데, 한 번은 어떤 농부 교인에게 농장을 구경하고

싶다고 했더니 집 뒤뜰로 데리고 가서 농사용 비행기에 타라고 해서 탔더니 하늘로 높이 올라가 농장을 한 바퀴 돌면서 이 끝에서 저 끝까지가 내 농장이라고 말을 했습니다. 농장이 이렇게 크지만 농부 한 사람이 비행기로 파종을 하고 농약과 비료를 뿌리며 거대한 트랙터로 추수를 합니다.

최근에는 과학자들이 인공지능을 만들어서 편리하게 사용하고 있습니다. 특히 인공일반지능(AGI)을 통해 인간의 지능을 갖게 만들었습니다. 그런데 문제는 이 생성형 AGI가 끝없이 업데이트가 가능한 기구로 변모하고 있다는 것입니다. 인간의 능력을 모든 면에서 능가하는 범용적 인공지능(AGI)의 등장은 앞으로 인간을 앞지르는 지능과 능력을 보유하게 될 수 있습니다. 그렇게 되면 이제 인간은 AGI가 명령하는 대로 하지 않으면 큰 고난을 겪게 될 것입니다.

인류의 역사는 더 뛰어난 종이 등장하는 순간 덜 뛰어난 종은 멸종되거나 노예가 되거나 가축이 되었습니다. 앞으로 인간을 능가하는 AGI가 나오면 인간은 멸종되거나 기계의 노예가 되어 그들의 가축이 될 수 있습니다.

인간이 지나치게 과학을 발전시키면 인간은 그 과학 때문에 상상할 수 없는 고통에 시달릴 수 있다는 사실을 망각해서는 안 됩니다. 과학의 발전은 인간의 삶을 편리하고 쉽게 만들어 주지만 그것이 인간의 삶을 근본적으로 파괴해 버릴 수 있다는 사실을 과학자들은 인식해야 합니다.

AGI가 어디까지 그리고 언제까지 발전을 계속할 것인가는 인류 생존의 문제가 될 수 있습니다. 물론 기독교 세계관은 인류는 세상에서 영원히 살 수 없고 주님께서 재림하시는 날 지구는 완전히 소멸되고 새 하늘과 새 땅에서 사는 것입니다.

그날이 언제인지 알 수 없지만 그날 인류의 역사는 끝난다는 사실을 결코 잊어서는 안 됩니다. 따라서 우리는 항상 준비하는 삶을 살아야 합니다. "그날과 그때는 아무도 모르나니 하늘의 천사들도, 아들도 모르고 오직 아버지만 아시느니라."(마 24:36) 샬롬.

인간과 기계

"씰라는 두발가인을 낳았으니 그는 구리와 쇠로 여러 가지 기구를 만드는 자요." (창 4:22)

19세기 초 영국에서 러다이트(Luddite) 운동이 일어났습니다. 이 운동은 영국 산업혁명이 일어날 무렵 방적기(천을 짜는 기계)가 나오면서 많은 사람이 실업자가 되자 기계에 대한 저항이었습니다. 이 운동은 네드 러드(Ned Ludd)라는 사람이 처음 시작했다고 전해지나 확실치 않고 가공인물이라고 여겨집니다. 일자리를 잃은 노동자들은 방적기와 기타 기계를 부숴버리고 본래대로 노동자들이 일을 하게 해 달라며 폭동을 일으켰습니다. 이 폭동은 1811년에서 1816년까지 수년간 계속되었는데, 시간이 지나면서 이 말(Luddite)은 산업화, 자동화, 컴퓨터화 또는 신기술에 반대하는 사람들을 의미하게 되었습니다.

이 운동은 노동자들이 자본가들을 대상으로 일으킨 일종의 계급투쟁 운동이었습니다. 영국의 노동자들은 돈이 많은 자본가들로부터 일감을 하청받아 일하는 비정규직 노동자들이었는데, 일한 것에 비해 받는 급료가 너무 적어 가족들 먹을거리도 제대로 충당하지 못했습니다. 게다가 영국 정부는 자본가들과 결탁하여 노동조합이나 단체 교섭권, 파업을 불법으로 규정하여 노동자들의 권리를 아예 없애 버렸습니다. 이렇게 쌓인 노동자들의 불만이 각지에서 자본가들에게서 빌려 쓰던 기계를 파괴함으로 자본가들의 착취에 항거하며 일어난 투쟁을 러다이트 또는 기계파괴운동이라 불렀습니다.

인간은 처음부터 기계를 만들어 쓰기 시작했습니다. 창세기에 보면 두발가인을 "구리와 쇠로 여러 가지 기구를 만드는 자요"(창 4:22)라고 기록되어 있습니다. 인간들은 점점 더 정교하고 편리한 기구를 만들어 썼습니다. 그런 도구는 인간의 노동력을 덜어 주고 시간을 절약할 수 있게 만들어 주었습니다.

옛날에는 많은 사람이 하던 농사도 요즘에는 한 사람이 기계로 다 처리합니다. 굴착기 하나가 3,000명 인부의 일을 한다고 합니다. 자동차 제조 공장에 가면 많은 로봇이 사람들이 하던 일을 대신합니다. 자본가들은 골치 아픈 노동자들보다 말없이 일만 하는 로봇이 최상의 노동자들입니다. 이제는 AI, 챗GPT 같은 고도로 발전된 로봇이 의사, 변호사, 판사, 교수, 약사, 공인회계사 등 거의 대부분의 고급 인력의 일을 대신하게 되어 사람들의 일자리가 무수히 사라지고 있습니다. 뿐만 아니라 그림, 작곡, 디자인, 소설이나 시도 쓸 수 있어서 인간이 하던 지적(知的) 영역까지 깊숙이 침투해 들어왔습니다.

이제 현대인들은 200년 전에 영국에서 일어났던 새로운 러다이트 운동을 해야 할 형편이 되었습니다. 그러나 컴퓨터가 얼마나 많은 일을 해 주고 있습니까? 컴퓨터 없는 세상을 상상할 수 있습니까? 이제 세상은 컴퓨터 없이는 제대로 돌아갈 수 없게 되었습니다.

그러나 아무리 기계가 과거 사람이 하던 일을 거의 다 한다 해도 기계는 기계일 뿐입니다. 기계는 스스로 일을 하지 못합니다. 아무리 과학이 발전된다 해도 기계가 인간이 할 수 있는 모든 일을 할 수는 없습니다. 기계는 영혼이 없어서 하나님을 알지 못합니다. 영과 진리로 예배드릴 수 없습니다. 오직 인간만이 하나님을 영화롭게 할 수 있으며 그를 영원토록 즐거워할 수 있습니다. (소요리문답 제1문) 기계는 인간이 쳐부수어야 할 적이 아닙니다. 하나님께서 주신 지혜로 더 좋은 기계를 만들어 편리하게 살면서, 사는 날 동안 하나님을 섬기면서 행복하게 살아가는 것이 하나님의 뜻입니다. 샬롬.

우주 농업?

"하나님이 이르시되 내가 온 지면의 씨 맺는 모든 채소와 씨 가진 열매
맺는 모든 나무를 너희에게 주노니 너희의 먹을거리가 되리라." (창 1:29)

어떤 이가 쓴 글에서 앞으로 인간은 우주 농업에 투자를 해야 한다고
주장했습니다. 인간이 우주선, 우주 정거장, 우주 기지 등의 우주 공간
에서 살려면 식량을 생산해서 우주인에게 공급해야 하는데, 우주인이
지구 밖에 장기간 머물며 임무를 수행하려면 한 명당 하루 1.8kg의 식
량이 필요합니다. 그런데 우주로 식량 이송을 하려면 식량의 무게와 부
피의 제한으로 쉽지 않기 때문에 고비용 또한 만만치 않기 때문입니다.

1982년 러시아의 우주 정거장 살류트 7호에서 '애기장대'(유럽, 아
시아, 아프리카 북서부 지방에서 자생하는 조그마한 속씨식물)를 재배해서 꽃을 피우
고 수확한 것이 우주에서 최초로 성공한 식물 재배 사례입니다. 그 후
1996년 러시아 우주 정거장 미르호에서 밀 재배에 성공했습니다.

2014년에는 국제우주정거장에서 미국 항공우주국(NASA) 연구팀
이 적상추를, 2021년에는 고추 재배에 성공했습니다. 이것은 소규모
실험 재배였지만 10년 후쯤에는 달 기지 내 온실에서 생산한 작물로
우주인의 식량 자급이 가능해질 것이라 합니다.

저는 이 글을 읽으면서 인간은 식량을 왜 우주에서 확보해서 우주
에서 살려고 하는지 이해할 수가 없었습니다. 왜 인간들은 하나님께서
만들어 주신 지구에서 살 생각을 하지 않고, 인간이 살 수 없는 환경인
달이나 화성 등 여러 별에서 살려고 하는지 납득할 수가 없습니다.

1969년 암스트롱이 달에 내려 걸어 다녔을 때 그들이 우주복을 입

고 껑충껑충 뛰었던 모습을 지금도 기억합니다. 인간은 우주복을 입지 않으면 달이나 기타 항성에서 살 수 없습니다. 가장 먼저 산소가 부족하기 때문이고 너무 춥고 너무 덥기 때문이지요.

우리 민족과 교회의 선각자였던 길선주 목사님은 1900년대 초 4천 년 동안 굶주리며 살아온 배달겨레가 배불리 먹고 살 수 있는 길은 '한 치의 땅도 놀리지 말고 곡물을 심고 지천으로 널려 있는 잡목을 베어내고 과목(果木)을 심으라'고 역설하였습니다.

옛날 6.25 전쟁 때 제가 시골에 내려가 살 때 논두렁에 콩을 심어 적지 않은 수확을 하는 모습을 보았습니다. 논두렁에 콩을 심어서 콩을 거두는 것처럼 논두렁 이외에 놀고 있는 땅, 작물을 심을 수 있는 땅은 지천으로 널려 있습니다. 경부고속도로와 기타 고속도로 양쪽에 작물을 심을 수 있는 땅이 그대로 잡초와 잡목으로 덮여 있는 것을 봅니다. 모든 잡초와 잡목을 베어내고 농작물을 심고 과목을 심으면 우리 민족이 먹고도 남아 외국에 수출도 할 수 있습니다.

독일에 갔을 때 라인 강변을 기차를 타고 가면서 보면 약 45도 경사지에 포도나무를 심어 포도가 주렁주렁 열려 있는 것을 보았습니다. 사람이 제대로 서 있을 수도 없는 45도 경사지에 과목을 심어 포도와 포도주를 생산하는 것을 보고 우리나라와 비교하면서 한숨이 저절로 나왔습니다. 미국의 이곳저곳을 둘러보면 농사를 지을 수 있는 땅이 지천으로 널려 있는 것을 알 수 있습니다. 저는 이런 땅을 볼 때마다 길선주 목사님의 말씀에 따라 작물을 심으면 많은 결실을 얻을 수 있고, 잡목을 베어내고 과목을 심으면 인류의 오랜 숙제인 굶주림의 문제를 깨끗이 해결할 수 있고 미국의 국력도 더욱 올라갈 수 있겠지요.

우주에 가서 농사를 지을 생각을 하지 말고 하나님께서 인류에게 주신 이 아름답고 기름진 지구에 놀리는 땅 없이 작물을 심으면 인류는 결코 굶주리지 않고 살아갈 수 있습니다. 세계 인구는 계속 증가하지 않고 오히려 줄어드는 것을 걱정하는 시대가 되었습니다. 따라서 제대로 농사만 지으면 지구에서도 충분한 곡물을 생산해서 인류는 굶주림 없이 살아갈 수 있습니다. "하나님이 이르시되 내가 온 지면의 씨 맺는 모든 채소와 씨 가진 열매 맺는 모든 나무를 너희에게 주노니 너희의 먹을거리가 되리라."(창 1:29) 인간들이 열심히 노력하면 하나님께서는 지구 위에 인류의 먹을거리를 넉넉히 예비해 두셨습니다. 이것을 믿습니까? 샬롬.

인공 강우

"너희는 너희 하나님 여호와로 말미암아 기뻐하며 즐거워할지어다 그가
너희를 위하여 비를 내리시되… 이른 비와 늦은 비가 예전과 같을 것이라."
(욜 2:23)

제가 살고 있는 로스앤젤레스는 사람 살기 좋은 곳인데 겨울철 한두
달 비가 내린 후 일 년 내내 비가 오지 않는다는 점이 단점입니다. 비가
오지 않아서 대지는 메마르고 건물들 지붕과 나뭇잎에는 먼지가 뽀얗
게 쌓여 조금만 건드려도 먼지가 휘날리는 환경 때문에 호흡기 질환자
들과 알레르기 환자들도 많습니다.

그런데 작년(2023)부터 우기에 비가 많이 내렸습니다. 따라서 작년
에 처음으로 캘리포니아 지역이 쓰고도 남을 정도로 충분한 비가 내렸
습니다. 그런데 금년에도 비가 너무 자주 그리고 많이 와서 벌써 내후
년까지 쓰기에 충분한 물이 확보되었다고 합니다.

저는 한국에 살 때부터 비 오는 날이 좋았는데 로스앤젤레스에 살
면서부터는 비가 그리워지고 비 오는 날이 그렇게 좋았습니다. 그런데
이제 비 오는 것이 슬슬 지겨워지기 시작했습니다. 비가 자주 안 내리
는 것도 문제지만 너무 많이 내리는 것도 문제입니다. 비가 너무 많이
내려 산사태가 나서 집이 무너지고 사람이 다치고 산에서 토사가 쏟아
져 내려와 도로에 바윗덩어리와 흙이 쌓여 도로가 차단되어 교통이 막
히고 그것을 치우는 데 많은 시간과 인력과 재정이 소모됩니다.

그런데 이렇게 많이 오는 비가 매년 계속 온다는 보장은 어느 곳
에도 없습니다. 또 언제 다시 겨울에 비가 내리지 않아 물 부족 사태로
인해서 모든 생물이 고통을 당할지 알 수 없습니다. 지구는 지금 몸살

을 잃고 있어서 비가 내리는 곳은 너무 많이 내려 고통을 당하고 한쪽에서는 비가 너무 오지 않아 어려움을 당하고 있습니다. 비가 오래 내리지 않은 곳에서는 비행기를 띄워 인공 비를 내리게 하기도 합니다.

최근 2024년 2월 1일 「방콕 포스트」에 따르면 태국 정부는 항공기 총 30대를 동원해서 3-4월 두 달 동안 77개 모든 주에 인공강우를 실시한다고 밝혔습니다. 인공강우는 농업과 산림화재를 예방하기 위한 것이라고 합니다. 농업조합부 장관은 인공강우는 건강에 해로운 초미세먼지 등 지속적인 대기오염문제 해결에도 도움이 될 것이라고 말했습니다. 태국은 6월부터 10월까지가 우기였음에도 엘니뇨 등의 영향으로 비가 많이 내리지 않아 가뭄이 이어지고 있습니다.

태국 정부는 물 전략을 위해 벼농사 지역에 이모작을 제한했고 휴양지에서도 물 절약을 강력하게 촉구하고 있습니다. 치앙마이 의과대학 교수는 주민들이 초미세먼지 때문에 1년 내내 고통을 받고 있다며 폐암, 심장병, 뇌졸중 등의 위험을 높여 수명을 4-5년 단축시킨다고 말했습니다.

인공강우는 일정한 지역에 비를 내리게 하지만 한계가 있고 주변 수증기를 한곳에 응집시키기 때문에 강수에 불균형이 초래되며, 빙정핵으로 쓰이는 드라이아이스와 요오드화은이 대량으로 필요하기 때문에 경제적 측면에서도 비효율적입니다. 또한 인위적으로 만들어내는 강우이기 때문에 환경을 파괴하고 생태계 교란을 초래할 수 있는 단점이 있습니다.

아무리 인간이 효율적인 인공 비를 내리게 한다 할지라도 분명 한계가 있습니다. 인공강우는 일정한 지역에만 내리게 할 뿐 나라 전체에 내리게 할 수는 없습니다. 또한 엄청난 비용이 들기 때문에 항구적으로 실시할 수도 없습니다.

하나님께서 내리시는 '이른 비와 늦은 비'가 있어야 세상의 모든 생물이 살아갈 수 있습니다. 물이 없으면 사람을 비롯한 모든 생물은 살 수 없습니다. 비가 내리지 않으면 식물과 동물이 모두 죽기 때문에 인간도 따라서 멸망할 수밖에 없습니다. 그러므로 하나님께서 이른 비와 늦은 비를 내려주시지 않으시면 인간은 멸망하게 되어 있습니다. 따라서 비나 눈이 제때 내리는 것은 하나님께서 세상에 있는 모든 생물을 살리기 위한 가장 큰 은총입니다.

아무리 인간이 인공 비를 내리게 한다 해도 한계가 분명합니다. 따라서 인류의 멸망과 세상의 종말도 하나님의 손에 달려 있습니다. 모든 인류는 하나님 앞에 겸손하게 무릎 꿇고 하나님의 은혜를 감사하고 찬양하며 하나님께 영광 돌리는 삶을 살아야 합니다. 이것이 인류가 살 수 있는 유일한 길입니다. 샬롬.

인공 우유

"하나님이 그들에게 이르시되… 생육하고 번성하여 땅에 충만하라, 땅을 정복하라… 모든 생물을 다스리라 하시니라." (창 1:28)

우유는 암소가 송아지를 낳은 후에 송아지를 먹여 살리기 위해서 내는 젖임을 모르는 사람은 없습니다. 그런데 송아지가 먹어야 하는 우유를 유아들과 성인들이 빼앗아 먹고 있지요. 2024년, 이스라엘에서는 우유를 젖소에게서 얻는 것이 아니라 실험실에서 생산해 내고 있다는 보도를 읽었습니다. 사람이 인공적으로 우유를 만든다는 것입니다. 이 배양 우유로 만든 크림치즈 역시 시중에서 팔고 있는 크림치즈와 맛과 식감이 조금도 손색이 없을 정도라 합니다.

사람들은 이 회사를 가리켜 "조용한 '유제품 혁명'을 일으키는 회사"라고 합니다. 우리나라 경상도 정도밖에 안 되는 땅에 서울 인구보다 약간 적은 약 950만을 가진 작은 나라지만 인구 비례로 볼 때 이스라엘은 스타트업 수가 세계 1위입니다.

이스라엘은 본디 낙농 국가로 젖소가 연간 약 150만 톤의 우유를 생산하고 유제품 자급률은 80%에 이릅니다. 그런데 젖소를 기르는 농가가 매년 줄어들면서 우유나 치즈의 공급이 충분치 못하게 되었습니다. 뿐만 아니라 2022년 2월 러시아가 우크라이나를 침공한 이후에는 가축 사료 값이 껑충 뛰어 농가에 큰 타격을 주고 있습니다.

이 배양 우유는 일반 젖소의 우유와 비교해서 단백질 양이 거의 같고 일반 우유에 있는 콜레스테롤이나 유당에 민감한 사람들에게 적당한 우유입니다. 젖소 우유를 얻기 위해서는 많은 젖소를 길러야 하는

데, 이 젖소들을 기르면 엄청난 온실가스가 배출되고 또한 토지 활용도 할 수 없어서 지구에 많은 악영향을 미칩니다.

전체 국토의 55%가 척박한 사막인 이스라엘은 사막 지역 특유의 토양 침식, 물 부족, 사막화 등의 문제가 심각하여 먹거리 문제는 생존에 관한 문제일 수밖에 없습니다. 또한 수천 년 동안 이스라엘의 젖줄 노릇을 해 온 갈릴리 호수가 기후 변화로 점점 메말라 가고 있어 젖소들이 먹어야 하는 풀과 물 공급이 여의치 않아 심각한 문제가 되고 있습니다. 그러므로 이제는 소에서 우유를 얻는 시대에서 실험실에서 우유를 만드는 시대로 전환될 수밖에 없습니다. 하나님께서 만들어 주신 많은 재료를 활용해서 먹거리를 만들어야 하는 시대가 되었습니다.

인공식품의 가장 큰 장점은 이산화탄소를 배출하지 않는다는 점입니다. 전 세계 약 14억 마리의 소가 먹어 치우는 곡물 재배에서 나오는 이산화탄소와 소들의 방귀와 트림에서 나오는 이산화탄소는 지구 온난화에 적지 않은 영향을 주고 있습니다. 인공 우유와 치즈 등 낙농식품을 만들어내면 이런 문제가 자연스럽게 해소됩니다. 콩이나 기타 곡물로 소고기를 만들어 먹기 시작한 것이 제법 오래되었는데, 맛과 씹는 질감이 본디 소고기와 전혀 다름이 없다고 하니 이제 젖소 없이도 유제품을 얻을 수 있는 세상이 되었습니다.

태초에 하나님께서는 아담과 이브에게 "생육하고 번성하여 땅에 충만하라, 땅을 정복하라… 모든 생물을 다스리라"(창 1:28)고 명령하셨습니다. 하나님의 명령에 순복하는 것이 인류와 지구가, 그리고 자연이 사는 길입니다. 지구와 자연이 없으면 인간도 없습니다. 우리 모두 자연을 사랑하고 지구를 살립시다. 샬롬.

유전자 변형 밀

"하나님이 이르시되 땅은 생물을 그 종류대로 내되 가축과 기는 것과 땅의 짐승을 종류대로 내라 하시니 그대로 되니라." (창 1:24)

2024년 5월, 세계 최초로 유전자 변형 밀의 보급 및 생산 확대를 위해 종자 판매를 개시했다는 보도가 있었습니다. 남미 아르헨티나의 한 기업이 세계에서 처음으로 유전자 변형 밀의 보급 및 생산 확대를 위해서 종자를 판매하기 시작했다고 합니다. 아르헨티나 업체 바이오세레스는 자회사를 통해 유전자 변형 밀 종자 판매를 개시한다고 밝혔습니다. 이 회사의 회장은 최근 미국 뉴욕에서 열린 한 콘퍼런스에서 "아르헨티나 농작물 회사와 계약해 (유전자 변형 밀) 종자를 배포하고 있다며 소수 농가에서 수년간 시험 재배를 거친 후에 이루어진 절차"라고 말했습니다.

품종명 HB4로 알려진 이 유전자 변형 밀은 적은 물에도 잘 자라는 해바라기 씨의 유전자를 활용했기 때문에 가뭄에도 잘 견디는 게 가장 큰 특징이라고 말했습니다. 이 회사 홈페이지에 HB4는 기존 밀보다 21% 더 많은 수확량을 보인다며 고질적인 물 부족으로 어려움을 겪는 지역에 훌륭한 대안이라고 홍보했습니다. 이러한 일에 대해 한쪽에서는 밀이 빵과 파스타 등 서구식 식단 구성에 필수 재료인 만큼 다른 곡물과 달리 더 엄격한 기준에 따라 경작이나 가공을 해야 된다고 주장하고 있습니다.

유전자 변형이란 본래의 유전자를 변형시켜 더 나은 종자를 만드는 것을 의미합니다. 이런 유전자 변형 식품은 맛이 좋고 대량 생산이

가능하다는 장점이 있지만 인체에 영향을 미칠 수 있고 생태계를 교란시키며 토종 품종 멸종 등 여러 가지 단점이 제기되고 있습니다.

자본주의 사회뿐만 아니라 공산주의 사회의 가장 첨예한 관심사는 돈을 많이 버는 것입니다. 어떻게 하면 돈을 많이 벌 수 있을까라는 데 초점이 맞춰져 있습니다. 유전자 변형(GMO) 작물을 만드는 것도 결국 재래종으로는 많은 돈을 벌 수 없기 때문에, 더 크고 더 많이 열리는 종자를 만들어 기르기 쉽고 편리하며 물이 적게 들고 일기에 크게 관계없이 잘 자라서 많은 열매를 맺으면 그것을 성공한 것으로 봅니다. 즉 돈만 많이 벌면 성공한 것입니다. 그런 식품을 먹은 사람들의 나중 생태가 어떻게 될 것이며 또한 그것을 먹은 부모들이 낳은 아이들이나 손자, 증손자들의 생태에 어떤 악영향을 미칠 것인가 하는 것은 그들 관심 밖의 일입니다.

돈만 많이 벌 수 있다면 농작물뿐만 아니라 동물의 유전자를 변형해서 새끼를 크게 그리고 많이 낳아 돈만 많이 벌어 주면 만사 OK입니다. 그것이 인류의 후손들에게 어떤 악영향을 미치며 또한 생물과 자연에 어떤 악영향을 미칠 것인가는 그들이 상관할 일이 아닙니다.

유전자 변형 식품을 먹은 부모에게서 난 자녀들이나 손자, 증손자들 중에 기형아가 나오고 암이나 고혈압, 당뇨 같은 고질적 병에 취약하다는 결과가 나오지 않는다는 보장은 그 누구도 할 수 없습니다. 따라서 가능한 한 GMO로 재배한 식품은 피하고 재래종 식품을 선택하는 것이 현명한 일이라 여겨집니다.

하나님께서 천지를 창조하실 때에 각종 식물과 동물을 만드셨습니다. 하나님께서 만들어 주신 본래 그대로의 식물과 동물과 생물은 그대로 유전되어야 합니다. 인간들이 함부로 조작해서 만들어 내면 결코 안 됩니다. 인간들이 말과 당나귀를 교미시켜 낳은 노새는 새끼를 낳지 못합니다. 왜일까요?

인간들이 하는 장난에는 하나님의 무서운 심판이 기다리고 있다는 사실을 명심해야 합니다. 무신론자들은 이런 말을 하면 비웃겠지만 그들이 비웃든지 말든지 하나님은 살아계시고 비웃는 자들의 모습을 눈여겨보고 계십니다. 과연 그들이 하나님의 징계를 피할 수 있을까요? 하나님께서는 지금도 모든 인간의 행동을 살펴보고 계십니다. 하나님을 두려워하지 않는 자들은 준엄한 심판을 받을 것입니다. 하나님을 두려워하는 삶을 살아야 합니다. 하나님의 창조 질서를 존중하면서 진리대로 살아야 합니다. 이것이 그리스도인들이 가는 길입니다. 샬롬.

넘어서는 안 되는 선

"하나님이 자기 형상 곧 하나님의 형상대로 사람을 창조하시되 남자와
여자를 창조하시고… 생육하고 번성하여 땅에 충만하라, 땅을 정복하라…
모든 생물을 다스리라 하시니라." (창 1:27-28)

미국의 유명한 무용수 이사도라 덩컨(Isadora Duncan, 1877-1927)과 아일랜
드의 극작가 겸 평론가인 조지 버나드 쇼(George Bernard Shaw, 1856-1950)와
의 대화는 두고두고 사람들을 즐겁게 하는 유머입니다. 한 번은 덩컨이
쇼에게 "당신의 머리와 내 신체를 가진 아이가 태어나면 굉장하지 않
을까요?"라고 말하자 쇼가 대답하기를 "거꾸로 내 육체와 당신의 머리
를 가진 아이가 태어난다면 얼마나 끔찍할지 생각해 보셨나요?"라고
대답했다는 것입니다.

소련의 스탈린은 인간과 침팬지를 교합해서 새로운 생명체가 태
어나면 인간의 머리와 침팬지의 힘과 체격을 가진 위대한 존재가 나올
것이라는 생각을 했습니다. 그러나 그는 사람의 몸과 침팬지의 머리를
가진 존재가 태어날 수 있다는 가능성을 미처 생각하지 못했을 것입
니다.

스탈린은 제1차 세계대전 이후 수다한 사람들이 생명을 잃은 데
다 많은 노동력이 필요해지자 이 문제를 해결하는 일을 동물학자 일리
아 이바노프 박사에게 맡겼습니다. 스탈린은 그에게 인간과 원숭이(침
팬지)와의 교배를 통해 새로운 인류를 만들어 내라는 지시를 했습니다.
스탈린의 지시를 받은 이바노프는 인간과 침팬지나 오랑우탄을 인공
수정하려고 노력했으나 결국 실패했는데, 이런 사실을 미국 「타임」지
가 보도하면서 이 비밀 프로젝트가 온 세상에 알려지게 되었습니다. 이

바노프는 결국 불법 실험 진행 혐의로 모든 죄를 뒤집어쓰고 카자흐스탄으로 추방되었다가 1932년에 사망했습니다.

세포 융합법을 이용한 식물로는 포마토(감자+토마토), 가지 감자(가지+감자) 등이 있고 동물은 노새(암말+수탕나귀), 비팔로(암소+수버팔로), 라이거(수사자+암호랑이) 등이 있습니다. 이런 동물들은 인공수정을 통해서 생산할 수 있지만 이들은 새끼를 낳을 수 없습니다. 생물학적 종의 개념으로는 불가능하기 때문입니다.

이바노프는 아프리카 기니에서 여자들에게 신체 검사를 해 준다는 핑계로 전신 마취를 시킨 후 수침팬지를 집어넣어 여자와 관계를 하게 하는 미친 짓도 시도했습니다. 그야말로 인간의 머리와 침팬지의 육체를 결합한 제3의 인간을 만들어내겠다는 욕망이었지요. 그러나 사람과 침팬지의 DNA는 98%가 동일하지만 염색체 수가 사람은 46개고 침팬지는 48개로 수정이 될 수 없다는 사실을 그는 몰랐습니다.

과학자들은 새로운 것을 만들어내기 위해 부단히 노력하고 연구해야 합니다. 그것이 과학자들의 소명입니다. 그러나 생명, 특히 인간의 생명을 갖고 장난을 치는 것은 하나님의 창조 질서를 파괴하는 무서운 범죄입니다. 하나님께서 아담과 이브, 두 사람 사이에서 자녀가 나오게 하신 원칙은 어떤 상황에서도 변할 수 없습니다. 도대체 사람과 원숭이 사이에서 생물이 나오면 그 생물은 사람입니까? 원숭이입니까? 장난도 정도껏 해야지 도가 지나치면 하나님의 무서운 징벌을 받습니다.

성령님의 9가지 열매 중 마지막 열매가 절제입니다. 절제 없는 과학의 발전은 인류 멸망의 길이 될 수도 있습니다. 세상의 모든 일은 하나님의 섭리 안에서 그리고 성경 말씀의 한계 내에서 이루어져야 한다는 사실을 모두에게 속히 알릴 필요가 있습니다. 모두 '하나님의 뜻이 하늘에서 이루어진 것같이 땅에서도 이루어지기' 위해 합심해서 기도합시다. 샬롬.

과학 발전의 명과 암

"우리가 먹을 것과 입을 것이 있은즉 족한 줄로 알 것이니라." (딤전 6:8)

제가 어렸을 때 어머니들이 살림살이를 했을 때와 지금 우리 자녀들이 사는 모습을 보면 과학의 발전이 얼마나 놀라운지를 알 수 있습니다. 그때는 전기는 겨우 들어왔지만 냉장고도 없었고 세탁기도 전기밥솥도 일회용 기저귀나 화장실 휴지도 없었습니다. 냉장고가 없어서 바구니에 음식을 담아 줄을 매달아 우물 속에 넣어 두었다 먹었고 세탁기가 없었기 때문에 어머니나 누이들이 추운 겨울에 빨랫감을 냇가에 가지고 가서 얼음을 깨고 시린 손을 불어가면서 빨래를 했습니다.

저는 "하나님께서는 물질을 만드셨고 인간은 플라스틱을 만들었다"는 말을 하곤 합니다. 자동차를 타거나 비행기를 타고 주변을 자세히 살펴보면 거의 모든 것이 플라스틱으로 되어 있는 것을 알 수 있습니다.

2015년 여름 코스타리카 해안에서 해양생물학을 전공하는 대학원생이 바다거북을 한 마리 발견했는데, 그 거북이 코에 플라스틱 빨대가 꽂혀 있는 것을 보았습니다. 빨대를 뽑아 주자 콧구멍에서 피가 쏟아지며 고통스러워하는 모습을 동영상으로 찍어 유튜브에 올리자 전 세계에서 약 6천만 명이 이 모습을 보고 큰 충격을 받았습니다. 이 모습에 충격을 받은 미국 시애틀시는 플라스틱 빨대 사용 금지령을 내렸습니다. 이에 따라 스타벅스와 아메리칸 항공을 비롯한 여러 항공사와 기업들도 이 일에 동참했습니다. 플라스틱 빨대 대신 종이 빨대가 등장했는데, 이 종이 빨대를 만들고 폐기하는 과정에서 플라스틱 빨대를 만들 때보다 이산화탄소 배출은 4.6배, 토양 산성화 정도는 두 배, 기타 유해 물질 배출은 44,000배 이상 더 나오는 것을 알게 되었습니다.

종이 빨대가 물에 젖는 것을 방지하기 위해서 코팅할 때 각종 화학 물질이 들어가기 때문입니다. 종이컵 대체재인 텀블러는 환경을 생각하는 사람들의 상징으로 여겨지지만 이것을 만들 때 들어가는 목화 재배, 가공 과정에서 많은 에너지가 필요하고 문양과 사진을 인쇄하는 데 유해성 화학물질이 엄청 많이 들어갑니다.

과학의 발전은 인류의 삶을 풍요롭게 그리고 편리하게 해 주지만 거기에 따른 해악도 있음을 간과해서는 안 됩니다. 플라스틱은 좋은 재료지만 몇백 년이 지나고 몇천 년이 지나도 썩지 않고 그대로 있다는 것이 문제입니다. 과학의 발전은 항상 그 대가를 요구합니다. 따라서 과학자들은 과학의 발전에서 오는 이로움만 강조하지 말고 해악도 일깨워 모든 물자를 쓰는데 해묵은 표어지만 '아나바다' 즉 '아껴 쓰고, 나눠 쓰고, 바꿔 쓰고, 다시 쓰는' 운동을 전개해야 합니다.

미국에서 18세기의 삶을 사는 아미쉬(Amish)들은 전기를 쓰지 않고 자동차 대신 말이 끄는 마차를 타며 풍차를 돌려 물을 퍼 올려 쓰면서 현대 과학 문명을 거부하는 데는 그들 나름대로 이유가 있습니다. 아미쉬들은 날마다 찬송하면서 기쁘게 농사를 지으며 행복하게 살아가고 있습니다. 과학의 발전이 그들에게는 상관없는 일입니다.

우리도 과학 문명에 지나치게 매몰되지 말고 좀 더 단순한 삶을 살기 위해 노력해 봅시다. 바울 사도는 "우리가 먹을 것과 입을 것이 있은즉 족한 줄로 알 것이니라"(딤전 6:8)고 말씀하였습니다. 먹을 것과 입을 옷이 있습니까? 그러면 만족하게 여기세요. 육적 삶에 매몰되지 말고 영적 만족을 추구해야 합니다. "예수 한 분만으로 만족하옵니다." 아멘. 샬롬.

제4의 재료 플라스틱

"그때에 인자의 징조가 하늘에서 보이겠고 그때에 땅의 모든 족속들이 통곡하며 그들이 인자가 구름을 타고 능력과 큰 영광으로 오는 것을 보리라." (마 24:30)

인간은 지구상에 살면서 처음부터 물건을 만들어 썼습니다. 구석기 시대에는 다듬어지지 않은 돌칼, 돌도끼 등을 사용했고 신석기 시대에 와서는 정제된 칼과 화살을 만들어 쓰기 시작했습니다. 나무를 찍어 정교한 물건을 만들었고 집을 지었으며 각종 가구를 만들어 썼습니다. 철기 시대에는 돌 속에 있는 광물을 녹여 철로 된 칼과 창, 방패 등 여러 가지 철 기구를 만들어 썼습니다. 따라서 인간이 쓴 재료는 기본으로 돌과 나무와 광석이었습니다. 하나님께서 마련해 주신 선물입니다.

19세기 산업 혁명기를 거치면서 인간은 제4의 재료인 플라스틱을 만들어냈습니다. 우리가 매일 타는 자동차, 가끔 타는 비행기에 앉아서 자세히 보면 거의 99%가 플라스틱인 것을 보게 됩니다. 요즘 세상에 플라스틱이 없는 곳은 없습니다.

플라스틱은 1856년 영국 버킹엄의 알렉산더 파크스(Alexander Parkes)가 처음으로 특허를 내면서 보편화되기 시작하였습니다. 플라스틱은 1862년 런던 국제 전시회에서 처음 공개되었습니다. 이때부터 시작한 인간의 플라스틱 사용은 기하급수적으로 늘어나 2019년 경제협력개발기구(OECD)의 발표에 따르면 전 세계에서 4억 6천만 톤의 플라스틱이 사용되고 있다고 합니다. 2000년과 비교해 보면 불과 25년 사이에 두 배 가까이 급증한 것입니다. 이렇게 엄청난 플라스틱을 생산해서 사용하면서도 재활용 가능한 건 불과 9%에 불과합니다.

　　지구 온난화로 인하여 지구가 몸살을 앓고 있으면서 2023년에도 폭염, 폭우, 폭풍우, 지진, 태풍, 산불로 인해 수많은 사람이 죽고 주택이 파괴되고 농경지가 훼손되었습니다. 문제는 지구 온난화의 가장 큰 원인 중 하나가 바로 플라스틱 제품 사용이라는 점입니다. 플라스틱은 생산과정부터 폐기되는 순간까지 계속 온실가스를 배출합니다. 나무 즉 목재는 때가 되면 썩고 돌도 오래되면 모래가 되며 철도 녹이 나서 부식이 되는데 플라스틱은 반영구적으로 부패하지 않고 그대로 존재합니다. 부패되기는 커녕 미세하게 분해되어 바다로 흘러 들어가 물고기가 먹고 그 물고기를 사람들이 먹고 있습니다.

　　우리의 고민이 여기 있습니다. 플라스틱 제품을 안 쓸 수는 없는데, 쓰면 쓸수록 이산화탄소는 증가하고 이것이 증가하면 할수록 지구 온난화는 빠르게 진행되고 있으니 어떻게 하면 좋을까요? 어차피 지구는 언젠가는 멸망하게 되어 있지만 그 멸망을 인간이 스스로 앞당길 이유는 없다고 여겨집니다. 그런데 문제는 플라스틱같이 편리한 물건을 안 쓸 수 없다는 데 인류의 고민이 있습니다.

　　하나님께서 인류의 종말을 인류가 스스로 만들어 가도록 내버려 두시는 것은 아닐까요? 지구의 온난화가 계속되면 지구는 필경 멸망하게 되어 있습니다. 그때가 바로 예수님께서 말씀하신 "그때에 인자의 징조가 하늘에서 보이겠고 그때에 땅의 모든 족속들이 통곡하며 그들이 인자가 구름을 타고 능력과 큰 영광으로 오는 것을 보리라"(마 24:30)고 하신 때가 아닐까요? 일회용 플라스틱 사용부터 금지하는 것이 지구의 생명을 연장하는 길일 수 있습니다. 특히 과학자들은 빠른 시일 내에 빨리 썩는 플라스틱 개발에 전심전력해야 합니다. 이것이 지구와 우리 모두가 사는 길입니다. 같이 기도합시다. 샬롬.

쓰레기는 없다

"하나님께서 지으신 모든 것이 선하매 감사함으로 받으면 버릴 것이
없나니" (딤전 4:4)

사람이 머문 곳에는 언제나 쓰레기가 있기 마련입니다. 그래서 사람이
모이는 곳에는 쓰레기통이 있고 청소하는 이들이 주기적으로 쓰레기
통을 비웁니다. 심지어 우주에도 인간들이 버린 인공위성을 비롯한 우
주 쓰레기들이 둥둥 떠돌아다니는데, 해마다 쓰레기가 많아져 공중에
서 쓰레기들끼리 충돌하여 지구로 쏟아지면 인간에게 어떤 재난이 일
어날지 모른다고 합니다.

세상에서 가장 높은 산이며 등산가들이 한 번쯤 꼭 오르고 싶어
하는 산이 에베레스트산임을 모르는 사람은 없습니다. 그런데 이 산이
요즘 등산가들이 버리고 간 쓰레기로 몸살을 앓고 있다고 합니다. 에베
레스트 등산을 하는 사람들의 길 안내도 하고 짐도 져다 주는 세르파
밍마 텐지는 아홉 차례 에베레스트산을 등반했는데, 이 산을 오르는 등
반가들이 마지막으로 캠프를 치는 '사우스콜' 부근에 버려진 텐트와 침
낭, 숟가락, 그릇, 위생 패드, 먹고 버린 깡통, 각종 비닐 등 무수한 쓰레
기 더미를 사진 찍어 SNS에 올렸습니다. 이 모습을 본 누리꾼들은 그
어마어마한 쓰레기 더미를 보고 벌린 입을 다물지 못했습니다. 어떤 텐
트 회사는 자기들의 회사 로고를 잘라내고 텐트를 버리고 갔습니다.

네팔 당국에서는 매년 쓰레기를 치우고 있지만 많은 등반가가 버
리고 가는 쓰레기를 감당할 수 없다 합니다. 네팔 당국은 2014년부터
등반팀에게 4,000달러를 예치하게 하고 일인당 8kg의 쓰레기를 갖고

오면 예치한 돈을 내주는데 돈을 찾아가는 등반가는 반도 되지 않는다고 합니다. 네팔 당국은 군인들을 동원해서 쓰레기를 치우고 있는데 2019년에 11톤, 2020년에 28톤, 2022년 5-6월 두 달 동안 치운 쓰레기가 33톤이었다고 하니 쓰레기의 양을 짐작할 수 있습니다.

저의 생각은 이렇습니다. 네팔 당국이 등반 허락서를 내주기 전에 적어도 3만 달러를 예치하게 하고 자기들이 쓰고 버린 쓰레기를 다 갖고 와야 돈을 내어주고, 만일 쓰레기를 갖고 오지 않으면 출국을 금지하고 반드시 쓰레기를 갖고 오게 하면 이 산 위의 쓰레기 문제는 어느 정도 해결되지 않을까요?

오래전에 서울에서 버스를 타고 가는 도중에 버스에 달린 라디오에서 나오는 뉴스 중 귀를 기울이게 하는 내용이 있었습니다. 그 내용은 어느 초등학교에서 학생들이 학교 쓰레기장에 가서 쓰레기를 분류해서 폐지는 모아 종이 재활용 공장으로 보내고 돌멩이는 공사장으로, 막대기나 나무토막은 땔나무로, 병이나 유리 조각은 폐병 공장으로, 깡통은 깡통 수집처로 등등 쓰레기장에 쌓여 있는 물건들을 모두 분류해서 해당 공장이나 처리소로 보내고 나니까 쓰레기가 하나도 남아 있지 않았다는 것입니다. 처음부터 쓰레기는 쓰레기가 아니었던 것입니다.

그렇습니다. 세상에 쓰레기는 없습니다. 음식물 찌꺼기도 모아 거름을 만들 수 있고 생선 뼈나 소갈비뼈도 갈아서 거름이나 다른 목적으로 쓸 수 있습니다. 쓰레기 처리장을 어느 곳에 만드느냐는 문제는 어느 나라나 심각한 고민거리입니다. 모든 동네 사람들이 '님비(NIMBY: 내 뒷마당에는 안 된다)'를 부르짖고 있으니, 그럼 우리 집에서 나오는 쓰레기는 어디다 갖다 버리며 태우라는 말인가요? 우리 동네는 안 된다고 하면 남의 동네에다 만들라는 말 아닙니까? 자기 동네에는 안 된다고 주장하는 사람들에게서 많은 쓰레기 처리 비용을 받아 쓰레기장 건설을 허락하는 동네 사람들에게 주면 되지 않을까요?

우리 동네는 안 되고 너희들 동네에 세우라면 누가 자기 동네에 세우라 할까요? 과학자들은 사람들이 버리는 쓰레기를 재활용할 수 있는 방도를 강구하여 가정에서 처리할 수 있는 것은 각 가정에서 처리하게 하고, 모아 한꺼번에 처리할 수 있는 것은 매립이나 소각을 하지 말고 위 초등학교와 같이 철저히 재활용하는 방도를 찾아 쓰레기 없는 세상을 만들어 가야 합니다. 이 세상에 쓰레기는 없습니다. 인류가 아직 처리 방법을 찾지 못했을 뿐이지요. 바울 선생은 "하나님께서 지으신 모든 것이 선하매 감사함으로 받으면 버릴 것이 없나니"(딤전 4:4)라고 말씀하셨고, 성 아우구스티누스도 "존재하는 것은 모두 선하다"고 말한 바 있습니다. 동의하십니까? 샬롬.

어떤 쓰레기

"너희는 너희가 하나님의 성전인 것과 하나님의 성령이 너희 안에 계시는 것을 알지 못하느냐." (고전 3:16)

쓰레기는 인간들이 쓰다 버린 것을 총칭합니다. 따라서 쓰레기는 종류가 많습니다. 심지어 '쓰레기 같은 인간'이라는 말도 있지요. 오늘은 인간이 버린 쓰레기 중 담배꽁초에 대해 생각해 봅니다. 제가 집 앞 도로를 청소할 때 가장 거슬리는 것이 담배꽁초입니다. 담배꽁초가 한두 개도 아니고 여기저기 많이 흩어져 있으면 신경질이 나지요. 다른 인간들이 버린 쓰레기를 수거해야 하는 수고를 해야 하니 역겨울 수밖에 없습니다.

한국에서 길에 버려지는 꽁초가 한 해에 약 320억 개에 이른다고 합니다. 연간 소비되는 담배 절반의 양입니다. 세계보건기구(WHO)가 집계한 바에 의하면 전 세계에서 한 해 생산되는 담배 6조 개 가운데 4조 5천억 개비의 꽁초가 함부로 버려진다고 보고합니다. 담배꽁초는 미관을 해칠 뿐만 아니라 완전히 꺼지지 않는 꽁초에서 불이 나 많은 가옥이 불타고 사람이 죽는 일도 종종 있으며 산에서 나는 불의 대부분은 등산객들이 던진 담배꽁초에서 비롯됩니다. 길가에 버려진 꽁초들이 물받이에 쌓여 물이 제대로 빠지지 않아 큰 비가 올 때 큰 피해를 입힙니다.

미국의 환경 단체가 30년간 해변 쓰레기를 수거해 보니까 그 가운데 1위가 바로 담배꽁초였습니다. 한국의 해안 쓰레기에도 담배꽁초가 21%로 가장 많다는 보고가 있습니다. 꽁초의 주성분은 플라스틱으로,

이것이 미세 플라스틱으로 바뀌어 바닷속으로 들어가면 생선들이 이것을 먹고 그 생선이 우리 밥상에 올라와 우리가 다시 그 미세 플라스틱을 먹습니다. 담배를 피우지 않는 사람도 담배 피우는 사람들이 버린 꽁초의 플라스틱을 먹고 있는 셈이지요.

담배꽁초를 줄이기 위해서 지자체들이 노력하는데, 서울시는 담배꽁초 투기 과태료를 5만 원에서 20만 원으로 올리는 안을 추진하고 있고 어떤 지자체는 꽁초를 모아 오면 1g당 20원씩 현금으로 주는 보상 제도를 실시하고 있다고 합니다.

그러나 아무리 정부나 지자체가 대책을 세운다 해도 담배를 피우는 사람들이 담배꽁초를 처리하지 않으면 이 문제는 결코 해결될 수 없습니다. 한국 흡연자들이 외면하는 '휴대용 재떨이'가 일본에서는 정착되어 담배를 피우는 사람들은 이것을 가지고 다니면서 꽁초를 넣은 후 집 쓰레기통에 버림으로 길거리에 담배꽁초가 하나도 없다고 합니다. 일본 사람들은 하는데 왜 한국 사람들은 안 할까요?

담배가 인체에 해롭고 폐암의 주범이라는 것을 모르는 사람은 없습니다. 그러나 담배를 못 끊는 것 역시 사탄의 덫에 걸려 있기 때문입니다. 한 끼 식사는 못해도 담배를 피우지 않고는 못 견딘다는 사람들은 사탄의 손아귀에 이미 들어간 사탄의 포로들입니다.

우리는 모든 것에서 자유로워야 합니다. 담배를 피우지 않는 그리스도인들에게는 담배 냄새조차도 역겹고 술 취해서 실수하거나 범죄하지 않고 항상 맑은 정신으로 깨끗하게 살아갑니다. 성령님의 전인 우리 몸에 해로운 담배나 술을 쏟아부어서는 안 됩니다. 신령한 말씀과 거룩한 찬양으로 우리 몸과 마음을 정결케 하고 살아가야 합니다. 샬롬.

모택동과 참새

"하나님께서 지으신 모든 것이 선하매 감사함으로 받으면 버릴 것이
없나니" (딤전 4:4)

1958년 가을, 중국의 마오쩌둥(모택동)이 어느 농촌에 가서 가을 벼가
누렇게 익어 황금물결이 일렁이는 모습을 보았습니다. 그런데 자세히
보니까 참새 떼가 몰려다니면서 벼(나락)를 까먹고 있었습니다. 마오쩌
둥은 인민들이 피땀 흘려 지어 놓은 농작물을 까먹는 참새들을 인민의
적으로 규정했습니다. 마오쩌둥이 생각하기를 중국 전역으로 수많은
참새 떼가 몰려다니면서 나락을 까먹으면 엄청난 양의 벼가 참새 먹이
로 사라질 것이라는 계산을 했습니다. 그래서 그는 중국 전역에 걸쳐
모든 참새를 잡아 죽이라는 명령을 내렸습니다.

이 명령에 따라 중국 전역에서 참새 죽이기 운동이 가열차게 전개
되었습니다. 참새 떼가 땅에 내려앉지 못하게 냄비, 깡통, 프라이팬, 양
철통 등 모든 쇠소리 나는 물건을 두드려 참새가 땅에 내려앉지 못하
게 하고 스트레스를 주어 참새가 하늘을 날다가 기진맥진해서 땅에 떨
어지면 쫓아가 죽였습니다. 어미 참새들은 이렇게 죽었고 또 총에 맞아
죽었으며 처마 밑을 비롯한 모든 참새 둥지를 찾아 새끼들은 죽이고
알은 깨버렸습니다. 그 결과 2년 만에 약 2억 마리의 참새가 죽임을 당
했습니다.

참새뿐만 아니라 인간에게 해가 되는 동물 네 종류, 참새, 들쥐, 모
기, 파리를 없애는 '제사해운동'(除四害運動)을 전국적으로 실시하도록 명
령했습니다. 참새를 많이 잡은 지방에는 참새 부피만큼의 상을 주어 참

새 죽이기를 장려했습니다.

약 2년 동안 진행된 참새 죽이기 운동 결과 중국에서 참새가 거의 사라졌습니다. 그러나 조류 학자들이 참새를 잡아 위장을 열어보았더니 위장 안에는 나락만 있는 것이 아니고 논에 있는 곤충과 해충도 많이 들어 있는 것을 발견하였습니다. 참새는 나락만 까먹은 것이 아니고 벼에 해로운 온갖 곤충을 잡아먹는다는 사실을 몰랐던 것입니다. 참새가 없어지자 메뚜기가 성행해서 벼 잎을 갉아 먹어 모가 시들어 버렸고, 벼멸구와 기타 곤충들이 벼 이삭을 갉아 먹어 벼가 자라지 못했습니다. 그 결과 논과 밭의 약 60% 이상 농작물 피해가 났으며 수확량이 현저하게 줄어들었습니다.

참새만 없애면 벼의 소출이 크게 증대될 것이라 여겼는데 오히려 흉년이 들어 곡물 생산량이 감소하여 수많은 인민이 굶어 죽는 결과를 초래했습니다. 하나님께서 설정해 두신 '먹이 사슬'을 인간들이 끊어 버리자 3년간 연속 흉년이 들어 농민들이 고통을 당했습니다.

중국 정부는 서둘러 소련으로부터 약 20만 마리의 참새를 수입해다 풀어 놓았지만, 한 번 파괴된 생태계는 그렇게 쉽게 그리고 짧은 시간 내에 복원되는 것이 아닙니다. 참새 죽이기로 인해 죽은 아사자(餓死者: 굶어 죽은 사람)의 숫자가 제2차 세계대전 때 죽은 인민의 숫자보다 많은 2,000만 명이 넘었습니다. 한 독재자의 잘못된 판단이 얼마나 많은 인민을 굶겨 죽였는지 역사는 똑바로 기록해 두어야 합니다.

성 아우구스티누스는 "존재하는 것은 모두 선하다"라고 말했습니다. 하나님께서 창조하신 것 중 쓸데없는 것은 아무것도 없습니다. 우리가 어디에 소용되는지 잘 몰라서 그렇지 분명히 어디엔가 쓸모가 있어서 하나님께서 창조하신 것입니다.

역사는 우리에게 교훈을 줍니다. 마오쩌둥의 참새 죽이기 운동이 얼마나 무모한 일이었나를 생각하면, 우리의 경솔한 생각과 판단이 큰 피해를 가져올 수 있다는 생각을 해야 합니다. 특히 권력을 가진 자들은 더욱 신중하게 판단하고 결정해야지, 즉흥적으로 그 분야 전문가들의 자문도 받지 않고 훈령을 내리는 것은 자연의 질서를 파괴하는 것일 뿐만 아니라 수많은 사람에게 지울 수 없는 고통을 안겨 줄 수 있다는 사실을 명심해야 합니다. "역사의 교훈"을 잊어서는 안 됩니다. 바울 선생은 "하나님께서 지으신 모든 것이 선하매 감사함으로 받으면 버릴 것이 없나니"(딤전 4:4)라고 말씀하셨습니다. 2천 년 전에 하신 말씀입니다. 샬롬.

천적

"하나님이 땅의 짐승을 그 종류대로, 가축을 그 종류대로, 땅에 기는 모든 것을 그 종류대로 만드시니 하나님이 보시기에 좋았더라." (창 1:25)

천적은 먹이 사슬에서 잡아먹히는 동물에 대하여 잡아먹는 동물을 이르는 말인데, 천적은 생태계의 평형을 유지하는 데 중요한 구실을 하며 병충해 예방에도 크게 이바지합니다. 쥐의 천적은 고양이라는 것은 다 알고 있습니다.

제가 살고 있는 로스앤젤레스 남부에 카탈리나(Catalina)라는 작은 섬이 하나 있습니다. 그런데 이 섬에 살고 있는 사슴들이 수난을 당하게 되었다는 소식입니다. 2024년 6월, 이 섬 거주민들 사이에 사슴 문제로 논쟁이 계속되고 있는데, 그 이유는 사슴 숫자가 너무 많기 때문입니다. 이 섬에 사는 사슴의 천적은 퓨마, 늑대, 곰 등인데 이 섬에 이런 천적이 없어서 사슴들은 마음 놓고 새끼를 낳아 그 수가 걷잡을 수 없이 늘어나, 많은 사슴이 이 섬의 고유 희귀식물들을 마구 뜯어 먹어 생태계에 교란이 일어나고 있습니다.

이 섬의 90% 정도를 소유한 비영리단체 카탈리나 섬 보존위원회는 섬을 보존하기 위해 사슴을 없애는 것만이 유일한 방법이라고 주장하고 있습니다. 많은 사슴 때문에 이 섬에 본디 자라고 있는 고유의 식물들은 사라지고 외래종들이 퍼지면서 산불 위험이 높아지고 있다는 것입니다. 위원회는 섬의 생태계를 보존하고 후손들에게 섬을 안전하게 물려주기 위해서는 사슴을 모두 없애는 수밖에 없다고 주장합니다. 현재 이 섬에 거주하는 4,000여 명의 주민 중 상당수는 사슴을 죽여야 한다는데 동의하지 않습니다. 더욱이 사슴을 없애는 데 헬리콥터에서 저격수들이 사살한다고 하므로 이를 단호히 반대합니다.

사슴을 살리기 운동 단체들은 섬 주민들뿐만 아니라 동물보호단체 회원 수만 명의 서명을 받아 로스앤젤레스 카운티 슈퍼바이저 위원회에 제출했습니다. 슈퍼바이저 위원회는 2024년 4월, 만장일치로 사슴 공중 사살 방법을 반대하는 결정을 내렸습니다. 이에 섬 보존위원회는 헬리콥터 사살 방법을 취소하고 다른 방법을 모색하겠다고 말했지만, 가파른 협곡 구석구석에서 서식하고 있는 사슴들을 모두 포획해서 섬 밖으로 내보내는 것은 거의 불가능하고, 담장을 쳐서 가둘 수도 없으니 공중 사살만이 유일한 방법이라고 주장하고 있습니다.

이 섬에 사슴을 처음 방목한 것은 약 100년 전으로, 18마리를 섬에 풀어 놓았습니다. 그때 들소, 돼지, 염소도 같이 들여왔는데 차차 숫자가 늘어나자 돼지와 염소는 모두 없앴고, 들소는 불임 수술을 시켜 숫자를 줄였습니다. 그러나 사슴은 그대로 방치한 결과 그 숫자가 너무 많아져서 개체 수를 줄이는 방법을 모색하는 것이 어려운 숙제로 남아 있습니다.

카탈리나 섬 사슴 문제를 보면서 인간들이 야생 동물들을 함부로 이동시키는 것은 결국 인간들에게 엄청난 피해를 줄 수 있다는 교훈을 줍니다. 하나님께서 창조하신 세계에는 초식동물들만 있는 것이 아니라 육식동물들도 있어 균형을 맞추면서 유지되는데, 천적이 없는 섬에 사슴을 생각 없이 들여와서 오늘의 문제가 야기된 것입니다.

만약 사슴을 잡아먹는 천적 동물이 있었다면 오늘과 같이 사슴이 걷잡을 수 없이 번식하지는 않았을 것이고 적당한 수가 유지되어 사슴들을 없애야 하는 문제로 골치를 썩이지 않아도 되었을 것입니다. 만약 이 작은 섬에 천적 동물이 서식할 수 없는 상황이라면 애초에 사슴을 들여 놓아서는 안 되는 것이고, 또 사슴이 수천 마리로 증가하기 전에 불임 수술을 한다든지 또는 다른 방법으로 숫자를 조절해야 했습니다.

하나님께서 창조하신 세계를 인위적으로 변경하면 반드시 인간을 괴롭히는 문제가 따라오게 되어 있습니다. 하나님께서 창조하신 자연을 그대로 보존하면 인간들의 삶이 풍요로워지지만 거역하면 재앙을 만나게 됩니다. 골치 아픈 이 섬의 사슴들을 깨끗이 없앨 수 있는 한 가지 묘안이 있기는 하네요. 카탈리나 섬에 많은 한국 사람들을 들여보내 마음대로 잡아가라고 하면 어떨까요? 샬롬.

동물의 용도

"그는 여호와 앞에서 그 수송아지를 잡을 것이요 아론의 자손 제사장들은
그 피를 가져다가 회막 문 앞 제단 사방에 뿌릴 것이며 그는 또 그 번제물의
가죽을 벗기고 각을 뜰 것이요." (레 1:5-6)

하나님께서 천지를 창조하실 때 인간과 동물과 식물을 창조하셨습니
다. 하나님께서는 처음에 아담과 이브에게 식물만 양식으로 주셨는데
노아 홍수 후에는 동물도 먹잇감으로 주셨습니다. 그때 이후 인간들은
온갖 동물을 잡아 음식으로 삼고 있습니다. 물론 유대인이나 무슬림들
은 돼지고기를 먹지 않고 인도의 힌두교도들은 소고기를 먹지 않습니
다. 세계 대부분의 나라에서는 개고기를 먹지 않지만, 중국인들과 한국
사람들은 개고기까지 먹고 있어 세계 사람들의 비난을 받고 있습니다.

구약시대 때는 이스라엘 백성들이 죄를 지었을 때 양을 잡아서 그
피를 제단에 뿌리고 고기를 태워 여호와 하나님께 향기로 올려 드렸습
니다. 인간이 지은 죄를 씻기 위해 죄 없는 양을 잡아 그 피를 뿌림으로
인간의 죄를 대속했습니다. 우리의 죄를 대신 지시고 십자가에 모든 피
를 흘리고 돌아가신 예수님을 '어린 양'이라 부릅니다. 동물들은 인간
들의 먹잇감일 뿐만 아니라 새로운 약을 만들기 위한 실험용으로도 희
생되고 있습니다.

동물은 크게 식용, 애완용, 실험용으로 나눌 수 있습니다. 우리가
잘 아는 기니피그가 실험용으로 많이 사용한다는 얘기를 듣고 있습니
다. 기니피그뿐만 아니라 토끼, 돼지, 유인원인 원숭이, 고릴라, 침팬지
등도 실험용으로 사용하고 있습니다. 최근 실험용 동물 가운데 게가 있
다는 것을 알게 되었습니다. 게들 가운데 투구게가 있는데, 이 게는 얕

은 연안의 부드러운 모래나 점토질 환경에 살고 있습니다. 이 게는 식용, 낚시 미끼, 비료 등으로 사용되기도 하지만 대서양 투구게는 실험용으로도 쓰입니다. 투구게의 피는 파란색으로 해로운 물질이 들어오면 피가 응고되어 확산을 막습니다. 이를 이용하여 의학계에서는 연구실의 무균 장비나 수술 도구에 혹시 있을 균의 존재를 확인합니다.

미국에서는 매년 투구게 약 40만 마리를 포획해서 피를 채취하여 사용합니다. 최근 코로나 확산으로 백신 수요가 늘자, 이 숫자는 2021년에만 72만 마리까지 늘어났습니다. 투구게를 포획한 후 심장 가까운 딱지에 구멍을 뚫고 전체 피의 30%를 채취한 뒤 다시 바다로 돌려보내지만 절반 정도는 죽습니다. 또 수놈보다는 암놈이 실험용으로 더 유용해서 암놈이 많이 희생됨으로 투구게의 숫자는 점점 줄어들고 있습니다.

인간의 병을 치료하는 약을 개발하기 위해 이렇게 다양한 종류의 동물을 실험용으로 한없이 사용하는 것이 과연 옳은 일인가 하는 문제가 제기됩니다. 동물애호가협회는 동물을 마구잡이로 포획해서 실험용으로 쓰는 것을 반대합니다. 그러나 동물들이 실험용으로 희생되므로 새로운 약이 개발되어 죽어 가는 사람의 생명을 살릴 수만 있다면 아무리 많은 동물을 희생해서라도 새로운 약을 개발해서 사람을 죽을 병에서 구출하는 것이 옳은 일이라 여겨집니다.

그것은 한 사람의 생명이 천하보다 귀하다는 기독교의 원리에 따른 것입니다. 우리 인간이 오래 살 수 있는 것은 좋은 약들 덕분입니다. 그런데 그 약이 우리 입에 들어올 때까지 무수한 동물들의 생명이 희생되었다는 사실을 인식할 필요가 있습니다. 동물들의 희생 위에 우리가 건강하게 살아가는 것입니다. 인간의 생명은 천하보다 귀합니다. 그리스도를 모르고 사는 사람들의 생명도 천하보다 귀합니다. 그 귀한 생명을 갖고 멸망의 길로 가고 있는 사람들을 위해 열심히 기도하며 전도해야 합니다. 이것이 우리 그리스도인들에게 주어진 소명입니다. 샬롬.

인간과 개

"나는 선한 싸움을 싸우고 나의 달려갈 길을 마치고 믿음을 지켰으니 이제 후로는 나를 위하여 의의 면류관이 예비되었으므로 주 곧 의로우신 재판장이 그날에 내게 주실 것이며" (딤후 4:7-8)

옛날 초등학교 교과서에 나오는 이야기 가운데 '오수의 개'가 있었습니다. 전라북도 임실군에 김개인이라는 사람이 살고 있었습니다. 그는 충직하고 총명한 개 한 마리를 길렀습니다. 어느 날 아랫마을 부잣집의 잔칫집에 초대되어서 맛있는 음식을 많이 먹고 술도 잔뜩 마시고 돌아오는 길에 쓰러져 잠이 들었습니다. 그때 마침 들불이 나서 김개인이 누워 잠자고 있는 곳으로 불길이 다가왔습니다.

밤늦게까지 주인이 돌아오지 않자 주인을 기다리던 김개인의 개가 주인을 찾아 나섰다가 들불이 난 곳 근처에 주인이 누워 있는 것을 발견하고 크게 짖으며 옷을 물고 흔들어 깨우려 했지만 소용이 없었습니다. 그러자 개는 근처에 있는 개울가로 뛰어가서 온몸에 물을 적셔서 주인이 자는 곳 주변을 뒹굴며 풀에 물을 묻혔습니다. 다시 가서 몸에 물을 묻혀 와서 주인 근처 풀에 물을 묻혀 불길이 주인에게 다가오지 못하도록 했습니다. 너무 지친 개는 그 자리에 쓰러져 죽고 말았습니다.

아침이 되어 잠에서 깨어난 김개인은 온몸이 물에 젖고 재로 뒤덮여 죽은 자기 개를 발견하고 전후 사정을 깨달았습니다. 김개인은 죽을 때까지 주인에게 충성을 다한 개를 슬퍼하며 정성껏 묻어 주고 평소에 짚고 다니던 지팡이를 무덤 앞에 꽂았는데, 그 지팡이가 살아서 나무가 되어 자랐습니다. 사람들은 이 기이한 나무를 오수(獒樹: 개 나무)라고 이름 지었는데 그곳이 바로 오수라는 곳입니다. 이 이야기는 전해 내려오는 이야기지만 개의 충성심을 보여주는 내용입니다.

옛날 한국에는 개나 고양이를 집 안에서 기르는 법은 없었습니다. 그러나 근래에 서양 문화의 영향을 받아 애완동물 내지 반려동물이란 이름으로 개도 고양이도 집 안에서 기르면서 같이 먹고 자면서 가족과 같이 생활하는 모습을 종종 봅니다. 옛날부터 "머리 검은 짐승은 거두는 것이 아니다"라는 말이 있습니다. 어려운 사람을 거두어 주고 사랑을 베풀 필요가 없다는 말입니다. 왜냐하면 모든 사람이 그런 것은 아니지만 많은 경우에 은혜를 입은 자들이 은혜를 베푼 자를 배반하고 반역하며 심지어 해코지까지 하는 경우가 종종 있기 때문입니다.

개는 주인을 배반하지 않지만, 인간은 은혜받은 사람을 배반하기도 합니다. 우리를 위하여 십자가에서 보혈을 흘려주신 주님을 배반하는 배교자들도 많습니다. 교회 역사에 나오는 무수한 순교자들은 죽음 앞에서도 신앙의 절개를 지켰지만 죽음이 두려워 신앙을 버린 배교자들도 허다합니다. 개는 배반하지 않지만 인간은 배반합니다. 따라서 배반자를 '개만도 못한 인간'이라고 말합니다.

우리는 어떤 어려움과 핍박이 닥쳐와도 결코 주님을 배반해서는 안 됩니다. 주님을 배반하면 세상에서 잠시 동안 더 살지 모르지만 영원한 파멸이 기다리고 있다는 사실을 명심해야 됩니다. 신앙의 절개를 지키는 일, 이것이 신자들이 걸어야 할 십자가의 길입니다. "나는 선한 싸움을 싸우고 나의 달려갈 길을 마치고 믿음을 지켰으니."(딤후 4:7-8) 우리 모두 끝까지 믿음을 지켜 신앙의 승리자가 됩시다. 샬롬.

유산을 상속받은 개

"대답하여 이르시되 자녀의 떡을 취하여 개들에게 던짐이 마땅하지
아니하니라." (마 15:26)

우리는 가끔 신문 보도나 TV 뉴스를 통해 수십억 혹은 수백억 재산을
가진 사람이 세상을 떠나면서 자기가 평소에 사랑했던 개나 고양이에
게 유산을 남긴다는 유언을 했다는 뉴스를 접합니다. 개는 사람이 아니
기 때문에 유산을 상속할 수 없습니다. 이런 사실을 알면서도 왜 그들
은 재산을 자선 단체나 자기의 모교 또는 자기가 출석했던 교회에 기
증하지 않고 개에게 유산을 남겼을까요?

그것은 자기가 세상을 떠난 후에 자기가 끔찍하게 사랑했고 자기
를 그렇게 좋아했던 개가 푸대접을 받으며 학대를 받고 살아갈지 모르
기 때문에 개의 생(生)의 마지막까지 안전하게 지켜 주기를 바라는 마
음에서 그 많은 유산을 주고 떠났을 것으로 여겨집니다. 자기가 죽은
후 그렇게 좋아하고 사랑했던 개의 안전이 걱정된다면 그 개가 죽을
때까지 안전하게 보살펴 줄 사람을 물색해서 그에게 그에 따른 비용을
주고, 나머지 재산은 동물연구소, 동물보호단체나 동물원에 기증해서
유용하게 쓰도록 하는 것이 자기가 사랑했던 개나 고양이를 위하는 길
이 아닐까요?

근래 유모차 대신 개모차가 잘 팔린다는 보도를 보았습니다. 저의
집 앞에 권사 한 분이 매일 애완견을 데리고 산책했는데, 한 번은 그 권
사가 개를 유모차에 싣고 가는 것을 보았습니다. 그래서 제가 권사에게
왜 개를 유모차에 태우고 다니느냐고 물었더니 개가 늙어서 더 이상

제대로 걷지 못해 유모차에 태우고 다닌다는 말을 해서 웃은 일이 있었습니다.

애완동물을 기르는 것 자체를 비난할 필요는 없습니다. 특별히 홀로 사는 할머니들에게는 24시간 곁에서 말동무를 해 주고 밖에 나갔다 오면 문간에서 기다렸다가 꼬리 치며 반가워하고 뛰어오르는 애완견의 모습을 볼 때 얼마나 많은 위로를 받겠습니까? 그러므로 그들에게 애완견은 없어서는 안 될 소중한 친구며 자식과 같은 존재지만 개를 사람으로 여기고 취급하는 것은 깊이 생각해 볼 필요가 있습니다.

성경은 수천 년 전에 기록된 책이어서 개들에 대한 개념이 지금과는 사뭇 다르지만 성경에는 개를 부정적으로 표현한 데가 많습니다. 구약 잠언에 "개가 그 토한 것을 도로 먹는 것 같이"(잠 26:11)로 기술하여 추잡한 동물로 묘사했고, 예수님께서는 "거룩한 것을 개에게 주지 말며,"(마 7:6) "자녀의 떡을 취하여 개들에게 던짐이 마땅하지 아니하니라"(마 15:26)고 말씀하셨습니다. 사도 바울도 "개들을 삼가고"(빌 3:2)라는 말씀을 하셨고, 사도 요한은 "개들과 점술가들과 음행하는 자들(은)…성 밖에 있으리라"(계 22:15)며 멸망받을 자들을 개에 비교했습니다.

모름지기 우리 모두는 사람 사랑이 우선이어야지 동물 사랑이 우선일 수는 없습니다. 개에게 유산을 남기는 어리석은 일은 그만두고 이제 굶주리고 헐벗은 사람들, 병든 고아, 과부, 노숙자, 장애인들, 독거노인들에게 눈을 돌려야 합니다. 모든 일에는 절제가 따라야 하는 법입니다. 애완동물 사랑도 절제가 필요합니다. 우리의 눈은 주님께서 바라보시는 곳에 함께 가 있어야 합니다. 샬롬.

보은

"예수께서 대답하여 이르시되 열 사람이 다 깨끗함을 받지 아니하였느냐
그 아홉은 어디 있느냐?" (눅 17:17)

나병 치료를 받은 10명의 환자 중 예수님께 와서 감은(感恩)한 사람은
사마리아 사람 하나였습니다. 아홉이 다 자기 길로 가버린 것을 보면
보은과 감은이 쉽지 않은 일임을 보여준 성경 말씀입니다.(눅 17장)

　2023년 9월 22일 아침에 배달된 신문에 보은의 길을 걷는 노부부
의 이야기가 보도되었습니다. 미국 버몬트주에 사는 구성열(80) 씨와
부인 김창화(77) 씨 부부는 한국전 참전용사들의 고향을 찾아가서 그
지역 출신 전사자의 이름으로 초등학교 도서관에 책과 기부금을 전달
하는 사역을 진행하고 있습니다. 이들 부부가 그 지역 전사자를 기리고
한국전의 역사를 학생들에게 알리기 위해서 시작된 이 사업은 벌써 3
년째 계속되고 있습니다. 2020년 10월 리즈버러 센트럴 스쿨(Readsboro
Central School)을 시작으로 2023년 9월 19일 사우스캐롤라이나주 식스
마일 초등학교(Six Mile Elementary School)까지 총 33개 주 33개 학교에 기
부금을 전달했습니다.

　구성열 씨는 인터뷰에서 "전사자 명단을 일일이 살피며 마음에 와
닿거나 특별한 이야기가 있으면 주마다 한 명씩 선정해서 그들의 고향
지역 초등학교를 방문하고 있다. 켄터키주까지 가면 36개의 학교에 기
부금을 전달하는데 내년까지 50개 주를 모두 마치는 게 목표"라고 말
했습니다. 식스 마일 초등학교가 있는 식스 마일 지역은 찰스 헤이워드
바커(당시 18세) 일등병의 고향입니다. 바커 일등병은 미군 제7보병사단

소속으로 경기도 연천군 천덕산 지역에서 중공군과 치열한 고지전이 벌어졌던 포크 찹 힐(Pork Chop Hill) 전투에서 마지막까지 싸우다 전사했습니다.

바커 일등병은 한국전에 참전하려고 부모 몰래 서명을 하고 15살 때 입대를 했습니다. 구성열 씨는 "이런 어린아이가 한국이라는 나라를 위해 싸우다 목숨을 잃었는데 어떻게든 감사를 표현하고 싶었다"고 말했습니다. 두 부부는 늘 세 가지 선물을 들고 초등학교를 방문하는데, 전사자 이름이 새겨진 명패, 한국전 역사가 담긴 책, 그리고 기부금 5,333달러(약 700만 원)입니다. 이번에 켄터키주 일정까지 마치면 모두 36개 초등학교 도서관에 총 18만 1,188달러(약 2억 3,500만 원)를 전사자들의 이름으로 기부를 하게 됩니다.

이 부부는 지난 2019년에 '6.25 재단'을 설립하고 매년 6월 25일에 이 일을 위해 '자유의 걸음'(Liberty Walk) 모금 캠페인을 벌이는데, 1마일(1.6km)을 걸을 때마다 일정액을 기부하는 행사입니다. 이 자유의 행진이 처음 시작될 때가 6.25 전쟁 발발 70주년이었는데 그때 모금한 돈이 5,333달러였습니다. 이에 따라 각 초등학교에 전달되는 돈이 5,333달러입니다.

6.25 전쟁에 목숨을 잃은 미군이 모두 약 37,000명이며 7,000명은 여전히 실종 상태에 놓여 있습니다. 한국이나 미국 등 해외에 나가 살고 있는 한국 사람들은 누구의 덕에 오늘의 자유를 누리며 살고 있는지 되돌아볼 필요가 있습니다. 은퇴하고 조용한 삶을 즐길 때가 된 80대 부부가 직접 운전대를 잡고 이 넓은 미국 대륙을 횡단하면서 아무도 돌보지 않은 6.25 전사자들을 찾아 보은하는 일은 특별한 은총이 아닐 수 없습니다.

우리는 우리에게 생명을 바쳐 자유를 지켜준 이들에게, 또 군대를 파병해 준 나라들에 무엇으로 보은해야 할까요? 물질로 보은하는 것보다 그들의 영혼을 구원하는 일을 해야 하지 않을까요? 물질로 보은하는 것도 참으로 귀한 일이지만 그보다 더 귀한 일은 저들에게 복음을 전하는 일입니다. 이것이 그리스도 안에서 행해지는 진정한 보은의 길입니다. 샬롬.

예술품 도둑

"도둑질하는 자는 다시 도둑질하지 말고 돌이켜 가난한 자에게 구제할 수 있도록 자기 손으로 수고하여 선한 일을 하라." (엡 4:28)

세상에는 도둑의 종류가 많습니다. 남의 집에 가서 신발이나 빨래를 도둑질하는 좀도둑에서부터 아예 은행을 통째로 털어가는 통 큰 대도(大盜)들도 있습니다. 그런데 돈이 아니고 문화재를 도둑질하는 문화재 도둑이 있습니다. 유럽 여행에서 빼놓을 수 없는 나라가 프랑스입니다. 프랑스에 가면 파리에 가서 먼저 루브르 박물관을 찾습니다. 루브르 박물관에는 세계적 명품들이 수도 없이 많이 보관되어 있습니다. 그 가운데서도 가장 소중한 것이 바로 레오나르도 다빈치의 '모나리자'입니다. 제가 루브르에 갔을 때 모나리자를 찾아갔더니 큰 방에 모나리자 하나만 전시되어 있었고 철통 방어가 되어 있었습니다.

1911년, 모나리자를 도난당한 사건이 일어났습니다. 범인을 잡고 보니 그는 이탈리아 출신의 빈센초 페루자였습니다. 그는 바로 모나리자에 안전유리를 씌우는 작업을 했던 노동자였습니다. 그는 모나리자를 자기 집에 2년간 보관하고 있다가 이탈리아 우피치 미술관에 팔려고 흥정을 했습니다. 우피치 미술관에서 이 모나리자가 진품인 것을 알고 경찰에 신고해서 범인은 체포되었습니다. 모나리자는 우피치 미술관에서 2주간 전시된 후 1914년 1월 안전하게 루브르로 돌아왔습니다. 이렇게 개인적으로 예술품을 도둑질하는 도둑들도 적지 않지만 사실은 전쟁을 하는 동안 점령지에서 그 나라 문화재를 통째로 탈취하는 일은 역사가 오래되었습니다.

옛날 그리스나 바빌로니아, 이집트 등 문명이 꽃피었던 나라에서 정복자들이 예술품들을 탈취했던 역사는 잘 알려져 있습니다. 최근, 제2차 세계대전 때 독일의 히틀러가 1941년 4월부터 1944년 7월까지 프랑스에 있는 예술품들을 약탈하여 바이에른주에 있는 노이슈반슈타인 성에 그 문화재들을 숨겨 놓았습니다.

후에는 예술품들이 너무 많아 쌓아 놓을 곳이 없어 성 밖 창고에까지 아무렇게나 방치하는 일이 일어났습니다. 전쟁이 나치 독일에게 불리하게 전개되자 프랑스에서 가져온 예술품들은 이리저리 끌려다니다가 많은 예술품이 훼손되었고 분실되었습니다. 물론 전쟁이 끝난 후 대부분의 예술품이 다시 프랑스로 돌아왔지만 분실되고 훼손된 문화재가 적지 않았습니다. 히틀러라는 한 인간의 탐심이 인류가 항구적으로 보존하며 감상해야 하는 예술품들이 분실, 훼손된 것은 참으로 안타까운 일이 아닐 수 없습니다.

성경은 가룟 유다를 '도둑'이라고 적시했습니다.(요 12:6) 유다는 돈을 도둑질했지만 예술품들을 도둑질하는 것은 인류에 대한 배반입니다. 소중한 문화유산은 언제까지나 보존되어 인류가 대를 이어 감상하고 공부해야 하는 유물입니다.

세상에서 가장 소중한 유산은 무엇일까요? 루브르에 가서 모나리자 진품을 본 사람들은 세계 인구 중 불과 몇 퍼센트도 되지 않을 것입니다. 모나리자 진품을 안 보아도 삶에 아무 상관이 없습니다. 그러나 정말 소중한 유산은 우리의 믿음입니다. 모나리자는 못 봤어도 믿음의 유산만 갖고 있으면 우리는 영원한 천국을 소유할 수 있습니다. 우리 자손들에게 물려줄 소중한 유산은 주 예수 그리스도를 믿는 믿음입니다. 믿음보다 더 소중한 유산은 없습니다. 샬롬.

바나나 이야기

"근신하라 깨어라 너희 대적 마귀가 우는 사자 같이 두루 다니며 삼킬 자를 찾나니 너희는 믿음을 굳건하게 하여 그를 대적하라." (벧전 5:8-9)

오늘은 바나나 이야기를 하겠습니다. 제가 바나나라는 과일을 알게 된 것이 언제인지, 먹어 본 지가 언제인지 기억이 나지 않습니다. 바나나가 한국에서 대량으로 팔리기 시작한 것은 그리 오래되지 않았습니다. 초창기에는 바나나 값이 비싸서 제 가정과 같은 서민 가정에서는 사서 먹어 볼 엄두도 내지 못했습니다. 그러다 수입량이 늘어나면서 보통 사람들도 맛볼 수 있게 되었지요.

70년대 초에 제가 미국에 왔을 때 들은 우스운 얘기가 있습니다. 한국에서 바나나를 보기만 하고 맛도 제대로 보지 못했던 한 이민 가족이 미국에 와서 식품점에 바나나가 산더미처럼 쌓여 있는 것을 보고, 바나나 한 뭉치를 들고 와서 비싸리라고 여기고 100달러 지폐를 계산원에게 주었습니다. 계산원이 100달러를 받고 위조지폐가 아닌지 공중에 비쳐보고 거스름돈을 주는데 99달러를 주었습니다. 그러더니 다시 다임(10센트)을 주고 이번에는 니켈(5센트)을 주었습니다. 그러니까 모두 99달러 15센트를 거스름돈으로 준 것입니다. 그날 그 식품점에서 바나나 세일을 해서 바나나 한 뭉치에 85센트였습니다. 그 가족은 바나나 두 뭉치를 더 사서 온 가족이 배가 터지게 먹었다네요.

2024년 11월 「뉴욕 타임스」에 따르면, 지난 20일 뉴욕 소더비 경매장에서 한 중국 가상화폐 기업가가 바나나 하나가 벽에 테이프로 붙어 있는 이탈리아 작가 마우리치오 카텔란의 작품 '코미디언'을 620만 달러(약 87억 원)에 낙찰받았다고 합니다. 당초에는 낙찰가가 100만에서 150만 달러로 추정되었지만, 약 5분간 진행된 경매에서 예상가의 6배가 넘는 가격에 낙찰된 것입니다. 온라인과 전화 입찰자 간에 경쟁이 붙었는데 홍콩에서 입찰에 참여했던 이 기업가에게 낙찰된 것입니다.

「뉴욕 타임스」는 이날 경매에 나온 바나나는 맨해튼 어떤 상점의 가판대에서 35센트(500원)에 판매된 것이라고 보도했습니다. 저는 미술에 문외한이어서 테이프로 벽에 붙여 놓은 바나나가 620만 달러라는 데 놀라지 않을 수 없습니다.

요즘 세상 돌아가는 것을 보면 제정신이 아닌 사람들이 많은 것 같지 않습니까? 예수 그리스도를 구주로 영접하지 않는 사람들은 항상 마귀가 그들 속에 들어가 있기 때문에 이성적 판단을 하지 못하는 때가 많습니다. 돈 앞에서는 이성을 잃고 정상적인 사람이 할 수 없는 행동과 말을 하는 경우가 많지요. 보통 사람 보고 바나나 하나를 테이프로 벽에 붙여 놓고 60달러에 사라고 하면 사겠습니까? 그런데 620만 달러를 주고 산 사람이 있고 또 사려는 사람들이 많다고 하니 이 현실을 어떻게 이해해야 하나요?

베드로 사도는 "근신하라 깨어라 너희 대적 마귀가 우는 사자같이 두루 다니며 삼킬 자를 찾나니 그를 대적하라"(벧전 5:8)고 권고하였습니다. 마귀는 끊임없이 사람들 속에 들어와서 사람의 이성을 마비시키고 돌출 행동을 하게 만듭니다. 이 마귀를 이길 힘은 성령님밖에 없습니다. 더 많은 사람이 성령님의 힘을 받게 하기 위해 더욱 열심히 복음을 전합시다. 주님의 마지막 명령입니다. 여러분도 바나나 하나 사서 벽에 테이프로 붙여 놓으세요. 620만 달러를 벌지도 모릅니다. ^^ 샬롬.

차이콥스키 콩쿠르

"많은 재물보다 명예를 택할 것이요 은이나 금보다 은총을 더욱 택할
것이니라." (잠 22:1)

세계 3대 음악 콩쿠르 하면 폴란드 바르샤바에서 개최되는 '쇼팽 국제
피아노 콩쿠르', 벨기에 브뤼셀에서 열리는 '퀸 엘리자베스 콩쿠르', 그
리고 러시아 모스크바에서 개최되는 '차이콥스키 콩쿠르'입니다. 그중
에서는 표트르 차이콥스키 콩쿠르는 모든 음악인이 우승을 동경하는
선망의 콩쿠르입니다.

차이콥스키 콩쿠르는 1958년 첫 번째 시작되었는데 4년에 한 번
씩 개최됩니다. 성악, 바이올린, 첼로, 피아노 네 분야가 있는데, 2019
년부터는 금관악기, 목관악기가 추가되었습니다. 그런데 2023년에 개
최된 차이콥스키 콩쿠르에서 한국인 연주자 세 명, 바이올리니스트 김
계희, 첼리스트 이영은, 그리고 테너 손지훈이 각각 우승을 했다는 소
식이 전해졌습니다. 이들 외에도 한국인 5인이 상위권에 입상하는 영
예를 얻었습니다.

1974년 피아니스트 정명훈이 이 대회에서 공동 2위로 입상했을
때만 해도 한국의 모든 신문, 잡지, 방송이 한바탕 축하의 분위기에 휩
싸였고 김포공항에서 시청 앞까지 카퍼레이드가 벌어졌으며, 당시 박
정희 대통령이 직접 훈장을 수여하기도 했습니다. 그런데 이번 대회에
한 사람도 아니고 세 사람이 한꺼번에 우승을 했는데 해외는 말할 것
도 없고 국내에서도 조용한 것은 무슨 연고일까요? 그 대답은 간단합
니다. 이번 대회는 세계적인 대회가 아니고 러시아와 위성국들만의 대

회였기 때문입니다.

2022년 러시아의 푸틴이 우크라이나를 무력 침공하면서 러시아와 친하게 지내는 몇 나라 외에는 온 세계로부터 러시아가 따돌림을 당하고 있습니다. 그중에서도 특히 클래식 음악계가 심합니다. 따라서 러시아가 주최하고 러시아에서 개최되는 대회에 서구 여러 나라와 기타 세계의 거의 모든 나라가 이 대회를 보이콧했기 때문에 이런 대회에서 우승을 한 것에 대해 무관심한 것은 자연스러운 일입니다.

국제음악콩쿠르연맹(WFIMC)은 2022년 4월 스위스 제네바에서 긴급 총회를 열고 차이콥스키 콩쿠르의 회원 자격을 박탈하였습니다. 이 연맹은 "러시아의 야만적인 전쟁과 잔혹한 인명 피해 앞에서 러시아 정부로부터 자금을 지원받고 선전 도구로 사용되는 콩쿠르는 더는 회원으로 인정할 수 없다"며 회원(120개 대회)의 90% 찬성으로 차이콥스키 대회를 축출하였습니다.

이번 대회 최종 참가 신청자 742명 중 본선 진출자 236명의 국적을 보면 러시아인이 128명으로 절반이 넘고, 다음이 중국, 그다음이 한국이었습니다. 실력 있는 음악 선진국들의 연주자들이 거의 참가하지 않은 대회가 이번 대회였습니다. 따라서 여기서 우승을 했다 해도 국제 사회에서 특히 클래식 음악의 본고장인 유럽과 기타 국가들이 이들의 실력을 인정해 주지 않기 때문에 부상으로 따라오는 국제적 연주 기회가 주어지지 않습니다.

큰 대회에서 우승을 하면 상금도 크지만 그것보다 온 세계를 돌아다니면서 세계적인 오케스트라와 협연도 하고 독주회도 하며 음반 계약도 맺게 되어 있습니다. 그러나 이번에 우승한 연주자들에게는 이런 기회가 원천 봉쇄되는데, 그것은 서방 세계와 관계가 단절되었을 뿐만 아니라 국제콩쿠르연맹에서도 추방되었기 때문입니다. 우리나라의 우수한 연주자들이 좋은 실력을 갖고 우승을 했지만 국제적으로 인정받지 못한 것은 안타까운 일입니다.

　차이콥스키는 러시아를 넘어 인류가 사랑하는 우수한 음악가입니다. 그는 '백조의 호수', '잠자는 숲속의 공주', '호두까기 인형' 등 수많은 작품을 남긴 음악가로 온 세계가 흠모하는 음악가인데, 푸틴이라는 독재자의 만행으로 이 콩쿠르에 먹칠은 한 것은 참 안타까운 일입니다. 지혜의 왕 솔로몬은 "많은 재물보다 명예를 택할 것이요 은이나 금보다 은총을 더욱 택할 것이니라"(잠 22:1)고 충고했습니다. 푸틴은 우크라이나에서 무엇을 얻으려 하는 것일까요? 명예를 잃으면 아무리 많은 것을 얻었다 해도 무용지물 아닐까요? 푸틴이여 잠언을 읽어 보시라. ^^ 샬롬.

냉동 인간의 부활?

"예수께서 이르시되 나는 부활이요 생명이니 나를 믿는 자는 죽어도
살겠고 무릇 살아서 나를 믿는 자는 영원히 죽지 아니하리니 이것을 네가
믿느냐." (요 11:25-26)

구약 출애굽기 20장에 기록된 십계명 제5계명에 "네 부모를 공경하라
그리하면 네 하나님 여호와가 네게 준 땅에서 네 생명이 길리라"고 기
록되어 있습니다. 효도에 대한 보상은 장수의 복입니다. 한국의 오복(五
福)은 장수(壽), 부유함(富), 건강(康寧), 좋은 덕(攸好德), 편안한 죽음(考終命)
인데, 첫째가 장수의 복입니다.

죽은 후에 시신을 잘 보존했다가 과학이 발전하여 죽은 사람을 다
시 살릴 수 있다면 얼마나 좋을까라고 생각하는 부자들이 있습니다.
2025년 7월, 호주 멜버른에 살던 어떤 여성이 만성 질환으로 세상을
떠나기 전 자신의 시신을 냉동 보관하기로 결심하고 이런 일을 하는
전문 업체와 계약을 맺었습니다. 그녀는 미래에 과학이 크게 발전되면
다시 살 수 있을 것이라는 희망을 갖고 세상을 떠났습니다. 그 여성의
시신은 호주의 시신 냉동 보존 업체에 의해 영하 196도로 보존되었습
니다.

현재 미국을 비롯해서 러시아, 중국, 호주 등 몇몇 국가에서 냉동
인간 보존 업체가 운영 중인데, 현재까지 약 600여 명의 시신이 냉동
보관되어 있습니다. 그리고 사후 시신 냉동을 계약한 사람이 현재 전
세계적으로 약 3,000여 명에 이른다고 합니다. 가격은 경우에 따라 다
르지만 수십만 달러라고 합니다.

죽은 인간이 부활한 경우는 구약에 엘리야가 사르밧 과부의 아들

을(왕상 17:17-24), 엘리사가 죽은 수넴 여인의 아들을(왕하 4:17-37), 신약에서는 예수님께서 나사로를(요 11:1-44), 나인성 과부 아들을(눅 7:11-17), 회당장 야이로의 딸을(막 5:35-43) 살리셨고, 예수님께서 운명하신 후 무덤이 열리고 자던 성도들이 많이 일어난 일이 있었습니다(마 27:52-53). 또한 베드로는 욥바에서 다비다(도르가)를(행 9:36-43), 바울 사도는 그의 설교를 듣다 졸음에 못 이겨 3층에서 떨어져 죽은 유두고를 살렸습니다.(행 20:7-12) 그러나 이런 경우는 특수한 일이고 보통 죽은 사람은 다시는 깨어날 수 없습니다.

설령 냉동 인간이 100년 후에 다시 살아난다 해도 백 년 전에 살았던 그 사람이 100년 후의 문화와 상황에 적응하며 살 수 있을까요? 호주에서 냉동된 여인은 만성 질환으로 죽었는데 다시 살아나면 그 병이 없어진 상태로 살아날까요? 물론 그때 과학이 발전되어 그 병을 고칠 수 있을지 모르지만 인간은 영혼이 돌아오지 않으면 육체가 살아날 수 없습니다.

창세기 2장에 보면 하나님께서 흙으로 아담을 만드신 후 생기(breath of life)를 그 코에 불어 넣으시니 그가 생령이 되었다고 기록하고 있습니다.(7절) 에스겔서 37장에는 골짜기의 마른 뼈들에 힘줄이 생기고 살이 오르며 가죽이 덮였으나 그 속에 생기는 없었습니다.(8절) 여호와 하나님께서 생기에게 명하사 사람들에게 들어가라 명하시니 그 뼈들이 산 사람이 되어 군대가 되었습니다(9-10절). 하나님께서 생기를 불어 넣어 주시지 않으면 죽은 시체는 살아날 수 없습니다. 따라서 냉동 인간을 녹여 놓아도 생기가 없기 때문에 살아날 수 없습니다.

돈 많은 부자가 얼마나 어리석은 짓을 하고 있는지 모릅니다. 그 많은 돈을 어려운 사람들에게 기부하고 가면 얼마나 좋을까요? 또 쓸 수 있는 장기를 애타게 기다리고 있는 사람들에게 주고 가면 그 장기를 이식받은 사람이 고질병에서 해방되는 귀한 일을 한 것이 아닙니까?

　　인간의 생사화복은 하나님의 손에 달려 있습니다. 우리가 세상에 태어나고 떠나는 것은 전적으로 하나님의 뜻에 달려 있습니다. 하나님께서 부르시면 우리는 세상을 떠나고 세상 마지막 날에 변화된 몸으로 부활할 것입니다. 인간들이 과학적 방법으로 죽은 사람을 부활시킬 수는 없습니다. 부활은 하나님의 영역입니다. 하나님께서 우리 영혼을 부르시면 저 세상으로 가고 마지막 때 부활하게 되어 있습니다. 이 신앙을 굳게 믿으며 세상을 살아갑시다. "예수께서 이르시되 나는 부활이요 생명이니 나를 믿는 자는 죽어도 살겠고 무릇 살아서 나를 믿는 자는 영원히 죽지 아니하리니 이것을 네가 믿느냐."(요 11:25-26) 샬롬.

노벨상

"나로 말미암아 너희를 욕하고 박해하고 거짓으로 너희를 거슬러 모든 악한 말을 할 때에는 너희에게 복이 있나니… 기뻐하고 즐거워하라 하늘에서 너희의 상이 큼이라." (마 5:11-12)

2025년 10월 가장 핫한 뉴스 가운데 하나는 금년에 노벨상을 받은 사람들의 명단을 발표하는 일입니다. 그들이 어떤 공로를 이루었는지에 대해 세계의 모든 주요 매스컴들이 앞다투어 보도하고 있습니다. 노벨상은 세계에서 가장 큰 상이고 인류 복지를 위해 위대한 일을 한 사람들에게 주어지는 최고 명예의 상입니다. 그러므로 이 상을 받는 개인뿐 아니라 그가 소속된 대학이나 연구소 나아가서 그 나라의 명예도 한껏 올라갑니다.

알프레드 노벨은 1833년 스웨덴의 스톡홀름에서 엔지니어 부친에게서 태어났습니다. 알프레드는 다이너마이트를 발명해서 큰돈을 벌었는데, 후에 그의 형 루드비히가 죽었을 때 한 프랑스 신문에 "죽음의 상인 죽다"라는 머리기사에 "가장 빠르게 더 많은 사람을 죽일 수 있는 방법을 개발해 부자가 된 알프레드 노벨이 죽었다"라는 기사를 대문짝만하게 보도했습니다. 이 신문 기사를 본 노벨은 큰 충격을 받고 1895년 전 재산을 기부해서 물리, 화학, 문학, 평화, 생리의학 등 다섯 개 분야에 걸쳐 탁월한 공적을 세운 사람에게 매년 상을 주도록 했습니다. 1968년 스웨덴 왕립 은행 창립 300주년을 맞이하여 이 은행이 기부금을 내어 경제학상이 추가되었습니다.

특별히 금년에 상을 받은 사람 중 저의 눈에 띈 것은 캘리포니아 대학교 버클리(University of California, Berkeley)의 존 클라크 명예 교수와 화학과 오마르 야기 교수가 각각 노벨 물리학상과 화학상을 수상한 점입니다. 이번 두 교수의 수상으로 버클리대학에서 노벨상을 받은 사람들이 28명이 되었고 동문 수상자까지 합하면 61명이나 됩니다. 그들이 받은 분야도 물리학, 화학, 경제학, 문학 등 다양합니다.

한 대학에서 61명의 노벨상 수상자가 나왔다는 것은 놀라운 일이 아닐 수 없습니다. 노벨상을 가장 많이 받은 10개 나라는 1위가 미국으로 424명, 2위 영국 144명, 3위 독일 115명, 4위 프랑스 75명, 5위 스웨덴 34명, 6위 일본 33명, 7위 러시아 30명, 8위 캐나다 28명, 9위 스위스 27명, 10위 오스트리아 25명 순입니다.

노벨상을 다수 받은 10개 나라 가운데 6위 일본을 빼면 나머지 아홉 개 나라 모두 기독교 국가라는 사실을 간파할 수 있습니다. 세계 4대 종교는 일반적으로 불교, 힌두교, 이슬람, 기독교라 말합니다. 그런데 불교나 힌두교, 이슬람 국가는 단 하나도 없고 아홉 개가 기독교 국가라는 것은 무엇을 의미할까요? 이것은 전적으로 하나님께서 창세기 1장 28절에 "땅을 정복하라 바다의 물고기와 하늘의 새와 땅에 움직이는 모든 생물을 다스리라"고 하신 말씀을 이행한 결과라 볼 수 있습니다. 우주 만물 속에 감추어 두신 비밀을 찾아내라고 하신 것입니다.

이런 비밀을 찾아내기 위해서는 학자들의 피나는 노력이 뒤따라야 합니다. 학자들은 실험실에 박혀 고독한 싸움을 계속해 온 천재들입니다. 일본이 33개를 받는 동안 우리나라는 평화상, 문학상 단 두 개뿐입니다. 왜 한국은 노벨상을 받지 못할까요? 그것은 머리 좋은 학생들이 돈 많이 버는 의대, 법대, 공대를 선택하기 때문입니다. 실험실에서 수년을 연구하는 학자들이 있어야 하는데 국가에서 충분한 자금을 대주지 않고 또 연구하려는 사람들도 거의 없기 때문입니다.

그러나 세상에서 주는 노벨상보다 더 값어치 있는 상이 있습니다. 그것은 우리가 세상을 떠나 천국에 갔을 때 하나님께서 주시는 상입니다. 세상에서 노벨상을 10개를 받았다 해도 그가 주 예수 그리스도를 구주로 영접하지 아니했으면 지옥으로 가게 되어 있습니다. 세상을 떠난 후 세상에서 받은 상은 무의미합니다. 사람들은 작년에 노벨상을 받은 사람들을 일일이 기억하지 못합니다.

우리는 천국에서 받을 상을 생각하면서 주님의 명령을 잘 따라 부지런히 복음을 널리 전파해야 합니다. 예수님께서는 "하늘에서 너희의 상이 큼이라"(마 5:12)고 말씀하셨습니다. 비록 노벨상은 받지 못했다 해도 하늘의 상을 사모하며 하나님 앞에서 경건하게 살면서 주님의 지상 명령인 온 천하에 다니며 복음을 선포하라 하신 말씀을 받들고 열심히 전도합시다. 하늘에서 받을 상을 기대하면서. 샬롬.

자유라는 이름의 방종

"그리스도께서 우리를 자유롭게 하려고 자유를 주셨으니 그러므로
굳건하게 서서 다시는 종의 멍에를 메지 말라." (갈 5:1)

우리는 일반적으로 자유가 지나치면 방종이 된다는 말을 합니다. 따라서 방종은 자유의 한계를 넘어 이웃에게 폐해를 끼치는, 다시 말하자면 법을 어기는 단계에 이른 것을 말합니다. 인류는 긴 역사를 통해 자유를 갈망해 왔고 그 자유를 찾기 위해 무수한 사람이 피 흘리는 역사를 이어 왔습니다. 지금도 이 자유를 찾기 위해 고난 속에 살아가는 사람들이 많습니다.

미국에는 개인의 자유가 거의 무한대로 보장되어 있습니다. 이 자유는 건전한 삶을 사는 일반인들뿐만 아니라 알코올 중독자와 마약 중독자, 나아가 정신적 문제를 가지고 있는 사람들도 누리며 살고 있습니다. 국가는 그들이 범죄를 하지 않는 한 직접 개입하지 않고 그들의 자유를 제어하지 않습니다.

로스앤젤레스시는 추운 겨울에 길거리 텐트 속에서 추위에 떨고 있는 많은 노숙자를 위해 쉼터를 마련했습니다. 누구나 쉼터에 들어오면 따뜻한 방에서 따뜻한 물로 샤워하고 따뜻한 음식을 먹을 수 있습니다. 그러나 그곳에 들어온 노숙자들은 하루를 못 버티고 또다시 길거리 텐트 속으로 들어갑니다. 그들이 따뜻한 방과 따뜻한 샤워, 따뜻한 음식을 버리고 그곳에 가는 이유는 자유 때문입니다. 노숙자들이 쉼터에 일단 들어오면 술도 마약도 마음대로 할 수 없게 되어 있습니다. 아무리 따뜻한 방과 샤워, 음식이 있다고 할지라도 마음대로 술을 마시고

마약을 할 수 있는 자유가 없는 쉼터는 그들에게 무의미합니다. 그래서 그들은 마음껏 술을 마시고 마약을 할 수 있는 길거리 텐트 속으로 들어가는 것입니다. 술을 마시고 마약을 할 수 있는 자유를 향유하기 위해서.

우리가 누릴 수 있는 자유는 자신과 이웃에게 폐를 끼치지 않는 한계 내에서입니다. 마약을 한 사람은 제정신이 아니어서 길을 가는 행인을 주먹으로 치고 가방을 탈취하고 심지어 총으로 쏴서 죽이기도 합니다. 아편전쟁으로 수난을 당했던 중국에서는 지금도 마약 관련 사범은 무조건 사형에 처합니다. 이런 사실을 알면서도 적잖은 한국 사람들이 중국에서 마약 사범으로 사형을 당했다는 소식을 가끔 접하지만, 여전히 한국 사람을 비롯해서 많은 중국 사람이 마약 거래를 하다가 체포되어 사형을 당하는데도 여전히 마약은 근절되지 않고 있습니다.

그렇게 되는 이유는 돈 때문입니다. 중국에서 마약 사범은 사형을 당한다는 사실을 알면서도 손을 떼지 못하는 것은 사탄의 역사입니다. 그야말로 '마(痲)약'은 '마(魔)귀'가 만든 약이기 때문입니다. 마약에 한 번 손을 댄 사람은 마귀의 굴레에 얽매어 헤어 나올 수가 없습니다.

자유는 얼마든지 존중되고 보장되어야 하지만 방종은 다른 사람에게 피해를 주기 때문에 엄격히 제재할 수밖에 없습니다. 사도 바울은 "그리스도께서 우리를 자유롭게 하려고 자유를 주셨으니 그러므로 굳건하게 서서 다시는 종의 멍에를 메지 말라"(갈 5:1)고 말하였습니다.

주님 안에서 자유를 얻은 우리는 결코 사탄의 멍에를 메지 말아야 합니다. 주님 안에만 참된 자유가 있습니다. 주님 안에 거하는 사람은 자유가 있고 방종은 없습니다. 가련한 알코올 중독자들과 마약 중독자들이 그리스도 안에서 자유를 얻기까지 우리 교회와 교인들이 기도와 전도에 진력해야겠습니다. 샬롬.

히피 문화와 기성의 질서

"하나님은 무질서의 하나님이 아니시요 오직 화평의 하나님이시니라."
(고전 14:33)

나이가 어느 정도 든 분들은 '히피(Hippie)'라는 단어를 기억할 겁니다. 1960년대 중후반부터 1970년대 초반까지 미국을 비롯한 유럽에서 10-30대 위주로 발생한 하나의 문화로, 그런 풍조와 그것을 따르는 사람들을 히피라 불렀습니다.

60년대 중후반, 베트남 전쟁은 교착 상태에 빠져 있었고 미국 사회의 전쟁에 대한 찬반 여론은 양분되어 있었습니다. 이때 젊은 사람들이 방황하면서 기존 사회의 전통과 질서를 부정하고 일어난 운동이 바로 히피 문화였습니다. 그들은 기존의 정장을 거부하고 자유분방한 의상과 머리를 풀어 헤치고, 정신적 해방을 위해서 마약을 사용하면서 집단 성교를 하고 공원에서 공동생활을 하는 것이 대표적 모습이었습니다. 이들 문화는 베트남 전쟁을 반대하던 층으로부터 큰 호응을 얻었고 급기야 이들은 폭력 투쟁을 일삼는 데까지 이르렀습니다.

그러나 이들 문화는 오래가지 못했는데 그것은 마약 범람으로 인해 내부 분란이 일어났고 급기야 살인, 방화, 강도, 절도가 횡행했기 때문입니다. 베트남 전쟁이 끝나자 자연히 히피 문화는 힘을 잃었고 자기들도 그런 생활을 오래 할 수 없다는 사실을 깨닫게 됩니다.

이즈음 일단의 히피 집단 약 800여 명이 덴마크의 수도 코펜하겐 외곽에 히피촌을 만들고 평화롭게 살고 있었습니다. 그런데 그 지역에 마약 거래를 하는 무리들이 스며들면서 우범지대로 변하기 시작했습니다. 마약 거래와 각종 폭력, 살인 등의 범죄가 계속되자 주민들은 컨테이너와 콘크리트로 벽을 만들어 마약 무리들의 접근을 차단하려 노력했습니다.

전에 히피들이었던 이들 주민은 "우리는 일을 하고 아이들의 점심 도시락을 싸는 평범한 사람들이다. 우리 지역을 갱단의 횡포와 범죄에서 자유롭게 만들 것이다"라며 행동에 나섰습니다. 이 지역 사람들은 자동차, 총기, 마약 반입, 절도 등을 금지하는 자체 규정을 만들어 수십 년간 준행해 오고 있었는데 더 강력한 마약과 무기를 소지한 범죄 조직원들이 스며들면서 이 지역이 위험에 노출된 것입니다.

위의 예에서 우리는 히피 문화의 한계를 볼 수 있습니다. 히피의 대표적 특징은 기존 문화와 전통의 거부였습니다. "왜 학교에 가야 하며 왜 한 여자나 한 남자와만 살아야 하느냐?" "왜 의과대학에 가서 고생하며 공부해서 의사 면허를 받아 개업을 해야 하느냐?" "누구나 의사가 되어 환자들 치료하면 되지 않느냐?"고 항변하였습니다. 그러나 이런 기존 질서의 항거는 오래가지 못했지요. 결혼하지 않고 이 남자 저 여자와 관계를 해서 낳은 아이는 누가 책임져야 하느냐, 아이가 아프면 누가 치료를 해 주며 수술은 누가 하느냐는 현실적 문제에 부딪힌 것입니다.

히피 문화는 기존 질서를 거부하고 인간이 살아갈 수 없다는 교훈을 남겼습니다. 코펜하겐의 히피 무리들이 한 말을 되새겨 봅시다. "우리는 일을 하고 아이들의 점심 도시락을 싸는 평범한 사람들이다." 일을 하고 자녀들을 교육하는 삶이 정상적인 삶입니다. 이것이 기존 문화입니다.

이것이 태초부터 지금까지 지켜 내려온 인간 삶의 방식입니다. 한때 유행했던 히피는 사탄의 역사였습니다. 사탄의 역사는 현실과 진실 앞에 힘을 쓸 수 없습니다. 바울 사도는 "하나님은 무질서의 하나님이 아니시요 오직 화평의 하나님이시니라”(고전 14:33)고 말씀하였습니다. 사회, 교회, 가정에는 질서가 있어야 합니다. 거기에 평화가 깃드는 법입니다. 샬롬.

이상한 세상

"또 여자에게 이르시되 내가 네게 임신하는 고통을 크게 더하리니 네가
수고하고 자식을 낳을 것이며" (창 3:16)

미국에서 2023년 12월, 시애틀에 있는 한 국제고등학교 10학년 반에서 성(性)의 이해를 주제로 시험을 치렀습니다. 시험은 학생들이 특정 문제에 대해 '맞음'(True), '틀림'(False) 중 하나를 고르는 방식이었습니다. 여러 문제 가운데 '임신은 여성만 할 수 있다'는 문제에 대한 학생이 '맞음'이라고 답하면 이를 오답으로 처리했고, 또한 '모든 남성은 음경(남자의 외부 생식기)을 가지고 있다'는 명제에 '맞음'을 골라도 오답으로 처리되었습니다.

출제된 시험 문제는 이 고등학교 소속 '민족학 및 세계사' 담당 교사가 출제했습니다. 이를 알게 된 일부 학부모들은 교사가 정치적 신념을 학생에게 주입하고 있다고 비판하였고, 다른 학부모는 부정확한 정보를 가르치고 학생에게 자기 신념에 반하는 답을 하도록 강요하는데 어떻게 합법일 수 있느냐며 항의하였습니다. 이에 관해 시애틀 공립학교 대변인은 우리는 가부장제 등 현대 사회 문제에 대한 탐구를 장려하는 포용적 환경을 조성하기 위해 노력하고 있다면서 문제에 이상이 없다는 입장을 밝혔습니다. 다만 문제가 된 해당 시험 결과는 최종 성적에는 반영하지 않겠다고 말했습니다.

우리가 살고 있는 세상이 참 이상하게 돌아간다고 생각하고는 있었지만, 이제 여자만 임신할 수 있다는 것이 잘못된 것이고 남자도 임신할 수 있다는 것이 진실이 되는 세상이 되었습니다. 음경은 남자만 가지고 있다는 것은 틀렸고 여자도 음경을 가질 수 있다는 것이 맞는 세상이 되었습니다. 창세 이래로 아기는 여자가 낳았지, 남자가 낳은 일은 없습니다. 따라서 임신과 출산은 여자만 할 수 있다는 것이 정답이어야지, 그것이 틀렸다는 것은 남자도 임신하고 출산도 할 수 있다는 이야기 아닙니까?

세상이 미쳐 돌아간 지 오래되었지만, 고등학교 선생이라는 자가 이런 문제를 출제하고 또 임신은 여자만 할 수 있다는 답이 틀렸다고 말하고 음경은 남자들만 가지고 있다고 말하는 것을 틀렸다고 말하는 성경적 창조 질서와 다르게 가르치는 교사가 학생들을 지도하는 현실이 참으로 우려스럽습니다. 그 밑에서 배우는 학생들이 가치관의 혼란을 겪을까 안타깝습니다.

태초에 하나님께서 남자인 아담과 여자인 이브를 창조하시고 두 사람이 부부가 되어 자녀를 생산하면서 살게 만드셨습니다. 하나님께서는 분명히 여자인 이브에게 임신과 출산의 고통을 지워 주셨습니다. 창세기 3장 16절에 여자에게 이르시되 "내가 네게 임신하는 고통을 크게 더하리니 네가 수고하고 자식을 낳을 것이며"라고 말씀하셨습니다. 임신과 출산은 여자인 이브에게 주어진 임무고 남자인 아담에게는 그런 임무를 주지 않으셨습니다.

요즘 성전환(트랜스젠더) 수술로 남자가 여자가 되고 여자가 남자가 되는 일을 하고 있지만, 이것은 하나님의 창조 질서를 정면으로 부정하는 일로 하나님의 무서운 징계를 받게 될 것입니다. 사람은 태어나면서부터 남자와 여자로 태어납니다. 남성은 남성의 성징(性徵)이 있고 여자는 여성의 성징이 있습니다.

그런데 인간들이 남자를 여자로 만들고 여자를 남자로 만들어 하나님의 창조 질서를 거역하는 일을 하고 있는 것은 스스로 하나님의 창조 질서를 어겨 하나님의 무서운 심판을 자초하는 일입니다. 말세가 되면 인간들이 못 할 일이 없겠지만 이것은 분명히 하나님의 징벌을 면치 못할 일입니다.

이런 일은 세월이 갈수록 점점 더 심화하겠지만, 우리 그리스도인들은 앞장서서 이런 일에 투쟁해야 합니다. 사탄은 끊임없이 인간 사회의 정의와 질서를 어긋나게 만들고 인간들로 하여금 계속해서 죄악을 범하게 만들 것입니다. 또한 인간들을 타락의 길로 이끌어 세상을 멸망의 길로 끌고 간다는 사실을 명심해야 합니다. 이 시대에 우리 그리스도인들의 소명이 큽니다. 진리가 승리하기 위해 끊임없이 기도해야 합니다. 샬롬.

10

REFORMATION AND RENEWAL

개혁과 갱신

일본에서 들려 온 낭보

"누구든지 자기를 높이는 자는 낮아지고 누구든지 자기를 낮추는 자는 높아지리라." (마 23:12)

저는 신학교에서 한국교회사를 오래 강의하면서 일제가 조선 강점 35년 동안 우리 민족과 교회에 행한 부당한 일을 누구보다 잘 알고 있습니다. 그러나 불신자들은 몰라도 적어도 우리 교회만은 자기들의 잘못을 시인하고 용서를 구하는 일본과 일본 교회에 대해 용서해야 하는 책무가 있습니다. 우리가 주님께서 가르쳐 주신 주기도문을 외울 때마다 "우리가 우리에게 잘못한 사람을 용서해 준 것 같이 우리의 죄악을 용서해 주시고"라는 기도를 하는 신자들은 사죄하는 일본과 일본 교회를 용서할 수밖에 없습니다.

2024년 10월 1일 일본의 제102대 총리로 취임한 이시바 시게루(石破茂, 67) 씨가 4대째 개신교 신자 집안 출신인 것이 확인되었습니다. 일본 전체 인구의 0.5%(1,000명 중 5명) 밖에 안 되는 기독교 인구를 생각하면 기적과 같은 일이라고 말하지 않을 수 없습니다.

1957년에 출생한 시게루 총리는 게이오기주쿠대학교 법률학부를 졸업한 일본 중의원(衆議員)으로, 제52-54대까지 총리를 지낸 하토야마 이치로 총리에 이어 두 번째 기독교인 총리입니다. 시게루 총리는 "신앙 양심에 따라 야스쿠니 신사에 참배하지 않고 있다"는 고백을 한 일이 있습니다. 그의 외중조부 가나모리 도렌은 대표적인 일본의 기독교 대학인 도시샤(同志社) 대학의 2대 총장을 지냈으며, 도시샤 대학을 설립한 스승 니지마 조로부터 세례를 받았습니다.

시게루 총리는 어려서 교회 부속 유치원에 다녔으며 18세가 되었을 때 일본 기독교단에 속한 도토리 교회에서 세례를 받았습니다. 시게루 총리는 고등학교 시절 출석하는 교회에서 교회학교 교사를 지냈으며, "'누구든지 자기를 높이는 자는 낮아지고 누구든지 자기를 낮추는 자는 높아지리라'(마 23:12)는 성경 말씀을 늘 마음에 새기면서 교훈으로 삼고 있다"고 말했습니다. 시게루 총리는 1986년 중의원 선거에서 최연소로 당선된 이후 40년 동안 정치를 계속해 오면서 방위청 장관, 방위상, 농림수산상 등의 내각 경험을 풍부하게 갖고 있어 총리로서의 역할이 기대되고 있습니다.

저는 일본의 기독교인 숫자가 극히 적은 것을 아쉽게 생각하지만, 일본 기독교 신자들의 삶을 더듬어 보면 참된 기독교인으로 살아가는 이들이 많은 것을 부럽게 생각하고 있습니다. 특히 『빙점』이라는 소설과 많은 수상집을 출판한 미우라 아야코 여사와 그의 남편 미우라 미쓰요 씨의 삶은 참으로 우리 모든 신자가 본받을 만한 모범을 보여 줍니다. 교인 숫자가 많은 것이 중요한 것이 아니라 진실한 신자가 많은 것이 더 중요하지요. 예수님께서는 "알곡은 모아 곳간에 들이고 쭉정이는 꺼지지 않는 불에 태우시리라"(마 3:12)고 말씀하셨습니다. 쭉정이는 아무리 많아도 결국 불에 타 없어지는 신세가 됩니다.

4대째 교인 이시바 시게루 총리의 취임을 축하하며, 총리직에 오래 있으면서 음으로 양으로 기독교의 선한 영향을 정치권뿐만 아니라 일본 사회에도 크게 미치도록 함께 기도합시다. 일본에서 들려온 낭보를 같이 기뻐하며 감사합시다. 샬롬.

끝날 때까지 끝난 것이 아니다

"경기하는 자가 법대로 경기하지 아니하면 승리자의 관을 얻지 못할 것이며" (딤후 2:5)

"끝날 때까지 끝난 것이 아니다"(It isn't over till it's over)라는 말을 아는 사람은 많지만, 누가 어떤 상황에서 이 말을 했는지 자세히 아는 사람은 많지 않습니다. 이 말은 미국 뉴욕 양키스와 메츠의 야구 감독이었던 요기 베라(Yogi Berra)가 한 말입니다.

베라는 미국 프로 야구의 가장 위대한 포수, 외야수, 감독 중 한 사람입니다. 1925년 미주리주 세인트루이스에서 태어난 베라는 1946년 9월 양키스 소속으로 메이저리그 무대를 밟았는데, 1965년까지 현역 생활을 하면서 2,120경기에서 358번 홈런을 쳤습니다. 1962년까지 15시즌 연속 출전하였고, 51년, 54년, 55년 세 차례 아메리칸 리그 최우수 선수였습니다. 양키스는 베라가 주전 선수로 뛰는 동안 열 번 월드 시리즈 우승을 차지했고, 메이저리그 역사상 챔피언 반지 10개를 소지한 선수는 오직 베라뿐입니다.

1973년 동부지구에서 베라가 감독으로 있었던 뉴욕 메츠가 시카고 컵스에 9.5게임 차로 뒤진 지역 최하위였을 때, 기자 한 사람이 당시 메츠 사령탑이었던 베라에게 "시즌이 끝난 것 아닌가요?"라고 물었습니다. 그때 베라는 "끝날 때까지 끝난 것이 아니다"라는 명언을 하였습니다. 메츠는 결국 시카고 컵스를 물리치고 동부지구 우승을 차지했으며 월드 시리즈까지 진출했습니다.

일찍이 노자(老子)는 '신종여시(愼終如始) 즉무패사(則無敗事)'란 말을 했는데, 의미는 "무슨 일이든 처음의 마음가짐으로 끝까지 정성을 다

하면 절대로 실패하지 않는다"는 뜻입니다. 모든 일이 완전히 끝날 때까지 방심은 금물이라는 뜻으로 한 말입니다.

　2023년 10월 2일, 중국 항저우 아시안 게임 롤러스케이트 3,000m 계주 결승전에서 놀라운 일이 벌어졌습니다. 결승전에서 한국의 마지막 주자가 결승선 앞에서 두 팔을 높이 들어 올리고 승리의 세리머니를 하는 동안, 뒤따르던 대만의 마지막 주자가 주저앉은 자세로 결승선을 향해 왼쪽 다리를 쭉 내밀었습니다. 이에 따라 불과 0.01초, 12.2cm 차이로 승리의 금메달이 대만 선수단에 넘어가고 말았습니다. 대만 선수는 인터뷰에서 "너희들이 축하하는 동안 나는 여전히 싸우고 있었다라고 한국 선수들에게 말을 해 주고 싶다"고 말했습니다. 역시 끝날 때까지 끝난 게 아니었습니다. 한국 선수가 순간적으로 승리했다고 생각하고 두 손을 번쩍 들었지만, 그의 스케이트 날은 아직 결승선을 넘지 않았던 것입니다. 0.01초가 지나고 자신의 스케이트 날이 결승선을 넘었을 때 두 손을 들었다면 한국 팀은 승리의 금메달을 얻었을 텐데, 완전 끝날 때까지 기다리지 못한 한(恨)을 품게 되었습니다.

　바울 선생이 "경기하는 자가 법대로 경기하지 아니하면 승리자의 관을 얻지 못할 것이며"(딤후 2:5)란 말씀이 정확히 맞았습니다. 경기에는 법이 있습니다. 법을 어기면, 혹은 법에 저촉되면 승리의 관을 얻지 못합니다. 한국 선수가 승리의 샴페인을 터뜨리는 동안 대만 선수가 그 승리의 관을 쟁취한 것입니다. 한국 선수는 끝날 때까지 끝난 것이 아니라는 선배 선수의 충언을 알지 못했거나 망각한 것 같습니다.

　우리가 세상을 떠날 때까지 우리의 신앙생활은 끝난 것이 아닙니다. 내가 세상을 떠날 때 하는 마지막 말이 나의 신앙의 척도입니다. 쏟아지는 돌팔매 속에서 스데반 집사는 "주 예수여 내 영혼을 받으시옵소서"라고 말했고, 주기철 목사님의 마지막 말씀도 "오, 주님, 내 영혼을 받으시옵소서"였습니다. 당신은 무슨 말을 하시렵니까? 샬롬.

재판장 솔로몬왕

"이에 하나님이 그에게 이르시되… 오직 송사를 듣고 분별하는 지혜를
구하였으니 내가 네 말대로 하여 네게 지혜롭고 총명한 마음을 주노니"
(왕상 3:11-12)

열왕기상 3장에 유명한 솔로몬의 재판 이야기가 나옵니다. 너무 유명
한 이야기여서 기독교 신자가 아니라도 솔로몬의 지혜로운 판결을 모
르는 사람은 거의 없을 것입니다. 두 창기가 3일 간격으로 아이를 낳았
습니다. 그런데 며칠 후 한 창기가 자다 깨어 보니 자기가 아이를 눌러
죽인 것을 깨닫고 옆에 자고 있는 창기의 아이와 바꾸어 놓았습니다.
다른 여자가 깨어 젖을 주려고 아이를 들추었더니 아기가 죽어 있었습
니다. 아이를 자세히 보니까 옆의 여자 아이였습니다. 두 여인은 살아
있는 아이가 서로 자기 아이라며 말다툼을 하다 결국 솔로몬왕에게 갔
습니다.

이야기를 다 들은 솔로몬은 산 아이가 서로 자기 아이라고 하니
칼로 아이를 둘로 쪼개 각각 반쪽씩 가지라고 말하고 칼을 가져오라고
명했습니다. 이 말을 들은 진짜 엄마의 "마음이 불붙는 것 같아서 왕께
아뢰되 청하건대 내 주여 산 아이를 그에게 주시고 아무쪼록 죽이지
마옵소서." 그러나 다른 여자는 "내 것도 되게 말고 네 것도 되게 말고
나누게 하라"(왕상 3:26)고 말합니다.

솔로몬은 두 여인의 모성을 검증하여 생모(生母)를 찾아 주었습니
다. 지혜의 왕 솔로몬다운 판결입니다. 솔로몬은 지혜가 넘쳐 올바른
판결을 했지만, 문제는 일반 판사들입니다. 어느 나라든지 판사는 그
나라에서 가장 머리가 좋고 공부를 잘해 최고로 어려운 시험에 합격하

고 여러 훈련을 거쳐 판사로 임명받고 법원에서 판결을 합니다.

그런데 문제는 판사들이 올바른 판결을 하느냐입니다. 모든 판사가 솔로몬 같은 지혜를 가진 것도 아니고 판결의 원칙인 '법과 양심'에 따라 항상 판결을 하지 않는다는데 문제가 있습니다. 또 한 가지는 판사의 성향, 즉 보수적이냐 진보적이냐에 따라 같은 내용도 판결이 달라진다는 것입니다. 가끔 진범도 아닌데 사형 집행이 된 지 수십 년 후에 또는 수십 년을 감옥에서 지낸 후 진범이 자수하거나 체포되는 모습을 봅니다. 수전 헤이워드가 주연한 미국 영화(1958) "나는 살고 싶다"(I Want to Live!)는 억울하게 처형된 여인의 사건을 다루고 있습니다.

예수님의 비유 중에 "하나님을 두려워하지 않고 사람을 무시하는 한 재판장이 있었는데"(눅 18:2)라는 비유를 말씀하셨습니다. 이 재판장은 억울한 일을 당한 과부 한 사람이 자주 그에게 가서 원한을 풀어 달라고 애원했지만, 과부를 무시하고 돌아보지도 않았습니다. 재판관은 원고가 누구든지 하소연을 하면 들어 주고 억울함을 풀어 주어야 하는데, 이 재판장은 과부라고 무시하고 천대하며 들은 척도 하지 않았습니다. 이 재판장에게 큰 권력을 가진 자나 재벌이 왔으면 무시하고 계속 미루었을까요?

솔로몬은 "악인(재판관)은 사람의 품에서 뇌물을 받고 재판을 굽게 하느니라"(잠 17:23)고 말하였습니다. 뇌물을 받고 재판을 굽게 하는 판관(判官)들이 있을 것을 예측한 말입니다. 판관들도 마지막에 하나님의 심판대 앞에서 최후의 심판을 받는다는 사실을 깨달아야 합니다. 따라서 모든 판사는 오직 '법과 양심'에 따라 판결해야지, 세상 사람들이 다 아는 사실을 자기의 성향에 따라 판결하면 세상에서도 비난을 받지만 마지막 심판석에서는 더욱 준엄한 심문을 당할 것입니다. 우리 모두 하나님의 심판대 앞에 부끄러움 없이 서기 위해 양심의 소리에 귀 기울이며 살아갑시다. 샬롬.

판사

"너는 재판을 굽게 하지 말며 사람을 외모로 보지 말며 또 뇌물을 받지
말라 뇌물은 지혜자의 눈을 어둡게 하고 의인의 말을 굽게 하느니라."
(신 16:19)

판사가 재판을 할 때 원고(原告)나 피고(被告)로부터 뇌물을 받아서는 안
된다는 사실은 초등학생들도 알고 있습니다. 그러나 인류 역사가 시작
된 이래 재판관이 뇌물을 받고 재판을 그릇되게 한 것은 역사의 기록
을 통해 얼마든지 찾아볼 수 있습니다. 구약 성경에도 출애굽기 23장 6
절에 "너는 가난한 자의 송사라고 정의를 굽게 하지 말며" 8절에 "너는
뇌물을 받지 말라 뇌물은 밝은 자의 눈을 어둡게 하고 의로운 자의 말
을 굽게 하느니라"고 경계하였습니다. 또 신명기 16장 19절에 "너는…
사람을 외모로 보지 말며 또 뇌물을 받지 말라 뇌물은 지혜자의 눈을
어둡게 하고 의인의 말을 굽게 하느니라"고 훈계하였습니다.

모세의 장인 이드로가 모세가 아침부터 저녁까지 많은 사람의 재
판을 하는 것을 보고, 그러지 말고 천부장, 백부장, 오십부장, 십부장을
택하여 간단한 사건은 그들에게 맡겨 처리하도록 하라고 권면했습니
다. 이들을 택할 때 "능력 있는 사람들 곧 하나님을 두려워하며 진실하
며 불의한 이익을 미워하는 자를 살펴 세우라"(출 18:21)고 충언하였습
니다. 판관은 청결한 양심을 갖고 뇌물을 받지 않는 사람이어야 한다는
말입니다.

사무엘은 구약에 나오는 위대한 인물 중 한 분입니다. 그러나 그
의 아들들은 그렇지 못했습니다. 사무엘은 "내가 누구의 소를 빼앗았
느냐… 눈을 흐리게 하는 뇌물을 누구의 손에서 받았느냐"(삼상 12:3)라

며 자신 있게 말했습니다. 그러나 그의 아들들은 "자기 아버지의 행위를 따르지 아니하고 이익을 따라 뇌물을 받고 판결을 굽게 하니라"(삼상 8:3)고 기록되어 있습니다. 여기 사무엘의 장남 요엘과 차남 아비야가 뇌물을 받고 판결을 굽게 한 것을 밝히고 있습니다. 우리 옛말에 호부견자(虎父犬子)란 말이 있지요. 호랑이 같은 아버지에 개 같은 아들이란 의미입니다. 사무엘과 아들들을 두고 한 말입니다.

판사들이 임명을 받을 때 '양심과 법에 따라 판결'한다고 선서하지만, 정작 판결할 때 전후 사정 보지 않고 정말 양심에 부끄러움 없는 판결을 하고 있는지 의심스러울 때가 종종 있습니다. 돈 많은 재벌들이나 정치적 권력을 가진 사람들도 일반 서민들과 똑같은 잣대로 판결을 하고 있나요? 만약 양심과 법대로 판결한다면 두 부류의 사람들이 똑같은 벌을 받아야 하지 않을까요?

민족 시인 윤동주의 '서시'에 나오는 첫 구절 "죽는 날까지 하늘을 우러러 한 점 부끄럼이 없기를"처럼, 모든 판사가 하늘을 우러러 한 점 부끄럼 없는 판결을 해야 하는데 말입니다. 이런 판결을 하려면 판사들이 "그리스도의 마음"을 품어야 합니다. 판사는 어떤 외부의 압력이나 돈의 유혹에서도 벗어나 하늘을 향해 한 점 부끄러움 없는 판결을 해야 합니다. 그러기 위해서는 진정한 그리스도인이 되어야 합니다.

모든 판사가 이런 판결을 하게 하는 방법은 그들에게 복음을 전하여 진정한 그리스도인이 되게 하는 길밖에 없습니다. 우리가 열심히 복음을 전해야 하는 이유가 여기 또 있습니다. 양심적으로 판결하는 판사들이 많은 세상에 살았으면 좋겠네요. 샬롬.

배심원

"그의 아들들이 자기 아버지의 행위를 따르지 아니하고 이익을 따라 뇌물을 받고 판결을 굽게 하니라." (삼상 8:3)

미국에 와서 살다 보면 한국과 여러 가지 제도가 다른 것을 알게 됩니다. 그중 하나가 배심원 제도입니다. 미국에서 살면 영주권자든 시민권자든 가끔 법원으로부터 배심원으로 나오라는 편지를 받습니다. 편지의 첫 질문이 "당신은 미국 시민입니까?"(Are you a U.S. citizen?)입니다. 영주권자인 경우 '아니요'(No)에 체크하면 되고, 시민권자인 경우 영어를 충분히 말하고 듣지 못한다고 써서 보내면 대개 면제가 됩니다.

시민권 증서를 받을 때 두 가지 선서를 합니다. 미국에 전쟁이 났을 때 군에 입대해야 한다는 것과 배심원으로 나가야 한다는 것입니다. 배심원 제도는 미국 헌법이 보장하고 있는 시민의 기본 권리 가운데 하나인 동시에 시민이라면 누구나 배심원으로 재판에 참여해야 하는 의무가 있습니다.

배심원 제도란 쉽게 말해서 법조인이 아닌 일반 시민이 재판 과정에 참여하여 범죄의 사실 여부와 죄의 유무를 판단하는 사법제도를 말합니다. 이 제도는 개인의 자유를 구속하는 결과를 초래할 수 있는 재판 결과의 공정성을 확보하고 소수의 법조 권력에 의해서 판결이 좌우되는 것을 막기 위한 것입니다.

특히 우리나라와 같이 판사들의 성향, 즉 보수냐 진보냐에 따라 판결이 180도로 다르게 나오는 상황에서는 배심제도가 꼭 필요하다고 여겨집니다. 배심은 대배심(Grand Jury)과 소배심(Petit Jury)이 있는데, 대

배심은 연방법원에서 피고인을 재판에 회부할 것인가 말 것인가를 결정하고 소배심은 주(州) 법원의 형사 재판에서 유무죄를 판결합니다. 보통 소배심은 12명으로 구성되는데, 만장일치가 되어야 그 결과를 판사에게 통보합니다. 만일 만장일치가 되지 않으면 판결이 되지 않습니다.

세상의 모든 제도는 장단점이 있습니다. 특히 미국에서는 흑백 차별이 심해서 피고인이 흑인이고 배심원들이 모두 백인이라면 결과는 이미 나와 있는 것이나 마찬가지입니다. 반대로 범인이 백인이고 배심원 전원이 흑인이라면 그 결과도 뻔하지 않을까요? 따라서 인간이 세상에서 하는 판결은 완벽한 것이 없습니다. 예수님을 십자가에 못 박으라는 민중들의 우격다짐에 재판장 빌라도는 예수님이 무죄하다는 확신을 가졌음에도 결국 십자가 처형의 형벌을 선고했습니다. 판사가 양심에 거리끼는 판결을 한 것이지요.

세상에서 받는 재판은 배심원에 따라, 판사에 따라 유무죄가 가려지는데 실제로 무죄한 사람이 처벌을 받고 범인이 무죄 석방되는 경우도 적지 않습니다. 20세기 초 시카고의 밤무대를 휘저었던 마피아의 두목 알 카포네는 배심원들을 매수, 공갈, 협박하여 항상 무죄로 풀려났습니다. 심지어 경찰, 판사까지도 돈으로 매수하거나 협박해서 풀려나곤 했지요.

이 세상에서는 바른 판결을 받기가 쉽지 않습니다. 올바른 판결은 결국 하나님의 백보좌(白寶座) 심판대 앞에서만 이루어질 것입니다. 그때는 판사들도 그들이 세상에서 판결한 그 판결로 하나님의 심판을 받을 것입니다. 우리는 세상 법정보다 하나님의 법정이 더욱 준엄하다는 생각을 하면서 살아야 합니다. 우스 땅에 살던 욥은 정직하고 하나님을 늘 경외한 사람이었습니다.(욥 1:1) 하나님을 늘 경외하며 살아갑시다. 샬롬.

우리 교회 목사는 누가 결정할까?

"그가 어떤 사람은 사도로, 어떤 사람은 선지자로, 어떤 사람은 복음
전하는 자로, 어떤 사람은 목사와 교사로 삼으셨으니" (엡 4:11)

"우리 교회 목사는 누가 결정하나요?"라는 질문을 하면 보통 상식적으
로 "우리 교회 목사를 우리 교인들이 결정하지, 누가 결정을 해요?"라
고 대답할 교인들이 많습니다. 특히 장로교회 교인들 십중팔구는 그렇
게 대답합니다. 왜냐하면 장로교회는 그렇게 하고 있기 때문이지요.

그러나 감리교회 교인들에게 물으면 십중팔구는 감독이나 감리사
가 결정한다고 말할 것입니다. 감리교회는 자기 교회 목사를 교인들이
결정하는 것이 아니고 감독이나 감리사가 결정해서 파송합니다. 교인
들은 우리 교회 목사가 오는 것에 아무 권한이 없습니다. (물론 요즘은 좀
달라져서 약간은 교인들의 견해를 참고한다고 합니다.)

가톨릭교회는 신부 파송 권한이 그 지역 주교에게 있습니다. 따라
서 성당의 교우들은 자기 성당에 오는 신부 파송에 관여할 권한이 전
혀 없고 일방적으로 주교가 파송하는 신부를 받아들여야 합니다. 이 가
톨릭의 전통은 지금도 계속되고 있어 주님 시대로부터 지금까지 2,000
년 동안 지속되고 있습니다.

지금부터 500년 전에 독일 비텐베르크 대학교 성서학 교수 마르
틴 루터가 교회 개혁을 일으켜 1500년 내려오던 가톨릭교회에 반기를
들고 교회 개혁을 시작했습니다. 루터는 여러 분야에서 개혁을 이루었
는데 그 가운데 하나가 자기 교회 목사를 청빙하는 데 교인들이 주축
이라는 점입니다.

　　루터보다 한 세대쯤 뒤에 프랑스에서 태어난 장 칼뱅은 스위스 제네바에서 교회 개혁운동을 하면서 어떤 교회 목사 청빙은 전적으로 교인들에 의해서만 이루어져야 한다고 주창하였습니다. 그가 주도한 장로교회는 우리 교회의 목사 청빙은 외부의 간섭을 받지 않고 전적으로 그 교회 교인들이 결정한다는 전통을 세웠습니다. 따라서 장로교회는 지금도 현재 목사가 은퇴를 하거나 사정상 사임을 하면 청빙위원회를 구성해서 적당한 목사 몇 사람을 골라 당회에 추천합니다.

　　당회는 추천된 후보 목사를 심사한 후 제직회에 보내 다시 점검한 후 최종적으로 18세 이상 세례 교인으로 구성된 공동의회에서 후보자를 놓고 투표하여 가장 많은 표를 얻은 후보자가 목사로 결정됩니다. (물론 50% 이상의 지지를 받아야 합니다) 따라서 장로교회의 목사 청빙은 전적으로 그 교회 교인들이 결정합니다.

　　그러나 칼뱅보다 약 200년 후에 태어난 영국 교회 신부 존 웨슬리는 국왕이 교회를 전적으로 다스리는 영국 교회의 폐단에 실망하고 새로운 부흥 운동을 일으켜 소위 감리교회(Methodist Church)를 창설하였습니다. 그런데 웨슬리가 영국 교회 신부여서 그랬는지 감리교회도 목사 선택권을 교인들에게 주지 않고 감독이나 감리사에게 주어 그들이 개교회 목사 파송권을 갖게 하였습니다. 그 전통이 300년이 지난 지금도 그대로 이어져 내려오고 있습니다.

　　2023년 6월 어느 날, 제가 TV에서 뉴스를 보고 있는데 지역 소식을 전하는 시간에 로스앤젤레스 남쪽에 있는 어느 한인 감리교회(미국 연합감리교회: UMC) 목사는 그 지역 감독으로부터 이달까지만 목회를 하고 다음 달(7월)부터는 목사직에서 해고한다는 통보를 받았다고 전했습니다. 따라서 이 목사는 7월부터는 목사가 아니어서 그 교회에서 목회를 할 수 없게 되었습니다. 그 이유는 미국 연합감리교회 연회(年會: Annual Meeting, 장로교회의 총회와 같은 기구)에서 동성애자들의 결혼을 인정하

며 동성애자들의 목사 안수를 허용한다는 결의에 반대했기 때문이었
습니다. 이 교회 대부분의 교인은 이런 연회의 결의는 비성서적이고 비
기독교적이므로 받아들일 수 없다고 결의했는데도 불구하고 이 일을
주관한 목사를 파면시킨 것입니다.

저는 이 뉴스를 보면서 참 한심한 세태라고 한탄을 했습니다. 이
감리교회의 교인들과 목사는 성경에 있는 대로 하나님께서 명령하신
대로 따르기를 결정했는데, 성경과는 상관없이 연회 결정에 무조건 따
라야 한다는 논리를 내세우면서 하나님의 말씀대로 실행하겠다는 목
사를 파직시키는 이 교회를 하나님의 교회라고 할 수 있을까요?

그리고 이 교회 교인들 대부분이 이 목사를 지지하고 따르는데 누
가 이 교회 목사는 더 이상 이 교회에서 목회를 할 수 없다고 선언할 수
있나요? 목회 잘하고 있는 목사를 축출할 권리를 누구에게서 받은 것
일까요? 그것도 성경적 진리를 고수하려는 목회자가 세속적 흐름에 편
승한 이들에 의해 배척당하는 안타까운 현실입니다. 참으로 가슴 아픈
시대의 단면입니다. 사탄이 교회까지 쳐들어와서 난장을 치고 있으니
주님 오실 때가 멀지 않은 것 같습니다. 하나님의 말씀을 정면으로 거
부하고 세속주의에 빠져있는 한심한 목사들과 장로들이 회개하고 돌
아오기 위해 열심히 기도해야겠습니다. 샬롬.

사이비 이단 집단

"미혹하는 자가 세상에 많이 나왔나니 이는 예수 그리스도께서 육체로
오심을 부인하는 자라 이런 자가 미혹하는 자요 적그리스도니" (요2 1:7)

오래전 「타임」지 종교란에 "이단은 살아있는 종교에서 나온다(Heresies came out from the living religions)"라는 제목의 글이 실렸던 것이 생각납니다. 죽어 없어진 종교에서는 이단이 나올 수가 없다는 말입니다. 살아서 왕성하게 성장하고 있는 종교에서 이단이 나오게 마련입니다. 여러 종교 중 특별히 이단, 사이비가 많이 나오는 종교가 기독교입니다.

사도 요한이 쓴 편지(요한 1, 2, 3서)에 이단에 대한 경계를 많이 하고 있습니다. 특별히 영지주의(Gnosticism: 영적인 것은 선하고 육적인 것은 악하다는 사상)가 교회 안에 들어와서 예수님의 성육신을 부정하면서 육은 악이기 때문에 완전 선인 예수님이 악인 인간의 몸으로 태어날 수 없다는 주장을 했습니다. 예수님이 성육신하시기 전에는 인성(人性)과 신성(神性)이 있었지만, 성육신하신 후에는 인성이 신성에 흡수되어 예수님이 세상에 계실 때는 인성은 없고 신성만, 즉 사람은 아니고 하나님으로 활동했다고 하는 단성론(monophysitism)이 대두되었는데 단성론도 이단으로 정죄되었습니다.

현재 단성론을 따르는 교회는 에티오피아 교회, 아르메니아 교회, 이집트의 콥트 교회 등입니다. 2,000년의 교회 역사에 끊임없이 이단, 사이비 종파가 일어났는데 이런 현상은 근래에 와서 더욱 심화되고 있습니다. 특히 한국에서 이단, 사이비 종파가 많이 일어나서 스스로 하나님이라, 그리스도라, 예수라 자칭하는 자들이 많이 나타났습니다. 최

근 문제가 된 JMS 정명석 사건이나 이만희의 신천지 등이 대표적입니다.

2023년 9월 미국 조지아주 애틀랜타 지역에서 '그리스도의 군사들'(Christ's Soldiers)이라는 사이비 집단에 가입하려고 한국에서 온 여성 조 모(31) 씨가 살해된 사건이 있었습니다. 범인들은 한국에서 온 조 모 씨가 '그리스도의 군사들'이라는 단체에 입교하기 위해 10일간 훈련을 받았는데 조 씨가 물건을 훔치는 등 규칙을 어기고 자신들을 공격하여 살해했다고 말했습니다. 이들은 한 가정 중심 집단인데 살해 용의자 여섯 명 중 세 명이 같은 가족 형제들이었습니다. 그런데 최근에 삼형제의 어머니가 체포된 후 이 어머니가 이 집단의 지도자였던 것이 드러났습니다. 이들의 모친은 살인, 감금, 증거조작, 사체은닉, 거짓 진술 등 총 다섯 개의 중범죄 혐의로 보석 없이 구금되어 있습니다.

이렇게 사이비 이단 집단에 현혹되는 것은 기존 교회가 진리를 제대로 선포하지 않고 진리를 바르게 가르치지 않기 때문입니다. 진리가 바로 서지 못한 곳에 사이비 집단이 독버섯처럼 솟아나 소위 교주라는 자들이 신도들의 재물과 심지어 여성들의 성까지 헌납하게 하는 악행을 저지르고 있습니다. 이들을 구출해 내야 하는 책임이 우리 기성 기독교인들에게 무겁게 지워져 있습니다. 다시 말해서 우리가 그들에게 진리를 선포하여 그들이 그리스도를 영접하고 교회로 나오게 해야 합니다. 사이비 이단 집단은 결코 우연히 생겨나는 것이 아니라 살아있는 종교가 점점 시들어 가기 때문에 독버섯처럼 솟아나는 것입니다.

바울 선생이 디모데에게 "너는 말씀을 전파하라 때를 얻든지 못 얻든지 항상 힘쓰라"(딤후 4:2)고 권면하신 말씀은 바로 오늘 우리에게 명령하시는 내용입니다. 복음 선교에 힘쓰는 우리 모두가 되어 선량한 사람들을 멸망의 구렁텅이로 끌고 가는 사이비 이단 집단에서 구출해 내야 합니다. 이것이 나에게 주어진 주님의 소명입니다. 샬롬.

이단이란 무엇일까?

"근신하라 깨어라 너희 대적 마귀가 우는 사자같이 두루 다니며 삼킬 자를
찾나니 너희는 믿음을 굳건하게 하여 그를 대적하라." (벧전 5:8-9)

'이단'(異端)이란 단어의 정의를 국어사전은 "1. 자기가 믿는 이외의 도
(道), 2. 옳지 않은 도(道), 3. 전통이나 권위에 반항하는 주장이나 이론,
4. 시류에 어긋나는 사상 및 학설, 5. 자기가 믿는 종교에 어긋나는 이
론이나 행동 또는 그런 종교"라고 기술하고 있습니다.

기독교 2,000년의 역사에 이단이 없었을 때는 없었습니다. 초대교
회의 주요 이단은 영지주의(Gnosticism)였습니다. 영지주의는 이원론으
로 물질적인 것은 악하고 영적인 것은 선하다는 사상입니다. 따라서 예
수님은 완전 선이시므로 악한 물질 즉 육체를 입고 세상에 오신 것이
아니고 유령과 같이 육체가 없는 영적 존재로 사셨다고 주장했습니다.
이런 이단에 빠진 교인들을 위해 사도 요한은 그의 서신에서 "예수 그
리스도께서 육체로 오신 것을 시인하는 영마다 하나님께 속한 것이요
예수를 시인하지 아니하는 영마다 하나님께 속한 것이 아니니 이것이
곧 적그리스도의 영이니라"(요일 4:2-3)고 말씀하면서 예수님의 육체로
오심, 즉 성육신을 강조하였습니다.

초기 교회의 이단 표준은 첫째 성경 말씀, 둘째 신조(사도신조), 셋째
감독(정통교회에서 안수받은 사람)이 없는 교회였습니다. 이 세 가지 중 하나
라도 결여되면 이단으로 정죄하여 출교시켰습니다. 중세의 이단 표준
은 로마 가톨릭교회에 속하느냐 아니냐에 달려 있었습니다. 가톨릭교
회 밖에 있으면 이단이었습니다. 주후 3세기 북아프리카 교회의 감독

이었던 키프리아누스(Cyprian)는 "교회 밖에는 구원이 없다"(Extra ecclesiam nulla salus)고 말했습니다. 즉 가톨릭교회 밖에는 구원이 없다는 말입니다.

따라서 교황의 명령을 따르지 않는 동방교회(그리스 정교회)도, 16세기 초에 교회의 개혁을 부르짖은 마르틴 루터도 모두 이단으로 정죄되었습니다. 그러나 루터의 개혁 사상, 즉 교황의 권위를 인정하지 않고 성경이 최고의 권위라 주장하는 사상이 널리 확산되기 시작하였습니다. 교회의 권위는 베드로의 후계자라 주장하는 교황에게 있지 않고 하나님의 말씀인 성경에 있으며 성경만이 유일한 권위(Sola Scriptura)라 믿는 개신교회가 생겨났습니다. 따라서 이때부터 이단의 표준은 "성경에 있는 내용을 부인하거나 성경에 없는 것은 첨가하는 것"이 되었습니다.

이단에는 대체로 교주가 있는데 교주는 두 가지를 추구합니다. 첫째는 물질이고 둘째는 성적 욕망입니다. 2세기 초에 소아시아에서 일어난 몬타누스를 필두로, 6.25 전쟁 후에 나타난 박태선의 전도관, 문선명의 통일교도 물질의 탐욕과 여신도들을 교주의 성적 욕망을 채우는 일로 몰락했습니다. 진리(성경)에 어긋나는 것은 무조건 이단임을 명심해야 합니다. 특히 목사들은 성도들에게 진리의 꼴을 먹여 이단으로 빠지지 않도록 이끌어야 합니다. 성도들도 이단을 분별할 수 있는 능력을 길러 진리에서 벗어나는 일이 없도록 항상 말씀 신앙에 충실해야 합니다. 말씀만이 진리입니다. 샬롬.

신앙과 맹신

"믿음은 바라는 것들의 실상이요 보이지 않는 것들의 증거니" (히 11:1)

신앙은 믿음의 영역입니다. 히브리서 기자는 "믿음은 바라는 것들의 실상이요 보이지 않는 것들의 증거니"라고 말했습니다.(히 11:1) 따라서 믿음은 눈으로 보지 못하고 손으로 만져보지 못하지만 확실하다고 확신하는 것입니다. 진실한 신앙은 영적 세계에 속한 것으로 오직 택함을 받은 사람들만이 소유하는 선택받은 이들의 복입니다. 바울 선생은 "성령으로 아니하고는 누구든지 예수를 주시라 할 수 없느니라"(고전 12:3)고 못 박아 두셨습니다. 예수를 주라고 믿고 고백하는 사람은 자기의 의지로 하는 것이 아니고 성령님의 은총으로 신앙을 고백한다는 말씀입니다.

우리가 살고 있는 물질 세상은 신앙의 영역이 아니고 과학의 영역입니다. 옛날 사람들은 지구는 가만히 있고 태양이 지구를 돈다는 천동설을 확신했습니다. 루터도 칼뱅도 천동설을 믿었습니다. 그러나 폴란드의 천문학자 코페르니쿠스(1473-1543)가 지동설을 주장한 데 이어 그로부터 약 100년 후에 태어난 갈릴레오 갈릴레이(1564-1642)가 코페르니쿠스의 지동설을 좀 더 구체적으로 입증하면서 지동설을 주장했을 때, 당시 로마 가톨릭교회는 그의 주장을 부정하면서 이단자로 몰아 화형에 처하려 했습니다. 갈릴레오는 그의 주장을 철회함으로 화형은 면했지만, 오늘에 와서 보면 교회가 과학의 영역까지 다스리려다가 남긴 우스운 이야기입니다. 모든 과학자가 과학적 근거를 갖고 이야기하면 그것은 과학적 진실이 되는 것입니다.

2023년 가을, 한국에서는 동일본 후쿠시마 원자력발전소에 보관되어 있던 오염수 방출 문제로 나라가 들썩거리고 있습니다. 이 오염수에 방사능이 많이 포함되어 있어서 그 주변 물고기들이 방사선에 오염되고 그 물고기를 먹으면 인체에 치명적 손상을 가져온다는 것입니다. 또한 한국 근해에서 잡히는 물고기들도 방사능에 오염되어 있어서 먹어서는 안 된다고 주장하는 사람들이 많습니다.

국제원자력기구(IAEA) 전문가들이 일본에 가서 오염수를 바다에 방류해도 어류나 인체에 해롭지 않다는 결론을 내렸습니다. 그 위원들 가운데는 한국 과학자도 있었습니다. 미국이나 유럽 나라들은 이 IAEA 과학자들의 발표를 신뢰하고 일본산 물고기나 그 지역 농산물을 수입해서 먹고 있습니다. 그런데 유독 한국과 중국 사람들만 일본산 어류나 농산물 수입을 금지하고 있습니다.

미국이나 유럽 여러 나라는 과학자들이 조사하고 발표한 내용을 신뢰하고 믿고 의심하지 않습니다. 그러나 많은 한국 사람은 이것을 믿지 않습니다. 일본 정부가 그 과학자들 모두를 매수했거나 아니면 그들이 잘못 조사했을 것이라는 근거 없는 생각들을 하고 있는 것입니다.

미국 연방정부의 식품의약국(FDA)이 미국인들이 먹는 모든 식품과 약품을 철저히 검증해서 OK라고 인증하면 누구나 안심하고 먹습니다. 후쿠시마 주변의 어류와 농산물이 FDA에서 통과되었기 때문에 안심하고 먹습니다. 미국인들은 FDA를 신뢰하기 때문입니다. 이 기관에는 세계적인 권위를 가진 과학자들이 포진하고 있어 철저한 검증을 하고 있습니다.

우리가 성경에 기록된 내용을 하나님의 말씀으로 믿고 따르고 순종하는 것처럼, 육신 생활에 있어서는 어떤 분야의 전문가들이 하는 말을 믿고 따라야 합니다. 그것이 순리입니다. 거짓 선동이나 가짜 뉴스에 휘말리지 않는 것이 지성인의 도(道)입니다. 근거 없는 뜬소문을 믿는 것은 맹신일 뿐입니다. 샬롬.

번영 신학

"어떠한 형편에든지 나는 자족하기를 배웠노니 나는 비천에 처할 줄도
알고 풍부에 처할 줄도 알아 모든 일 곧 배부름과 배고픔과 풍부와
궁핍에도 처할 줄 아는 일체의 비결을 배웠노라." (빌 4:11-12)

한때 한국에서 "예수 믿고 가난하게 살면 예수 잘못 믿는 것이다. 예
수 믿고 병들면 예수 잘못 믿는 것이다"라며 무조건 예수님을 잘만 믿
으면 부자로 살고 건강하게 살며 만사형통한다는 번영 신학이 유행하
던 때가 있었습니다. 요즘도 헌금 많이 하면 부자 되고 교회 봉사 많이
하면 모든 일이 형통하고 목사에게 잘하면 하나님의 (축)복을 받는다고
외치는 목사들이 적지 않았습니다. 이것은 기독교 신앙이 아니고 비성
경적 사이비 종파입니다.

　　미국의 기독교 여론 조사 기관인 라이프웨이 리서치(Lifeway
Research)는 2017년 이후 5년 만인 2022년 미국 개신교인 1,002명을 대
상으로 '번영 신학'에 대한 실태 조사를 했습니다. 조사 결과 번영 신학
을 믿는 개신교인이 크게 늘어났는데 특히 젊은 교인들 중에 많이 증
가했음을 보여 주었습니다. "하나님은 내가 재정적으로 번영하기를 원
하신다"라고 믿는 교인은 2017년 69%에서 2022년 76%로 늘었고, "교
회나 자선 단체에 기부하면 하나님께서 복을 주신다고 교회에서 가르
친다"라는 교인도 같은 기간 38%에서 52%로 높아졌습니다.

　　또한 물질의 축복을 받기 위해서는 하나님을 위해 일을 해야 한다
고 생각하는 교인 역시 26%에서 45%로 높게 나타났습니다. 특히 하나
님은 내가 재정적으로 번영하기를 원하신다고 믿는 비율은 젊은 교인
사이에 가장 높았는데 18세에서 34세에서 81%, 35세에서 49세에서

85%로 교인 10명 중 여덟 명 이상이 이런 번영 신학에 대한 믿음을 갖고 있었습니다.

이제 우리 한국교회는 번영 신학을 노골적으로 설교하지는 않습니다. 그러나 은근히 교회에 열심히 출석하고 봉사하며 헌신하면서 희생하면 하나님께서 여러 가지 복을 내려 주신다는 믿음을 갖게 하는 목사들도 적지 않습니다. 과연 그럴까요? 스데반 집사는 교회를 열심히 섬기지 않아서 돌에 맞아 순교했나요? 바울 선생은 복음을 위해 헌신하지 않아서 목 베임을 당해 순교했을까요? 주기철 목사님은 마산 문창교회에서 목회할 때 어린 딸과 아들을 잃었고 후에 사모님도 병으로 세상을 떠났습니다. 딸과 아들, 사모님까지 잃은 주 목사님은 하나님을 바르게 섬기지 않아 이런 시련을 당하였을까요?

주 목사님은 신사참배에 반대하여 평양 감옥에 투옥된 지 5년여 만인 47세 때 일제가 굶겨 죽여 순교하셨습니다. 여기 번영 신학이 설 자리가 있나요? 손양원 목사님은 두 아들을 죽인 공산당 두목 학생을 용서하고 양자로 입적까지 시켰지만, 6.25 전쟁 때 인민군들에게 총살당해 48세 나이로 순교하셨습니다. 여기 번영 신학이 있습니까?

기독교는 무당 종교가 아닙니다. 적선을 많이 하면 복 받는 불교가 아닙니다. 생사화복 모든 것은 하나님의 섭리 가운데서 이루어집니다. 교회는 진리를 선포해야 합니다. 기독교 신앙은 좁은 길로 가는 것이고 그리스도인은 박해와 핍박을 받는 것이 정상입니다. 세상의 복락과 신앙과는 상관이 없습니다. 예수님 잘 믿고 세상에서 잘 사는 사람도 물론 있습니다.

그러나 모두가 그런 것은 아닙니다. 시련은 누구에게나 찾아오게 되어 있습니다. 너무 축복, 축복 하지 맙시다. 번영 신학은 기독교 신앙이라고 정의할 수 없습니다. '고난의 신학'이 기독교의 진수입니다. 우리의 진정한 번영은 천국에서만 이루어질 것입니다. 샬롬.

누구에게 축복해야 할까?

"서로 향하여 음욕이 불 일듯 하매 남자가 남자와 더불어 부끄러운 일을
행하여 그들의 그릇됨에 상당한 보응을 그들 자신이 받았느니라."
(롬 1:27)

성직자(목사, 신부)들은 사람들에게 축복을 해 줄 의무와 권리가 있습니다. 그런데 축복을 해 줄 수 없는 사람들이 있습니다. 그들은 동성애를 하는 사람들이나 동성 결혼을 하려는 사람들입니다. 동성 결혼을 하겠다는 사람들에게 축복을 해 줄 수 없는 것은 성경이 동성 결혼을 용납하지 않기 때문입니다. 남자와 여자가 결혼할 때 축복을 많이 해 주는 것이 정상이지만, 남자가 남자와 여자가 여자와 결혼을 하겠다면 축복을 해 줄 수 없습니다.

그런데 불행하게도 개신교(루터교회, 미국의 연합 그리스도의 교회, 장로교회, 감리교회, 성공회: 개신교에 포함한다면) 등은 동성 결혼을 하겠다는 사람들을 축복해 주고 주례도 해주며 예배당을 결혼식장으로 사용하게 합니다.

그러나 가톨릭교회는 동성애나 동성 결혼을 절대 금지합니다. 그런데 처음부터 개혁적인 경향을 보이던 현재 프란치스코 교황은 상당히 개방적인 신학적 입장을 취하고 있습니다. 프란치스코 교황은 일부 동성 커플이 성직자의 축복을 받을 수 있는 가능성을 언급했습니다. 2023년 10월 3일 CNN은 프란치스코 교황이 가톨릭교회 성직자들은 상황에 따라 일부 동성 커플들에게 축복을 내리는 행위가 가능하다는 입장을 밝혔다고 보도했습니다.

프란치스코 교황은 동성 커플에 대한 축복과 관련해서 "성직자의 관용으로 다루어야 할 문제다. 사제들이 부정하고 거부하고 배제하는 판관 역할만 할 수 없다”고 말했습니다. 교황은 “대체로 사람들이 더 나은 삶을 살 수 있도록 신께 도움을 청하기 위해 축복을 요청한다. 따라서 축복받고자 하는 이들을 거부해서는 안 된다”는 입장을 밝혔습니다. 특별히 교황은 “특정 상황에서 성직자가 신중함을 발휘한 결정이 반드시 규범이 되어서는 안 된다”고 발언한 것에 대해 축복을 요청할 때 상황별로 고려해야 함을 시사한 것이라고 BBC 방송은 전했습니다.

그렇지만 교황은 교회가 여전히 동성 간의 결합에 대해서는 객관적으로 죄로 간주한다며 동성 결혼은 인정하지 않을 것이라고 덧붙였습니다. 교회는 결혼을 남녀 간 독점적이고 안정적이며 불가분의 결합으로 보고 있으며 이 신념에 반하는 의식은 피해야 한다고 말했습니다. 그렇지만 그는 “교회법은 모든 것을 포괄해서는 안 되고 포괄할 수도 없다. 또 교회가 항상 사람들과의 관계에 친절, 인내, 이해, 부드러움, 격려의 방식으로 접근해야 된다”고 말했습니다.

우리는 이 교황의 언급에 이중성이 있다고 봅니다. 한편에서는 동성 결혼을 축복해 줄 수 있다는 가능성을 열어 놓고 한편으로는 교회가 동성 결혼을 절대 금지한다고 말하는 것은 이율배반입니다. 교회는 태도를 분명히 해야 합니다. 동성애나 동성 결혼은 하나님의 명령을 어기는 일이므로 교회는 결코 이를 용납할 수 없고 나아가 축복할 수 없습니다.

하나님께서는 남자와 여자를 창조하시고 두 사람이 합하여 부부가 되게 하였습니다. 동성을 부부로 허락하지 않으셨습니다. 따라서 어떤 성직자도 동성 결혼을 축복해서는 안 됩니다. 이는 하나님의 명령을 어기는 일이기 때문입니다. 모든 성직자는 하나님의 말씀에 절대 순복해야 합니다. 이것이 성직자들의 중요한 책무입니다. 샬롬.

어떤 신부

"누구든지 여인과 동침하듯 남자와 동침하면 둘 다 가증한 일을 행함인즉
반드시 죽일지니 자기의 피가 자기에게로 돌아가리라." (레 20:13)

지난 연말(2023년) 성탄절 전, 12월 23일 영국 일간 「텔레그래프」에 따르면 이탈리아 나폴리에서 동쪽으로 차로 1시간가량 떨어진 아벨리노 지역의 베드로와 바울 성당에서 베들레헴 마구간에 탄생하신 아기 예수님을 장식하면서 아기 예수 왼쪽에는 마리아, 오른쪽에는 누군지 알 수 없는 여성을 배치했습니다. 마리아 옆에는 반드시 요셉이 앉아 있어야 하는데 엉뚱하게도 여자가 앉아 있는 것입니다. 비탈리아노 델라 살라 신부는 이런 성탄 장식을 연출한 이유에 대해 "이 장면을 통해 전통적인 가족만 있는 것이 아니라는 사실을 보여주고 싶었다"고 말했습니다.

"우리 교구에서는 새 유형의 가족에 속한 아이들을 점점 많이 볼 수 있는데, 별거하거나 이혼한 가정, 동성애자 커플, 독신자, 어린 여성의 자녀들이 바로 그들"이라고 말했습니다. 이 신부는 성소수자(LGBT) 및 좌파 운동에 동조하는 것으로 알려져 있는데, 자신의 태도가 최근 동성 커플도 가톨릭교회에서 사제의 축복을 받을 수 있다고 공식 선언한 프란치스코 교황의 뜻과도 일치한다고 강조했습니다.

그러나 마리아와 요셉 대신 두 여인이 등장하는 성탄 장면은 이탈리아에서 큰 논란을 불러일으켰습니다. 집권 우파 연정에 속한 한 상원의원은 "성소수자가 노는 공간은 (아기 예수와 성모 마리아, 성 요셉이 있는) 성 가족에 대해 존경과 헌신을 가진 모든 사람을 항상 불쾌하게 한다"고 반발했습니다. 생명과 가족을 위한 모임을 표방하는 단체인 '프로비타 & 파밀리아'는 "위험할 뿐만 아니라 수치스럽고 불경스럽다"면서, 이 성탄 구유가 가족에 대한 성당의 가르침과 모순되며 동성 부모와 대리모를 정상화했다고 반발했습니다.

이 단체는 주교의 개입을 촉구하는 온라인 청원을 시작했으며 12월 말 현재 2만 명 이상이 서명했습니다. 「가디언」은 가톨릭 신자가 많은 이탈리아에서 예수 탄생 그림은 인기가 있지만 최근 몇 년간 사회가 세속화, 다문화가 되면서 이런 그림들은 점점 문화 전쟁에 휩싸이고 있다고 논평했습니다. 이탈리아에서는 대리모를 통해 아이를 갖는 것은 불법이며 의회는 해외에서 대리모를 이용하는 커플도 처벌하는 법안을 논의 중에 있습니다.

세상이 이상해지다 보니까 아기 예수님이 여성 동성애자들의 아들이라는 해괴한 상상을 하는 신부가 있으니 참 할 말이 없습니다. 불신자들이나 일반 신도가 그런다면 혹 이해할 수도 있겠지만, 신부가 앞장서서 동성애를 칭송하는 일은 상상할 수 없는 신성모독이 아닐 수 없습니다. 성경에 분명히 마리아와 요셉이 약혼한 사이고 요셉은 천사의 말을 듣고 마리아를 데리고 와서 호적 하러 베들레헴에 내려갔다가 여관에 방이 없어 마구간에서 아기 예수님을 출산했다고 기록되어 있습니다. 그런데 신부가 요셉 대신 어떤 여자를 두고 마치 마리아가 레즈비언인 것처럼 꾸며 놓았으니 우리가 무슨 말을 더 할 수 있겠나요? 교황이란 분이 동성애자들에게 축복 기도를 해 주는 지경에 이르렀으니 가톨릭교회의 최근 행보가 성경적 진리에서 타협하는 것 같아 참으로 안타깝습니다. 성 가족에 요셉을 빼고 여자를 앉혀 놓는 이런 일을 신부가 했다는 것이 도저히 용납되지 않습니다.

성경 말씀은 여호와의 명령입니다. 여호와의 명령을 따르지 않는 신도, 목사, 신부는 그리스도인은 아닙니다. 그리스도인은 여호와 하나님과 그리스도의 명령을 따르는 사람들입니다. 이것이 기독교의 진리입니다. 신도들이 이런 신부를 위해 기도를 많이 해야겠습니다. 샬롬.

파문

"예수께서 이르시되 내가 곧 길이요 진리요 생명이니 나로 말미암지
않고는 아버지께로 올 자가 없느니라." (요 14:6)

파문은 영어로 엑스커뮤니케이션(Excommunication)인데, 'ex'는 '밖으로'
라는 뜻이고, 'communication'은 '성만찬'이란 뜻입니다. 따라서 파문
은 성만찬에 참석하여 성체를 받지 못하게 하는 벌로 구원의 반열에서
제외되는 가톨릭교회의 최고 벌입니다.

2024년 7월 진보적인 프란치스코 교황을 맹렬히 규탄한 극보수파
카를로 마리아 비가노(83) 대주교에게 가톨릭교회에서 가장 큰 벌인 파
문이 내려졌습니다. 교황청 신앙교리부는 2024년 7월 5일 성명에서 가
톨릭교회를 분열시킨 비가노 대주교의 유죄가 인정되어 파문하였다고
발표하였습니다. 비가노는 신앙교리부 장관과 프란치스코 교황을 언
급하며 "나를 심판한다고 주장하는 재판소의 권위도, 그 재판소장도,
그를 임명한 사람도 인정하지 않는다"는 입장을 밝혔습니다.

그는 예전과 마찬가지로 프란치스코 교황을 원래 이름인 호르헤
마리오 베르고글리오라고 부르며 교황의 권위를 인정하지 않았습니
다. 이탈리아 출신인 비가노 대주교는 가톨릭 내에서도 프란치스코 교
황의 진보적 성향을 원색적으로 비난하는 대표적 보수 인사입니다. 비
가노 대주교는 성소수자들을 포용하는 정책에 반발해 프란치스코 교
황을 '거짓 선지자', '사탄의 하인'이라 부르고, 2018년에는 교황의 자
진 사임을 촉구하기도 한 인물입니다.

2,000년 교회 역사를 통하여 수많은 사람이 가톨릭교회로부터 파

문당하고 화형을 당했는데, 그 가운데 1517년 교회 개혁을 외치며 95 개 조항의 면죄부에 대한 항의문을 게시한 마르틴 루터가 있습니다. 루터의 95개 조항이 유럽 전역으로 퍼지면서 루터에 동조하는 교인들이 늘어나자, 교황청에서는 루터에게 95개 조항을 즉시 취소하라고 명령했으나 루터가 이를 거절하자 루터를 파문했습니다. 파문은 교회와 세상 권력으로부터 모든 권리를 박탈당하고 화형을 당하는 벌입니다. 파문을 당한 사람은 모든 권리가 박탈되어 그를 폭행해도, 집에 물건을 가져가도, 심지어 살해를 해도 가해자는 벌을 받지 않습니다.

루터 주장의 핵심은 바로 성경은 교황보다 상위에 있다는 것입니다. 가톨릭교회는 교황이 성경보다 위에 있다고 주장한 데 반해, 루터는 하나님의 말씀인 성경은 인간인 교황보다 위에 있다고 주장하며 교황의 권위를 부정한 죄로 1520년 1월 10일 파문을 당하였습니다.

가톨릭교회는 1869년부터 1870년까지 열린 제1차 바티칸 공의회에서 '교황 무오(Papal Infallibility)' 교리를 결정하였습니다. 교황은 전 세계 기독교의 우두머리로, 신앙이나 도덕에 관하여 교황좌에서 장엄하게 결정을 내릴 경우 그 결정은 성령의 특권으로 보증되기 때문에 결단코 오류가 있을 수 없다는 교리입니다. 이에 따라 교황 비오 9세는 1854년 마리아의 원죄 없는 잉태(무흠수태)를 선포하여, 마리아가 무죄한 상태에서 예수님을 수태하였다고 선포하였습니다. 해 아래 죄 없는 인간이 있을까요? 1950년 교황 비오 12세는 무죄한 성모 마리아는 죽음을 보지 않고 승천하였다는 몽소승천 교리를 선포하였습니다.

어떤 교회도 교인에게 구원이 없다고 낙인찍어 추방할 권리는 없습니다. 다만 교인이 교회법을 심각하게 위반했을 때 출교(신자의 자격을 박탈해서 내쫓음)시킬 수는 있습니다. 신자에게 구원을 주시는 분은 하나님이시지 교회가 아닙니다. 교회나 교황은 어떤 경우에도 성경보다 상위에 있을 수 없습니다. 성경은 하나님의 말씀으로 인간들이 만든 교회나 인간인 교황은 그 위에 설 수 없습니다.

교황도 사람입니다. 사람은 실수나 죄를 범하는 법입니다. 교황이 어떤 잘못을 저질러도 비난을 해서는 안 되고 잘못을 지적하는 사람을 파문시켜 추방하는 것은 하나님께서 원하시는 일이 아닙니다. 오직 성경만이 절대적이고 교회도 교황도 절대적일 수 없습니다. 예수님께서는 "내가 곧 길이요 진리요 생명이라"고 선언하셨습니다. 교회가 길과 진리와 생명일 수 없습니다. 오직 예수님만 절대 존재입니다. 주님의 말씀을 따르는 사람이 성도입니다. 샬롬.

신부에게도 결혼을 허락하라

"그러므로 감독은 책망할 것이 없으며 한 아내의 남편이 되며 절제하며
신중하며 단정하며 나그네를 대접하며 가르치기를 잘하며… 돈을
사랑하지 아니하며" (딤전 3:2-3)

2024년 1월 7일 로이터, DPA 통신에 의하면 교황청 신앙교리성 차관보인 찰스 시클루나(64) 몰타 대주교는 「타임스 오브 몰타」와의 인터뷰에서 가톨릭교회가 사제(신부)들의 결혼을 "진지하게 고려"해야 한다고 말했습니다. 시클루나 대주교는 "내가 결정할 수 있는 사안이라면 나는 사제에게 독신을 요구하는 규정을 개정하겠다"고 말했습니다. 그는 신부가 사랑에 빠질 수 있지만 "현재로서는 사제직과 사랑하는 여성 중에 하나를 선택해야 한다. 어떤 사제들은 몰래 감정적인 관계를 이어가기도 한다"라고 말했습니다.

시클루나 대주교는 이런 사례들을 보고 사제 독신 규정 문제가 심각하게 고민해야 할 부분임을 알게 되었다면서 "왜 그가 결혼을 선택했다는 이유로 위대한 사제가 될 수 있는 사람을 놓쳐야 하는가?"라고 반문했습니다. 그러면서 가톨릭교회는 12세기까지 사제들의 결혼이 가능했으며 동방가톨릭 교회는 지금도 사제들의 결혼이 가능하다면서 교황청이 이러한 쪽으로 입장을 바꿔야 한다고 촉구했습니다. 가톨릭교회는 모든 사제와 수녀들에게 독신 서약을 요구합니다. 이것을 찬성하는 쪽에서는 성직자들이 결혼하지 않음으로 온전히 성직에 헌신할 수 있다고 말합니다.

가톨릭교회에서 성직자의 결혼을 금지한 것은 1123년 제1차 라테라노 공의회 때입니다. 이에 비해 그리스 정교회, 개신교회, 성공회 등

다른 기독교 종파는 사제들의 결혼을 허용하고 있습니다. 가톨릭교회의 성직독신주의는 초기부터 교회가 법으로 규정한 것은 아니고, 사제(감독)가 될 사람은 주후 313년 로마의 콘스탄티누스 황제가 기독교에 자유를 줄 때까지 근 300년 동안 로마 제국 안에서 불법 종교로 규정된 교회의 지도자로 스스로 독신을 선택한 것입니다.

그 이유는 기독교인들이 당국에 체포되면 십자가형이나 맹수의 굴에 던져 죽임을 당하거나 목 베임(로마 시민)을 당하는 참수형을 당해 순교를 했습니다. 신도들의 신앙생활을 지도해야 하는 감독(신부)들은 스스로 결혼을 포기하고 성직자의 길을 걸었습니다. 이런 전통이 313년 기독교에 자유가 주어진 후에도 결혼하고 가정을 갖는 대신 일생을 독신으로 지내야겠다는 생각이 독신제를 고착시켰습니다.

그러다 12세기(1123년)에 와서 교회가 법적으로 신부의 결혼을 금지한 것입니다. 이에 따라 가톨릭교회는 천년 가까이 성직독신제도가 유지되고 있습니다. 그리스 정교회는 신부가 될 사람들에게 결혼의 선택권을 주고, 결혼을 한 신부는 평생 성당에서 교회를 섬기다 은퇴해야 하고 결혼을 하지 않은 신부는 상위 성직, 즉 주교, 대주교, 메트로폴리탄(추기경), 그리고 총대주교(교황)가 될 수 있는 길을 열어 두었습니다. 따라서 신부는 결혼의 선택권을 갖습니다.

현재 세계 가톨릭교회가 당면한 심각한 문제는 신부 부족 사태입니다. 신부가 부족해서 적지 않은 신도들이 주일에 모여도 미사를 드리지 못하고 성가를 부르고 성경을 읽고 헤어지는 공소(公所)가 많습니다. 한국에도 공소가 1,000곳이 넘습니다. 이런 신부 부족 사태의 큰 원인은 신부 결혼 금지 때문입니다.

예수님께서도 바울 사도도 감독(신부, 목사)이 될 사람의 혼인을 금지하지 않았습니다. 따라서 성직자가 결혼을 하는 것은 결코 성경이나 교회법을 어기는 것이 아니고 자기의 자유 선택의 문제입니다. 여러분,

특히 이 글을 읽는 가톨릭 신자들의 의견은 어떤지 궁금합니다. 신부들에게도 결혼할 수 있는 자유를 허용하는 것이 옳지 않을까요? 신부들을 위해서 그리고 교회를 위해서도. 샬롬.

성직자의 음주

"나실인의 서원을 하고 자기 몸을 구별하여 여호와께 드리려고 하면
포도주와 독주를 멀리하며 포도주로 된 초나 독주로 된 초를 마시지 말며
포도즙도 마시지 말며 생포도나 건포도도 먹지 말지니" (민 6:2-3)

술을 마시지 않는 저와 같은 사람도 샴페인 정도는 알고 있습니다. 술을 마시지 않는 사람도 우리나라의 토종 술인 막걸리, 소주, 탁주, 약주, 과실주 등은 알고 있습니다. 술은 인류 역사가 시작된 이래 지금까지 존재해 왔는데 그 이유는 인간이 술 없이는 살 수 없다고 여겼기 때문입니다. 그런데 문제는 술을 많이 마시면 정신을 잃고 소위 필름이 끊어진다는 점입니다.

구약 성경에 노아가 포도주에 만취하여 한 실수를 기록해 놓았습니다. 술로 인해 망신당한 사람이 어디 노아 한 사람뿐이겠습니까? 그런데 술과 기독교와의 관계를 살펴보면 대체로 로마 가톨릭교회나 동방교회(그리스 정교회)는 술을 허용하는 데 반해, 개신교에서는 목사나 교인들이 술 마시는 것을 금하고 있습니다. 여기에 따르는 문제점은 개신교인들 중 술, 담배 문제로 갈등을 겪는 경우가 있다는 것입니다. 따라서 이 문제로 개신교에서 가톨릭으로 옮겨 가는 사람도 있는 것 같습니다.

기록에 의하면 약 300년 전에 프랑스의 샹파뉴(영어로 샴페인) 지방, 오빌레의 작은 수도원에 와인을 만드는 수도사가 있었습니다. 그는 좀 더 맛이 좋고 향도 좋은 포도주를 만들기 위해 애를 썼습니다. 포도주의 질이 좋아지기 시작하자 소문이 나면서 평민들은 말할 것도 없고 귀족들의 상에도 오르게 되었고 급기야는 국왕 루이 14, 15세의 상에까지 오르는 영광을 얻었습니다.

자연히 이 좋은 포도주를 만든 사람이 누구냐고 찾았는데 그는 피에르 페리뇽(Pierre Perignon)이라는 신부였습니다. 그의 명성은 점점 더 높아져 그 신부의 이름에 '돔'(Dom: 가톨릭 성직자를 높여 부르는 호칭)이 붙었습니다. 샴페인을 처음 만든 페리뇽 신부는 샴페인 병 속에서 별들처럼 부글거리는 거품을 보면서 "나는 지금 별을 마시고 있다"고 말한 바 있습니다. 나폴레옹은 "전쟁에서 승리했다면 샴페인을 마실 권리가 있고 실패했다면 샴페인이 절대적으로 필요하다"라고 말했습니다.

수도사가 수도원에서 하는 일은 '기도와 노동'입니다. 주로 오전에는 예배, 묵상, 독경(성경 읽기), 그리고 필사였습니다. 점심 식사를 한 후에는 잠시 낮잠을 자고 나서 수도원 밖 농장에 나가 일을 합니다. 밀 같은 주식은 말할 것도 없고 야채, 과일, 포도나무를 기르는 등 다양한 작업을 했습니다. 포도를 수확한 후 물론 먹기도 했지만 다 먹을 수 없기 때문에 포도주를 만들어 보관하였다가 성찬식에 썼습니다.

포도 생산이 늘어나자 포도주를 만들어 팔기 시작했습니다. 물론 수도사들 중에는 술을 좋아하는 사람이 있어서 주량이 차차 늘어나 알코올 중독자가 나오기 시작했습니다. 알코올 중독자는 평상시의 일을 하기 어렵습니다. 특히 미사를 집례하는 신부들이 알코올 중독이 되면 미사에서 제외시키고 신부들 알코올 중독 치료소로 보내 치료를 받게 합니다.

신부들이 평생 결혼도 하지 않고 독신으로 살면서 외롭고 고독할 때 술을 마시는 것은 자연스러운 일입니다. 술까지 못 마시게 하면 그 고통을 어떻게 감내할 수 있겠나요? 따라서 가톨릭교회에서 신부에게 술과 담배를 허용하는 것은 십분 이해가 되는데 문제는 도를 넘은 이들이 있어서지요. 술 마시고 담배 피울 시간에 기도하고 명상하며 선교와 상담 등 할 일이 많은데, 그런데 시간을 더 할애하다 보면 자신에게도 교회에도 유익되지 않을까요? 샬롬.

아버지가 믿는 기독교

"만일 너희가 사람을 차별하여 대하면 죄를 짓는 것이니 율법이 너희를
범법자로 정죄하리라." (약 2:9)

제가 버지니아에서 공부하고 있을 때, 기숙사 옆방에 50대 초반쯤 되는 분이 목사가 되기 위해 목회학석사(M.Div.) 과정을 공부하러 왔습니다. 한 번은 그분이 자기 아들들에 대한 애기를 했습니다. 아들 둘 다 미국 해군사관학교를 졸업하고 장교로 복무하고 예편한 후에 이름난 기업에서 일하며 지냈습니다. 그런데 큰아들은 한국 여자와 교제를 하는데 작은아들이 일본 여자와 교제를 하는 것을 알게 되었습니다. 그래서 작은아들을 불러서 "다른 나라 여자는 몰라도 일본 여자는 안 된다. 우리나라와 일본과는 과거 역사적 관계도 있고 사람들의 눈도 있으니 차라리 백인하고 교제를 하는 것이 어떻겠냐"고 말하자 작은아들은 조용히 듣고 나갔습니다.

그런데 그 후에도 작은아들이 계속 일본 여자와 교제하는 것을 보고 다시 불러서 "내가 일본 여자하고는 안 된다고 말했는데 왜 계속 일본 여자와 교제를 하느냐? 일본 여자와 교제를 끊고 다른 나라 여자와 교제를 하라"고 강하게 말했습니다. 이번에도 작은아들은 아무 말도 하지 않고 나갔는데, 며칠 후에 작은아들로부터 편지 한 통이 배달되었습니다. 편지를 열어보니 딱 한 문장, "아버지가 믿는 기독교가 인종을 차별하는 종교라면 나는 기독교를 믿지 않겠습니다"였습니다.

그 글을 읽고 이분은 충격을 받아 작은아들을 불러 "내가 잘못 생각했다. 일본 여자와 결혼을 해도 좋다"고 허락을 했습니다. 그 후 큰아

들은 한국 여자와 작은아들은 일본 여자와 결혼을 했는데, 결혼 후에 지내보니까 그 일본인 며느리가 시부모를 참 지극정성으로 섬기더라는 일화를 나누며 같이 웃은 일이 있었습니다.

미국에서 살고 있는 한인들은 자녀들 결혼에 신경을 많이 쓸 수밖에 없습니다. 1등 신랑이나 신부는 물론 한국 사람이지만, 아니면 백인, 기타 나라 사람이어도 좋으나 특정 인종(흑인)은 안 된다고 선을 긋는 편견이 우리 안에 존재하기도 합니다. 바울 선생이 "유대인이나 헬라인이나… 다 그리스도 안에서 하나"라고 말씀하신 것같이 기독교는 인종을 차별하는 종교가 아니지만, 막상 아들이 흑인 여자를, 딸이 흑인 남자를 데리고 와서 결혼을 하겠다면 과연 우리는 백인 남자나 백인 여자에게 결혼을 허락하는 것같이 쉽게 결혼을 허락할 수 있을까요?

우리가 피부 색깔로 사람을 차별해서는 안 된다는 말은 자주 하지만 막상 그 일이 나에게 닥치면 망설이는 것은 어쩔 수 없는 일입니다. 하나님께서는 속사람을 보시지만 인간은 겉사람을 보기 때문입니다. 그러나 분명한 것은 기독교는 인간을 피부 색깔로 차별하는 종교가 아니라는 것입니다. 사도 바울 선생은 "너희 안에 이 마음을 품으라 곧 그리스도 예수의 마음이니"(빌 2:5)라고 말씀하셨습니다. 우리가 그리스도의 마음을 품으면 사람을 피부 색깔로 판단하지 않고 속사람을 볼 수 있습니다.

우리가 믿는 기독교는 선입견이나 편견을 가지고 사람을 판단하는 것이 아니고 "유대인이나 헬라인이나… 다 그리스도 안에서 하나"라는 원리를 실천하는 종교입니다. 여러분들의 자녀들이 아버지가, 엄마가 믿는 기독교가 사람을 차별하는 종교라면 나는 기독교 신앙을 버리겠다고 말한다면 어떻게 하시겠습니까? 정말 나는 피부 색깔로 인종을 차별하지 않는 사람인지 스스로에게 질문해 보는 시간을 가져 보시기 바랍니다. 샬롬.

역지사지

"남자나 여자나 다 그리스도 예수 안에서 하나이니라." (갈 3:28)

역지사지란 입장을 바꾸어서 생각해 보라는 말입니다. 내가 상대방의 입장이 되고 상대방이 내 입장이 되면 서로 상대방의 입장을 잘 이해할 수 있다는 의미입니다. 그러나 남자가 여자 입장이 되고 여자가 남자 입장이 된다는 것은 현실적으로 불가능한 일입니다. 어떤 신문사의 여성 논설실장이 남성 위주의 사회에서 여성이 얼마나 어려움을 당하고 있는지 쓴 글을 읽고, 제가 그동안 전혀 생각하지 못했던 여성들의 어려움을 어느 정도 이해할 수 있게 되었습니다.

2024년 3월, 로스앤젤레스 카운티 슈퍼바이저 위원회가 특이한 안건 하나를 통과시켰는데, 앞으로 60일 이내에 소방국은 여성 소방대원 및 구급 응급대원들의 유니폼과 개인 보호 장비를 여성의 신체 조건에 맞게 만들라는 내용입니다. 논설실장은 그동안 여성 소방대원들이 남자 제복을 입고 일했을까 의심을 했지만 그것이 사실로 드러난 것입니다. 회의에 참석한 여성 소방대원들은 유니폼이 너무 크고 무거우며 몸에 맞지 않아서 화재 현장에서 빠르게 대처하기가 너무 힘들었다고 증언했습니다.

사람의 생명을 구하기 위해 분초를 다투는 상황인데도 흘러내리는 바지춤을 추켜올리느라고 행동이 굼떴다고 증언했습니다. 미국에서 가장 규모가 큰 로스앤젤레스 카운티 소방국 소속 대원 3,145명 중 대다수는 백인 남성이고 여성은 82명(3.8%)입니다.

그동안 여성 대원들은 남성들의 소방복을 줄여서 입었는데 소방복 제조업체들이 여자 대원의 치수를 잰 후 그걸 남자 체형의 패턴에 적용해 만들었기 때문입니다. 그러면 소매와 바지 안쪽 가랑이 길이가 길고 흉곽은 크며 여성의 엉덩이와 가슴에 곡선이 고려되지 않아 불편한 제복이 만들어질 수밖에 없습니다. 이 문제는 소방대원뿐만이 아니라 경찰, 군인, 인명구조대원들에게도 똑같이 적용되는 문제입니다. 제복뿐만 아니라 군화, 모자, 배낭, 권총 띠, 방독면, 방탄복, 형광조끼 등의 장비에 모두 해당됩니다.

캐롤라인 페레즈의 책 『보이지 않는 여자들』(Invisible Women)에 그동안 잘 알려지지 않았던 광범위한 통계 자료와 풍부한 사례를 적어 놓았습니다. 남성에 의해, 남성을 위해 설계된 이 세계가 어떻게 인구의 절반인 여성을 배제했는지를 기술과 노동, 의료, 도시계획, 경제, 정치, 재난 상황 등 여러 영역에 걸쳐 낱낱이 폭로했습니다.

평균 남성의 키, 몸무게, 근력에 맞게 설계된 도구와 장비는 당연히 여성에게는 너무 무겁거나 길고, 이런 장비를 반복적으로 사용하다 보면 손목, 팔, 어깨, 허리, 골반 등의 뼈와 관절에 골절이 오거나 부상을 입을 확률이 높습니다. 오랫동안 과학은 남체(男體)와 여체(女體)가 크기와 생식기능을 제외하고는 근본적으로 같다고 여겨왔습니다. 따라서 모든 교육과 훈련이 남성 표준에 의거해 이루어졌고 그 범위를 벗어나면 비정상적이라고 여겼습니다.

여자는 크기만 줄인 남자가 아님을 학자들은 인체의 모든 세포와 조직과 장기는 물론 질병의 발병과 추위 증상에서도 차이를 발견했습니다. 심장 운동과 폐활량, 심장마비의 전조증상도 남자와 여자가 다르며 심장마비 사망률이 여자가 더 높은 이유는 남자 증상을 기준으로 판단해 조기 진단에 실패하기 때문입니다. 여자와 남자는 근육 분포와 골밀도, 호르몬이 다르며 척추뼈의 간격도 다르고 신진대사 체계도 다르며 스트레스에 대한 반응도 다릅니다.

지금까지 역사는 남자들이 지배해 왔습니다. 그러나 세상은 변하고 남녀 차별은 철폐되어 이제는 여성들도 당당히 남자들이 하는 일을 어떤 면에서 남자들보다 더 잘하고 있습니다. 이제는 남성 위주의 세상에서 여성 위주는 아니어도 남성과 동등한 정도의 대우를 받고 여성의 모든 조건에 맞는 제도를 만들어야 합니다. 이것이 진정한 의미의 남녀평등이고 역지사지의 정신입니다. 기독교는 차별을 철폐하고 역지사지의 정신을 실현하는 종교입니다. "남자나 여자나 다 그리스도 예수 안에서 하나이니라"(갈 3:28) 샬롬.

나와 너

"그가 우리를 위하여 목숨을 버리셨으니 우리가 이로써 사랑을 알고 우리도 형제들을 위하여 목숨을 버리는 것이 마땅하니라." (요일 3:16)

사람은 세상에 태어나는 순간부터 죽는 순간까지 많은 사람을 만나는데 그 사람은 너(You)와 그(것)(It)으로 크게 나눌 수 있습니다. 이 문제를 심도 있게 다룬 분이 마르틴 부버입니다. 마르틴 부버(Martin Buber, 1878-1965)는 오스트리아 빈에서 태어난 유대인 사상가입니다. 그는 인간의 실존과 종교, 철학, 사회 등 여러 분야에서 적극적인 활동을 한 학자였습니다. 그의 대표적인 서적은 『나와 너』(I and Thou)입니다. 부버는 세상에는 '나와 너'의 관계 또한 '나와 그것(I and It)'이 존재하는데, 참다운 삶을 살기 위해서는 '나와 너'의 관계가 올바로 형성되어야 한다고 주장합니다.

우리가 세상을 살아가면서 무수한 사람들을 만나고 관계를 갖지만 진정한 '나와 너'의 관계보다는 도구적인 관점에서 대상이 언제든지 바뀔 수 있는 일시적이고 기계적인 관계가 더 많다고 말합니다. 인간이 진정한 자아를 찾기 위해서는 관계에서 찾아야 하는데 '나와 너'의 관계인가 아니면 '나와 그것'의 관계인가에 따라서 상대방이 달라지지만 나 또한 근본적으로 다르게 존재하게 됩니다.

부버는 관계의 중요성을 강조하면서 인간 존재와 삶의 의미를 찾으려고 노력했습니다. 현대인들이 인간으로서의 가치와 존엄성을 잃어버리는 것은 인간과 인간 사이에 참된 관계와 대화가 상실되었기 때문이라고 선언합니다.

부버는 모든 만남의 연장선은 '영원한 너'(하나님)에게 향한다고 말합니다. 인간은 많은 사람을 만나지만 '나와 너'의 관계는 드물고 대부분 '나와 그것'의 관계로 끝나고 맙니다. 심지어 예수님과 제자들, 특히 가룟 유다와 베드로 같은 경우도 나와 너(스승과 제자)의 관계에서 돈이나 생명의 위협이 왔을 때 순식간에 '그것'으로 바뀌는 모습을 성경은 보여주고 있습니다.

우리가 어떤 사람을 만날 때 'I and You'의 관계가 되기 위해서는 '나와 너'가 같은 신앙 안에서 만나야 합니다. 진정한 신앙으로 만나면 결코 상대가 'It'이 되지 않고 'You'가 되어 참된 교제가 이루어집니다. 그러나 세상에서 만나는 인간관계는 처음에는 'You'로 시작되어도 결국에는 'It'으로 전락하는 경우를 많이 봅니다. 대체로 사람을 만나면 이 사람과의 관계를 지속하면 나에게 무슨 유익이 있을까, 어려울 때 도움을 받을 수 있을까라는 계산적이고 이기적인 관점에서 상대를 바라보기 때문에 이 관계는 결국 'I and It'으로 전락해 버리는 것입니다.

그러므로 우리가 세상에서 사람을 만날 때 가능하면 신앙 안에서 또 교회 안에서 만나야 합니다. 신앙 안에서 만난 상대는 그를 이용하려 하지 않고 진실한 친구로 받아들이게 됩니다. 이런 관계, 즉 'I and You'의 관계가 이루어지면 상대를 이용하겠다는 생각보다 내가 희생을 해야겠다는 생각을 하게 됩니다. 여기서 그리스도의 사랑이 움트게 됩니다.

사도 요한은 'I and You'의 극치를 "그가 우리를 위하여 목숨을 버리셨으니 우리가 이로써 사랑을 알고 우리도 형제들을 위하여 목숨을 버리는 것이 마땅하니라"(요일 3:16)는 말로 갈파하였습니다. 여기서 'I and You'의 관계가 'I and God'의 관계로 승화될 수 있습니다. 자기희생이 곧 하나님의 자녀가 되는 지름길입니다. 우리도 이런 경지에 나아가기 위해 노력하고 기도해야 합니다. 샬롬.

이기주의와 이타주의

"즐거워하는 자들과 함께 즐거워하고 우는 자들과 함께 울라… 모든 사람 앞에서 선한 일을 도모하라 할 수 있거든 너희로서는 모든 사람과 더불어 화목하라." (롬 12:15, 17-18)

옛날 어느 나라의 큰길에 커다란 바윗덩어리가 하나 박혀 있었습니다. 사람들은 모두 그 바윗덩어리를 피해 돌아다녔습니다. 그 바위 때문에 사람들이 다치기도 하고 마차를 끄는 말의 다리가 부러지기도 했지만, 아무도 바위를 치울 생각을 하지 않았습니다. 그런데 하루는 가난한 집 소녀가 우유를 가득 실은 수레를 끌고 가다 그 바위에 걸려 넘어졌습니다. 수레에 실은 우유병들이 모두 땅에 떨어져 깨지면서 그 속에 있던 우유가 모두 땅속으로 스며들어가 버렸습니다.

소녀는 그 자리에 주저앉아 한참 울다 내가 저 바위를 파서 옮겨야겠다는 결심을 합니다. 오랜 시간을 들여 바위 주변의 흙을 모두 판 후 바위를 힘껏 밀어 길가로 옮겨 놓았는데, 그 바위가 있던 자리 밑에 자루가 하나 놓여 있었습니다. 소녀가 이 자루를 열어 보았더니 그 자루 속에 황금이 가득 담겨있었습니다. 그 나라의 임금이 일부러 큰 바위를 길 한복판에 박아 두면서 황금 주머니 자루를 그 밑에 두었던 것입니다. 누군가 바위를 치우는 사람에게 주는 상금이었습니다.

이 이야기는 누군가가 지어낸 이야기지만 우리에게 주는 교훈이 있습니다. 많은 사람은 길 가운데 박혀 있는 바위를 보고 피해 돌아다니면서도 바위를 파서 길가로 옮겨야겠다고 생각하는 사람은 없었습니다. 저 바위를 파서 굴려 내면 이곳을 지나는 사람들이나 마차가 불편 없이 다닐 수 있다는 생각은 했겠지만, 막상 큰 바위를 옮기는 것은 보통 일이 아니고 시간과 정력, 경우에 따라서는 돈이 들어가는 귀찮은 일이기 때문에 선뜻 나서는 사람이 없었던 것입니다. 그러나 온 가족이 먹고살아야 할 우유를 잃어버린 소녀는 앞으로도 이 길로 계속 우유를 실은 수레를 끌고 다녀야 하고, 또 많은 사람이 자기 같이 이 바위에 걸려 넘어져 몸도 다치고 재물의 손해를 입을 것이라고 생각하였습니다.

인간은 태어나면서부터 이기적 존재로 태어납니다. 인간은 누구나 어머니를 사랑합니다. 어머니와 내가 동시에 어려움을 당했을 때 누구의 어려움을 먼저 해결해야 하느냐고 물어보면 대부분의 사람은 어머니의 어려움을 먼저 해결해 드리고 나서 내 어려움을 해결해야 한다고 말합니다. 이론적으로는 이 말은 맞습니다. 그러나 막상 어머니의 발등과 내 발등에 동시에 불이 붙었다면 누구 발등의 불을 먼저 끌까요? 두말할 필요 없이 자기 발등의 불을 먼저 끄게 되어 있습니다. 자기 발등에 불이 붙어 있는데 어머니의 발등에 붙은 불을 먼저 끄는 사람은 (거의) 없습니다.

이기주의자들인 인간들이 모여 있는 집단에는 모두 자기의 이익만을 추구하기 때문에 그 집단의 결말은 패망입니다. 그러나 자기를 희생하면서 다른 사람을 위해 일하는 사람들이 많으면 많을수록 그 사회는 더욱 행복한 사회가 됩니다.

예수님께서 "네 이웃을 네 자신같이 사랑하라"(마 22:39)고 말씀하신 것이나 바울 선생이 "즐거워하는 자들과 함께 즐거워하고 우는 자들과 함께 울라… 모든 사람 앞에서 선한 일을 도모하라 할 수 있거든 너희로서는 모든 사람과 더불어 화목하라"(롬 12:15, 17-18)고 하신 말씀이 그리스도인들의 이웃에 대한 태도입니다. 아무 보상도 없이 바위를 파서 옮기는 삶이 그리스도인들의 삶입니다. 샬롬.

천국에 갈 수 있는 조건

"네 이웃을 네 자신 같이 사랑하라." (마 22:39)

러시아의 문호 표도르 도스토옙스키의 장편 소설 『카라마조프가의 형제들』에 다음과 같은 얘기가 나옵니다. 옛날에 아주 못되고 인색한 할머니가 살았는데 할머니가 죽은 후에 뒤를 돌이켜 보니 살아생전에 착한 일이라고는 단 하나도 한 일이 없었습니다.

악마들은 당연히 할머니를 불바다 지옥 속에 던져 버렸습니다. 그런데 이 할머니의 수호천사가 이 가련한 할머니를 구원할 수 있는 일이 있는지를 곰곰이 생각하다가 할머니가 살아생전에 했던 단 하나의 선행을 기억해 냈습니다. 수호천사는 하나님께 이 할머니가 텃밭에서 양파 한 뿌리를 뽑아 거지 여인에게 준 적이 있는데 할머니를 구원해 줄 수 없겠느냐고 물었습니다.

하나님께서는 "그 양파를 가지고 가서 할머니가 양파를 붙잡고 지옥에서 나오게 하라. 만약 지옥 불에서 나오면 천국으로 가지만, 양파가 끊어진다면 지옥에 남게 될 것이다"라고 말했습니다. 수호천사는 즉시 지옥으로 내려가 할머니에게 양파를 주면서 이것을 붙잡고 나오라고 말했습니다. 할머니는 이 양파를 붙잡고 조심스럽게 기어오르고 있었는데 다른 죄수들이 할머니에게 매달리기 시작했습니다.

할머니는 그들을 내리치면서 "이것은 내 양파야! 너희들 것이 아니야"라 소리를 지르면서 자기를 붙잡는 죄인들을 발로 걷어차서 떨어뜨려 버렸습니다. 그 할머니가 이 말을 하기가 무섭게 양파가 뚝 끊어지면서 할머니는 지옥불 속으로 떨어지고 말았습니다. 분명히 하나님께서는 "양파가 끊어지지 않으면 구원을 받을 수 있다"라고 말하셨지만 할머니는 자기를 붙들고 늘어지는 다른 죄인들을 발로 걷어차자 양파 뿌리가 끊어졌고 결국 지옥으로 굴러떨어졌습니다. 수호천사는 불바다로 떨어진 할머니를 보고 눈물을 흘리면서 그곳을 떠났습니다.

이 할머니가 양파를 붙잡고 지옥에서 탈출해 나올 때 자기를 붙들고 있는 죄수들을 발로 걷어차 떨어뜨리지 않고 저들과 더불어 지옥에서 탈출하는 자비를 베풀었더라면 할머니도 구원을 받고 다른 죄수들도 구원을 받을 수 있었을 것입니다. 그러나 할머니는 자기 혼자만 구원을 받으려고 자기를 붙들고 늘어지는 죄수들을 발로 걷어차 지옥으로 떨어뜨렸던 것입니다. 자기만 구원을 받고자 했던 탐욕이 자기도 구원을 얻지 못한 결과를 가져왔습니다.

도스토옙스키가 말하려는 내용은 자기만 구원을 받으려는 이기심 때문에 결국 자기도 다른 사람도 구원에 이르지 못했다는 점입니다. 인간의 원죄는 이기심입니다. 자기와 자기 가족, 일가친척에게는 살을 베어 줄 것 같은 사랑을 보이면서도 이웃에게는 추호의 동정심도 보이지 않는 모습을 지적한 것입니다.

주님께서 "네 이웃을 네 자신같이 사랑하라"(마 22:39)는 말씀은 이웃 사랑이 곧 기독교의 신앙의 핵심임을 말씀하신 것입니다. 자기는 열심히 교회에 다니면서 남편이나 아이들, 일가친척들이 교회에 나가지 않아도 그들에게 전혀 전도하지 않는 태도는 기독교 신앙이 아닙니다. 남편이나 자녀들이 신앙생활을 하지 않으면 지옥에 떨어진다는 사실을 알면서도 전도하지 않고 그들을 위해 밤낮으로 눈물로 기도하지 않는 것은 『카라마조프가의 형제들』에 나오는 못된 할머니 같은 사람이 아닐까요? 남은 구원하지 못해도 남편, 자녀들, 형제자매들을 위해 밤마다 눈물 흘리면서 기도해야 합니다. 그들이 주님을 영접할 때까지

10년이 걸려도 30년이 걸려도 온 가족이 다 구원의 반열에 들어설 때
까지 기도드려야 하지 않겠습니까? 주님은 이것을 원하십니다. 샬롬.

이기주의자 히스기야 왕

"히스기야가 이사야에게 이르되 당신이 이른 바 여호와의 말씀이
좋소이다 하고 또 이르되 내 생전에는 평안과 견고함이 있으리로다
하니라." (사 39:8)

위대한 지도자들은 자기 자신보다 민족과 국가를 우선 생각합니다. 모
세는 시내산에서 내려와 이스라엘 백성이 황금 송아지를 만들어 놓고
섬기며 춤추고 노는 모습을 보고 손에 들고 있던 십계명 돌판을 던져
깨뜨려 버렸습니다.(출 32:19) 모세는 "이제 그들의 죄를 사하시옵소서
그렇지 아니하시오면 원하건대 주께서 기록하신 책에서 내 이름을 지
워버려 주옵소서"(출 32:32)라고 호소합니다. 모세는 자기 백성들의 구원
을 위해 자기가 하나님께로부터 단절되기를 간구했습니다. 모세의 민
족 사랑의 정신을 여기서 볼 수 있습니다.

신약의 바울 선생의 민족 사랑 정신을 보여주는 말씀이 로마서 9
장 1절 이하에 나옵니다. "나에게 큰 근심이 있는 것과 마음에 그치지
않는 고통이 있는 것을 내 양심이 성령 안에서 나와 더불어 증언하노
니 나의 형제 곧 골육의 친척을 위하여 내 자신이 저주를 받아 그리스
도에게서 끊어질지라도 원하는 바로라"(롬 9:1-3)라고 말했습니다. 바울
선생은 그리스도에게서 끊어질지라도 자기 민족이 구원받기를 소원하
고 있습니다.

히스기야 왕은 남유다 왕국 13대 왕으로 25세에 즉위하여 29년간
통치했습니다. 이사야 선지자가 중병이 든 히스기야 왕에게 "네가 죽
고 살지 못하리라"고 경고하자, 히스기야가 얼굴을 벽으로 향하여 여
호와께 통곡하며 기도하자 여호와께서는 히스기야의 수한에 15년을

더해 주셨습니다.(사 38:1-6) 히스기야는 죽을 운명에서 하나님께 눈물로 통곡하고 기도하므로 15년의 수명을 연장받았습니다.

바벨론 왕은 히스기야 왕이 병들었다 회복했다는 소식을 듣고 신하들에게 예물을 보냈습니다. 히스기야는 바벨론 왕의 사자들에게 궁중에 있는 모든 은금과 보배로운 기름과 모든 무기고를 다 보여 주었습니다.(사 39:1-2)

이사야 선지자는 히스기야 왕이 바벨론 왕의 신하들에게 궁전에 있는 것을 다 보여 주었다는 말을 듣고 여호와의 말씀을 전합니다. "보라 날이 이르리니 네 집에 있는 모든 소유와 네 조상들이 오늘까지 쌓아둔 것이 모두 바벨론으로 옮긴 바 되고 남을 것이 없으리라… 또 네게서 태어날 자손 중에서 몇이 사로잡혀 바벨론 왕궁에 환관이 되리라 하셨나이다 하니 히스기야가 이사야에게 이르되 당신이 이른바 여호와의 말씀이 좋소이다 하고 또 이르되 내 생전에는 평안과 견고함이 있으리로다 하니라."(사 39:6-8)

우리는 이 기록에서 히스기야 왕의 이기적 모습의 진면목을 봅니다. 그는 자기 병을 고쳐 주시라며 벽을 향하여 통곡하면서 기도하여 15년의 수명 연장을 허락받았습니다. 그러나 히스기야 왕은 정작 자기 왕궁과 성전의 모든 보물과 귀중품이 바벨론으로 옮겨가고 후손들 중에 바벨론 왕국의 환관이 되리라는 이사야 선지자의 말을 듣고도 자기가 살아 있는 동안에 이런 일이 일어나지 않을 것을 알고 "내 생전에는 평안과 견고함이 있으리로다"고 태연하게 말합니다.

자기 생명을 위해서는 금식을 선포하고 벽을 향하여 꿇어앉아 하나님께 통곡하며 기도했으면서도, 정작 자기 나라가 망하고 후손들이 포로로 잡혀갈 것이며 궁궐과 성전의 모든 보물이 바벨론으로 옮겨 간다는 말을 듣고도 하나님 앞에 기도하기는커녕 자기 당대에 그런 일이 일어나지 않을 것을 알고 안도하는 모습에서 그의 이기주의를 봅니다.

　한 나라의 왕이라면 자신의 생명 연장보다 나라와 백성의 안위를 위해 금식하며 벽을 향하여 통곡하면서 결코 이런 일이 일어나지 않게 해 달라고 기도를 드려야 마땅합니다. 인간의 이기주의는 나라가 망하든 후손이 포로로 잡혀가 어떤 고난을 받든 상관없게 만드는 사탄의 장난입니다. 예수님께서 "네 이웃을 네 몸처럼 사랑하라"고 말씀하신 이유가 바로 여기 있습니다.

　히스기야 왕이 유대 백성과 나라를 자기 몸처럼 사랑했다면 이런 태도를 보이지는 않았을 것입니다. 이기주의는 국가를 망치고 후손들에게 치명적 고통을 안겨 주는 악마의 작품입니다. 우리 모두 이기주의를 극복하고 이타주의로 살아야 합니다. 이것이 예수님의 가르침을 따르는 그리스도인들의 삶의 태도입니다. 샬롬.

나는 누구를 가장 사랑할까?

"그가 우리를 위하여 목숨을 버리셨으니 우리가 이로써 사랑을 알고
우리도 형제들을 위하여 목숨을 버리는 것이 마땅하니라." (요일 3:16)

사람은 이 세상에서 누구를 제일 사랑할까요? 사람들은 대체로 어머니를 사랑한다고 말하고 더러는 결혼한 지 10년 만에 얻은 외동아들이나 아내, 남편, 부모, 친구를 사랑한다고 말합니다. 과연 그럴까요?

제가 고등학교에 다닐 때 작은 교회에서 주일학교 선생을 했는데, 어느 주일에 교장 장로님이 아이들에게 설교를 하면서 "여러분은 세상에서 누구를 제일 사랑합니까?"라고 물으니 아이들은 어머니, 아버지, 동생 등 여러 대답을 했습니다. 장로님은 "거짓말하지 말아라. 사람들은 세상에서 자기를 가장 사랑하는 법이다"라면서 "내가 세상에서 가장 사랑하는 어머니의 발등에 불이 붙고 내 발등에 불이 붙으면 누구 발등의 불을 먼저 끄겠는가? 모든 사람은 자기 발등의 불을 먼저 끄고 난 후에 어머니의 발등의 불을 끄지 않겠느냐?"고 말했습니다. 저는 그 이야기를 듣고 지금도 그 말이 귓속에서 맴돌고 있습니다.

그렇습니다. 사람은 자기를 가장 사랑하게 되어 있습니다. 보통 엄마들은 자기는 굶으면서도 배고픈 자식의 입에 음식을 넣어주고 자기는 남루한 옷을 입으면서도 자식들에게는 좋은 옷을 입히며 자기는 제대로 공부를 하지 못했지만 자식들 교육을 위해서는 하루 두 가지 일을 뛰며 고생하는 경우가 많습니다.

그런데 극한 상황이 되면 굶주린 엄마가 자기 아들을 잡아먹는 장면이 성경에 나옵니다. 아람 군대가 사마리아 성을 에워싸고 고립시키

자 성내에 먹거리가 없어 모두 굶어 죽게 되자 한 여인이 곁에 있는 여인에게 "이 여인이 내게 이르기를 네 아들을 내놓으라 우리가 오늘 먹고 내일은 내 아들을 먹자 하매 우리가 드디어 내 아들을 삶아 먹었더니"(왕하 6:28-29)라는 기사가 나옵니다. 극한 상황이 되자 굶주린 엄마들이 아들을 삶아 먹은 것입니다. 여기 모성애가 있습니까?

예수님께서는 "사람이 친구를 위하여 자기 목숨을 버리면 이보다 더 큰 사랑이 없나니 너희는 내가 명하는 대로 행하면 곧 나의 친구라"(요 15:13-14)고 말씀하셨습니다. 친구를 진실로 사랑한다면 자기를 희생하고 친구를 살리는 것입니다. 사도 요한은 "그가 우리를 위하여 목숨을 버리셨으니 우리가 이로써 사랑을 알고 우리도 형제들을 위하여 목숨을 버리는 것이 마땅하니라"(요일 3:16)고 선포하였습니다. 주님께서 우리를 위해 십자가에 죽으셨으니 우리도 이웃을 위해 우리 목숨을 내어놓아야 한다는 말씀입니다.

사실 신장 하나를 이식해 주는 것도 쉽지 않은데 하물며 생명을 내어놓는다는 것이 쉽겠습니까? 그러나 진정한 기독교 사랑은 내 생명을 내어놓는 것입니다. 바울 사도는 브리스가와 아굴라가 바울 사도의 목숨을 위하여 자기들의 목을 내어놓았다(롬 16:3-4)고 말씀했습니다. 자기들의 목을 내어놓는 사랑이 진정한 그리스도인의 사랑입니다. 사람은 자기 목숨을 가장 사랑하지만 그리스도의 사랑에 깊이 젖은 사람은 이웃을 위해 목숨을 내어놓을 수 있습니다. 주님의 십자가 사랑이 여기 있습니다. 샬롬.

새 사람을 입으라

"너희는 유혹의 욕심을 따라 썩어져 가는 구습을 따르는 옛사람을 벗어
버리고… 하나님을 따라 의와 진리의 거룩함으로 지으심을 받은 새사람을
입으라." (엡 4:22, 24)

금년 2023년은 1963년 흑인들의 일자리와 자유를 위해 흑인 민권 운
동가 마틴 루터 킹 주니어 목사의 인도로 약 25만 명의 흑인이 미 전역
에서 모여 워싱턴 D.C.로 대규모 행진을 한 60주년입니다. 이 행진은
1863년 남북전쟁 중 아브라함 링컨 대통령이 노예 해방을 선언한 100
주년을 맞아 흑인들이 자신들의 인권을 주장하며 워싱턴을 향해 행진
한 것입니다. 또한 흑인들에 대한 공정한 대우, 기회균등 그리고 의회
에 계류 중인 민권법 통과를 촉구하기 위한 대규모 행진이기도 했습
니다.

킹 목사는 우리가 오늘 그리고 내일 숱한 어려움에 직면해 있다
하더라도 여전히 "내게는 꿈이 있다"(I have a dream)라는 위대한 연설로
많은 사람을 열광시켰습니다. 킹 목사의 연설은 다음과 같은 말로 시작
되었습니다. "오늘 나에게는 하나의 꿈이 있습니다. 나의 네 자녀가 피
부색이 아니라 인격으로 평가받는 그런 나라에 살게 되는 날이 오리라
는 꿈입니다."

이듬해인 1964년 인권법이 그리고 다음 해인 1965년 투표권법이
통과되면서, 이 대행진은 성공을 거두었고 인권 운동의 분수령이 되었
으며 미국 역사상 가장 위대한 평등을 위한 시위로 기록되었습니다. 이
행진이 있은 후 60년이 되었는데, 지금 이 나라는 정말 사람을 피부색
이 아니고 인격으로 평가받는 나라가 되었는지 의심스럽습니다. 이 나

라는 여전히 많은 사람이 인간을 인격이 아니고 피부 색깔이나 종족으로 평가하고 있음을 부인할 수 없습니다.

흑인들뿐만 아니라 히스패닉, 아시안에 대한 차별과 증오가 여전히 도처에서 횡행하고 있습니다. 팬데믹 이전에는 '증오 범죄'라는 말이 그렇게 흔히 쓰이지 않았습니다. 그런데 요즘은 증오 범죄라는 말이 많이 쓰이고 있습니다. 길을 가는 행인을, 버스나 전철을 타고 가는 아시안 노인이나 부녀자들을 공격하고 금품을 강탈하며 시계, 목걸이, 반지 등 고가품을 탈취하는 행위가 빈발하고 있습니다. 그런데 이런 증오 범죄자들 대다수가 특정 계층이나 노숙자들이란 점이 참 아이러니합니다.

흑인들은 백인들로부터 노예 생활을 오래 했지만, 선각자들의 희생으로 이제 법적으로 완벽하게 평등한 대우를 받는 상황이 되었는데도 여전히 빈곤과 무지, 나태와 향락에 빠져 옛 생활에서 벗어나지 못하고 있는 경우가 많습니다. 열심히 공부하고 노력하면 얼마든지 잘 살수 있고 출세할 수도 있는데, 대다수 흑인은 옛 생활에서 벗어나지 못하고 옛날 상태로 살아가고 있습니다. 공부를 제대로 한 사람들은 대통령, 연방의회 의원, 연방대법관, 의사, 변호사, 교수, 주지사, 시장 등 많은 부분에 열심히 일하고 있습니다.

킹 목사의 꿈이 이루어지려면 백인들의 의식 변화도 중요하지만 흑인들의 분발이 더욱 요청됩니다. 바울 선생은 "너희는 유혹의 욕심을 따라 썩어져 가는 구습을 따르는 옛사람을 벗어 버리고… 하나님을 따라 의와 진리의 거룩함으로 지으심을 받은 새사람을 입으라"(엡 4:22, 24)고 말씀하셨습니다. 흑인들이 옛 노예 생활의 굴레에서 벗어나 새사람이 되어 흑인들에게도 넓게 열려 있는 각 분야에서 돋보이게 일하는 사람들이 더욱 많아지기를 기대해 봅니다. 킹 목사의 꿈은 언제쯤 실현될 수 있을까요? 샬롬.

모든 것이 가하나

"모든 것이 가하나 모든 것이 유익한 것은 아니요 모든 것이 가하나 모든 것이 덕을 세우는 것은 아니니 누구든지 자기의 유익을 구하지 말고 남의 유익을 구하라." (고전 10:23-24)

과거 한국은 개고기를 먹는 나라로 전 세계에 알려져 야만인 취급을 받았던 것이 사실입니다. 전 세계에서 개고기를 먹는 나라는 중국, 베트남, 한국 정도입니다. 우리나라는 전통적으로 여름에 개장국을 끓여 먹었습니다. 소는 국가가 관리를 했기 때문에 소고기는 양반들이나 먹었지 일반 평민들은 먹을 수 있는 기회가 거의 없었습니다.

돼지고기는 특히 여름에 잘못 먹으면 배탈이 나서 설사를 하고 곤욕을 치렀기에 그것도 마음대로 먹지 못했습니다. 그러나 집집마다 기르는 개는 특별한 사료를 주지 않아도 식구들이 먹다 남은 음식물 찌꺼기 등을 먹고살았지요. 그래서 흔히 똥개라 부르고 똥개 고기가 더 맛있다고 했지요. 애완견을 많이 기르는 서양 사람들이 한국에서 개를 잡아먹는다는 사실을 알고 나서 개고기 먹는 것을 금지하라는 압력이 쉬지 않고 들어왔습니다. 특히 동물애호가 협회에서는 끈질기게 개고기 식용 금지를 주창했습니다.

그런데 이제 한국에서도 개고기 먹는 시대가 끝났습니다. 2024년 정월 한국 국회에서 식용으로 개를 사육하고 도살하는 것을 금지하는 법안을 통과시켜 이제 한국에서도 개고기를 먹을 수 없게 되었습니다. 개고기 식용을 법으로 명문화한 1973년부터 51년 만에 드디어 개고기 식용이 금지된 것입니다. 본격적인 시행은 3년 유예 기간을 두어 2027년부터지만 일단 개고기 식용은 끝났습니다.

사실 한국에서 개를 애완용으로 집안에서 기르기 전까지는 개고기에 대한 시비가 거의 없었는데 애완견을 기르는 사람 숫자가 갑자기 증가하면서 개를 잡아먹는 것에 대한 반발이 심해진 데다가 국제 동물 애호가 협회 등의 압력이 심해지자, 지구촌에 사는 한국도 어쩔 수 없이 시류에 따를 수밖에 없었습니다.

개뿐만 아니라 어떤 동물도 잡아먹어서는 안 된다는 채식주의자들의 숫자가 증가한 것도 한 요인입니다. 세계 사람들이 증오하는 개고기 식용을 금지한 것은 어쩔 수 없는 일이지만 사실 개고기는 안 되고 소고기, 돼지고기, 양고기, 염소고기, 사슴고기, 캥거루 고기는 먹어도 된다는 것은 모순이 아닐까요?

유대인들이나 무슬림들은 돼지고기를 절대 먹지 않습니다. 유대인들은 구약의 계명에 따라 되새김질하고 쪽발이 아닌 동물은 먹을 수 없게 되어 있습니다. 무슬림들도 그들의 계율에 돼지는 부정한 동물로 분류되기 때문에 돼지고기를 먹지 않습니다. 한편 인도에서는 소고기를 먹지 않습니다. 인도의 조상이 소에게서 나왔다고 소를 '거룩한 어머니'(Holy Mother)라며 소고기를 먹지 않습니다. 따라서 종족에 따라 종교에 따라 먹지 않는 동물의 고기가 각각 다릅니다.

동물의 고기를 먹지 않은 것은 개인이나 민족, 종교에 따라 다를 수밖에 없는데, 문제는 세계인들이 공통으로 혐오하는 동물의 고기는 먹을 수 없다는 점입니다. 소나 돼지는 세계의 많은 사람이 먹고 있기 때문에 문제가 되지 않지만, 개고기는 세계인들 대부분이 먹지 않을 뿐만 아니라 집안에서 애완용으로 기르는 사람들이 많아서 개고기 먹는 것을 혐오하기 때문에 어쩔 수 없이 금지할 수밖에 없습니다.

바울 선생은 "모든 것이 가하나 모든 것이 유익한 것은 아니요 모든 것이 가하나 모든 것이 덕을 세우는 것은 아니니 누구든지 자기의 유익을 구하지 말고 남의 유익을 구하라"(고전 10:23-24)고 말씀하셨습니다. 개고기를 먹을 수 있는 자유가 있으나 이것이 덕을 세우는 것이 아니라면 자기의 유익을 구하기 전에 남의 유익을 구하는 것이 그리스도인들의 삶의 모습입니다. 개고기 식용도 이 말씀에 적용하면 쉽게 해결됩니다. 그리스도인들의 삶은 나의 유익을 생각하기 전에 항상 남의 유익을 생각하는 법입니다. 샬롬.

긍정의 힘과 부정의 해악

"여호와께서 우리를 기뻐하시면 우리를 그 땅으로 인도하여 들이시고 그 땅을 우리에게 주시리라… 그들은 우리의 먹이라… 여호와는 우리와 함께 하시느니라." (민 14:8-9)

1974년은 제가 군목으로 3년간 군 복무를 마치고 미국 유학을 떠났던 해입니다. 이해에 서울에 1호 지하철이 개통되었고, 8.15 경축식장에서 박정희 대통령을 향해 발사한 문세광의 총탄이 육영수 여사의 머리를 관통하면서 육영수 여사가 서거한 해이기도 합니다.

2024년 9월, 서울의 지하철 노선은 11개, 총 노선 길이는 357.5km, 보유 차량은 3,667량입니다. 연간 탑승 인원은 26억 명으로 접근성에서는 세계 제일이라고 합니다. 처음 지하철을 착공할 때 서울 인구는 550만 정도였으나 현재는 약 천만에 이릅니다.

세계에서 제일 먼저 지하철을 개통한 나라는 영국입니다. 1863년에 개통하여 서울 지하철보다 무려 1세기가 넘는 111년 전이고, 일본의 도쿄는 1927년으로 우리보다 약 50년 즉 반세기가 앞섰습니다.

1970년 서울 시장에 임명된 양택식 시장은 지하철 건설을 결심하고 박정희 대통령에게 계획을 보고했습니다. 땅속에 철도를 놓아 본 경험도 없었고 자금도 기술도 부족했던 정부는 고민에 빠질 수밖에 없었습니다. 당시 경제부총리였던 김 모 장관은 대통령에게 "각하, 지하철을 건설하면 나라가 망합니다"라고 부정적으로 말하면서 반대했습니다. 여러 반대에도 불구하고 박정희 대통령은 일본에서 자금을 빌리고 기술을 도입해서 1971년 4월 12일에 서울 지하철 1호선 착공식이 열렸고, 3년 후에 서울역에서 청량리를 연결하는 1호선이 완공되었습니다.

　박정희 대통령이 경부고속도로 공사를 시작할 때, 당시 야당 지도자들이 공사 현장에 드러누워서 "나를 밟고 지나가라"며 경부고속도로 건설을 반대했다는 사실을 알 만한 사람은 다 알고 있습니다. 앞을 내다보지 못한 지도자들의 부정적 시각이었습니다. 어떤 일을 하려 할 때 항상 "한번 해 봅시다"라고 긍정적으로 말하는 사람이 있는가 하면, "현재 우리 형편에서는 불가능합니다"라며 부정적으로 말하는 사람이 반드시 있습니다. 긍정적인 사람은 어려움과 고난을 극복하면서 일을 성취하지만, 할 수 없다며 부정적으로 말하는 사람들에게는 역사 발전은 없고 현상 유지만 있을 뿐입니다.

　모세가 가나안 땅에 파송한 12 정탐꾼 가운데 여호수아와 갈렙 두 사람만 긍정적인 보고를 했고 나머지 10 사람은 부정적인 보고를 했지요. 여호수아와 갈렙은 "여호와께서… 우리를 그 땅으로 인도하여 들이시고 그 땅을 우리에게 주시리라… 그들은 우리의 먹이라… 여호와는 우리와 함께 하시느니라"(민 14:8-9)고 외쳤습니다. "여호와가 우리와 함께하시느니라." 이것이 창조적 소수가 외치는 말입니다. 창조적 소수는 비록 숫자는 적지만 그들로 인해 역사가 발전하고 새로운 미래가 개척되는 법입니다.

　하나님을 의지하는 사람들은 매사 우리의 힘으로 하는 것이 아니라 하나님께서 우리와 함께하신다는 믿음을 갖고 살아갑니다. 그러므로 우리는 세상을 긍정의 눈으로 바라보면서 긍정적인 삶을 살아야 합니다. 부정적으로 말하는 사람은 세상을 부정적으로만 보면서 매사 반대만 하는 사람들입니다. 하나님을 믿는 우리는 하나님이 우리와 함께하신다는 신앙으로 항상 긍정적인 마음과 생각으로 세상을 살아야 합니다. 여기에 새로운 역사 창조가 시작되는 법입니다. "하나님께서 우리와 함께하시면" 샬롬.

희망

"소망 중에 즐거워하며 환난 중에 참으며 기도에 항상 힘쓰며"
(롬 12:12)

유명한 그리스 신화 중 하나가 '판도라의 상자(항아리)'입니다. 호기심 많은 여신 판도라는 제우스에게서 상자 하나를 선물로 받았습니다. 제우스는 이 선물을 판도라에게 주면서 항아리의 뚜껑을 절대 열어서는 안 된다는 단서를 붙였습니다.

그러나 호기심 많은 판도라는 제우스가 외출할 때를 기다렸다가 항아리의 뚜껑을 열고 말았습니다. 뚜껑을 열자, 항아리 속에서 온갖 재난들, 질병, 절망, 배신, 낙담, 고통, 슬픔, 빈곤, 기아, 증오, 전쟁, 홍수, 지진, 태풍 등의 고통이 쏟아져 나왔습니다. 놀란 판도라가 뚜껑을 바로 닫았는데 항아리 속에서 가느다란 음성이 들려왔습니다. "판도라, 다시 뚜껑을 열어! 내가 나가야 인류가 살아갈 수 있어!"라는 소리가 들렸습니다. 판도라는 기왕 연 항아리, 한 번 더 열어보자는 심정으로 다시 뚜껑을 열었더니 마지막으로 '희망'이 나왔습니다. 따라서 인류는 절망과 고통 속에서 살지만 희망이라는 마지막 가능성을 갖고 세상을 살아간다는 교훈입니다.

제2차 세계대전 때 저 유명한 폴란드의 아우슈비츠 유대인 수용소에서 1944년 성탄절부터 1945년 새해가 돌아왔을 때까지 여느 때보다 훨씬 많은 유대인이 죽어 나갔습니다. 그 이유는 이번 성탄절에는 집으로 돌아가 가족을 만날 수 있을 것이라는 소망을 갖고 기대했지만 성탄절이 지나고 새해가 돌아왔는데도 아무 소식이 없자 절망한 나머지 스스로 생을 포기해 버린 것입니다.

『죽음의 수용소에서』(Man's Search for Meaning)를 쓴 유대인 정신과 의사 빅터 프랭클(Viktor Frankl)은 아우슈비츠 수용소에서 부모, 형제, 아내가 모두 죽고 굶주림과 혹독한 추위 그리고 나날이 다가오는 죽음의 공포 속에서도 끝까지 희망의 끈을 놓지 않고 살아남았습니다. 그를 끝까지 살아남게 만든 원동력은 살아남아야 한다는 신념과 삶의 의미였습니다.

2023년 6월, 아마존 정글에서 비행기 추락 사고가 일어났습니다. 사고가 난 후 40일째 되던 날인 9일 4남매가 극적으로 구조되었습니다. 13살, 9살, 4살, 첫돌을 갓 지난 아기가 살아 돌아온 것입니다. 부모들은 세상을 떠났지만 4남매가 살아남을 수 있었던 원인은 죽어 가는 엄마가 "살아나가라"는 마지막 당부였습니다. 이 아이들은 정글의 악천후와 야생 동물의 위협 속에서도 끝까지 생명에 대한 애착과 살아남아야 한다는 신념으로 죽음과 같은 40일을 견뎌낸 것입니다. 2010년 칠레의 지하 700m 막장에서 60일 동안 끈질기게 사투를 벌이며 버틴 33인의 광부들은 언젠가 구호의 손길이 올 것이라는 희망을 품고 죽음의 세월을 버텨냈던 것입니다.

빌립보 감옥의 온갖 고통 속에서도 찬송과 기도를 계속할 수 있었던 바울 선생과 실라의 신앙은 영원한 세상에 대한 소망을 갖고 있었기 때문입니다.(행 16장) 바울 선생의 일생을 더듬어 보면 어떻게 사람이 이런 고난 속에서도 절망하지 않고 살아남을 수 있었을까 하고 놀라워하는데, 그 이유는 천국에 대한 소망 때문이었습니다.

"소망 중에 즐거워하며 환난 중에 참으며 기도에 항상 힘쓰며"(롬 12:12)라는 말씀은 어떤 상황에서도 소망을 잃지 말라는 말씀입니다. 환난 중에 참은 사람만이 새로운 세상을 만날 수 있습니다. 아우슈비츠 수용소에서 살아남은 유대인들은 소망을 잃지 않고 환난 중에서도 참으며 견딘 사람들이었습니다. 우리는 어떤 고난을 당하더라도 끝까지 소망을 잃지 말고 환난 중에서도 참고 견뎌 믿음 안에서 최후의 승리자가 됩시다. 샬롬.

하나님이 우리와 함께하시면

"여호와는 우리와 함께하시느니라 그들을 두려워하지 말라." (민 14:9)

이스라엘 백성들을 애굽에서 이끌고 요단강 가에 이른 모세는 각 지파에서 한 명씩 열두 명의 정탐꾼을 보내어 가나안 땅을 탐지하게 하였습니다. 그들은 40일 동안 가나안 땅 여러 곳을 두루 다닌 후 보고를 했는데 잘 아시는 대로 10명은 비극적 보고를 했습니다. "그 땅에 젖과 꿀이 흐르는데… 그 땅 거주민은 강하고 성읍은 견고하고 심히 클 뿐 아니라… 거기서 네피림 후손인 아낙 자손의 거인들을 보았나니 우리는 스스로 보기에도 메뚜기 같으니 그들이 보기에도 그와 같았을 것이니라."(민 13:27-33)

그러나 눈의 아들 여호수아와 여분네의 아들 갈렙은 "우리가 두루 다니며 정탐한 땅은 심히 아름다운 땅이라 여호와께서 우리를 기뻐하시면 우리를 그 땅으로 인도하여 드리시고 그 땅을 우리에게 주시리라… 그들은 우리의 먹이라… 여호와는 우리와 함께 하시느니라"(민 14:7-9) 하였으나 백성들은 그들을 돌로 치려 하였습니다.

우리는 열 사람의 보고와 두 사람의 상반된 보고를 듣습니다. 열 사람들은 젖과 꿀이 흐르는 땅과 두 사람이 메야 하는 포도송이를 생산하는 풍요로운 땅을 보고도 자기들은 메뚜기에 불과하다는 비관적 보고를 했습니다. 그러나 여호수아와 갈렙은 "그 땅 백성을 두려워하지 말라. 그들은 우리의 먹이라"고 말하며 "여호와는 우리와 함께하시느니라. 그들을 두려워하지 말라"고 설득했습니다.

여기에서 여호수아와 갈렙이 한 말의 초점은 "여호와는 우리와 함께하신다"입니다. 우리는 비록 힘이 약하고 무기도 병력도 없어서 그들과 싸워 이길 힘이 부족하지만, 여호와께서 우리와 함께하시기 때문에 능히 그들을 이길 수 있다는 확신이 있었습니다. 열 사람의 정탐꾼은 거대한 성곽과 장대한 아낙 자손은 보았지만, 여호수아와 갈렙은 그것 외에 여호와 하나님이 함께하심을 확신했습니다.

하나님께서는 비관적 보고를 한 열 사람의 정탐꾼과 더불어 애굽에서 나온 모든 장정을 40년 동안 광야에서 모두 다 쓸어버리시고, 애굽에서 나온 18세 미만의 미성년자들과 광야에서 태어난 자들만 가나안 땅에 들어가게 하셨습니다. 애굽에서 나온 사람들 중 단 두 사람, 여호수아와 갈렙만이 가나안 땅에 들어가서 땅을 분배받고 여생을 마친 후 하나님의 품에 안겼습니다.

열두 사람의 정탐꾼 중 열 사람은 성곽과 기름진 땅과 거대한 아낙 자손 등 눈에 보이는 물질만을 보았습니다. 그러나 여호수아와 갈렙은 눈에 보이지 아니하는 여호와 하나님을 보았습니다. 두 사람은 여호와 하나님께서 이스라엘 백성들을 단련시키신 후 요단강을 건너 가나안 땅으로 인도하실 계획을 가지고 계신다는 사실을 확신했습니다. 따라서 그들은 인간들이 만들어 놓은 것들보다 전지전능하신 여호와 하나님을 보았고 그의 힘을 믿었으며 그가 함께하심을 믿었습니다.

우리가 세상을 살아가면서 우리에게 부딪치는 여러 가지 어려운 문제들을 물질의 눈으로 바라보면 절망적일 수 있지만 초월적 하나님을 바라볼 때 승리할 수 있습니다. 여호와 하나님을 의지하는 믿음과 신앙이 모든 어려움을 이길 수 있는 힘입니다. 우리가 금년 한 해 동안 살아가면서 어려움과 고난과 질병과 고통이 따른다 할지라도 여호와 하나님을 의지하고 그를 바라보면서 그의 힘을 의지할 때 우리는 이 모든 고난을 극복할 수 있습니다.

　여호와 하나님은 우리의 힘이시고 우리의 보호자이시며 인도자이
시고 우리의 아버지이십니다. 여호와 하나님을 의지하고 믿는 자만이
승리할 수 있습니다. 샬롬.

초기 선교사들과 한글

"옛날 일을 기억하라 역대의 연대를 생각하라 네 아버지에게 물으라 그가
네게 설명할 것이요 네 어른들에게 물으라 그들이 네게 말하리로다."
(신 32:7)

매년 10월 9일은 한글날입니다. 한글은 잘 알려진 대로 세종대왕이
1446년 공포함으로 우리의 글이 되었습니다. 그러나 우리의 글은 중국
을 숭상하며 한자와 한문만이 글자며 글이라는 사대사상에 젖은 사대
부(양반)들에 의해 무시되었습니다. 또한 한글을 언문이라며 얕잡아 보
고 아녀자들이나 배워 친정에 안부 편지 할 때나 쓰는 천한 글로 여겼
습니다.

소위 쌍놈들이나 천민들은 배우기 쉽고 쓰기 쉬운 한글도 배우지
못했고 또 배울 필요도 느끼지 못하며 살아왔습니다. 이렇게 천대받던
한글이 본격적으로 쓰이기 시작한 것은 19세기 말 개신교 선교사들이
한국에 들어오면서부터였습니다.

선교사들은 어려운 한문 대신 배우기 쉽고 쓰기 쉬운 한글의 가치
를 인식하고 자기들이 배우면서 널리 보급하기 시작하였습니다. 교회
를 세우면 반드시 야학(야간 학교)을 세워 글을 모르는 농민, 부녀자, 아
이들에게 한글을 가르치기 시작했습니다. 그 목적은 성경을 읽게 하기
위함이었습니다. 생전 글을 배우지 못한 노동자, 농민, 부녀자, 천민 등
모든 사람이 한글을 깨우쳐 성경을 읽기 시작하였습니다. 전에도 한두
번 언급했지만 저의 조모님은 문맹이셨는데 교회에서 운영하는 야학
에서 한글을 깨우치신 후에 구역(舊譯) 성경을 들고 읽으시던 모습이 눈
에 선합니다.

미국 북장로교회 선교부는 한국 선교 원칙 10가지를 결정했는데 그중 6번째가 "모든 교회 서적은 한자를 조금도 쓰지 말고 순 한국말을 쓰도록 한다"는 조항이 있었습니다.

한편 만주에서 선교하던 스코틀랜드 장로교회 선교사들 중 존 로스(John Ross)가 만주에 홍삼 장사를 하러 간 의주 청년 이응찬, 김진기 등을 어학 선생으로 채용하여 한국말을 배우는 한편 밤에는 성경을 조선말로 번역하게 하여 신약 성경을 완역하여 출판하였습니다. 이 성경이 『예수셩교젼셔』라는 최초의 조선말 성경으로 1887년 만주 선양(심양)에서 출판되어 세상에 나왔습니다.

초기 교회 세례 조건 중에 신구약 성경을 1회 이상 통독해야 한다는 조항이 있었습니다. 신구약 성경을 1회 이상 통독하지 못한 사람은 세례를 주지 않았고 아내가 문맹인 경우에도 남편에게 세례를 주지 않았습니다. 아내에게 글을 가르쳐 성경을 읽게 하라는 것이었습니다. 이에 교회에 출석하는 사람들은 모두 한글을 읽게 되어 교인들 중에 문맹은 거의 없었습니다. 이렇게 시작한 한글 보급 운동은 교회 울타리를 넘어 일반인들도 한글을 깨우치기 시작하여 문맹률이 획기적으로 줄어들게 되었습니다. 한글 보급의 실제적 공로자는 초기 선교사들이었고 교회가 그 보급소였습니다.

이렇게 소중한 한글이 요즘에 와서 젊은 세대들에게는 영어보다 못한 글이 되어 한글은 밀려나고 온통 외래어 세상이 되어 버렸습니다. 전국 각지의 아파트 이름이나 상점의 간판들도 거의 영어 아니면 국적 불명의 단어들로 범벅이 되어 있습니다.

중국 사람들은 결코 외래어를 그대로 쓰지 않고 반드시 한자로 단어를 만들어 씁니다. 우리도 텔레폰(telephone)을 전화라 하지만 컴퓨터(computer)는 그냥 컴퓨터라 합니다. 그러나 중국에서는 컴퓨터를 '전뇌'(電腦)라 합니다. 전기 뇌라는 뜻이지요. 우리는 코카콜라(Coca-Cola)

를 코카콜라라고 쓰고 말하지만 중국에서는 가구가락(可口可樂) 즉 입을 즐겁게 하는 물이라 합니다. 세븐업(Seven Up)을 한국에서는 세븐업이라고 영어로 말하지만 중국에서는 칠희(七喜) 즉 '일곱 가지 기쁨이 온다'는 의미로 씁니다. 대국(大國)다운 면모라 여겨집니다.

오늘 한국이 세계 경제 10위권에 이르고 군사력이 6위에 오른 것은 결코 우연이 아니고 기본적으로 한글 보급 때문입니다. 문맹이 대부분인 나라가 세계 굴지의 국가가 될 수는 없겠지요. 오늘의 한국은 한글 없이 존재할 수 없는데 한글 보급은 초기 선교사들의 전적인 공헌입니다. 세종대왕님 고맙습니다. 그리고 초기 선교사님들 고맙습니다. 샬롬.

한국의 첫 선거

"우리가 사랑하는 바나바와 바울과 함께 너희에게 보내기를 만장일치로 결정하였노라." (행 15:25)

미국의 대통령 선거를 한 주간(2024년 10월 29일) 남은 시점에 한국의 첫 선거에 대해 살펴봅시다. 근대 민주주의의 기초는 1620년 메이플라워호를 타고 신대륙으로 가던 102명 중 41명의 남자가 하나의 문서(메이플라워 서약)를 만들었는데 그 내용 중 "개척지의 질서와 유지, 위의 목적 촉진을 위해서 하나님과 서로 앞에 엄숙하게 계약을 체결하며 우리 스스로 민간 정치체제를 결성할 것을 결정했다"가 있습니다. 여기서 "민간 정치체제를 결성할 것을 결정했다"는 것은 한마디로 우리에게 왕은 없고 왕정도 없다는 뜻입니다. 민간 정치체제란 모든 사람, 즉 모든 국민이 투표를 하여 대표자를 선출해서 그 대표자가 일정 기간 백성을 다스린다는 의미입니다.

그렇다면 수천 년 동안 왕정 국가였던 한국에서는 첫 선거가 언제 실시되었을까요? 그것은 제2차 세계대전이 끝난 후 유엔의 결의로 대한민국이 독립한 1948년 5월 10일에 실시한 제헌국회의원 선거였습니다. 이 선거는 배달겨레 역사 4,000년 만에 처음으로 실시된 전 국민 선거였습니다. 이때부터 대한민국은 모든 주권이 국민으로부터 나온다는 민주주의 국가로 출범하였습니다.

그러나 사실은 그때로부터 61년 전인 1887년 한국에서 첫 선거가 실시된 일이 있었습니다. 바로 1887년 9월, 한국 최초 목사 선교사 언더우드가 한국 최초의 교회인 정동교회(후에 새문안교회)가 시작되던 때였습니다. 언더우드는 서울 정동에 있는 자기 집 사랑방에서 1887년 9월 27일(화요일)에 14명의 교인을 데리고 예배를 드린 후 두 명의 장로를 선출하고 교회를 조직하였으니 이것이 한국 최초의 조직교회입니다. 이 예배에 일찍이 만주에서 선교활동을 하면서 최초 한글 성경인 『예수성교전서』를 출판한 존 로스 목사가 참석했는데, 그때 상황을 다음과 같이 기록하여 두었습니다.

"하루 저녁에 참으로 흥미 있는 일이 있었다. 나를 초청해 준 언더우드 목사는 그날 저녁에 그가 지도한 작은 그룹을 장로교회로 조직하기 위해 작은 예배처로 간다고 나에게 말했다… 그곳에 옷을 깨끗이 차려입고 지적으로 보이는 14명의 남자가 앉아 있는 것을 보았다. 그중에 한 사람은 그날 저녁에 세례를 받았다. 그날 저녁의 가장 중요한 행사는 장로가 될 두 사람을 선출하는 일이었다. 두 사람이 만장일치로 선출되었고 다음 주일에 그들은 장로로 안수되었다."

우리는 여기서 14명의 교인이 장로 두 사람을 만장일치로 선출했다는 사실에 주목해야 합니다. 이것이 한국에서 이루어진 최초의 선거였습니다. 조선은 아직 왕정이었지만 교회는 민주 정치 제도를 채택한 것입니다.

예루살렘 교회는 "우리가 사랑하는 바나바와 바울과 함께 너희에게 보내기를 만장일치로 결정하였노라"(행 15:25)로 기록하고 있습니다. 여기 만장일치로 결정했다는 데 주목해야 합니다. 한국 장로교회를 비롯한 여러 교파는 자기 교회 목사, 장로를 교인들이 직접 선거해서 선출합니다. 민주주의 원칙이지요. 교회는 민주 정치입니다. 민주주의는 교회에서 비롯되었습니다. 한 사람의 영혼이 천하보다 귀하다는 사상입니다. 진정한 민주주의는 교인 간의 사랑과 배려 그리고 용서에서 비롯됩니다. 샬롬.

한글과 기독교 (1)

"또 어려서부터 성경을 알았나니 성경은 능히 너로 하여금 그리스도 예수
안에 있는 믿음으로 말미암아 구원에 이르는 지혜가 있게 하느니라."
(딤후 3:15)

오늘은 한글날로 세종대왕이 훈민정음을 창제한 지 581주년을 기념하는 날입니다. 세종대왕은 재위 25년(주후 1443년) 음력 12월에 훈민정음을 공포했는데, 훈민정음은 처음에 28자였는데 그중 네 글자가 소멸되어 현재는 24글자가 쓰입니다.

모두 아는 것처럼 배달겨레는 고래로부터 우리글이 없었고 다만 사대부(양반)들만은 중국의 한자를 썼습니다. 그러므로 세종대왕이 훈민정음을 창제한 이후에도 훈민정음은 우리의 글로 인정받지 못했고 아녀자들이나 배워서 친정에 소식을 전하는 정도로밖에 쓰이지 못했습니다. 따라서 사대부들은 훈민정음을 천한 글, 언문이라며 아예 문자로 취급도 하지 않았습니다. 조선의 사대부들은 전체 인구의 5%도 안 되고 나머지 95%는 평민들과 천민들로 한자를 전혀 이해할 수 없어서 문맹이 95% 이상이었습니다.

한글이 우리의 글로 인정받고 쓰이기 시작한 것은 1880년대 미국의 개신교 선교사들이 한국에 들어오면서부터입니다. 선교사들이 한국말을 배우기 시작하면서 사대부들이 쓰는 중국 글자인 한자는 배우기 어렵고 쓰기도 어려운 반면 일부 아녀자들이 쓰는 한글은 배우기도 쓰기도 쉽다는 것을 알게 되었습니다.

의주의 청년 몇이 만주에 홍삼 장사를 하러 갔다가 거기서 스코틀랜드 장로교회가 중국에 파송한 존 로스 선교사를 만나게 됩니다. 로스

목사는 조선에 선교를 할 목적으로 조선말을 배우기 위해 이성하, 김진기, 서상륜 등의 청년들에게 조선말을 가르쳐 주면 인삼 장사하는 것보다 나은 보수를 주겠다는 제안을 했습니다. 이 제안을 받아들인 청년들은 로스 선교사가 머물던 선양(심양)으로 가서 그에게 조선말을 가르치기 시작했습니다. 로스는 청년들에게 중국어 성경을 조선말로 번역할 것을 제안하자 이들이 번역을 시작하여 드디어 순한글 신약성경이 완전히 번역되어, 1887년 선양에서 『예수성교젼셔』가 출판되었습니다. 순한글로 번역된 최초의 책입니다.

한국에서 선교하던 각 교파 선교사들은 한국에서 출판되는 성경과 모든 기독교 문서는 순한글로만 번역 출판한다는 원칙을 세웠습니다. 그런 원칙을 세운 것은 인구 90%가 넘는 평민들과 부녀자, 천민들을 위한 선교를 목표로 했기 때문입니다. 가톨릭 선교사들이 양반 사대부들을 중심으로 선교를 한 것과 달리 개신교 선교사들은 일반 백성과 부녀자, 천민들을 대상으로 선교를 했기 때문에 빠른 시일 내에 선교가 이루어져 많은 교인을 얻을 수가 있어서 가톨릭 선교 250년에 교도 수가 약 500만인 데 반해 개신교 선교 150년에 약 1,000만이 되어 두 배 이상이 되었습니다.

선교사들은 마을에 교회를 세우면 반드시 그곳에 야간 학교를 세워 한글을 모르는 부녀자, 농민, 천민들에게 한글을 가르쳐 문맹의 신세를 면케 해 주었고 특히 성경을 읽게 하여 신앙을 돈독히 하는 데 힘썼습니다. 초기 한국교회의 세례 조건으로 신구약 성경을 1회 이상 통독하지 않으면 세례를 주지 않았고 남자들은 부인이 문맹이면 부인이 한글을 깨우쳐 성경을 읽을 수 있을 때까지 세례를 베풀지 않았습니다. 그러므로 오늘 한국인 99%가 한글을 읽을 수 있게 된 것은 전적으로 초기 선교사들의 한글 보급의 덕이라 해도 과언이 아닙니다. 한국 최초의 한글학자 주시경 선생은 훈민정음이나 언문이라는 용어 대신 한글

이란 용어를 쓰기 시작했습니다. 한글에 대해 내일 한 번 더 쓰겠습니
다. 샬롬.

한글과 기독교 (2)

"또 어려서부터 성경을 알았나니 성경은 능히 너로 하여금 그리스도 예수 안에 있는 믿음으로 말미암아 구원에 이르는 지혜가 있게 하느니라."
(딤후 3:15)

한글이 세계 제일 배우기 쉽고 읽기 쉬우며 쓰기 쉬운 글인데도 오늘 한국은 온통 외래어로 범벅이 되어 있습니다. 우선 셀 수도 없이 많은 서울 시내 아파트 이름을 보면 가관이 아닐 수 없습니다. 도대체 영어 인지 프랑스어인지 알 수 없는 국적 미상의 이상한 단어들이 아파트 이름으로 쓰이는데 이에 대해 아무도 이의를 제기하지 않습니다. 시골 에 사는 시어머니가 아들네 집을 찾아오기 어렵게 하기 위해 그런 어 려운 이름을 지었다나 어쨌다나 하는 우스갯소리도 있습니다. 고유한 우리나라의 좋은 단어들이 얼마든지 있지 않습니까? 앵무새아파트, 해 바라기아파트, 장미아파트, 진달래아파트, 봉숭아아파트라고 쓰면 얼 마나 좋을까요.

시내의 가게 이름은 또 어떤가요? 온통 알지도 못하는 외래어 범 람이니 참 한심한 지경입니다. 왜 좋은 우리나라 말을 두고 이렇게 알 지도 못하는 외래어를 쓰는지 도무지 이해가 가지 않습니다. 그래야 교 양인인가요? 대화를 할 때 영어를 많이 섞어 쓰면 공부를 많이 하고 지 식이 많은 사람처럼 보이려고 그러는지 모르지만, 이는 언어 사대주의 라는 것을 알아야 합니다. 이제부터라도 우리는 순수한 우리나라 말을 쓰면서 언어를 순화시켜 나가야 합니다.

우리는 우리나라의 말을 제대로 알지 못하는 경우가 많습니다. 제 가 어떤 책을 읽다가 '비역'이라는 단어를 만났는데 그 뜻을 몰라 한글

사전에서 찾으면서 비역은 분명히 한자가 있을 것이라고 찾았는데, 놀랍게도 한자가 없는 순수 우리나라 말이었습니다. 비역은 동성애를 뜻하는 말입니다.

한글 학자 최현배는 선교사들이 한국에 와서 한글 전용 정책을 써서 공헌한 바를 '기독교가 한글에 끼친 영향'이라는 글에서 1. 한글을 민중 사이에 전파했다. 2. 신도들은 사상 표현의 말씨를 배우며 글 읽고 글 쓰는 방법까지 깨치게 되었다. 3. 한글에 대한 존중심을 일으키고 한글을 지키는 마음을 길렀다. 4. 한글의 과학스런 가치를 인정했다. 5. 배달의 말글을 널리 세계에 전파하였다. 6. 한글만 쓰기(한글 전용)의 기운을 조성하였다고 기록했습니다.

초기 선교사 언더우드가 발행하던 「그리스도신문」에, 제중원 의사 피시 부인이 경기도 남부 죽산 둠벙이라는 곳에 갔는데, 인가가 12호 있는데 두 집 외에는 모두 교인 가정으로 매주일 교회에서 예배를 드리며 그곳 여인들이 국문을 알지 못하는 자가 별로 없고, 혹 국문을 알지 못하는 여인이 있으면 그 남편이 가르쳐 준다고 보도하였습니다. 여인들이 글을 읽고 쓰는 것은 4,000년 조선 역사에 처음 있는 일입니다.

결론적으로 이야기해서 초기 선교사들과 기독교가 아니었으면 한글이 오늘 이렇게 국민들의 보편적 글이 되기 어려웠을 것입니다. 2009년, 인도네시아의 부퉁섬에 사는 찌아찌아족은 본디 글자가 없었는데 그곳 부족장 회의에서 배우기 쉽고 읽기 쉽고 쓰기 쉬운 한글을 자기들의 문자로 채택하기로 했다는 보도가 있었습니다. 세종대왕이 창제한 한글이 이제 국제적으로 각광을 받고 있습니다.

쉬운 한글을 통해 우리 모든 어린 아이에게 디모데와 같이 어려서부터 성경을 배우고 외워 그리스도 예수 안에 있는 믿음으로 구원에 이르는 지혜를 얻게 해야겠습니다.(딤후 3:15) 세종대왕님 감사합니다. 초기 선교사님들, 감사합니다. 샬롬.

A SEASON OF GRATITUDE

감사의 계절

감사

"범사에 감사하라 이것이 그리스도 예수 안에서 너희를 향하신 하나님의 뜻이니라." (살전 5:18)

제가 좋아하는 여류 시인 가운데 노천명(盧天命, 1912-1957) 선생이 있습니다. 노천명 선생의 대표 시 '사슴'을 같이 한번 감상하도록 합시다. "모가지가 길어서 슬픈 짐승이여/ 언제나 점잖은 편 말이 없구나. 관이 향그러운 너는 무척 높은 족속이었나 보다/ 물속에 제 그림자를 들여다보고. 잃었던 전설을 생각해 내고는 어찌할 수 없는 향수에/ 슬픈 모가지를 하고 먼 데 산을 바라본다."

저는 가끔 이 시를 조용히 읊조릴 때마다 사슴 한 마리를 보고 어떻게 이렇게 놀라운 문장이 나올까 하고 감탄할 때가 많습니다. 11월 감사의 계절을 보내면서 노천명 시인이 쓴 '감사'라는 시를 감상해 봅시다. "저 푸른 하늘과/ 태양을 볼 수 있고 대기를 마시며/ 내가 자유롭게 산보를 할 수 있는 한 나는 충분히 행복하다./ 이것만으로 나는 신에게 감사할 수 있다."

짧은 시지만 시인은 평범한 가운데 하나님께 대한 감사를 찾고 있습니다. 항상 푸른 하늘과 태양을 볼 수 있는 두 눈을 주신 하나님을 찬양하고 있습니다. 삼중고(三重苦) 속에 살았던 헬렌 켈러(Helen Keller, 1880-1968)는 '내가 만일 3일만 볼 수 있다면'(Three Days to See)이라는 글 속에 나면서부터 세상을 떠난 날까지 한 번도 세상을 볼 수 없었던 안타까운 마음을 적었습니다. 평생 단 3일 동안만 볼 수 있었으면 얼마나 좋을까? "둘째 날엔 새벽 여명과 함께 일어나 밤이 낮으로 바뀌며 지구가 깨어나는 그 경이로움을 지켜보고 싶다." 우리는 매일 아침 먼동이 트는 모습을 보고 밤하늘에 빛나는 별을 보면서도 그것을 볼 수 있게 해주신 하나님께 감사하는 마음을 얼마나 가지고 살아가는지요?

시 두 번째 연에 '대기를 마시며 내가 자유롭게 산보를 할 수 있는 한'이라고 썼습니다. 살아 있는 사람은 누구나 다 대기를 마시며 살고 있습니다. 그러나 심한 천식이나 기타 원인으로 숨을 제대로 쉬지 못하고 응급실로 실려 가는 경우가 많습니다. 대기를 항상 마실 수 있는 것이 모두에게 주어진 놀라운 은총입니다.

다음으로 '내가 자유롭게 산보를 할 수 있는 한'이라고 썼습니다. 자유롭게 산보할 수 있는 것은 두 발로 걸어 다닐 수 있는 일입니다. 자유롭게 산보할 수 있는 은총, 이것은 엄청난 하나님의 은총이 아닐 수 없습니다. 걸을 수 없어 휠체어를 타고 다니는 장애인들이 얼마나 많은지 모릅니다. 휠체어는 아니어도 목발이나 지팡이에 의지하면서 불안하게 걷는 사람들도 많습니다.

따라서 자유롭게 산보할 수 있는 은혜를 시인은 감사하고 있습니다. 시인은 볼 수 있고 공기를 마시며 자유롭게 산보할 수 있는 이 세 가지 은총을 생각하면 충분히 행복하며 이것만으로 신에게 감사할 수 있다고 노래하고 있습니다.

시인이 노래한 이 세 가지는 평범한 감사의 조건입니다. 보통 사람은 이런 평범한 은총을 감사하지 않습니다. 누구나 누리는 권리라고 여기지요. 시인처럼 일상에 주어진 은혜에 감사하는 삶을 살아가야겠습니다. 특별한 일이 아닌 일상을 감사하는 사람이 진심으로 감사하는 사람입니다. 우리 모두 일상으로 주시는 하나님의 은혜에 감사합시다. 샬롬.

음주

"술 취하지 말라 이는 방탕한 것이니 오직 성령으로 충만함을 받으라."
(엡 5:18)

2023년 11월 2일 자 조간신문에 '음주운전 사고 한인 20년 중형'이라는 제목의 기사가 났습니다. 술에 만취해 시속 110마일(177km)로 광란의 질주를 벌이다 사고를 내서 두 명을 숨지게 한 20대 한인 남성이 20년형의 선고를 받았습니다.

메릴랜드주 위코미코 카운티 법원에서 열린 한인 황 모(22) 씨에 대한 공판에서 징역 20년형이 선고되었습니다. 2022년 7월 12일 새벽 4시 15분경에 메릴랜드주 파슨스버그의 포레스트 그로브 로드 50번 도로에서 황 씨가 몰던 차량이 앞서가던 차량 왼쪽 범퍼를 들이받았습니다. 이 사고로 받친 차량이 빙글 돌아 중앙 분리대를 넘어 가로수와 충돌했는데 피해 차량에는 야간 근무를 마치고 퇴근하던 다섯 명이 타고 있었습니다. 이 가운데 조수석에 타고 있던 피해자가 현장에서 숨지고 뒷자리 승객 중 한 명은 중상을 입고 인근 병원으로 긴급 이송됐으나 결국 숨졌습니다. 운전자와 다른 두 명의 승객은 가벼운 부상을 당했습니다.

경찰이 황 씨의 음주 측정을 한 결과 혈중 알코올 농도 0.11%의 만취 상태였습니다. 황 씨는 음주운전 및 두 건의 과실 치사 혐의로 검찰에 기소되었는데 재판에서 판사는 황 씨에게 징역 20년을 선고했습니다. 황 씨가 22살이기 때문에 20년을 다 복역하고 나오면 42살이 되겠네요. 음주 운전으로 두 사람의 생명을 앗았으니, 그의 삶도 참 허망하게 되었습니다. 그 부모들과 가족이 허탈해할 것을 생각하면 참 안타 깝다는 생각이 듭니다.

술과 관계되는 기사가 하나 더 보도되었는데, '녹내장에 술은 치명 적, 술만 끊어도 실명 위험 37% 뚝'이라는 기사입니다. 이 연구는 미국 의사협회가 발행하는 국제학술지 「JAMA 네트워크 오픈」 최근호에 실 렸습니다. 서울대와 제주대가 공동으로 연구한 바에 의하면 녹내장을 처음 진단받은 음주자 13,643명의 음주 습관 변화 여부에 따라 실명 위험을 추적 분석한 결과 이 같은 결론을 내렸습니다. 녹내장은 눈으로 받아들인 빛을 뇌로 전달해 보게 하는 시신경에 기능 이상이 생겨 시 야의 결손을 유발하는 질환이라 합니다.

녹내장은 황반변성, 당뇨 망막병증과 함께 한국인의 3대 실명 질 환으로 꼽힙니다. 질환이 진행되는 동안에 증상이 거의 없어 소리 없는 시력 도둑이라는 별명을 가지고 있습니다. 녹내장은 아직 완치 방법이 없습니다. 질병이 나빠지는 속도를 늦추기 위해서는 안압 하강제를 점 안하는 것이 최선이라 합니다. 지금까지 금주나 금연, 운동 중단 등이 녹내장 경과에 어떤 영향을 미치는지는 거의 연구된 바가 없다고 합 니다.

녹내장 진단 후 술을 끊은 2,866명은 녹내장 진단 후 음주를 지속 한 환자들에 비해 실명 발생 위험도가 약 37% 낮은 것으로 나타났습 니다. 연구는 소량의 음주도 실명 위험을 높일 수 있다는 통계를 보고 했습니다. 음주(알코올 중독)가 건강에 해롭다는 사실을 모르는 사람은 없 습니다. 그러나 이제 여자들의 음주가 남성에 못지않다고 하니 참 좋은 세상인지 한심한 세상인지, 젊은 여자들은 임신을 해야 하는데 음주가 임신에 해롭다는 사실은 잘 알려져 있지 않나요?

한국 초기 교회는 교인이 되면 담배와 술을 끊게 하였고 흡연, 음 주자에게는 결코 세례를 주지 않았습니다. 초기 선교사들과 우리 교회

지도자들의 혜안이 돋보입니다. 성경에 술은 보지도 말라는 말씀이 있다는 것은 아시지요?(잠 23:31) 우리 자녀들이 술을 마시지 못하도록 어려서부터 철저한 신앙교육을 시켜야 합니다. 자녀들을 위해 기도 많이 하세요. 샬롬.

소변을 마시다

"하나님의 영은 수면 위에 운행하시니라." (창 1:2)

물은 모든 생명의 근원입니다. 따라서 물 없이는 어떤 생물도 살아갈 수 없습니다. 밥은 여러 날 먹지 않아도 생명이 끊어지지 않지만, 물은 며칠만 마시지 않아도 생명을 잃게 됩니다. 따라서 물 없이 사람이 살아갈 길은 없습니다.

사막을 여행하는 대상(隊商)들이 오아시스를 제때 만나지 못하면 가지고 있던 물을 다 소비한 후에 더 이상 마실 물이 없으면 낙타를 잡아서 낙타의 몸 안에 있는 물을 마신다는 사실을 우리는 알고 있습니다. 더 이상 마실 물이 없으면 자기의 소변을 받아서 마시면서 생명을 연장합니다. 지상에 사는 모든 인간은 지상에 있는 물을 마시며 살아갑니다. 물론 지구상에도 물이 없어 고통을 당하는 사람들이 많이 있지만 멀리 가면 물을 구할 수는 있습니다.

우주선을 타고 우주로 올라간 우주인들도 지상에 있는 사람들과 똑같이 물이 필요합니다. 물론 세수를 하거나 샤워를 할 정도의 물은 없겠지만 마실 물은 반드시 있어야 합니다. 우주에 머무는 기간이 짧으면 많은 물이 필요하지 않겠지만 장기간, 즉 몇 달 혹은 몇 년을 우주선에 있어야 하는 사람들에게 외부에서 물을 공급할 수는 없습니다. 따라서 과학자들은 이 문제를 해결하기 위하여 우주인들이 배설하는 소변에 주목하였습니다.

사람들은 하루에 보통 1.5리터의 소변을 배출하는데 소변은 90%

가 물입니다. 따라서 이 소변을 식수로 재활용하면 우주인이 마실 물의 상당 부분을 해결할 수 있다고 생각했습니다. 소변을 식수로 재활용하기 위해서는 소변에 포함되어 있는 아미노산, 요산, 요소 등의 물질을 제거하고 순수한 물만 분리해 내야 합니다. 그럼 어떤 방법으로 불순물을 걸러 내야 할까요? 그것은 증류하는 방법입니다. 소변을 증류하면 순수한 물을 얻을 수 있습니다.

과학자들의 부단한 연구로 최근 소변을 식수로 만드는 비율을 현재 93-98%까지 높였습니다. 이렇게 만들어진 물은 지상의 사람들이 쓰는 수돗물보다 훨씬 더 깨끗하다고 합니다. 하나님께서 천지를 창조하실 때 "하나님의 영은 수면(水面) 위에 운행하시니라"(창 1:2)고 기록되어 있습니다. 지구의 수면 위에 하나님의 영이 운행하셨다는 말은 지구가 물로 이루어져 있다는 말입니다.

지구가 존재하는 한 물은 있어야 하고 물이 있어야 인간이 살 수 있습니다. 물 없는 세상은 죽은 세상입니다. 물은 한없이 하늘에서 쏟아지는 것이 아니고 일정한 양이 반복적으로 순환하면서 인간에게 공급되는 것입니다. 그런데 인간들은 물을 너무 많이 낭비하고 있습니다. 미국 사람들의 물 낭비는 도를 넘습니다. 물이 무한대로 쏟아져 내리는 줄 알고 샤워장이나 화장실, 특히 정원의 잔디나 나무에 주는 물이 얼마나 낭비되고 있는지 모릅니다.

일정한 시간에 자동으로 물을 뿌리게 해 놓은 데는 비가 억수같이 쏟아져도 여전히 물을 뿜어내는 것을 보면 참 한심하기 그지없습니다. 생명의 물을 아끼고 또 아껴서 지구의 생명이 끝날 때까지 모든 인류가 유용하게 쓸 수 있도록 절약 또 절약해야겠습니다. 자기 소변을 마실 날이 오기 전에 물을 아껴 씁시다. 샬롬.

Nov

육신의 물과 영혼의 물

"이 물을 마시는 자마다 다시 목마르려니와 내가 주는 물을 마시는 자는
영원히 목마르지 아니하리니 내가 주는 물은 그 속에서 영생하도록
솟아나는 샘물이 되리라." (요 4:13-14)

물이 모든 생물의 근원임을 모르는 사람은 없습니다. 사람 몸의 60%
내지 70%가 수분으로 구성되어 있고 우리가 살고 있는 지구의 70%가
물로 덮여 있습니다. 그중에 담수는 3%밖에 되지 않는데 그중에서도
사람이 마실 수 있는 물은 얼마 되지 않습니다. 그러므로 비가 자주 내
리는 지역에서는 물을 자유롭게 공급받을 수 있지만 비가 거의 내리지
않는 지역에서는 물 때문에 고통당하는 사람들이 무수히 많습니다.

비가 잘 내리지 않는 아프리카 지역에 사는 사람들은 물통을 이고
뙤약볕에 2-30리 길을 걸어가서 많은 동물의 배설물이 섞여 있는 더
러운 물을 통에 담아 가지고 와서 물을 가라앉힌 다음에 그 물을 마시
고 음식을 해 먹습니다. 여러 구호단체와 교회들이 아프리카의 건조한
지역에 우물 파주기 사업을 지금도 계속하고 있습니다. 한번은 한국의
어떤 대형 교회가 아프리카에 가서 우물 파주는 과정을 TV로 중계했
습니다. 땅을 파는 기계가 땅속 깊이 파고 내려가서 마지막 수원(水源)
에 이르자 물이 땅속에서부터 육지로 올라와 하늘 높이 치솟았습니다.
주변에 있던 많은 사람과 어린이들이 땅속에서 물이 분수처럼 솟아오
르는 모습을 보고 이리 뛰고 저리 뛰며 춤을 추면서 온몸에 물이 다 젖
어도 상관하지 않고 기뻐 날뛰는 모습을 보았습니다. 뜨거운 태양 아
래 2-30리 길을 걸어가 오염된 물을 길어오던 부녀자들과 어린이들이
지하에서 터져 나오는 물을 이제는 마음껏 마시고 빨래도 하며 목욕도

하고 청소도 하게 되었으니 물 부족에서 완전히 해방된 것입니다.

어느 날 예수님께서 사마리아 지방을 여행하시다가 수가성 야곱의 우물가에서 물을 길으러 온 한 여인을 만나셨습니다. 예수님께서는 그 여인에게 물을 좀 달라고 말씀하셨습니다. 이 여인은 당신은 유대 남자로 어찌 사마리아 여인인 나에게 물을 달라고 하느냐고 물었습니다. 그때 예수님께서는 "이 물을 마시는 자마다 다시 목마르려니와 내가 주는 물을 마시는 자는 영원히 목마르지 아니하리니 내가 주는 물은 그 속에서 영생하도록 솟아나는 샘물이 되리라"(요 4:13-14)고 말씀하셨습니다.

물은 두 가지입니다. 인류가 날마다 마셔야 하는 물이 있고 인류의 영혼을 살리는 영생의 물이 있습니다. 지구상에는 마실 물도 많지 않지만, 영생의 물은 세상에 없고 오직 예수 그리스도에게서만 나옵니다. 인류가 영원한 생명을 얻기 위해서는 예수님께서 공급해 주시는 영생의 물을 마셔야 합니다. 영생의 물을 마시지 못하면 영생은 없습니다. 날마다 일정량의 물을 마시지 않으면 우리 육신의 생명을 잃는 것같이 영생의 물을 마시지 않으면 우리 영혼은 영원한 파멸에 이르게 됩니다. 주님께서 공급해 주시는 영생의 물을 마시기 위해서는 날마다 기도와 말씀 묵상에 힘써야 합니다. 그렇지 않으면 우리 영혼은 메말라 죽습니다. 쉬지 말고 기도하면서 말씀 묵상의 삶을 게을리하지 맙시다. 샬롬.

긍정의 신앙

"너희 염려를 다 주께 맡기라 이는 그가 너희를 돌보심이라." (벧전 5:7)

2025년 8월, 한 의학 전문 기자가 쓴 내용이 이곳 조간신문에 실렸습니다. 흔치 않은 내용이라 여러분들과 함께 나누는 것이 좋겠다고 여겨 이미 읽으신 이들도 있겠지만 읽지 않은 이들도 있으리라 여겨 여기그 글을 옮깁니다.

"일본 후쿠오카에서 호텔, 파칭코업 등 레저 산업을 일군 재일교포 기업가 김용해(75) 회장. 그는 40세에 대장암에 걸렸고 수술을 받았지만 10개월 후 대장암이 재발했다. 69세엔 췌장암 말기, 거기에 덧붙여 전이성 간암이 생겼다. 췌장암에서 벗어난 다음엔 혈액암이 찾아왔다. 한 번 걸려도 힘들다는 암을 네 차례나 겪었다. 실로 기이한 일이다. 4개 암 모두 난치성 상태였지만 그는 그때마다 완치되어 불사조처럼 살아났다. 김 회장은 고령의 나이에도 췌장 일대를 다 걷어내는 13시간 수술을 견뎠고 한국과 일본으로 오가며 고난도 항암 치료를 이어갔다. 최근 마지막으로 얇은 혈액암 악성 림프종에서도 암세포가 모두 사라진 '완전 관해'(암 치료 결과로 암세포가 더 이상 검출되지 않아 치료 효과가 완전히 나타난 상태) 판정을 받았다.

이제 일상으로 돌아와 2,000억 원 규모의 새로운 레저 사업을 진두지휘하고 있다. 김 회장이 암과의 전쟁에서 4전 4승을 거둔 비결은 뭘까. 그는 "죽는다는 생각을 한 번도 한 적이 없었다"며 "치료를 열심히 받으면 나는 암에서 벗어나 일터로 돌아갈 수 있다고 믿었다"고 말했다. 이는 치료 효과를 스스로 강하게 믿는 자기 효능감이다. 암 전문 의들은 그것이 회복 탄력성을 높여서 치료 결과를 좋게 한다고 말한다. 암은 한번 나았다고 끝난 게 아니다. 대장암, 췌장암, 혈액암을 순차적 으로 앓은 김 회장처럼 한번 암에서 완치되었더라도 또 다른 암이 생 길 수 있다. 게다가 암 생존자는 일반인보다 2차 암 발생 위험이 최대 20% 높다. 국내에서 암에 걸린 적 있는 사람은 258만여 명으로 국민 20명 중 한 명이다. 이들은 2차 암 발생 위험을 염두에 두고 건강검진 을 철저히 받아야 한다.”

저는 이 글을 읽으면서 암을 하나도 아니고 넷을 이기고 지금 씩 씩하게 사업을 이끌고 있는 김 회장의 용기와 결단을 높이 치하하지 않을 수 없습니다. 보통 사람들과 가족들은 암 진단을 받았을 때 맨 먼 저 하는 생각은 '내가 죽으면 어떻게 하지'입니다.

그런데 김 회장은 네 가지 암과 투병하면서도 “죽는다는 생각을 한 번도 한 적이 없었다. 치료를 열심히 받으면 나는 암에서 벗어나 일 터로 돌아갈 수 있다고 믿었다”고 말한 것을 보면, 그가 무서운 암을 네 개나 이길 수 있었던 원동력은 “나는 살 수 있다, 결코 죽지 않는다”는 단단한 의지와 결단이었습니다. 즉 긍정적인 생각이었습니다. '죽으면 어떻게 하지'라는 생각이 아니고 '나는 살 수 있다. 나는 이길 수 있다' 는 단호한 결의가 암을 넷이나 이길 수 있었던 비결이었습니다.

의사가 암 말기라는 진단을 내리며 잘해야 3개월밖에 살지 못할 것이라고 말했을 때 대부분의 사람은 절망하지요. 그때부터 그의 90일 은 지옥의 삶입니다. 밥도 못 먹고 잠도 못 자고 자기 운명을 저주하면 서 하늘을 향하여 “하나님, 왜 납니까? 내가 다른 사람보다 무슨 죄를 그렇게 많이 지었습니까?”라며 부르짖는 사람들이 많습니다. 이렇게 자기 운명을 저주하면서 밥도 안 먹고 잠도 못 자는 사람은 90일까지 살지도 못하고 운명하는 경우가 많습니다.

그러나 나에게 90일을 더 살게 해 주신 하나님께 감사하면서 밥맛이 없어도 억지로 삼키고 잠이 안 오면 수면제를 먹으면서 잠을 자고 감사로 하루하루를 넘기다 보면 90일이 지났는데도 살아가고 있는 자신을 발견하는 환자들이 적지 않습니다.

긍정의 힘이 얼마나 위대한 일을 이루었는지는 가나안을 정탐하고 돌아온 12사람 중 여호수아와 갈렙의 예가 잘 보여주고 있지요.(민 13장) 고난 속에 살아가더라도 성령님께서 도와주시면 이길 수 있다는 확신을 갖고 살아갑시다. 모든 염려를 주께 맡기고 사는 것이 최선의 방법입니다. "너희 염려를 다 주께 맡기라 이는 그가 너희를 돌보심이라."(벧전 5:7) 샬롬.

징검다리 재선 대통령

"또 성령으로 아니하고는 누구든지 예수를 주시라 할 수 없느니라." (고전 12:3)

2024년 11월 6일, 드디어 미국의 제47대 대통령이 확정되었습니다. 45대 대통령으로 4년간 일했던 도널드 트럼프가 46대 대통령 선거에서 실패한 후 4년이 지난 2024년 선거에서 47대 대통령에 당선된 것입니다. 따라서 그는 4년 대통령을 하고 나서 4년을 쉬고 소위 '징검다리 재선'에 성공한 기록을 남겼습니다. 이 기록은 미국 헌정사의 두 번째입니다. 이 징검다리 재선에 당선된 첫 번째 인물은 그로버 클리블랜드 대통령입니다. 그는 1885년 제22대 대통령에 당선되어 4년을 봉직했으나 다음 선거에서 실패하고 1893년 다음 선거에서 당선되어 첫 번째 징검다리 재선의 기록을 남겼습니다.

오늘은 클리블랜드 대통령에 대한 이야기를 하겠습니다. 그는 1837년 뉴저지 콜드웰에서 장로교회 목사의 9남매 중 다섯째로 태어났습니다. 그는 16세에 아버지가 세상을 떠나자 집안이 어려워져 학교를 그만두고 숙부와 함께 잡화점 점원으로 일을 했습니다. 성인이 되자 가족들의 생계를 돕기 위해 닥치는 대로 일을 하면서 차차 신앙생활에서 멀어졌고 세상에서 타락한 생활을 했습니다. 그러던 중 어느 날 저녁 친구와 함께 술을 잔뜩 마시고 비틀거리며 한 예배당 앞을 지나가게 되었습니다.

그날은 주일이어서 저녁 예배가 진행되고 있었습니다. 클리블랜드는 갑자기 예배당에 들어가고 싶은 마음이 생겨 친구에게 "우리 예배당에 들어가서 저 목사가 뭐라고 지껄이는지 잠깐 들어 보고 가세”
라고 말했습니다. 그 친구는 클리블랜드의 제안을 거절하고 술집으로
갔지만 클리블랜드는 예배당 맨 뒷좌석에 앉아 목사의 설교를 경청했
습니다. 이때 성령님께서 그의 마음을 열어 주셔서 통회 자복하고 새로
운 사람이 되었습니다.

그는 모든 생활을 정리한 후 프린스턴 대학을 졸업하고 정치계에
입문하여 1882년 버팔로 시장, 1883년에 뉴욕 주지사, 그리고 1885년
민주당 후보로 대통령에 당선되었습니다. ‘그로버 클리블랜드, 미국 제
22대 대통령에 당선되다’라는 신문 1면 기사를 눈물을 흘리며 읽고 있
던 한 사형수가 있었는데 그가 바로 옛날 클리블랜드의 술친구였습니
다. 그는 술집에서 곁에 있는 사람과 시비가 붙어 그를 찔러 죽였습니
다. 그는 살인범으로 체포되어 사형선고를 받고 집행을 기다리고 있
던 중이었습니다. 같은 주정뱅이였지만 예배당 안으로 들어간 클리블
랜드는 영적으로 구원을 받았을 뿐만 아니라 미국 대통령을 두 번이나
한 사람이 되었고, 예배당에 들어가자는 권면을 뿌리치고 술집으로 간
친구는 결국 사형수가 되었던 것입니다.

클리블랜드 대통령 재임 시인 1888년 최초 조선 주미공사였던 박
정양이 백악관에서 클리블랜드 대통령을 만나 국서를 제출했습니다.
따라서 클리블랜드 대통령은 최초로 조선 공사를 접견한 대통령의 기
록을 남겼습니다. 이제 미국 역사상 두 번째 징검다리 재선의 기록을
남긴 도널드 트럼프가 앞으로 4년간 미국과 세계를 이끌고 가야 하는
데, 그를 위한 우리의 기도가 많이 요청되는 때가 되었습니다. 그가 하
나님의 말씀에 기초하여 미국과 세계를 위해 일하도록 열심히 기도합
시다. 샬롬.

식(食)을 족하게 하라

"그런즉 너희는 먼저 그의 나라와 그의 의를 구하라 그리하면 이 모든 것을 너희에게 더하시리라." (마 6:33)

전에 한두 번 인용한 내용인데 다시 인용합니다. 하루는 공자의 제자 한 사람이 "선생님, 나라가 태평하려면 군왕은 무엇을 해야 합니까?"라고 묻자, 공자는 "첫째, 식을 족하게 하라. 둘째, 병(兵)을 족하게 하라. 셋째, 신(信)을 족하게 하라"고 말했습니다.

첫째 식을 족하게 하라는 말은 백성들의 먹는 문제를 해결해 주어야 한다는 말입니다. 굶주린 백성들에게는 무엇을 갖다 주어도 아무 소용이 없습니다. 따라서 임금은 백성들의 배를 부르게 해야 한다는 말입니다. 둘째는 병으로 국방을 튼튼히 하여 나라를 안전하게 만들라는 것이고, 셋째 신을 족하게 하라는 것은 백성들 간에 신의를 두텁게 해야 한다는 말입니다.

성경에 아람 군대들이 사마리아 성을 완전 포위하고 고립시키자 성내에 양식이 고갈되어 사람들은 굶주림에 죽어 갔습니다. 부녀자들은 굶주림을 견디지 못하고 자기 아들을 삶아 먹는 지경에 이르렀습니다(왕하 6:24). 공자가 백성들의 먹는 문제를 해결해 주라는 말은 이 일이 가장 우선이기 때문입니다.

빌 클린턴이 대통령 선거 유세 중 내건 슬로건은 "경제야, 바보야 (It's the economy, stupid)"였습니다. 이 말 한마디로 공화당의 조지 H. W. 부시를 누르고 대통령에 당선되었습니다. 대통령은 무엇보다 경제를 살려 백성들이 배불리 먹게 해 주어야 한다는 말이지요.

이번 미국 제47대 대통령으로 도널드 트럼프가 당선되었습니다. 미국 국민들은 과거 트럼프의 4년 동안 그를 잘 지켜보고 그가 대통령에 부합하지 않는 사람이라고 판단하는 사람들이 많았지만, 그가 크게 승리할 수 있었던 것은 바이든 대통령 통치 기간에 미국의 경제가 크게 성장하지 못하고 물가가 천정부지로 치솟았기 때문입니다. 뿐만 아니라 바이든 행정부는 불법 이민자 문제에 크게 신경 쓰지 않아 수많은 불법 이민자가 들어와 서민, 노동자, 특히 라틴계 사람들의 일자리를 빼앗아 가 이들의 삶이 곤핍해졌기 때문입니다. 결국 배고픈 서민, 노동자, 이민자들이 민주당에 등을 돌리고 문제 많은 트럼프를 선택한 것은 경제 문제를 해결해 달라는 의미였습니다.

예수님께서 광야에서 40일 금식하신 후 마귀가 나타나 했던 최초의 시험은 "이 돌들로 떡덩이가 되게 하라"였습니다. 40일 금식하신 예수님에게 가장 절실한 것은 밥(경제)이었습니다. 그러나 예수님께서는 마귀에게 "사람이 떡으로만 살 것이 아니요 하나님의 입으로부터 나오는 모든 말씀으로 살 것이라"(마 4:4)고 대답하셨습니다.

인간에게 먹는 문제가 무엇보다도 소중하지만 그것은 어디까지나 육신을 위한 것이고, 우리의 영혼을 위해서는 하나님의 말씀이 필요합니다. 트럼프가 경제를 얼마나 신장시킬지는 두고 볼 일이지만 인간에게 먹거리가 풍성하다고 모든 문제가 해결되는 것은 아닙니다.

예수님께서는 "그러므로 염려하여 이르기를 무엇을 먹을까 무엇을 마실까 무엇을 입을까 하지 말라… 너희 하늘 아버지께서는 이 모든 것이 너희에게 있어야 할 줄을 아시느니라"(마 6:31-32)고 말씀하셨습니다. 우리가 먼저 구해야 하는 것은 "그의 나라와 그의 의"입니다(마 6:33). 이것이 우리가 영원히 풍족한 삶을 누릴 수 있는 첩경입니다. 우리가 해결해야 할 근본 문제는 경제가 아니고 하나님 나라입니다. 이 일을 위해 계속 기도합시다. 샬롬.

쌀밥에 고깃국

"네 아들을 내 놓으라 우리가 오늘 먹고 내일은 내 아들을 먹자 하매
우리가 드디어 내 아들을 삶아 먹었더니" (왕하 6:28-29)

'이밥'은 입쌀(혹은 멥쌀)로 지은 백미 밥을 뜻하는 것으로 한국에서는 '쌀밥에 고깃국'을 의미합니다. '이밥에 고깃국'이란 말은 1962년 북한의 김일성이 '천리마 운동'을 시작할 당시에 "1964년에 우리는 300만 톤의 벼와 20만 톤의 육류, 3억 미터의 직물을 생산하게 되며 그 해까지 도시와 농촌에 새로 건설되는 문화주택이 60만 세대에 달하게 된다. 이렇게 되면 우리 인민은 모두가 다 기와집에서 이밥에 고깃국을 먹으며 비단옷을 입고 사는 부유한 생활을 누리게 될 것이다"라고 말했습니다. 그런데 그때로부터 60년이 지난 지금 북한이 어떤 형편에 있는지 제가 말하지 않아도 이 글을 읽는 사람들은 다 알고 있습니다.

우리 가족이 6.25 전쟁을 만나 시골로 피란을 가서 살 때 하루 세 끼 꽁보리밥만 먹었습니다. 모친은 조금 있는 쌀을 꽁보리 중앙에 한 숟갈을 얹어 밥을 지은 후 쌀밥 한 숟갈을 도려내어 어린 막내 동생에게 주고 나머지 삼남매는 쌀 한 톨 없는 100% 꽁보리밥만 먹었습니다. 그때 저의 소원은 보리쌀 한 톨 섞이지 않는 그야말로 이밥을 한번 먹어 보는 것이었습니다. 그러나 요즘은 이밥보다는 콩이나 기타 다른 것을 섞어서 먹는 것이 더 좋습니다.

한국의 2023년 쌀 생산량이 약 320만 톤이었는데 쌀 소비가 잘되지 않아 농민들이 논을 갈아엎는 일이 일어나고 있습니다. 옛날에는 쌀밥 먹는 것이 소원이었는데 이제는 한국 사람들이 쌀밥보다는 밀, 콩,

옥수수 등으로 만든 서양식 음식을 더 선호해서 쌀 소비가 급감하고 있습니다. 한국의 쌀 소비량은 1988년 이후 37년 연속 감소세인데, 2021년 1인당 쌀 소비량은 56.9kg으로 2020년 대비 1.4% 감소하였습니다.

이렇게 쌀 소비량이 급격하게 줄어든 것은 쌀 대신 다른 곡물로 만든 가공식품을 즐기는 사람들이 늘었고 육류 소비가 늘면서 사료용 곡물 수요도 급증하고 있기 때문입니다. 식량이 그 어떤 것보다 중요한 것은 식량이 없으면 모두 죽기 때문입니다. 지금도 전 세계에서 굶주리는 사람들이 부지기수로 많습니다. 정확한 통계인지 모르지만 평균 5초에 한 명의 어린이가 굶어 죽는다고 합니다.

식량은 전적으로 하나님의 손에 달려 있습니다. 이른 비와 늦은 비를 내리시는 분은 하나님이시고 가뭄과 홍수가 나는 것도 하나님께 달려 있었습니다. 이스라엘에 3년 반 동안 비 한 방울 내리지 않은 것도, 요셉이 애굽의 총리로 있을 때에 7년 동안 비가 내리지 않은 것도 하나님께서 하신 일이었습니다.

먹을 식량이 없으면 사람들이 환장을 해서 제 정신을 잃고 자기 어린 아들을 잡아먹는 지경에까지 이릅니다. 구약 성경 열왕기서에 "여인이 대답하되 이 여인이 내게 이르기를 네 아들을 내 놓아라 우리가 오늘 먹고 내일은 내 아들을 먹자 하매 우리가 드디어 내 아들을 삶아 먹었더니"(왕하 6:28-29)라는 기록이 있습니다. 배가 고파서 미쳐버린 엄마들의 모습 아닙니까? 제대로 먹지 못하면 영양실조에 걸리고 영양실조가 심해지면 정신이 혼미해져서 제 정신을 잃게 되는 법입니다.

조상 대대로 보릿고개를 넘기면서 굶주리며 죽던 우리 민족이 이밥에 고깃국을 얼마든지 먹고 풍요를 누리며 살게 된 것은 전적으로 하나님의 은총입니다. 이런 큰 은혜를 받고 사는 우리는 이런 사실을 모르는 사람들에게 열심히 복음을 전해서 하나님의 자녀들이 늘어나는 일에 더욱 힘쓰는 삶을 살아야겠습니다. 샬롬.

양식

"하나님이 이르시되 내가 온 지면의 씨 맺는 모든 채소와 씨 가진 열매 맺는 모든 나무를 너희에게 주노니 너희의 먹을거리가 되리라." (창 1:29)

인간이 생명을 유지하기 위한 필수 요소 두 가지는 물과 양식입니다. 물이 없으면 사람은 불과 며칠도 살지 못하고 양식을 먹지 않으면 여러 날이 못 되어 죽습니다. 양식은 인간들이 살아갈 수 있는 에너지를 공급해 주는 원천입니다. 그러므로 모든 것이 다 없어져도 양식이 없어지면 안 되는 이유는 바로 양식이 생명이기 때문입니다.

우리 배달겨레는 4,000년 동안 굶주리며 살아왔습니다. 소위 보릿고개가 되면 수많은 사람이 산으로 들로 다니며 나무껍질을 벗겨 먹었고 들의 풀뿌리를 캐어 먹으면서 연명했지만 아사자가 부지기수였습니다. 7-80년대 박정희 대통령의 획기적인 농업과 산업 정책으로 이제겨우 배달겨레가 4,000년 동안의 굶주림을 면하고 배불리 먹고 살 수 있게 되었습니다.

2023년 10월, 방송에서 미국의 극빈층 중 44%가 굶주리고 있다는 뉴스를 들었습니다. 미국은 세계 제1의 부자 나라이며 먹을 것이 풍부한 나라입니다. 그러나 계속해서 밀려드는 불법 이민자들과 불법 체류자들은 국가에서 주는 혜택을 제대로 받지 못하고 굶주림으로 고통받는 사람들이 적지 않습니다. 그러나 여전히 매일 식사를 제공하는 구세군이 있고 또 노숙자들을 섬기는 구호단체들이 먹거리를 제공해 주기 때문에 본인이 노력만 하면 얼마든지 먹고살 수 있는 체제는 갖추어져 있습니다.

문제는 지구 온난화로 인하여 지구 전체가 식량난을 겪을 날이 다가오고 있다는 사실입니다. 아시아 지역의 주식인 쌀 생산량이 점점 줄어들고 있습니다. 따라서 주요 양곡 수출 국가들이 자국의 식량 확보를 위해서 수출량을 크게 줄이고 있기 때문에 수입에 의존해 살고 있는 나라들의 문제가 심각해지고 있습니다. 폭염, 폭우, 태풍, 쓰나미, 토네이도, 지진, 엘니뇨 등의 자연 재난은 식량 생산에 지대한 영향을 미치고 있습니다.

한국은 식량의 80%를 해외 수입에 의존하고 있습니다. 쌀만 겨우 자급할 뿐 밀가루, 옥수수 등 많은 식량을 해외에서 수입하는데 이들 식료품 수출국들이 문을 닫아 버리면 한국은 80% 식량을 어디에서 수입해야 할까요?

세계 쌀 수출의 40%를 차지하는 인도는 지난달부터 쌀 수출을 제한했습니다. 수억 명에 달하는 취약 계층에게 값싼 먹거리를 제공해야 한다는 이유에서입니다. 필리핀, 방글라데시는 인도와 태국에서 쌀을 대거 수입해 왔고 아프리카의 나이지리아, 라이베리아 등 사하라 사막 이남 아프리카 국가들도 인도산 쌀의 수입이 80%가 넘습니다. 따라서 인도가 쌀 수출을 금지하면 이 나라들이 어떻게 살아가야 하느냐는 그 나라들의 문제를 넘어 인류의 숙제가 될 것입니다.

기후 학자들은 앞으로 이상 기후가 더 잦아지고 2023년처럼 폭염과 폭우를 동반한 슈퍼 엘니뇨까지 예고하면서 20년 만에 최악의 식량 위기가 올 수 있다고 경고하고 있습니다. 식량을 둘러싼 총성 없는 전쟁은 이제 시작이라고 말합니다. 기후 학자들은 한국이 부유한 나라이기 때문에 당장은 위기를 피부로 느끼지 못하겠지만 기후 문제가 더욱 심각해지면 돈이 있어도 식량을 사지 못하는 상황에 직면하게 될 것이라고 경고하고 있습니다. 자연을 정복만 하지 말고 다스리라고 말씀하신 하나님의 뜻이 여기에 있습니다. 자연을 다스리지 않으면 자연은 인

류에게 무서운 재난을 퍼부을 것입니다. 이런 어려운 문제들을 위해 열
심히 기도해야겠습니다. 샬롬.

하늘에서 내려온 양식

"또 그 땅의 소산물을 먹은 다음 날에 만나가 그쳤으니 이스라엘 사람들이
다시는 만나를 얻지 못하였고 그 해에 가나안 땅의 소출을 먹었더라."
(수 5:12)

하늘에서 내리는 양식 하면 여러분들은 먼저 무엇이 생각납니까? 이
스라엘 백성들은 430년 동안 애굽에서의 노예 생활을 끝내고 하나님
께서 아브라함과 이삭과 야곱에게 약속하신 젖과 꿀이 흐르는 가나안
복지를 향하여 나아갔습니다. 그때 이동한 인구가 장정만 60만 명이니
모두 200만 명에 달하는 이스라엘 백성들이 거친 광야를 40년 동안 걸
어갔습니다.

사람이 물과 음식을 먹지 않으면 살아갈 수 없는 것은 삼척동자도
압니다. 성경에 보면 이스라엘 백성들이 광야에서 마실 물이 없어 고통
을 호소할 때 하나님께서 모세를 통해 바위를 쳐서 생수가 흘러나오게
하여 백성들이 마셨습니다.

문제는 약 200만에 달하는 많은 백성의 먹을 양식이었습니다. 그
러나 그 많은 백성이 40년 동안 굶주리지 않고 가나안 땅에 이르게 된
것은 하나님께서 하늘에서 내려주신 양식, 즉 만나가 있었기 때문입니
다. 매일 이른 아침에 밖에 나가 보면 하늘에서 가루가 내려 쌓여 있는
것을 거두어다 빵을 만들고 다른 요리를 해서 먹었습니다.

이스라엘 백성들은 하늘에서 내리는 양식을 먹으며 40년 동안 허
기지지 않고 무사히 가나안 복지에 이르렀습니다. 그들이 가나안 땅에
서 농사를 지어 먹고살게 됐을 때 비로소 만나가 그쳤다고 성경은 기
록하고 있습니다.(수 5:12)

요즘에는 과학이 발달해서 벌의 수컷을 뜻하는 드론이 생겨났습니다. 드론은 공중에 떠서 지정된 곳에 가서 주어진 임무를 수행합니다. 한국 전라남도 여수시가 외딴섬 10여 곳을 오가는 드론 배달 서비스를 시작했다고 합니다. 조그마한 물건 하나를 사려 해도 하루 네 번밖에 다니지 않는 배를 타고 7km 떨어진 곳까지 가야 하는데, 배를 타고 오가려면 왕복 80분가량 걸립니다.

그런데 이제 대두라도 섬 주민들은 드론이 배달해 주는 자장면과 탕수육을 집에서 받아먹을 수 있게 되었습니다. 앞으로는 음식물뿐만 아니라 생활필수품과 의약품, 혈액 등을 드론을 통해 배달받을 수 있어서 산간벽지의 응급 환자를 위한 서비스도 할 수 있게 되었습니다.

그러나 과학은 항상 명과 암이 있어서 초소형 드론으로 사람을 염탐하여 개인의 사생활을 침해할 수도 있고 경우에 따라서는 원한이 있는 사람을 골라 해칠 수도 있습니다. 옛날 하나님께서 광야를 헤매던 이스라엘 백성들에게 하늘에서 만나를 내려 주셔서 가나안 땅에 이르게 하셨는데, 이제는 인간들이 하늘에서 먹거리를 내려 주어 오지 사람들이 먹을 수 있게 되었습니다. 하늘에서 내려오는 음식이네요.

하나님께서 인간에게 주신 지혜를 선한 목적으로 사용해야 하는데 악마의 자식들은 또 악하게 사용할 것이 불을 보듯 뻔해서 걱정이 됩니다. 이에 대한 대비를 철저히 해야겠습니다. 살기 좋은 세상이지만 또 어려운 세상이기도 합니다. 하나님께서 아름답게 창조하셔서 인간에게 주신 세상에서 악마가 불장난을 하지 못하게 다 함께 기도하면서 악마의 불장난을 격파합시다. 샬롬.

마더 테레사

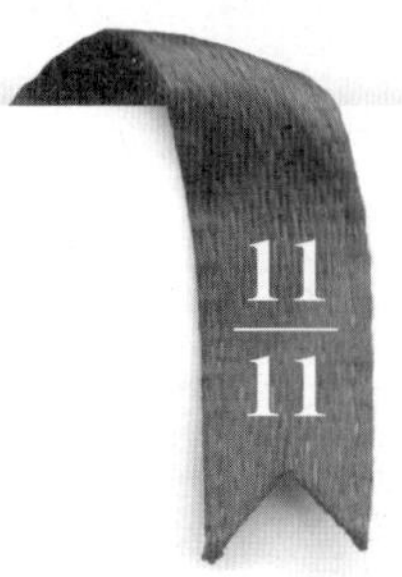

"네 이웃을 네 자신같이 사랑하라." (마 22:39)

마더 테레사(1910-1997)를 모르는 사람이 거의 없을 정도로 유명한 분입니다. 마더 테레사가 설립한 '사랑의 선교 수녀회'가 창립 75주년을 맞아 세계 여러 곳에서 경축 행사를 열고 마더 테레사의 희생정신을 다짐하는 시간을 가졌습니다. 마더 테레사는 1910년 현재 마케도니아의 수도 스코페에서 태어났습니다. 18세가 되던 1928년 인도에서 선교 활동을 하다 수녀원에 들어가 테레사라는 수도명을 받았습니다.

마더 테레사는 인도 콜카타에서 '사랑의 선교 수녀회'를 창설하고 활동하였는데, 1950년 7월 10일 교황청은 사랑의 선교 수녀회를 공식적으로 승인하였고 이날에 수녀회 설립 기념일 행사를 하고 있습니다. 창립 75주년 기념식에서 콜카타의 대교구장 엘리아스 프랭크 대주교는 강론에서 사랑의 선교 수녀회 회원들은 설립자의 길을 그대로 따르고 있다며 그녀는 세상에서 버려진 이들을 위해 자신의 생애를 바쳤다고 말했습니다.

현재 수녀회 총장은 기념식에서 75년 동안 수도회를 지탱해 주신 하나님의 은혜에 감사드리며 우리에게 주어진 소명을 끝까지 수행하겠다고 다짐하였습니다. 총장은 현재 가자지구 등 세계 여러 분쟁 지역 139개국에 5,000여 명의 수녀들이 754개 시설을 운영하며 가난하고 소외된 이들을 섬기고 있다고 말했습니다. 테레사 수녀는 1979년 노벨 평화상을 수상하였고, 1997년 9월 5일 인도 콜카타에서 하나님의 부르심을 받고 선종하였습니다. 2016년 9월 수녀는 시성, 즉 성인으로 추대되었습니다.

제가 장신대에 봉직할 때인 1980년대 중반, 앞으로 선교사로 나갈 졸업생 몇 명을 데리고 아시아 여러 지역의 선교지를 순방한 일이 있었습니다. 인도에 갔을 때 일부러 콜카타에 가서 사랑의 수녀회를 찾았습니다. 간판도 잘 보이지 않는 초라한 양철 대문을 밀고 안으로 들어가자 여러 채의 장애인 거주 시설이 있었습니다.

각 시설에는 많은 봉사자가 중증 장애인들을 위해 부지런히 일하고 있었습니다. 그날 마침 테레사 수녀는 안 계시고 전 세계에서 온 많은 자원봉사자가 열심으로 장애 아동들을 돌보는 모습을 목격했습니다. 인도에서 일 년 중 가장 덥다는 8월에 에어컨도 없는 마루에서 젊은 대학생이 누워서 일어나지도 못하고 밥을 받아먹고 대소변을 그대로 누는 어린아이들에게 땀을 뻘뻘 흘리면서 밥을 먹이고 목욕을 시키며 봉사하는 모습을 보았습니다. 한 대학생에게 어디에서 왔느냐고 물어봤더니 스웨덴에서 왔다고 했습니다.

여름방학을 이용해서 친구들 몇 명과 한 달 동안 봉사하러 이곳에 왔다고 대답했습니다. 저는 그 대학생을 보면서 얼마나 감격했는지 모릅니다. 대학생이 여름에 친구들과 더불어 바캉스를 가지 않고 자비량으로 멀리 인도까지 와서 봉사하는 모습을 보면서 작은 예수들을 보았습니다. 과연 저 젊은 대학생들에게 누가 이런 일을 하게 만들었을까요? 그것은 두말할 필요도 없이 주님께서 말씀하신 대로 "네 이웃을 네 자신과 같이 사랑하라"는 말씀에 순종하는 신앙심입니다. 그들은 이 말씀을 실천하기 위해서 그곳에 왔고 또 그 어려운 일을 감당하고 있었던 것입니다.

이 대학생들뿐만 아니라 여러 자원봉사자가 땀을 뻘뻘 흘리면서 봉사를 하는 것은 주님의 명령을 순종하기 때문입니다. 결혼도 하지 않고 주님과 결혼한 후 극빈자들, 중증 장애인들을 위해 평생을 바쳐 희생하는 수녀들과 수도사들이야말로 작은 예수들입니다. 현재 한국에 평생 독신으로 주님을 위해 고난받는 사람들을 위해 일하는 여자 수녀원이 126개, 남자 수도회 및 사도 생활단이 417개 있습니다. 우리 모든 그리스도인은 저들 대학생과 같이 자비량으로 인도까지 가서 한 달은 봉사하지는 못해도 단기간만이라도 자주 우리를 필요로 하는 고난받는 사람들에게 다가가는 것이 주님께서 원하시는 크리스천의 삶이 아닐까요? 샬롬.

가난한 사람들

"가난한 자들은 항상 너희와 함께 있거니와 나는 항상 함께 있지
아니하리라 하시니라." (마 26:11)

성경에는 극빈자에 대한 기사가 많습니다. 예수님께서 베다니 나병 환
자 시몬의 집에 계실 때 어떤 여자가 매우 귀한 향유 한 옥합을 가지고
와서 식사하시는 예수님의 머리에 부었습니다. 이 모습을 보고 제자들
이 분개하여 그것을 비싼 값에 팔아 가난한 자들에게 줄 수 있지 않겠
느냐고 말하자 예수님께서 가난한 자들은 항상 너희와 함께 있거니와
나는 항상 함께 있지 아니하리라고 말씀하셨습니다(마 26:6-11). 이 장면
에서 예수님의 "가난한 자들은 항상 너희와 함께 있을 것이라"는 말씀
에 주목해야 합니다.

　　예수님께서 여리고에 가셨을 때 맹인 거지 바디매오가 길가에 앉
았다가 나사렛 예수가 지나가신다는 말을 듣고 "다윗의 자손 예수여
나를 불쌍히 여기소서"라고 소리 지르자 예수님께서 그를 불쌍히 여기
셔서 볼 수 있게 해 주셨습니다.(막 10:46) 바디매오는 거지였습니다. 거
지 나사로가 부잣집 문전에 누워 그 집에서 나오는 음식물 찌꺼기로
연명하고 있었는데 그의 온몸에 헌데가 나서 동네 개들이 와서 핥기까
지 했습니다.(눅 16장)

　　베드로와 요한이 성전에 올라갔을 때 미문 곁에 나면서부터 걷지
못하는 이를 만났습니다. 베드로와 요한은 "은과 금은 내게 없거니와
내게 있는 이것을 네게 주노니 나사렛 예수 그리스도의 이름으로 일어
나 걸으라"며 그의 오른손을 잡아 일으켜 세웠습니다.(행 3:1-10)

2024년 11월 12일, 30대 여성 A씨의 사망에 대한 보도가 났습니다. A씨는 7살 난 딸 하나와 살던 싱글맘인데 사채업자들에게서 돈을 꾸어 쓴 후에 제때 갚지 못하자 사채업자들의 끊임없는 협박에 못 이겨 스스로 목숨을 끊었습니다. A씨는 2024년 9월 전북 전주시의 한 펜션에서 숨진 채 발견되었는데 그녀의 유서에 사채업자들에게 수십만 원을 빌렸는데 높은 이자율 때문에 한 달도 못 되어 원리금이 1천만 원에 이르렀다는 기록이 있었습니다.

사채업자들은 상환이 늦어질 때마다 1분에 10만 원을 추가로 요구했습니다. 사채업자들은 A씨가 돈을 제때 갚지 못하자 A씨의 가족 사진과 집 주소, 딸의 유치원 주소를 적어 협박하는 문자를 보냈습니다. 사채업자들의 돈을 제때 갚지 못하면 장기를 팔라는 협박에 못 이겨 결국 죽음의 길을 택하는 경우도 있습니다.

세계 경제 순위 10위권이라는 한국에서 몇십만 원을 빌릴 곳이 없어 사채업자들의 돈을 꾸어 쓰고 죽음을 선택할 수밖에 없는 한국의 현실이 개탄스럽지 않습니까? 연휴가 되면 해외여행을 떠나는 가족들이 수만 명이라는데 돈 몇십만 원 때문에 어린 딸을 두고 세상을 등져야 하는 현실이 안타깝습니다.

우리 교회들은 교회 주변에 이렇게 생과 사의 갈림길에서 방황하는 사람들은 없는지 보살피며 도울 수 있는 길을 마련해야 하지 않을까요? 예수님께서 가난한 사람들은 항상 너희와 함께 있을 것이라고 말씀하셨을 때는 그들을 도우라는 말씀이 아닐까요? 우리 교회는 주변에 살고 있는 가난한 사람들을 어떻게 돕고 있는지 반성해야 합니다. 우리 모두 힘을 모아 고통 중에 있는 이웃을 돕는 일에 앞장섭시다. 이것이 그리스도의 사랑을 실천하는 길입니다. 샬롬.

사랑의 연탄

"임금이 대답하여 이르시되 내가 진실로 너희에게 이르노니 너희가
여기 내 형제 중에 지극히 작은 자 하나에게 한 것이 곧 내게 한 것이니라
하시고." (마 25:40)

어린아이들을 제외하면 한국 사람치고 연탄을 모르는 사람은 없습니
다. 한국 사람들은 4천 년 동안 산에서 나무를 해다가 음식을 지어 먹
고 아궁이에 불을 때서 온돌을 데워 난방을 했습니다. 그러다 언제부터
인지 연탄(19공탄)이 나오면서 산에서 나무를 하던 일이 끝나게 되었습
니다. 따라서 산에 나무가 살아남아 자연히 산림 녹화가 이루어졌습니
다. 하루 한 번씩 연탄을 갈아주면 24시간 땔감 걱정 없이 살아갈 수 있
는 천지개벽 같은 변화가 일어났습니다. 그러나 연탄가스를 마시고 사
회에 꼭 필요한 인재들이 세상을 떠나는 비극이 자주 일어났습니다.

어느 때부터인지 가구마다 가스관이 설치되고 가스가 보급되면서
연탄 사용은 자연히 사라지게 되었습니다. 이제 시골, 벽촌에도 가스가
들어가 연탄을 때는 가구는 거의 없어졌습니다. 그런데 아직도 서울에
서도 연탄을 때는 가구가 적지 않습니다. 연탄을 사용하는 가구의 80%
가 기초생활수급자라고 합니다. 가스가 보급된 지가 수십 년이 지났는
데 연탄을 때야 하는 가난한 사람들이 많습니다. 저소득층 가구, 독거
노인, 장애인, 고아, 미망인 등 저소득층 가구에 필요한 연탄량이 한 해
겨울에 약 300만 장이라 합니다.

2024년 11월 현재 연탄 한 개 가격이 900원(미화 약 70센트)이라 합
니다. 그런데 이 900원 하는 연탄을 살 돈이 없어서 냉방에서 전기장판
하나를 깔아 놓고 겨울을 보내야 하는 독거노인, 장애인, 고아, 과부, 극

빈자들이 많다는 현실이 세계 경제 순위 10위권이라는 한국 서울에도 많다는 사실이 믿어지십니까? 지방 자치단체나 정부는 어디다 세금을 쓰고 있을까요?

연휴가 되면 온 가족들과 함께 해외로 여행을 떠나는 사람들이 인천 공항에 수만 명이 몰려드는 현실에서 연탄 한 장 살 수 없어 냉방에서 잠을 자야 하는 현실이 개탄스럽지 않나요? 가족과 함께 해외로 여행을 떠나는 사람들에게 연탄 10장씩만 기부받으면 어떨까요?

서울의 대형교회에서 한 주에 들어오는 헌금 액수가 얼마나 되는지는 관계자들 외에는 아무도 모릅니다. 매 연말이나 연초가 되면 교회마다 지난 1년간의 수입, 지출에 대한 보고를 하지요. 그런데 대체로 돈이 남아 내년으로 이월되는 경우가 많습니다. 교회 근처에 연탄 한 장 살 수 없는 빈민들이 수두룩한데 교회는 돈이 남아 내년으로 이월되는 현실을 주님께서 보시면 어떻게 생각하실까요? 구약에 여호와 하나님께서는 고아와 과부와 나그네(노숙자)를 돌보라고 수시로 명하셨고, 주님께서도 주린 사람들, 나그네들, 헐벗은 사람들, 병든 사람들, 옥에 갇혀 있는 사람들을 돌보는 것이 바로 나에게 하는 것이라고 말씀하셨습니다.(마 25:35-46)

대구 삼덕교회에서 목회하셨던 홍대위 목사님께서는 교회 예산을 세울 때 선교비와 구제비를 동률로 해야 한다고 역설하였습니다. 구제가 선교라는 말씀입니다. 여러분들의 교회에 선교비와 구제비를 비교해 보세요. 동률입니까 아니면 10대 1, 아니 100대 1? 주님께서는 어느 쪽을 기뻐하실까요? 연말이 다가왔습니다. 목회하는 목사, 장로, 교인들은 내년 예산에 선교비와 구제비를 어떤 비율로 정하시렵니까? 기도하면서 주님께 물어보세요. 연탄 한 장 900원, 고난 중에 사는 사람들에게는 하룻밤을 따뜻하게 지낼 수 있는 '사랑의 선물'입니다. 샬롬.

송아지 '감사'

"예수의 발 아래에 엎드리어 감사하니 그는 사마리아 사람이라… 그
아홉은 어디 있느냐." (눅 17:16-17)

1944년 미국에서 국제개발 비영리 기관인 '헤이퍼 인터내셔널'(Heifer
International)이 창립되었습니다. 이 단체의 모토는 "물고기를 주기보다
는 물고기 잡는 법을 가르치라"입니다. 이 단체는 현재 전 세계 125개
국에 도움을 주고 있습니다.

1963년 서울여자대학교는 미국으로부터 뜻깊은 선물을 받았습니
다. 미국 헤이퍼 인터내셔널로부터 암소 다섯 마리를 받았는데 그해 겨
울을 지난 후에 세 마리의 암송아지가 태어났습니다. 서울여자대학교
설립자였던 고황경 총장은 헤이퍼에 "품질이 좋은 우유가 나오고 있어
매우 좋습니다. 판매도 가능할 것 같습니다"라며 감사의 편지를 보냈
습니다.

헤이퍼 인터내셔널은 6.25 전쟁으로 피폐해진 한국 농촌을 위해
1952년부터 1976년까지 총 3,200여 마리의 가축을 한국에 제공했는
데, 이때 젖소 897마리도 왔습니다. 이것은 한국을 낙농 국가로 만드는
기초가 되었습니다. 한국은 젖소 원조를 받는 조건으로 첫 번째 암컷
새끼가 나오면 그 새끼를 도움이 필요한 다른 이웃에게 보내 준다는
'선물 이어주기'(Passing on the Gift)의 철학을 서약했습니다.

2024년 2월 6일 네팔 신둘리 지구 카말라마이 낙농 시범 마을에
서는 40kg짜리 건강한 암송아지가 태어났습니다. 2022년 12월 한국
농림축산식품부와 헤이퍼 코리아가 네팔에 지원한 젖소 101마리 가운

데 한 마리가 처음으로 현지에서 출산을 한 것입니다.

이것은 70년이라는 시공을 넘어 한국이 헤이퍼에 했던 약속이 다른 국가에서 의미 있게 결실을 본 것입니다. 경기도 남양주시 순흥목장에서 기증한 홀스타인 종 '토실이'가 2023년 5월 4일 인공수정으로 임신 280여 일 만에 세상에 나온 것입니다. 새끼를 얻은 네팔 농가는 한국에 대한 고마움의 표시로 송아지 이름을 '감사'라고 지었습니다. 현재 74마리가 임신 중으로 앞으로 송아지 출산이 계속 이어질 예정입니다. 젖을 뗀 송아지들은 인근 어려운 농가에 전달되며 네팔 전역에 낙농업을 일구는 밑거름이 될 것입니다.

저는 헤이퍼 인터내셔널에서 한국에 많은 젖소를 기증하면서 암송아지가 출산하면 젖을 뗀 후에 소가 없는 가난한 농가에 기증하고, 그 송아지를 받은 농가는 또 그 소를 길러 성인 소가 된 후 임신하여 암송아지를 낳으면 다시 소 없는 농가에 기증하는 일을 계속해야 하는데 과연 그 약속이 제대로 지켜졌는지 알 수 없습니다.

제가 1974년 미국에서 석사과정을 밟고 있을 때 박사과정을 밟고 있던 감리교회 선배 목사가 있었습니다. 그 선배 목사님은 일찍이 미국에 와서 석사과정을 마치고 미국 감리교회에서 목회하면서 당신 고향의 가난한 농가들을 위해 한 가지 아이디어를 교회에 제시했습니다.

그것은 선배의 고향 온 동네에 소 한 마리가 이 집 저 집 논과 밭을 갈던 일을 생각하고 교회에서 송아지 세 마리 살 돈을 마련해서 한국에 보냈습니다. 송아지 세 마리를 사서 각 집에 나누어 주면서 처음 태어난 암송아지는 소 없는 집에 주어 온 마을 가정이 소 한 마리를 갖게 하자는 운동이었습니다(첫 번째 송아지만 이웃에게 주고 두 번째 태어나는 송아지부터는 본인이 갖습니다).

그런데 송아지들이 커서 모두 암송아지를 낳았는데 한 집도 다른 집에 나누어주지 않고 자기 송아지를 만들어 버려 이 사업은 실패로 끝났다는 이야기를 했습니다. 어디 갈 때 마음과 나올 때 마음이 다르다더니.

　네팔에서 태어난 첫 송아지 이름을 '감사'라고 지은 것은 은혜를 잊지 않겠다는 다짐이라 여겨집니다. 은혜를 모르는 사람이나 가정은 희망이 없겠지요? 예수님께로부터 나병 치료를 받은 환자 10명 중 예수님께 감사를 하러 온 사람은 사마리아인 한 사람뿐이었지요.(눅 17장) 은혜를 잊지 않는 사람이 됩시다. 샬롬.

Thank You와 Excuse Me의 사회

"범사에 감사하라 이것이 그리스도 예수 안에서 너희를 향하신 하나님의 뜻이니라." (살전 5:18)

한국에서 살다가 미국에 와서 느낀 점이 많지만 그중 하나는 미국 사람들이 얼마나 'Thank you'와 'Excuse me'를 많이 사용하는지 실감하는 때가 많습니다. 조그마한 일에도 Thank you를 연발하고 조금이라도 다른 사람에게 미안한 일이 있으면 바로 Excuse me를 말합니다. 땡큐는 두말할 필요도 없이 감사를 표시하는 것이고 익스큐즈 미는 조그만 실례를 하면 바로 '미안합니다'라는 의미로 사용합니다. 사람들은 다른 사람의 은택을 입고도 감사를 제대로 하지 않는 문화가 있으며 다른 사람에게 실례를 하고도 제대로 미안하다는 말을 하지 않는 사회가 있습니다.

선친께서 미국 남장로교회 선교부의 건축 책임자로 일하실 때 한 번은 어떤 선교사의 네 살 아들이 아파서 병원에 갔는데 의사가 진찰을 한 후에 주사를 한 대 맞아야겠다며 주사기를 들고 다가왔습니다. 아이는 주사기를 보고 "앙" 하고 울음을 터뜨렸습니다. 그때 의사는 주머니에서 사탕 하나를 꺼내 우는 아이에게 주었습니다. 그 아이는 울면서 사탕을 받고는 바로 "Thank you"라고 말을 하더라는 얘기를 선친께서 저에게 들려주셨습니다.

한 번은 딸네 집에 가서 네 살 손자에게 제가 무엇인가를 주었는데 손자가 아무 말도 하지 않고 그것을 받으니까 딸이 "What do you say?"라고 말하자 손자는 "Thank you"라고 말했습니다. 미국에서 자라는 아이들은 어려서부터 땡큐라는 말을 가르치고 조금이라도 다른 사람에게 실례되는 일을 하면 바로 익스큐즈 미라는 말을 하도록 교육합니다.

누가복음 17장에 보면 예수님께서 열 명의 나병 환자들에게 제사장에게 가서 보이라고 말씀하셨습니다. 그들은 가다가 깨끗함을 받았는데 그중 한 사람이 자기 병이 나은 것을 보고 큰 소리로 하나님께 영광을 돌리며 돌아와 예수의 발아래에 엎드려 감사하였는데 그 사람은 이방인으로 여기는 사마리아 사람이었습니다.

예수님께서는 "열 사람이 다 깨끗함을 받지 아니하였느냐 그 아홉은 어디 있느냐 이 이방인 외에는 하나님께 영광을 돌리러 온 자가 없느냐" 하시면서 "일어나 가라 네 믿음이 너를 구원하였느니라"고 말씀하셨습니다.(17-19절) 열 병자가 고침을 받았지만 아홉 명은 예수님께 감사하러 오지 않고 자기들 갈 길로 가버렸습니다. 은혜를 잊지 못하고 감사한 사람은 오직 한 사람뿐이었습니다.

우리가 세상을 살아가면서 많은 사람에게 은택도 입지만 내가 다른 사람에게 혜택을 주는 경우도 많습니다. 은혜를 받은 사람들이 진심으로 고마워하는 것보다는 형식적으로 고맙습니다라는 말만 하고 돌아서는 경우를 많이 봅니다. 서양 사회가 Thank you와 Excuse me의 문화로 정착된 것은 본래 야만족이었던 게르만족들이 기독교를 받아들인 후 "감사합니다와 실례합니다"의 사회로 변한 것입니다.

우리의 죄를 대신 지시고 십자가에서 희생당하신 예수님의 그 은혜를 생각할 때 우리는 평생 그 은혜를 감사해도 갚지 못합니다. 그러나 우리는 너무 입에 붙은 말로 감사하다는 말만 하지 진심으로 감사를 드리는 경우가 많지 않습니다. 십자가에서 희생당하신 그리스도의 그 놀라우신 은총을 결코 잊어서는 안 되며 내 생명이 끝나는 그날까지 감사의 삶은 살아야 합니다. 바울 선생은 "범사에 감사하라"고 권면

하셨습니다. 하나님께서 주신 모든 은총에 대해 늘 감사하는 마음을 갖고 살면서 이웃들에게도 Thank you와 Excuse me를 잊지 말고 살아갑시다. 샬롬.

정신병

"이에 예수께서 꾸짖으시니 귀신이 나가고 아이가 그때부터 나으니라."
(마 17:18)

성경에 보면 귀신 들린 사람을 고친 이야기가 많이 나옵니다. 마태복음 17장에 보면 한 사람이 예수께 와서 엎드려 자기 아들을 불쌍히 여겨 달라고 하소연합니다. 아들이 간질로 심히 고생하여 자주 불에도 넘어지며 물에도 넘어진다고 하소연하였습니다. 예수님께서는 그 아이에게 들어가 있는 귀신을 내어 쫓으시고 병을 고쳐 주셨습니다.

또한 누가복음 8장에 나오는 군대 마귀 들린 사람 이야기는 우리가 익히 잘 알고 있습니다. 예수님께서 갈릴리 맞은편 거라사인의 땅에 가셨을 때 한 사람을 만났는데 그는 오래 옷을 입지 않고 집에 거하지도 않고 무덤 사이에서 사는 자였습니다.

예수님께서 그에게 이름이 무엇이냐고 물은즉 '군대'(Legion: 로마 제국의 군대 단위로 약 4,000명으로 구성됨)라고 대답했습니다. 자기에게 수많은 귀신이 들어 있다는 의미였습니다. 성경에서 귀신이 들렸다는 이야기는 시각장애인, 청각장애인, 말 못하는 사람, 간질 같은 병을 모두 포함하고 있습니다. 요즘은 의학의 발전으로 좋은 약들과 치료법들이 많아 어지간한 정신병은 집중적으로 치료하고 계속해서 약을 먹으면 얼마든지 고칠 수 있고 정상적인 삶을 살아갈 수 있습니다.

통계에 의하면 한국에 정신적으로 문제가 있는 사람들 중 정상적으로 치료를 받는 사람은 10% 정도고 나머지 90%는 본인이나 가족들이 집 안에 정신병자가 있다는 소문이 두려워 치료받는 것을 거부하고,

특히 본인이 완강히 거부하면 어쩔 도리가 없습니다. 문제는 제대로 치료받지 못한 정신 질환자가 길거리에 나와 돌아다닌다는 사실입니다. 미국에서도 길거리에서 일어나는 많은 범죄행위는 정신 질환자들에 의한 것입니다.

특히 노숙자들 중에 정신 질환을 앓고 있는 사람들이 많은데, 이들은 알코올과 마약에 중독되어 정신이 혼미해져 행인들을 공격하고 칼로 찌르며 총으로 쏴서 무죄한 사람들을 살상하고 있습니다.

지금부터 2,000년 전인 예수님 당시에는 정신병이라는 개념도 없었고 치료 방법도 없어서 정신병에 걸린 사람은 무조건 귀신 들린 자로 취급하였지만, 우리가 살고 있는 현대는 정신과 전문의와 좋은 약, 주사, 치료 방법들이 많이 보급되어 있어 정신 질환자를 귀신이 들렸다고 말하지 않습니다. 따라서 전문의로부터 정확한 진단을 받고 상담을 하면서 꾸준히 투약하면 얼마든지 정상적으로 살아갈 수 있는 사람이 치료를 중단하는 경우가 많습니다. 가족이 아무리 노력해도 본인이 거절하면 어쩔 도리가 없습니다.

이런 불쌍한 사람들도 우리의 전도 대상인데 이들에게 어떻게 복음을 전해야 하느냐가 우리의 고민입니다. 그들이 당장 필요로 하는 것은 술과 마약, 도박을 하기 위한 현금입니다. 따라서 이들은 현금 확보를 위해 범행을 저지르는 것입니다. 과연 교회는 이 현실 앞에서 어떻게 해야 할까요?

저들을 변화시키는 것은 인간의 힘으로는 거의 불가능하고 오직 성령님께서 그들에게 역사하시는 길밖에 없습니다. 예수님께서 군대 마귀에게 그에게서 나오라고 명령하셨을 때 그 많은 귀신이 돼지 떼 속으로 들어가고 정상인이 된 것처럼, 저들 속에 도사리고 있는 사탄의 세력을 몰아낼 수 있는 힘은 오직 예수님밖에 없습니다. 우리가 할 일은 기도밖에 없습니다. 쉬지 말고 기도합시다. 샬롬.

치매

"이제부터는 물만 마시지 말고 네 위장과 자주 나는 병을 위하여는
포도주를 조금씩 쓰라." (딤전 5:23)

치매라는 병명을 모르는 사람은 없습니다. 치매를 사전에서는 '사회생활을 하는 데 필요한 지능, 의지, 기억 따위 정신적인 능력이 상실된 상태'라 정의합니다. 흔히 "치매는 암보다 무서운 병이다"라는 말을 합니다.

한번은 저의 주치의(여자)가 무슨 얘기 끝에 자기 의과대학 후배 의사 이야기를 했습니다. 그 후배는 치과의사와 결혼해서 로스앤젤레스 지역에서 클리닉을 운영했는데 60대 초반에 치매에 걸렸습니다. 치과의사 남편은 아내를 정성껏 돌보았지만, 급기야 변을 벽에 바르기 시작하자 더 이상 어떻게 할 수 없어 양로병원으로 보냈다는 서글픈 얘기를 했습니다.

옛날에 제가 잘 아는 장로님 모친이 나이 많아 치매에 걸려 병이 점점 심해졌는데 한 번은 변을 밥그릇에 담아 놓고 아들이 오면 준다고 말했다는 얘기를 들었습니다. 치매는 정신이 없는 상태에서 어떤 일을 하기 때문에 언제 무슨 일을 할지 모르는 무서운 병입니다.

2023년 7월, 미국 식품의약국(FDA)에서 노인성 치매(알츠하이머) 치료제 레켐비를 승인했다는 보도가 났습니다. 일본에서도 국내에서 제조와 판매를 허가했다고 합니다. 「타임」지는 레켐비를 2023년 최고의 발명품으로 선정했습니다. 이 약은 미국 바이오젠과 일본의 에자이 제약회사가 공동 개발했습니다. 알츠하이머 환자가 이 약을 사용하면 이 무서운 질병에서 해방되어 오랫동안 가족들, 친구들과 시간을 보낼 수 있는 길이 열리게 됩니다. 다만 이 약값이 고액이어서 보통 사람들은 사서 쓰기 어렵다는 난제를 해결해야 합니다.

사람이 사람인 것은 이성적인 판단을 하고 행동을 하기 때문입니다. 그러나 치매는 이성적인 판단과 행동을 할 수 없게 만들어서 이 병에 걸리면 이미 인간으로서의 삶의 가치를 상실하게 됩니다. 모든 병이 인간을 괴롭히지만 치매는 본인뿐만 아니라 가족과 다른 사람들까지 괴롭히고 힘들게 하는 병이어서 이 병을 정복하는 것은 무엇보다도 시급한 일이었습니다.

인간은 병과 함께 살아가게 되어 있습니다. 평생 단 한 번도 감기에 걸리지 않고 100살까지 산 사람은 세상에 없습니다. 살아가는 동안 크고 작은 병에 걸려 시달리다 결국 죽을병에 걸려 생명을 잃습니다. 건강한 사람이 나이 많아서 세상을 떠나는 것도 소위 노환 때문입니다. 무서운 병이라는 당뇨, 고혈압, 심장병 등 수많은 병이 인간의 생명을 앗아가지만 어차피 인간은 영원히 살 수 없고 수명이 끝나면 아무리 건강한 사람도 세상을 떠나야 합니다.

세상에는 육신의 생명을 앗아가는 병이 아니고 영혼에 병이 들어 영원한 멸망의 구렁텅이에 빠지는 사람들이 너무 많습니다. 따라서 예수님께서 온 천하에 다니며 복음을 선포하라고 명령하셨고, 바울 선생도 때를 얻든지 못 얻든지 항상 복음 선교에 힘쓰라고 권면하셨습니다.

치매 걸린 노인들을 치료해 주는 것도 귀한 일이지만 영원히 죽을병에 걸려 시들어 가는 사람을 전도해서 주님께 돌아오게 하는 일은 세상에 그 어떤 일보다 귀한 일입니다. 명의가 수술을 잘해서 죽어가는 사람을 살리는 것도 귀한 일이지만 우리가 그리스도를 알지 못하는 사람들에게 진리의 복음을 선포하여 그를 주님께 인도하면 그보다 더 귀한 일은 없습니다. 치매를 치료할 수 있는 약이 나온 것도 귀한 일이지만 그것보다 영혼의 병을 고쳐 주는 생명의 말씀을 선포하는 것은 더욱 귀한 일입니다. 우리 그리스도인들은 이 소중한 임무를 짊어지고 있습니다. 열심히 전도합시다. 샬롬.

노벨 생리의학상

"이 성읍에 사는 자는 칼과 기근과 전염병에 죽으려니와" (렘 21:9)

매해 연말이 되면 인류는 금년에 각 분야에 누가 노벨상을 받느냐에 관심이 모아지고 있습니다. 제가 여러 노벨상 가운데 특별히 관심을 갖는 것은 생리의학상입니다. 이 상에 관심을 갖는 이유는 지금까지 인류가 해결하지 못한 여러 어려운 난치병들을 치료할 수 있는 방법이 나오는가에 관심이 있기 때문입니다. 암, 백혈병, 당뇨병, 심장병, 고혈압, 뇌졸중, 뇌성마비 등의 난치병으로 인해 해마다 수많은 사람이 생명을 잃고 있기 때문에 이런 난치병들을 근본적으로 해결할 수 있는 치료법이나 약이 새로 나오지 않을까 해서 관심을 갖고 있습니다.

제가 생각하는 의학 분야에서 가장 획기적인 수확은 바로 마취제라고 여깁니다. 마취제가 발견되기 전에는 인간을 잠재우고 수술할 수 있는 길이 없었습니다. 따라서 꼭 배를 가르고 수술을 해야 하는 경우에는 환자의 손발을 묶어 놓고 몸을 움직이지 못하게 한 후에 칼로 배를 가르고 수술을 했다는 기록이 있습니다.

1796년 영국의 의사 에드워드 제너는 천연두를 예방할 수 있는 우두(牛痘)를 고안해 내어 인류를 무서운 천연두로부터 해방시켰습니다. 우리 한국교회 초기 선교사들 중 천연두로 생명을 잃은 분들이 적지 않습니다. 그러나 이제 이 세상에 천연두는 더 이상 존재하지 않습니다. 스코틀랜드 출신 미생물학자 알렉산더 플레밍이 페니실린을 발견함으로 인류가 여러 무서운 병에서 해방되는 기적 같은 일이 일어났고,

이어 여러 마이신들이 출현하면서 많은 질병에서 해방되는 길이 열렸습니다. 따라서 의학의 발전은 인류의 무서운 병들을 치료하는 방법을 고안해내어 수많은 생명을 건지는 일을 지속하고 있습니다.

금년 2024년 노벨 의학상은 세포에서 유전자 기능을 조절하는 핵심 원리 마이크로 RNA(miRNA)를 발견한 미국 매사추세츠 의대 빅터 앰브로스(71)와 하버드 의대 게리 루브쿤(72) 교수가 선정되었습니다. "이들은 암을 포함한 난치병을 고칠 수 있는 차세대 치료제의 비밀 열쇠로 여겨지는 마이크로 RNA를 발견하여 인류가 난치병 정복에 한 걸음 더 다가가는 데 기여했기에 노벨 생리의학상을 시상한다"고 밝혔습니다. 저는 의학 분야에 문외한이어서 이들의 공적이 어느 정도 중요한지 알 수 없으나 무서운 병인 암과 같은 난치병 정복에 한 걸음 더 나아가게 되었다고 하니 다행이고 고마운 일이라 여깁니다.

구약 예레미야서에 "이 성읍에 사는 자는 칼과 기근과 전염병에 죽으려니와"(21:9)라는 말씀이 있습니다. 전염병이란 칼(전쟁)과 기근과 더불어 하나님께서 인류를 심판하시는 방법 중 하나입니다. 인류가 아무리 좋은 약을 개발한다고 해도 인류를 모든 질병으로부터 해방시킬 수는 없습니다. 육신의 병은 약이나 수술로 어느 정도 치유될 수 있지만, 영혼의 질병은 인간의 힘으로 고칠 방법이 없습니다. 오직 구세주 예수 그리스도를 믿는 믿음과 신앙으로만 치유할 수 있을 뿐입니다.

잠시 사는 세상에서 육신의 질병으로부터 해방되는 것도 중요하지만 영원한 삶을 위한 영혼의 병을 고치는 것이 더욱 중요합니다. 우리의 유일한 치료자가 되시는 예수님만 바라보고 그와 더불어 영원한 구원의 길로 나아갑시다. 샬롬.

착한 제약 회사

"긍휼히 여기는 자는 복이 있나니 그들이 긍휼히 여김을 받을 것임이요."
(마 5:7)

인류가 아직도 해결하지 못한 질병들이 많이 있습니다. 그중 대표적인 병이 암이고 당뇨, 고혈압, 심장병 등입니다. 오늘은 아직도 전 세계적으로 수천만 명이 고통받고 있는 당뇨병 약에 관한 얘기를 하겠습니다.

1920년 모세혈관 연구로 노벨 생리의학상을 받은 덴마크 의사 아우구스트 크로그(August Krogh)는 아내 마리(Marie)와 함께 1922년 미국 동부 지방으로 순회강연을 떠났습니다. 그런데 그때 당뇨병으로 고통을 당하고 있었던 마리가 인슐린을 처음 추출한 캐나다 토론토 대학의 프레데릭 밴팅(Frederick Banting) 교수를 만나고 싶다고 말했습니다. 두 부부는 토론토대학에 가서 밴팅 교수를 만났는데 이 세 사람의 만남은 덴마크의 '노르디스크 인슐린 연구소'의 탄생으로 연결되었습니다. 당뇨병으로 고통당하는 사람들을 구해야 된다는 신념으로 밴팅은 자기가 가지고 있는 인슐린 특허권을 단돈 1달러 50센트에 토론토대학에 양도하였습니다.

밴팅은 또한 크로그 부부에게도 돈을 받는 대신 인류 공공의 선을 위해 사용한다는 조건으로 역시 특허를 양도하였습니다. 이 노르디스크 연구소는 어떤 제약업체와 합병해서 노보 노르디스크가 되어 기대 수명 15개월의 무서운 질병이었던 당뇨병과의 전쟁 판도를 완전히 바꾸어 놓았습니다. 이 회사는 1978년 유전자 재조합으로 사람 인슐린을 세계 최초로 생산했고 1985년에는 세계 최초의 펜 모양의 인슐린 주사를 만들어 내었습니다. 이 회사는 2023년에 세계적 제약회사인 존슨앤드존슨이나 화이자 등을 제치고 세계 제2의 제약사가 되었습니다.

이 회사의 창립자인 크로그 부부는 밴팅과의 약속, 즉 인류의 공공복지에 기여해야 한다는 것을 잊지 않았습니다. 이들은 노보 노르디스크 재단을 설립해서 막대한 자금을 여러 기관에 지원했고 희소병 치료, 생명과학 발전, 병원 건립 등에 매년 수조 달러를 쏟아붓고 있습니다. 이 재단이 보유하고 있는 재산은 세계적 부호 '빌 & 멀린다 게이츠 재단'의 자산 규모 502억 달러의 두 배가 넘습니다.

많은 인류가 고통당하는 병을 치료할 수 있는 약을 개발해서 인류를 이 병에서 해방시키는 일처럼 귀한 일은 없습니다. 오늘도 많은 당뇨병 환자가 인슐린을 주사하면서 고통스런 삶을 이어가고 있습니다. 이 병을 근본적으로 치료할 수 있는 특효약이 빨리 나와 환자들의 고통을 면해 주었으면 합니다. 그런데 아주 귀하고 좋은 약을 개발해서 판매하면서 고액의 약값을 매겨 돈이 없는 사람들은 도저히 살 수 없어, 좋은 약이 있다는 것을 알면서도 약을 사지 못해 고통 속에 살아가야 하거나 죽음을 맞이하는 경우도 많습니다.

물론 이 약을 개발한 회사는 수년에 걸쳐 많은 과학자에게 고액의 연봉을 지급하면서 약을 개발했기에 그에 들어간 비용을 감안해서 약값을 제시하겠지만, 약값이 지나치게 높아 부자들은 살고 가난한 환자들은 약을 써 보지도 못하고 죽음에 이른다면 참으로 안타까운 일이 아닐 수 없습니다. 그렇다고 연구, 개발, 제조에 들어가는 비용을 무시하고 헐값에 약을 팔 수도 없는 노릇이어서 참 풀기 어려운 문제임에 틀림없습니다. 그러나 문제는 정도 이상의 약값을 매겨 폭리를 취하는 악덕 제약 회사가 적지 않다는 점입니다.

이 두 상황을 조절하기가 참 어려운 것이 사실입니다. 가난한 사람들에게 비싼 약을 사서 제공하는 국가 시스템이 구축되어야 하는데 그것이 그렇게 쉽지 않다는데 고민이 있습니다. 어서 속히 암, 당뇨, 고혈압, 심장병 등을 근본적으로 치료할 수 있는 약이 곧 출시되기를 기도할 뿐입니다. 좋은 약을 만들어 저렴한 가격에 파는 착한 제약 회사에 하나님의 은총이 함께 하시기를 기원합니다. 샬롬.

악덕 제약 회사

"욕심이 잉태한즉 죄를 낳고 죄가 장성한즉 사망을 낳느니라." (약 1:15)

한국이나 미국에서 몸이 좋지 않으면 주치의에게 가서 진찰을 받고 처방약을 받아서 약국에 가면 처방한 약을 내어 줍니다. 제약 회사에서 만든 약은 많은 병을 고치고 통증을 제거해 주기 때문에 제약 회사에서 근무하는 사람들뿐만 아니라 새로운 약을 만들기 위해 불철주야 노력하는 생리 의과학자들의 노고에 찬사를 보냅니다.

그런데 대부분의 약은 부작용이 있어서 그 부작용 때문에 약물 중독이 되는 경우도 많습니다. 일단 중독이 되면 환자는 그 약을 계속 먹어야 하고 약을 먹지 않으면 견디기 어렵습니다. 미국의 유명한 제약회사 중 하나인 P사는 마약성 진통제인 O약을 광범위하게 사용케 하여 1996년 이후 미국인 약 50만 명 이상이 생명을 잃었습니다. 회사는 제품의 중독성이 있다는 사실을 축소 혹은 은폐하고 약을 팔아 일주일에 약 3천만 달러 이상을 벌어들였습니다.

극심한 통증으로 고통받던 많은 환자는 의사를 통해 처방받은 O약을 사용하면서 짧게는 일주일 내에 중독 증상을 보였습니다. 많은 희생자가 나오면서 제약회사의 음모를 파헤치는 젊은 법률가들의 희생과 노력으로 이 회사가 약의 중독 위험을 사전에 알고 있으면서도 돈을 위해 은폐한 사실을 밝혀냈습니다.

이 회사는 현재 미국 내의 여러 주로부터 수천 건에 달하는 소송을 당한 상태인데 최근 주 정부들과 260억 달러 규모의 합의안에 서명을 했습니다. 또한 이 약품을 유통한 업체들도 향후 18년간 210억 달러를 내지 않으면 안 되게 되었습니다. 이 회사는 파산 신청을 했지만 어마어마한 재산은 이미 해외로 도피시켰다는 의혹이 제기되고 있습니다. 이 약은 지금도 팔리고 있는데 이 약의 중독에 응급 사용하는 약까지 이 회사에서 만들어 판다고 하니 참 희한한 세상입니다.

이 약에 중독된 많은 사람은 은행에서 돈을 강탈하는 것보다 약국을 강탈하는 약국 강도가 더 많다는 통계가 나와 있습니다. 인간의 생명을 담보로 약을 팔아 돈을 버는 이 악덕 제약회사는 그들이 지은 이 큰 죄악을 앞으로 어떻게 갚으려고 하는지 암담할 뿐입니다.

마약을 제조해서 유통하고 판매하는 어둠의 세력들은 사회의 뒷골목을 누비는 악당 집단이기 때문에 그렇다 치더라도, 세계적인 제약회사가 자기 회사 약을 판매하기 위해 중독성이 있다는 사실을 은폐하고 많은 약을 판매해서 엄청난 돈은 벌었는지는 모르지만, 그 약을 통해 희생된 사람들의 생명에 대해 어떻게 책임을 지려는지 알 수 없습니다. 이런 비밀을 알고 있는 사람들이 그 회사에 적지 않았을 텐데 단한 사람도 회사의 비윤리적, 비인간적 행위에 대해 고발하는 사람이 없었다는 것은 회사가 비밀을 아는 사람들에게 엄청난 돈을 주어 입을 막은 것으로 추정됩니다. 돈 앞에서는 인간의 생명도 하찮게 여겨지는 세상이지요.

우리는 물질로 망하는 개인, 집안, 국가를 수도 없이 보아 왔습니다. P제약회사가 정직하게 약을 만들고 정직하게 팔았으면 온 세상에 추악한 모습을 보이고 집안 대대로 악명을 쓰지 않고 살 수 있었을 터인데 돈 앞에서는 모든 것이 가려지는 흉측한 세상입니다. 야고보 선생은 "욕심이 잉태한즉 죄를 낳고 죄가 장성한즉 사망을 낳느니라"(약 1:15)고 말했습니다. 돈에 대한 욕심이 사망을 낳았습니다. 가진 것을 족한 줄로 알고 살아갑시다. 샬롬.

어떤 의사와 의대생

"예수께서 그들에게 이르시되 너희가 반드시 의사야 너 자신을 고치라
하는 속담을 인용하여 내게 말하기를" (눅 4:23)

"○○○들 매일 몇천 명씩 죽어 나가면 좋겠네.""조선인들 죽을 때마
다 기분이 좋다.""국민이 더 죽어 나가야 한다.""진짜 개돼지 00들 조
금도 동정심이 안 드네." 이 글을 의사와 의대생들만 가입하는 온라인
커뮤니티 사이트에 어떤 의사가 혹은 의대생이 썼다면 믿어지시나요?
한국에서는 2024년 9월, 여러 달 전부터 정부가 2025년에 의대 정원을
2,000명 더 늘리겠다는 발표를 하고 나서, 전국 병원에서 근무하던 전
문의 1만 3천여 명 대부분이 이에 반발하면서 병원을 떠났고 의대생들
대부분이 학교를 떠났습니다.

게다가 큰 병원에 근무하던 의사, 의과대학의 교수들 중에서도 사
표를 내고 떠난 의사들이 적지 않습니다. 특별히 응급실에서 일하는 의
사들과 전문의들 중 적지 않은 숫자가 병원을 떠나 전국적으로 응급실
의료 인력이 부족한 상태입니다. 응급실에서 응급 환자들을 다 받지 못
해 환자를 실은 구급차가 병원을 찾아 헤매는 소위 '뺑뺑이'가 계속되
면서 응급 환자들의 생명이 위협을 받고 있습니다.

미국도 마찬가지지만 한국에서도 의대는 머리가 가장 좋은 학생
들이 들어가는 제일 선호 대학임을 모르는 사람은 없습니다. 또 의사는
사람의 생명을 살리는 직종이므로 그 어떤 직업보다 존경을 받고 또
사례도 톡톡히 받고 있습니다. 그런데 이렇게 훌륭한 의사와 의대생들
이 이런 저주의 글을 썼다는 것이 도저히 이해가 되지 않습니다. 죽어

가는 생명을 구해야 하는 의사와 의대생이 매일 국민들 수천 명이 죽었으면 좋겠다는 글을 어떻게 쓸 수 있을까요? 그 수천 명 중에 자기 부모나 아내나 자식이 포함되어도 그런 글을 쓸 수 있을까요?

아무리 생각해도 의사나 의대생들이 제정신으로 이런 글을 쓰지는 않았을 것으로 생각됩니다. 이런 글을 쓴 의사나 의대생은 분명히 한국식 표현으로 '무엇에 씌워서' 그랬을 것입니다. 의사나 의대생이 국민들이 많이 죽었으면 좋겠다는 글을 어떻게 쓸 수 있을까요? 무엇에 씌었을까요? 네, 바로 사탄입니다. 사탄이 그 의사나 학생에게 들어가서 그를 악마로 만들어 버린 것입니다. 악마의 입에서는 못 할 말이 없고 온갖 저주를 퍼부어도 양심에 가책은 없습니다.

예수님께서 거라사 지방에 가셨을 때 그 동네 사람으로 귀신 들린 사람을 만났습니다. 그 사람에게 군대 마귀가 들어가 옷을 다 벗어 버리고 집에서 튀어 나가 공동묘지에서 살았습니다. 그는 돌로 자기의 몸을 찍어 피를 냈으며 행인들에게 달려들어 온갖 행패를 부렸습니다. 예수님께서 군대 마귀 들린 사람에게서 마귀들을 쫓아낸 후에 그는 옷을 입고 정신이 온전하여 예수님의 발 앞에 무릎을 꿇고 앉아 있었습니다.(눅 8:26-39)

의사나 의대생으로 감히 생각할 수 없는 글을 쓴 그에게 들어간 악마를 쫓아내어 정상인으로 되돌리는 길은 예수님을 영접하게 하는 길밖에 없습니다. 온갖 어려움과 고난 속에서도 묵묵히 병원에서 그리고 응급실에서 죽어 가는 환자들을 돌보는 의사들이야말로 '그리스도의 마음'을 품은 의사들이 아니겠습니까? 악마에 씌인 의사와 의대생들이 사람의 생명을 살리는 의사로 돌아오기 위해 열심히 기도하면서 전도해야겠습니다. 그 길밖에 그들 속에 들어간 마귀를 쫓아낼 길은 없습니다. 예수님만이 해답입니다. 더욱 기도가 요청되는 세태입니다. 샬롬.

그리스도의 마음을 품은 의사들

"예수께서 그들에게 이르시되 너희가 반드시 의사야 너 자신을 고치라
하는 속담을 인용하여 내게 말하기를" (눅 4:23)

어떤 의사가 쓴 글 가운데 올리버 골드스미스라는 영국 의사의 실화를
적은 것이 있어서 같이 나누고자 합니다. "영국의 한 시골 병원에 초라
한 행색의 부인이 찾아와 애원했다. '의사 선생님, 지금 제 남편이 죽어
갑니다. 제발 살려 주세요.' 의사는 하던 일을 멈추고 서둘러 왕진 가방
을 챙겨 들었다. 그런데 부인은 의사의 눈치를 살피며 이렇게 말했다.
'죄송합니다만 미리 말씀드리는데 저는 지금 가진 돈이 한 푼도 없습니
다.' 의사는 '그게 무슨 대수입니까? 우선 사람부터 살려야지요'라고 말
했다.

　　의사는 부인을 따라 어느 낡고 초라한 집에 도착했다. 서둘러 누워
있는 남편을 진찰하고 나서 말했다. '부인, 큰 병은 아니니 안심하십시
오.' 이 말에 부인은 진정으로 의사에게 감사했다. 부인을 데리고 병원
에 돌아온 의사는 작은 상자 하나를 부인에게 건네주면서 말했다. '집
에 가서 열어 보세요. 그리고 이 상자 안에 적힌 처방대로 하면 남편분
의 병은 곧 나을 겁니다.'

　　감사 외에는 보답할 방법이 없었던 가난한 부인은 진실로 고마운
마음으로 집에 돌아와 상자를 열었다. 그 순간 부인은 너무 놀란 나머
지 숨이 멎는 듯했다. 그 안에는 처방전 대신 한 뭉치 지폐와 함께 쪽
지 한 장이 들어 있었다. 그 쪽지에 적힌 글이 그녀를 더 울렸다. '처방
전: 남편의 병은 극도의 영양실조와 과로가 원인입니다. 이 돈으로 먹

을 것을 사서 충분히 먹이고 당분간 푹 쉬게 하면 남편은 곧 나을 겁니다.' 부인은 감격한 나머지 바닥에 무릎을 꿇고 계속 감사의 눈물을 흘렸다."

아프리카의 성자라고 불리는 알베르트 슈바이처(Albert Schweitzer, 1875-1965)는 독일 출신 프랑스의 의학박사, 음악박사, 철학박사, 신학박사이며 루터교 목사입니다. 슈바이처 박사의 '생명에 대한 경외'라는 철학은 아프리카 의료 봉사와 나아가 인류의 형제애를 발전시킨 공로로 1952년 노벨 평화상을 받게 했습니다. 이 철학은 그로 하여금 아프리카 서부지역 가봉의 랑바레네에 '알베르트 슈바이처 병원'의 설립 이념이었습니다.

가난한 농촌에서 목회했던 아버지의 영향을 받은 슈바이처는 가난한 사람들에 대한 관심을 가졌고, 어린 시절 친구와의 씨름에서 이기고 난 후에 진 친구가 "나도 너처럼 고깃국을 먹었다면 이겼을 거야"라는 말을 듣고 충격을 받아 일생 가난한 사람들을 생각하며 살았습니다.

1913년 아내와 함께 아프리카 흑인들을 위해 의료 사업에 평생을 바치기로 하고 모든 직책을 내려놓고 프랑스령 적도 아프리카 가봉에서 의료 봉사를 시작했습니다. 특별히 한센병 환자(나병 환자)를 위한 병동을 따로 세우고 그들을 집중 치료해 주었습니다.

항상 적자에 시달리는 병원을 위해 그는 3년에 한 번씩 유럽으로 돌아와 음악 연주회를 열어서 번 돈과 자신의 저서 인세와 강연으로 받은 사례금과 기부금을 병원 사역에 보탰습니다.

슈바이처 박사가 노벨상을 받기 위해 기차를 타고 갈 때 취재를 위해 기자들이 몰려들었습니다. 특등 칸과 1등, 2등 칸을 모두 뒤졌으나 슈바이처를 찾지 못했습니다. 기자 한 사람이 3등 칸에서 환자들을 진료하고 있는 슈바이처 박사를 발견하고 물었습니다. "왜 3등 칸을 타고 가십니까?" 슈바이처가 대답했습니다. "나는 편안한 곳을 찾아다니

는 게 아니라 나의 도움을 필요로 하는 곳을 찾아다닙니다. 1, 2등석 사
람들은 나를 필요로 하지 않습니다." 슈바이처는 1965년 아프리카 랑
바레네에서 그가 사랑했던 바흐의 음악을 들으면서 90세 나이로 천국
으로 떠났습니다. 그의 시신은 그곳에 묻혔습니다. 영국 의사 올리버
골드스미스와 알베르트 슈바이처 박사는 예수님의 마음을 품고 살다
간 의사들입니다. 모든 기독교인 의사들도 이 두 의사와 같이 그리스도
의 마음을 품고 살아갔으면 좋겠네요. 샬롬.

세브란스 병원

"범사에 여러분에게 모본을 보여준 바와 같이 수고하여 약한 사람들을 돕고 또 주 예수께서 친히 말씀하신 바 주는 것이 받는 것보다 복이 있다 하심을 기억하여야 할지니라." (행 20:35)

한국 사람으로 세브란스병원을 모르는 사람은 없을 것입니다. 한국 최초 의료 선교사 호러스 알렌(Horace Allen)이 한국에 나온 이듬해인 1885년에 조선 역사 4,000년에 처음으로 서양 진료소를 세우고 제중원이라 명명하였습니다. 알렌의 후임으로 제중원 원장으로 온 캐나다 장로교회 의료 선교사 올리버 에비슨(Oliver Avison)이 1900년 뉴욕에서 열린 세계 선교사 대회에서 한국 의료 선교에 대한 보고를 하였는데, 보고가 끝난 후 한 신사가 에비슨에게 와서 한국에 병원을 세울 자금을 헌금하겠다는 말을 했습니다. 이 신사가 바로 루이스 세브란스(Louis Severance) 씨였는데, 그분은 미국 오하이오주 클리블랜드 스탠더드 오일(Standard Oil)의 임원이었습니다.

세브란스 씨는 지금도 거액인 1만 5천 달러를 기꺼이 한국 의료선교를 위해 헌금했는데, 에비슨은 이 돈으로 서울 역전에 대지를 사고 현대식 2층 건물을 지은 후 병원 이름을 제중원에서 세브란스병원으로 개명하였습니다. 세브란스 씨는 그 후에도 거금 3만 달러를 더 기부하여 1913년 의과대학 건물을 완공하였습니다.

병원 건물을 완공한 에비슨 원장은 세브란스병원의 목표를 10가지 정했습니다. 1. 세브란스병원은 현재 미국에 있는 병원과 동일한 수준을 유지해야 한다. 2. 그렇게 하기 위해서 우선 많은 미국 의사가 일해야 한다. 3. 그러는 동안 한국인 의사들을 열심히 가르쳐서 미국 의사들이 떠난 뒤에도 높은 의료 수준을 유지하게 한다. 4. 훌륭한 교수들이 있어야 한다. 5. 학생들은 충분한 훈련을 받아야 한다. 6. 의료 시술만이 아니라 의학 연구가 이루어져야 한다. 7. 치과대학이 세워져야 한다. 8. 약학대학과 제약 사업이 있어야 한다. 9. 안과 진료, 치료와 안경 제조가 이루어져야 한다. 10. 약품, 안경 재료 등의 사업을 통해서 병원은 재정적으로 독립해야 한다.

병원 부속 의학교에서는 1908년에 1회 졸업생 7명을 배출했는데, 당시 통감으로 있던 이토 히로부미가 와서 대한민국 1호부터 7호 졸업생들에게 졸업장과 의사 면허증을 수여했습니다. 그로부터 1세기가 지난 현재 세브란스병원은 에비슨 박사가 목표했던 10가지 항목을 모두 달성했습니다. 뿐만 아니라 어렵고 힘든 시절 우리에게 고액을 헌금해 준 세브란스의 믿음의 정신을 이어받아 세브란스병원은 저개발 국가에 자기들이 받았던 사랑과 은혜를 되갚고 있습니다.

현재 세브란스 졸업생 약 90여 명이 아프리카, 남아메리카, 아시아, 중동지역 등 여러 후진국에서 환자들을 치료해 줄 뿐만 아니라 원주민 학생들에게 의학 교육을 시키고 있습니다. 또한 이들 국가의 젊은 의사들을 세브란스병원으로 초청해서 현대식 장비 운영과 진단 방법, 시술법을 가르쳐 주고 있습니다. 그동안 여러 지역에서 500여 명의 현지 의사가 초청되었고 이들은 세브란스에서 익힌 높은 의학 지식으로 자기 나라에 돌아가서 많은 일을 하고 있습니다.

한 사람의 아낌없는 헌금은 열악한 조선의 현대식 병원과 의학교를 세워 한국 의료사에 큰 획을 그었습니다. 당시에도 많은 재벌이 있었지만 그리스도의 이름으로 어려운 이들을 위한 세브란스 씨의 헌금이 오늘 세브란스병원과 의과대학이라는 거대한 유산을 남겼습니다. 주님께서 말씀하신 "주는 것이 받은 것보다 복이 있다 하심을 기억하

여야 할지니라"(행 20:35)는 말씀은 만고의 진리입니다. 주는 삶을 살도
록 노력합시다. 샬롬.

한국에 도움을 준 나라들

"주 예수께서 친히 말씀하신 바 주는 것이 받는 것보다 복이 있다 하심을 기억하여야 할지니라." (행 20:35)

이런저런 자료를 찾아보다 지금까지 제가 전에 잘 알지 못했던 사실 하나를 발견했습니다. 6.25 전쟁이 났을 때 유엔의 결의에 따라 16개국 이 군대를 파견했다는 사실은 잘 알고 있었지만, 1945년 해방되던 해 부터 1999년까지 55년 동안 한국을 경제적으로 도운 나라들이 많이 있었다는 사실은 잘 몰랐습니다.

그 나라들 중 가장 많은 원조를 한 나라 10개국을 순서대로 찾아 보면, 10위가 영국으로 약 1,000만 달러, 9위는 벨기에, 8위는 덴마크, 7위는 호주, 6위는 네덜란드, 5위는 오스트리아, 4위는 프랑스, 3위는 독일, 2위는 일본, 그리고 마지막 1위가 미국으로 약 53억 달러를 지원 해 주었습니다.

일본이 2위가 된 것은 순수 원조가 아니고 일본이 35년(1910-1945) 동안 조선을 식민지로 삼아 조선 사람들을 학대했고 조선에 있는 물자 를 여러 방법으로 수탈해 간 것에 대한 보상으로 준 것까지 포함되어 있기 때문에 다른 나라들같이 순수하게 원조를 해준 것은 아니므로 여 기서 제외합니다.

1953년 휴전으로 전쟁은 끝났지만 세계 최빈국 한국은 굶어 죽고 병들어 죽는 사람이 지천으로 널려 있었습니다. 그로부터 50년이 지 난 후 한국이 경제적으로 세계 10위권에 이르게 된 것은 순수 우리 힘 으로만 된 것이 아니고 여러 나라의 경제적 도움 때문이었다는 사실을 간과해서는 안 됩니다.

저는 이 자료를 보면서 세계의 수많은 나라 중에 왜 이들 열 나라가 특히 많은 원조를 했을까 하는 생각을 해보았습니다. 10위권 나라들을 분석해 보면 몇 가지 특이점을 알 수 있습니다. 대체로 우리나라를 도운 열 나라는 미국과 호주를 빼면 나머지 일곱 나라는 모두 유럽에 있는 나라들입니다. 남아메리카나 아시아, 중동, 아프리카에서는 단 한 나라도 없고 모두 유럽에 있습니다.

종교적으로도 일본을 빼면 나머지 아홉 나라 모두 기독교 국가들입니다. 따라서 불교권의 아시아, 인도를 중심으로 한 힌두교권, 사우디아라비아를 비롯한 중동 이슬람권에서는 단 한 나라도 없었습니다. 이것은 무엇을 의미할까요? 이는 기독교를 믿는 나라들이 잘 사는 나라들이고 이들 나라들이 전쟁의 폐허 속에서 고통당하는 한국 사람들에게 대부분 무상으로 원조를 해 주었습니다. 열 나라 가운데 여섯 나라(미국, 영국, 프랑스, 호주, 네덜란드, 벨기에)는 6.25 때 군대를 파송해 준 고마운 나라들이기도 합니다.

또 한 가지는 이 열 나라 가운데 미국과 영국, 호주, 세 나라 사람들의 종족은 앵글로색슨족들이라는 점입니다. 앵글로색슨족들은 다른 어떤 종족들보다도 한국을 경제적으로 도왔고 또한 미국, 호주, 영국은 한국에 선교사들을 대거 파송해서 4,000년 동안 잡신을 섬기던 우리 민족에게 참 진리를 전해 주었습니다. 우리 국민이 기독교를 수용한 후 경제적으로도 잘 사는 나라가 되어 도움을 받던 나라가 도움을 주는 나라가 된 것은 인류 역사에 처음 있는 일이라고 합니다.

결론적으로 예수님을 주로 섬기는 나라들은 물질적으로도 잘 사는 나라들이 되었을 뿐만 아니라 어려운 나라를 도와주는 나라가 되었습니다. "너희가 거저 받았으니 거저 주라"(마 10:8)는 말씀이나 "주는 것이 받는 것보다 복이 있다"(행 20:35)는 예수님의 말씀을 마음에 새기면

서 열심히 주님을 섬기며 주는 삶을 살아가도록 노력합시다. 주는 것이
받은 것보다 복이 있습니다. 샬롬.

앵글로색슨족과 한국

"그러므로 너희는 가서 모든 민족을 제자로 삼아 아버지와 아들과 성령의 이름으로 세례를 베풀고 내가 너희에게 분부한 모든 것을 가르쳐 지키게 하라." (마 28:19-20)

2023년 10월 보도에 의하면 지난 5년간 해외로 이주한 한국인들은 총 1만 7,664명으로, 이 중 80%가 미국을 비롯한 캐나다, 호주, 뉴질랜드 등의 나라로 이주를 했습니다. 이 중 가장 많은 사람이 이민 간 나라는 미국 48%(8,458명), 캐나다 20%(3,552명), 호주가 8%(1,415명), 뉴질랜드 4%(722명)였습니다.

한국 사람들이 이들 나라를 선호하는 것은 미국을 비롯한 캐나다, 호주, 뉴질랜드 등이 영어권 국가로 자녀교육과 직업 선택, 복지, 날씨 등 생활 여건이 양호하고 이미 많은 한국인이 이들 나라에 진출해 있어서 정착하기가 상대적으로 쉽기 때문으로 여겨집니다.

미국, 캐나다, 호주, 뉴질랜드는 앵글로색슨족 나라로 영어를 모국어로 사용하는 나라들입니다. 한국인들이 세계에서 가장 잘 사는 나라들인 앵글로색슨족 나라로 이민 가는 것은 당연한 일이고, 오늘날 세계의 공통 언어인 영어를 사용하는 이 나라들에 이민을 가는 것은 합당한 일로 여겨집니다. 특별히 자녀 교육을 위해서는 모든 것을 희생하는 한국 부모들은 자녀교육을 위해서 잘 사는 나라, 영어를 모국어로 사용하는 나라, 취업이 쉽고 인종차별이 다른 나라보다 덜 한 이들 나라로 이민을 가는 것은 당연합니다.

이들 앵글로색슨족 나라들은 우리나라와는 여러 가지로 깊은 관계를 가지고 있습니다. 무엇보다 지금부터 140여 년 전에 한국에 선교

사를 파송해서 복음을 전하여 준 나라들이 미국, 영국, 캐나다, 호주 등
의 앵글로색슨족 나라들이었습니다.

미국의 북장로교회, 남장로교회, 북감리교회, 남감리교회, 후에 침
례교회와 여러 교회가 선교사를 한국에 파송하여 복음을 전해 줌으로
4,000년 동안 어둠에 앉아 있던 배달겨레가 알지 못했던 복음의 빛을
받게 되었습니다.

1950년 6.25 전쟁 때 우리나라에 군인들을 파송한 16 나라 가운데
미국, 영국, 호주, 캐나다, 뉴질랜드 등 다섯 앵글로색슨족 나라가 군인
들을 파송해서 한국 전쟁에서 피를 흘리며 고귀한 생명을 잃었고 수많
은 전상자를 내며 남한의 적화 통일을 막아 주었습니다.

미국은 열여섯 나라가 군인들을 파송할 때 든 모든 경비를 대 주
었습니다. 비록 전쟁에서 승리하지는 못하고 휴전으로 전쟁이 중지되
었지만, 휴전 후 70년이 지난 오늘 남한이 세계 경제 대국 열 번째가 된
것은 미국을 비롯한 앵글로색슨 나라들의 희생 위에서 이루어진 일임
을 부인할 수 없습니다. 특히 앵글로색슨 나라들은 19세기와 20세기
동안 전 세계에 수만 명의 선교사를 파송하여 어둠에 앉아 있던 수많
은 백성에게 복음의 빛을 전해 주어 예수님의 마지막 명령을 수행했습
니다.

제가 살고 있는 로스앤젤레스와 캘리포니아에 수십만 명의 한인
들이 살고 있습니다. 특히 한국인 1.5세, 2세들 중에는 특출한 인물들
이 많아 연방 정부와 주 정부, 세계적인 굴지의 회사 요직에서 일하는
사람들이 많습니다. 특히 연방 법원의 판사들이 적지 않은 것은 우리의
자랑이 아닐 수 없습니다.

세상에서 가장 귀한 일은 복음을 전하는 일입니다. 예수님의 마지
막 명령이 "모든 민족을 제자로 삼으라"(마 28:19)는 말씀입니다. 세상에
사는 모든 민족에게 복음을 전하는 일은 세상에서 잘 사는 나라로 이

민을 가는 것과 비교할 수 없이 값진 천국의 시민을 만드는 일입니다. 한국교회도 앵글로색슨족이 온 천하에 복음을 전한 것처럼 세계 복음화에 앞장서서 일해야겠습니다. 샬롬.

서양 의사

"너희 중에 병든 자가 있느냐 그는 교회의 장로들을 청할 것이요 그들은 주의 이름으로 기름을 바르며 그를 위하여 기도할지니라." (약 5:14)

알렌이 조선에 들어온 것이 1884년 9월인데 그해 12월에 갑신정변이 일어났습니다. 갑신정변은 일본의 선진된 문화를 도입하고자 하는 개화파가 중국을 사대(事大: 약자가 강자를 섬김)하는 수구파를 참살한 사건입니다.

조선에 처음으로 세워진 우정국 건물 낙성식 때 개화파가 여기 참석한 수구파 다수를 살해했습니다. 이때 수구파의 두목이었던 민 왕후의 조카 민영익이 칼을 일곱 군데를 맞아 생명이 위독하였습니다. 어의(御醫)를 비롯한 한의사들이 달려왔지만 칼을 일곱 군데나 맞고 피를 흘리며 죽어가는 민영익을 살릴 방법은 없었습니다. 이때 '양의(洋醫)' 알렌이 불려가서 민영익의 찢어진 피부를 명주실로 꿰매고 미국에서 가지고 온 알약을 먹였습니다. 4천 년 동안 탕약만 마시던 조선 사람이 처음으로 서양 약을 먹고 기적적으로 회생했습니다.

이 사건을 계기로 고종 황제를 비롯하여 많은 문무백관이 서양 의학이 얼마나 놀라운 효력을 발휘하는지를 두 눈으로 확인하였습니다. 고종 황제는 즉시 알렌을 어의로 임명하였고 참판 벼슬까지 내려 주었습니다. 알렌은 고종으로부터 진료소 개설 허락을 받고 1885년 4월 9일, '널리 많은 사람에게 은혜를 베푼다'는 의미의 '광혜원(廣惠院)'을 개설했는데 이것이 조선 역사 최초의 서양 진료소였습니다. 그로부터 2주 후 광혜원을 '많은 민중을 구제한다'는 의미로 '제중원(濟衆院)'으로 개명했습니다.

그 후 알렌은 고종 황제의 요청으로 미국에 조선 영사관 개설을 위한 통역관으로 박정양 공사 일행을 인솔하고 미국으로 건너갔습니다. 그 후임 제중원 원장으로 미국 북장로교회가 파송한 의사 존 헤론(John Heron)이 와서 일하다가 조선에 나온 지 5년 만에 이질로 34살의 젊은 나이에 아내와 두 딸을 이국땅에 남겨두고 순교했습니다.

헤론이 세상을 떠난 후 캐나다 출신 의사 올리버 에비슨이 제중원 원장으로 일했는데, 그는 1900년 뉴욕에서 열린 세계 선교사 대회에 참석해서 조선의 의료 선교에 대한 보고를 했습니다. 그가 조선의 의료 선교의 어려움을 보고하면서 현대식 병원 건물이 절대 필요하다는 말을 했는데, 이 보고를 들은 미국 오하이오주 클리블랜드의 석유 재벌 루이스 세브란스 장로가 에비슨을 만나 조선의 선교 병원 건립을 위해 1만 5,000달러를 헌금해 주겠다고 약속했습니다.

에비슨은 세브란스 장로가 헌금한 돈으로 서울 역전에 땅을 사고 현대식 2층 병원 건물을 지은 후 그 병원 이름을 '세브란스병원'이라고 명명했습니다. 세브란스병원은 대구의 동산병원, 전주의 예수병원, 전남 광주의 제중병원(현재는 기독병원)과 더불어 주한 장로교회 선교회가 각지에 세운 선교 병원 중 하나입니다.

예수님께서 세상에 계셨을 때 수많은 병자를 고쳐 주셨습니다. 그러나 세상에 오신 목적은 육신의 병을 고쳐 주시기 위함이 아니고 생명을 구원하시기 위함이었습니다. 인간에게는 육신의 질병보다 영혼의 질병이 본질적 병입니다. 주님을 모르고 사는 사람은 아무리 건강한 육체를 가지고 있다 해도 결말은 영원한 멸망입니다. 우리는 의사가 아니므로 육신의 병은 고쳐 주지 못하지만 생명의 복음을 전하여 저들의 영적 병은 고쳐 줄 수 있는 영혼의 의사는 될 수 있습니다. 불신자들에게 복음을 열심히 전하여 영혼의 의사로서의 소명을 잘 감당합시다. 샬롬.

의사 인요한의 가문

"옛날을 기억하라 역대의 연대를 생각하라 네 아버지에게 물으라 그가
네게 설명할 것이요 네 어른들에게 물으라 그들이 네게 말하리로다."
(신 32:7)

최근 한국 여당이 혁신위원장으로 세브란스병원 국제진료센터 소장인
인요한 교수를 임명해 혁신을 도모하고 있습니다. 인요한의 족보를 살
펴보기로 하겠습니다.

인요한 의사는 한국에서 4대째 선교하고 있는 선교사 가문의 후
예입니다. 그의 외증조부 유진 벨(Eugene Bell, 1868-1925, 배유지)은 미국 남
장로교회 파송 선교사로 1895년 한국에 왔습니다. 1861년 미국에서
남북전쟁이 일어나 미국이 남북으로 나뉘어 전쟁을 하게 되자 교회들
도 남북으로 나뉘었습니다. 북장로교회-남장로교회, 북감리교회-남감
리교회, 북침례교회-남침례교회로 말이지요.

1880년경 미국 교회들이 한국에 선교사들을 파송할 때 북장로교
회와 남장로교회도 선교사를 파송했고, 캐나다, 호주 장로교회도 선교
사를 파송했습니다. 한국에 나온 네 장로교회는 한국을 넷으로 분할하
여 캐나다 장로교는 함경도 지역을, 미국 북장로교회는 평안도, 황해
도, 서울, 경상북도를, 남장로교회는 충청도, 전라도를, 호주 장로교회
는 경상남도를 선교 구역으로 나누었습니다. 따라서 남장로교회 선교
사들은 충청도와 전라도에서 선교 사역을 했습니다.

1892년 미국 남장로교회는 한국에 첫 선교사로 리니 데이비스
(Linnie Davies)를 파송했습니다. 그 이후 여러 선교사가 들어오면서 남장
로교회의 선교가 활기를 띠었습니다. 인요한의 외증조부인 유진 벨 선

교사가 1895년 남장로교회의 파송을 받고 한국에 와서 목포 선교부와 광주 선교부를 창설하였습니다. 그는 광주 전남 지역에 많은 교회를 설립하고 복음을 전하였는데, 목포의 정명학교, 광주의 숭일학교와 수피아여학교 그리고 광주 최초의 병원인 제중병원(현 광주기독병원) 설립에 공헌했습니다.

유진 벨 선교사의 딸인 샬럿 벨과 결혼한 인돈(William Linton, 1891-1960, 인요한의 할아버지) 선교사는 한국에 나와 48년간 의료와 교육 선교에 힘썼습니다. 인돈 선교사는 전주의 기전여교, 신흥학교 등 남장로교회 선교부에서 세운 학교에 교장으로 일했고 대전에 '대전대학'(현 한남대학교)을 설립하였습니다.

인휴(Hugh Linton, 1926-1984, 인요한의 부친) 선교사는 1926년 인돈 선교사의 셋째 아들로 군산에서 태어나 미국에서 자란 후 다시 한국으로 돌아와 '검정고무신'이라는 별명으로 전라남도 여러 벽지를 돌아다니며 200여 개가 넘는 교회를 개척하였습니다.

1960년대에 전남 순천 일대에 큰 홍수가 난 후 결핵이 유행하자 부인 인애자(Lois Flowers)와 함께 순천결핵진료소와 요양원을 세웠고 '등대선교회'를 시작하였습니다. 그는 교통사고로 58세에 천국으로 입성했습니다. 부인은 남편이 세상을 떠난 후에도 35년간 결핵 환자를 위해 헌신하다 1994년 은퇴하고 금년 2023년에 하나님의 부르심을 받았습니다.

인요한은 인휴 목사의 5남 1녀 중 막내아들로 미국과 대한민국 이중 국적을 가진 의사로 현재 연세대학교 의과대학 가정의학과 교수 겸 국제진료센터 소장으로 봉직하고 있습니다. 그는 1959년 전주에서 태어나서 전남 순천에서 어린 시절을 보냈습니다. 인요한은 4대째 한국에서 살면서 선교를 계속하고 있는 전통적인 선교사 가문의 후예입니다. 선교사 한 사람이 선교지에서 헌신하는 것도 어려운데 4대에 걸쳐

복음 선교에 힘쓰는 것은 하나님의 특별한 은총이 아닐 수 없습니다(북
장로교회 파송으로 1885년 한국 최초 선교사로 입국한 호러스 언더우드 선교사 가문도 4대에
걸쳐 한국에서 선교 사역을 하였습니다).

인요한은 겉으로 보기에는 미국인이지만 인요한은 한국에서 태어
나 한국에서 교육받고 세브란스 의과대학을 나와 한국 의사가 되었고
태어난 지역인 전라도 말을 한국 사람 못지않게 구사하는 그는 한국
국적을 가진 한국인입니다. 린튼 가문과 같이 대대로 선교하는 선교사
가정이 세계 여러 선교지에서 속출하기를 같이 기도합시다. 샬롬.

미국의 추수감사절과 칠면조

"새 계명을 너희에게 주노니 서로 사랑하라 내가 너희를 사랑한 것 같이
너희도 서로 사랑하라." (요 13:34)

매년 추수감사절이 되면 미국의 각 가정은 추수감사절 저녁 만찬을 준
비하는데 빠지지 않는 요리가 칠면조입니다. 칠면조가 추수감사절에
빠지지 않는 요리가 된 것은 미국 초기 역사로 돌아가서 살펴보아야
합니다.

1620년 영국 플리머스 항구에서 출발한 메이플라워호 위에는 35
명의 청교도(Puritans)와 67명의 돈을 벌기 위해 신대륙으로 가는 노동
자, 상인, 퇴역 군인, 건달 등 102명이 승선하고 있었습니다. 두 달여에
걸친 거친 항해를 끝내고 현재 보스턴항 근처에 배가 닿았는데 그때가
온 대륙이 흰 눈으로 뒤덮인 혹독한 추위의 12월 하순이었습니다. 아
무것도 없이 내린 102명은 추위와 굶주림, 현지 풍토병과 야수들의 습
격 등으로 겨울을 지내고 봄이 왔을 때 50여 명이 생명을 잃었고 살아
남은 사람은 50여 명에 불과했습니다.

그 주변의 인디언들은 추운 겨울을 날 만한 두꺼운 옷도, 잠을 잘
수 있는 텐트도, 먹거리도 없이 죽어가는 이들을 보고 텐트를 쳐 주고
감자, 옥수수 등 먹거리를 제공해 주었습니다. 봄이 돌아오자 생존한
사람들은 영국에서 갖고 온 씨앗을 뿌리고 농사를 시작했는데 이때 인
디언들이 옥수수 씨와 감자 씨 등 여러 씨앗을 주어 심었습니다. 곡식
들이 싹이 나고 자라기 시작하자 구름떼처럼 몰려온 메뚜기들이 푸른
잎을 다 갉아먹어 버렸고 가을이 다가와 곡식이 익어가자 이번에는 참

새 등 여러 새가 구름떼처럼 몰려와서 곡식을 까먹기 시작했습니다. 청교도들은 횃불을 만들어 휘두르며 메뚜기 떼와 새 떼들을 몰아냈습니다.

추수를 끝낸 청교도들은 생명을 살려 주시고 인디언들로부터 도움을 받게 해 주셨으며 어려움 가운데서도 추수를 할 수 있게 해 주신 하나님께 감사의 예배를 드렸습니다. 이것이 1621년 11월 말에 드린 첫 추수감사예배였습니다. 그리하여 미국에서는 11월 넷째 주 목요일을 추수감사절로 정하고 온 국민이 함께 감사절을 지내고 있습니다.

감사 예배를 드린 후 청교도들은 여러 가지 음식을 만들어 만찬을 준비하고 지난겨울에 친절을 베풀어준 인디언들을 초청해서 함께 음식을 나누었습니다. 초대를 받은 인디언들은 노루 두 마리와 칠면조 몇 마리를 잡아 선물로 가지고 왔습니다. 청교도들은 인디언들이 가져온 노루와 칠면조를 잡아 요리를 해서 함께 나누며 친교를 하였습니다.

이때 인디언들이 잡아 온 칠면조를 요리해서 먹은 것이 시초가 되어 400년이 지난 지금도 추수감사절에는 미국 전역으로 가정마다 칠면조를 요리를 해서 이웃과 더불어 만찬을 갖습니다. 따라서 매년 추수감사절 기간에는 미국 전역에서 수백만 마리의 칠면조가 대학살을 당하는 '칠면조 나라' 비운의 날이 됩니다. 만찬이 끝난 후에 청교도들과 인디언들은 달리기 시합을 하고 씨름을 하면서 스포츠로 친교를 나누었습니다. 말로 의사소통은 되지 않았지만 손짓 발짓으로 의사를 교환했습니다.

미국은 이렇게 시작되었습니다. 인종, 언어, 피부 색깔, 문화, 풍습, 전통이 달랐지만 두 그룹 사이에 아무런 어려움 없이 평화롭고 즐거운 시간을 보냈습니다. 미국은 다양한 민족, 언어, 문화, 전통이 섞여 있는 혼합 사회입니다. 이들 중 많은 사람은 하나님을 믿으며 그리스도 안에서 서로 형제자매가 되어 친교를 나누며 살아가고 있습니다. 칠면조가 청교도들과 아메리칸 인디언들과의 관계를 맺어 준 것처럼 우리도 우리와 전혀 다른 이민족들과 친교를 나누며 살면서 저들에게 진리의 복음을 전파해야 합니다. 이것이 추수감사절 칠면조의 교훈입니다. 샬롬.

보이콧

"그런즉 너희는 하나님께 복종할지어다 마귀를 대적하라 그리하면 너희를 피하리라." (약 4:7)

보이콧이라는 말을 모르는 사람은 거의 없습니다. 그러나 보이콧이 언제, 어디서, 어떻게 시작되었는지 아는 사람은 많지 않습니다. 일반적으로 보이콧은 어떤 일을 공동으로 배척하거나 거부하는 것을 의미합니다. 보이콧은 저항하는 수단으로 항의 대상과의 거래를 끊거나 항의 대상과 관련한 상품의 불매 또는 사용을 중단, 배척, 제재 같은 자발적인 소비자 운동을 말합니다.

보이콧은 19세기에 살았던 찰스 보이콧(Charles C. Boycott)의 이름에서 비롯되었습니다. 보이콧은 아일랜드에 주둔했던 영국군 대위로 그는 제대한 후에 그 지역의 대지주였던 얼 언 백작의 토지 관리인으로 일을 하기 시작하였습니다.

당시 아일랜드는 오랫동안 비가 오지 않아 소작인들의 삶은 피폐해져 있었고 소작료를 낼 만한 상황이 아니었습니다. 이에 소작인들은 1880년 '아일랜드 토지연맹'을 결성하고 소작료 인하를 요구했으나 지주인 언 백작은 이들의 요구를 거부하고 소작료 지불을 강요했습니다. 뿐만 아니라 소작료 인하를 요구하는 소작인들을 강제로 쫓아내기까지 하였습니다. 지주가 이렇게 배짱을 부렸던 이유는 농사를 짓고 싶어 하는 농부들은 넘쳤으나 농사지을 땅은 부족하였으므로 지주의 입장에서는 소작료를 내려 줄 이유가 없었습니다. 일이 이렇게 되자 분노한 소작농들은 단체 행동에 나섰습니다.

소작료 지불을 거부하는 것은 물론이고 상점에서는 그에게 물건을 팔지 않았고 우체부는 편지와 소포를 배달하지 않았으며 집안일을 하던 하녀들과 마부들은 소리 없이 사라져 버렸고 심지어 그가 다니던 성당에서조차 그를 배척하였습니다. 이렇게 되자 보이콧은 요즘 말로 철저하게 왕따를 당하여 나중에는 먹을 음식이 없어 굶어 죽기 직전까지 이르렀습니다. 그러나 보이콧은 포기하지 않고 그해 9월 영국에서 발행되던 「더 타임스」(The Times)에 자신의 상황을 알리는 글을 기고했습니다. 그러나 이 일은 결국 전국에 알리는 결과가 되었고 지주 언 백작은 악덕 지주임이 확인되었습니다.

요즘은 보이콧이라는 용어가 부당한 일을 하는 개인이나 단체, 회사, 나아가 국가에까지 쓰이고 있습니다. 대표적인 것이 올림픽 게임을 보이콧하는 일이지요. 어떤 나라가 불의한 일을 했을 때 국민들이 그 나라 물품을 사지 않는 불매 운동을 전개하고 또 그 나라에 여행을 하지 않는 운동을 전개하면서 보이콧 운동을 합니다.

사실 보이콧 운동은 역사를 거슬러 로마 제국 때까지 올라갑니다. 초기 기독교인들은 로마 정부가 로마 황제 동상에 절하고 섬기라고 강요했지만 기독교인들은 이를 보이콧했습니다. 심지어 군국주의 로마 제국이 청년들에게 영장을 보내도 군에 입대하지 않고 죽음으로 저항했던 행동이 바로 보이콧이었습니다. 이 무서운 저항 앞에 로마 제국은 결국 기독교 앞에 무릎 꿇고 기독교를 제국의 합법 종교로 선언(주후 313년)했을 뿐만 아니라 나중(주후 395년)에는 기독교를 로마 제국의 유일한 종교로 선포했습니다. 보이콧의 당당한 승리였습니다.

그리스도인들의 세상에 대한 태도는 보이콧 정신입니다. 특히 불의가 우리 앞에 다가왔을 때 우리는 단호하게 보이콧을 선언해야 됩니다. 보이콧 정신은 불의에 대한 저항으로 길이 이어져 나갈 것입니다. "너희는 하나님께 복종할지어다 마귀를 대적하라."(약 4:7) 야고보 장로의 말씀입니다. 샬롬.

분신

> "사람이 만일 온 천하를 얻고도 제 목숨을 잃으면 무엇이 유익하리요 사람이 무엇을 주고 제 목숨과 바꾸겠느냐." (마 16:26)

분신자살이란 자기 몸에 불을 붙여 목숨을 끊는 행위를 말합니다. 2024년 3월 초 민주주의 본산이며 기독교를 국교와 같이 많은 사람이 믿고 있는 미국에서 현역 군인이 분신을 하는 장면이 생중계되었습니다. 그 군인은 "더 이상 제노사이드(대량학살)의 공범이 되지 않을 것이다"라고 외치면서 워싱턴 D.C. 이스라엘 대사관 앞에서 분신을 감행했습니다. 공군 현역 병사가 명분 없는 가자지구 전쟁과 이에 대한 미국의 지원에 반대하면서 분신자살을 한 것입니다.

25세인 이 병사는 자기가 분신하는 전 과정을 자신의 모바일 폰으로 생중계하면서 자신은 제노사이드, 즉 집단 학살에 공범이 되지 않겠다고 외쳤습니다. 미국이 처음부터 이스라엘 편에 선 것은 미국에 살고 있는 유대인이 전체 인구의 2.2%인 650만에 불과하지만 그들이 가지고 있는 엄청난 재력과 주요 매스컴 등 그들의 세력을 무시할 수 없는 상황이어서 이스라엘을 지원하지 않을 수가 없습니다.

또한 이번 하마스와의 전쟁은 먼저 하마스가 이스라엘에 무차별 공격을 가하여 1,200여 명의 무고한 이스라엘 사람들이 희생을 당한 일로 이스라엘은 이에 대한 보복으로 현재 무자비한 폭격을 하면서 복수를 하고 있습니다.

네타냐후 이스라엘 총리는 하마스를 완전 박멸하기까지 결코 작전을 끝내지 않을 것이라는 단호한 태도를 보이고 있습니다. 그런데 문제는 이스라엘의 공격이 죄 없는 어린아이들과 부녀자들, 노인들 등 민간인들이 현재 보고된 바로는 2만여 명이 희생되었다는 사실입니다.

뿐만 아니라 저들이 살고 있는 가옥과 아파트, 산업시설뿐만 아니라 병원과 모스크(무슬림들의 예배당)까지 무자비하게 파괴함으로 전체 아랍권의 분노를 사고 있습니다. 미국 내에도 아랍 사람들, 즉 무슬림들이 많이 살고 있어서 거의 매일 미국이 이스라엘을 지원하는 것에 대해 반대 시위를 하고 심지어 대학에서도 팔레스타인을 지지하는 데모가 끊임없이 일어나고 있습니다.

그런데 이 병사의 분신자살은 이렇게 잔인하게 포격을 퍼붓는 이스라엘을 미국이 계속 지원하는 것에 대한 극단적 항거입니다. 그러나 분신이라는 극단적 방법을 선택한 것은 결코 동의할 수 없으며 용인할 수도 없습니다.

사람의 생명을 죽이는 것은 어떠한 명분으로도 정당화될 수 없습니다. 자살은 결국 생명을 죽이는 일이기 때문에 자신을 죽이든 남을 죽이든 그것은 살인임은 변함이 없습니다. 물론 남을 죽이는 살인과 자살은 다르지만, 결과적으로 죽어도 되지 않을 한 생명이 희생되었다는 점에서는 차이가 없습니다.

1970년 11월 13일 서울 평화시장에서 노동을 하던 전태일 씨가 근로기준법 준수를 외치며 자신의 몸에 불을 붙인 후 "우리는 기계가 아니다"를 부르짖으며 쓰러졌습니다. 열악한 노동조건과 인권 침해를 겪고 있는 현실 속에서 그가 선택한 마지막 항거 방법이 분신이었습니다.

성경에도 여러 사람이 자살한 사건들을 기록하고 있습니다. 우리가 잘 아는 가룟 유다가 선생인 예수님을 팔고 은 30을 받았지만 그 마음속으로부터 들려오는 배반자라는 고통을 이기지 못하고 돈을 성전 헌금함에 던진 후 나가서 자기의 몸을 던져 자살한 사건을 성경은 기록하고 있습니다.

그러므로 자기의 목적을 달성하기 위해 분신이라는 극단적 방법이 아니고 많은 사람이 동의할 만한 방법을 택하는 것이 훨씬 더 큰 효력을 얻을 수 있습니다. 비록 시간이 오래 걸릴지라도 정의는 반드시 승리한다는 사실을 역사는 증명하고 있습니다. 남의 생명도 소중하지만 내 생명도 천하보다 더 소중하다는 생각을 늘 지니고 살아야 합니다. 사람의 생명을 거두시는 분은 오직 하나님 한 분뿐이십니다. 샬롬.

12

THE INCARNATE WORD

성육신하신 말씀

대림절

"대답하여 이르되 진실로 너희에게 이르노니 내가 너희를 알지 못하노라 하였느니라." (마 25:12)

전 세계의 교회는 지금 대림절 기간을 지나고 있습니다. 대림절 또는 대강절은 예수님께서 하늘로부터 지상에 내려오심을 기다리는 계절입니다. 대림절은 매년 12월 말 크리스마스에 주님께서 인간의 몸을 입으시고 세상에 탄생하시는 기쁜 날을 기다리는 계절입니다.

성탄절 한 달 전부터 각 교회와 성당에서는 초를 넷 꽂아 놓고, 한 주에 초 하나에 불을 밝혀 네 번째 촛불을 밝히면서 주님의 오심을 고대하는 것입니다. 성탄은 하나님께서 인간의 몸을 입으시고 세상에 오시는 사건으로 온 세상이 기뻐 찬양하는 환희의 절기입니다.

인간의 삶은 기다림의 연속입니다. 임신부는 출산을 기다리고, 아기가 자라 유치원에 가면 아기는 유치원이 끝나면 밖에서 기다리고 있을 엄마나 할머니를 기다립니다. 나이가 들어가면서 기다리는 대상이 달라집니다. 친구, 애인, 기차, 버스가 출발하기를 기다립니다. 여름에 가족들과 함께 해외여행 출발할 날짜를 기다립니다. 아내와 아이들은 돈 많이 벌어 오겠다며 집을 떠난 남편과 아빠를 기다립니다. 망부석을 아시지요. 돈 벌어 오겠다며 멀리 떠난 남편을 기다리다 지쳐 돌이 되어 버렸다는 전설입니다.

예수님께서는 마태복음 25장에 열 처녀 비유를 말씀하셨습니다. 천국은 마치 등을 들고 신랑을 맞으려 나간 열 처녀와 같다고 말씀하셨습니다. 등에 기름이 있어야 불을 밝히는데, 미련한 처녀 다섯은 등은 갖고 있었지만 기름을 준비하지 않았습니다. 열 처녀가 다 신랑을 기다리다 지쳐 모두 잠들었을 때, 신랑이 온다는 소리를 듣고 모두 일어나 등에 불을 붙였는데, 미련한 다섯 처녀는 기름통이 비어 있어 등에 불을 밝힐 수가 없었습니다.

열 처녀 모두 신랑을 기다렸지만, 슬기로운 처녀 다섯은 기름을 충분히 준비했지만, 어리석은 처녀 다섯은 기름이 들어 있지 않은 빈 등을 갖고 있었던 것입니다. 어리석은 처녀 다섯은 기름을 파는 가게에 가서 기름을 사서 등에 채우고 잔칫집에 돌아왔지만 문은 이미 닫혔고, 문을 열어 달라고 애원하는 어리석은 다섯 처녀에게 신랑은 "내가 너희를 알지 못하노라"며 냉정히 말했습니다. 열 처녀가 똑같이 기다렸지만, 등에 기름을 채운 다섯과 기름 없는 빈 등만 갖고 있었던 어리석은 다섯 처녀는 성탄절을 기다리며 대림절을 보내는 성도들에게 보내는 경고의 메시지입니다.

아기 예수님을 기다리는 행위는 마찬가지지만, 등에 기름이 있느냐 없느냐에 따라 신랑을 맞이하느냐 못하느냐 하는 근본적 문제에 직면하게 됩니다. 아기 예수님을 기다리는 행위는 모두 같아 보이지만, 등에 기름, 즉 믿음이 있느냐 없느냐의 문제로 귀결됩니다. 불신자들은 아기 예수님을 전혀 기다리지 않습니다. 가족들, 친구들, 연인과 함께 즐겁고 행복하게 선물을 주고받으며, 맛있는 음식을 먹으면서 흥청거리는 연말의 분위기를 즐길 뿐입니다.

대림절은 단순히 예수님의 탄생을 기다리는 기간이 아니고, 일 년 동안의 우리 믿음 생활을 뒤돌아보는 시간입니다. 예수님은 모든 사람에게 오시지 않습니다. 기름이 가득 찬 등에 불을 밝히고 신랑을 맞이하는 사람에게만 오십니다. 우리 모두 믿음의 등불을 밝히고 아기 예수님을 맞을 준비를 해야 합니다. 지난 일 년 동안 나는 정말 아기 예수님을 맞을 만한 믿음 생활을 했는지 반성하며 회개하는 시간을 가져야 합니다. 우리 모두 슬기로운 다섯 처녀와 같이 아기 예수를 맞을 준비를 하고 성탄절을 기다립시다. 샬롬.

무엇이, 누가 신일까?

"너는 말씀을 전파하라 때를 얻든지 못 얻든지 항상 힘쓰라." (딤후 4:2)

인류 역사가 시작된 이래 동서고금 모든 민족은 자기들 고유의 신(神)을 가지고 있습니다. 신이 없다고 주장하는 무신론자들이나 공산주의자들도 신의 존재를 알고 있습니다. 인간은 불완전한 존재이기 때문에 완전한 신을 의지할 수밖에 없습니다. 따라서 인간들은 신을 만들어 숭배하며 섬겨 왔습니다.

심지어 야훼 하나님을 조상 대대로 믿어 오던 유대인들도 눈에 보이지 아니하는 신을 믿는 것보다 눈에 보이는 신을 갖기 원하여, 모세가 시내산에 십계명을 받으러 올라간 사이에 아론을 부추겨 황금송아지를 만들어 놓고, 그것이 자기들을 애굽에서 인도해 낸 신이라며 숭배하고 절하며 날뛰었습니다.

일본에서는 일본 왕을 현인신(現人神)이라며 신으로 섬겼습니다. 일본 사람들뿐만 아니라 일본 치하에 살던 조선 사람들도 일본 왕을 신으로 섬겨야 했습니다. 살아있는 인간을 어떻게 신이라 믿을 수 있었을까요? 살아있는 신이 세 끼 밥을 먹고 화장실에 가서 용변을 보며 배탈이 나서 설사를 했으니 말이 되지 않지요. 그러나 일본 사람들은 그 왕을 신이라고 믿고 섬겼습니다. 2차 대전이 패전으로 끝나고 항복 문서에 서명을 할 때, 맥아더 장군이 일본 왕에게 "당신은 신입니까?"(Are you a god?)라고 묻자, "아니요, 저는 신이 아닙니다."(No, I am not)라고 대답했다는 일화는 우스운 이야기가 아니라 한심한 이야기가 아닙니까?

네팔에서는 지금(2025년 10월)도 두 살배기 여아(女兒)를 살아있는 신으로 섬기고 있습니다. 인도의 힌두교도와 동남아시아의 불교도들이 숭배하는 신이 있는데 그 신은 '쿠마리'라는 신입니다. 쿠마리는 산스크리트어로 '처녀'를 뜻하는데, 네팔 토착민 네와르 공동체의 샤카족 중에서 2-4살 여아를 선발합니다. 최근 쿠마리가 선출되었는데, 두 살 여자아이 아리야입니다. 네팔 사람들은 새 쿠마리의 발에 이마를 갖다 대기 위해 긴 줄을 서서 기다렸고 꽃과 돈도 바쳤습니다.

인간들의 어리석음이 너무나도 적나라하게 나타난 현상입니다. 두 살 먹은 아기면 기저귀를 차고 아장아장 걸어 다니는 귀여운 아기 아닙니까? 기저귀를 찬 아기를 신으로 섬긴다니 참 한심한 일이 아닐 수 없네요. 인류 문명이 최고조에 달한 21세기에 지구 한쪽에서 이런 한심한 일이 벌어지고 있습니다. 또 신이면 영원히 신이여야지 11살쯤 되어 초경을 하면 후계자에게 신의 자리를 내주고 사원 궁전에서 물러나 본 집으로 돌아갑니다.

지성인들이라면 이 두 살 먹은 여아를 신으로 섬기는 자들이 과연 문명인들이냐며 비웃을 것입니다. 그러나 우리 그리스도인들의 입장에서는 천지를 창조하시고 역사를 운영하시는 하나님을 섬기지 않는 저들 지성인들도 쿠마리를 믿는 네팔인들과 별반 차이가 없다고 여깁니다. 쿠마리를 믿는 네팔 사람들이나 주님을 믿지 않는 세계 도처의 사람들은 참된 신을 알지 못하고 가공의 신, 허망한 신, 상상의 신, 돈의 신, 권력의 신을 섬기고 있습니다. 살아계신 하나님을 모르는 사람들은 일본 왕을, 2살짜리 여아를 신으로 믿을 수밖에 없습니다. 참 진리이신 예수님을 모르는 인간들은 이런 어리석은 짓을 하게 되어 있습니다. 왜냐하면 인간은 어떤 형태의 신을 믿어야 하기 때문입니다.

세계 일등 국민이라 자부하는 일본인들이 800만이 넘는 신을 섬기고 있다는 사실을 아시나요? 일본에 크리스천은 겨우 0.3%, 인구 천

명당 세 명만이 여호와 하나님을 섬기고 있습니다. "멀리 가서 이방 사람 구원하지 못해도" 우리나라 근처에 있는 일본에 복음을 전해야 할 책무가 한국교회에 지워져 있습니다.

우리는 바울 선생이 디모데에게 "너는 말씀을 전파하라 때를 얻든지 못 얻든지 항상 힘쓰라"(딤후 4:2)는 말씀을 기억해야 합니다. 또한 "너희는 온 천하에 다니며 만민에게 복음을 전파하라"(막 16:15)고 명령하신 예수님의 말씀을 결코 가볍게 생각해서는 안 됩니다. 잡신을 섬기는 사람들에게 참된 신, 살아계신 신을 소개해야 합니다. 우리 모든 그리스도인에게는 사물이나 인간을 신으로 섬기는 가련한 사람들에게 복음을 전해야 될 중차대한 소명이 지워져 있습니다. 열심히 전도합시다. 샬롬.

사그라다 파밀리아

"너희는 너희가 하나님의 성전인 것과 하나님의 성령이 너희 안에 계시는 것을 알지 못하느냐." (고전 3:16)

사그라다 파밀리아는 예수님의 가족, 즉 예수님, 요셉, 마리아를 의미합니다. 이 대성당은 스페인 바르셀로나에 있는데 세계적인 건축가 안토니 가우디의 걸작품이며, 140년 넘게 건설 중인 미완성 건축물입니다. 성가족의 뜻을 가진 대성당은 바르셀로나의 대표적인 랜드마크며, 세계적인 성당으로 이름이 나 있습니다. 이 대성당은 1883년 안토니 가우디가 그의 독특한 스타일로 설계했는데, 고딕 건물로 내부의 기둥들은 나무와 숲을 연상시키는 것으로 유명합니다. 이 성당은 가우디가 세상을 떠나던 1926년까지 그가 감독을 했는데, 스페인 내전, 자금 부족, 코로나19 팬데믹 등으로 공사가 지연되기도 했습니다.

지금까지 독일 바덴뷔르템베르크주의 대성당이 높이가 161.54m였는데, 앞으로 몇 달 내에 완공될 사그라다 파밀리아 대성당 높이는 172m에 달하여 세계 최고봉의 성당이 됩니다. 가우디는 생전에 자신의 건축물이 하느님이 창조하신 바르셀로나 몬주익 언덕 173m보다 높아서는 안 된다는 신념에 따라 성당의 높이를 172m로 설계했다고 합니다.

이 성당은 1881년에 주춧돌이 놓였는데 가우디 사망 100주기가 되는 2026년에 전체 구조와 본관 공사가 완료될 예정이라고 합니다. 그러나 외부 공사와 외부 장식 작업을 포함한 최종 작업은 앞으로도 약 10년이 더 걸릴 것으로 전망하고 있습니다. 이 성당이 유명세를 치르면서 2024년 관광객 수가 490만 명에 이르렀는데, 그중 15%는 미국인 관광객들이었습니다.

　오래전 저는 스페인에 거주하던 동생의 안내로 이 유명한 성당을 구경할 기회가 있었습니다. 성당에는 수많은 관광객이 드나들고 있었고, 세계적인 건축가 가우디의 작품인 성당을 구경하는 것은 참으로 뜻깊은 일이었습니다. 성당을 둘러보고 나올 때, 입구에 있는 헌금함에 관광객들이 자유스럽게 헌금을 했는데, 이 기금이 성당 건축비로 쓰인다고 합니다.

　제가 독일에 갔을 때 유명한 쾰른 대성당을 구경했습니다. 고딕 건축 양식의 걸작으로 600년 이상 걸쳐 지은 웅장한 건축물이었습니다. 157m 높이의 웅장한 쌍둥이 첨탑이 유명합니다. 이 성당은 1248년에 건축이 시작되었으며, 신성로마 제국 시절에 이탈리아에서 가져온 동방박사 3위의 유해를 안치하기 위해 이 거대한 성당이 건축되기 시작했다고 합니다.

　그러나 16세기 중엽 공사가 중단되었다가 1880년에 와서야 완공되었습니다. 이 성당은 1996년 뛰어난 건축 양식 성당으로 유네스코 세계 문화유산으로 지정되었습니다. 이 성당도 유명세를 치러 매년 수백만 명의 관광객들이 방문하지만, 오래된 건물이라 사방에서 문제가 생겨 계속 수리를 해야 하는데, 자금이 부족하여 관광객들이 내는 성금을 모아 공사를 하기 때문에 긴 세월이 흘러가고 있습니다. 제가 갔을 때에도 여기저기 수리하는 모습을 보았습니다.

　저는 생각해 보았습니다. 성당은 성도들이 모여 미사를 드리고 하나님께 영광을 돌리는 건물이어야 하는데, 미사를 드리는 교인들은 없고 1년 12달 관광객들만 들락거리는 관광거리로 변모하였습니다. 가톨릭교회 교우들은 자녀들에게 철저한 신앙 교육을 시켜서 성당을 대를 이어 예배하는 장소로 만들어야 합니다. 성당은 결코 관광거리나 구경거리가 아닙니다. 물론 아름다운 예술품이기 때문에 많은 사람이 구경하기를 원하니까, 주중에는 구경을 하도록 하고 주일 오전에는 미사를 드리는 장소로 사용하고 오후는 관광객들이 구경을 하도록 해야 하지 않을까요? 성당 건축하는 데 드는 비용은 성당 주변의 가난하고 병든 이들, 고아와 과부, 독거노인들을 돕는 데 쓰고, 선교 사역에 써야 하지 않을까요? 이 일을 주님께서 기뻐하시지 않을까요? 우리 모두 깊이 생각해 봐야 할 문제입니다. 샬롬.

평화의 땅 헤브론?

"내가 세상에 화평을 주러 온 줄로 생각하지 말라 화평이 아니요 검을 주러 왔노라." (마 10:34)

오래전에 제가 성지순례를 갔을 때 예루살렘을 비롯해서 베들레헴, 나사렛, 혼인 잔치가 열렸던 가나 등등 여러 곳을 방문하였습니다. 어느 날 아침, 가이드는 우리를 헤브론으로 인도했습니다. 예루살렘에서 남쪽으로 약 30km 떨어져 있는 헤브론은 아브라함과 이삭과 야곱의 묘지가 있는 곳으로, 유일하게 이스라엘 병사들과 팔레스타인 병사들이 사이좋게 묘지를 지키고 있는 곳입니다.

이곳에서는 이스라엘과 팔레스타인 사이에 아무런 갈등이 없고, 서로 군복은 다르고 빈부의 격차는 심해 보였지만 사이좋게 조상들의 묘를 지키고 있는 모습을 보았습니다. 따라서 그들 조상들의 묘가 있는 헤브론이야말로 이스라엘과 팔레스타인 사이에 갈등이 없는 유일한 평화의 장소임을 확인했습니다. 이복형제들의 후손들이 사이좋게 조상들의 묘지를 지키는 모습을 보고, 이스라엘과 팔레스타인 전체가 이렇게 서로 갈등 없이 살았으면 얼마나 좋을까 하는 생각을 해 보았습니다.

최근(2024년 12월) 어떤 신문사 기자가 헤브론을 다녀와서 쓴 글을 읽어 보았습니다. 헤브론에 도착해서 검문소를 통과할 때는 별 어려움이 없었는데, 헤브론에서 나오는 반대편 검문소 앞에는 수십 대의 차들이 늘어서서 차례를 기다리고 있었습니다. 검문소에는 완전 무장한 이스라엘 군인 네 명이 총을 들고 서서 차량 한 대씩을 검문하는 동안, 군인 한 명은 운전자를 향해 총구를 겨누고 있었습니다. 현지 사정을 잘 알고 있는 동행이 "운이 나쁘면 검문소를 빠져나오는 데 5시간이 걸린 다"고 말했습니다.

인구 22만 명의 요단강 서안지구 최대 도시이자 경제 중심지인 헤 브론은 수천 년 동안 유대교, 기독교, 이슬람교가 성지로 여기고 있는 곳입니다. 따라서 이곳은 이스라엘의 통제가 가장 심한 곳일 뿐 아니라 총격과 테러가 끊이지 않는 격전지가 되었습니다. 2023년 가자 전쟁으 로 헤브론은 거대한 감옥이자 지옥이 되어 있다고 현지인들은 말하고 있습니다. 이동 제한이 강화되면서 상점 2,000여 개가 폐쇄되었고 실 업률이 치솟았습니다. 이 지역에서 갈등이 심한 것은 이스라엘과 팔레 스타인 두 지역 사이에 완충지대가 없어서 서로 충돌하기가 쉬운 것이 원인이기도 합니다.

제가 그곳에 갔을 때 평화롭게 조상들의 묘지를 지키던 이스라엘 군인들과 팔레스타인 군인들이 이제 서로 총구를 겨누고 싸움을 하고 있으니, 세상의 평화는 오래가지 못한다는 것을 새삼 느꼈습니다. 어떤 곳보다 평화가 깃들어야 하는 헤브론이 전쟁의 앞마당이 되었으니, 인 간사 참 가늠하기 힘듭니다.

2,000년 전에 오셨던 예수님께서는 "내가 세상에 화평을 주러 온 줄로 생각하지 말라 화평이 아니요 검을 주러 왔노라"(마 10:34)고 말씀 하셨습니다. 예수님께서 말씀하신 검은 세상 사람들을 죽이는 검이 아 니고, 원수 마귀의 종이 된 자들을 위한 검입니다. 우리의 적은 인간이 아니고 마귀입니다. 마귀의 종들을 성령의 검으로 찔러 그리스도 앞에 굴복하게 만들어야 합니다. 우리 그리스도인들은 이 세상에서 마귀의 역사를 깨뜨리는 평화의 사도로 천국 복음을 열심히 전하여 전쟁이 차 차 사라지는 세상을 위해 더욱 열심히 기도해야 합니다. 이 시대에 우 리에게 주신 소명입니다. 샬롬.

이유 없이 유대인이 피를 흘리던
시대는 지났다

"네 칼을 도로 칼집에 꽂으라 칼을 가지는 자는 다 칼로 망하느니라."
(마 26:52)

이스라엘 백성들이 애굽에서 430년 동안 종살이를 한 후 모세의 인도로 가나안에 정착한 후에도 많은 고난과 고통을 당했습니다. 주변에 있는 블레셋과 아람, 앗수르, 바벨론 등 강대국의 침략을 계속 받았고, 급기야 주전 722년 앗수르에 의해 북이스라엘이 멸망하였고, 주전 586년에는 남유다도 바벨론의 느부갓네살 왕에 의해 멸망을 당했습니다.

이스라엘은 주전 63년에 로마 제국의 속국이 되었는데, 주후 70년에 로마 제국에 대한 항쟁을 일으킨 결과, 로마 정부 정예군에 의해 예루살렘 성과 헤롯왕이 건축한 성전도 완전히 불타 없어졌습니다. 로마 정부는 이스라엘 백성들을 팔레스타인에서 더 이상 살지 못하도록 온 세계로 흩어 버렸는데, 이 '흩어진 유대인'들을 디아스포라라 하는 것은 잘 알려진 일입니다.

예수님께서 빌라도의 법정에서 신문을 받으실 때 빌라도는 예수님의 죄를 발견하지 못하고 세숫대야에 손을 씻으면서 "이 사람의 피에 대하여 나는 무죄하니 너희가 당하라"(마 27:24)고 말했습니다. 이에 "백성이 다 대답하여 이르되 그 피를 우리와 우리 자손에게 돌릴지어다"(마 27:25)라고 말했습니다. 이후부터 이스라엘 백성들은 가는 곳마다 기독교인들에 의해서 박해를 받기 시작했습니다. 박해를 한 이유는 단순히 예수님을 십자가에 희생시킨 것에 대한 보복을 넘어, 가는 곳마다 성실하게 일하면서 똘똘 뭉쳐 사는 유대인들은 머리가 좋아서 장사와 좋은 직장에서 많은 돈을 버는 것이 거슬렀기 때문이었습니다.

특별히 1,100년경에 시작된 십자군 운동 때 십자군들이 예루살렘 탈환을 목적으로 동으로 진격해 가면서 무슬림들은 물론 유대인들도 무수하게 죽였습니다. 유대인들을 죽인 이유는 예수님을 죽인 후예들이라는 이유였지만, 더 큰 이유는 유대인들이 보유하고 있는 금, 은, 보석, 다이아몬드, 진주 등의 귀중품을 탈취하기 위한 목적이었습니다.

유대인들이 마지막으로 고통을 당한 것은 2차 대전 때 독일 히틀러에 의한 홀로코스트로 인해 600만 명이 가스실에서 억울하게 죽어간 사건입니다. 히틀러 한 사람에 의해 수백만 명이 죽은 인류 역사에 길이 남을 참극이었습니다.

제2차 세계대전이 연합국의 승리로 끝나면서, 유엔의 결의로 1948년 전 세계에 흩어져 살던 유대인들이 옛 고향인 이스라엘로 돌아와서 국가를 건립했습니다. 그러나 수천 년 동안 그 지역에서 살아오던 팔레스타인 무슬림들은 사방으로 밀려났고, 그때부터 무슬림들의 이스라엘에 대한 적대감이 극대화되면서 극단주의자들은 자살 폭탄 테러를 자행했고, 주변 이슬람 국가들은 여러 차례 전쟁을 일으켜 이스라엘을 괴롭혔습니다.

2023년 11월 현재 가자 지구의 하마스와 이스라엘 간의 전쟁이 계속되고 있지만, 무력이나 경제력 등 모든 면에서 이스라엘과 비교가 되지 않는 가자 지구의 하마스가 이스라엘을 이길 수는 없습니다. "이유 없이 이스라엘 사람들이 피를 흘리던 시대는 지났다"는 표어로 이스라엘은 무서운 피의 보복을 하고 있습니다. 피는 피를 부르게 되어 있습니다. 예수님께서 베드로에게 "네 칼을 도로 칼집에 꽂으라 칼을 가지는 자는 다 칼로 망하느니라"(마 26:52)고 말씀하신 것은 칼로는 결코 문제를 해결할 수 없다는 말씀입니다.

　이스라엘과 무슬림 간의 문제는 칼로가 아니고 대화로 풀어야 합니다. 피는 피를 부르게 되어 있습니다. 어서 두 나라 사이에 평화가 돌아와서 무고한 피를 흘리는 일이 종식되었으면 좋겠습니다. 같이 기도합시다. 샬롬.

이스라엘과 산유국

"아셀은 아들들 중에 더 복을 받으며 그의 형제에게 기쁨이 되며 그의 발이 기름에 잠길지로다." (신 33:24)

저뿐만 아니라 많은 사람이 그런 생각을 했으리라고 믿습니다. 즉 이스라엘 주변 여러 아랍 국가에서는 석유가 펑펑 쏟아져 나와, 소위 오일 달러(Oil Dollar)로 막대한 돈을 벌어들이는데, 왜 하필 이스라엘 땅에서만 석유가 나오지 않을까? 하나님께서 아브라함과 이삭과 야곱에게 약속하신 젖과 꿀이 흐르는 가나안 땅에서 이 시대에 절대 필요한 석유가 나오지 않는다는 것은 아이러니가 아닐 수 없습니다.

여호와 하나님을 섬기지 않고 존재하지도 않는 알라라는 헛된 신을 섬기는 무슬림 나라들에서는 석유가 펑펑 쏟아져 나와 엄청난 돈을 벌어들이는데, 하필 여호와 하나님을 신봉하는 이스라엘 땅에서는 석유가 나오지 않아 외국에서 수입을 해야 할까요? 주변 아랍 나라들이 이스라엘에 석유를 수출하지 않기로 동맹을 맺었기 때문에, 이스라엘은 어쩔 수 없이 아프리카의 앙골라, 남미의 콜롬비아, 멕시코, 북유럽 노르웨이 등지에서 석유를 수입하기 때문에 막대한 운송비와 시간이 소모됩니다.

제2차 세계대전이 끝난 후에 유엔의 결의로 1948년 독립한 이스라엘은 무엇보다 시급한 것이 휘발유의 확보였습니다. 주변 아랍 여러 국가에서 한없이 나오는 석유가 분명히 이스라엘 땅 어디엔가 있을 것으로 여기고 사방을 시추해 보았지만 헛수고였습니다. 이스라엘 주변 국가에서는 석유가 풍부하게 나오는데 왜 이스라엘에서만 석유가 나오지 않을까라는 의문을 갖는 사람 중 토비야 루스킨이란 청년도 있었습니다.

그는 러시아에서 태어난 유대인으로 물리학과 지질학을 전공하고 메이저급 석유 회사에서 일을 했습니다. 그는 이스라엘 땅에도 분명히 석유가 있을 것이라고 여기고, 1984년 이스라엘로 이민을 왔습니다. 그는 신명기 33장 19절에, "바다의 풍부한 것과 모래에 감추어진 보배를 흡수하리로다"라는 대목과 24절 아셀에 대해 "그의 형제에게 기쁨이 되며 그의 발이 기름에 잠길지로다"라는 말씀에 시선이 꽂혔습니다. 그는 이 말씀이 석유의 매장이라고 확신했습니다.

그의 주장에 따라 이스라엘 정부는 아셀 지파의 땅을 시추하기 시작하였는데, 드디어 2004년 이스라엘 유전 탐사회사는 이스라엘 북부 지역 크라파에서 10억 배럴에 달하는 최대 규모의 유전이 발견되었다고 발표했습니다. 이에 더해 더 놀라운 일이 벌어졌는데, 2009년과 2010년에 이스라엘 지중해 앞바다에서 두 개의 대규모 가스전이 발견되었는데, 이 땅이 바로 아셀 지파의 땅 앞바다입니다. 그곳에서 약 2,470억 m^3로 추정되는 천연 가스전이 발견된 것입니다.

성경은 보물을 발견할 수 있는 하나님의 말씀의 보고(寶庫)입니다. 성경을 읽는 사람들은 하나님의 영감으로 보물을 발견할 수 있습니다. 자녀들에게 왜 성경을 읽게 해야 하는지 이해가 되시겠지요. 성경은 영적인 면뿐만 아니라 육적 보물도 발견할 수 있는 소중한 하나님의 선물입니다. 우리 모두 성경을 열심히 읽고 자녀들에게 성경을 읽고 외우게 합시다. 성경을 눈으로 훑어 내려가는 겉핥기가 아니고 한 구절 한 구절에서 하나님께서 보여주시는 진리를 발견하도록 기도하면서 노력합시다. 샬롬.

가뭄과 기우제

"이에 여호와의 불이 내려서 번제물과 나무와 돌과 흙을 태우고 또
도랑의 물을 핥은지라… 모든 백성이 보고 엎드려 말하되 여호와 그는
하나님이시로다 여호와 그는 하나님이시로다 하니." (왕상 18:38-39)

2025년 여름의 끝자락에 강원도 강릉시는 물 부족 사태로 온 시민이
한동안 고통을 당했습니다. 소방 헬기가 물을 퍼다가 말라가는 저수지
에 붓고, 전국의 소방차들이 동원되어 물 있는 곳에서 물을 싣고 와서
저수지에 부었지만, 그런 노력들은 시쳇말로 '새 발의 피'였습니다.

안타까운 마음으로 강릉시 향교에서 유림과 시민들이 해갈을 기
원하는 기우제를 지내고 있는 모습이 신문에 보도되었습니다. 멍석을
길게 깔아 놓고 무릎을 꿇고 절을 하면서 비 오기를 기원하고 있는 모
습을 볼 때 한심하기 그지없었습니다. 그 심정은 이해하지만, 누구에게
절을 하며 비를 내려 달라고 빌고 있는지 궁금했습니다.

기우제는 우리나라에서뿐만 아니라 원시시대부터 비가 오래 내리
지 않으면 부족들이 모여 기우제를 드렸고, 왕이 다스리던 왕정 시대에
는 왕이 부덕하여 비가 오지 않는다고 여겨 왕이 비단옷을 벗고 베옷
을 입었고 음식 가짓수도 줄여 참회하는 모습을 보였다는 기록이 삼국
사기에도 나옵니다.

그러나 이런 모든 노력은 비를 내리게 하려는 애처로운 모습일 뿐,
그런다고 비가 내릴 리가 만무하다는 것을 우리 그리스도인들은 잘 알
고 있습니다. 구약 신명기 11장 14절에 "여호와께서 너희 땅에 이른
비, 늦은 비를 적당한 때에 내리시리니 너희가 곡식과 포도주와 기름을
얻을 것이요"라 기록되어 있습니다. 비를 내려 주시는 분은 살아계셔

서 역사를 주관하시는 여호와 하나님이심을 분명히 밝히고 있습니다.

열왕기상 18장에 3년(신약 야고보서 5장 17절에서는 3년 6개월로 기록) 동안 이스라엘에 비가 내리지 않아 백성들은 고통을 당했습니다. 엘리야 선지자는 바알 선지자 450명과 아세라 선지자 400명 합 850명을 갈멜산에 모아 놓고 비를 내려 주시는 살아계신 신이 누구인지 시합을 하였습니다. 바알과 아세라 선지자들과 엘리야가 각각 자기들의 신에게 기도하여 하늘에서 불이 내려와 제물을 태우는 신이 살아있는 신으로 여기기로 했습니다.

바알과 아세라 선지자들은 아침부터 저녁까지 푸닥거리를 하고 소리를 지르며 마지막에는 칼로 자기의 몸을 베어 피를 흘리기까지 하며 제사를 드렸지만 아무런 응답이 없었습니다. 그러나 엘리야 한 사람이 아브라함과 이삭과 이스라엘의 하나님 여호와께 간구했을 때 하늘에서의 불이 내려와 번제물과 나무와 돌과 흙을 태우고 또 도랑의 물을 핥았습니다(왕상 18:38).

백성들이 이 모습을 보고 엎드려 말하되 "여호와 그는 하나님이시로다 여호와 그는 하나님이시로다"라고 고백하자, 엘리야는 바알과 아세라 선지자 850명을 모두 잡아 죽이도록 명령했습니다. 그리고 조금 후에 구름과 바람이 일어나서 하늘이 캄캄해지며 큰 비가 내렸습니다.

3년 동안 오지 않던 비가 엘리야 선지자 한 사람의 기도로 비가 흡족히 내려 이스라엘은 오랜 가뭄에서 해갈되었습니다. 비는 인간이 기우제를 드려서 내리는 것이 아니라 하나님께 기도함으로 내리는 것입니다. 살아계셔서 역사하시는 여호와 하나님만이 인간이 해결하지 못하는 일을 하실 수 있습니다.

강릉의 유림들이 드리는 기우제나 왕들이 용왕에게 드리는 기우제는 아무 소용 없는 허망한 일입니다. 사람들이 하나님과 인간들에게 지은 죄를 자복하고 회개하면서 비 내려 주시기를 구할 때 하나님께서는 우리들의 기도를 들어 주시고 비를 내려 주십니다.

　　노아 홍수 때 인간들의 죄가 관영하자 하나님께서는 자연의 법칙에 개입하셔서 물의 심판을 하셨습니다. 자연 이변이 생겼을 때 우리는 먼저 죄를 참회하면서 하나님의 은총을 구해야 합니다. 이 길만이 인류가 살 수 있는 유일한 길입니다. 이렇게 할 때 선하신 하나님께서는 우리의 기도를 들어 주시고 비를 흡족히 내려 주십니다. 오직 회개와 기도, 이 두 가지가 문제의 해결책입니다. 지은 죄가 생각나면 즉시 회개하여 하나님께 용서를 빌어야 합니다. 이것이 그리스도인들이 문제를 해결하는 정도(正道)입니다. 샬롬.

벼락 맞은 예배당

"사람이 마음으로 자기의 길을 계획할지라도 그의 걸음을 인도하시는
이는 여호와시니라." (잠 16:9)

2023년 6월 2일 오후 3시, 미국 매사추세츠주 스펜서시에 위치한 스펜
서 제일회중교회(Spencer First Congregational Church)가 벼락에 맞아 파괴되
면서 불이 나 예배당이 전소되는 사건이 일어났습니다. 이 예배당은 미
국이 독립(1776년)하기 전인 1772년에 부유한 교인의 헌금으로 건축되
었는데, 1862년에 화재가 나서 전소된 것을 교인들이 다시 헌금하여
아름다운 예배당을 신축하였습니다.

그런데 이번에 벼락을 맞아 또다시 화재가 나서 전소되었습니다.
언덕 위에 우뚝 서 있던 예배당과 하얀 첨탑은 인근 지역의 등대와 같
이 상징적인 건물이었는데 전소되었다는 소식에 주민들은 아쉬움을
금하지 못했습니다. 많은 교인과 주민들은 유아세례, 결혼식, 장례식을
거행했던 예배당이 다 타버린 현장을 보고 눈물을 흘리며 애석해했습
니다.

예배당이 전기 누전이나 아이들의 불장난으로 불이 났다는 것과
벼락을 맞아 화재가 났다는 것은 느낌이 다르지요? 분명 불신자들 중
에는 하나님이 왜 하필 신도들이 자기를 예배하는 예배당에 벼락을 치
셨을까라며 비웃을 만도 합니다.

그런데 여기서 잠깐 우리가 생각해 볼 것은, 하나님께서는 예배당
이나 성당에는 결코 벼락을 치지 않으실까라는 점입니다. 1769년, 그
러니까 이 스펜서 예배당이 건축되기 3년 전에 이탈리아 브레시아 성

당 첨탑에 피뢰침 설치 문제로 교인들 간에 옥신각신한 일이 있었습니다. 하나님을 예배하는 성당에 피뢰침을 설치하는 것은 하나님께서 성당에 벼락을 칠 수 있다는 말로, 신성을 모독하는 것이라는 의견이 우세하여 결국 피뢰침 설치를 하지 않았습니다. 뿐만 아니라 예배당은 어떤 곳보다 안전한 무기고라 하며 성당 안에 많은 화약을 저장해 두었습니다.

그러나 한여름, 비가 억수같이 쏟아지던 날 성당에 벼락이 떨어져 성당이 전소되었을 뿐만 아니라 미사를 드리던 교인 약 3,000명이 한꺼번에 죽는 비극이 일어났습니다. 하나님께서는 천지를 창조하신 후 우주에 질서를 부여하였습니다. 질서란 우주가 돌아가는 원리를 말합니다. 지구가 태양을 한 바퀴 도는데 365일 걸려 1년이 되고 지구가 24시간에 한 번씩 자전하여 하루가 됩니다. 이것이 우주의 원리입니다. 맹목적인 신앙이 과학을 무시하다 봉변을 당한 것입니다.

벼락 혹은 낙뢰는 보통 10-100억 볼트 정도의 전위차(전기장)와 10만 암페어 정도의 전류량을 지닌 전기로 하늘에서 땅으로 매우 빠르게 흐르는 대량 전류입니다. 일찍이 미국 '건국의 아버지들' 가운데 한 분인 벤저민 프랭클린이 피뢰침을 발명해서 인류가 벼락의 피해를 면할 수 있게 되었습니다. 따라서 아무리 벼락이 수없이 내리쳐도 피뢰침이 있는 건물이나 장소에 있으면 안전하게 벼락을 피할 수 있습니다. 그러므로 높은 빌딩이나 아파트 등의 건물 꼭대기에는 반드시 피뢰침이 붙어 있습니다.

높은 언덕 위에 같은 높이의 예배당, 불교 절간, 이슬람의 모스크, 힌두교 사원 넷이 있다고 가정했을 때, 세 교당에는 피뢰침이 설치되어 있으나 예배당 첨탑에만 피뢰침이 없다면 폭우와 더불어 벼락이 내리칠 때 어떤 건물에 떨어질까요? 초등학교 1학년 아이에게 물어봐도 정답을 말할 것입니다.

하나님께서는 피뢰침 없는 성당이나 예배당을 보호해 주시는 분이 아닙니다. 인간이 해야 하는 과학적 준비는 인간들이 철저히 해야 합니다. 이 스펜서 예배당의 목사와 당회, 그리고 건물관리위원회가 적어도 10년에 한 번씩만 예배당 첨탑의 피뢰침을 점검만 했어도 오래된 역사적 건물인 예배당이 벼락 맞아 전소되는 비극은 피할 수 있었습니다.

예배당 첨탑에 피뢰침도 설치하지 않고 "하나님 아버지, 우리 예배당에 벼락이 떨어지지 않게 해 주시옵소서"라고 금식 기도하면 벼락이 안 떨어질까요? 기독교 신앙은 과학을 배척하지 않습니다. 오히려 과학을 존중합니다. 과학도 하나님께서 인간에게 주신 귀한 선물입니다. 다시는 "벼락 맞은 예배당(성당)"이라는 말을 듣지 않도록 주의해야 합니다. 현재 목회하는 목사들은 이번 기회에 예배당 첨탑에 설치된 피뢰침을 점검하는 기회를 갖기를 권합니다. 다시는 '벼락 맞은 예배당'이라는 뉴스를 보지 않기 위해서. 샬롬.

성전 건축

"만일 너희나 너희 자손이 아주 돌아서서 나를 따르지 아니하며… 내가
거룩하게 구별한 이 성전이라도 내 앞에서 던져버리리니" (왕상 9:6-7)

오늘 아침 열왕기상 5-6장에서 솔로몬이 성전 건축하는 과정을 읽었습니다. 부왕 다윗이 성전을 지으려다 하나님께로부터 너는 군인이라 피를 많이 흘렸으므로(대상 22:8) 피 묻은 손으로 거룩한 성전을 건축할 수 없고 아들 솔로몬이 이 일을 할 것이라고 말씀하셨습니다.

솔로몬은 두로 왕 히람의 도움을 받아 성전을 건축하였습니다. 성전 대부분이 금으로 입혀 금으로 뒤덮은 건물이 되었습니다. 한 번도 성전을 가져보지 못했던 이스라엘 백성들은 호화찬란한 성전을 보고 기쁨을 감추지 못했습니다. 그러나 문제는 이렇게 화려한 성전을 건축한 후에 세월이 가면서 이스라엘 백성들은 바알과 아세라 등 이방 신들을 섬기고 성전을 외면해 버렸다는 사실입니다.

결국 주전 586년, 그러니까 솔로몬이 성전을 완공한 때로부터 약 500년 후에 예루살렘을 침공한 바벨론의 느부갓네살 왕이 이 성전에 불을 질러 태워 버리고 여러 곳에서 흘러내린 모든 금을 모아 가져갔습니다. 바벨론 포로 생활 70년 후 귀환한 스룹바벨을 중심으로 한 이스라엘의 지도자들이 주전 536년에 시작하여 516년에 옛날 솔로몬의 성전을 그리며 새로운 성전을 세웠지만, 그 성전이 너무 초라해서 옛날 솔로몬의 성전을 기억하던 노인들은 목을 놓아 울었습니다. 이 성전도 오래가지 못하고 없어져 버렸습니다.

헤롯왕이 유대인들의 환심을 사기 위해 주전 20년에 시작한 호화

스런 성전은 주후 63년에 완공되었습니다. 그러나 이 성전 역시 완공된 지 불과 7년 후인 주후 70년 로마의 티투스 장군이 예루살렘을 점령하면서 불에 타 없어져 버렸습니다. 그러니까 예루살렘에 세워졌던 금으로 치장한 호화스런 성전들은 모두 사라지고 현재(주후 2023년) 예루살렘에 가보면 성전의 서쪽 벽인 '통곡의 벽'(Wailing Wall)만 남아 있습니다.

성전이란 말은 거룩한 집이란 말입니다. 즉 거룩하신 하나님을 예배하는 곳이란 뜻이지요. 그래서 거룩할 성(聖) 자를 앞에 붙입니다. 그러나 성전은 성도(聖徒) 즉 거룩한 백성들이 모여 예배드릴 때 거룩한 집이지 거룩한 성도들이 모이지 않고 다른 목적으로 사용되면 성전이 아닙니다.

1917년 러시아에서 레닌의 볼셰비키 공산당이 혁명을 성공시킨 후 로마노프 왕가와 짝짝꿍이 되어 백성들 앞에 군림하던 러시아 정교회의 많은 고위 성직자를 처형하였습니다. 공산당 정권은 정교회 성당들을 몰수하여 도서관, 수영장, 박물관, 심지어 말을 몰아넣어 마구간으로 만들어 버렸습니다. 성당 첨탑에 십자가가 엄연히 붙어 있는 성당이 미사를 드리는 곳이 아니고 말들을 가두어 두는 마구간이 되어 버렸습니다.

6.25 전쟁 이전에 이북, 특히 평양에 있었던 길선주 목사님이 목회하시던 장대현 교회, 주기철 목사님이 목회하시던 산정현교회, 건물이 크고 좋아 총회가 자주 모였던 서문밖교회, 창동교회, 남산현교회 등 북한에 있었던 무수한 예배당들이 지금은 단 하나도 남아 있지 않고 흔적도 없이 사라져 버렸습니다.

예배당은 언젠가는 없어집니다. 불이 나든지 지진으로 허물어지든지 벼락을 맞든지 전쟁으로 파괴되든지 간에 없어질 때가 옵니다. 따라서 예배당(성당)은 최소한 간소하고 소박하게 지어야 합니다. 가장 비용을 적게 들이고 지은 예배당이 가장 잘 지은 예배당입니다. 앞으로 예배당을 지을 계획을 갖고 있는 교회, 목사, 장로, 교인들은 '역사의 교훈'을 되새겨 보시기 바랍니다. 샬롬.

빛과 어두움

"그 안에 생명이 있었으니 이 생명은 사람들의 빛이라··· 참 빛 곧 세상에
와서 각 사람에게 비추는 빛이 있었나니" (요 1:4, 9)

하나님께서 태초에 천지를 창조하실 때 맨 처음 창조하신 것이 빛입니
다. 첫날에 "하나님이 이르시되 빛이 있으라 하시니 빛이 있었고 빛이
하나님이 보시기에 좋았더라 하나님이 빛과 어두움을 나누사 하나님
이 빛을 낮이라 부르시고 어둠을 밤이라 부르시니라 저녁이 되고 아침
이 되니 이는 첫째 날이니라."(창 1:3-5)

어두움은 빛이 없는 상태입니다. 따라서 빛이 있는 곳에 어둠이 존
재할 수 없습니다. 일반적으로 태양이 서산에 넘어가면 빛이 사라지고
어둠이 다가옵니다. 어둠은 밤입니다. 밤이 지나고 새벽이 되면 또다시
태양이 동쪽에서 떠오르면서 빛이 세상을 비쳐 낮이 됩니다. 이렇게 낮
과 밤이 교차하는 것이 우주의 법칙, 즉 하나님께서 만들어 놓으신 원
칙입니다. 그런데 밤에 할 일이 있는 인간들은 밖에서는 모닥불을 피우
고 방안에서는 등잔불을, 후에는 램프 불을 켜 놓고 어둠을 밝혔지만
그것은 한계가 있었습니다. 온 천지를 밝게 할 수는 없었습니다.

그러다가 미국의 발명왕 토머스 에디슨이 1879년 10월 백열전구
를 발명함으로 인류는 어두움을 정복할 수 있게 되었습니다. 밤에도 전
구를 밝게 켜 놓고 길거리에도 가로등을 세웠으며 후에는 네온사인이
길거리를 밝히면서 불야성을 이루었습니다. 이제는 온갖 전등을 켜 놓
고 밤을 낮같이 밝히면서 어둠을 모르고 지낼 수 있는 세상이 되었습
니다.

인공위성이 밤에 촬영한 한반도를 보면 북한은 완전히 암흑천지고 남한은 대낮과 같이 불빛으로 가득 차 있는 모습을 보게 됩니다. 따라서 삼면이 바다로 되어 있는 한반도의 휴전선 이북에는 빛이 없는 세상이고 남한은 대낮같이 환해서 남한이 마치 바다에 떠 있는 섬과 같이 보입니다.

북한의 전기 사정이 나쁜 것은 그들이 수력 발전이나 원자력 발전 같은 발전시설이 열악해서 주민들이 필요로 하는 전력을 제대로 공급하지 못하기 때문입니다. 일제는 1937년부터 1943년 11월까지 평안북도 삭주군 수풍면에 거대한 수력 발전소인 수풍발전소를 건설하였습니다.

이 발전소에서 70만 KW의 전력을 생산해서 한반도 전체와 만주까지 전력을 보내 밤을 점령했습니다. 그러다 1950년 6.25 전쟁 때 이 발전소가 폭격으로 파괴되었으나 소련의 도움으로 다시 복구하여 썼습니다. 그러나 북한의 경제 사정으로 제때 수리를 하지 못하여 지금은 제대로 발전소의 구실을 하지 못하여 북한이 암흑세계가 된 것입니다.

요한복음 1장에 보면 태초에 말씀이 계셨고 그 안에 생명이 있었는데 이 생명은 사람들의 빛이라 했습니다. 예수님은 세상에 참 빛으로 오셔서 각 사람에게 비추었습니다. 또 예수님께서는 "너희는 세상의 빛이라… 너희 빛이 사람 앞에 비치게 하여 그들로 너희 착한 행실을 보고 하늘에 계신 너희 아버지께 영광을 돌리게 하라"(마 5:14, 16)고 말씀하셨습니다.

예수님께서는 우리가 세상의 빛이라고 하셨습니다. 빛이 있는 곳에는 어둠이 없습니다. 어둠은 빛과 공존할 수 없습니다. 우리가 가는 곳 어디에도 어둠의 세력, 즉 사탄의 세력은 존재할 수 없습니다. 교회가 단 하나도 없는 북한은 어둠의 세계요 사탄의 세상입니다. 밤만 어두운 것이 아니고 대낮에도 영적으로 어둠이 가득한 곳입니다. 교회가 없고 복음이 없는 북한은 어둠의 세계, 사탄의 세계입니다. 북한에 물리적 빛도 제공해 주어야겠지만 더욱 중요한 것은 참 빛이신 예수님과 세상의 빛인 그리스도인들이 그곳에 존재해야만 어둠이 물러갈 것입니다. 그날이 언제쯤 올지 알 수 없지만 우리의 기도는 계속되어야 합니다. 그곳이 빛의 세상이 될 때까지. 샬롬.

황금의 신

"예수께서 이르시되 내가 곧 길이요 진리요 생명이니 나로 말미암지
않고는 아버지께로 올 자가 없느니라." (요 14:6)

"마이다스(Midas)의 손"이라는 말이 있습니다. 고대 그리스 신화에 나
오는 마이다스 왕은 금을 몹시 좋아해서 능력 많은 디오니소스에게 한
가지 소원을 이야기합니다. 그것은 그가 만지는 모든 것이 금이 되게
해 달라는 것이었습니다. 디오니소스는 마이다스의 소원을 들어주었
습니다. 그러고 나서 마이다스가 만지는 모든 것은 금으로 변했습니다.
마이다스가 무슨 물건이든지 만지기만 하면 금이 되었으니 나라가 얼
마나 부하게 되었겠습니까? 그런데 식사 시간에 음식을 만지자 음식이
금으로 변해 먹을 수가 없었습니다. 무남독녀 공주가 와서 아버지의 품
에 안기자 마이다스가 사랑하는 딸을 어루만지자 딸이 금덩어리가 되
고 말았습니다. 만지기만 하면 금을 만들 수 있었던 마이다스는 금과
더불어 멸망하였습니다.

인류가 금을 좋아하고 사랑한 사실은 연금술을 통해서도 알 수 있
습니다. 연금술은 인간이 금을 만들어 내려고 시도한 일입니다. 고대
이집트에서 시작하여 중세를 거쳐 근세에 이르기까지 인간들이 금을
제조하려고 온갖 노력을 다했습니다. 연금술은 보통 금속을 금으로 변
형시키는 것입니다. 그러나 모든 시도는 실패로 끝나고 말았습니다.

성경에 금을 가장 많이 소유한 사람은 솔로몬 왕입니다. 많은 무역
상과 백성들이 금을 가져왔고 아라비아 왕들과 방백들도 금과 은을 솔
로몬에게 가져왔습니다. 솔로몬은 예루살렘에 하나님의 성전을 건축

하면서 온 성전을 금으로 입혔고 제단의 전부를 금으로 입혔습니다.(왕상 6:22) 황금 성전을 만든 것입니다.

모세가 시내산에 십계명을 받으러 올라간 사이 무지몽매한 이스라엘 백성들이 우둔한 아론을 강제하여 황금송아지를 만들어 놓고, 그것이 자기들을 애굽에서 그곳까지 인도한 신이라며 뛰어놀며 섬겼습니다. 솔로몬이 죽은 후 나라가 남북으로 나뉘어 북은 이스라엘, 남은 유다가 되었습니다. 북이스라엘을 통치하던 르호보암은 금송아지 둘을 만들어서 하나는 벧엘에 두고 다른 하나는 단에 두었습니다.(왕상 12:28-29)

오늘도 황금을 신으로 섬기는 사람들이 많습니다. 이것을 배금주의라 합니다. 이라크를 철권 통제하던 사담 후세인이 몰락한 후 2003년 4월 초 영국군이 이라크 남부 바스라에 있는 사담 후세인 별궁에 들어갔는데 그들은 황금빛 화장실을 보았습니다. 변기, 비데, 세면대의 밑단과 수도꼭지 등이 모두 금으로 도금되어 있었습니다.

리비아를 철권 통치했던 카다피는 황금관을 쓰고 황금 지팡이를 들었으며 황금 파리채를 썼고 다이아몬드가 박힌 황금 권총을 차고 다녔습니다. 그가 실각한 후 굴속에 숨어 있다가 시민군들에 발각되어 그가 차고 있던 황금 권총에 맞아 최후를 마쳤습니다. 금을 탐하는 자, 금으로 망하는 법입니다.

"금보다 귀한 믿음은 참 보배 되도다 이 진리 믿는 사람들 다 복을 받겠네." 금이 인간을 구원해 줄 수 없습니다. 금이 없는 사람도 세상을 살아갑니다. 그러나 예수님을 믿는 믿음 없이는 영원한 세계에 들어갈 수 없습니다. 금을 숭배하던 배금주의자들은 그들이 좋아했던 황금과 함께 다 멸망하였습니다. 황금으로 뒤덮은 솔로몬의 성전도 바벨론의 느부갓네살 왕에 의해 깨끗이 소각되어 버렸습니다. 금으로 만든 신들은 결국 소멸되게 되어 있습니다. 금은 물질이지 영원히 존재하는 신이

아닙니다. 금을 추구하는 인간들은 영원히 계시는 참 진리를 찾아야 합
니다. 진리는 오직 예수님 한 분이십니다. 샬롬.

우상

"너는 나 외에는 다른 신들을 네게 두지 말라." (출 20:3)

십계명의 제1계명은 "나 외에는 다른 신들을 네게 두지 말라"입니다. 여호와 하나님 이외에 다른 모든 신은 우상입니다. 우상은 인간들이 만들어낸 조형물이거나 자연에 있는 큰 나무나 바위, 묘하게 생긴 물건들입니다. 태양을 신으로 섬기기도 하고 무당들 중에는 삼국지에 나오는 관운장 혹은 한국 고려사에 나오는 강감찬 장군을 신으로 여기며 섬깁니다.

하나님께서는 하나님 이외에 인간들이 다른 신을 섬기는 일을 극히 혐오하셨고 엄금하셨습니다. 따라서 모든 인간은 야훼 하나님 이외에 그 어떤 신도 섬겨서는 안 됩니다. 불교에서는 부처가 신이 아님에도 불구하고 신격화해서 대웅전에 부처상을 만들어 놓고 거기 절하고 염불을 하면서 시주를 바칩니다. 무슬림들은 존재하지도 않는 알라를 신으로 섬기고 인도의 힌두교인들은 수많은 신 가운데 브라만을 가장 존경하고 숭배합니다.

그 외에 아프리카나 남미 혹은 세계 여러 나라의 여러 산지족들도 자기들 나름대로 우상을 만들어 놓고 절하고 분향하며 제물을 바치고 섬깁니다. 이 모든 것은 다 헛된 우상이고 헛된 신이며 인간이 숭배해서는 안 되는 대상입니다.

일찍이 영국에 유명한 철학자 프랜시스 베이컨(1561-1626)은 인간은 네 가지 우상을 섬긴다고 말했습니다. 그것은 종족의 우상, 동굴의 우상, 시장의 우상, 극장의 우상입니다. 베이컨은 우상은 우리 자신이 만든 것으로 우리의 마음속에 가진 오류나 편견 또는 선입견을 의도적으로 표현한 것이라 했습니다. 베이컨은 우리 자신이 야기시킨 오류나 편견 및 선입견을 제거하지 않으면 자연이나 세계를 올바르게 인식할 수도, 지배할 수도 없다고 말합니다.

자연이나 세계를 인간 생활에 유용한 것으로 만들기 위해서는 그것을 바르게 인식했을 때 우리가 올바른 지식을 확립하게 되며 그 경우의 지식은 힘이 된다고 말했습니다. 베이컨은 우리 마음속에 가진 오류, 편견, 선입견을 우상이라 표현했습니다.

요즘 젊은이들은 자기들의 아이돌, 즉 우상을 가지고 있습니다. 노래를 잘 부르는 가수나 춤을 잘 추는 댄서, 노래를 부르면서 춤을 잘 추는 이들은 젊은이들의 아이돌, 즉 우상입니다. 그들의 땀 냄새 나는 손수건 하나를 받으면 그것은 놀라운 행운이며 복이라고 여깁니다. 심지어 땀에 젖은 셔츠나 모자 등 보통이면 쓰레기통에 던져 버릴 것들을 우상처럼 모시고 살면서 이것이 아무개의 손수건이다, 셔츠다, 모자다, 심지어 운동화까지 모시고 우상으로 섬기며 삽니다.

살아계시고 참신이신 여호와 하나님을 제쳐두고 이스라엘 백성들은 아론을 부추겨 황금송아지를 만들어 놓고 그것이 자기들을 애굽에서 인도해 낸 신이라 말했습니다. 그들은 우상 앞에서 먹고 마시고 춤추고 노래하며 광란의 분위기를 만들었습니다. 이스라엘 백성들의 황금송아지는 금덩이를 모아서 만든 조형물이지 결코 신이 아닙니다.

참 신이시며 살아계신 여호와 하나님만을 섬기고 복종해야 될 인간들이 십계명의 1계명과 2계명을 저버리고 우상을 만들어 섬기는 것은 멸망으로 가는 길입니다. 이러한 사실을 알고 있는 우리 그리스도인들은 우상을 섬기는 것이 아니고 살아계신 하나님만을 섬깁니다. 우리 그리스도인들은 우상, 즉 아이돌을 섬기는 가련한 사람들에게 참 신을 섬기도록 이끌어 주어야 합니다. 이 일은 성령님의 역사를 통해서만 가능합니다. 이것이 우리에게 주어진 오늘의 중요한 소명입니다. 샬롬.

인간이 만든 신

"그러므로 너희는 가서 모든 민족을 제자로 삼아 아버지와 아들과 성령의 이름으로 세례를 베풀고 내가 너희에게 분부한 모든 것을 가르쳐 지키게 하라." (마 28:19-20)

20세기 최악의 인물이 누구냐고 물으면 대개 아돌프 히틀러를 들 것입니다. 히틀러는 독일에서 정권을 잡은 후 나치 친위대를 만들고 게르만 민족이 세계를 제패해야 한다는 허황된 꿈을 꾸면서 제2차 세계대전을 일으켜 약 8천만 명의 사람을 죽음으로 몰아간 희대의 살인마입니다.

히틀러가 600만 명 이상의 유대인들을 가스실에서 죽인 인류 역사 최대의 살인 행위를 저지른 일은 그 혼자 한 일이 아니고 그를 맹목적으로 추종한 친위대와 히틀러유겐트가 있었습니다. 히틀러는 '히틀러유겐트'라는 청소년 친위대를 만들어서 1926년 독일 청소년들에게 나치당의 신조를 가르치고 훈련시켰습니다. 나치는 이 조직을 이용해서 다양한 정치 캠페인을 벌였는데, 히틀러의 광기 어린 연설을 듣기 위해 독일 전역에서 유겐트 단원 수만 명이 모여들어 그의 웅변에 열광했습니다. 저들은 히틀러를 신으로 만들었습니다. 유겐트 단원이 되기 위해서는 당연히 부모 한쪽이 유대인이거나 정신적, 육체적 장애가 있는 청소년은 가입할 수 없었습니다. 유겐트 단원은 2차 대전이 시작된 1939년경에 약 800만 명에 이르렀습니다.

히틀러의 유겐트와 비슷한 조직이 중국에도 있었습니다. 마오쩌둥이 1960년부터 10년간 자본주의를 몰아내고 사회주의 사상을 실천하기 위해 문화대혁명을 시작했는데, 이는 반대파를 몰아내고 자신의 정치적 입지를 강화하려는 목적이었습니다. 이 과정에 홍위병들이 있었습니다. 약 1천만 명이 넘는 것으로 알려진 홍위병은 중, 고등학생과 대학생들로 이루어진 조직이었습니다. 이들은 지식인들을 척결한다며 자기가 다니던 학교의 교감 선생을 때려죽이기까지 했습니다.

홍위병들은 집집마다 마오쩌둥의 초상화를 걸었고 그의 어록을 학습하면서 그의 사상을 전파했습니다. 사회정의라는 명분으로 붉은 완장을 차고 무리지어 다니면서 교사와 지식인, 목사와 신부들을 거리로 끌고 다니며 조리돌림을 시키면서 구타하였습니다. 이들은 문화유산과 서적들도 파괴해야 할 산물이라며 불태웠습니다. 심지어 고양이를 부르주아가 키우는 짐승이라며 모조리 죽이기까지 했습니다.

인류의 역사는 인간을 우상화하는 과정이라고 얘기해도 과언이 아닙니다. 로마 제국 시대에 황제를 신으로 여기고 황제의 상을 사방에 세우고 매달 초하루가 되면 모든 주민이 나와 나팔 소리에 맞춰 90도 각도로 절을 했습니다.

수천 년 전 로마 제국 시대로 올라갈 필요도 없이 제2차 세계대전 때 일본에서는 일본 왕이 살아있는 현인신이라며 신으로 섬겼습니다. 패전 후 맥아더 장군이 패전 항복 문서에 서명하는 일본 왕에게 "당신은 신입니까?"라고 묻자 그는 "아니요, 저는 신이 아닙니다"라고 대답한 것은 유명한 일화입니다. 인간은 신이 될 수 없다는 사실을 입증한 것입니다.

헛된 신을 섬기는 사람들에게 살아 계시고 역사의 주관자이시며 전능하신 하나님을 전해야 할 책임이 우리에게 지워져 있습니다. 예수님의 마지막 명령은 "온 천하에 다니며 복음을 선포하라"입니다. 지금도 황금을 신으로 여기며 사는 자본주의 체제의 사람들이 부지기수입니다. 황금 송아지를 신으로 따르는 사람들에게 길이요 진리요 생명 되시는 예수 그리스도를 전합시다. 참 신은 오직 여호와 하나님 한 분뿐입니다. 샬롬.

무속 신앙

"또 마술을 행하던 많은 사람이 그 책을 모아 가지고 와서 모든 사람
앞에서 불사르니 그 책값을 계산한즉 은 오만이나 되더라." (행 19:19)

정초가 되면 믿지 않는 사람들은 점쟁이에게 가서 자기의 일 년 신수
를 봅니다. 금년 한 해 동안 나의 운명이 어떻게 되는지 알아보는 것이
지요. 도대체 보통 사람인 점쟁이가 어떻게 나의 운명을 알 수 있단 말
입니까?

한국은 지난 4,000년 동안 무속 신앙 속에 살아왔고 지금도 무속
신앙에 얽매어 사는 사람들이 많습니다. 심지어 교회 집사, 권사 직분
을 가진 사람들 중에도 기독교 신앙과 무속 신앙을 그대로 유지하면서
점도 치고 자녀들 혼사에 궁합을 보는 사람들도 적지 않습니다.

고등 종교가 없었던 한국인들은 자연을 숭배하면서 살아왔습니
다. 제가 장신대에 봉직하고 있을 때 집이 광나루여서 이른 아침에 한
강변에 운동을 하러 나가곤 했습니다. 어느 날 운동을 끝내고 집으로
돌아오려 할 때 해가 솟아오르기 시작하였습니다. 그런데 한 아주머니
가 강변에 음식 몇 가지를 놓고 떠오르는 태양을 향해 두 손을 비비면
서 허리를 굽혀 계속 절을 하면서 입으로 중얼중얼했습니다. 무언가 소
원을 빌고 있었던 것입니다. 태양은 그 아주머니가 섬기는 신이었지요.
고대 로마 제국 시대에는 태양을 국가의 신으로 섬겼습니다. 일본 국기
의 중앙에 빨갛게 원으로 그려 놓은 것이 바로 태양입니다. 일본 사람
들은 자신들의 조상이 태양의 여신인 천조대신이라며 국명도 '날(태양)'
의 '근본'입니다.

점을 치는 것은 길흉을 알아보는 것으로 원하는 대학에 입학할 수 있는 것부터 국회의원에 당선될 수 있을까 하는 것까지 미리 알아보는 것입니다. 그런데 점쟁이가 정말 미래를 알 수 있을까요? 점쟁이에게 가서 점을 쳐 달라고 하면 생년월일을 적으라 하지요. 점쟁이면 자기에게 온 사람의 생년월일 정도를 알아야 하지 않을까요? 그래야 그가 나의 운명을 점칠 수 있는 것 아닙니까?

사도 바울이 에베소에 가서 전도할 때 많은 유대인과 헬라 사람들이 바울 선생이 기적 행함을 보고 두려워하면서 주 예수의 이름을 높이고 자복하여 행한 일을 알리고, 또 마술을 행하던 많은 사람이 그 책을 모아 가지고 와서 모든 사람 앞에서 불사르니 그 책값을 계산하여 보니 은 오만이나 되었습니다.(행 19:17-19)

한국 역사를 살펴보면 무속 신앙에 빠져 있던 사람들이 주님을 영접한 후 집안에 있던 신주(죽은 사람의 위패)를 내다 버리고 무당들은 자기들이 쓰던 기구를 다 꺼내어 불태운 사건이 많이 일어났습니다. 이런 기적은 4,000년 동안 내려오던 무속 신앙을 버리고 그리스도 안에서 자유를 얻었기 때문입니다. 주님 믿기 전에는 무당이 말하는 것을 무조건 100% 믿었지만, 믿은 후에는 무당이 무슨 소리를 하든 무시하고 두려워하지 않습니다.

믿지 않는 사람들은 무당이 일 년 신수를 보고 말한 것을 믿고 무당이 하라는 대로 하고 삽니다. 무당의 말에 노예가 된 것이지요. 그러나 우리 그리스도인들은 무당에게 가지도 않을뿐더러 설사 무당이 무슨 말을 한다 해도 코웃음치고 말지요. 왜냐하면 우리는 그리스도 안에서 자유를 얻었기 때문입니다.

바울 선생은 "그리스도께서 우리를 자유롭게 하려고 자유를 주셨으니 그러므로 굳건하게 서서 다시는 종의 멍에를 메지 말라"(갈 5:1)고 권고하셨습니다. 우리는 주님 안에서 자유인입니다. 할렐루야!!! 샬롬.

고인의 명복을 빕니다?

"아브라함이 이르되 얘 너는 살았을 때에 좋은 것을 받았고 나사로는 고난을 받았으니 이것을 기억하라 이제 그는 여기서 위로를 받고 너는 괴로움을 받느니라." (눅 16:25)

2024년 말에 전남 무안공항에서 발생한 제주 항공의 동체 착륙 사고에 181명 탑승자 중 승무원 두 명만 살아남고 나머지 179명이 세상을 떠나는 참극이 벌어졌습니다. 졸지에 비극적 소식을 들은 가족들은 말할 것도 없고 이웃 사람들 그리고 전국에서 수많은 사람이 고인들이 안치된 장소에 와서 국화꽃을 놓고 "고인의 명복을 빕니다"라고 말했습니다.

고인의 명복을 빈다는 말은 세상을 떠난 사람들이 저세상에 가서 복을 누리고 잘 살라는 기원입니다. 이 "고인의 명복을 빕니다"라는 말 속에는 죽은 사람이 저세상 어느 곳으로 간다는 것을 의미합니다. 우리 믿는 사람들은 사람이 죽은 후 영혼이 천국이나 지옥으로 간다고 믿지만, 믿지 않는 사람들은 천국과 지옥은 믿지 않기 때문에 죽은 후 분명히 그 혼령이 어느 곳으로 갈 것이고 그곳에서 복을 누리며 살라고 기원하는 것입니다.

따라서 이 말을 하는 사람들은 죽은 후에 혼령이 어느 곳으로 간다는 사실을 믿고 있다는 것을 의미합니다. 공산주의자들이 얘기하는 것처럼 죽은 후에는 아무것도 없고 저세상은 존재하지도 않는다고 주장하는 것과는 달리, 명복을 비는 사람들은 분명히 저세상이 있기 때문에 그 혼령이 저세상 어느 곳으로 가서 복을 누리고 살라는 것입니다. 이 말은 자기들도 죽은 후에 저세상 어느 곳으로 간다는 것을 전제하고 있는 것입니다.

예수님께서는 사람이 죽은 후에 어디로 가는지 분명히 보여주고 계십니다. 누가복음 16장에 보면 한 부자와 나사로에 대한 말씀을 하십니다. 어느 곳에 한 부자가 비단옷을 입고 날마다 호화롭게 즐기고 있었는데, 나사로라는 거지는 헌데 투성이로 그의 대문 앞에 버려진 채 부자의 상에서 떨어지는 것을 먹고 사는데 심지어 개들이 와서 그 헌데를 핥았습니다.

거지는 죽어 천사들에 받들려 아브라함의 품으로 들어갔고 부자도 죽어 장사됨에 그는 음부에 들어갔습니다. 부자가 고통 중에 눈을 들어 보니 나사로가 아브라함의 품에 있는 것을 보았습니다. 부자는 "아버지 아브라함이여 나를 긍휼히 여기사 나사로를 보내어 그 손가락 끝에 물을 찍어 내 혀를 서늘하게 하소서"라고 호소했습니다. 예수님께서 나사로가 아브라함의 품속에 있었다고 말씀하신 것은 천국을 의미하는 것이고, 부자가 들어간 음부는 "불꽃 가운데서 괴로워하는"(눅 16:24) 곳, 즉 지옥 불이 영원히 타는 불못을 의미합니다.

그러므로 우리 모든 그리스도인은 죽은 후에 천당과 지옥으로 가게 되었습니다. 주님을 구주로 영접하고 하나님의 자녀가 된 사람들은 그 영혼이 천국으로 가고 주님을 영접하지 않은 사람들은 영원한 불못 지옥으로 가서 고통을 당하게 되어 있습니다. 따라서 우리 그리스도인들은 죽은 영혼에 대해서 명복을 빌지 않습니다. 명복을 빈다고 말하는 것은 내세에 대한 개념이 정확히 없는 사람들입니다. 상을 당한 집에 가는 것은 죽은 사람이나 죽은 영혼을 위해 가는 것이 아니라 슬픔을 당한 가족들을 위로하기 위함입니다. 우리는 내세에 대한 개념을 분명히 해야 합니다. 예수님 말씀과 같이 천국과 지옥은 분명히 있습니다. 이것을 믿습니까? 샬롬.

존엄사와 안락사

"우리의 연수가 칠십이요 강건하면 팔십이라도 그 연수의 자랑은 수고와
슬픔뿐이요 신속히 가니 우리가 날아가나이다." (시 90:10)

세상에 태어난 모든 생물은 언젠가 죽습니다. 인간도 물론 예외는 아닙니다. 사람은 언제, 어디서, 어떻게 죽을지 몰라도 죽는다는 사실은 분명합니다. 100살 넘게 오래 사는 사람도 있지만, 태어나자마자 죽은 영아도 유치원이나 대학에 다니다가 죽는 사람들도 많습니다.

저의 모친은 생전에 "그럭저럭 살아왔는데 이제 어떻게 죽느냐가 문제다. 자다가 조용히 하나님의 부르심을 받도록 기도해라"는 말씀을 가끔 하셨습니다. 우리가 엄마의 뱃속에서 나올 때는 아무것도 모르고 나왔지만, 순식간에 생명을 잃는 상황이 아니라면 우리는 죽음을 예견할 수 있습니다. 특별히 현대 의술로 고칠 수 없는 치명적인 병에 걸렸을 때 죽음이 우리를 향해 다가오고 있다는 사실을 인지할 수 있습니다.

무서운 병에 걸려 많은 고통을 당하면서 죽음을 향해 나아가는 환자에게는 두 가지 선택의 길이 있습니다. 하나는 존엄사고 다른 하나는 안락사입니다. 안락사는 의사의 도움을 받아서 생을 마감하는 것이고, 존엄사는 글자 그대로 존엄하게 생을 마감하는 것인데 의학적 연명 치료를 하다가 중단하는 것을 의미합니다.

존엄사는 말기 암 환자가 인공호흡기와 심폐소생술 등의 소모적 의료 행위를 중단하는 것을 의미합니다. 그러나 그의 생명이 끝날 때까지 진통제 투여나 영양분 공급은 계속됩니다. 한국에서는 2018년에 존엄사가 합법화되었습니다.

안락사는 죽음에 임박해서 고통에 시달리는 환자들에게 약물을 투입해서 인위적으로 죽음에 이르게 하는 것을 의미합니다. 그러므로 의사 조력 자살이라고도 말합니다. 안락사는 한국을 포함해서 세계 여러 나라는 아직 법적으로 허락하지 않고 있습니다. 미성년자들이나 장애인, 자살하려는 사람들이 악용할 수 있기 때문입니다.

한국은 2018년 존엄사가 합법화된 이후 전체 사망자의 약 20%가 존엄사를 택하고 있습니다. 회복 가능성이 없고 현재 임종 직전이라는 두 사람 의사의 판단이 있을 때는 존엄사가 가능합니다. 현재 65세 이상의 인구 20%가 존엄사의 사전 동의서를 써놓고 이 방법을 택하려 합니다.

가까운 친구들이 하나씩 세상을 떠났다는 소식을 들을 때마다 죽음이 나에게도 임박해 있다는 생각을 해 봅니다. 어떻게 죽어야 할까? 모든 사람이 원하는 것처럼 무서운 병으로 오래 고생하지 않고 떠돌아다니는 우스개처럼 9988234(99세까지 팔팔하게 살다가 2-3일 앓고 죽는 것)하면 얼마나 좋겠습니까만 그게 내 마음대로 안 되니 문제지요.

결국 우리의 태어남도 죽음도 하나님의 손에 달려 있습니다. 우리가 할 수 있는 일은 오직 기도하는 길밖에 없습니다. 저의 모친이 원하신 대로 자다가 조용히 하늘나라로 가는 길이 가장 아름다운 마침입니다. 결론은 '기도하는 길밖에 없다'입니다. 우리가 어떻게 세상을 떠날 것인가는 하나님의 뜻에 달려 있습니다. 내일 일을 염려하지 말고 매일매일의 삶에 충실합시다. 샬롬.

태어남과 마침

"한번 죽는 것은 사람에게 정해진 것이요 그 후에는 심판이 있으리니"
(히 9:27)

사람은 자기의 의사와 상관없이 세상에 태어납니다. 태어나고 싶어서 태어난 사람은 아무도 없습니다. 부모에 의해 세상에 태어난 것입니다. 또한 우리의 생명이 끝나는 것도 나의 의사와 상관없이 이루어집니다. 더 살고 싶어 발버둥 쳐도 다가오는 죽음을 막을 사람은 세상에 아무도 없습니다. 우리 기독교 신앙에서 말하면 우리가 세상에 태어나는 것도 하나님의 뜻이고 생명이 끝나는 것도 하나님의 뜻입니다. 우리 전래 속담에도 '인명은 재천이다'라는 말이 있습니다. 사람의 생명은 하늘에 달려 있다는 의미지요.

태어날 때는 나의 의지와 상관없이 태어났지만 죽을 때는 나의 의지로 생명을 끊을 수 있는데 그 대표적인 것이 자살입니다. 스스로 생명을 끊는 것이지요. 사람이 죽는 방법은 대체로 네 가지로 구분하는데 자연사, 사고사, 존엄사, 안락사입니다. 자연사는 죽을 때가 되어 죽는 것이고, 사고사는 교통사고를 비롯한 인재(人災)와 지진, 태풍, 쓰나미 같은 천재(天災)로 생명을 잃는 경우입니다.

존엄사는 죽음이 임박한 환자들이 무의미한 연명 치료를 스스로 중단하는 것을 의미합니다. 그런데 '무의미한' 연명 치료에 대해서는 정의가 없습니다. 존엄한 죽음은 연명 의료 치료를 거부하고 존엄하게 죽는 것입니다. 내가 건강할 때 사전 연명 의료 지침서(사전연명의료의향서)를 준비해 놓으면 본인의 의향에 따라 일체의 연명 치료를 하지 않고 담담히 죽음을 맞이하는 것입니다. 말기 암 환자가 더 이상 의학적으로 살 희망이 없을 때 모든 치료를 거부하고 조용히 죽음을 받아들이는 것입니다. 이 죽음도 본인의 의사가 분명해야 하기 때문에 자기의 죽음에 자기가 개입하는 결과가 되는 것입니다.

안락사는 의사 또는 면허가 있는 전문인이 극심한 고통을 겪고 있는 말기 환자들이 평안히 숨을 거둘 수 있도록 돕는 것을 의미합니다. 본인이 의식이 있을 때 자신의 의견을 분명히 하고 가족들이 동의할 때 일체의 치료를 중지하고 죽음을 맞이하는 것입니다.

우리는 현재의 삶에 많은 신경을 쓰고 있습니다. 그러나 죽음에 대해서는 별로 신경을 쓰지 않습니다. 언젠가 죽는다는 것을 모르는 사람은 없지만 삶에 대한 준비는 꾸준히 하면서도 정작 죽음에 대한 준비는 하지 않고 사는 것이 우리 인생입니다.

우리는 자연사를 할지 사고사를 당할지 모릅니다. 따라서 죽을 임시에 나는 어떤 선택을 해야 하는지를 미리 준비해 두어야 합니다. 저의 부모님들은 말년에 연명 치료를 거부한다는 서류를 주치의 사무실에 작성하여 두셨습니다.

존엄사나 안락사에 대해서는 신학적으로 좀 더 깊은 성찰과 연구가 필요합니다. 자연사나 사고사는 하나님께서 관여하시는 것이 확실하지만 존엄사와 안락사는 인간이 한 인간의 죽음에 관여한다는 데 문제가 있을 수 있습니다. 아무리 의학이 발전되었다 해도 생명 자체를 의학이 다룰 수 있는 영역은 아닙니다. 말기 암으로 사형 선고를 받은 환자가 기도원에 들어가 금식기도 한 후 깨끗이 낫는 경우도 적지 않습니다.

죽음은 우리에게 다가오는 피할 수 없는 하나님의 섭리입니다. 항상 준비하고 평안한 최후를 위해 기도해야 합니다. 평화로운 삶도 중요하지만 또한 평화로운 마침도 중요합니다. 히브리서 기자는 "한번 죽

는 것은 사람에게 정해진 것"이라고 선언하였습니다. 우리는 항상 주
님 맞을 준비를 하면서 살아가야 합니다. 샬롬.

지구 최후의 시간

"그러나 그날과 그때는 아무도 모르나니 하늘의 천사들도, 아들도 모르고 오직 아버지만 아시느니라." (마 24:36)

예수님께서 제자들에게 인자가 오실 때를 말씀하시면서 "그날과 그때는 아무도 모르나니 하늘의 천사들도, 아들도 모르고 오직 아버지만 아시느니라"고 말씀하셨습니다. 또한 "이 세대가 지나가기 전에 이 일이 다 일어나리라"(마 24:34)고 하신 말씀에 따라 초대교회에서는 예수님이 자기들 시대에 재림하실 것을 기대하였습니다. 예수님의 재림이 임박했다고 여기고 일도 하지 않고 빈둥거리는 데살로니가 교인들에게 사도 바울은 "주의 날이 밤에 도둑같이 이를 줄을 너희 자신이 자세히 알기 때문이라"(살전 5:2)고 말했습니다. 주님께서 재림하실 때, 즉 지구의 종말은 아무도 모른다는 뜻입니다.

그런데 기독교 신앙과 아무 상관 없는 과학자들이 인류 종말이 오는 '운명의 날 시계(Doomsday Clock)'를 만들었습니다. 이 시계는 인류 종말의 시간을 자정으로 정하고 핵 위험과 기후변화 위기 등을 분석해서 시계 바늘이 어디에 와 있는지를 보여줍니다. 이 시계가 자정이 되면 인류와 지구는 멸망합니다. 2020년 이후 자정 100초 전인 11시 58분 20초에 머물렀던 이 시계의 분침이 2022년 러시아의 우크라이나 침공 이후 전술 핵무기 사용 우려가 고려되면서 2023년에는 11시 58분 30초로 앞당겨졌습니다.

즉 자정으로부터 90초 전입니다. 이 시계가 만들어진 이후에 인류는 완전히 멸망할 때에 가장 가까이 접근한 것입니다. 그런데 2023년

970

이스라엘과 하마스의 전쟁과 기후변화 재앙까지 겹치면서 역대 최악의 시간이 다가오고 있음을 예측하고 있습니다. 이 시계가 처음 만들어진 것은 1947년 6월입니다. 미국 「핵과학자회보」(BAS) 표지를 새로 디자인하면서 경각심을 일으켜 이성을 되찾게 하자는 취지로 눈에 띄는 시계를 만든 것입니다. 이 시계가 처음 나왔을 때는 자정 7분 전이었습니다.

시간을 결정하는 것은 핵, 기후변화 등 지구에서 일어나는 여러 가지 인류를 파멸시킬 수 있는 요소들을 종합해서 과학자들이 시간을 정하지만, 지구의 종말이 다가왔다는 사실 자체는 누구나 다 인정하고 있습니다. 자정, 즉 인류의 종말 90초 전이면 불과 1분 30초밖에 남지 않았다는 것인데 이 1분 30초가 순식간에 지나고 나면 지구는 멸망을 하게 됩니다. 이 말은 기독교와 아무 상관이 없는 세계적 과학자들이 하는 말입니다. 이들 과학자가 말하는 인류 멸망의 두 요소는 핵과 기후입니다. 그런데 핵도 인간이 만들었고 기후 변화도 인간의 탐욕으로부터 왔습니다. 즉 인간 스스로가 지구의 종말을 만들었고 또 그 길로 줄달음질하고 있습니다.

주님의 재림은 임박해 있습니다. 다만 우리가 그 시각은 알 수 없을 뿐입니다. 밤에 도둑처럼 온다는 것은 예기치 않은 시간에 오신다는 뜻입니다. 우리 그리스도인들은 주님께서 언제 오실지 모르기 때문에 항상 준비하는 삶을 살아야 합니다. 내 생명이 끝나는 날은 나의 종말이고 주님께서 오시는 날은 인류의 종말입니다. 나의 종말과 인류의 종말이 90초가 아니라 지금 당장일 수도 있다는 가능성을 열어 놓고 살아야 하는 것이 그리스도인들의 삶의 태도입니다. 지금 주님께서 재림하신다고 하더라도 "주님, 어서 오시옵소서. 제가 주님 오심을 기다리고 있었습니다"라고 자신 있게 말할 수 있도록 준비하고 살아야 합니다. 샬롬.

소 잃고 외양간 고치기

"그러므로 너희도 준비하고 있으라 생각하지 않은 때에 인자가 오리라
하시니라." (눅 12:40)

우리나라 속담에 "소 잃고 외양간 고친다"는 말이 있습니다. 농가의 전
재산이나 마찬가지인 소를 도둑맞고 난 다음에 비로소 외양간을 고친
다는 말로 소중한 것을 잃고 나서 단속을 한다는 말입니다. 유비무환이
란 말은 미리 준비해 두면 근심할 필요가 없다는 뜻입니다. 우리 민족
성 가운데 꼭 고쳐야 할 점은 소 잃고 외양간을 고치는 일입니다.

1994년에 서울의 성수대교가 무너져 등교하던 학생들과 탑승자
32명이 사망한 사건이 있었습니다. 이 사건이 일어난 이듬해에 '시설
물안전관리에 관한 특별법'이 제정되었고, 이에 따라 '시설안전기술공
단'이 설립되어 국가의 주요 시설물들과 기타 기반 시설의 안전 확보
를 위한 연구와 조사를 시작했습니다. 성수대교가 무너지기 전에 이런
일을 했으면 얼마나 좋았을까요? 1995년 4월, 대구 상인동에서 지하
철 공사장 가스 폭발 사고로 101명 사망, 부상 202명의 사고가 난 후,
앞으로는 지하 공사 때는 반드시 가스회사와 사전 협의를 해야 된다는
규정이 마련되었습니다.

1995년 6월 29일 서울 서초구에 있던 삼풍백화점이 붕괴되어 502
명이 사망하고 6명이 실종되었으며 천여 명이 부상을 당하는 엄청난
비극이 일어났습니다. 이 사건이 일어난 후에 전국의 고층건물과 시설
에 대한 안전 점검이 실시되었고 정밀검사를 한 후에 서울의 당산철
교가 위험하다는 결론을 내리고 철거한 후 새 다리를 건설했습니다.

972

2003년에 대구 지하철 참사로 192명이 사망하고 21명이 실종되었으며 151명이 부상을 당했습니다. 이 사건 후에 객차 제조 과정에서 객차의 내장재는 모두 불에 타지 않는 소재로 바뀌었고 비상 인터폰과 CCTV도 확대되었습니다.

위에 열거한 몇 사건을 통해, 왜 한국정부는 이런 참사가 일어나기 전에 미리 대비하지 않았을까라는 의문이 생깁니다. 한국은 꼭 대형 사고가 일어나 많은 사람이 죽고 나서야 허겁지겁 법을 만든다, 관계 기관을 만든다고 호들갑을 떨지요. 소 잃고 나서 외양간을 고치는 일은 여전히 계속되고 있습니다. 선진국에서는 이런 시설들을 어떻게 관리하고 어떤 규정을 갖고 있는지 알아보고 사전에 미리 예방을 했다면 이런 참사가 일어나지 않았을 것 아닙니까? 많은 세금을 써가며 선진국 시찰을 다녀오는 공무원들이 수없이 많은데, 그들은 도대체 선진국에 가서 무엇을 보고 무엇을 배워왔는지 참 한심하지 않습니까?

개미는 여름에 먹거리를 비축해 두었다가 겨울이 오면 모아둔 양식을 먹고 삽니다. 하잘것없는 곤충도 사전에 예비하는 지혜가 있는데, 하물며 인간들이 오래된 건물이 무너져 많은 사람이 희생된 다음에야 법률을 만든다, 관계 부처를 설치한다며 호들갑을 떠는 어리석은 일을 언제까지 계속할지 걱정이 되네요.

우리 신앙생활도 사전에 준비하는 생활을 해야 합니다. 예수님께서는 어리석은 종이 방자히 행하고 있을 때 생각하지 않은 날 알지 못하는 시각에 주인이 이르러 종을 엄히 때리고 신실하지 아니한 자가 받는 벌을 받을 것을 말씀하였습니다.(눅 12:45-46) 또한 "그러므로 너희도 준비하고 있으라 생각하지 않은 때에 인자가 오리라"(눅 12:40)고 경고하셨습니다. 우리의 신앙생활도 소 잃고 외양간 고치는 식이 아니고 미리미리 준비하는 삶을 살아야 합니다. 주님께서는 우리가 예상하지 않은 어느 날 어느 시각에 갑자기 오실 것입니다. 기도하면서 준비합시다. 샬롬.

세상의 종말 신호, 지진

"민족이 민족을, 나라가 나라를 대적하여 일어나겠고 곳곳에 지진이
있으며 기근이 있으리니 이는 재난의 시작이니라." (막 13:8)

한국에 살 때 방학이 되면 로스앤젤레스에 사시는 부모님들을 방문하
곤 했습니다. 한 번은 부모님 방문을 와서 하룻밤을 지나고 아침 가정
예배를 드리는데, 선친께서 기도 중에 "지난밤에 지진이 일어나지 않
게 해 주셔서 감사합니다"라고 기도하셨습니다. 부모님들이 노인 아파
트에 사실 때 로스앤젤레스에 꽤 큰 지진이 나서 노인들 모두를 근처
공원으로 나가게 하고, 그날 밤을 공원에서 담요 한 장을 깔고 한 장은
덮고 자는 불편을 겪으신 후로, 지진이 나지 않아 집의 편안한 침대에
서 자는 것이 얼마나 놀라운 하나님의 은혜인지를 깨달은 것입니다.

저는 평생 아침이나 저녁 기도 시간에 지진이 나지 않게 해 주셔
서 감사하다는 기도를 해 본 일이 없었는데, 선친의 기도를 들으면서
내가 지금 지진이 자주 나는 로스앤젤레스에 와 있구나 하는 생각을
한 일이 있었습니다. 지질학자들에 의하면 지진이 자주 나는 캘리포니
아 지역에 어마어마하게 큰 지진, 즉 '빅 원'(Big One)이 오게 되는데, 그
것이 오면 캘리포니아가 뚝 떨어져 나가 태평양으로 밀려 나간다고 합
니다. 따라서 조그마한 지진이 나도 혹 빅 원이 오는 게 아닌가 하는 불
안한 마음이 듭니다.

큰 지진이 오면 집에서 나가야 하는데 그때는 준비해 둔 비상식량
가방을 들고 나가야 합니다. 지진이 나면 전기도 가스도 물도 끊겨 사
용할 수 없고 집 안으로 들어가는 것도 불가능해질 수 있습니다. 지진

이 자주 나는 이 지역의 대형 마트에서는 비상식량 가방을 팔고 있습니다.

　예수님께서는 세상 종말이 오면 "민족이 민족을, 나라가 나라를 대적하여 일어나겠고 곳곳에 지진이 있으며 기근이 있으리니 이는 재난의 시작이니라"(막 13:8)고 말씀하셨습니다. 예수님께서는 세상 종말에 여러 가지 징조가 나타나는데 그중에 지진을 처음 징조라고 말씀하셨습니다. 요즘 지진이 자주 일어나는 일본을 비롯해서 세계 여러 나라에 크고 작은 지진이 일어나는데, 지질학자들이 평소에 지진이 잘 일어나지 않는 지역이라는 곳에서도 뜻밖에 큰 지진이 일어나는 경우가 많습니다. 지구상에 안전지대는 없습니다.

　지진이 나면 삽시간에 우리 가족이 살던 집이 무너져 내리고 온 동네가 쑥대밭이 되어 발전소, 수도국, 가스회사, 전화회사도 모두 무너져 인간들의 삶은 원시 상태로 돌아간다고 경고하고 있습니다. 사도 바울의 주치의 누가도 "곳곳에 큰 지진과 기근과 전염병이 있겠고… 항상 기도하며 깨어 있으라"(눅 21:11, 36)고 경고하였습니다. 성경 말씀에 말세가 되면 각처에 지진이 있을 것을 누누이 예언하고 있습니다.

　큰 지진에 대비해서 우리 육신을 위해 비상식량과 기타 필수품을 준비해야겠지만 더욱 중요한 것은 우리 영혼을 위해 깨어 기도하는 일입니다. 어차피 우리는 언젠가 이 세상을 떠나게 되어 있습니다. 우리 영혼 구원을 위한 철저한 준비가 필요합니다. 우리 모두 깨어 열심히 기도합시다. 샬롬.

세종대왕과 이순신 장군은 지옥에 갔나요?

"다른 이로써는 구원을 받을 수 없나니 천하 사람 중에 구원을 받을 만한 다른 이름을 우리에게 주신 일이 없음이라 하였더라." (행 4:12)

교인들 중에 가끔 "예수님을 모르고 세상을 떠난 세종대왕이나 이순신 장군도 지옥에 갔나요?"라는 질문을 하는 이들이 있습니다. 교회에서는 예수님을 믿는 사람은 천국에 가고 믿지 않는 사람은 지옥으로 간다고 말합니다.

기독교가 한국에 들어온 것은 가톨릭이 약 240년, 개신교가 약 140년 전입니다. 따라서 우리 역사 4천 년에 예수님을 알게 된 것은 불과 250여 년 전입니다. 따라서 기독교가 한국에 들어오기 전에 살았던 모든 사람은 구원을 받지 못한다는 말이 됩니다. 따라서 우리가 존경하는 세종대왕이나 이순신 장군도 지옥에 갔다는 결론에 이르게 됩니다. 이 문제에 대해 좀 더 심도 있게 생각해 볼 필요가 있습니다.

"다른 이로써는 구원을 받을 수 없나니 천하 사람 중에 구원을 받을 만한 다른 이름을 우리에게 주신 일이 없음이라."(행 4:12) "예수께서 이르시되 내가 곧 길이요 진리요 생명이니 나로 말미암지 않고는 아버지께로 올 자가 없느니라."(요 14:6) 이 말씀에 따르면 예수님을 통하지 않고는 아버지께로 갈 사람이 없습니다. 그렇다면 예수님을 믿는 길 외에는 구원의 길이 없을까요? 하나님께서는 모세를 통하여 이스라엘 백성들에게 율법을 주셨고 그 율법을 준행하는 자는 하나님의 자녀가 되는 길을 마련해 두셨습니다. 예수님께서 변화산에 올라가셨을 때 모세와 엘리야가 함께 있었습니다.(막 9장) 모세나 엘리야는 예수님 이전의 인물들임에도 구원을 받았습니다.

문제는 율법도 없고 예수님 이전에 살았던 사람들 구원 문제입니다. 예수님 오시기 전에 살았던 세종대왕과 이순신 장군을 포함한 위대한 인물들 모두 다 지옥으로 갔느냐는 문제가 제기됩니다. 바울 선생의 "하나님을 알 만한 것이 그들 속에 보임이라 하나님께서 이를 그들에게 보이셨느니라 창세로부터 그의 보이지 아니하는 것들 곧 그의 영원하신 능력과 신성이 그가 만드신 만물에 분명히 보여 알려졌나니 그러므로 그들이 핑계하지 못할지니라"(롬 1:19-20)라는 말씀에 유의해야 합니다.

하나님께서 모든 인간에게 양심을 두셨습니다. 인간은 비윤리적인 행위를 하면 양심의 가책을 받게 되어 있습니다. 율법이나 예수님이 안 계셨을 때 사람들은 자기의 양심이 자기 자신을 판단해서 천국과 지옥으로 가게 됩니다. 구원은 하나님의 고유한 영역이기 때문에 인간이 누구는 구원을 받고 누구는 구원을 받지 못한다는 얘기를 할 수도 없고 해서도 안 됩니다. 오늘 우리가 할 수 있는 말은 예수님을 구세주로 의심 없이 믿는 사람은 구원을 받는다는 것입니다.

세종대왕과 이순신 장군은 예수님을 믿지 않았기 때문에 구원을 받지 못하고 지옥으로 갔을 것이라는 말도 할 필요가 없습니다. 누가 물으면 "구원을 받고 못 받는 것은 하나님의 영역이기 때문에 나는 모릅니다"라고 대답하는 것이 정답입니다. 하나님의 은혜로 우리는 예수님을 믿어 구원의 반열에 서 있기 때문에 큰 은혜를 받은 사람들입니다. 이 은혜를 받지 못한 사람들에게 열심히 복음을 전해야 합니다. 이것이 우리에게 주어진 소중하고 막중한 사명입니다. 샬롬.

삼위일체 교리를 믿으시나요?

"오직 성령이 너희에게 임하시면 너희가 권능을 받고 예루살렘과 온 유대와 사마리아와 땅 끝까지 이르러 내 증인이 되리라 하시니라."
(행 1:8)

교회에 다니는 교인치고 삼위일체라는 말을 모르는 사람은 없을 것입니다. 삼위일체는 하나님, 예수님, 성령님 이 세 분 하나님이 하나이며 또한 세 분임을 의미합니다. 미국 애리조나 기독교대학 산하 문화연구센터가 2025년 1월 미국 성인 2,100명을 대상으로 실시한 세계관 설문조사에 따르면 비기독교인은 물론 기독교인조차도 삼위일체를 믿는 비율이 매우 낮은 것으로 나타났습니다.

이 설문조사에서 자기가 기독교인이라고 응답한 사람 중에 삼위일체를 믿는다고 대답한 사람은 16%밖에 되지 않았습니다. 자신을 거듭난 교인이라고 밝힌 응답자 중에서도 24%만이 삼위일체를 믿는다고 대답했습니다. 또한 기독교인 가운데 예수 그리스도를 실존 인물로 믿는다고 응답한 사람은 약 60% 정도였고, 성령님의 존재를 믿는다고 답한 사람은 30%도 되지 않았습니다.

이것은 교회가 신자들의 신앙 교육을 제대로 시키지 않았다는 증거입니다. 물론 삼위일체라는 용어가 성경에는 없습니다. 이 교리는 초기 교회 안에 있었던 여러 신학적 갈등으로 인해 교회 회의를 통해 확정된 것입니다. 초기 교회부터 예수님은 하나님인가? 인간인가? 아니면 반신반인(半神半人)인가라는 문제로 갈등을 빚었습니다.

그러던 중 이집트의 알렉산드리아 교회 장로 아리우스(Arius)는 예수님은 하나님이 맨 처음 창조한 창조물이라고 말했습니다. 즉 예수님은 하나님이 아니라는 얘기입니다. 그는 예수님의 인성은 인정했지만 신성은 부인했습니다. 이 문제로 주후 325년에 니케아에서 전 로마 지역의 대표 감독들 300여 명이 모여 토의하고 투표한 결과 아리우스를 이단으로 파문하고 추방하였습니다.

이 회의에서 예수님은 신성에 있어서는 하나님과 동일한 본질이시며 인성에 있어서는 우리 인간과 동일한 본질이라는 결정을 했습니다. 따라서 예수님은 완전한 하나님이시며 완전한 인간이라는 교리가 결정되었습니다. 이 회의에서 예수님의 신성을 부인하는 신자들은 이단으로 규정되어 추방되었습니다.

성령님은 하나님의 영으로 인성은 없으시지만 신자들에게 오셔서 여러 가지 능력과 은총을 베푸시는 하나님이십니다. 그러므로 성부, 성자, 성령 삼위의 하나님은 하나이시며 세 분이십니다. 어떻게 하나가 셋이 되고 셋이 하나가 되느냐는 의심을 할 수 있지만, 이것은 신비한 영적 세계에서 이루어지는 일이기 때문에 인간이 이해할 수 없는 영역입니다. 그러나 우리 인간 세계에서도 하나가 셋이 되고 셋이 하나가 되는 원리가 있습니다.

발명왕 에디슨이 초등학교 1학년 때 선생님이 1+1=2라고 가르치자 에디슨이 손을 들고 "1+1은 1인데요"라고 말했습니다. 선생님은 에디슨의 엄마를 불러 이 애는 저능아여서 다른 애들과 함께 공부할 수 없으니 데리고 가라고 말했습니다. 에디슨 엄마는 아들을 집에 데리고 와서 왜 하나 더하기 하나는 둘인데 하나라고 얘기했느냐고 묻자, 에디슨은 양초 두 개를 갖고 와서 초에 각각 불을 붙이고 촛불 두 개를 합하자 불꽃은 하나가 되었습니다. 떼어 놓자 둘이 되었지요. 천재는 천재지요?

제가 한번은 어떤 교회에서 설교 중 삼위일체 교리를 설명하면서 에디슨의 방법을 사용했습니다. 양초 세 개에 불을 붙이고 하나는 가운데 고정 시키고 나머지 둘을 양손에 들고 촛불이 셋이지만 합하면 하나가 됩니다. 떼어 놓으면 셋, 합하면 하나, 이것이 삼위일체의 원리라고 설명했습니다.

모든 종교가 그렇지만 기독교 신앙도 이성적으로 이해되지 않는 것이 많지만 신앙으로 받아들이고 믿는 것입니다. 종교는 초월적 전지전능하신 신을 믿는 것입니다. 이성으로 이해되지 않아도 믿는 것이 신앙입니다. 여러분 모두는 성령님의 은총으로 삼위일체 교리뿐만 아니라 기독교에서 가르치는 모든 교리를 의심 없이 믿는 사람들이 되시기를 기원합니다. 샬롬.

기독교 국가 영국이 무슬림 국가로?

"너는 말씀을 전파하라 때를 얻든지 못 얻든지 항상 힘쓰라… 고난을
받으며 전도자의 일을 하며 네 직무를 다하라." (딤후 4:2, 5)

영국 앵글로색슨족은 세계 선교의 대국임을 모두 잘 알고 있습니다. 본디 야만 게르만족의 일파였던 앵글, 색슨족이 영국 본토에 진입하면서 600년경에 기독교 국가로 변모하였습니다. 우리가 미국에 와서 보면 사람들 이름이 대부분 성경에 나오는 인물들의 이름인 것을 알 수 있습니다. 남자 이름은 에녹, 노아, 아브라함, 이삭, 야곱, 데이비드(다윗), 피터(베드로), 존(요한), 제임스(야고보), 폴(바울), 티모시(디모데) 등등입니다. 여자 이름도 메리(마리아), 새라(사라), 레베카(리브가), 레이첼(라헬), 루스(룻), 나오미 등등 성경에서 나오는 인물들의 이름이 대부분입니다.

그런데 최근(2024년 12월) 영국 아이들의 성경 이름이 이슬람 이름으로 바뀌고 있다는 보도가 났습니다. 영국이 필요에 의해 이슬람 국가에서 값싼 노동자들을 끌어들여 소위 3D 업종의 일을 시키면서 그들의 가족들이 따라와 살면서 아이들이 태어나기 시작하였습니다. 영국 백인 인구는 줄어드는 반면 이슬람 인구는 점점 늘어나고 있습니다. 무슬림들은 산아제한을 하지 않고 무한정 아이를 낳는 데다 한 남자가 아내를 넷까지 둘 수 있어서 아이들의 숫자는 기하급수로 늘어나고 있습니다.

2022년 1위였던 노아라는 신생아 이름이 금년(2024) 4,400명으로 2위로 내려갔습니다. 그런데 2024년 12월 5일 영국 통계청에 따르면 2023년 잉글랜드와 웨일스에서 무함마드(Muhammad)라는 이름으로 출생 등록된 아기가 4,660명으로 작년 4,170명보다 늘어 드디어 1위로

올라갔다고 보도했습니다.

무함마드와 사실상 같은 이름인 Mohammed는 28위, Mohammad는 68위였습니다. 영국 대중지 「데일리 메일」은 영국 전역에 무슬림 공동체가 확대되어 있고 영국 육상 선수 모 파라, 이집트 축구 선수 무함마드 살라흐, 미국 권투선수 무하마드 알리 같은 스포츠 스타의 인기가 영향을 미쳤을 것으로 분석했습니다. 여자 이름도 아랍계 이름인 아이잘(Aizal)과 아이잘(Ayzal)이 각각 479%, 183%로 급증해서 가장 높은 증가율을 기록했습니다. 지금까지 성경에 나오는 인물들의 이름을 지어주던 추세에서 이제는 무슬림 이름들이 점점 확산되어 간다는 것은 그만큼 영국에서 기독교 세력이 약화되고 무슬림의 세력이 성장하고 있다는 것을 보여 주는 것입니다.

이런 현상은 비단 영국뿐만 아니라 프랑스, 독일 등 유럽 여러 기독교 국가에 공통으로 일어나는 현상입니다. 아이를 낳지 않는 기독교 가정에 아이를 많이 낳으라고 강제할 수도 없고 아이를 한없이 낳는 무슬림들에게 강제로 산아제한을 시킬 수도 없는 노릇이어서 이런 현상은 더욱 심화될 수밖에 없습니다.

앞으로 인구수로 무슬림을 이기는 것은 현실적으로 실현 불가능한 일입니다. 이제 길은 하나밖에 없습니다. 성령님의 능력을 받아 무슬림들을 기독교로 개종시키는 길입니다. 이것은 참으로 어렵고 힘들며 고통스러운 일이지만 성령님의 도우심을 받으면 불가능한 일은 물론 아닙니다. 세계의 모든 교회가 힘을 합해 전도에 열심을 내어 무슬림 세계를 향한 선교에 박차를 가하여 무슬림들이 주님께 돌아오는 사역에 최선을 다해야겠습니다. 이것이 주님께서 우리에게 주신 마지막 명령이고 우리 교회가 준행해야 될 중차대한 소명입니다. 우리 모두 이 일을 위해 열심히 기도하여 성령님의 능력을 받아 선교에 앞장서는 전위대가 됩시다. 샬롬.

메리 크리스마스 혹은 해피 홀리데이

"보라 처녀가 잉태하여 아들을 낳을 것이요 그의 이름은 임마누엘이라
하리라 하셨으니." (마 1:23)

12월 25일이 무슨 날이냐고 물어보면 누구든지 다 크리스마스, 예수님
이 탄생하신 날이라고 말합니다. 전 세계의 모든 교회가 성탄을 예배하
고 노래하며 축하하는데 유독 러시아 정교회만은 내년 1월 7일이 성탄
절입니다. 그 이유는 러시아 정교회가 율리우스력을 사용하기 때문입
니다. 율리우스력의 성탄절은 세계 교회가 축하하는 12월 25일이 아니
고 13일이 늦은 내년 1월 7일입니다. 그러므로 기독교회 안에서도 교
회가 어느 달력을 사용하느냐에 따라 성탄절이 12월 25일이기도 하고
새해 1월 7일이 되기도 합니다.

그런데 정작 12월 25일에 혹은 1월 7일에 예수님이 탄생하셨다는
기록은 어느 곳에서도 없습니다. 12월 25일을 크리스마스로 정하게 된
것은 로마 제국 때에 태양신을 섬기는 제국의 전통에 따른 것입니다.
12월 22일은 동지(冬至)로 일 년 중 밤이 가장 길고 낮이 가장 짧은 날이
어서 23일부터는 해가 조금씩 길어지고 밤이 짧아집니다. 어둠은 짧아
지고 태양이 머무르는 시간이 점점 길어지는 날을 기점으로 해서 초기
교회는 빛으로 오신 예수님 탄생의 날을 12월 25일로 정하고 그 이후
로 그날을 기념하고 축하하며 내려온 전통입니다.

크리스마스 시즌을 축하하는 말은 "Merry Christmas"입니다. 교
회는 물론 일반 사회에서도 메리 크리스마스라 하면서 축하합니다. 그

런데 예수님을 구주로 여기지 아니하고 예수님을 배척하는 유대교에서 그리고 기독교를 무조건 반대하고 적으로 여기는 이슬람의 무슬림들이 12월 25일 예수님의 탄생을 축하하는 것을 시기, 질투하여 이 용어 쓰는 것을 극구 반대합니다. 그 이유는 자기들도 내는 세금으로 운영되는 백악관이나 연방의회, 주 정부, 시청 앞에 성탄절에 크리스마스트리를 장식하는 것을 반대할 뿐만 아니라 메리 크리스마스라는 말을 쓰는 것 자체도 반대하는 추악한 세상이 되어 버렸습니다.

따라서 언제부터인지 미국 대통령들이 성탄절에 Merry Christmas라는 말 대신 "Happy Holidays"라는 중립적 용어를 쓰기 시작했습니다. 예수님이 탄생하신 성탄절에 메리 크리스마스라고 해야지, 유대인들이나 무슬림들이 그 용어를 쓰는 것을 좋아하지 않는다고 메리 크리스마스란 말 대신 해피 홀리데이스라는 용어를 쓰는 것은 전혀 옳지 않은 일입니다.

분명한 것은 사탄이 유대인들이나 무슬림 및 기타 종교인들을 부추겨서 메리 크리스마스라는 용어를 쓰지 못하게 만들려고 온갖 노력을 다할 것입니다. 사탄은 어떻게 해서든지 기독교의 세력과 기독교의 문화가 서구 기독교권, 나아가 전 세계에서 기독교의 흔적을 지우기 위해서 온갖 노력을 다할 것입니다.

성탄절에 당연히 메리 크리스마스라는 용어를 써야지 왜 해피 홀리데이스란 말을 써야 할까요? 사탄은 반기독교 세력을 부추겨서 기독교 문화가 서서히 사라지기를 획책하며 준동하고 있습니다. 이럴 때일수록 우리 모든 그리스도인은 정신을 똑바로 차리고 마귀의 세력과 싸워 승리해야 합니다.

성령님의 도우심을 받아서 우리는 이 무서운 영적 전쟁에서 승리해야만 됩니다. "옛 원수 마귀는 이때도 힘을 써 모략과 권세로 무기를 삼으니 천하에 누가 당하랴. 힘 있는 장수 나와서 날 대신하여 싸우네

이 장수 누군가 주 예수 그리스도 만군의 주로다 당할 자 누구랴 반드
시 이기리로다.”_(찬송가 585장) 메리 크리스마스!!! 샬롬.

아기 예수를 본 사람들

"지극히 높은 곳에서는 하나님께 영광이요 땅에서는 하나님이 기뻐하신
사람들 중에 평화로다 하나라." (눅 2:14)

오늘은 2000년 전 유대 땅 베들레헴에서 아기 예수님이 탄생하신 기쁜
성탄절입니다. 베들레헴의 한 여관집 마구간에서 태어나신 아기 예수
를 처음으로 본 사람들이 몇 있습니다. 그들은 세상에서 가장 복 받은
사람들입니다. 맨 먼저 아기 예수를 본 사람은 예수님의 육신의 아버지
요셉입니다. 요셉은 나사렛의 가난한 총각 목수였습니다.

보잘것없는 그가 예수님의 육신의 아버지가 되고 육신으로 세상
에 오신 예수님을 맨 처음으로 본 사람이 된 것은 그의 고귀한 성품 때
문입니다. 약혼녀 마리아가 임신을 했다는 소식을 듣고 좌절했지만 그
는 마리아의 임신 소식을 세상에 퍼뜨리지 않고 조용히 관계를 끊으려
고 생각했습니다.

그때 천사가 나타나서 마리아가 아이를 가진 것은 성령으로 된 것
이니 염려하지 말라는 말씀을 듣고 마리아를 데려왔습니다. 그때 로마
황제 가이사 아구스도가 천하로 호적 하라는 어명을 내림으로 다윗의
자손인 요셉은 만삭의 마리아를 데리고 베들레헴으로 내려갔습니다.
여관에 방이 없어 여관집 마구간에서 마리아가 아기 예수를 출산했습
니다. 마리아가 출산한 아기 예수를 세상에서 처음 본 사람은 예수님의
육신의 아버지 요셉이었습니다.

다음으로 아기 예수를 본 사람은 마리아입니다. 마리아는 임신과
출산의 고통을 겪고 난 후에 요셉이 포대기에 싸서 건네준 아기 예수

를 바라보았습니다. 처녀가 임신을 하면 돌에 맞아 죽임을 당한다는 사실을 알고도 천사의 명령에 순종한 마리아는 아기 예수를 둘째 번으로 보았고 만세에 성모 마리아로 추앙받고 있습니다.

다음으로 아기 예수를 만난 사람들은 동방의 박사들입니다. 이 사람들은 중동 지방의 천문학자들로 전에 없던 큰 별이 나타난 것을 보고 위대한 임금이 태어났음을 직감하고 모든 일을 제쳐 두고 선물을 준비한 후 험한 길을 떠났습니다. 지도나 안내인도 없이 험한 길을 떠나 산을 넘고 사막과 강을 건너 유다 베들레헴에 이르러 초라한 여관집 마구간에 누워있는 아기 예수를 보고 경배한 후 황금과 유향과 몰약을 선물로 드렸습니다. 그들은 천체를 연구하던 학자들로 정결한 삶을 살았고 큰 임금, 즉 만왕의 왕을 보기 위해 만사 뿌리치고 달려온 위대한 사람들이었습니다. 그들은 아기 예수를 볼 수 있는 특권을 누렸습니다.

또 아기 예수를 본 사람들은 들에서 양을 치던 목자들이었습니다. 저들은 가난한 사람들로 부자들의 양을 맡아서 치면서 밤잠을 자지 않고 야수들로부터 양들을 돌보던 충직한 일꾼들이었습니다.

하나님께서는 이들에게 아기 예수를 볼 수 있는 특권을 허락해 주셨습니다. 하늘에서 노래하는 천사들이 "너희가 가서 강보에 싸여 구유에 뉘어 있는 아기를 보리니 이것이 너희에게 표적이니라"(눅 2:12)고 말했습니다. 목자들은 서둘러 베들레헴에 가서 아기 예수를 만났습니다. 가난했지만 밤잠을 자지 않고 주어진 일에 충실했던 목자들에게 아기 예수를 볼 수 있는 영광이 주어진 것입니다.

아기 예수를 본 사람들은 하나같이 깨끗한 몸과 마음으로 자기들에게 주어진 소임에 충실했던 사람들입니다. 요셉은 의로운 사람이었고 마리아는 정결한 처녀였습니다. 동방의 박사들은 하늘을 우러러보는 삶을 살았고 목자들은 비록 가난했지만 주어진 직무에 충실했던 사람들입니다.

아기 예수가 태어났다는 소식을 들은 헤롯왕이나 서기관들, 바리새인들은 아기 예수에게 가서 경배를 하기는커녕 오히려 죽일 음모를 꾸몄습니다. 헤롯왕은 베들레헴 지방의 2살 미만 영아를 모두 살해하는 끔찍한 범죄를 자행했습니다. 이 성탄절에 아기 예수를 만날 수 있는 사람들은 마음이 올곧고 청결한 사람들입니다. 요셉과 마리아, 동방의 박사들과 목자들처럼 아기 예수를 만나는 기쁨을 만끽하는 오늘 하루 되기를 기원합니다. 메리 크리스마스!

피로 물든 성탄절

"우리를 위하여 구원의 뿔을 그 종 다윗의 집에 일으키셨으니…
어둠과 죽음의 그늘에 앉은 자에게 비치고 우리 발을 평강의 길로
인도하시리로다." (눅 1:69, 79)

한국이나 미국에 사는 사람들은 12월 25일 성탄절이 되면 온 세계 모든 교회와 믿지 않는 사람들까지도 축하하며 선물을 주고받고 맛있는 음식을 먹으며 모두에게 메리 크리스마스를 외치는 것으로 착각합니다.

그러나 12월 25일이 성탄절임을 부인하는 사람들이 전 세계 인구의 3분의 2라는 사실을 알아야 합니다. 그러므로 12월 25일은 서구 기독교권에서나 축하하고 기뻐하는 날이지 공산권, 유대교, 불교, 힌두교, 이슬람 등 세계 여러 나라에서는 일부 기독교인들 외에는 모두 12월 25일이 성탄절인 것을 모르거나 안다 해도 그것은 기독교인들의 명절일 뿐 자기들과는 아무 상관이 없다고 생각합니다.

2024년 12월 25일 성탄절은 세계 기독교권의 교인들과 기타 나라의 교회와 기독교인들은 축제를 벌였지만, 같은 여호와 하나님을 섬기지만 예수님을 구주로 여기지 않는 유대인들에게는 성탄절이 전혀 의미가 없습니다. 이스라엘은 성탄절에 전쟁 중인 가자 지구에 포격을 가하여 어린아이들을 포함한 70여 명의 사상자를 냈습니다. 하필 기쁜 성탄절에 말입니다.

또한 같은 기독교권이면서도 그레고리력을 쓰지 않고 율리우스력을 쓰는 러시아는 12월 25일이 성탄절이 아니고 1월 7일이 성탄절이어서 그랬는지 모르지만, 일부러 성탄절인 25일에 우크라이나에 대규

모 미사일과 드론을 퍼부어 전력 시설을 포함한 여러 기간 시설을 폭파하여 우크라이나 주민들을 추운 겨울철에 떨게 만들었고, 어린이들을 포함한 적지 않은 사상자를 냈습니다.

제1차 세계대전이 한창이던 1914년 서부전선 여러 곳에서 싸우던 독일군과 영국-프랑스 연합군 양측이 크리스마스를 맞이하면서 전투를 잠시 멈추고 서로 만나서 음식을 나누며 크리스마스 캐럴을 부르고 축구 시합을 하면서 우정을 나눈 일이 있었습니다. 이것을 크리스마스 휴전(Christmas Truce)이라 부릅니다. 물론 이것이 모든 전선에서 이루어진 것은 아니고 서부 일부 지역에서만 있었던 일입니다.

물론 이 크리스마스 휴전이 계속되지도 않았고 다음 해부터 상부의 지시로 전투가 중지되지 않았지만 성탄절 하루를 휴전하는 것은 평화의 왕으로 오신 주님의 탄생을 축하하며 기리는 기독교 국가들 간의 신앙의 표현이었다고 볼 수 있습니다. 인류의 구원자로 오신 예수님의 탄생의 날이 피로 얼룩진 슬픔의 날이 된 것은 사탄 마귀의 장난임에 틀림없습니다. 사탄의 종이 된 자들이 전쟁을 일으켜 자국 젊은이들뿐만 아니라 상대방의 젊은이들까지 죽이고 죽는 일을 자행하고 있으니 통탄스런 일이 아닐 수 없습니다. 이 피 끓는 군인들은 어느 집 귀한 아들이고 갓 결혼한 새색시의 남편이며 어린것들의 아비이지 않습니까.

세상 역사가 끝날 때까지 크고 작은 전쟁은 끝나지 않을 것입니다. 다만 이 전쟁이 자주 일어나지 않게 하기 위해서는 12월 25일이 자기들과는 아무 상관이 없다고 생각하는 사람들에게 12월 25일이야말로 우리의 구세주가 탄생하신 가장 아름다운 평화의 날임을 인식시키고 구세주 예수님 앞에 나와 무릎 꿇고 참회하며 하나님의 자녀가 되게 하는 길밖에 없습니다. 그러므로 우리는 온 힘을 다해 복음 선교에 매진해야 합니다. 이 일은 주님의 최후의 지상 명령입니다. 우리 모든 그리스도인은 우리를 구원하시는 구세주가 탄생하심을 전심전력으로 외쳐야 합니다. 다시는 피로 얼룩진 성탄절이 오지 않게 하기 위해서입니다. 열심히 기도하면서 전도합시다. 샬롬.

어떤 유대인 어머니의 편지

"무엇보다도 뜨겁게 서로 사랑할지니 사랑은 허다한 죄를 덮느니라."
(벧전 4:8)

2023년 10월, 가자지구 하마스의 이스라엘 공격으로 시작된 이스라엘과 하마스 전쟁은 지금도 계속되고 있습니다. 하마스의 선제공격으로 1,200여 명의 이스라엘 사람들이 죽은 데 대해 이스라엘 총리와 온 국민이 똘똘 뭉쳐서 무죄한 유대인의 피를 흘린 하마스에게 무서운 보복 공격을 계속하고 있습니다.

전 세계 유대인들이 끝없이 전쟁 비용을 이스라엘로 보내고 있고, 전 세계에 흩어져 살던 유대인 약 33만 명이 고국으로 돌아와서 총을 들고 고국의 원수인 하마스와의 전쟁 일선에 나서고 있습니다. 무서운 민족이지요?

그런데 하마스에 납치됐던 이스라엘 인질 세 명이 지난 연말 크리스마스를 앞두고 이스라엘군의 오인 사격으로 사살되는 비극이 일어났습니다. 그들은 2023년 10월 7일 하마스 무장대원들이 이스라엘 사람들을 학살하고 250여 명을 납치했을 때 붙잡혀 갔던 사람들입니다. 납치된 지 69일 만에 겨우 그들의 손아귀에서 벗어났는데 불행하게도 모국의 군인들에 의해 목숨을 잃은 것입니다. 그들은 남긴 음식으로 SOS를 써 놓을 만큼 끝까지 살아 고향으로 돌아가려고 안간힘을 다했고, 자살 폭탄 조끼를 입지 않았음을 증명하려고 웃옷을 벗은 채 흰색 셔츠를 흔들며 구조 신호를 보냈지만 결국 모국의 군인들에 의해 쓰러졌습니다.

이스라엘 군인들은 하마스의 유인 작전이라고 착각하고 갑자기 나타난 그들에게 총격을 가해 세 명 모두 현장에서 생명을 잃었습니다. 음악가인 요탐 하임(28), 컴퓨터 엔지니어링 전공 학생 알론 샴리즈(26), 노동자인 사메르 탈랄카(22)는 모두 20대 청년들이었습니다. 그들을 오인 사살한 이스라엘군 비슬라흐 여단 17대대 병사들은 말로 다 할 수 없는 죄책감에 시달리고 있습니다. 누구를 위해, 누구와 싸우는지 혼란스러운 상태에 빠져 있습니다.

그런데 이 병사들에게 죽은 한 인질의 어머니로부터 음성 녹음이 하나 전달되었습니다. "나는 요탐의 엄마입니다. 여러분을 많이 많이 사랑하고 멀리서나마 여러분을 안아주고 싶어 한다는 말을 전하려고 이 메시지를 보냅니다. 일어난 모든 일은 결코 여러분 잘못이 아닙니다. 하마스가 아닌 누구의 잘못도 아니라는 걸 나는 잘 압니다. 여러분 자신을 잘 돌보기 바랍니다. 여러분은 세상에서 가장 훌륭한 일을 하고 있어요. 우리 국민 모두 여러분이 안전하고 건강하기를 바라고 있음을 항상 기억해 주기 바랍니다. 테러리스트와 맞닥뜨렸을 때 잠시라도 주저하지 말아요.

여러분은 인질들을 일부러 사살한 게 아니잖아요. 여러분은 자신을 보호하는 것만이 우리도 지켜줄 수 있는 유일한 길입니다. 가장 빠른 기회에 우리 가족을 방문하도록 초대합니다. 나와 요탐의 아버지, 요탐의 누이와 남동생 어느 누구도 여러분을 비난하거나 화를 내지 않을 겁니다. 직접 만나 안아주면서 고통스럽고 슬프지만 말해 주고 싶어요. 여러분은 그 순간 옳은 일을 했다고요."

안타깝게 사랑하는 아들을 잃은 엄마의 애절한 위로와 격려의 마음이 이 글 속에 담겨 있습니다. 하마스 군인이라고 착각하고 아들을 죽인 이스라엘 군인들은 결코 잘못한 것이 없고, 고국을 위해 그리고 동족을 위해 전쟁의 최일선에서 생명을 걸고 싸우다 동족인지 모르고 오인 사격을 한 젊은이들에게 용서와 위로와 격려의 말을 녹음해서 보낸 것입니다.

한 이스라엘 엄마의 글이 이스라엘 민족성을 여실히 보여주고 있습니다. 이런 마음을 가진 엄마와 이런 마음을 가진 이스라엘 민족은 세계의 그 어떤 세력 앞에서도 굴하지 않고, 2500년 만에 회복한 고국을 지키며 이스라엘을 지구상에서 쓸어버리려는 13억의 무슬림 세력을 두려워하지 않고 끝까지 싸워 승리할 수 있는 용기와 결단을 보여준 산 증거입니다. 하나님께서 택한 백성임을 엿볼 수 있는 장면입니다. 참 부럽습니다. 샬롬.

용서

"예수께서 이르시되 네게 이르노니 일곱 번뿐 아니라 일곱 번을 일흔 번까지라도 할지니라." (마 18:22)

주기도문 가운데 "우리가 우리에게 잘못한 사람을 용서하여 준 것 같이 우리의 죄를 용서하여 주옵시고…"가 있습니다. 우리가 세상에 살면서 나도 많은 사람에게 잘못을 하지만 다른 사람이 나에게 잘못한 경우도 많습니다.

아침에 깨끗하게 닦아 신고 나간 구두를 밟은 사람을 용서하는 것과 절친한 친구가 많은 돈을 빌려간 다음에 종적을 감추어 살던 집이 은행에 넘어가서 온 가족이 지하 단칸방으로 이사를 해야 하는 상황이 되었을 때 그 친구를 용서하는 것은 차원이 다른 이야기지요.

주님께서는 베드로에게 일곱 번뿐만 아니라 일곱 번을 일흔 번까지라도 용서해야 된다고 말씀하셨습니다. 끝없는 용서를 말씀하신 것입니다. 예수님의 말씀은 구두를 밟은 사람을 용서해 주는 것뿐만 아니라 사기를 친 배신자 친구까지도 용서해야 한다는 데 우리의 고민이 있습니다.

어떤 한국 기독교 여론 조사 기관에서 한국인 개신교인 1,000명을 대상으로 용서에 대한 인식을 조사했습니다. 한국 영화 '밀양'에 주인공은 기독교 신앙을 받아들인 후 아들을 죽인 살인범을 용서하기로 마음먹는 내용이 있다고 합니다. 질문자들에게 이런 일이 실제로 나에게 벌어진다면 기독교인인 나는 가해자를 과연 용서할 수 있을까라는 질문에 응답자의 69%가 용서하지 못할 것 같다는 응답이 용서할 수 있을 것 같다는 11%보다 훨씬 많았습니다.

많은 개신교인이 용서할 수 없다는 행위로는 성희롱 76%(여성 응답자 기준), 사기 75%, 물리적 폭력 75%, 모욕감을 준 사람 63%, 직장 내 갑질 61%, 거짓말 40% 등을 주로 꼽았습니다. 용서해 줘야 된다고 답한 사람들(58%)은 나도 다른 사람에게 의도치 않게 잘못을 저지를 수 있기 때문이라는 이유로 용서를 했고, 46%는 상대방을 용서하고 화해하는 것이 그리스도인다운 삶이라고 생각해서 용서를 했다고 말했습니다. 또 응답자 63%는 타인과 갈등이 생겼을 때 기도하면 용서하는 마음이 생긴다고 말했습니다.

미국 성서공회(ABS)가 2023년에 실시한 설문조사에서 미국 성인 2,598명을 대상으로 성경 읽기 실태를 파악하기 위한 설문조사에서 92%의 응답자가 성경 속 메시지가 내 삶을 변화시켰다는데 동의했습니다.

성경을 읽은 후 가장 큰 변화는 타인에 대한 용서였습니다. 자신에게 잘못을 저지른 사람을 용서하지 못하면 평생 증오와 부정적인 감정에 휩싸여 불행한 삶을 살게 되어 있습니다. 심지어 증오가 심화되면 병이 나기도 하는데, 성경을 통해 남을 용서하면 삶의 변화가 오고 영육 간에 평화가 찾아옵니다. 말씀을 묵상하며 실천하는 것을 생활화하는 성경 중심적 교인 중 93%는 나에게 잘못을 저지른 타인이 용서를 구하는 것과 상관없이 진심으로 용서할 수 있었다는데 동의했고, 이 중 47%는 전적으로 동의한다는 반응을 보였습니다.

용서는 우리 집의 바늘 하나를 도둑질한 사람을 용서하는 것과 농가에 절대로 필요하고 또 그 집 전 재산이나 마찬가지인 소를 도둑질해 간 사람을 용서하는 것은 결코 동일하지 않습니다. 그러나 성경은 우리에게 바늘 도둑뿐만 아니라 소도둑까지 용서해 줘야 된다고 요구합니다. '사랑의 성자' 손양원 목사님은 동인과 동신 두 아들을 죽인 공산당 안재선을 용서했을 뿐만 아니라 그를 양아들로 삼았던 사실은 기독교 용서의 극치를 보여 준 실례입니다.

예수님께서 나의 죄를 위하여 십자가에서 대신 죽으셨다는 사실을 진실로 믿는다면, 하나밖에 없는 아들을 납치해서 죽인 납치범들을 용서해 주어야 하고 또 해 줄 수 있어야 합니다. 이것이 기독교인들이 짊어지고 가야 하는 무거운 십자가입니다. 예수님의 말씀은 절대 명령이기 때문에 일곱 번뿐 아니라 일곱 번을 일흔 번까지라도 용서해 줄 수밖에 없는 것이 우리의 책무입니다. 기도하는 사람은 용서할 수 있습니다. 이 일은 우리가 지고 가야 하는 십자가이기도 합니다. 샬롬.

용서의 조건

"네 원수가 주리거든 먹이고 목마르거든 마시게 하라 그리함으로 네가
숯불을 그 머리에 쌓아 놓으리라." (롬 12:20)

우리나라는 일제에 병탄되어 35년간 식민 지배를 받았습니다. 그 기간
동안 일제에 빌붙어 민족을 배반하고 친일파 노릇을 한 자들이 헤아릴
수 없이 많았습니다. 일본인들보다 더욱 악랄하게 민족 지도자들과 애
국자들을 학대하고 괴롭힌 자들이 흔했습니다.

그러나 해방이 된 후 이 친일파들을 붙잡아 그 죄 값을 치르게 했
어야 했는데 그렇게 하지 못했습니다. 미 군정청이 해방 후의 무질서와
사회적 혼란을 막기 위해 일제 강점기에 일제에 빌붙었던 경찰과 관리
들을 그대로 썼고, 자유당 정권도 북한 공산 세력을 척결하는 데 이들
이 필요해서 그대로 쓰는 통에 제대로 단죄하지 못했습니다.

1939년 독일이 폴란드를 침공하면서 시작된 제2차 세계대전 중
독일군이 1940년 5월 파리에 입성하면서 프랑스는 독일 나치 치하로
들어갔습니다. 예나 지금이나 항상 강자 앞에 빌붙어 권세를 누리는 자
들은 있기 마련이어서 프랑스 사람들 중 적지 않은 사람들이 독일에
협력하고 부역한 자들이 많았습니다. 전쟁이 끝나고 프랑스 정부가 수
립된 후 나치에 부역한 자들을 색출해서 단죄를 시작하였습니다.

프랑스 정부는 독일 점령 4년 동안 부역한 사람들 약 1만 명을 색
출해서 처형했는데 인민재판과 즉결처분한 숫자를 다 합하면 수만 명
이 처형된 것으로 전해집니다. 불행하게도 거짓 고발과 위증이 끼어들
면서 실제 나치에 협력하지도 않은 사람들이 억울하게 희생되기도 했

습니다. 독일 군인들과 잠자리를 했던 여자들은 머리털을 완전히 밀어 치욕을 주었습니다.

프랑스가 나치 점령 하에서 나치에 협력한 자들을 단죄할 때 작가 프랑수아 모리악(Francois Mauriac, 1885-1970)은 "우리는 학살자와 희생자라는 쳇바퀴보다 더 나은 것을 바란다. 프랑스는 게슈타포의 장화를 신어서는 안 된다"고 설득하였습니다. 프랑스가 수만 명을 처단하고 있을 때 한국은 단 한 사람도 처단하지 못한 이유는 무엇이었을까요?

독일은 패전 후에 자기들이 저지른 죄악을 진정으로 참회했습니다. 용서는 진정으로 회개하는 자에게 주어지는 은총입니다. 유대인들은 홀로코스트로 600만 명을 살해한 독일인들이 진정으로 참회했을 때 그들을 용서했습니다. 그러나 유대인들은 "우리는 용서한다. 그러나 잊지는 않는다(We forgive but never forget)"라고 말하며 슬픈 기억을 영구히 기억하겠다고 다짐했습니다.

그리스도인들이 부딪치는 문제 가운데 하나는 '용서'입니다. 나를, 우리 가족을 악선전하며 모함하는 사람을 용서한다는 것은 보통 어려운 일이 아닙니다. 더욱이 민족에 해를 끼친 친일분자들을 용서한다는 것은 더욱 쉽지 않습니다.

도산 안창호 선생은 "나는 진정으로 일본이 망하기를 원치 않고 좋은 나라가 되기를 원한다"라고 말하면서 일본의 참회를 바랐습니다. 인도의 독립운동가 마하트마 간디는 "약자는 용서할 수 없다. 용서는 강자의 특성이다"라고 말했습니다. 그러나 세상의 강자들은 약자의 잘못을 결코 용서하려 하지 않고 무참히 보복합니다. 바울 선생은 "내 사랑하는 자들아 너희가 친히 원수를 갚지 말고 하나님의 진노하심에 맡기라 기록되었으되 원수 갚는 것이 내게 있으니 내가 갚으리라고 주께서 말씀하시니라"(롬 12:19)고 썼습니다.

그리스도인들은 원수를 갚는 사람들이 아니고 힘들고 어렵지만 그들에 대한 심판을 하나님께 맡기는 사람들입니다. 내가 원수를 갚는다 해도 내 마음에 평화가 오지 않습니다. 보복은 또 다른 불행을 가져올 뿐입니다. 진정한 용서는 그리스도 안에서만 가능합니다. 우리 모두 용서하는 사람이 되기 위해 부단히 기도해야 합니다. 샬롬.

희년

"너희는 오십 년째 해를 거룩하게 하여 그 땅에 있는 모든 주민을 위하여 자유를 공포하라 이 해는 너희에게 희년이니 너희는 각각 자기의 소유지로 돌아가며 각각 자기의 가족에게로 돌아갈지며" (레 25:10)

희년(禧年)은 성경에 나오는 용어로 주빌리(Jubilee)라고 합니다. 안식년 7년이 일곱 번 지난 50년째마다 돌아오는 해로, 유대인들은 유일신 여호와 하나님께서 12지파에게 나누어 주신 가나안 땅에서 각각 자기 땅으로 돌아가고 모든 농지는 1년간 휴식을 취하게 합니다. 또한 희년이 되면 땅과 집이 원주인에게 돌아가고 이스라엘인 노예가 해방되며 부채가 면제됩니다.

하나님께서는 열두 지파에 분배한 땅은 영구히 팔지 못하게 하셨으므로 땅의 매매는 희년까지 한시적으로 이루어졌고, 희년 전이라도 매도자가 원할 경우에는 희년까지 남은 기간에 따라 적당한 값을 치르고 다시 소유하도록 허용했습니다.

개신교회는 교회적으로 희년을 기념하지 않지만 가톨릭교회는 지금까지 계속 희년을 기념하고 있습니다. 성경은 희년에 할 일을 기록하고 있습니다. "너는 일곱 안식년을 계수할지니… 일곱째 달 열흘날은 속죄일이니… 그 땅에 있는 모든 주민을 위하여 자유를 공포하라 이 해는 너희에게 희년이니 너희는 각각 자기의 소유지로 돌아가며 각각 자기의 가족에게로 돌아갈지며."(레 25:8-10)

2024년 말에 가톨릭 교황 프란치스코는 2025년을 희년으로 공식 선포하며 전 세계 그리스도인들에게 "두려움과 낙담으로 얼룩진 세계에서 기쁘게 희망을 전하는 사람이 되자"고 말했습니다. 가톨릭교회는

2024년 5월 9일 로마 성 베드로 대성당 성문 앞에서 주님 승천 대축일 저녁 미사를 드리면서 "희망은 실망하지 않는다"(Hope does not Disappoint)를 통해 2025년을 희년으로 선포하였습니다.

교황은 "우리 모두는 지치고 상처받는 일상에서 희망이 필요하다. 우리의 마음은 진실과 선과 아름다움을 갈망하고 우리의 소망은 어떤 어둠 속에서도 포기할 수 없다. 우리는 인식하지 못하더라도 우리 안과 밖의 모든 것들이 희망을 갈망하고 하나님과의 친밀함을 추구하고 있다"라고 말했습니다.

지난해 12월 24일 성 베드로 대성당 성문이 열리므로 희년이 시작되어 2026년 1월 6일 주님 공현 대축일까지 이어집니다. 그는 2025년 신년의 취지가 "신앙인들은 구원의 통로인 예수님과의 관계를 보다 친밀하게 가져야 하고 교회는 항상 어디서나 우리 모두에게 예수님은 우리의 희망이라고 선포해야 된다"고 말했습니다. 구약 성경은 이스라엘 백성들에게 50년마다 희년을 선포하고 고난 속에 살아가고 있는 사람들, 빚진 사람들, 빚 때문에 남의 집에 종살이하던 사람들을 해방시켜 자기 집으로 돌아가게 하는 자비를 베풀라고 명령하십니다.

그러나 진정한 희년은 우리의 영혼이 자유를 얻는 것입니다. 우리 육신의 삶에서 자유를 얻는 것도 중요하지만 우리가 죄의 멍에를 메고 살고 있는 한 우리는 자유인이 될 수 없습니다. 자유와 평화는 오직 그리스도 안에서만 얻을 수 있습니다. 우리도 금년 희년을 맞이하여 진정한 자유와 희망을 품고 살아갑시다. 샬롬.

나그네 길

"내 나그네 길의 세월이 백삼십 년이니이다 내 나이가 얼마 못 되니 우리
조상의 나그네 길의 연조에 미치지 못하나 험악한 세월을 보내었나이다."
(창 47:9)

요셉이 형들의 미움을 받아 애굽으로 팔려간 후에 하나님의 은혜로 애
굽의 총리대신이 됩니다. 요셉이 애굽의 총리대신이 되었다는 말을 듣
고 야곱은 아들을 만나러 가족 70명과 더불어 애굽으로 내려갔습니다.
요셉은 애굽으로 온 아버지 야곱을 눈물로 맞이하고 나서 나이 많은
아버지 야곱을 바로 왕에게 모시고 들어갔습니다. 야곱이 왕에게 축복
한 후에 바로는 야곱에게 "네 나이가 얼마냐?"고 묻자 "내 나그네 길의
세월이 백삼십 년이니이다 내 나이가 얼마 못 되니 우리 조상의 나그
네 길의 연조에 미치지 못하나 험악한 세월을 보내었나이다"(창 47:9)라
고 대답했습니다.

야곱이 바로왕의 물음에 "나그네 길"이란 말을 두 번 했습니다. 야
곱은 자기가 걸어온 생을 뒤돌아보면서 나그네의 삶이었다고 고백했
습니다. 우리 모든 인생은 다 나그네의 삶을 살아가고 있습니다. 옛날
에는 고향에서 태어나 고향에서 살다가 고향에서 죽는 사람들이 많았
지만 오늘날에는 그런 사람은 극히 드뭅니다.

구정이나 추석이 되면 서울이 텅 빌 정도로 지방에서 올라온 사람
들이 고향으로 내려가는 것을 봅니다. 실향민들이지요. 미국에 살고 있
는 약 200만 명의 재미 교포도 실향민들입니다.

야곱의 말대로 인생의 길은 나그네 길입니다. 나그네가 길을 갈 때
는 좋은 길동무가 있어야 합니다. 목적지까지 가는데 여러 길이 있는데

"가장 가까운 길은 좋은 길동무와 같이 가는 길"이란 말이 있습니다. 인생의 길동무에 배우자와 친구들이 있지만 그들도 언젠가는 나에게서 떠나는 때가 있고 그들은 나의 무덤까지는 가지만 그 이후까지 가 주지 못합니다.

무덤 이후까지 가 주는 친구는 "참 좋은 나의 친구" 예수님뿐입니다. "세상 친구는 나를 버려도" 예수님만은 끝까지 나와 동행해 주시는 참된 친구입니다. 주님과 동행하는 나그네 길은 즐거운 길이요 행복한 길입니다. 빌립보 감옥에 갇혀 있으면서도 사도 바울과 실라는 찬송할 수 있었습니다.(행 16장) 그것은 주님께서 그들과 함께하셨기 때문입니다. 우리가 고난 중에도 찬송할 수 있는 것은 주님께서 나와 함께 하심을 의심 없이 믿기 때문입니다.

또 인생의 길을 걷는 나그네는 목적지가 분명해야 합니다. 우리 역사에 나오는 봉이 김선달은 하루하루 바람 부는 대로 물결치는 대로 살았던 사람이었지만 우리는 봉이 김선달이 아닙니다. 우리의 목적지는 바로 천국입니다. 신앙이 없는 사람들은 인생의 목적지가 없기 때문에 죽음 앞에서 두려워 떨면서 괴로워하지만, 죽은 후에 천국이 있다는 확실한 믿음을 가진 신자들은 죽음이 두려움의 대상이 아닙니다.

우리 모두는 야곱과 같이 험악한 인생길을 걸어가지만 모든 고난을 극복할 수 있는 것은 주님께서 나와 함께 동행하시며 목적지까지 인도해 주시기 때문입니다. 비록 괴로운 인생길이지만 주님과 더불어 걸어가는 삶을 살면서 우리의 생애 목적지를 향해서 오늘도 감사하는 마음으로 정진해 나갑시다. 샬롬.